지구화 시대의 현장 여성주의

지구화 시대의
현장 여성주의

이화여자대학교 한국여성연구원 편
이상화 · 김은실 · 허라금 외 지음

이화여자대학교출판부

| 차 례 |

제2부 지구촌 시대의 아시아 여성들

제3부 여성 리더십의 현장과 의제

| 서 문 |

지구화(globalization)는 경제, 기술, 환경뿐 아니라 정치와 문화 영역에 이르기까지 포괄적이며 획기적인 방식으로 근대적 시공간을 재구성하고 있다. 지구화의 경향은 국민국가 기능의 약화, 국가 경계의 소멸, 정보 전달과 의사 소통의 시공간적 장벽 파괴, 초국적 기업의 등장, 그리고 신자유주의에 입각한 자본주의 시장 경제의 전면적 확대 등 다양한 양상으로 표출된다. 최근 한미 FTA 협상을 계기로 우리가 경험하고 있는 신자유주의 경제 지구화는 지구적 규모로 확대된 생산 및 협력 체계에 기반한 자본의 축적과 통합 과정을 보여 주며, 국제적 금융 자본의 참여와 개입을 통해 생산, 유통, 판매, 소비에 걸친 전체 자본 순환의 흐름을 결정하는 절대적인 영향력을 발휘한다. 이렇듯 '자본의 지구화'의 영향은 자본의 생산과 재생산을 전 지구적 차원에서 조절하고 제도화하며 일상화하는 자본의 지배력을 통해 확산되어 가고 있으며, 자본 활동의 지구화를 지원할 수 있는 정치 체제와 일상 의식을 파고드는 이데올로기 또한 강화되고 있는 추세다.

일상 생활 영역으로 확대되는 문화적 지구화와 신자유주의적 문화 지배의 기본적인 토대는 기술 및 매체의 발달이라 할 수 있다. 즉 정보통신 기술의 발달과 컴퓨터 및 방송 영상 매체의 융합 발전은 지구적 '시공간의 압착'을 통한 정보 공유, 의견 교환, 의식 확산 등 일상 생활 영역의 시공간 경험 폭을 급격하게 확장시키며, 동시적이고 통합적인 삶의 양식들을 가능하게 만들었다. 이것은 소비, 여가, 기호 등 문화적 욕구 체계의 변별성들을 지구적 상품 흐름 속으로 흡수해 버리는 문화적 탈영토화의 경향성으로 나타나기도 하고, 다원적 주체들의 혼종적 정체성을 야기하기도 한다.

이러한 지구촌 삶의 확산이란 일상 생활 영역을 매개로 한 상호 연관성과 개방성을 심화시키고, 상품 · 정보뿐 아니라 결혼 이주와 노동력 등 인력의 상호 이동을 촉발해 간다. 인종적 · 문화적 다양성과 다원적 삶의 조건들이 확장되었음에도 불구하고, 지구화가 열어 주는 가능성은 지구적 자본 논리를 중심으로 경제와 문화가 만나는 접점 속으로 수렴되어 버린다. 지구화는 일견 초지역적인 균질적 현상으로 보이고, 지구적 통합의 지배적인 과정에 의해 세계는 더욱 단일화되고 동질적으로 되어 간다는 관념이 유포된다. 홍수처럼 쏟아지는 새로운 정보 소통, 자본, 상품, 문화 등의 위력을 통해서 시공간의 압축이 급속도로 진행되면서 지역의 고유성은 불가피하게 무너질 수밖에 없다는 논리다. 하지만 오히려 지구화가 진전될수록 지역의 정치 · 경제 · 문화의 특수성과 다양성이 더욱 부각되는 역설적 양상 또한 목격된다. 초국적 자본의 운동 역시 일국의 경제를 넘어 전 세계로 확장되어 가지만 자본 자체가 더욱더 지역의 언어로 자신을 포장하면서 최대의 목표를 달성하고 있다. 다른 한편에서는 보수적이지만 토착적인 지역 언어와 문화 전통이 다문화주의의 이름 아래 새로운 출구를 모색하기도 한다.

'지구화' 보다는 '지구지역화(glocalization)'라는 개념의 재구성을 통해서 세기적 흐름에 대한 예리한 통찰을 얻을 수 있다는 점을 논의의 출발점으로 삼고자 한다. 이제 지구촌의 거의 모든 사람들이 어떤 방식으로든 지구화의 영향으로부터 자유로울 수 없는 단계에 이르렀고, 지구화가 일견 초지역적인 동질화 현상으로 보이지만, 다른 한편으로 지구화가 진전될수록 지역/현장의 정치 · 경제 · 문화의 특수성이 지구적으로 확산되는 역설적 양상을 보이기도 한다. 지구화의 논의 안에서 지구적 보편화의 힘과 지역/현장적 특수성의 공간 역학을 분리적으로 이해해서는 한계가 있다. 우리는 복합적으로 진행되고 있는 지구화를 새로운 시대적 도전으로 이해하고 이에 대응하고자 할 때 "지구적으로 사고하고 지역적으로 실천하는" 일들을 생산적인 것으로 만들 수 있다. 그리고 이러한 성찰의 궤적은 '지구화'보다는 '지구지역화'라는 개념의 재구성을 통해서 효과적으로 진행될 수 있다고 본다.

지구지역화로 인해 지역 공간이 겪고 있는 일정한 의미 변화가 여성에게는 어떤 식으로 삶의 지평을 생성하고 있는가? 즉 지구지역성의 영향 아래 새롭게 직조되는 여성 경험은 어떻게 이해될 수 있는가? 거대한 시대적 영향력에 대한 일방적 수용자로서가 아니라 지구지역적 현장의 국면에 적극적으로 대응하는 행위자로서의 여성의 실천은 어떻게 해석될 수 있는가? 이러한 물음을 통해 우리는 '지구적(global)' 개념으로 획일화된 거시적인 관점 속에서 포착되지 않는, 그러나 지구화와 관련된 세력과 변수들이 통합적으로 작용하고 있는 미시적 현장과 그 현장에서 일어나고 있는 여성의 행위성(agency)에 초점을 맞추고자 한다. 지구촌에서 여성이 움직이는 곳은 단순히 물리적 차원의 지역 공간이 아니라, 행위자의 구체적 행동이 존재하는 '현장' 즉 사회문화적이며 맥락적으로 구성된 협상의 공간이기 때문이다. 지리적 공간성과는 또 다른 방식으로 파악되는 사회문화적이며 관계적이고 맥락적인 현장을 주목하고, 거기서 나타나는 여성의 행위성을 적극적으로 구성하는 것은 여성주의가 실현되고 있는 다양한 국면들의 고유한 복수적 현상에 주목하는 것이다. 이는 지구적 차원에서 동일하게 상상되었던 보편적 여성주의의 한계를 극복하고 보편과 특수의 관계를 새로운 차원에서 질문하는 것이다.

이러한 관점 하에 이 연구들은 다양한 현장에서 능동적으로 움직이는 '행위자'로서의 여성의 경험에 기반하는 현장 여성주의의 가능성을 모색한다. 여성주의는 기본적으로는 가부장제에 침윤된 이론을 보편적으로 수용해 온 담론들의 역사적 · 사회적 제한성을 밝혀 왔으며, 동시에 표준화된 단수의 여성주의에 대해서도 비판적 관점에 서 있다. 이러한 여성주의 이론이 현장들의 다양한 차이를 문제화하는 현장 여성주의로 변화를 모색함으로써 여성주의는 본질적이고 보편적인 이념으로서가 아닌 다양한 맥락에서 행위자 여성들의 교차적 인식틀로 기능할 수 있다. 현장 여성주의에서 핵심 기표는 '지역'과 '현장'이다.

남성들의 체험과 사유 구조를 중심으로 하는 보편적 주체 인식에 대항해 여성주의는 이론과 실천 양 진영에서 여성의 주체로서의 위치를 복권하는 다양한 운동들을 전개해 왔다. 이러한 운동들은 전 지구적 차원에서 여성들의 의식화 과정을 고무했으며, 보편적 대항 담론 및 운동으로서의 여성주의를 가능케 했다. 그러나 여성주의 내에 혹은 여성들 사이에 존재하는 '차이에 대한 사유'가 본격적으로 여성주의 정치학의 의제가 되고 '여성'이라는 단일 명칭으로 연대하면서 세계적인 가부장제적 위계 질서에 대항해야 한다는 이론적 · 실천적 제휴의 유용성이 의문시되었다. 이것은 여성들이 겪는 억압의 다양성에 기초해서 여성들 간의 차이를 고려하고 그 차이에서 발생하는 여성주의의 복수화 과정을 조명하려는 흐름이다. 이러한 복수적 여성주의들(plural feminisms)에 대한 관점은 지구지역의 현장적 맥락 내에서 단순한 지리적 개념으로서가 아니라 사회문화적 개념으로서 그 중요성이 부각되는 현장과 그 현장을 변화시키는 여성들에 주목하는 현장 여성주의에서 가장 현재적이고 치열한 면모를 띠게 된다. 현장 여성주의는 새로운 여성주의에 필수적인 차이의 존재론에 기반하고 있으며, 이를 통해 실천적 연대의 가능성을 모색하는 이론적 시도다.

현장 여성주의를 처음 거론한 애드리엔 리치(Adrienne Rich)는 여성주의 사회 변혁을 위해서는 복수적 현장들에서 여성들이 다성적(多聲的) 목소리를 내는 현장 정치학을 활성화해야 한다고 말한다. 수잔 프리드만(Susan Friedman)은 좀더 분명하게 존재하는 것은 하나의 여성주의(singular Feminism)가 아니라 복수의 현장 여성주의들(locational feminisms)이라고 말한다. 여기서 현장은 지리적 차원을 벗어난 지리적 · 상징적 차원 모두를 포함하는 개념임을 유의할 필요가 있다. 요컨대 현장은 아르준 아파두라이(Arjun Appadurai)에 의하면, 선위의 위치나 크기만을 갖는 스칼라(scalar)적 개념이 아니라 행위성(agency), 사회성(sociality), 재생산(reproducibility) 등과 같은 특정 류의 것들로 자신을 표현하는 현상학적 질(phenomenological quality), 감정 구조, 사회생활의 특징, 공동체 이데올로기와 같은 관계적이고 맥락적인 것으로 이해되는 차원이며 가치다.

이 같은 현장 개념을 전제로 하는 현장 여성주의의 공간 수사학은 민족, 인종, 계급, 섹슈얼리티, 종교, 출생 국가, 연령 등과 같은 문화적 범주에 토대를 둔 다른 형태의 권력 관계와 젠더가 상호 작용하는 점을 강조한다. 진보적 발전에 대한 직선적 담론을 강조했던 여성 운동의 제2의 물결과 달리, 현장 여성주의는 사회적으로 구성된 공간을 통해서 역동성을 긍정적으로 가정하는 공간적 은유의 수사학을 구사한다. 현장 여성주의는 처음에는 미국에 정착한, 그러나 온전한 미국 시민으로 정착이 어려운, 이런 의미에서 박탈당한 공간에 위치하는 제3세계 이주민 여성의 체험과 정치학을 이해할 필요성에서 시작되어 이제는 지구촌 현장 곳곳의 여성들에 대한 체험과 정치학을 이해하기 위한 여성주의의 제3의 물결로 발전해 가고 있다.

따라서 지구지역적 현장의 맥락 속에서 능동적으로 움직이는 '행위자'로서의 여성의 경험에 주목한다는 것은 그러한 복수의 현장 여성주의들이 만들어내는 다양한 움직임들을 일종의 새로운 공간 창출의 의미로 해석해 낸다는 것을 의미한다. 즉 여성들은 지구화가 가져온 구조적 조건들의 변화에 역동적으로 반응하면서 기존의 사회 제도 및 문화 패턴들의 유래를 계보학적으로 즉 비판적으로 질문하는 한편 그러한 비판적 해체적 질문의 과정 속에 등장하는 성찰적 실험의 공간을 대안적 삶의 공간으로 전환시킨다. 생산적 비판과 미래 선취적 실천이라고 일컬을 수 있는 이러한 여성들의 운동들은 그 운동이 발아하고 전개해서 특정 효과를 나타내는 시공간의 지역적 맥락성에 뿌리를 내리고 있으며, 동시에 전 지구적 차원에서 여성주의들이 어떤 방식으로 그리고 어떤 의제를 중심으로 연대할 것인가에 대한 시사점을 제시한다. 전 지구적 차원에서 작동하는 힘들이 각각의 현장에서 활동하는 여성들에게 어떠한 도전과 희망 그리고 미래 비전의 과정들로 나타나는가에 대한 면밀한 관찰은 "여성들이 활동하고 있는 기호적이고 물적인 조건들의 복잡성에 대한 인식"(브라이도티)을 확장시킴으로써 모든 여성들의 전 지구적 유사성이라는 가상에서 벗어나 실질적인 차이를 존중하는 새로운 종류의 연대를 가능케 한다. 즉 현장 여성주의는 이질성을 생산해 내는 물적 토대로서의 공간에 대한 인식, 그리고 공간의 구성적 성격과 맞물리는 상이한 여성 주체들의 행위성에 대한 구체적인 인식을 그 내용으로 한다. 여기서 여성 주체들이 발휘하는 행위성은 현장의 사회문화적 특수성과 긴밀하게 연결되어 있으며, 새로운 지역성을 창출하는 다양한 변화의 움직임들과 교호한다. 그리고 바로 이러한 변화 및 생성의 움직임 속에서 다양한 현장의 여성 주체들은 연대 가능한 의제들을 합의하고 그것의 성취를 위한 전략들을 정교하게 가다듬을 수 있는 것이다.

기존의 정치경제적, 사회문화적 지구화에 대한 연구와 접근들이 거시적 지구화 체제에 대한 연구에 집중하면서 소홀히 했던 여성의 행위와 활동에 주목한다는 점에서, 그리고 지구화 과정이 만들어 낸 변화된 공간 경험의 조건을 이해하기 위한 새로운 패러다임을 제공한다는 점에서, 더 나아가 여성주의와 여성운동의 영역에서 지역 현장 맥락성에 기반을 둔 여성주의를 모색하고 또한 연대의 공간을 창출한다는 점에서 이 연구의 의의가 마련될 수 있을 것이다. 이하에서 세 부분으로 나누어 연구 내용을 좀더 구체적으로 소개해 본다.

제1부 행위자로서의 여성과 지역성에서는 이러한 문제 의식에 좀더 집중해서 이 연구들의 이론적 전제이자 개념이 되는 현장, 현장 여성주의, 행위자로서의 여성을 이론적 차원과 다양한 실천적 차원에서 함께 검토한다. 이러한 분석들은 여성을 지구화의 영향에 전적으로 노출되어 있는 수동적인 피해자로서가 아니라 다양한 현장의 사회문화적 성격 자체를 변화시키는 능동적인 행위자로 그리고 새로운 정치적 주체로 의미화하고 있다. 이는 지구화, 현장, 그리고 여성 범주를 어떻게 보는지에 대한 인식론과 방법론에 관한 질문에 새롭게 답하는 것이다.

이러한 문제 의식에서 이상화의 "지구화 시대의 현장 여성주의: 차이의 존재론과 연대의 실천론"은 지구화 시대와 현장 여성주의에 대한 철학적 성찰을 시도한다. 이를 통해 한편으로는 현장을 변화시키는 동시에 그 현장에 의해 생산되는 지구지역적 맥락과, 다른 한편으로는 활동하고 협상하는 여성의 행위성이 그 다양한 차이에도 불구하고 연대의 가능성으로 수렴될 수 있는 비전을 모색한다. 특히 차이의 존재론에 기반해서 새로운 공간성과 지구적 담론, 현장의 개념적 의미를 탐구한다. 차이를 연대적 실천의 위험 요소로 간주하기보다는 연대적 실천의 자원으로 사유함으로써, 여성들의 삶과 경험이 처하고 있는 상이한 현장에서 진행되는 특수한 투쟁들의 다양성을 밝히고 여성주의적 미래에 대한 포괄적이고 다층적인 전망의 가능성을 제시한다. 이것은 여성주의적 연대의 실천을 위한 창의적 전략들을 수립하는 데 실질적인 도움을 제공할 것이다. 즉 지구화 시대 각 지역에서 발생하는 위기들이 상호 연관되어 있다는 것 그리고 여성들의 삶이 더욱 복합적인 성격을 띠게 되었다는 것은 장차 여성주의 미래를 역동적으로 새롭게 구성하려는 연대적 투쟁과 실천에 긍정적 도전의 의미를 띤다는 것이다.

조순경의 "초국가 자본, 노동 시장 유연성과 성별 정치학"은 노동의 비정규직화 문제에 초점을 맞추고 노동 시장에서 주변적 위치에 있는 여성들, 그리고 여성 직종을 중심으로 비정규직의 현장들을 분석하고 있다. 비정규직 여성 노동에 대한 차별이 어떠한 논리와 조건 아래에서 유지되고 재생산되는지를 파악하면서 각 국면에서 힘을 발휘하는 여성의 행위성에 주목하고 있다. 이 연구는 우리 사회에서 비정규직 문제를 둘러싼 연구와 담론들, 그리고 정책 결정 과정에서 여성들이 배제되고 있다는 문제 의식에서 시작한다. 노사정위원회의 비정규직 특위의 위원들은 모두 남성으로 구성되어 있고, 비정규직 문제에 대한 연구의 대부분은 비정규직 여성들을 단순히 연구의 대상으로 삼을 뿐 자신들의 문제를 스스로 해결하는 주체로 설정하고 있지 않다. 노동 현장을 어떻게 가시화하느냐의 문제는 비정규직 및 노동 시장 유연성에 대한 결정론적 관점의 문제를 지양하고, 새로운 이론적 논의의 지평을 마련하는 데에 중요한 관건이다. 또한 노동 시장 유연성 논리가 또 다른 이데올로기라는 비판 아래 이미 주변화되어 있는 여성 비정규직 노동자들을 더욱 주변화시키는 현장이라는 지적은 여성 비정규직의 관점에서 노동 운동을 새롭게 기획할 수 있는 출발점이 될 것이다.

석인선의 "여성주의 관점을 통해서 본 지구/지역적 환경법 질서"는 여성이 환경 관련 의사 결정에서 주체적 역할을 하기 위한 전략적 실천을 위해 필요한 과제들을 탐구 모색할 때 반드시 정립해야 하는 기초 작업인 환경법 현장을 연구한다. 여기서 관심의 초점이 되는 것은 부정적 힘으로서의 지구화를 새롭게 방어해 냄은 물론 지구화를 새로운 기회로 활용할 수 있는 여성 주체를 형성하고 그 연대 가능성을 모색하는 것이다. 나아가 초국가적으로 다양한 수준과 영역에서, 특히 국내 · 국제 환경법 질서에서 생태 여성주의적 개입이 가능한 방안을 제시하고 있다. 이러한 주장은 법학의 측면에서 생태 여성주의적 관점이 관통하는 지역성이 반영된 국내 환경법 질서와 초국가적 세계 환경법 질서를 구축하기 위한 이론적 시도를 통해 가시화되고 있다.

이영숙의 "여성과 자연의 관계, 여성적 원리의 지역맥락성: 한국 여성 활동가들의 경우"는 각 사회 여성의 삶은 보편적 경험과 각 지역의 사회문화적 상이성에 의한 특수한 경험으로 구성된다는 인식에서 출발한다. 지역 여성의 경험이 반영되지 않은 여성 이론은 지역 여성을 보편적 개념의 틀로 재구성하여 대상화하게 될 우려가 있다고 지적한다. 이러한 문제 의식에서 저자는 지구적인 생태여성주의에 대한 반응으로서 한국 여성의 경험과 현실을 성찰하면서, 동시에 다른 지역의 여성과 공유할 수 있는 개념을 부분적으로 갖춘 지역 맥락적 패러다임의 생명 여성주의를 제안한다. 세계 여성 운동의 장에서 서구는 서구적 생태여성주의로, 인도는 반다나 시바(Vandana Shiva)를 중심으로 개발된 생태여성주의로, 중국은 노장(老莊) 사상을 중심으로 한 인간과 자연의 관계를 근거로 생태 운동을 펼치고 있다. 그렇다면 한국의 여성 활동가들은 여성과 자연의 관계를 어떻게 연결해 사유하는가를 질문하면서 저자는 다양한 현장에서의 생명 여성주의를 구체적으로 가시화함으로써 한국 여성 활동가들의 행위성을 드러내고자 한다. 특수한 한국적 생태여성주의는 여성적 원리의 지역맥락성을 제공할 것이며, 이로써 국제적인 여성 연대에서 한국이라는 현장이 갖는 의미가 살아날 것이다.

변혜정의 "조선족 목욕관리사 여성의 몸일 경험과 여성성의 변화 가능성"은 중국과 한국의 사회 구조적인 맥락에서 이주를 둘러싸고 구성되는 민족 정체성, 국가 귀속성, 전통적인 성별 정체성 간의 갈등을 중심으로 여성성의 구성을 연구한다. 저자는 구체적으로 조선족 목욕관리사들의 때를 밀고 마사지를 하는 행위, 그것의 수혜를 받는 한국 여성과의 관계, 그리고 천함, 아름다움, 쾌락 등의 감수성들의 변화, 돌봄의 감정 노동 등을 둘러싼 남한과 조선족 사회의 문화적 담론 등을 분석한다. 특히 지구화의 맹공을 정면으로 받은 조선족 여성들의 '희망의 나라'인 대한민국에의 이주를 통한 여성성의 변화를 추적한다. 국가는 다르지만 민족이 같다는 상황, 그들이 여성이라는 사실, 그리고 무엇보다도 여성들과의 관계를 통한 상호성이 그들의 정체성을 어떻게 다르게 구성하는지를 보여 줌으로써 국민국가의 의미, 구조적으로 발생하는 전 지구적 자본주의의 부정의, 그 안에서의 여성성의 변화 가능성을 설명한다.

앞에서도 강조했듯이 지구화는 위기와 가능성을 동시에 품고 있는 역동적인 흐름이다. **제2부 지구촌 시대의 아시아 여성들**에서는 이러한 지구화의 진행이 다양한 지역 · 현장의 구체적인 여성의 삶의 조건에 어떠한 방식으로 영향을 미치는지를 아시아에 초점을 맞춰 살핀다. '지구촌 시대의 아시아 여성들'은 국가 횡단 시대의 시공간 속에서 보편적 여성주의의 시대적 착오를 극복하면서 아시아 여성들의 연대에 기반을 두는 '아시아 여성주의'가 가능한지 묻고 있다. 제2부에서 다루고 있는 주제는 이주 여성의 결혼 경험, 이주 여성에 대한 지역 사회의 대응, 여성 예술가들의 행위성, 대안 리더십으로서의 초록 리더십과 생명과학 연구 등 다섯 가지다. '아시아 여성주의'의 의제는 다양하게 포착될 수 있다. 여기 소개되는 다섯 개의 글들은 앞으로 행해져야 할 무수히 많은 '아시아 여성주의'의 의제들에 대한 담론의 포문을 연다는 데 그 의의가 있다.

김은실 · 김정선의 "지구/지역 시대 개인들의 행위 전략으로서 국제 결혼: 새로운 아시아/지역으로서의 충남 J 마을 사례 연구"는 아시아 여성의 국제 결혼을 지구화의 맥락 속에서 발생한 주변화 문제와 결혼 시장의 관점에서 살핀다. 국제 결혼은 이주 노동자의 유입과 마찬가지로 국민국가 내부의 문제를 다른 국가로부터 노동력을 유입함으로써 해결하려는 시도로 이해될 수 있다. 현재 한국 남성과 아시아 여성의 결혼은 젠더 문제일 뿐 아니라 계급 문제이며, 규범적으로는 사랑이 결혼의 전제로 이상화되지만 그 실제적인 내용에서는 남녀의 조건이 교환되는 폐쇄적인 계층별 결합 방식으로서, '말할 수 있는 경험'과 '말할 수 없는 경험'의 경계가 복잡하게 교차하는 하나의 장을 구성한다. 이 같은 국제 결혼에 대해 저자는 그동안 비난 담론에 가려져 쉽게 사회적으로 재현될 수 없었던 경험들을 드러내고자 한다. 로컬의 결혼 시장에서 배제되어 왔던 남성에게 그리고 로컬이 허용하는 것 이상의 삶을 욕망하는 여성에게 국제 결혼은 결혼을 할 수 있는 다른 통로를 가지지 못한 상황에서 제공되는 하나의 가능성이다. 이러한 과정에서 국제 결혼 중개업자에게의 의존은 필연적이지만 이들은 자신의 결혼을 도구화하려는 힘에 종속되는 동시에 그러한 힘에 대응해 자신의 행위성의 공간을 확보한다. 그리고 여기에서 행위성이란 전적으로 자율적인 주체의 인식과 의지의 산물이라기보다는 자신에게 행사되고 있는 구조적 권력과 자신이 맺고 있는 관계를 인식하고, 이러한 인식에 기반을 둔 대안적 실천을 확장해 내는 개인의 전략적 협상을 통해 구성된다는 것을 의미한다.

함동주의 "일본의 국제 결혼 이주 여성과 지역 사회의 대응"은 일본의 국제 결혼 이주 여성의 다층적인 문제를 일본이라는 지역 사회의 변화 과정과 연결시켜 살피고 있다. 1980년대 지구화의 확산 속에서 아시아에 국제 결혼이 크게 증가했는데, 그 대부분이 경제적 선진국의 남성과 경제적 낙후국의 여성의 경합이라는 형태로 전개되면서 경제적 요소가 강하게 작용하고 있다. 일본의 경우도 1980년대 이후 국제 결혼은 대부분 저소득 국가 출신의 여성이 경제적 기회를 위해 일본으로 이주하는 형태로 이루어졌다. 일본의 이주 여성에 대한 기존의 연구는 외국인 이주 여성을 지원 대상으로 설정하고 이들을 지원한다는 시각에 입각하고 있기 때문에 외국인 이주 여성과 일본인 사이의 상호 관계에 대한 관심이 부족하다. 반면에 이 논문은 지구화의 진전에 따라 더불어 대규모로 진행되고 있는 국제 결혼에 따른 변화와 과제에 대해 일본이라는 이주국의 인식과 대응 양상, 지원 대책을 검토하고 있다. 특히 최근 들어 차츰 확대되고 있는 국제 결혼 외국인 여성과 일본 여성의 교류를, 국제 결혼 외국인 여성이 직면한 가정 폭력 문제에 주목해, 이에 대한 일본 사회의 시각과 대응책을 검토하고 있다. 필자는 이 같은 연구를 통해 일본 사회는 'DV(Domestic Violence) 방지법'의 제정을 계기로 외국 여성에 대한 가정 폭력 지원이 제한적으로나마 이루어질 수 있는 가능성이 마련되었으며, 다양한 외국인 지원 민간단체들이 좀더 적극적으로 가정 폭력 문제에 개입하고 있음을 보여 주고 있다.

김영옥의 "기억, 신체, 차이를 말하다: 지구/지역 시대 여성 예술가들의 예술 생산"은 미학 일반 및 개별적인 예술 생산에 대한 담론 일반에 대한 여성주의적 문제 제기에서 출발한다. 1970년대 서구에서 여성주의적 예술 운동이 일어난 이래 한국을 비롯한 여러 장소들에서도 역시 그 지형학적 특성을 매개로 다양한 실험적 움직임들, 새로운 통로들(passage), 횡단들(transit)이 생성되고 있다. 이러한 지구지역적 맥락 속에서 저자는 서구에서 전개된 여성주의 예술 운동을 개관한 뒤 한국과 일본 등지에서 활동하고 있는 이토 타리, 시마다 요시코, 박영숙, 윤석남과 같은 여성 예술가들의 예술 실천을 몸의 이야기, 역사 새로 쓰기, 뿌리와 여정을 보여 주는 이산(diaspora)의 이야기, 차이를 되새김질하며 연대를 모색하는 이야기라는 관점에서 살펴보고 있다. 이를 통해 지구화에 따른 사회적 변용 가능성과 방향에 대해 고찰하는 것이다. 저자에 의하면, 위에 언급한 여성 예술가들은 여성의 경험의 역사와 여성적/여성주의적 감성 구조를 여성 문화의 계보 안에서 성찰하고 있다. 스스로를 페미니스트 아티스트 혹은 운동가라고 명명하는 이들은 가부장제와 국가주의, 그리고 전 지구적 차원에서 지역적 아트 생산의 문법을 명령하고 지배하는 아트 산업의 맥락에 대한 날카로운 비판 속에서 기존의 미학 체계를 질문하며 소통을 중요시하는 예술 생산의 가능성을 탐색한다. 이들의 작업은 시장 논리에 내맡겨진 지구적 시장 논리의 경계를 벗어나 현장의 맥락 속으로 침투하며 사람들에게 말을 건다. 이로써 새로운 통로, 새로운 열림의 출구를 만들고자 시도한다.

김정희의 "초록 리더십의 개념과 가능성"은 초록 리더십의 개념과 가능성을 서구 리더십론에 대한 검토와 노자 생명 철학의 리더십론으로의 재해석, 풀뿌리 여성 활동을 중심으로 살펴보고 있다. 이 글은 리더십을 생명 철학적으로 이해한다는 것은 기존의 리더십에 대한 접근과 어떻게 다른가, 우리가 현실에서 구사되는 많은 리더십들 중에서 특정 리더십을 생명 감수성에 기초하는 리더십이라고 부를 수 있다면 그 리더십이 갖고 있는 특성들은 어떤 것들인가를 질문한다. 이에 대해 저자는 체계의 창발적 촉매로서의 개인을 통해 발휘되는 리더의 행위 특성으로 리더십을 이해하면서, 생명 감수성에 기초하는 리더십으로서의 '초록 리더'의 개념을 탐구한다. 즉 초록 리더십의 일반적 특징—누구에게나 잠재하는 리더십, 파트너십, 최고 리더십으로의 무위(無爲)—을 주로 노자에 의거해 살펴보면서, 이러한 특징이 풀뿌리 여성 리더들에게는 어떻게 구현되고 있는가를 함께 고찰한다. 또한 이 글은 초록 리더십이 젠더(gender)와의 관련 속에서는 어떻게 이해될 수 있는지를 남성성과 여성성 및 풀뿌리 리더들의 역량 강화를 중심으로 살핀다. 저자는 초록 리더십은 여성적, 남성적 어느 한쪽을 강조할 수 없는 균형잡힌 리더십 혹은 양성 구유적 리더십으로 이해한다. 그리고 이러한 리더십이 여성, 남성 어느 한 성에 고착되지 않고 양성 모두가 발전시켜 갈 수 있는 전망은 오늘날 점점 더 커지고 있다고 본다.

최경희의 "과학 기술의 연구개발과 이용에서 여성의 참여와 역할"은 하루가 다르게 급속도로 발전하고 있는 생명공학 기술을 여성주의적으로 검토하고 있다. 생물의 복제, 인공 장기 생산용 형질 전환 동물, 줄기세포를 이용한 난치병의 치료, 세포 융합 기술, 생체 인식 기술 등 과거에는 상상할 수도 없었던 기술들이 현실화되고 있는 것이 최근의 정황이다. 이 같은 생명공학 기술은 앞으로 계속해서 발전할 것이고 생명공학의 특성상 연구개발 과정에는 여성들의 참여가 필수적이며 여성들의 역할은 날로 중대될 것이다. 여성 참여가 요구되는 이러한 과학 기술 및 사회의 상황을 배경으로 저자는 생명공학의 발달이 여성에게 미치는 영향과 건강에 대한 인식, 생명공학의 발달에 따른 여성의 참여와 선택의 문제, 아시아에서 대표적인 생명공학 발전국인 한국과 일본의 여성과학기술자의 분포 현황 및 여성 과학 기술자 육성과 지원 정책 등을 살피고 있다.

생명공학 기술이 가장 많이 적용되는 의료 치료 영역은 여성의 건강과 직접적으로 관련되어 있음에도 불구하고 현재 생명공학 분야에서 여성에 대한 이해와 배려는 매우 미미하며 연구개발 과정에서 여성들은 대부분 소외되고 있다. 의료 치료 결정 과정에서 여성들의 의사결정권이 소외됨으로써 여성들은 선택의 여지 없이 검사를 받아야 하거나 시술을 받음으로써 위험에 쉽게 노출되기도 한다. 또한 연구 과정에서 여성 연구원들이 연구 대상으로 전락할 가능성도 있다. 이러한 현 상황에서 저자는 일본 등에서 실시되고 있는 여성 과학자 지원 정책을 정부가 좀더 적극적으로 고안하고 실행할 필요가 있음을 강조한다.

제3부 여성 리더십의 현장과 의제에 실린 글들은 현장 여성주의를 여성의 행위성에 입각해 연구할 때 그러한 행위성이 가장 구체적으로 구현되고 발휘되는 장으로서의 여성 리더십에 주목한다. 최근 전 세계적으로 리더십에 대한 관심이 급증하고 있는 상황에서 대안적인 리더십으로 언급되고 있는 여성 리더십을 여성적 리더십, 그리고 여성주의 리더십의 맥락 속에서 좀더 치밀하게 연구하는 것은 현장을 지구지역적 맥락에서 활성화시키고 변화시키는 여성들의 행위성을 리더십의 관점에서 살피는 중요한 작업이라 하겠다. 현장 여성주의가 실천해 내는 사회 규범과 문화의 질적 변화는 여성의 참여적 리더십을 근간으로 하고 있을 뿐 아니라 동시에 여성 전문 인력의 양성과 활용이 다양해지는 사회적 여건을 마련하기 때문이다.

제3부에 소개된 여성 리더십에 대한 연구들은 여성 리더십을 둘러싼 이러한 사회적 조건들을 실현시킬 수 있는 구체적인 현실 분석과 함께 적용 가능한 전략과 대안을 모색하는 것이다. 이러한 목적 속에서 여성주의적 공동체 윤리에 기초한 여성주의 리더십의 개념화, 여성주의 리더십의 가치 탐색을 위한 공간과 철학에 대한 사유, 여성 리더십 증진을 위한 성주류화 정책의 의미와 영향, 그리고 정치 영역과 정부 조직과 관련된 공공 영역, 기업 중심의 경제 영역들 속에서 다양한 여성 리더십의 경험과 역할 등을 좀더 면밀하게 파악함으로써 연구의 세밀한 구체성과 함께 간학문적 연구의 시너지 효과를 확보하고자 시도한다. 이것은 지구화 시대의 여성 리더십을 성별 정치학의 역학 관계 속에서 분석하고 새롭게 해석하는 작업이다.

허라금의 "'여성주의 리더십' 이해를 위한 시론"은 리더십에 대한 관심을 어떻게 사회적인 현상으로 설명할 수 있을지 살펴보고, 이런 현상 속에 중요한 대안적인 리더십으로 주목받고 있는 여성 리더십 연구의 현황을 소개하는 한편 이들 연구의 기본 개념이라 할 '여성 리더십'을 어떻게 개념적으로 명료화할 수 있을지에 대해 고민한다. 또한, 생명의 가치를 중심으로 살아 있는 것들을 돌보는 활동을 통해 사회적인 변화를 이끌어 가고 있는 여성 리더들의 활동이 갖는 의미를 짚어 보고 있다. 이것은 '여성주의 리더십'의 개념화를 통해 여성주의 리더십 경험 연구의 기본 방향과 연구가 주목해야 할 리더들을 어디에서 찾아야 하는가를 제시하고자 하는 시도라 할 수 있다. 저자는 지구 환경, 생명의 문제는 이미 기존의 공/사 구분뿐 아니라, 개인/국가/전 지구의 경계 역시도 해체시키면서, 새로운 삶의 패러다임을 요구하는 문제라는 인식을 토대로, 지역성과 지구화가 결합해 만들어 가고 있는 변화의 지점 속에서 생명 여성주의 활동이 열어가는 패러다임의 변화를 주목하고 분석한다. 이것을 통해 기존 남성 중심 사회 속에서 차별받고 억압받아 온 피해자로서의 여성의 위치만이 아니라, 생태계가 위협받고 있는 시대적 문제의 심각성을 한 발 앞서 몸으로 인지하고 이의 해결을 위한 대안적 공동체를 모색하는 행위자로서의 여성의 위치를 확인하고 있으며, 그것이 지구화 시대 대안적 삶의 공동체를 위한 리더십 연구로서 그리고 여성학적 연구로서 갖는 의미를 강조한다.

윤혜린의 "지구화 시대 여성주의 리더십의 공간과 철학"은 지구화 시대가 추동하는 질문들, 즉 리더들이 한국 사회 혹은 더 미시적으로 자신이 속한 사회적 공간들과 지구/지역 공간 사이의 장들에서 만들어 내고 있는 사회적 네트워크 형성 행위들이 어떤 가치론적 의미를 지니는지에 대한 물음을 제기하고 있다. 또한 '지역'을 물리적 공간에 구속된 장소가 아니라 맥락적이고 행위론적인 '현장'으로 폭넓게 이해했을 때, 리더들이 활동하고 교류하는 지구/지역/현장들의 비전을 철학적으로 음미해 보아야 할 필요성 속에서 리더들이 다른 공간에 있는 여성주의자들과 소통하면서 관계망을 맺어가고 활동해 가는 공간적 경험의 궤적을 추적한다. 이러한 시도는 공간 문제를 중심으로 한 지구화에 대한 고찰, 여성주의를 대안적 가치로 내재화하는 여성 행위자들에 의한 공간의 여성주의화와 여성이 실천하는 공간적 리더십에 대한 인식의 기초 위에서 이루어지고 있다. 저자는 사회 공간의 제반 영역에서 활동하는 여성들에 대한 심층 면접을 통해 여성주의 리더의 리더십 경험을 확인하고 대안 공간으로서의 여성주의적 삶의 공간들을 정초하는 여성주의 리더십을 인식론적, 가치론적, 존재론적으로 탐색한다.

최희경의 "성 주류화 정책과 여성 리더십"은 국제적 · 국내적 정책 과정에서 혁명적 변화의 계기를 마련하고, 젠더 문제를 정책 과정의 모든 분야와 단계에서 고려되어야 할 핵심 사항으로 강조하는 '성 주류화'의 배경과 제도적 요건들, 그리고 여성 리더십과의 맥락성에 주목한다. 먼저 국외 성 주류화 정책의 발전으로 유엔과 유럽연합의 성 주류화 정책의 전개 과정을 분석하고 그 역사적 · 정책적 특성들을 성 주류화 정책의 지구지역적 과제와 수행을 위한 국가기구와 국제 기구의 연계적 발전 속에서 검토한다. 또한 한국의 성 주류화 정책의 논의 과정과 제도화 과정을 분석하는 한편, 최근 주목받고 있는 성별 영향평가, 성 인지 예산, 성 인지 교육 등의 제도화 추진의 의미들을 살핀다. 저자는 과연 성 주류화 정책이 구체적인 여성 리더십 확대에 긍정적인 영향력을 행사할 수 있는지 고찰하면서, 성 주류화 정책이 여성에게 리더십을 발휘할 기반을 마련해 줄 뿐 아니라 여성의 리더십 자체를 고정 관념에 근거한 차별적이고 부정적인 요소가 아닌 여성적 가치와 특성을 살린 자연스러운 것으로 평가받을 수 있도록 한다고 진단한다.

박통희 · 강현희의 "중상위 계층 여성 공무원의 리더십 행동 유형: 행위자 관점의 다요인 구조"는 여성 공무원들의 리더십 역량에 대한 평가가 여전히 성역할에 대한 고정 관념과 남성 중심적 기준에 의해 이루어지고 있으며, 이것은 여성의 성역할과 남성 중심적 관점에 입각한 리더의 역할이 상충된다는 점, 그리고 이러한 역할 상충은 중상위 계층의 여성 공무원들 자신에게는 물론 남성 공무원들에게도 여성 리더십에 대한 정체성 혼란을 야기한다는 문제 의식에서 출발한다. 이러한 정체성 혼란이 야기하는 여성 행동 지향의 불확실성, 여성 행동과 능력에 대한 남성들의 비일관적이며 자의적인 평가를 지양하기 위해, 저자들은 리더십 행동 모형에 대한 다각도의 연구를 진행한다. 다시 말해서 기존의 남성 중심적 리더십 모형과 이를 토대로 한 남녀 비교 연구가 안고 있는 문제를 치유하기 위해, 중상위 계층 여성 공무원의 리더십 모형을 다요인적 차원에서 분석하고, 여성 고유의 리더십 모형 정립을 시도함으로써, 궁극적으로 여성 고급 인력의 리더십 개발을 통해 정부 조직의 효율성을 제고하는 계기를 마련하고자 하는 것이다. 이를 위해 저자들은 행위자 관점을 채택해 중앙정부의 중상위 계층 3~5급 여성 공무원을 대상으로 수집한 자료를 기존 연구 결과와 비교 · 분석한다. 또한 이것을 통해, 기존 리더십 모형을 통합한 여성 리더십의 다요인 복합 모형 개발과 활용이 고급 여성 인력의 활용도를 높일 뿐 아니라, 남성적 리더십의 한계를 보완하는 데 기여할 수 있을 것이라 전망한다.

양민석의 "지구화 시대 기업 조직 문화의 변화와 여성 리더십의 역할"은 지구화의 변화 과정 속에서 강조되고 있는 여성 리더십의 특성과 필요성의 구체적인 의미를 조직 문화와 리더십의 상호 작용 관계 속에서 파악한다. 즉 지구화와 기업 문화의 변화, 기업 조직 구조의 제도와 규범, 여성 관리자의 리더십 운용, 기업 비공식 문화와 네트워크 등의 주요 항목들 속에서 국내 기업과 한국에 들어와 있는 외국 기업에서 종사하고 있는 여성 리더들을 중심으로 지구화 시대의 조직 문화의 변화와 여성 리더십의 상호 작용 관계를 비교, 고찰하고 있다. 국내 기업의 여성들이 여성 리더십과 남성 리더십의 특성상의 차이를 쉽게 언급한 반면, 외국 기업의 여성 관리자들은 그것이 성별적 차이보다는 개인적 차이라고 언급한 것을 보면, 여성 리더십이 '여성성'을 기본으로 한 성향들을 갖는 이유가 조직의 문화적 토양이나 조건들과 많은 연관성을 갖고 있다고 평가된다. 저자는 지구화 시대의 기업 문화는 한국이란 지역적 상황 속에서 변화하고 있으며, 비교적 덜 권위적이며 성차별이 적은 외국 기업의 문화는 여성 관리자들과 그들의 리더십이 발현될 수 있는 기회로 작용하고, 신자유주의의 경쟁 상황 속에서 이렇게 변화하는 기업 문화를 고려해야 하는 국내 기업들의 경우도 여성 리더십에 유리한 조건들을 만들어 나가고 있음을 주목한다. 그에 따른 한계점이 지적되는 반면, 기존의 국내 기업에 주효했던 남성 중심적 리더십이 지구화에 따른 경쟁 속에서 다양한 조직 문화의 변화와 더불어 바뀌어 가고 있음을 조심스럽게 관찰하고 있다.

이 책은 이화여대 한국여성연구원에서 한국학술진흥재단의 중점연구소 지원을 받아 2003년 12월에서 2005년 11월까지 2년 동안 진행해 온 "지구화 시대의 현장 여성주의와 연대의 정치학" 프로젝트의 연구 결과물에 토대를 두고 있다(과제 번호 2003-005-I00092, 2003-005-I00084, 2003-005-I00094). 이 책에 실린 열다섯 편의 글들을 이어 주는 핵심 정신은 지역 현장의 여성주의에 대한 촘촘한 이해에 있다. 보편적 이념이 작동하는 지구적 여성주의가 아니라 다양한 맥락에서의 차이를 모색하는 여성주의"들"의 움직임을 통해 행위자 여성들의 연대가 새롭게 확장될 수 있다는 것을 보이고 있다. 이 때 여성 행위자들은 고정된 주체라기보다는 다종다기한 위치성을 지니면서 시공간적 맥락을 교차하여 실천하는 '생성중인' 주체다. 현장에서 자신의 고유한 문제를 포착하며 지구지역적 과제에 예리하게 반응하며 공감의 능력을 체화하는 정치적 주체인 것이다. 특히 지역 현장의 여성 주체들에 대한 세밀하고 풍부한 연구 성과를 도출하기 위해 여성학, 사회학, 철학, 사학, 문학, 법학, 행정학, 생명공학을 아우르면서 폭넓게 연구진을 구성함으로써 간학문적 연구의 시너지 효과가 생산될 수 있는 연구 환경을 만들어 준 한국학술진흥재단에 감사드린다. 끝으로 이 연구가 결실을 맺을 수 있게 성심껏 도와 준 석사 · 박사 과정의 연구보조원들, 한국여성연구원의 편집자와 이화여자대학교출판부의 관계자들의 노고에 감사드린다. 앞으로 이 연구를 토대로 다양한 현장에 있는 능동적인 여성 주체들의 실천하는 모습들을 의미화함으로써 '생물학적 본질로서의 여성, 보편적으로 성별화된 여성, 지역에 고착된 여성' 등의 이념형과 결별하기를 기대한다.

2007년 11월

집필자 일동

제1부

행위자로서의 여성과 지역성

I 지구화 시대의 현장 여성주의: 차이의 존재론과 연대의 실천론

이상화(이화여자대학교 철학과)

1. 현장 여성주의와 차이의 존재론

여성주의 이론을 구성하는 기본 개념과 범주는 서구 보편주의 사상 전통에 대한 대항을 통해 성립되었다. 여성주의의 이론적 맹아는 1949년 시몬 드 보부아르(Simone de Beauvoir)의 『제2의 성(*Le Deuxième Sexe*)』으로부터 싹텄지만, 여성주의가 활발하게 논의되기 시작한 것은 1960년대 후반과 1970년대 초반이라고 할 수 있다.

여성주의 이론은 초기 형성 과정에서는 서양의 고전이라고 일컬어지는 텍스트들이 지닌 성별 편견과 이데올로기를 비판적으로 검토했다. 이런 검토 작업을 통해 여성주의 이론가들은 이들 고전 텍스트들이 제시하고 있는 보편주의 이론이 사실은 남성 중심적이며 남성들의 체험만을 반영하고 있는 것에 불과하다고 폭로한다. 가령 여성주의적 관점에서 볼 때, 이성을 인간과 다른 존재자들을 구별하는 인간 고유의 보편적 능력으로 규정하는 전통적 사유는 일종의 남성 중심주의를 전제하고 있다. 이런 사유는 이성을 남성들만이 특권적으로 접근할 수 있는 능력으로 보며, 감성을 이성에 비해 가치가 떨어지거나 이성의 활동을 저해하는 부정적 요소로서 격하된 채로 여성들의 고유한 능력으로 할당해 왔다. 이처럼 이성 중심주의는 이성을 남성들의 특권적 능력으로 가정한다는 점에서, 그리고 감성과 같은 또 하나의 중요한 능력을 배제한다는 점에서 이중의 배타성을 가지고 있으며, 이 배타성에 기반해 남성 존재의 중심성과 우월성을 이데올로기적으로 유포한다. 초기 여성주의적 이론들은 남성 중심주의에 의해 배제된 감성의 중요성을 조명하고, 이를 통해 감성적 능력의 존재로 규정되어 비하되어 온 여성의 위치를 이론과 사유의 영역에서 복권하고자 했다.

이러한 여성주의의 이론적 흐름은 현실에서의 실천 운동과 무관하게 이루어진 것이 아니다. 이론 영역에서 남성과 공적 시민에 대한 표상, 혹은 이들에 대한 철학적 구성물인 보편적 주체에 대한 공격은 여성의 시민권을 찾으려는 다양한 실천적 시도들의 이론적 표현물이었다(이상화, 2000:30). 백인 여성들을 중심으로 형성된 초기 여성주의 운동은 남성에게만 배타적으로 주어져 왔던 시민적 권리를 여성들에게 확대하며 정책적·법률적으로 양성 평등을 이루고자 시도했다. 이러한 시도는 여성을 남성과 동등한 시민이자 보편적 인간으로 인정해 줄 것을 요구하는 데에서 출발했지만, 점차로 여성과 남성의 차이에 대한 인식에 기초해서 여성을 남성과 다른 고유한 주체로서 부각시키고 긍정하는 차이의 담론으로 발전한다. 이 과정에서 여성주의적 실천은 성별 차이의 문제를 전면에 제기하고 남성 중심적 보편 주체의 허구성을 폭로하는 이론적 성과물을 요구했던 것이다.

그러나 이러한 시도에서 고려되었던 '차이에 대한 사유'는 여전히 동일성의 사유나 보편주의 철학과 완전히 결별하지는 못했다. 여기서 여성은 여전히 또 하나의 보편적 주체로서 등장하는 경향이 보이기 때문이다. 다시 말해 여성과 남성의 차이만이 두드러지게 강조되었을 뿐, 여성들 간의 차이는 무시되는 경향을 보였다. 오드르 로드(Audre Lorde)는 이런 경향을 다음과 같이 지적하고 있다.

> 오늘날 대부분 여성 운동 안에서 백인 여성들은 자신들의 억압에 초점을 맞

> 추고 있으며, 인종, 성적 선호, 계급, 연령의 차이를 무시하고 있다. 마치 사실상 은 존재하지도 않는 자매애(sisterhood)라는 단어가 경험의 동질성을 포괄할 수 있는 것처럼 주장하는 허식이 존재하는 것이다. …… 여성들을 분리시키는 것은 우리들의 차이가 아니다. 여성들을 분열시키는 것은 이러한 차이들을 인정하고 싶어하지 않는 태도와 그러한 차이들을 무시하고 잘못 명명하는 데서 비롯되는 왜곡을 효과적으로 처리하는 것을 내켜 하지 않는다는 의미다(Friedman, 2001:14).

물론 서구의 백인 여성들을 중심으로 개발된 여성주의의 보편주의적 이념과 가치 지향이 여성 문제에 대한 의식화 단계에서 매우 의미 있는 전거가 되었으며, 여성주의의 확대와 진전을 가져왔다는 것을 부정할 수는 없을 것이다. 그러나 전 세계적으로 여성 운동이 확산되고 발전되면서 여성주의 내에 존재하는 차이들을 좀더 섬세한 시선으로 포착하고 '여성들 간의 차이'를 이론적으로 주제화하는 것이 새롭게 요구되고 있다. 즉 '여성'이라는 단일 명칭 속에서 여성들이 서로 연대해 세계적인 가부장제적 위계 질서에 대항해야 한다는 이론적 · 실천적 제휴의 유용성이 의문시되면서, 단수적 명칭으로서의 보편적 '여성주의' 운동을 지양하려는 경향이 등장하고 있는 것이다.

이 새로운 흐름은 여성들에게 가해지는 억압의 다양성에 기초해서 여성들 간의 차이를 고려하고, 그 차이에서 발생하는 여성주의의 복수화 과정을 조명하려는 흐름이다. 복수적 여성주의들(plural feminisms)에 대한 이러한 관점은 동일성의 존재론과는 변별되는 차이의 존재론을 요청한다. 이 글은 이러한 문제의식 하에 새로운 여성주의로서 현장 여성주의를 고찰하고자 한다. 현장 여성주의는 새로운 여성주의에 필수적인 차이의 존재론에 기반하고 있으며, 이를 통해 실천적 연대의 가능성을 모색하는 이론적 시도다.

2. 현장 여성주의의 계보학적 방법과 공간성의 사유

현장 여성주의는 기본적으로는 단수의 여성주의에 대한 비판적 관점에서 성립되었다. 여성주의 이론은 항상 남성의 담론을 역사와 사회의 구체적 맥락 속에서 분석함으로써 보편적이라고 주장되는 그 담론들의 역사적 · 사회적 제한성을 밝히는 작업을 수행해 왔다. 이런 점에서 여성주의 이론은 '계보학적 방법(genealogical method)'을 자신의 고유한 방법론으로 채택해 왔다고도 할 수 있다.

계보학적 방법은 프리드리히 니체(Friedrich Wilhelm Nietzsche)가 『도덕의 계보』에서 전면적으로 시도한 탐구 방법이다. 니체는 전승된 개념들에 대한 절대적인 회의가 무엇보다도 중요하고 필요하다고 주장하면서 이를 계보학적 방법이라고 명명한다. 니체는 계보학자는 개념과 가치들이 생겨난 문화적 실천과 조건들 속에서 개념과 가치들의 기원을 탐구해야 한다고 주장했다(Mahon, 1992:82). 미셸 푸코(Michel Paul Foucault)에 따르면, 이러한 방법론은 기원(Ursprung)에 존재하는 동일하고 보편적인 실체를 가정함 없이 사물이나 사물의 개념의 유래(Herkunft)를 묻는다. 우리가 어떤 사물이나 개념들을 계보학적으로 탐구해 보면 그 발생의 시점에는 신성불가침한 주체성이나 동일성, 본질 대신 끊임없이 변화하는 힘들의 긴장과 파편적이고 이질적인 사물들의 복수적 질서가 존재함을 알 수 있다는 것이다(푸코, 1989:142).

한마디로 표현하면 계보학은 '기원에의 추구'에 대립하는 방법론이다. 이러한 계보학의 특성이 의미하는 것을 더욱 분명하게 이해하기 위해서는 기원 개념의 또 다른 대립 쌍을 살펴보는 것이 필요하다. 앞서 언급했듯이 '기원'은 '유래'와 대립되며, 다른 한편으로 '발명'과 대립되는 용어다. 푸코는 니체가 발명을 의미하는 독일어 'Erfindung'을 반복해서 사용하는 점에 주목한다. 니체가 발명(Erfindung)에 대해 말하는 것은 더 이상 기원에 대해서 말하지 않기 위해서다. 그렇다고 해서 니체가 '발명'을 의도를 가진 주체가 수행하는 무제한적으로 자유로운 창조 활동으로 본 것은 아니다(Mahon, 1992:82). 특정하게 조건화되고 구체적인 현실 맥락에 영향을 받지 않은 채 행위의 수행자로 존재하는 자율적 주체를 상정하는 것은 계보학을 통해 니체가 비판하는 기원으로서의 주체를 전제하는 것이기 때문이다.

니체의 계보학에 나타난 기원 개념의 두 가지 대조어를 고려할 때 우리는 계보학적 방법론에 대해 두 가지 특징을 서술할 수 있다. 먼저 계보학적 방법은 비판이다. 즉 사물과 개념의 역사적 유래를 탐구함으로써 일종의 도그마에 불과한 순수 기원 혹은 그 기원에 존재하는 실체를 파괴하고 비판하는 작업이다. 둘째로 계보학적 방법은 실천적 생산이다. 기원의 대립어로서 제시된 발명 개념을 통해 우리는 계보학이 단순한 폭로나 해체가 아니라 생산적 실천 개념을 내포하고 있음을 추론할 수 있다.

이런 점에서 본다면 여성주의는 태생적으로 계보학적이다. 여성주의는 인간이라는 보편적 주체 속에서 어떻게 여성이 타자화되고 소외되었는가를 드러내 보임으로써 현실적으로 존재하는 것은 동일하고 보편적인 주체로서의 인간이 아니라 성차화(性差化)의 사회적 맥락 속에 놓인 인간임을 밝혔다. 그러나 여성주의 이론과 실천의 초기 시도들은 여전히 계보학적 비판이 가닿지 않은 신비화된 영역을 가지고 있었다. 이런 점에서 현장 여성주의는 좀더 심화된 계보학적 비판이라고 표현할 수 있다. 즉 현장 여성주의는 여성주의의 계보학적인 방법을 여성주의 자체에 적극적으로 적용해 다음의 사실을 밝혀낸다. 그것은 대문자 '여성(Woman)'이라는 범주를 통해 진행되는 단수의 여성주의가 실상은 특정한 시간과 공간 속에서 구성된 지역적이고 상황적인 하나의 여성주의에 불과하다는 것이다. 즉 기존의 단수적 여성주의는 서구의 백인 중산층 여성 주체의 구성을 표현한 하나의 여성주의일 뿐이다.

현장 여성주의는 계보학의 두 번째 의미인 발명의 맥락을 부각시킨다는 점에서 심화된 계보학적 생산이다. 로지 브라이도티(Rosi Braidotti)는 계보학적인 방식을 통해서 새로운 여성주의가 달성해야 하는 역사적 과업에 대해 다음과 같이 주장함으로써 현장 여성주의의 이와 같은 문제 의식을 정확히 드러내고 있다. "역사적 과업들 중 하나는, 차이들에 대한 인식이 새로운 종류의 연대를 포용하는(즉 배타적이지 않은) 방식으로 창출하게 해 주는 상호 주체성 감각을 어떻게 복원할 것인가 하는 점이다. …… [또한] 제2의 성인 모든 여성들의 전지구적 유사성이라는 의미를 띠는 자매애 이미지를 폐기하고, 여성들이 활동하고 있는 기호적이고 물적인 조건들의 복잡성에 대한 인식을 선호할 필요가 있다"(브라이도티, 2004:79). 다시 말해 현장 여성주의는 다양한 시공간적 맥락 속에서 여성주의가 등장하는 상이한 형태와, 여성주의가 변화하거나 상이한 방식으로 이식되는 시간적이고 지리적인 형식을 고려함으로써 새로운 종류의 연대를 수행하는 여성 주체의 발명을 꿈꾼다. 새로운 여성 주체의 발명은 현장성에 기반한 진정한 연대적 실천을 통해 가능한 것이다. 이 여성 주체가 현장성에 기반한 구체적 실천들 속에서 구성되고 생산된다는 점에서 현장 여성주의의 주체 개념은 니체의 발명 개념과 정합적이다. 현장 여성주의는 서구 계몽주의의 선(先) 전제된 자율적 주체를 이론적으로도 실천적으로도 요청하지 않는다.

여성들의 구체적 차이에 기반한 이러한 여성주의적 사유와 실천을 '현장 여성주의(locational feminism)'라고 명명하는 것은 애드리엔 리치(Adrienne Rich)가 주창한 '현장의 정치학(politics of location)'이라는 용어에서 기원한다(Rich, 1984; Friedman, 2001:22). 리치는 1984년 "현장의 정치학(Politics of Location)"이라는 논문에서 여성주의적 사회 변혁을 위해서는 복수적 현장들에서 여성들이 다성적(多聲的) 목소리를 내는 현장의 정치학을 활성화해야 한다고 주장한다. 리치의 '현장' 개념은 보편적 용어인 대문자 여성(Woman)을 비판하기 위해 추상적인 단일한 여성의 신체라는 관념을 의문시한다. 여성의 신체는 단일하다기보다는 인종, 계급, 성적 선호 등의 복수적이고 복잡한 물질적 흐름이 교차하는 장소(place) 또는 현장(location)이다. 이런 신체관을 통해 리치는 얼굴 없고 인종 없고 계급 없는 모든 여성(즉 대문자 여성)이라는 범주에 맞서는 여성들의 구체적인 특수성에 기반한 여성주의를 제창하려고 했다.

현장 여성주의가 여성들의 차이를 주제화하기 위해 전략적으로 채택하는 개념은 '공간성(spatiality)'이다. 공간성의 새로운 수사학은 시간성(temporality)의 수사학과는 대별되는 효과를 가져다 준다. 그것은 시간성의 수사학에 내재한 보편화와 동질화의 양상을 파편화하며 차이를 적극적으로 삽입한다. 가령 '동시대인(contemporary)'과 같은 시간성의 수사학적 표현들은 같은 시대를 살아가는 사람들이 동일하고 보편적인 문제 상황 속에 놓인 존재임을 자명한 전제로서 간주하게 만든다. 여성주의에 1세대, 2세대, 3세대와 같은 시기적 명칭을 붙이는 것도 유사한 효과를 갖는다. 이런 세대 구분의 명칭은 특정한 시기에 활성화된 공통의 여성주의적 의제들을 표현하고 공유된 문제 의식 하에서 이루어진 여성주의적 연대와 실천을 포착하게 한다는 유용성을 지닌다. 그러나 이것은 차이를 중심에 두고 사유하는 새로운 여성주의의 흐름을 포착하는 데에는 한계가 있다. 이런 점에서 제3세대 여성주의자들은 시간성의 수사학에서 공간성의 수사학으로의 전이를 시도한다. '현장 여성주의'라는 명칭은 여성들이 같은 시간 속에 살면서도 상이한 공간 속에 존재한다는 이유로 인해 국지적으로 맥락화된 억압에 노출된다는 것과 그에 대한 상이한 문제 의식화와 대응이 존재한다는 것을 '현장(location)'이라는 공간적 개념을 통해 효과적으로 전달하는 것이다.

이와 같은 공간성의 도입을 통해 공간성의 수사학은 시간성 자체를 재전유한다. 이제 시간은 보편적이고 동질적인 것으로 간주될 수 없다. 공간에 따라 복수적 위치성(multipositionality)이 존재한다면 이 복수적 위치성을 지닌 존재들에게 공통의 단일한 시간성을 분배할 아무런 이유가 없다. 오히려 복수적 위치들의 수만큼 복수적인 시간성이 존재한다고 보는 것이 더 타당할 것이다. 이처럼 '현장'은 단순히 상이한 공간성을 표현하는 개념이 아니라 역사적 · 사회적 맥락 속에서 결정되는 다수의 시공간성과 그 안에서 살아가고 실천하는 여성 주체들을 주제화할 수 있는 개념이다.

제3세대 이전의 여성주의에 공간성의 개념이 부재했던 것은 아니었다. 그러나 보편적이고 동질적인 시간성의 사유 속에서 공간성 개념은 동질성을 파편화하고 차이를 생산하는 기능을 제대로 수행하지 못했다. 1938년 애덜린 버지니아 울프(Adeline Virginia Woolf)는 『3기니(*Three Guineas*)』에서 "여성으로서 나에게는 나라가 없다. 여성으로서 나는 나라를 원하지 않는다. 여성으로서 나에게 나라는 전 세계이다."라고 말함으로써 여성을 어느 장소에도 부재한 존재인 동시에 모든 곳에 편재하는 존재로서 규정했다. 이와 같은 울프의 규정 이후로 여성주의에서는 여성을 일종의 지구 망명객으로 보는 매력적인 사유가 일반화되었다. "어느 장소에도 부재함으로써 모든 장소에 편재함"은 일종의 공간성 개념이다.

그러나 이와 같은 공간성 개념은 현장 여성주의자들이 보기에는 회피 전술에 불과하다. 여성은 지구 망명객이며 따라서 '세계 시민'이라는 울프의 주장은 집 없음, 나라 없음, 정박지 없음이 마치 모든 여성들에게 공통적인 것처럼 보이는 효과를 만들어 낸다. 그러나 현장의 정치학을 통해 "여성들에 대한 일반화를 이제는 여성들 사이의 차이들에 주목해 여성들을 설명해 내는 것으로서 대체해야 한다. …… 앨리스 워커(Alice Walker)가 울프의 진술에 다음과 같이 반문했듯이 말이다. 이런 무심한 초연은 높은 신분과 백인의 특권이 아닌가? 단 한 번도 집이 없었고 혹은 미국 노예 농장에 있는 필리스 휘틀리(Phillis Whitley, 1753-1784: 미국 독립혁명 전 시절에 시를 출판했던 미국 최초의 흑인 여성)처럼 기억할 고국이라곤 없는 사람들에게 망명객이라는 은유가 무엇을 의미할 수 있단 말인가? 지구 망명객이라는 이 고상한 은유는 너무 자민족 중심적이지 않은가?" (브라이도티, 2004:58)

현장 여성주의가 이런 방식으로 공간성을 사유하는 데 중요한 이론적 배경을 제공한 것은 포스트모던 사상이다. 공간성을 도입함으로써 보편적이고 동질적인 시간성을 파괴하고 전복하기 위해서는 공간성 자체가 다시 규정되어야만 했다. 서구 근대의 사유 속에서 공간 개념은 시간 개념만큼이나 동질적이고 보편적인 것이기 때문이다. 가령 경험주의 철학자들에게 공간은 외적 경험에서 우리가 공통점을 추상해서 만들어 낸 경험적이고 추리적인 보편 개념으로 이해되었다. 임마누엘 칸트(Immanuel Kant)에게는 "외적 현상의 관계들로부터 경험적으로 얻을 수 없고, 도리어 외적 경험 자신이 공간의 표상에 의해서 비로소 가능한 것"으로 여겨졌다(칸트, 1983:B38). 구체적 사물에 대한 경험을 추상화한 개념(Begriff)으로 간주하든, 구체적 사물 경험을 가능케 하는 근본적이고 필연적인 표상(Vorstellung)으로 간주하든 근대 철학자들에게 공간이 동질적이고 보편성을 띤다는 점은 확고한 사실이었다.

포스트모던 사상은 이러한 근대적 공간 개념에서 탈피해 공간성 자체를 재사유하게 함으로써 현장 여성주의의 사유에 기여한다. 포스트모던 사상가들의 논의 중 현장 여성주의 이론과 관련해서 특히 관심을 끄는 것은 푸코의 공간론이다. 그의 공간론을 간명하게 요약하고 있는 "다른 공간들(Des espaces autres)"에서 그는 우리의 시대를 '공간(espace)'의 시대로 규정한다(Foucault, 1994: 752-762). 그는 서양의 경험, 역사 안에서 공간은 자기동일성의 공간으로 규정되어 왔으며, 이런 공간 개념을 통해서는 시간과 공간의 필연적 교차를 인식하는 것이 불가능하다는 점을 밝히고자 한다. 현대의 새로운 공간 개념은 동질적(homogène) 공간 개념에서 벗어난 이질적(hétérogène) 공간 개념이다. 이를 통해 우리는 일종의 빈 공간(vide)의 내부에 살고 있는 것이 아니라, 하나로 환원할 수 없는 관계들의 내부 속에서 살고 있는 것으로 정의된다.

푸코는 유토피아(Utopia)와 헤테로토피아(Heterotopia)라는 개념을 통해 두 개의 대립적 공간 개념을 발전시켜 나간다. 유토피아는 실제로는 존재하지 않는 동질적 공간이다. 그러나 이러한 허구적 유토피아와는 달리 우리의 실재적 삶의 배치를 이루는 공간이 존재하며, 이것을 '다른 공간들', 즉 헤테로토피아라고 명명할 수 있다. 사실상 세계에서 헤테로토피아를 구성하지 않는 단일한 문화란 없다. 단지 유토피아의 공간론이 헤테로토피아로서의 실재적 공간을 동일성과 보편성의 환상으로 가리면서 이에 대한 인식을 방해해 왔을 뿐이다. 가령 원시 사회에는 일상화된 공간 속에 항상 위기의 헤테로토피아들, 즉 특권화되거나 신성화되고 금지된 개인들(젊은이들, 월경 시기의 여성들, 병든 여성들, 노인들 등)을 위한 이질적 장소가 존재한다. 그리고 이러한 위기의 헤테로토피아는 오늘날에는 일탈의 헤테로토피아에 의해 대체되었다. 일탈의 헤테로토피아 안에서 개인들의 행동은 요청되는 표준이나 기준에서 벗어난다. 그리고 위기나 일탈의 헤테로토피아와 더불어 다양한 헤테로토피아들이 존재한다.

푸코의 헤테로토피아 개념은 동질적 공간과 그 속에 존재하는 보편적 주체의 환상 대신에, 이질적 공간의 존재와 이질적 공간들이 다른 인접한 공간들과 연결되면서 형성하는 이질성의 생산, 그리고 이질적 공간들을 점유하면서 생산되는 주체들에 대한 사유를 제공한다. 이와 같은 푸코적 공간 모델은 공간성에 대한 계보학적 접근으로서 근대의 동질화된 공간이라는 실체를 비판하는 데 기여한다. 계보학적으로 재사유된 공간 모델은 현장 여성주의의 '현장' 개념이 동질적이고 균일화된 세계 공간의 분절된 단편이 아니라 이질성이 생산되는 장소임을 드러내 준다. 헤테로토피아에 대한 사유를 통해 우리는 헤테로크로니(hétérochronies), 즉 이질적 시간을 이해하게 되고 전통적인 시간성의 사유와 결별하게 된다. 이러한 푸코의 헤테로토피아 개념은 현장 여성주의자들의 현장 개념이 지닌 다질성을 포착하고 차이의 존재론을 확립하는 데 기여할 수 있을 것이다.

3. 현장 여성주의와 지구화 담론

현장 여성주의는 '지구적 여성주의(global feminism)'에 대한 비판이다. 지구적 여성주의는 제2세대 여성주의자들의 보편주의적 가정 속에서 생겨난 용어다. 2세대 여성주의자들은 보편적 가부장제에 대한 가정 아래 전 세계적 남성지배에 대한 저항 속에서 결성되는 전 지구적 자매애를 호소했다. 그들의 핵심 주장은 여성들에 대한 억압이 지구적인 만큼 여성들의 저항도 지구적인 차원에서 결성되어야 한다는 것이다. 21세기의 지배적인 현실로 받아들여지는 지구화(globalization) 현상은 이런 주장의 타당성을 입증하는 것처럼 보인다. 그러나 '지구화' 현상 자체가 단순하게 규정하기 힘든 복합성을 띠고 있고 많은 문제점을 가지고 있다는 점에서, 지구화 현상으로부터 지구적 여성주의를 도출하는 것 역시 많은 위험적 요소를 안고 있다. 따라서 현장 여성주의를 지구적 여성주의에 대한 비판적 대안 담론으로 정립하기 위해서는 지구화 개념에 대한 구체적인 고찰이 필수적이다.

롤랜드 로버트슨(Roland Robertson)에 따르면, 지구화 개념의 발생과 전개의 양상은 다음과 같이 설명될 수 있다(Robertson, 2003:295). 지구화라는 개념이 사용되기 시작한 것은 오래 전부터였지만, 1980년대 초 · 중반까지만 해도 그다지 중요한 개념으로 주목받지는 않았다. 이 개념이 폭발적으로 사용되기 시작한 것은 1980년대 후반으로서, 이후 이 개념은 현대인들의 서로 다른 삶의 영역들을 가로지르며 광범위하게 그리고 급속도로 확산된다. 이러한 파급의 양상은 지구화라는 개념의 의미를 느슨하게 만들었다. 대체로 '지구화'는 '지구적 의식(global consciousness)'을 뜻하는 말로 이해되고 있다. 『옥스퍼드 새 단어 사전』에 의하면 '지구적 의식'은 "자기 자신의 문화와 다른 문화들에 대한 수용적 태도와 이해로 정의되며, 때로는 세계적인 사회경제적 · 생태학적 문제점들에 대한 인식으로 정의된다(Oxford Dictionary of New Words, 1991: 133; Robertson, 2003: 295에서 재인용)." 이러한 정의는 마셜 맥루언(Marshall McLuhan)의 '지구촌(the global village)' 개념에 영향을 받은 것이다. '지구화' 하면 떠올리게 되는 세계의 압축이나 줄어듦이라는 이미지는 실상 우리 시대가 미디어를 통해 동시성을 공유한다는 맥루언의 주장에서 나타나는 것이다. 지구화 개념은 압축된 세계와 하나의 전체로서의 세계에 대한 의식이 강화됨을 의미한다.

그러나 지구화 개념 혹은 지구화 담론은 그 자체로 문제적이라고 할 수 있다. 마이크 페더스톤(Mike Featherstone)은 그 문제점을 다음과 같이 지적한다(Featherstone, 2003:342-343). 지구화 담론은 전체화의 논리를 채택해, 지구적 통합의 어떤 지배적인 과정(주로 서구화, 근대화로 드러난다)에 의해 세계는 더 단일화되고 동질적으로 된다는 관념을 유포한다. 즉 홍수처럼 쏟아지는 새로운 소통 기술, 정보, 금융, 상품들의 위력을 통해서 지구적 시공간의 압축이 급속도로 진행됨으로써 지역적 문화들은 불가피하게 무너질 수밖에 없다는 것이다. 이런 담론은 우리가 살고 있고 노동하는 장소들이 세계의 다른 곳에 있는 미지의 주체들(서구적 주체)에 의해 좌우되는 것처럼 보이게 하고, 지역적 문화의 주체들을 단지 수동적인 존재로 전락시켜 버린다.

이러한 지구화 담론의 단순 논리로는 비서구적인 민족, 국가, 문화들의 다양성뿐만 아니라 서구 문화의 복합적 성격과 특이성도 포착하기 힘들다. 무엇보다 이런 식의 지구화 담론은 비서구적인 문화들이 항상 서구적 발전 형식을 채택할 것이라고 가정하며, 비서구적 문화들의 구체적 현장을 '아무 데도 없는 공간(no place spaces)'의 익명성으로 환원하면서, 기껏해야 서구적 모델에 따른 지구화에 대한 반작용에 불과하다고 간주한다.

그러나 실제로 지구화 과정을 통해 세계는 서구화가 통일적으로 확산되기보다는 이질적인 것들의 접촉이 불가피하게 증대되는 장소로 변모하고 있다는 점에 주목해야 한다(Featherstone, 2003:342). 지구화에 따라 필연적으로 다양한 민족, 국가, 문화들 사이의 접촉이 커지며 세계는 대화의 공간으로 변해 갈 것이다. 그러나 그 대화의 공간은 이질적인 것들이 단숨에 의견 일치를 이루면서 함께 일할 수 있는 조화로운 공간이 아니라, 상이한 관점들의 불일치와 갈등 및 충돌이 일어나는 공간이다. 더욱이 각각의 공간들은 상호 의존적인 관계망과 힘들의 균형 속에서 나름대로 서로 결속되어 있으며 지구화에 따른 접촉과 충돌은 그 공간들을 더욱 복잡하고 작은 변화에도 민감하도록 만든다. 이것은 지구화가 점차로 진행됨에 따라 타자들에 대해서도 지속적이고 단순화된 이미지를 보유하는 것이 더욱더 어려워짐을 의미한다.

이런 측면을 충분히 고려하지 않을 때 한편으로는 지구화를 전 세계를 포괄하는 통일적인 규정으로 보고, 다른 한편으로는 각 현장들의 특성을 현장에 대한 단일한 규정 하에 포섭해 규정내리는 편의주의적 이분법의 관점이 생겨난다. 이런 관점들에는 현장을 '경계지어진 현장'으로 규정하고, 지구적인 것과 지역적인 것의 이분법으로 현실을 설명하려는 경향이 내재되어 있다. 이 이분법적 설명 방식은 현장(location)을 강력한 혈연적 유대와 거주 구간에 기초해 긴밀하게 조직된 사회적 관계들의 집합과 그 집합들이 점유함으로써 경계지어지는 개별적 공간 개념으로 간주하는 사회학적 전통에 기인한다. 이런 공간 개념은 앞서 살펴본 근대 공간 개념의 사회학적 변용태로서, 대개 안정적인 정체성, 즉 동질적이고 통합적인 문화적 정체성을 가정하고 있다. 하나의 지역적 공간 속에 소속된 사람들은 그들만의 독특한 문화와 공동체를 형성한 것으로 가정된다. 현장을 이런 식으로 규정할 경우, 현장들 간에는 지역적인 차이가 존재하고 그 차이를 하나의 통합된 논리 속에 묶는 지구화 경향이 진행된다는 식의 단순 논리가 작동하기 시작한다.

그러나 하나의 공동체는 집단의 크기나 장소의 점유를 통해서 규정된다고 볼 수 없다. 문화인류학자 베네딕트 앤더슨(Benedict Anderson)의 입장에 따르면, 공동체란 상상의 커뮤니티다(Anderson, 1991). 공동체는 개별적인 상징적 장소를 공유한다고 여겨지는 사람들에게 준(準)-종교적 소속감과 동료애를 제공하기 때문이다. 그 장소는 지리적으로 경계지어진 공간일 수도 있지만, 여기서 중요한 것은 그 공간에는 상징적인 정서들이 퇴적되어 있다는 점이다. 즉 공동체의 공간은 집단적 기억들을 품고 있고, 그 기억들은 공동체 의식을 생겨나게 하는 강력한 정서적 힘을 갖는다. 예컨대 이것은 민족이 형성되는 과정을 보면 잘 드러나는 사실이다. 즉 민족적 중심핵이 주어지면 민족은 그것을 배양하고 정교화시킨다. 이 점에서 민족적 공동체는 무(無)로부터 발명되는 것은 아니지만 특정한 구성과 형성의 적극적 과정을 통해 발명되는 것이라고 규정할 수 있다. 18세기 유럽에서 민족주의가 탄생할 때에는 지방의 관습들과 의식들, 전설들과 신화들, 그 사람들의 문화를 발견하고 기록하는 문화적 전문가들이 동원된다. 이들은 민족적 정체성을 구성하는 데 사용될 수 있는 대중적인 문화적 자원들을 정합적인 형태로 통합하고 직조했다. 민족의 형성 가능성은 특히 이러한 자원들을 모든 영토에 사용할 수 있는 공적 문헌과 더불어 책이나 신문과 같은 매체의 발전에 의존해 있다. 이렇게 본다면 현장이란 지정학적 개념일 뿐만 아니라 언어적이고 상징적 성격을 함축한 가상의 관계에 대한 개념으로 규정되어야 할 것이다.

이런 점을 고려한다면 지구화는 세계의 압축 경향만큼이나 세계의 팽창을 만들어 내는 경향을 지닌 것으로 정의되어야 한다. 새로운 경제적 흐름과 문화적 상징의 침투는 기존의 상징적 공동체의 성격을 변화시키고 재규정하기 때문이다. 즉 지구화 논리와 자신의 본질적 정체성을 유지하려는 지역 공동체의 저항의 이분법이 존재하는 것이 아니다. 지역 공동체는 특정한 맥락 속에서 새롭게 출현하는 유동적 성격을 갖는다.

물론 현장을 하나의 고정된 장소로서 파악하려는 경향이 완전히 근거 없는 것은 아니다. 특히 한 지역이 다른 지역과 투쟁의 상황에 놓이게 될 때에는 그러한 경향이 더욱 강하게 드러난다. 외적 경쟁과 대치의 상황에서는 한 지역적 문화가 지닌 특수한 정체성은 강조되고, 그 지역은 외부인에게 단순화된 통합적 이미지로 나타난다. 이 때문에 우리는 지역성이 어떤 안정적 본질을 지니고 있다는 착각에 쉽게 빠져들게 된다. 그러나 이것이 한 현장 내부에서 사회적 차이가 제거되었으며 그 관계들이 필연적으로 평등하고 단순하고 동질적임을 의미하지는 않는다. 오히려 이것은 한 공동체 내부에 존재하는 차이들과 담론들이 복합적임을 드러낸다. 다만 그것들은 상황에 따라 통합되거나 해체되는 것이다(Anderson, 1991:347). 이런 점에 대한 고려 없이 지역적 특수성만을 부각시킬 때 앤더슨이 말한 상상의 공동체에 대한 통찰은 왜곡되고 역전된다. "베네딕트 앤더슨이 말하듯이, 국민을 공동체라고 이해해야 하는 것이 진실일지도 모른다. 하지만 여기서 우리는 그 주장이 역전된 결과 국민이 공동체를 상상하는 유일한 방식이 된다는 것을 인식해야 한다! 공동체에 관한 모든 상상은 하나의 국민으로 초(超)코드화(surcodage)됐고 공동체에 관한 우리의 관념은 심각하게 빈약해졌다"(하트 · 네그리, 2001:156).

현장 여성주의는 지구화 담론에 대한 이상의 비판적 고찰과 동일한 문제 의식에서 출발한다. 현장 여성주의에서 말하는 현장성에 대한 고려는 지역적 특성에 대한 단순한 강조와는 다른 것이다. 현장성에 대한 일방적 강조는 2세대 여성주의가 남성과 여성의 차이만을 고려해 범지구적 연대를 제창함으로써 여성 운동 내에 다양한 차이들을 억압했던 오류를 반복하는 결과를 낳을 수도 있다. 한 공동체의 안정된 정체성들을 상정하고 이에 기반해 여성주의적 실천을 제한하는 것은 사실상 지역적 차원에서 축소된 지구적 여성주의를 실행하는 것에 불과하기 때문이다. 남성들과의 차이가 여성들 간의 상이한 지역적 차이로 대체되었을 뿐 한 지역적 공동체 안에 존재하는 여성들 간의 복잡한 이질성이나 역학 관계들은 다시 고려의 조건에서 밀려나게 된다.

그러므로 지구적인 것은 동질성과 미분화된 정체성을 가지고 있는 반면에 현장은 이질성과 차이를 보전하고 있다는 이분법으로는 진정한 의미의 현장 여성주의를 실현할 수 없다. 이러한 이분법 속에서 국지적 차이들이 지구화의 침입으로부터 방어되고 보호되어야 한다는 가정들이 유통되기 시작하면 여성주의 자체의 존립을 위태롭게 하는 경향을 낳기까지 한다. 현장성의 일방적 강조는 사회 관계와 정체성을 고정하고 낭만화하는 일종의 원생주의(primordialism)를 전제함으로써 여성들을 비롯한 사회적 약자들에게 두 가지 나쁜 대안 사이에서 동요하도록 강요한다.[1] 즉 지구화의 첨병인 초국적 자본과 초국적 권력에 저항해 민족 자본이나 국가 권력의 요구에 순응하거나 국가 권력의 요구를 거부함으로써 초국적 권력의 영향력 아래 편입되는 방식이 있을 뿐이라는 식으로 말이다. 이런 과정에서 여성주의적 저항의 실천 전략들은 반(反)여성주의적인 현장 공동체를 외부 세력으로부터 방어한다는 명목 아래 폐기될 위기에 놓이게 된다(하트 · 네그리, 2001:82).

따라서 현장 여성주의는 지구화와 현장의 문제를 새롭게 사고해야 한다. 마이클 하트(Michael Hardt)와 안토니오 네그리(Antonio Negri)와 같은 남성 이론가들이 주장하듯이 "지구화는 문화적, 정치적 혹은 경제적 동질화의 측면에서 이해되어서는 안 된다. 지구화는 정체성과 차이의, 즉 동질화와 이질화의 생산체제로 이해되어야 한다. 마찬가지로 지역화 역시 지구화 이전에 하나의 차이

1 하위 민족주의(subaltern nationalism)와 관련된 하트와 네그리의 분석은 이 점을 잘 드러내 준다. 이들은 하위 민족주의의 진보적 본성을 매우 모호한 것으로 본다. "국민은 더 강한 국민들 및 경제적, 정치적, 이데올로기적 외부 세력들의 지배에 대항하는 방어선으로 복무하는 한 진보적인 것으로 보인다. …… 반식민 투쟁은 국민 개념을 (자신들을) 점령한 적을 쳐부수고 쫓아내는 무기로 사용했고, 반제국주의 정책은 유사하게 압도적인 외국 자본 세력을 막기 위한 국민적 방어벽을 세웠다. 국민 개념은 또한 피지배 주민과 문화를 열등하다고 묘사하는 지배 담론을 물리칠 이데올로기적 무기로 봉사했다. …… 이 각각의 사례에서 국민은 엄격히 말하자면 강력한 외부 세력들에 대항한 보강된 방어벽이 되면 진보적이다. 하지만 그런 방어벽들은 외세의 지배에 대항한 자신들의 보호 기능에서 진보적인 것처럼 보이는 만큼, 자신들이 보호하는 내부와 관련에서는 쉽게 역기능을 수행할 수 있다. 외국 열강들에 저항하는 구조의 유연한 면은 그 자체 동등하고 대립적인 내적 억압을 자행하며, 국민적 정체성, 통일, 그리고 안전의 이름으로 내적인 차이와 반대를 억압하는 지배 권력이다"(하트 · 네그리, 2001:154-155).

로서 존재하는 것이 아니라 지역적인 것으로 이해되는 정체성과 차이를 창조하고 재창조하는 사회적 체제라는 점을 명확히 해야 한다"(하트 · 네그리, 2001: 82).

지구화와 현장에 대한 이와 같은 규정 아래서 현장 여성주의의 현장 개념은 지역적 분할에 의거한 공간 개념이 아니라 동질성과 이질성이 끊임없이 교차하며 다양한 차이가 생산되는 장소, 정황으로 정의되어야 한다. 다시 말해 3세대 여성주의자의 현장 개념은 2세대 여성주의자의 차이 개념을 좀더 세분화해서 현존하는 차이를 정교하게 포착하는 데 머무르지 않는다. 3세대 여성주의는 현장 개념을 통해, 차이의 보존이나 승인이 아니라 차이를 생산하는 현실 메커니즘 자체에 관심을 기울이고 여성주의적 관점에서 차이의 생산적 흐름을 전유하고 그 생산의 흐름을 여성주의적 방향으로 활성화하려 시도한다.

이처럼 차이의 생산이라는 측면을 강하게 부각시킴으로써 현장 여성주의는 정체성의 정치학이 아니라 차이의 정치학을 주창하는 것임을 분명하게 드러낼 수 있다. 정체성의 정치학(identity politics)은 흑인 여성과 제3세계 페미니즘의 성격을 규정하는 주요한 특징이다. 태혜숙에 따르면, 정체성의 정치학은 "인종적, 문화적, 계급적으로 다른 특수한 현실에서 연유하는 각기 고유한 경험을 주체적인 목소리로 재현함으로써 서구 중심적인 페미니즘의 획일적인 문화제국주의를 비판"(태혜숙, 2001:113)한다. 이러한 정체성의 정치학은 성차를 이론화하는 과정에서 여성들 사이의 차이를 배제해 버린 서구 여성주의에 대한 의미 있는 항의이며 비판이다. 그러나 앞에서 지적했듯, 지역성에 대한 편향적 강조는 국수주의와 원생주의를 낳음으로써, 오히려 여성의 억압을 문제화하는 것을 방해할 뿐만 아니라, 여성들 사이의 연대적 실천을 방해하는 결과를 낳는다. 여성 문제는 또다시 제국주의 대 민족주의의 첨예한 대립 속에서 용해되어 버리기 때문이다.

그러나 정체성의 정치학이 노정하고 있는 난점들을 이유로 지구적 여성주의로 회귀할 수는 없는 일이다. 현장 여성주의가 새로이 제안하는 현장성 개념은 바로 지구적 여성주의와 그것의 역편향으로서 과도한 지역주의를 지양하는 데 유용하다. 이러한 현장성 개념을 통해 현장 여성주의는 차이의 정치학을 정립하는 데 기여한다. 수잔 프리드만(Susan Stanford Friedman)에 따르면 "현장 여성주의는 시간과 공간의 특수성에 주의를 기울인다. 그러나 토대주의적인 정체성의 정치학과 달리, 그것은 단일한 페미니즘의 형성물에 편협하게 국한되지 않으며, 이질적인 페미니즘의 운동들과 그것들을 생산하는 조건들의 다수성을 기본 원리로 받아들인다. …… 현장 여성주의는 지정학적 식견을 요구한다. 그것은 지구적 문화들이 서로 맞물려 있는 차원을 인정하고, 그 현장적인 것이 지구적인 것에 의해 채워지고 지구적인 것은 항상 현장적인 것에 의해 채워지는 방식을 인정한다"(Friedman, 1998:5).

일반적으로 (좁은 의미에서의) 차이의 정치학(politics of difference)은 자크 데리다(Jacques Derrida)와 푸코, 질 들뢰즈(Gilles Deleuze) 등과 같은 후기 구조주의 혹은 포스트모더니즘 남성 이론가들의 이론에 기대어 형성된 것으로 간주된다. 차이의 정치학에 대한 긍정적인 평가는 흑인/제3세계 여성의 경험을 서구 백인 여성의 경험처럼 또 하나의 보편적 실체로서 파악함으로써 발생하는 문제점을 극복할 수 있도록 새로운 인식틀을 제공한다는 것이다. 차이의 정치학은 정체성의 정치학에 비해 관용과 확대의 포괄적인 자세를 가진 것으로 평가받는다. 그리고 그러한 포괄성을 가능하게 하는 근거로서 차이의 정치학이 지닌 문화주의적 특성이 부각된다. 그러나 본질론과 경험론을 탈피하기 위해 차이의 정치학이 관심의 초점을 정치에서 문화로 옮겨 간다는 진단은 차이의 정치학이 지닌 긍정성으로 언급되는 동시에 부정성으로 언급된다. "여러 문화권의 상호 작용을 강조하는 가운데 중심 문화가 허용할 수 있는 선 안에서 시혜적으로 주변 문화를 인정하는 다문화주의의 맹점을 보지 못하고 무분별한 문화주의로 기울 우려가 있다. 그리하여 특히 흑인/제3세계 여성을 억압하고 착취하는 현 단계 다국적 자본주의의 국제 노동 분업 체계를 엄밀하게 인식하기를 포기하는 관념론에 빠질 수 있다"(태혜숙, 2001:115).

그러나 현장 여성주의를 통해 정립되는 차이의 정치학은 정치의 배제를 통한 문화 영역으로의 회피가 아니다. 현장은 문화적이고 상징적인 자원들이 교류하면서 이질적인 성차의 주체를 생산하는 공간일 뿐만 아니라 다양한 정치·경제적 힘들이 투쟁하고 교차하는 공간이다. 현장 여성주의는 정체성의 정치학이 지닌 정치성에 대한 거부가 아니라, 그것이 지닌 차이의 물신화 내지 실체화를 거부한다는 점에서 차이의 정치학을 표방한다. 이러한 표방을 통해 현장 여성주의는 다음과 같은 사실에 주목한다. "여성주의의 현장들 간의 경계들은 틀림없이 존재한다. 틀림없이 존재하지만, 위반되어야 한다. 그 경계들은 단단하게 고정되어 있는 것이 아니라 변화하는 문화적 형성물들, 조건들 및 동맹들과 더불어 이동한다. 여성주의의 생존과 확산은 이러한 유동성에 달려 있다"(Friedman, 1998:4-5).

4. 차이/생성의 정치학으로서의 현장 여성주의

여성주의적 이론과 실천은 지리적인 현장의 역사적·사회적 변동에 따라 변화 발전해 왔다. 그러한 의미에서 여성주의의 발전의 역사는 여성들이 처한 상황과 조건 및 여성의 지위가 시간적인 차원과 공간적인 차원, 그리고 다양한 담론적·물질적 요소들이 중층적으로 상호 작용하면서 형성되고 규정된다는 사실을 반영한다.

초기 여성주의는 남성의 지배와 여성의 예속을 정당화하는 성차별주의를 공격하고 비판하기 위한 이론화 작업을 통해 동일성의 존재론에 기반한 서구 근대 담론의 보편주의를 적용했다. 남성과 여성의 차이를 근거로 지배와 예속의 권력 관계를 정당화해 온 생물학적 본질주의를 논파하기 위해 초기의 여성주의 이론은 남성과 여성의 '인간으로서의 동일성'을 강조했고, 이러한 이론을 설파하면서 여성 운동은 남녀 동등권의 획득을 위한 입지를 마련해 왔다. 여성의 '지위'를 향상시키고 여성에 대한 관념을 변화시키려는 노력은 사회적으로 강제되는 성별 역할로 인해 발생되는 다양한 형태의 억압과 차별을 철폐하기 위한 투쟁의 행위자로서 '모든' 여성들을 단결시키는 연대의 정치학을 가능하게 했다. 그러나 여성과 남성의 동일성을 강조하는 여성주의의 전략은 법적 · 사회적 동등권이 어느 정도 성취된 일정한 시기에 도달하면서 그 한계를 드러내게 된다. 여성주의에서 차이의 존재론과 차이의 정치학은 바로 이러한 동일성의 정치학의 한계에 대한 비판적 인식과 그에 대한 대안으로 등장했다. 차이의 존재론에 기반한 (넓은 의미에서의) 차이의 정치학의 형성 과정은 크게 3단계로 구별해 볼 수 있다.

1) 우선, 여성과 남성의 차이에 주목해야 한다는 인식에서 차이에 대한 이론화와 담론적 실천이 시작되었다. 생물학적으로 그리고 실질적으로 존재하는 남성과의 차이를 의도적으로 도외시하고 무시하면서 얻게 된 여성의 사회적 권리와 지위는 여성의 개인적 삶과 사회적 삶에 또 다른 장애물을 야기하는 결과를 낳게 된다는 것이다. 그러므로 이로부터 여성과 남성의 생물학적 차이를 인정하고 강조하면서, 여성과 남성 사이의 지배적인 권력 관계를 변화시켜야 한다는 요구가 등장한다. 이 단계에서 차이의 존재론은 여성과 남성 사이의 차이, 즉 생물학적 차이와 그에 수반되는 사회적 · 문화적 차이에 초점을 두었다. 여성과 남성의 생물학적 차이에 수반되는 여성의 삶의 특수한 조건과 역할의 사회적 가치와 문화적 특수성을 존중받고, 그 가치에 합당한 평가와 정당한 보상을 받을 권리를 관철시키기 위해서 여성들은 남성과는 '다른' 그러나 여성들 '서로는 같은' 조건과 처지에 있는 행위자로서 연대한다. 이 단계에서 여성주의 연대의 실천론은 여성과 남성의 관계에서의 '차이의 존재론'을, 그리고 여성들 사이에서의 '동일성의 존재론'을 동시에 함축한다. 여성들 사이의 연대는 여성들이 공유하는 남성과의 '차이'와 사회적 집단으로서 여성들 사이의 '동일성'을 강조하면서 주창되는 '자매애(sisterhood)'를 기반으로 해서 성립되었다고 할 수 있다.

그러나 이러한 여성의 동일성에 기반한 연대성의 정치학과 여성들 간의 자매애에 대한 문제 제기는 여성과 남성들 간의 차이에서 여성들 사이의 차이에 주목하는 다음 단계의 차이의 존재론으로 전이된다. 전 지구적 자매애(global sisterhood)나 단수의 여성주의(또는 대문자 단수 여성주의〔Feminism〕)는 여성 경험의 동일성을 전제로 한다. 구체적인 현실 속에서는 사실상 존재하지 않는 통일성과 일치에 기반을 둔 여성주의 이론과 실천은 인간의 정체성에 대한 잘못된 전제, 즉 행위자로서 여성의 정체성은 단순히 성별 체계에 의해서 규정되는 고정된 그 무엇이라는 전제에서 출발하고 있다는 비판을 받았다. 이러한 잘못된 전제에서 출발한 여성주의는 여성과 남성과의 차이와 그 결과에 대한 통찰력에도 불구하고 다시금 동일성의 존재론이 안고 있는 오류를 범한다는 것이다.

2) 여성들 간의 차이에 주목하고 그 차이를 강조하는 두 번째 단계의 차이의 존재론은 여성주의 이론화의 가장 기본적인 출발점인 서구 근대 패러다임에 대한 비판을 여성주의 자체에 적용하는 것이다. 차이/동일성의 존재론을 기반으로 하는 1단계의 여성주의 이론가나 행동가는 여성주의의 이름으로는 의도할 수 없고 의도하지도 않았을 서구 중심주의와 이성애 중심주의, 백인 중심주의와 결별하지 못했다는 점에서 비판의 대상이 된다.

여성들 사이의 차이를 간과하는 여성주의 이론과 실천에 대한 비판적 성찰은 여성 경험의 동질성을 거부하고, 성별(gender) 이외에도 인종, 계급, 민족, 성적 선호 등 다수의 사회적 계층화 요소에 의해서 형성되고 규정되는 여성 정체성과 주체성에 대한 이해를 촉구한다. 이러한 맥락에서, 여성주의(feminism)라는 단수어를 포기하고 여성주의들(feminisms)이라는 복수어를 채택해야 한다는 주장이 대두되었다. 여성주의의 복수화는 "'여성(WOMAN)'의 이름으로 전 세계에 걸쳐 있는 가부장제에 대한 저항에 합세하는 여성들의 보편적인 자매애를 주장하는 것을 거부하는 이론적이고 연대적인 실천을 의미한다"(Friedman, 2001:14).

이러한 입장은 남성과 여성의 차이 그리고 여성들 간의 차이를 동시에 고려하는 차이/차이 존재론으로 규정할 수 있다. 여성주의의 복수화는 여성 경험의 다양성과 특수성을 고려해 서로 다른 삶의 조건과 현장 속에서 여성주의 의제를 맥락화하는 데에 유용한 전략이다. 그러나 이는 복수화된 여성주의들 간의 파편화와 갈등으로 치달을 수 있는 위험을 내포한다. 차이/차이의 정치학은 여성들 사이에 놓여 있는 차이를 넘어서서 여성들이 어떠한 방식으로 여성주의라는 우산 아래에서 연대하고 함께 행동할 수 있는지를 보여 주지는 못한다. 차이에 대한 인식과 존중만으로는 여성들의 삶의 조건을 차이나게 하는 지역적 · 지구적 질서를 변화시킬 수 없다는 점에서, 여성들 간의 차이를 강조하는 것만으로는 오히려 동일성의 정치학과 차이/동일성의 정치학이 마련해 놓은 연대성의 기반을 침식하는 위험을 안고 있다.

3) 앞서 살펴보았듯이 넓은 의미로는 여성주의 자체가 차이의 존재론에 기반한 차이의 정치학이라고 규정될 수 있다. 그것은 먼저 여성과 남성의 차이에 주목했으며, 그 다음으로는 여성들 사이의 차이에 주목했다. 이제 우리는 차이/생성의 존재론에 기반한 세 번째 단계의 차이 개념에 주목해야 할 것이다. 그것은 차이의 차이에 기반한 차이의 정치학으로 나아가는 것을 의미한다. 차이/차이의 정치학이 차이/동일성의 정치학이 마련해 놓은 연대성의 기반을 침식한다는 비판은 차이/동일성의 정치학으로의 회귀를 통해 극복할 수 있는 것이 아니다. 이미 우리가 파기해 버렸던 동일성 개념을 다시 전제함으로써 연대성의 기반을 마련하고자 하는 시도는 일종의 이론적 · 실천적 퇴행에 불과하다. 오히려 우리는 차이 개념의 철저화를 통해 열릴 수 있는 새로운 연대의 가능성을 모색해야 한다.

제3세계 여성주의에서와 같이 여성들 간의 차이를 강조하는 정치학은 차이/차이의 정치학으로 규정될 수 있지만, 한편으로는 태혜숙의 논의가 보여 주듯 정체성의 정치학으로도 규정될 수 있다. 그러한 이론들은 특정한 역사적 · 사회적 경험 속에서 형성된 차이의 고유성을 지나치게 강조함으로써 다시 고정된 정체성을 부각시키는 동일성의 존재론으로 회귀하게 되는 것이다. 그러나 차이 역시 끊임없이 변화하는 역사적 경험들 속에서 끊임없이 차이를 만들며 생산되는 것이다. 현장 여성주의는 바로 '차이의 차이' 개념에 주목함으로써 제3단계의 차이의 정치학을 제안한다.

현장 여성주의는 차이의 차이를 사유하는 차이의 정치학을 통해 지구화 시대의 시대적 상황에서 여성들 간의 차이를 사상시키지 않고도 여성들의 연대를 위한 가능성을 모색한다. 현장 여성주의는 여성주의의 역사성이라는 시간적 차원을 부정하지 않으면서, 여성주의 이론과 실천의 현장이라는 공간적 차원을 도입한다. 그를 통해 성별(gender)에만 초점을 둔 종래의 여성주의의 한계를 넘어서서, 성별이 다른 형태의 사회적 계층화와의 상호 작용 속에서 정체성을 형성하고 있다는 점을 강조한다. 더 나아가 현장 여성주의는 상호 작용의 변화에 따라 정체성 자체가 끊임없이 새롭게 구성 가능한 것임을 강조한다. 이런 점에서 현장 여성주의는 동일성의 존재론과 차이의 존재론이라는 이분법을 넘어서는 새로운 패러다임을 제시한다고 볼 수 있다.

5. 맺는 말: 차이의 존재론의 확장을 통한 실천의 연대론

새로운 패러다임으로서의 현장 여성주의의 실천을 위해서는 지구화의 현실을 더욱 깊이 있게 이해해야 할 필요가 있다. 지구화는 경제적이고 문화적인 재화의 흐름들이 단일 국가의 국경과 경계를 넘어서 자유롭게 유통되는 현실을 규정하는 개념이다. 이 시대는 신자유주의적 경제 체제가 지배하고 자본주의적 소비 문화의 전 지구적 확산이 일어나고 있다고 진단된다. 일반적으로 지구화는 단일한 문화의 전 세계적 지배가 현실화되면서 보편적 남성 지배가 이루어지는 상황으로 파악되는 것이다. 그러나 동시에 지구화는 그리스 신화에 나오는 스핑크스처럼 서로 다른 두 얼굴을 보여 주고 있다는 점을 고려해야 한다. 그것은 표준화된 하나의 세계라는 단일화를 향해 나가면서 동시에 이질적 문화, 종교, 습속의 확산 속에서 하나의 단일 표상으로 수렴될 수 없는 다질화(多質化)를 생성해 내고 있기 때문이다(이상화, 2005:15-16). 이렇게 볼 때, 지구화 현상 자체가 제2세대 여성주의자들의 보편주의적 가정이나 제3세계 여성주의자들의 고유한 차이라는 가정을 일방적으로 정당화해 주는 것은 아니다.

그러나 지구화가 단순히 초국적 자본의 문화산업적 논리 속에서 세계를 일반화하고 보편적인 공간으로 균질화하는 동질성의 생산 체계로 간주되어서는 안 된다는 주장이 곧 차이의 생산에 대한 무반성적 긍정을 의미하는 것은 아니다.

포스트모더니즘이 동질성에 대항해 차이 생산을 무조건 긍정하는 논리로 파악될 때 그것은 비판 담론으로서의 지위를 상실할 위험을 지닌다. 차이의 무조건적 긍정은 초국적 자본의 세계 시장 이데올로기와 일치하는 측면이 있기 때문이다. 즉 순환, 이동성, 다양성, 혼합의 운동들은 세계 시장의 가능 조건이며 차이의 생산에 기반을 둔 실천 활동의 이상적 모델은 마케팅 전략에서 찾을 수 있다. 포스트포디즘적 마케팅 전략은 각 상품과 각 인구층의 차이를 인식하고 복수화된 목표 시장(target market)을 공략한다. 따라서 생산되는 차이를 긍정하는 것만으로는 제3단계의 여성주의적 차이의 정치학을 완성했다고도 여성주의적 실천 전략을 확립했다고도 말할 수 없다.

중요한 것은 여성주의의 실천과 연대에 입각한 차이의 생산이다. 이를 위해 현장 여성주의는 정체성 자체에 대한 새로운 관점을 제시한다. 이 새로운 관점을 통해 여성들 간의 차이를 긍정하면서도 또 다른 정체성의 정치학으로 함몰되지 않고 다양한 여성주의 운동 간의 연대적 실천을 실행할 수 있는 지평이 열리는 것이다. 앞서 언급했듯이 한 개인이나 집단의 정체성(identity)은 시공간의 제약을 받으면서 생성되고, 인종 · 성별 · 계급 · 연령 · 성적 선호 등과 같은 사회적 계층화의 여러 요소들의 중층적 상호 작용 속에서 형성되고 규정된다. 나아가 정체성은 끊임없이 변화되는 사회적 조건 속에서 한 시대의 역사적 · 시간적 제약뿐만 아니라, 역사적으로 편입되어 있는 주체의 자리와 입장, 네트워킹, 영역, 영토와 같은 공간적인 범주들의 복합적인 교차점들 속에서 생성되는 것이므로 여성의 정체성은 지역적 특수성과 지구적 보편성을 동시에 가질 수가 있다.

현장 여성주의는 어떠한 고정된 본질적인 주체성이라는 실천의 기반이 필요하지도 않고 가능하지도 않다는 전제에서 출발한다. 현장 여성주의는, 정체성은 구성되고 발전되는 과정에 있는 것이며, 시간적이고 공간적인 여건에 따라 동일한 개인이나 집단의 정체성도 지속적으로 변화한다는 생성의 존재론을 전제하는 것이다.[2] 이처럼 지구화 시대의 여성주의적 실천은 차이의 존재론을 완성하기 위해 생성의 존재론으로의 이행을 요청한다. 즉 제3단계의 차이의 정치학은 생성과 생산의 정치학이다. 생성의 정치학이라는 관점에서 볼 때, 지구화는 위기와 더불어 실천의 새로운 기회를 가지고 있다고 할 수 있다. 지구화는 예전에는 상상할 수 없을 정도로 한순간에 세계 전 지역을 조직하고 전 지구적인 연대를 동원할 수 있는 가능성을 제공한다. 통신 기술의 발달은 그 어느 시대보다도 효율적이고 지속적인 네트워킹 능력을 창출해 내었으며, 전 세계 여성들과 여성 단체에 의해서 만들어진 결합과 연결은 점점 더 강화되고 있다. 예컨대 인터넷은 더 많은 여성들에게 아이디어를 서로 교환할 수 있는 기회를 제공하고, 지구의 구석구석에서 일어나고 있는 여성 이슈들의 세계적인 여론화를 가능하게 한다. 그리고 이에 따라 여성들 간의 또는 여성주의 운동들 간의 연대의 지구화가 가능하게 되었다.

이런 여성주의적 이슈와 아이디어들 간의 교환과 간섭 현상은 그 자체로 좀 더 정치적이고 각성된 여성 주체를 생산해 낸다. 이제 여성들은 지역적 한계에 매몰되지 않고 국제적인 차원의 정치적 감수성을 견지한 차원에서 자신의 문제를 사유할 수 있다. 즉 여성주의 운동의 연대적 실천을 통해 새로운 여성 주체가 생산되고 발명되는 것이다. 복수의 여성주의들 간의 연대와 실천이 활성화되면 될수록, 여성들은 그 과정에서 자신의 고유한 문제를 포착하는 더더욱 강렬한 정치적 감각과 전 지구적 과제에 구체적이고 섬세하게 반응하는 공감의 능력을 지닌 여성 주체로 탄생할 것이다. 바로 이런 점에서 현장 여성주의는 푸코가 말한 의미에서의 계보학적 실천이다. 그것은 생물학적 본질로서의 여성, 보편적으로 성차화된 여성, 지역화된 여성이라는 기원적 개념에 대한 비판과

---

2 이러한 생산과 생성의 존재론에 입각한 차이의 정치학은 여성주의자들의 다양한 입장 차이에도 불구하고 어느 정도 공감대를 형성하고 있다고 할 수 있다. 가령 포스트모던 남성 이론가들의 입장을 거부하며 정체성의 정치학을 표방하는 여성주의 이론가로 분류되는 벨 훅스(bell hooks)의 경우에도 다음과 같은 언급을 발견할 수 있다. "포스트모던 사상의 방향성을 비판한다고 해서, 미국 흑인의 경험을 이해하기 위한 길을 열어 준 포스트모더니즘의 통찰력까지 간과해 버려서는 안 된다. 포스트모더니즘 사상에 의해 유발된 본질주의의 비판은 전통적 정체성 개념을 새로이 형성해 나가는 미국 흑인들에게 유용하게 이용될 수 있다. 우리는 내부에서든 외부에서든 모두 너무나 오랫동안 편협하고 억압적인 흑인성의 개념에 매달려 왔다. 포스트모더니즘은 대중 문화와 대중 의식 속에서 과잉 결정된 정태적인 정체성과 보편성의 개념에 도전하면서 본질주의를 비판한다. 이것은 자아의 구성과 행동력(agency)을 주장할 수 있는 새로운 가능성을 열어 주는 것이다"(벨 훅스, 2001:180-181).

더불어 여성주의의 새로운 지평을 열어갈 여성 주체의 발명을 의미한다.

이러한 현장 여성주의의 맥락에서 종전의 '지구적' 여성주의라는 용어는 재규정될 수 있다. 그것은 '국지적/지역적' 여성주의에 상반되는 의미의 '지구적' 여성주의가 아니다. 지구화 시대에 각 지역에서 발생하는 위기들과 문제들은 상호 연관되어 있다. 그 때문에 각 지역의 환경 문제, 평화 문제, 인권 문제, 노동 문제는 지구적인 것과 지역적인 것의 이분법으로는 포착할 수 없을 만큼 복잡화되어 있다. 이에 따라 여성들의 삶과 경험의 다수성과 다양성 역시 폭발적으로 증대하고 있다. 그러나 현장 여성주의는 이것을 연대적 실천의 위험으로 간주하기보다는 연대적 실천의 자원으로서 사유한다. 다른 여성들의 삶과 경험이 처하고 있는 특수한 자리에서의 현실 분석과 다양한 현장에서 벌어지는 투쟁의 다양성을 접하면서 여성들은 여성주의적 미래에 대한 포괄적이고 다층적인 전망을 내놓을 수 있을 것이다. 다종다기한 여성주의적 투쟁과 실천과 자신의 실천을 접속시키는 실험들은 여성주의적 미래의 도래를 저해하는 많은 문제들에 대항해 담대하면서도 창의적인 전략들을 수립하는 데 실질적인 도움을 제공할 것이다. 이와 같은 '연대적 투쟁과 실천을 통한 여성되기'라는 현장 여성주의의 여성 주체의 탄생을 엘렌 식수(Hélène Cixous)는 낭만적인 어투로 다음과 같이 선언했다.

> 역사를 위한 주체로서 여성은 늘 그렇듯이 동시에 여러 곳에서 일어난다. 여성은 권력들을 동질화하고 특정 방향으로 이끌고 가서 모순들을 단 하나의 전장에 몰아넣는 통합적이고 규정적인 역사를 풀어 헤친다. 여성 안에서 개인사는 모든 여성들의 세계사, 민족사와 함께 섞인다. 투사로서 여성은 모든 해방들을 묶어 준다. 여성은 세세한 상호 작용에 국한되지 않고 저 멀리 시선을 두어야 한다. 여성 해방이란 권력 관계들을 조금 바꾸어 이편에서 저편으로 공을 넘겨 주는 이상의 일을 해낼 거라고 여성은 예견한다. 말하자면 여성은 인간 관계들, 사유, 모든 실천들에 어떤 변화를 가져올 것이다 여성 해방은 단순한 계급 투쟁이 아니므로 여성은 계급 투쟁을 훨씬 더 광대한 운동으로 진전시킨다. 투

쟁(들) 중의 여성이 되기 위해서 우리가 계급 투쟁을 떠나거나 거부해야 한다는 게 아니라, 계급 투쟁을 열어젖히고 펼쳐서 더 몰고 나가 근본적인 투쟁으로 채워야 한다는 것이다. 계급 투쟁이나 그 밖의 다른 모든 민족 투쟁이 억압의 장본인으로 작동하지 않도록, 또 권력 관계들이나 개성들의 생산에서 불가피하게 있어야 할 변화를 동요시키고 지연시키려는 데 대한 변명으로 작동하지 않도록!(태혜숙, 2001:102)

II 초국가 자본, 노동 시장 유연성과 성별 정치학

조순경(이화여자대학교 여성학과)

1. 들어가는 말

지난 30여 년간 활발하게 진행되어 온 전 지구적 차원의 자본 이동은 노동 계급의 교섭력과 조직력의 약화를 가져왔고, 이에 기초한 노동의 양보를 이끌어 내고 있다. 자본의 이동으로 인해 산업의 공동화(空洞化)를 일찍이 경험한 서구 여러 나라들의 경우 광범위하게 일어난 생산 시설의 폐쇄 및 감원 바람은 노자(勞資) 간의 타협, 그리고 노동자들의 기업에 대한 권리 양보의 기반을 마련해 주었다. 이 같은 노동자들의 양보는 이윤 확보가 지속적인 투자, 생산, 그리고 고용 창출을 위해 필수적이라는 이데올로기의 끊임없는 재생산을 통해 이루어져 왔다.

이러한 자본의 지리적 이동 가능성은 사회주의 진영의 '몰락'과 시장 경제의 도입으로 가속화되어 왔다. 지금까지 저임금 지역으로의 생산 자본의 이동이 고용에 미치는 영향에 대해 다양한 주장들이 있어 왔다.

생산 자본의 이동이 전 지구적 차원에서의 노동 조건의 하향 평준화를 가져오고 직접적인 고용 감소를 가져온다는 주장이 한 축을 이룬다면, 다른 한 축의 이론은 저임금 지역으로의 생산 자본의 이동이 시장 확대와 기업 경쟁력을 강화시켜 새로운 고용 창출을 하므로 오히려 고용 총량을 늘릴 수 있다고 주장한다. 그러나 후자의 경우처럼 고용 총량이 늘어난다 할지라도 그에 따른 고용 구조는 양극화된 구조로 매우 불균등한 형태로 재편된다는 것이 서구의 경험이다.

지난 1970년대 중반 이후 미국과 유럽 등을 중심으로 한 초국적 자본의 이동 및 이동 가능성은 전 지구적 차원에서의 노동 조건의 하향 평준화, 특히 구미 각국의 제조업 부문에서의 고용 감소와 노동조합의 조직적 역량의 저하를 가져왔다. 이러한 현실은 자본에 대한 지역 간 경쟁을 유도해 왔다. 임금 수준의 하향 평준화와 경쟁적인 규제 완화는 노동 시장에서의 수량적 유연성을 심화시켜 오고 있다. 이미 20여 년 전부터 시작된 자본의 지리적 이동으로 인해 노동 시장 모델 또한 전 지구적 차원에서 경쟁하고 있다. 1970년대 초반 영국의 애트킨슨(J. Atkinson)에 의해 제안된 노동 시장 유연성 모델은 경제 체제를 초월해서 세계 각 지역에서 지배적인 노동 시장 모델로 자리잡고 있다.

이러한 노동의 수량적 유연화 움직임 가운데 가장 주목해야 할 부분은 그 명제의 이데올로기적 성격이다. 하나의 이데올로기로서 노동 시장 유연화 담론은 새로운 방식으로 노동 시장을 분화시키고 양극화를 초래하고 있다. 이미 존재하는 노동 시장 내 성별 분업과 성별 직종 분리 이데올로기는 이러한 노동 시장 유연화 담론과 더불어 새로운 성차별의 기제를 만들어 내고 있다.

이 연구는 생산 자본의 이동 가능성이 그 어느 때보다 증가하고 세계적 차원의 시장 경쟁이 가속화하고 있는 상황에서 노동 시장 유연성 명제가 어떻게 하나의 강력한 이데올로기로 작동하는지, 그리고 노동 시장 유연화와 성별 체계가 어떻게 여성 비정규 노동에 대한 차별을 은폐시키고 그러한 차별이 어떠한 논리와 조건 아래에서 유지되고 재생산되는지를 공공 부문의 비정규 여성 노동 사례를 통해 살펴보기로 한다.

2. 자본 이동, 규제 완화와 이데올로기로서의 노동 시장 유연성 논리

지난 30여 년간 초국적 자본은 그것의 지리적 이동 가능성만으로도 국가와 노동을 통제하는 무기로 사용해 왔다. 자본이 그 이동 가능성만으로도 어떻게 노동과 지역을 효율적으로 통제해 왔는지, 이를 경험한 미국의 사례를 통해 살펴보기로 하자.

1960년대 말 이후부터 미국의 산업 자본은 국제 경쟁의 심화 속에서 점진적으로 이윤율의 하락을 경험했다. 이에 대한 자본의 대응책 중의 하나는 생산 시설의 일부 혹은 전체를 노동력이 저렴하고 풍부한 제3세계 국가로 이전하거나 노조 조직률이 낮고 임금이 비교적 싼 미국 내 다른 지역(주로 이민 노동자들이 풍부한 남부와 서부)으로 공장을 이전하는 것이었다(Bluestone & Harrison, 1982).

해외로 이전한 산업은 주로 생산 공정 자체가 쉽사리 기계화될 수 없으면서 지극히 단순 노동 집약적인 봉제 · 신발 등과 같은 산업과 전자 및 자동차의 경우처럼 자본 · 기술 집약적이면서 동시에 단순 노동 집약적인 산업이었다. 미국 정부에서 제공하는 세제상의 혜택뿐 아니라[1] 수출 주도 산업화 정책을 추구하는 제3세계 국가들이 외국 자본에게 제공하는 각종 특혜 등으로 인해 미국 산업의 해외로의 공장 이전은 급속히 진전되었다.

이 같은 국제 하청 또는 직접 투자 형태를 통한 산업의 재배치는 미국 내에서 제조업 가동률의 저하 및 공장 폐쇄, 그리고 그에 따른 급격한 고용 감소를 가져온 한편, 일부 제3세계 국가에서의 산업화와 고용 증대, 그리고 결과적으로는

1 미국 정부는 특별관세법의 제정을 통해 이러한 미국 산업 자본의 지리적 이동을 촉진해 왔다. 1960년대 중반부터 1970년대 초반에 걸쳐 제정된 미국 관세법 제806.30항과 제807.00항에 의하면, 미국산 부품을 해외로 수출해 그곳에서 조립한 후 다시 미국으로 재수입하는 품목에 관해서는 그 품목의 전체 부가 가치에 대한 관세를 물리지 않고, 단지 해외에서 행해진 조립 공정과 관련된 부가 가치에만 관세를 매긴다. 예를 들면, 미국에서 생산된 녹음기 부품을 한국에 수출, 한국의 노동력을 이용해 조립한 완제품을 다시 미국으로 재수입했을 때, 녹음기의 완제품으로서의 가치에 대한 관세를 부과하지 않고, 그 녹음기를 한국에서 조립할 때 들어간 경비(이 경우 임금이 대부분을 차지)에 대해서만 부과하는 것이다.

'종속적 발전'의 한 조건을 마련해 주었다. 한국, 대만과 같은 신흥 공업국의 부상과 소비재의 생산 및 수출의 증대는 미국의 산업 경쟁력(특히 사양 산업 부문의 소비재)을 약화시킴으로써 경쟁력을 상실한 부문의 공장 폐쇄에 의한 고용 감소를 더욱 가속화했다. 고용 감소 추세의 자연스러운 결과로서 노조 조직률의 저하와 조합원의 절대수 감소라는 현상이 나타났다.[2]

조직률의 저하나 조합원 수의 감소는 그 해당 산업의 고용 증감보다는 그 산업의 지리적 이동 가능성 여부에 의해 크게 좌우되어 왔다. 생산 설비의 지리적 이전이 항상 가능한 제조업의 경우 산업의 성장과는 무관하게 거의 모든 부문에 걸쳐 낮은 조직률을 보이는 반면, 지역적 이동이 현실적으로 불가능한 서비스 산업 부문의 경우(특히, 공공 · 국가기관 및 교육기관 등의 경우) 노조 조직률은 지속적으로 증가되어 왔다. 이는 생산의 국제화가 대규모적으로 이루어지고 있는 상황에서 자본의 이동은 그 '가능성' 자체만으로도 강력한 통제의 수단이 될 수 있음을 다시 한 번 확인시켜 준다.

미국의 조직 노동자들의 허약함을 상징적으로 보여 주는 것은 임금 동결 및 임금 삭감 등을 통한 자본에 대한 노동조합의 대규모적인 권리 양보의 물결이었다. 미국 전역에 걸쳐 확산되고 있는 이러한 조직 노동자 권리 양보의 대표적인 사례로는, 미국 3대 자동차 생산업체의 하나인 제너럴 모터스 사의 경우를 들 수 있다. 1982년 단체교섭 과정에서, 회사 측의 공장 폐쇄 및 해고의 위협에 직면한 미국 자동차노조(United Auto Workers)는 고용 유지를 조건으로 회사 측이 요구하는 대로 임금 및 각종 수당의 삭감에 동의했다. 액수로 환산한다면 노조 측의 양보는 약 25억 달러에 상당하는 것이었다.[3]

총량적인 통계 수치를 볼 때, 이러한 노동조합의 자본에 대한 권리 양보의 범

---

2 1970년대 이후부터 지속적인 고용 증대를 가져온 서비스 산업 부문에서의 노조 조직률도 미미한 실정이며(1980년 현재 3차 산업에 종사하는 노동자의 약 13.5%가 조직되어 있었으나, 1984년 말 조직률은 10.6%로 떨어졌다), 특히 사무직 노동자들이 대규모로 고용되어 있는 금융 · 보험 산업 부문에서의 조직 성공 사례는 아직 드물다. 따라서 노조 조직률이 저조한 이유를 단순히 노동자 인구의 자연 감소에 따른 결과로만 볼 수는 없다.

3 *New York Times*, 1981. 4. 25(Blueston & Harrison, 1982에서 재인용).

위와 규모는 더욱 분명히 드러난다. 1980년에서 1981년 사이, 미국의 70여만 노동자들이 임금과 각종 수당의 동결 및 삭감, 유급 휴가 · 휴일의 단축, 자본 측의 요구에 따른 취업 규칙의 변경, 임금 지급 체계의 변경 등에 동의하는 단체협약에 의해 불이익을 감수해야 했으며, 1982년에는 단체협약을 체결한 노동조합에 속한 노동자의 45% 정도가 협약의 결과에 따라 임금 동결 및 삭감을 당해야 했다.

최근 세계화위원회에서는 글로벌 생산 체제(global production system)가 급증하면서 직접 투자 또는 국제 하청의 형태로 이루어지는 자본 이동에서 인센티브 경쟁(incentive competition)을 제한할 필요성을 지적하고 있다. 구체적으로 국제노동기구(ILO)가 정의한 핵심 노동 기준(core labor standards)과 같은 노동에 대한 최소한의 글로벌 규칙을 제시하며, 모든 국가가 이를 엄격히 준수해야 할 것을 권고하고 있다. 글로벌 생산 체제 내에서 핵심 노동 기준에 대한 준수를 보장하기 위한 좀더 강력한 행동이 요구된다는 이러한 권고는 역설적이게도 자본 이동이 지역 간 인센티브 경쟁을 통해 노동자의 기본적 노동권이 침해당하고 있음을, 최소한의 노동에 대한 규칙이 존재하지 않음을 말해 준다.

이러한 세계적 차원의 노동권과 규칙의 부재로 인한 대가를 가장 광범위하게 치르는 집단은 노동 시장의 가장 주변부에 위치한 여성들임에 이견이 없다. 지역 간 인센티브 경쟁은 노동 시장의 규제 완화, 노동 시장의 수량적 유연성의 증가, 그에 따른 여성 노동의 비정규직화를 촉진한다. 이러한 점에서 생산 자본의 실제적 이동과 그 가능성은 여성의 단기 저임금 노동력화를 가속화시킬 것이 어렵지 않게 예상된다.

폐쇄 경제의 경우와는 달리 개방 경제 하에서 내국인의 구매력 증진을 위해 일정 수준의 임금을 유지하는 것이 필요하지 않다. 포드주의적 노동 체계나 케인스주의적 복지 체계는 자본과 노동의 이동, 그리고 생산과 소비가 국가 간의 경계 구분 없이 이루어질 때 그 적실성을 상실한다. 한 국가에서 생산된 상품의 소비가 굳이 그것을 생산한 지역에서 소비되지 않아도 되기 때문이다. 이러한 상황에서 기업 규제 완화와 그로 인한 임금 수준 및 근로 조건의 하향 평준화는 전 지구적 차원에서 이루어지게 된다.

노동력의 낮은 지리적 이동 가능성에 비해 자본은 전 지구적 차원에서의 공간적 이동이 상대적으로 자유롭다. 특히 냉전의 종식 및 사회주의 국가의 개혁개방과 더불어 유순하고 낮은 임금을 찾아 흘러가는 자본의 이동 가능성은 그 어느 때보다 높아졌다. 일국 경제 차원에서 볼 때, 이러한 초국가 자본의 개별 국가에 대한 교섭력 또한 높아지고 있다.

우리나라의 경우 '고용 없는 성장'은 부분적으로 생산 자본의 저임금 지역으로의 이동에 기인한다. 국내에의 생산 설비 투자는 감소되는 반면 중국, 동남아 등 저임금 지역에의 투자는 높은 비율로 증가하고 있다. 특히 단순 노동집약적 산업과 공정의 지리적 이동, 국제 하청의 증가로 인해 국내에서의 일자리는 감소 추세에 있다(ILO, 2004; 삼성경제연구소, 2003; 대한상공회의소, 2004).

국내에서의 투자 저하, 생산 설비의 타국으로의 재배치, 그에 따른 산업 공동화는 국가로 하여금 더욱더 친기업적 정책을 실시하도록 요구해 왔다. 이는 구체적으로는 규제 완화 정책을 통해 이루어지고 있다. 규제 완화의 핵심 내용 가운데 하나는 노동 시장 유연화 정책이다. 노동 시장 유연화라는 방식의 규제 완화를 주장하는 논리는 규제 완화가 OECD 선진국에서도 이루어지기 때문이라는 것이다.

그러나 정당한 국제 비교를 위해서는 그 제도와 직·간접적인 관계를 맺고 있는 다른 제도들에 대한 검토가 필수적이다. 비정규직에 대한 규제 정도의 국제 비교에 앞서 반드시 함께 고려되어야 할 사항은 인력 수급면에서 공공 직업안정기관이 차지하는 비율과 법 집행력의 수준 문제다. 이를 감안하지 않고 단순히 노동 시장 유연성의 정도 및 규제의 정도를 국제 비교하는 것은 심각한 정책적 오류를 범할 수 있다.

파견근로의 예를 들어보자. 1997년 국제노동기구는 근로자 파견과 같은 민간 직업 안정 사업을 인정하고 있는데, 이러한 취지 가운데 하나는 공공 직업안정기관이 직업 안정의 상당한 기능을 하고 있는 상태에서 공공 직업안정 서비스를 제고하기 위한 하나의 방법으로서 민간 직업안정 서비스를 허용하는 것이다. 파견근로를 허용하고 있는 대부분의 '선진국'들의 경우 공공 직업안정기관의 직업 알선 기능이 우리나라와 비교도 할 수 없을 정도로 높다. 우리나라의 경우 공공 직업안정기관을 통한 취업이 5% 정도임에 비해, 유럽 OECD 국가의 대부분은 50~80%에 달한다. 2000년 현재 직업안정기관 직원 한 명이 담당해야 할 경제활동 인구 수는 독일의 경우 338명, 영국 867명임에 반해, 우리나라는 8,049명으로 양국에 비해 거의 1/10 내지 1/25 수준이다. 공공 직업안정 기능이 일정한 수준에 있는 나라에서 파견업체와 같은 민간 직업 알선 사업을 허용하는 것과 우리나라와 같이 공공 직업안정 기능이 거의 직업 알선 기능을 하지 못하는 상황에서 영리 추구의 파견업체를 허용하는 것은 큰 차이를 가진다.

직업안정기관의 요원 한 명이 담당하는 경제활동 인구 수는 독일 316명, 일본 4,936명, 스웨덴 444명임에 반해, 우리나라는 무려 5만 6천여 명에 달한다. 한편 OECD 국가들의 공공직업안정소 공무원 1인당 실업자 수는 우리와 비교할 수도 없을 정도의 수치다. 1997년 프랑스에서 장기 실업자(실업 기간 1년 이상인 자) 100만 명을 직업안정기관의 직원이 모두 개별 인터뷰하여 그들 각각의 상황과 필요에 따라 직업 알선과 직업 훈련을 도울 수 있었던 것(OECD, 1998)은 이러한 맥락에서 이해할 수 있다.

또한, 우리나라의 법 집행력과 법 문화를 독일을 비롯한 유럽 OECD 국가들의 그것과 비교해 볼 필요가 있다. 비정규직 고용이 가장 자유롭게 이루어지고 있는 미국의 경우에도 고용평등위원회(Equal Employmet Opportunity Commission)에서 파견근로 등과 같은 비정규직(contingent labor)의 근로 조건이 열악해짐에 따라 비정규직에 대한 차별 금지를 규정한 세부 지침을 마련해 차별이 발생할 경우 공민권법 제7편에 따라 고액의 징벌적 손해배상을 청구할 수 있도록 규정하고 있다(U. S. Equal Employment Opportunity Commission, 1997).

프랑스의 경우, 정부가 파견업의 업종별 단체교섭을 지원함으로써 파견노동자의 노동 조건 개선과 보호를 현실화하고 있다. 파견업의 경우, 효과적인 노동조합 조직 형태나 교섭 방식은 업종별로 되어 있다. 업종별 교섭의 경우 파견업체 대표 조직이나 주요 파견업체와 지역별 또는 전국 단위의 교섭을 할 수 있다. 프랑스에서는 이러한 업종별 교섭과 단체협약이 모든 파견 노동자와 파견업체에 적용되기 때문에 노동조합 조합원이 아닌 파견노동자라 할지라도 협약에 의한 혜택을 받을 수 있게 되고, 파견노동자의 소속 파견업체나 사용업체가 바뀌더라도 동일한 단체협약의 적용을 받게 되어 있다. 1985년 이후 프랑스 정부는 파견노동자의 노동 조건 개선을 위해 전국 규모의 근로자파견업의 업종별 단체교섭과 단체협약 체결을 촉진했다. 1970년대 프랑스 정부의 파견업에 대한 규제 정책은 보험 가입 요구와 파견업 허가 조건을 엄격히 하는 데에 중점이 두어져 있었다.

세계화의 진전과 더불어 각 지역, 국가별 노동 시장의 성격이 점차 동질화되어 가는 경향이 있지만 각각의 사회에서의 노동 시장의 세부적인 내용은 매우 다른 모습을 보인다. 미국의 경우, 다국적 혹은 초국적 자본의 지리적 이동 및 이동 가능성 자체만으로도 노동자들의 조직적 역량과 교섭력의 약화, 그리고 그를 통한 노동 조건의 저하를 가져왔다면, 우리나라의 경우 노동시장 유연화 정책이나 유연화 담론만으로도 그러한 효과를 가져오고 있다.

노동 시장 유연화 논리는 하나의 이데올로기로서 사기업 부문뿐 아니라 공기업을 포함한 공공 부문의 영역에서도 강하게 작동하고 있다. 공공 부문 사례를 통해 이데올로기로서의 노동 유연성이 어떻게 여성을 노동 현장에서 체계적으로 배제하는가를 볼 수 있다.

3. 공공 부문의 노동 시장 유연성 담론과 여성 배제

여성들은 경제 위기와 경기 변동의 일차적 희생양이 되어 왔다. 우리나라의 경우 IMF 이후 그러한 현상은 더욱 두드러지게 나타났다. 소위 '단순', '주변' 업무에 종사하는 저임금 여성 노동자의 경우 그 희생양의 일차적 목록에 올라 있었다. 구조 조정과 경기 변동시 고용 창출과 실업의 완충 역할을 해 온 OECD

국가들의 공공 부문과는 달리 우리나라의 공공 부문은 민간에 앞서 여성, 저학력 등 저임금 노동력의 주변화와 고용 불안정을 촉진해 왔다.

1990년대 말 IMF 외환 위기 이후, 정부는 기획예산처를 중심으로 공공 부문의 구조 조정을 추진해 왔다. 그 가운데 하나가 공공 부문 업무의 외부위탁을 통한 인력 구조 조정이었다. 최근에 이르기까지 기획예산처는 경영혁신 지침 및 공기업 경영평가 등을 통해 비핵심 업무의 외부위탁을 촉진해 왔다.

기획예산처는 '경영실적 평가'를 통해 정부투자기관의 인사, 조직, 예산을 비롯, 경영 전반을 통제해 오고 있다. 소위 '공공 부문 경영혁신'은 인력 구조의 슬림화와 그를 위한 아웃소싱의 증대를 통한 비용 절감을 요구하고 있다. 문제는 이러한 아웃소싱과 비용 절감의 주 대상이 가장 취약한 위치에 있는 저임금 노동자라는 사실에 있다. 많은 공기업의 경우, '경영혁신'의 주요 희생양으로 여성 등 저임금 노동자층을 대상으로 해 오고 있다.

기획예산처는 1999년 9월 한국조세연구원에 "공기업 외부위탁 활성화 및 외부위탁 대상 사업 선정"에 대한 연구 용역을 의뢰했고, 용역 결과를 기초로 각 공기업별 외부위탁 대상 업무를 확정하고, 2000년 이후 공기업 경영혁신 추진계획에 반영해 공기업 외부위탁을 적극 추진해 왔다.[4] 1999년 10월 기획예산처가 발표한 보도 자료에 의하면 기획예산처는 "종래 경비, 청소, 매점 등 부대 업무 중심으로 이루어진 외부위탁 대상 업무를 전산, 홍보 · 전시, 시설 유지 관리, 시장조사, 정보 관리 등 사업 관련 분야로 확대할 계획"인 것으로 되어 있다. 이러한 외부위탁 확대에 따른 기대 효과로 기획예산처는 "예산 절감 등으로 재무 구조 건전화, 경기 침체 등 경제 환경 변화에 따라 신속히 대응할 수 있어 조직의 유연성 제고, 인적 · 재무자산의 효율적 활용으로 관리 능력 제고" 등을 들고 있다(기획예산처, 1999).

여성들과 저임금 노동자층이 집중되어 있는 '주변' 인력을 우선적으로 외주화하는 구조 조정 정책 또한 정부 고위직의 여성 과소 대표로 인해 남성 정책

4 〈표 1〉 기획예산처가 발표한 공기업별 주요 외부위탁 대상 업무(1998, 8 발표) 참조.

〈표 1〉 기획예산처가 발표한 공기업별 주요 외부위탁 대상 업무

기관명	외부위탁 업무
한국담배인삼공사	ㅇ 배달 · 창고 업무, ㅇ 사진 · 제판 분야
한국관광공사	ㅇ 해외 홍보
농어촌진흥공사	ㅇ 경지 정리, 배수 사업의 조사 · 설계
농수산물유통공사	ㅇ 창고관리 · 운영, ㅇ 사업타당성 심사, ㅇ 농산물 해외 홍보, ㅇ 해외 시장 조사, ㅇ 박람회 업무
한국전력공사	ㅇ 발전소, 변전소 건설 분야, ㅇ 통신 분야, ㅇ S/W 설계 등 전산 분야
한국석유공사	ㅇ 시추선 운영, ㅇ 석유비축사업 운영
대한석탄공사	ㅇ 통근 차량, ㅇ 도계광업소 선탄작업, ㅇ 화순광업소 펌프 운전, 안전등관리
대한무역투자진흥공사	ㅇ 해외 · 국내 전시사업, ㅇ 학여울 전시장 운영, ㅇ 종합무역정보센터 운영
한국전기통신공사	ㅇ 단말기 유지 보수, ㅇ 수리 접수 업무, ㅇ 기타 민원처리 업무 일부
대한주택공사	ㅇ 주택관리, ㅇ 임대사업(임대료 부과, 갱신 계약 등)
한국도로공사	ㅇ 통행료 징수 업무(영업소), ㅇ 휴게소, ㅇ 일상 유지 보수 업무
한국수자원공사	ㅇ 취수장, 가압장 운영, ㅇ 단순직무(운전, 구내식당, 청소)
한국가스공사	ㅇ 시설경비 업무, ㅇ 차량 · 홍보 · 전산 등, ㅇ 생활관 및 홍보관 운영

자료: 기획예산처(1999), "공기업 외부위탁 활성화 추진," 기획예산처 보도 자료(1999.10.8).

결정자들에 의해 만들어져 왔다. 비정규직 공공 부문 비정규 대책의 정책 결정과 실행, 그리고 노동조합의 의사 결정 과정에 이르기까지 여성들의 소리는 거의 들리지 않았으며, 특히 여성 비정규직들의 의견이 수렴될 수 있는 통로는 제한되어 있었다.

남성 정규직 중심의 공공 부문 노동조합운동은 구조 조정 과정에서 여성들이 충격 완충 지대 역할을 해 주기를 기대하기도 했으며, 여성의 우선 해고와 비정규직화에 암묵적 동의나 주도적 역할을 해 왔다. 오히려 노동조합이 선도적으로 여성들을 축출하는 데 앞장선 경우도 적지 않다. 정부와 사용자, 그리고 노동조합은 공공 부문 비정규직의 여성화에 일정한 연대를 해 왔다.

3.1 기획예산처의 공기업 평가 정책의 문제

IMF 외환 위기 이후 정부는 공기업 경영혁신 계획에 따라 공기업 경영의 효율화를 촉진하기 위해 공기업별로 외부위탁 대상 사업을 발굴해 왔다. 여기서 "핵심 역량(core competence)이란 기업의 경쟁 기반을 이루고 기업 성장에 견인차 역할을 할 수 있는 기업 특유의 기술, 지식, 능력 등의 집합체를 지칭"하는 것으로 되어 있다. 기획예산처에 따르면 외부위탁(outsourcing)의 목적은 "주변 업무를 외주화함으로써 핵심 역량을 강화하는 데 자원을 집중해 조직의 업무 가치를 극대화하는 데"[5] 있었다.

공기업의 청소, 경비 업무, 고속도로 통행료 징수 업무, 전화 교환 업무, 전산 업무, 전보 배달 업무, 구내식당, 사옥 관리 등을 포함한 129개 업무가 기획예산처에서 외부위탁 대상 업무로 지정, 추진되었다.

한 예로, 한국도로공사가 외주화한 업무 가운데 고용 규모가 가장 큰(6,233명) 고속도로 통행료 수납 업무는 최근에 제출한 외주화 타당성 검토 보고서(2007.1)에서 이 업무가 기획예산처의 경영혁신계획과 공공기관 경영혁신 지침에 근거한 것임을 밝히고 있다. 이 보고서에 의하면 청소, 경비 등 여타 외주화된 업무의 경우도 모두 외주화의 근거로 기획예산처의 「경영혁신 계획」과 「공공기관 경영혁신 지침」을 들고 있으며, 외주화가 시작되었던 시점은 기획예산

〈표 2〉 고속도로 통행료 수납 업무 외주 현황

(단위: 백만 원, 명)

구분	외주 형태	외주화 사유	외주 근거(법령 등)	소요 예산/년	외주 근로자 수
내용	용역	비용 절감을 통한 경영 효율화 및 여성 근로자로 대체함으로써 고객 서비스 등의 향상에 기여	- '98 기획예산처 경영혁신계획 - '06 공공기관 경영혁신 지침	103,820	4,894

* 총 241개소(6,233명): 직영 28개소(1,339명) + 외주 213개소(4,894명)
자료: 한국도로공사(2007), "외주화 타당성 검토보고서."

5 기획예산처(2000), "공기업 외부위탁 확대," 기획예산처 보도 자료(2000.5.5).

처에서 외주화를 통한 인력 구조 조정 정책을 추진했던 시기와 일치한다.

적지 않은 공기업이 이러한 기획예산처의 적극적인 외부위탁 지침에 따라 외주화를 시행했다. 최근에 이르기까지 기획예산처는 경영혁신 지침 및 공기업 경영평가 등을 통해 비핵심 업무의 외부위탁을 촉진해 왔다.

결과적으로 공기업에서 여성들이 집중되어 있는 직종의 상당 부분은 외주화되거나 비정규직화되었다. 공기업의 여성 정규직 비율이 정부기관(중앙행정부 및 지방자치단체), 그리고 민간 부문에서의 여성 정규직 비율에 비해서도 낮은 것은 부분적으로 이러한 이유에 기인한 것이다.

2007년 현재, 기획예산처는 더 이상 이러한 외부위탁 대상 업무와 직종을 선정하지도, 평가 대상에 외주화를 촉진하는 항목도 포함시키지 않고 있다. 이미 상당 부문 외주화가 진행, 완료된 이유도 있지만 공공 부문의 비정규직 문제에 대한 사회적 관심과 비판이 커졌기 때문이기도 할 것이다.[6]

그러나 기획예산처의 경영혁신 지침에 따르면 2006년 현재에도 여전히 핵심 업무 중심의 인력 운용을 할 것을 요구하고 있다. 「2006년도 공공기관 경영혁신 지침」에 따르면 "경영합리화 차원에서 인력은 필요 최소한으로 운영하되, 운용 인력은 기관의 핵심 업무에 집중 배치"함으로써 '인사관리의 합리화'를 꾀할 것을 명기하고 있다.

대상 공공기관은 이러한 경영혁신 지침을 토대로 매해 「경영혁신 추진계획」을 작성하게 되어 있다. 경영평가 대상기관(투자기관, 산하기관)은 경영평가 과정에서 경영평가단이 경영혁신 내용을 점검 · 평가하고, 경영평가를 받지 않는 여타 기관은 기획예산처 장관이 구성한 별도의 혁신평가단이 점검 · 평가하고 있다. 경영혁신 지침 적용 대상 기관은 필수 적용 대상 기관 152개(정부투자기관관리기본법 적용 대상 기관 14개, 정부산하기관관리기본법 적용 대상 기관 92개, 출자(연)법 적용 대상 기관 46개)와 자율 적용 대상 기관(주무부처가 원칙적으로 정원 50명 이상 공공기관에서 업무 특성, 기관 규모 등을 고려해 혁신

6 기획예산처 담당자와의 인터뷰(2006. 12).

관리 대상으로 선정한 기관을 의미. 단, 50명 미만 기관인 경우에도 혁신관리 필요성이 있는 기관은 포함 가능)을 포함한다(기획예산처, 2006).

또한 "경영의 효율성 제고"를 위해 "사업의 특성을 고려, 외부위탁을 추진하고, 이미 실시된 외부위탁 사업의 효율화를 위한 방안을 강구"하는 것도 중요한 경영혁신 내용의 하나로 제시하고 있다.

기획예산처는 '경영실적 평가'를 통해 정부투자기관의 인사, 조직, 예산을 비롯해 경영 전반을 통제해 오고 있다. 소위 '공공 부문 경영혁신'은 인력 구조의 슬림화와 그를 위한 아웃소싱의 증대를 통한 비용 절감을 요구하고 있다. 문제는 이러한 아웃소싱과 비용 절감의 주요 대상이 가장 취약한 위치에 있는 저임금 노동자라는 사실에 있다. 많은 공기업의 경우 '경영혁신'의 주된 희생양으로 여성 등 저임금 노동자층을 대상으로 해 오고 있다.

기획예산처에서 매해 실시하는 공기업 경영평가와 평가 결과 정규직에게 지급되는 성과금은 그러한 방식의 인력 구조 조정의 중요한 유인책이기도 하다. 경영평가 결과에 따라 정부투자기관 및 산하기관 임직원과 정규직 직원 전체에게 상여금의 형태로 인센티브가 지급된다. 투자기관의 경우의 사장과 감사에게는 연봉 총액의 0~200%까지, 그리고 전체 직원에게 월 기본급의 200~500%까지 상여금이 지급된다. 산하기관의 경우 상여금 비율이 이보다 낮아 정규직 월 기본급의 100~200% 정도 선에서 지급되고 있다.[7] 이러한 유인책 이외에 당해 기관의 사장과 상임 이사진에 대해서는 임원 해임을 건의할 수 있는 채찍의 방식도 병행하고 있다. 실제로 한국관광공사의 임원은 경영평가 결과 해임되기도 했다.[8]

기획예산처의 구조 조정 추진과 그를 촉진하기 위한 유인책과 강제책은 공기업으로 하여금 단기적인 성과, 특히 인력 감축과 외주화를 무리한 방식으로 추진하도록 하는 요인이 되고 있다. 현재 문제가 되고 있는 고속열차 여승무원의 외주 위탁과 정규직화 불가 입장은 이러한 기획예산처의 경영평가와 무관하다

7 송희준 · 장지인(2006), "공공기관 경영평가제도 개선방안 연구."

8 부처 담당자와의 인터뷰.

고 할 수 없을 것이다.[9]

직접 고용 비정규직과 외주화를 통한 간접 고용을 확대하고자 하는 공기업의 경영 방침은 기획예산처에서 시행하는 경영평가 방법과 부분적으로 연관되어 있다. 경영평가 지표 가운데 하나는 노동생산성이다. 노동생산성 측정 방법을 볼 때 비정규직과 간접 고용의 비율이 높을수록 단위당 생산성이 높아지도록 되어 있다. 노동생산성은 부가 가치 또는 공공 이익을 평균 인원 수로 나눈 것이다(재정경제부, 2004: 214). 여기서 '평균 인원'은 '정규직'을 의미한다. 그러나 당해 회계연도의 총 부가가치액은 정규직뿐 아니라 비정규직 그리고 외주위탁 형태의 간접 고용 노동자들이 모두 기여한 것의 산물이다. 그러하다면 단위당 생산성은 정규직뿐 아니라 직접 고용 비정규직 및 간접 고용 노동자 모두를 포함한 종사자 수를 기준으로 하여 측정하는 것이 마땅하다.

정규직을 기준으로 측정하는 방법이 바뀌지 않는 한 경영평가에서 좋은 점수를 받기 위해 정규직을 비정규직화나 외주화하고 비정규직과 간접 고용 노동자의 규모와 비율을 늘리려 하게 될 것이다. 대부분의 공기업들이 비정규직화를 통한 인력 구조 조정을 추진해 온 부분적 이유는 이러한 점에서 찾을 수 있을 것이다.

3.2 공공 부문 비정규 대책에 내재한 성차별적 '유연성' 담론

공공 부문 비정규 대책의 법적 기초가 되는 국무총리 훈령 제486호(이하 훈령)이나 공공 부문 비정규 대책은 명시적으로 여성을 부당하게 차등 대우한다는 내용은 없으나, 성 중립적인 기준을 적시함으로써 결과적으로 여성에게 '현저하게 불리한 영향'을 미치는 간접 차별을 야기할 소지가 크다.

---

9 철도공사의 경우 기획예산처의 경영평가 결과에 따라 임원진 및 기관 전체에 지급되는 상여금은 최저 1천억 원에서 3천억 원 정도일 것으로 추산된다. '단순보조적' 혹은 '비핵심' 업무라고 간주되는 일을 하는 주변부 노동자층을 비정규직화함으로써 그들의 근로 조건과 고용 안정을 더욱 저하시키는 대가로 정규직 노동자들에게 거액의 인센티브를 지급하는 것이다.

훈령 제486호 "공공기관 비정규직 근로자 관리 등에 관한 규정"에 의하면 1) 상시적 · 지속적 업무에 대해서는 원칙적으로 무기 계약 근로자가 담당하도록 하고, 2) 그 기관의 설립 목적, 기능 등에 비추어 주변적인 업무 또는 부가적인 업무에 대해서는 합리성이 인정되는 경우 외주화의 방법으로 업무를 수행할 수 있게 규정하고 있다.

이 두 원칙은 그동안 무분별하게 사용되어 오던 비정규직 고용에 대한 일정한 가이드라인을 제공해 준다는 점에서 의의가 있다. 그러나 이러한 원칙을 피해 갈 수 있는 내용 또한 이 훈령에 담겨 있다.

훈령 및 대책의 문제 가운데 하나는 기간제 근로자 사용 원칙과 관련한 것이다. 예외적으로 기간제 근로가 허용되는 사유의 내용이 지나치게 주관적이고 그 범위가 포괄적이어서 원칙 자체가 아무런 실효성이 없도록 해 놓고 있다. 이러한 우려는 각 공공기관이 관련 부처에 제출한 무기 계약 전환 계획 내용에서도 그대로 드러난다.

아래의 〈표 3〉에 나타난 사례에서 보듯이, 여성이 대부분을 차지하는 텔러, 전화상담원(콜센터) 직종이 실제로는 숙련과 경력이 필요한 핵심 인력임에도 불구하고 은행 측은 이들 업무가 단순 주변 업무라고 규정하고 있다.

〈표 3〉 A은행이 판단하는 직접 고용 비정규직 업무 성격

(단위: 명)

대상 기업	직종	인원 수	업무 성격 1		업무 성격 2		업무 성격 3		인력 현황					
			상시	일시	전문	단순	핵심	주변	상시	일시	전문	단순	핵심	주변
A 은행	창구텔러	914	1	–	–	1	–	1	914	–	–	914	–	914
	전화상담원	318	1	–	–	1	–	1	318	–	–	318	–	318
	사무보조	321	–	1	–	1	–	1	–	321	–	321	–	321
	시간직	28	–	1	–	1	–	1	–	28	–	28	–	28
	일용직	29	–	1	–	1	–	1	–	29	–	29	–	29

자료: 노동부의 공공 부문 비정규직 실태 조사에서 A 은행이 제출한 자료.

〈표 4〉 공공 부문 비정규 대책 국무총리 훈령 제486호 중 무기 계약 및 외주화 관련 내용

훈령

제3조(기간제 근로자의 사용 원칙) 국가행정기관의 장은 반복적으로 근로계약을 갱신하여 기간제 근로자를 사용하는 상시적 · 지속적 업무에 대하여는 원칙적으로 기간의 정함이 없는 근로계약을 체결한 근로자(이하 "무기계약 근로자"라 한다)가 담당하도록 하여야 한다. 다만, 다음 각 호의 어느 하나에 해당하는 경우와 같이 합리적인 이유가 있는 때에는 그러하지 아니하다.

1. 전문적 지식 · 기술의 활용이 필요한 경우
2. 교수 임용, 수련의 채용 등과 같이 그 직종 고유의 제도에 따라 인력을 사용하는 경우
3. 휴직 · 파견 등으로 결원이 발생하여 그 근로자가 복귀할 때까지 업무를 대신할 인력을 사용하는 경우
4. 수습생 등 수련 과정에 있는 인력을 사용하는 경우
5. '고령자고용촉진법' 제2조 제1호에 따른 고령자를 사용하는 경우
6. 정부의 복지정책 · 실업 대책 등에 따른 일자리 제공으로 인력을 사용하는 경우
7. 주기적으로 업무량 증감이 있는 업무의 업무량이 증가하는 기간 동안 인력을 사용하는 경우
8. 구조조정 계획이 확정되어 있는 경우에 기존의 기간제 근로자를 한시적으로 사용하는 경우
9. 그 밖에 이에 준하는 사유로 사회적으로 합리성이 인정되는 경우

제7조(외주화의 기본 원칙) ① 국가행정기관의 장은 그 기관의 설립 목적, 기능 등에 비추어 주변적인 업무 또는 부가적인 업무에 대하여는 합리성이 인정되는 경우 외주화의 방법으로 업무를 수행할 수 있다.[10]

② 제1항에 따라 외주화하는 경우에도 시장 임금 수준보다 불합리하게 낮은 임금이 지급되도록 하여서는 아니 된다.

③ 국가행정기관의 장은 그 기관의 설립 목적, 기능 등에 비추어 핵심적인 업무 또는 본연의 업무에 대하여는 직접 수행하여야 한다. 다만, 다음 각 호의 어느 하나에 해당하는 때에는 그러하지 아니하다.

1. 고도의 전문 기술, 고가의 시설 · 장비 또는 대규모 인적 · 물적 네트워크 등을 필요로 하여 자체 해결이 곤란한 업무
2. 일정 기간 또는 간헐적으로 수행됨으로써 해당 인력을 직접 고용할 경우 지나치게 많은 비용이 소요되는 경우
3. 외주화에 의할 경우 비용 절감의 효과가 크고 명백한 경우
4. 내 · 외부 환경의 변화에 대응하기 어려운 내부 노동 시장의 불합리성으로 인하여 임금 등의 처우를 시장 수준에 맞추기 어려운 경우
5. 민간 부문과의 경쟁을 통하여 생산성 향상, 서비스 질 제고 등의 효과를 달성하기 위하여 유사 또는 동일한 업무를 담당하는 병렬적 조직 또는 부서 업무의 일부를 조직 또는 부서 단위로 외주화하는 경우
6. 그 밖에 외주화의 필요성이 사회적으로 인정되는 경우

---

10 외주화 시의 검토 사항
④ 국가행정기관의 장은 제3항 단서에 따라 외주화하는 경우에도 다음 각 호의 요건 모두가 충족되는지 여부를 검토하여 외주화 여부를 결정하여야 한다.
1. 관련 분야의 외부 시장이 충분히 형성되어 있어 외주 업체 선정에 어려움이 없고, 외주 업체에 문제가

주변적이고 부가적인 업무의 경우 합리성이 인정되는 경우 외주화할 수 있다고 한 조항 또한 오용의 가능성이 매우 크다. 무엇보다 주변, 핵심의 구분이 객관적으로 가능하지 않다. 일반적으로 특정 업무의 숙련도는 기술적 차원에서의 숙련 수준(technical skill)보다는 사회적 통념에 기초한 숙련 개념(social skill)으로 판단된다. 즉 그 일을 하는 데에 필요한 숙련이나 기술(기술적 숙련) 여부보다는 그 일을 하는 사람이 누구인가에 따라 핵심 업무 또는 주변 업무로 판단된다. 예를 들어 여성이 주로 하는 일은 그 일을 수행하는 데에 필요한 실질적인 노하우나 기술, 숙련보다는 그 일을 하는 사람이 여성이기 때문에 단순 저숙련, 저부가가치 일이라고 규정되곤 한다. '여성의 일'은 '아무나 할 수 있는 일', '일 같지도 않은 일', '별다른 훈련이 필요하지 않은 일'이라는 성별 분업 이데올로기나 통념이 뿌리 깊기 때문이다.[11]

이러한 이유로 주로 저임금 근로자들이 하는 일들이 '주변 업무'로, 그리고 상대적으로 고임금을 받는 인력이 하는 일들이 '핵심 업무'로 판단되곤 한다. 우리 사회의 노동 시장 구조를 볼 때 저학력 근로자, 여성 근로자, 고령 근로자, 그리고 장애를 가진 근로자들이 저임금 근로자층을 이루고 있다. 이들이 하는 일들이 단순·저부가가치 업무, 혹은 주변 업무로 간주되고 있는 현실에서 훈령 제7조는 이들이 주로 담당하는 저임금 업무를 빠른 속도로 외주화시키는 데 일조하게 될 것이다.

설사 '핵심', '주변' 업무의 구분이 가능하다 하더라도 '주변 업무' 혹은 단순·반복 업무를 외주화해서 불리한 대우를 하는 것은 아무런 합리적 이유가 없다. 공공기관이 인건비 절감을 통한 경영 합리화를 꾀한다면 생활 임금에도 채 못 미치는 주변의 저임금 노동자의 고용 불안정을 통해서가 아니라 상위 고임금 직급의 임금 인상률을 일정 비율 조절하는 것이 더 효과적일 것이다.

발생하여 서비스 공급이 어려울 때 다른 업체로 신속한 대체가 가능할 것.
2. 외주화에 의하여 공익성 또는 공공성의 훼손 가능성이 낮을 것.
3. 다른 업무와의 업무 분리가 용이하고, 업무 수행에 상당한 정도의 독립성이 보장될 것.

11 좀더 자세한 내용은 조순경(2006), "공공 부문 비정규 대책 외주화 조항의 간접 차별 가능성" 참고.

다음의 〈표 5〉에서 한 공기업의 임원 및 직원의 보수 수준을 볼 수 있다. 기관장의 연봉은 5억 8천만 원, 감사는 4억 원, 이사는 2억 7천만 원 수준이고, 정규직 행원의 평균 연봉은 6천 5백만 원이다. 이 공기업에서 일하는 비정규직의 연봉은 1천 8백만 원 정도다. 이 기업이 인건비 절감을 꾀하고자 한다면 연봉 2천만 원이 안 되는 비정규직 여성의 인건비를 절감하는 것보다 연봉 1억 원 이상의 상위 직급의 급여 인상률을 일정 비율 조정하는 것이 기업 차원에서 더 효율적일 것이다.

〈표 5〉 공기업 D사의 임원 및 직원 보수(2005년)

(단위: 명, 백만 원)

직급		인원수	보수					
			기본급 (기본 연봉)	수당	급여성 복지 후생비	경영 평가 상여금	기타 성과 상여금	1인당 보수 합계
임원	기관장	1	330.0	–	–	246.0	–	576.0
	감사	1	220.0	–	–	187.0	–	407.0
	이사	10	170.0	–	–	98.0	–	268.0
	기타	–	–	–	–	–	–	–
소계		12	2,250.0	–	–	1,413.0	–	3,663.0
직원	정규직	6,327	31.6	33.1	–	–		64.7
	비정규직	2,145	–	–	–	–	–	–
소계		8,472	199,933.2	209,423.7	–	–		409,356.9

자료: 기획예산처 홈페이지(공공기관 알리오시스템 기관별 경영정보)(검색일: 2007. 5. 2).

지금까지 공공기관에서 추진되어 온 인력 구조 조정 과정에서 핵심 업무와 주변 업무를 구분하게 되는 주체는 주로 고임금층의 상위직이었으며, 주변 업무로 외주화되는 근로자층은 저학력, 여성, 고령자, 그리고 장애를 가진 근로자 등 사회적 약자층이었다(조순경, 2006). 그 결과는 소득의 양극화와 여성의 빈곤화였다.

4. 검증되지 않은 '유연성'과 '효율성'에 대한 명제

정부기관 및 공기업들은 주변 업무의 비정규직화 혹은 외주화가 기업의 효율성을 제고하는 데 도움이 된다는 논리에 기초하고 있다. 1990년대 말 기획예산처도 외부위탁 대상을 선정하기에 앞서 "공기업 외부위탁 활성화 방안 및 외부위탁 대상 사업 선정"이라는 주제의 용역 연구를 조세연구원에 발주했고, 재정경제학자들을 중심으로 이 연구가 수행되었다.[12] 그 결과를 토대로 기획예산처는 외부위탁 대상 업무를 선정했다.

이 용역 연구를 수행한 연태훈 박사는 조세연구원에서 발간하는 『재정포럼』 2000년 4월호에서 외부위탁의 장점으로, 민간 부문에의 외부위탁이 규모의 경제(economies of scale)와 범위의 경제(economies of scope)를 실현할 수 있으므로 적극 추진해 볼 필요가 있음을 밝히고 있다. 그는 특히 외부위탁이 생산성 증가를 가져올 수도 있음을 주장했다.[13]

고용 체계상의 규제 완화로 인한 비정규직 및 노동 시장의 수량적 유연성의 확대가 경쟁력 제고에 도움이 된다는 실증적 근거는 현재 상태로는 존재하지 않는다. 무분별한 비정규직의 확산으로 인해 기업 경쟁력이 오히려 약화될 가능성도 배제할 수 없다. 외국의 경험에서 공통적인 문제로 제기되는 것 가운데 하나는 비정규직 고용이 숙련의 형성을 어렵게 하고, 근로자의 기업에의 몰입도를 낮추며, 결과적으로 기업의 기술 축적에 상당히 큰 저해 요인으로 작용한다는 것이다. 저숙련 직종의 경우 그 문제는 저생산성으로 나타난다.

비정규직이 주요한 노동, 사회 문제로 부각되고 있는 OECD 국가들에서 비정

---

12 홍범교 외(1999), "공기업 외부위탁 활성화 방안 및 외부위탁 대상사업 선정," 한국조세연구원(기획예산처 발주 용역보고서. 홍범교 박사의 전공 분야는 재무경제, 국제금융, 거시경제학이며 주로 연구한 분야는 전자상거래, 파생상품 과세, 국제조세 등이다(한국조세연구원 홈페이지. 2007.4.30 검색).

13 예를 들어 연태훈 박사가 인용한 문헌은, R. Dalp & F. Anderson(1997), "Contracting Out of Science and Technology Services," *Administration & Society* 28(4); S. Globerman & A. Vining(1996), "A Framework for Evaluating the Goverment Contracting-Out Decesion with an Application to Information Technology," *Public Administration Review*, 56(6)(연태훈, 2000에서 재인용).

규직의 경제적 효율성에 대한 관심과 연구가 진행되어 오고 있다. 영국의 경우 오랫동안 수량적 유연화 전략의 일환으로 이루어지는 비정규직 고용의 확대는 비용 절감 전략으로 간주되어 왔다. 그러나 최근의 연구들에 의하면, 서비스업의 경우 임시직 고용이 서비스의 고부가 가치화에 부정적인 영향을 미치는 것으로 확인되고 있는데,[14] 그 이유는 비정규직 고용이 개발 위주의 인적 관리 시스템을 위한 모델을 구축하는 데 매우 어려운 조건을 만들기 때문[15]이라는 것이다. 제조업에서의 노동 유연성 전략의 영향에 대한 또 다른 연구에서도 장기적으로 노동 시장 수량적 유연성의 제고가 기업의 제품과 생산 과정 혁신 능력에 악영향을 미치는 것으로 결론짓고 있다.

미국의 경우에도 경영학자들을 중심으로 비정규 노동의 경제적 효용성에 대해 실증적인 연구가 이루어져 오고 있다. 개별 기업 단위에서의 생산성 측정을 통해 연구자들이 내린 결론 가운데 핵심적인 내용은 저임금 비정규 노동력의 활용이 반드시 노동 비용의 절감을 가져오는 것은 아니라는 것이다.[16] 단위 노동 비용의 측정을 위해서는 임금뿐 아니라 훈련 비용, 이직에 따른 비용, 양적 생산성 수준을 고려해야 하는데, 이들을 종합적으로 계산할 때 파견직이나 임시직의 사용이 오히려 단위 노동 비용을 상승시킬 수 있다는 것이다. 대표적으로 스탠리 놀렌(Stanly Nollen, 2000)은 그들이 연구한 기업 중 2/3의 사례에서

---

14 노동의 수량적 유연화 정도가 높은, 비정규직의 규모가 다른 OECD 국가에 비해 큰 영국의 경우 비정규 고용의 경제적 비용에 대한 연구가 다양한 차원에서 이루어지고 있다. 이 사안과 관련해 영국에서 이루어진 대부분의 연구는 노동의 유연화와 숙련 형성, 생산성, 그리고 서비스의 질 간의 관계가 부정적이라는 결론을 내리고 있다. 좀더 자세한 내용은 Arulampalam, W. & A. Booth(2001), "Traning and Labour Market Flexibility: Is There a Trade-Off?," *British Journal of Industrial Relations*, 36(4); Institute of Management and Manpower(1999), *Survey of Long Term Employment Strategies*, London: Institute of Management and Manpower; Wilkinson, Barry(2000), "Labour Market Flexibility and Employment Agencies in the U.K., Japan and Korea," Paper presented at the International Conference on Economic Crisis and Labor Market Reform: The Case of Korea Seoul 등 참조.

15 Casey, B., H. Metcalf & N. Millward(1997), *Employers' Use of Flexible Labour*. London: Policy Studies Institute(Wilkinson, 2000에서 재인용).

16 예를 들어 다음과 같은 연구들이 있다. Donald McNerney(1995), "Are Contingent Workers Really Cheaper?," *HR Focus*. September; Granrose & Appelbaum(1996), "The Efficiency of Temporary Help and Part-Time Employment," *Personnel Administrator*. January.

비정규 노동의 사용이 기업의 비용 절감에 도움이 되지 못했다고 밝히고 있다. 이러한 국내외 연구 결과들을 종합해 볼 때, 지금과 같은 방식의 비정규직 고용은 오히려 저임금-저효율-고비용의 악순환을 가져올 수 있음을 말해 준다.

독일의 경우 노동자 보호법안 및 강한 노동조합, 그리고 높은 노동 비용은 결국 기업들이 노동 비용 저하가 아닌 다른 방식의 경쟁력 강화 방안을 강구하도록 함으로써 기업의 경쟁력과 국가 경제를 강고히 하는 데 기여한 것으로 평가된다. 이러한 사실들을 감안한다면 기업 부담의 최소화, 수량적 유연성의 제고 등을 통한 노동 비용 저하 전략만이 우리 기업들이 생존할 수 있는 유일한 길이라는 주장은 더 이상 설득력이 없다.

이처럼 비정규직 고용이 모든 직종이나 모든 상황에서 항상 저효율을 야기하는 것은 아니다. 정보통신 컨설팅이나 과학자 등 연구개발(R&D) 인력의 경우처럼 고도의 전문 직종의 경우 고용 중개 기관을 거치면서 여러 기업의 일을 하는 경우 기술/숙련을 보존, 개발할 수도 있다. 그러나 대부분의 직종의 경우 노동의 유연화는 숙련 형성 및 효율성에 배치되는 전략으로 이해된다.

우리나라의 경우 'KTX 문제'로 논란이 되고 있는 한국철도공사의 고속철도 승무 업무 위탁 또한 이러한 외주화의 비용 절감 효과를 그 논리로 제시한다. 그러나 구체적인 자료를 검토해 볼 때, 그러한 비용 절감 효과는 나타나지 않는 것으로 드러난다. 오히려 직접 고용이 외주화에 비해 비용이 절감된다는 사실을 확인할 수 있다.

철도공사와 철도유통이 국회에 제출한 국정감사 자료, 승무 업무 위탁 업체인 KTX관광레저를 포함한 철도공사의 계열사 운영 실태에 대한 감사원의 감사 결과 보고서 등을 검토한 결과, 승무 업무의 외주화가 단순히 인력 운용상의 비용 절감이나 경영 효율성의 문제가 아니라 철도공사와 자회사 KTX관광레저와의 관계, 철도공사 경영상의 문제에서 비롯된 것임을 확인하게 되었다. 외주화했을 때 철도공사가 직접 고용하는 것보다 더 드는 비용 총액은 2005년 기준, 승무원 400인 기준으로 할 때, 최소한 연 16억 원 정도로 추산되었다.[17]

외주화는 비용 절감 효과가 있을 때 하는 것이 일반적이다. 법적 책임을 피하기 위한 방식의 하나로 외주화를 하기도 한다. 외주화로 인한 비용 절감 효과가 실증적으로 확인되지 않음에도 외주화를 추진한 배경에는 이들 업무가 여성들이 수행하는 업무는 단순, 주변적인 일이라는 통념, 그리고 그러한 업무를 저임금 단기 노동력화하고자 하는 목적이 부분적으로 작용한 것이라 판단된다.

5. 노동의 '위기'와 성별 정치

위의 공공 부문 비정규직 사례에서 보듯이 여성에 대한 간접 고용과 비정규직화는 매우 체계적이고 비가시적인 방법으로 이루어지고 있으며, 이러한 모든 차별이 '합법적인 테두리' 안에서 이루어지고 있다. 나아가 이러한 성차별적 노동 시장 관행에 대한 법적 대응이 점차 어려워지고 있는 상황이다. 외주 위탁 간접 고용의 경우 단순히 위탁 계약의 해지와 더불어 노동자들은 일자리를 잃게 될 수 있다. 기존의 전통적인 고용 형태에 존재하는 '해고' 개념이 더 이상 존재하지 않기 때문이다. 이러한 조건에서 노동조합의 역할이 무엇보다 중요해진다.

국가의 경계를 초월한 자본의 이동 가능성이 그 어느 때보다 높아지고, 그에 따른 노동 시장 유연화 담론이 하나의 이데올로기로서 고용 차별과 성차별을 체계적으로 정당화하는 시점에서 무엇보다 우선적으로 정규직 중심의 노동조합 운동은 비정규직의 관점에서 문제를 보는 것이 필요하다. 공공 부문 비정규 대책의 내용 가운데 핵심적인 부분을 차지하는 무기 계약직에 대한 기존의 양대 노총 중심의 노동조합의 움직임은 이러한 필요성을 잘 보여 준다.

---

17 좀더 자세한 내용은, 조순경(2006) 참고.
(1) 승무원 1인당 이윤(128,000원) × 400인 × 12개월 = 614,400,000원
(2) 인건비에 포함되어 이중 산정한 복리후생비 = 425,121,000원
(3) 1인당 248만 5천 원 이외에 지급되는 인센티브(200%)(철도공사의 '위탁비 내용' 기준)
1인당 연 1,532,000원 × 400인 = 612,800,000원
(4) 비용 절감 최소 금액: (1) + (2) + (3) = 1,652,321,000원

공공 부문 비정규 대책에서 '무기 계약직'은 "공무원은 아니나 기간의 정함이 없는 근로계약을 체결한 정년이 보장된 직접 고용 근로자"로, '비공무원 정규직'을 의미한다. '정규직' 대신에 '무기 계약직'을 쓰게 된 이유는 공공 부문 중 중앙 및 지방정부 소속기관의 경우 '정규직'이라 할 경우 '공무원'을 의미하는 것으로 이해될 수도 있으므로 공무원이 아닌, 그러나 고용이 보장되는 정규직을 의미한다는 차원에서 무기 계약직으로 명명하게 된 것으로 알려져 있다.

이러한 무기 계약직에 대한 노동계의 입장은 두 가지로 나뉘어 있다. 여성 독자 노동조합인 전국여성노조는 '무기 계약직'이 기존의 정규직과 설사 분리직군제를 통해 임금 체계 및 승진 체계를 달리하더라도 고용 안정성을 보장한다는 의미에서 비정규직 문제 해결의 차선책으로 받아들인다. 반면 민주노총 계열의 노동조합들은 무기 계약직이 '무늬만 정규직'일 뿐 비정규직과 별로 다를 것이 없는, 차별을 고착화시키고 정규직의 근로 조건을 악화시킬 것이므로 받아들일 수 없다고 반대하는 입장을 취하고 있다.[18]

이러한 입장을 취하는 한 노동조합은 '조합원'이라는 익명으로 한 언론에 기고한 글에서 "무기 계약 전환은 비정규직, 나아가 무기 계약직이 고용 보장을 해 주는 것도 아니"라고 보고 있는데, 그 근거로 제시하고 있는 것은 직군이 분리되면 비정규직 상태에 있는 것보다 "통째로 분사화, 외주화시키기에 더 쉬워질 것"이기 때문이라는 것이다.[19] 그러나 분리직군제에 의한 무기 계약으로의 전환이 과연 비정규직을 외주화하는 것보다 더 쉽게 이루어지게 될 것이라는 실증적 근거는 찾아보기 어렵다. 관련 법률 전문가 등의 의견을 통해 지금 단계

---

18 예를 들어 ○○공사 노조는 다음과 같은 이유로 ○○공사 비정규직의 무기 계약 전환을 반대하며 사측에 무기 계약 전환 계획 철회 요구를 해 오고 있다: 1) 무기 계약 근로 전환과 합리적인 외주하는 동전의 양면으로 상호 교차하며 현장을 조각조각 분할해 들어올 것임. 2) ○○ 현장에 별도 직군으로 무기 계약 근로가 정착되면 저임금 및 차별이 고착화되어 정규직 임금과 노동 조건을 공격할 것임(○○공사 노동조합(2007), 2007년 정기대의원 대회 자료집).

19 "그러면 여기서 무기 계약으로 전환되는 계약직 노동자들은 최소한 고용은 안정되는 것인가? ○○공사 역시 무기 계약 전환 대상자들을 별도 직군으로 분리한다는 방침인데, 이렇게 되면 정규직과 업무가 구분된 이상 통째로 분사화, 외주화시키기에 더 없이 쉬워질 것이니 졸지에 외주 위탁회사로 넘어가는 것은 시간 문제일 뿐이다"(○○노조 조합원(2007), "비정규직 무기 계약 반대 투쟁, 정규직 활동가들이 적극 나서야 한다"(2007. 4. 29).

에서 확인할 수 있는 것은 정년 등 고용이 보장되는 무기 계약직을 외주화하는 것이 매해 계약 갱신해야 하는 비정규직을 외주화하는 것보다 더 쉽게 이루어질 수 있다는 것은 법리적으로 가능하지 않은 일이라는 것이다. 이러한 주장이 간과하고 있는 것 가운데 하나는 '직무의 외주화'와 그 직무를 수행하는 '노동자의 외주화'를 혼동하고 있다는 것이다. 직무가 외주화된다고 해서 그 직무를 수행하는 노동자를 일거에 해고해 외주 위탁 업체에 보낼 수 있는 것이 아니다.

한 공기업 노조에서는 사측의 무기 계약 전환 계획에 대해 반대 입장을 표명한 바 있다. 반대의 이유는 두 가지로, 1) 무기 계약 자체는 비정규직 차별의 고착화를 가져올 것이며, 2) 정규직의 임금 및 노동 조건을 개악하려는 의도이기 때문이라는 것이다. "7월부터 차별 금지가 시행되기 때문에 그만큼 비정규직 문제가 중요해지는 것이고, 공사에서는 이를 회피하기 위해 무기 계약을 계획하는 것이지 비정규직을 정규직으로, 차별 금지를 하기 위해 무기 계약을 계획하는 것은 아니"[20]라는 주장이다.

"무기 계약이 되면 임금 인상이 있는 것 아닌가?"라는 조합원의 질문에 대해 이 노조 집행부는 "무기 계약이 되었기 때문에 임금 인상이 있는 것이 아니"라고 답변하고 있다. 그러나 실제 사측에서 기안한 무기 계약 전환 검토 보고서(안)에 따르면 무기 계약 전환으로 인한 임금 상승 효과가 비정규직 현재 임금의 38% 정도 있는 것으로 나타난다. 무기 계약 전환으로 인한 복지 수준 상승폭을 감안하면 임금 상승 효과는 더 커지게 된다. 그러나 이러한 사실에 대해 비정규직 당사자에 대해 자세한 설명 없이 "무기 계약 전환으로 인한 임금 상승 효과가 없다"고 노조 지도부는 설명하고 있다. 이 노조의 논리에 의하면, 무기 계약 전환이 아니라 현재 상태의 비정규직으로 남아 있어야 임금 인상이 이루어질 수 있다는 것이다.[21]

비정규직의 무기 계약 전환 계획 철회를 요구하는 동 노조가 무기 계약안에

20 비정규직의 무기 계약 전환 계획 철회를 요구하는 A공기업 노조 설명 자료.

21 A공기업 비정규직 카페에 A공기업 노조에서 등록한 무기 계약에 대한 교육 내용 및 설명(검색일: 2007. 4. 30).

반대하는 또 다른 중요한 이유는 "사측의 무기 계약 전환이 정규직의 임금 및 노동 조건을 개악하려는 의도이기 때문"이라는 것이다. 분리직군제와 직무급제 내용을 담고 있는 무기 계약화가 결국 정규직에 부정적인 영향을 미칠 것이라는 이유다. 그러나 이러한 우려가 현실화될 것이라는 구체적인 근거는 제시하지 않고 있다. 만약 비정규직의 무기 계약화가 분리직군제와 직무급제 방식으로 진행되어 정규직에 영향을 미친다 하더라도, 그러한 이유로 비정규직의 무기 계약화를 반대하는 것은 다시 한 번 정규직 중심으로, 정규직의 관점에서 문제를 접근하고 해결하려 하는 것이 아닌가 하는 우려가 생긴다.

현 단계에서 '온전한 정규직화'의 가능성이 가까운 시일 이내에 가능하지 않은 경우, '노동 운동의 대의나 원칙'을 위해 무기 계약직 전환을 반대하는 것은 또 다른 정규직 중심의 노동 운동이라 평가될 수 있다. 주목해야 할 또 다른 사실은 '무기 계약 전환 반대' 의견이 비정규직 당사자의 의견을 반영한 것인가 하는 문제다.

우리나라의 비정규 노동 문제는 '유연화'의 문제라기보다는 '차별'의 문제다. 즉 차별을 정당화하는 방법으로 비정규 고용이 활용되고 있으며, 여성들이 비정규 직종에 집중 분포되어 있음으로 인해 여성에 대한 차별 또한 합리화되고 있는 상황이다. 이러한 분석은 우리 사회의 비정규직 문제를 해결하는 데 가장 중요한 방법 중 하나는 정규직에 대한 비정규직의 차별적 대우를 어떻게 예방할 수 있는가에 있다.

기존의 연구들에서 비정규직 여성들은 신자유주의 정책과 노동 시장 유연화 전략의 희생자 또는 수동적 실체로 다루어져 왔다. 비정규직 여성은 노인, 어린이와 같은 약자로 분류되어 국가가 '보호'해야 할 대상으로 간주되어 왔다. 그러나 지난 10여 년간 진행된 우리 사회에서의 비정규직 여성 노동 운동은 그러한 통설이 현실적 토대가 없음을 말해 준다.

여성 운동 조직 및 여성 노동계는 이미 1990년대 초반부터, 양대 노총 등의 노동 조직에 비해 먼저 우리 사회 노동의 비정규직화 문제, 그리고 그러한 움직임의 부정적 영향과 심각성을 먼저 문제 제기하기 시작했다. 다른 형태의 주변적 노동과 마찬가지로 비정규 노동도 노동 시장에서 주변적 위치에 놓인 여성들, 그리고 여성 직종을 중심으로 나타났기 때문이며, 단순 사무직 및 서비스, 즉 여성이 다수를 차지하는 직종이 일차적으로 비정규직화하기 시작했기 때문이다.

전 지구적 차원의 자본 이동이 가속화되고, 그에 따른 노조 조직력과 교섭력이 약화되는 시점에서 노동 운동은 왜 여성을 배제하면 안 되는가? 여성은 그들의 노동 시장 내에서의 주변적 위치로 인해 노동 시장 변화를 가장 먼저 경험하게 된다. 노동 시장 유연화 정책을 통해 알 수 있듯이 여성들의 이해를 반영하는 것은 곧 남녀 노동자 모두의 이해를 반영하는 것이라고 볼 수 있다.[22] 이런 의미에서 여성 노동 운동의 활성화는 곧 전체 노동 운동의 조직력과 교섭력을 강화하는 길이 된다.

예를 들어 1990년대 초반부터 진행된 비정규직의 문제와 정규직의 감소 문제는 여성 직종에 먼저 영향을 미쳤다. 여성 노동 운동 진영에서는 고용 문제를 노동 운동의 주요 사안으로 해야 한다는 주장을 해 왔으며, 비정규직의 조직화 문제에 대해서도 심각하게 고려해야 한다는 주장을 해 왔다. 그러나 남성 중심의 노동조합 지도부는 고용 사안보다 임금 및 복지 등 정규직 (남성)노동자들의 직접적인 이해를 중심으로 노동조합운동과 사업을 펼쳐 왔고, 파견 문제, 시간제 임시직 등의 비정규직 문제를 어떻게 할 것인가에 대해서는 미온적으로 대처해 왔다. IMF로 인해 고용 문제가 주요 사안으로 떠오르자 이에 대한 대응 방안을 모색하게 되었으나 그 문제에 신속하게 대처할 수 있는 역량은 축적할 수 없었다.

22 현재 정리해고 등 인력 조정의 문제에서 여성의 이해를 반영하는 방식으로 노동조합이 대응하는 것의 의미는 무엇인가? 예를 들어 성차별적 해고나 정리해고의 금지는 단순히 여성의 생존권이나 노동권의 확보, 그리고 성 평등의 실현이라는 의미만을 가지는 것은 아니다. 여성을 희생양으로 삼는 구조 조정 방식은 다른 대안적 고용 조정 방식을 모색할 동기와 힘을 약화시킨다. 예를 들어 20~30%의 인원 축소의 상당 부분을 여성들이 채우게 된다면 근로 시간 단축 등의 대안적 고용 조정 방안을 생각하지 않게 된다. 만약 성차별적 해고를 금지한다면 '숫자'를 채워야 할 사람들의 적지 않은 수는 남성이 될 것이다. 아직 우리 사회에 남성 가장 이데올로기가 강하게 남아 있기 때문에 이들을 해고하지 않고 다른 방법으로 구조 조정하는 방안을 모색하려는 노력이 지금보다 더 크리라 생각한다. 이러한 의미에서 성 차별적 고용 관행의 금지와 인력 조정, 정리해고 과정에서의 공정성과 합리성의 확보는 남녀 노동자 모두의 이해를 위해서 필요하다.

생산과 시장의 세계화가 빠른 속도로 이루어지고, 노동의 수량적 유연화, 기업의 수평적 탈통합이 급속하게 이루어지는 상황에서 국가 정책 차원에서뿐 아니라 노동 운동 영역에서도 비정규직 문제의 해결 과정에서 여성들은 배제되고 있다. 비정규직이 전체 임금 노동자의 절반 이상을 차지하고 여성의 경우 남성 비정규직 비율의 두 배를 차지하고 있음에도 노동조합운동의 남성 중심성은 아직까지도 별로 심각하게 다루어지지 않는다. 노동 문제와 여성 문제가 분리되어 있다는 인식이 아직 강하게 남아 있음을 말해 주는 것이기도 하다.

양대 노총을 포함한 한국 노동조합운동의 위기적 요인은 노동 시장 질서에서 상당 부분 기인한다.[23] 특히 노동 운동 위기의 원인으로 노동 운동의 외부 변화에 대한 대응 능력 부족이 꼽히고 있다. 노동 운동 위기 가운데 중대한 요인 중의 하나가 노동 시장의 변화에 적극적으로 대응하지 못한 것이라는 진단은 여성들을 중심으로 진행된 비정규직화에 대한 조직적 대응을 제대로 하지 못했다는 것을 의미하기도 한다.

노동 시장 유연성 논리가 실제와는 유리된 하나의 이데올로기로 노동 시장에서 이미 주변화되어 있는 여성 비정규직 노동자들을 더욱 주변화시키는 현재의 상황에서는 여성 비정규직의 관점에서 노동 운동이 거듭날 필요가 있다.

우리는 노동조합 조직률의 하락이라는 차원에서의 노동 운동의 위기와 노동 시장에서 여성에 대한 체계적 차별이 심화되고, 그로 인한 노동 시장에서의 여성 배제를 동시에 관찰할 수 있다. 노동 시장의 상황 및 변화의 가능성을 생각해 볼 때, 구조 조정 과정에서 노동조합은 그 내부에서 희생양을 필요로 한다. 특히 인원 감축이 구조 조정의 가시적인 효과를 나타내 주는 지표로 간주되고 있는 상황에서 여성들이 희생양이 되어 왔고 앞으로도 그렇게 될 것이라 생각된다. 여기서 노동조합 내에서 여성의 의견이 반영될 수 있는 가능성은 더욱 적어진다. 위에서 살펴본 공공 부문의 다양한 사례에서도 유사한 방식으로 문제가 드러나고 있다.

---

23 이상학(2005), "민주노총의 위기적 요인과 혁신과제: 분파를 넘어 조직 강화로 가야," 민주노총 정책연구원 정책보고서(미간행).

노동의 수량적 유연화가 급속하게 이루어지는 상황에서 남성 정규직, 대기업 중심의 노동조합 운동은 자기 파괴적일 수밖에 없다. 새로운 일자리의 창출은 대기업보다는 소규모 기업에서, 정규직보다는 비정규직 고용 형태로 이루어지며, 노동력의 여성화는 거의 모든 산업과 직종에서 관찰되고 있고, 여성의 다수는 소규모 사업장에 고용되어 있기 때문이다. 미국의 AFL-CIO나 유럽연합 소속 국가들의 노동조합들이 여성 노동 문제나 성차별의 문제를 주요한 사안으로 다루고 있는 것, 그리고 노동조합 조직화와 운영 방식을 여성 친화적인 방식으로 전환하는 이유는 이러한 맥락에서 이해할 수 있다.

III 여성주의 관점을 통해서 본 지구/지역적 환경법 질서*

석인선(이화여자대학교 법학과)

1. 제3세계 여성과 생태여성주의적 행동

환경 문제는 지구적 · 국제적 영역에 걸쳐 광범위하게 나타나고 있으며, 그로 인한 구체적 피해는 한 국가 내에서도 계층 간 차별적 형태로 나타나고 있는 등 매우 복잡한 양상을 띠고 있다. 또한 전 지구적 생태 위기는 생산, 재생산, 그리고 세계관 등 모든 사회 수준들과 관련되어 있으며, 이는 제1세계, 제2세계, 제3세계 사람들에게 차별적인 영향을 미친다. 인간의 생산 체계는 모든 생태적 과정을 통합하고 있는 생지화학적 순환과 에너지 교환을 통해 자연에 대한 압박을 점차 강화시키고 있다. 고갈과 오염이 가속화되면서 스스로 회복할 수 있는 자연의 복원력은 심각하게 손상되고 있다. 하지만 생산 체계는 대부분의 제3세계와 토착 문화의 경우에서처럼 기본적 생계를 지향하거나, 아니면 제1세계 자본주의 경제와 그에 의존적인 제3세계 식민 경제에서처럼 시장 교환을 지향할 수 있다. 서로 다른 생산 체계들은 서로 다른 경제 발전 양상들에서 비롯되는

* 이 글은 『환경법연구』 제27권 제1호(2005. 6)에 실린 "생태여성주의와 환경법질서"를 수정 · 보완한 것임.

서로 다른 생태적 영향을 가져온다(머천트, 2001:8-49).

최근 우리가 경험하고 있는 심각한 환경 문제는 정치 · 경제학적 접근을 요하는 사회 문제로서의 성격이 짙다는 점을 주목할 필요가 있다. 정치 · 경제 측면에서, 오늘날의 전 지구적 자본주의 체계는 선진국의 산업화된 경제 중심지와, 저발전된 제3세계의 주변부 경제 간의 근본적인 분업에 근거하고 있다. 산업화된 국가들에서와는 달리, 주변부 경제에서는 싼 값으로 커피, 담배, 설탕, 황마, 고무, 광물 등 1차 상품들을 수출하고, 엘리트를 위한 사치재와 군수 물자를 수입한다. 대중적 소비재는 북반부 자본(서유럽, 북미, 일본)과 남반부 노동(아시아, 남미, 아프리카)에 의해 생산되어, 북반부 소비자들과 제3세계 엘리트들에 의해 소비된다. 신식민주의는 힘이나 자원의 약탈에 의한 예속화 대신 경제적 투자와 대외 원조 프로그램을 이용해 경제적 헤게모니를 유지한다. 오늘날 부채에 대한 이자 비용은 수출 총수입을 넘어서고 있으며, 그에 따라 빈국들의 산업화된 국가들에 대한 의존은 더욱 심화되고 있다. 제3세계에 대한 개발 원조의 대부분은 선진국의 발전 유형에 근거하고 있는 바, 이러한 천편일률적인 성장 모델은 제3세계가 경제적 의존의 악순환을 깨는 데에는 부적절할 것이다. 선진국의 환경 문제는 산업 오염, 폐기물, 과도한 소비, 그리고 계획적인 노후화에 근원이 있는 반면, 제3세계의 환경 문제는 빈곤과 굶주림, 한계 토지에 대한 과잉 인구, 그리고 불균등한 토지 분배에서 비롯된다(Miller, 1978:23-35).

제3세계 여성들은 식민지적 주변부화와 생태적으로 지속 불가능한 개발 프로젝트에서 비롯된 환경 위기를 일선에서 고스란히 겪고 있다. 생계 농업을 위한 농민, 도시 노동자, 혹은 중산층 전문가로서 제3세계 여성들은 기본적 생계와 건강한 생활 조건을 제공할 수 있는 그들의 능력이 위협받고 있지만 이러한 위협에 직면해 무력한 존재로 남아 있지는 않는다. 이들은 많은 경우 자신과 아이들의 삶, 그리고 지구의 생명을 보호하기 위한 변화의 최전선에 서 있으며, 대부분이 생존을 위한 조건에 주된 관심을 두고 있다(머천트, 2001:269). 이와 같이 제3세계 여성들은 식민주의와 산업자본주의가 환경과 자신들의 생계에 미치는 영향들을 드러내 보여 주며, 숲과 물 보전을 통해 생명 부양계를 유지하고, 토양의 비옥도를 되살리며, 생태적 다양성을 보존하기 위해 노력하는 등 환경 보전 측면에서 매우 중요한 역할을 담당하고 있다. 그러면서 이들은 자신들의 지역 사회에서 리더 역할을 해 나가고 있다. 이들의 이러한 기여가 아직 정부와 보전 단체들에서 합당한 인정을 받고 있지는 않지만, 서서히 생태여성주의의 목표인 여성과 자연의 해방을 성취해 나가고 있다(머천트, 2001:276).

생태여성주의적 행동은 생산과 재생산 사이의 모순을 건드린다. 핵발전소 사고에서 나오는 방사능, 독성 화학물질, 유해 폐기물 등이 인류의 생물학적 재생산을 위협하는 이 때, 여성들은 자신들의 육체와 아이들에 대한 공격으로써 이러한 모순을 경험하고, 이를 막기 위해 행동에 나선다. 가정용 제품, 산업 오염물질, 플라스틱, 포장 쓰레기 등이 제1세계 여성들의 가정으로 침입하면서 일상생활의 재생산을 위협하고 있는 반면, 많은 제3세계 여성들은 환금 작물 재배와 농기업(農企業)에서 사용하는 농약 때문에 식량, 연료, 깨끗한 식수에 직접 접근하는 것이 위협받고 있다. 이런 공격에 대해 제1세계 여성들은 소비 습관 개선, 쓰레기 재활용, 생산 및 폐기 방식에 대한 항의 등을 통해 싸우고 있는 반면, 제3세계 여성들은 전통적 생활 방식을 보호하고 다국적 기업과 채취 산업에서 발생하는 생태적 피해를 뒤집기 위해 행동에 나선다. 여성들은 주류 사회가 사회화와 정치를 통해 스스로를 재생산하는 방식에 대해, 대안적인 젠더 역할, 고용 조건, 정치적 실천 등을 구상하고 이를 행동에 옮기면서 이에 도전하고 있다(머천트, 2001:250-251).

제3세계에서 여성과 환경 문제는 개발 문제와 더욱 밀접한 관련 속에서 논의된다. 환경 파괴적인 서구식 개발 방식은 열대우림 등 제3세계의 풍부한 생태적 자산을 급속도로 고갈시켰으며, 그간 지역적 특성에 따라 생태계에 적합하게 형성되어 왔던 경제 체계를 서구 생산 체계로 대체하고, 생태계 파괴적인 대규모 개발 프로젝트를 추진하고 있다. 고소득과 효율성을 약속했던 이러한 구조 재조정 사업은 농산물의 국제 가격 폭락, 지속 불가능한 서구식 화학 농법과 대규모 개발 프로젝트로 인한 환경 파괴 등으로 인해 제3세계 국가에 눈덩이처럼 불어나는 부채만 안겨주고, 전통적 사회 질서 및 가치 체계, 성역할 분담 체계를 붕괴시켰으며, 갈수록 심화되는 환경 문제를 남겼다. 서구 따라잡기를 목표로 출발한 제3세계 국가의 경제 개발 과정이 야기한 사회적 · 경제적 · 환경적인 제반 문제를 가장 먼저 인식한 집단 중의 하나는 자본주의 시장 경제 체제에 일차적으로 흡수된 남성과 달리 자연과 밀착된 생계 유지 방식을 전담하고 있던 제3세계 여성이었다. 이들이 제기한 문제는 개발 원조 현장에서 일했던 여성과 남성 모두에게 이러한 방식으로 행해지는 개발의 지속 가능성에 대해 의문을 품게 하는 계기로 작용했다. 이러한 문제 제기는 환경 악화가 여성의 삶에 미치는 영향뿐만 아니라, 경제 개발 과정에서 여성과 환경 사이에 맺어지는 모든 관계에 대한 것이다(이진아, 1996:26). 제3세계 여성들은 환경 파괴적 개발에 저항하는 운동의 주요 행위자였으며, 이는 환경 문제에서 여성의 시각을 중요한 부분으로 다루게 되는 계기를 마련했다.

2. 여성주의 관점에서 환경 문제에 대응하는 여성 행위자

2.1 여성주의 관점에 입각한 환경 문제 접근법

우리나라에서 여성이 주체가 되는 환경 운동은 1980년대 후반 민주화에 따라 환경 운동이 가능해졌을 때 본격적으로 전개되었다. 특정 환경 사안을 중심으로 조직된 운동은 영광 원전지역 임산부의 무뇌아 출산, 골프장 캐디의 기형아 출산, 낙동강 페놀 유출 사고시 임산부의 사산 등 여성이 직접적으로 피해를 입으면서 전개된 운동들이 있다. 또한 1994년 우장산 살리기운동은 지역 주부들의 단결을 통해서 공권력에 대항해 '강서 양천구의 신선한 산소 공급원이자 아이들의 자연학습장'을 지키는 데 성공한 대표적 운동이다(이진아, 1996).

그러나 환경 문제와 관련된 여러 분야에서 우리나라 여성의 역할이 환경 문제 해결의 진정한 잠재력으로 자리매김하기 위해서는 여성 환경 운동은 눈앞의 환경 문제에 대한 대응이라는 차원을 넘어, 개발 과정과 여기에 작용하는 남성주의적 사고 방식의 근본적인 한계를 인식하고, 이를 새로운 개발 과정에 대한 대안 모색으로 연결시켜야 한다. 환경 문제의 해결을 위해 여성이 할 수 있는 행동 영역을 제한적으로 확정해, 실제로 절박한 환경 위기를 궁극적으로 해결하는 데는 크게 도움이 되지 못할 개인적 차원의 행동 몇 가지를 제안하는 식으로 여성들의 개인적인 실천을 강조해 사회 구조상의 모순이 가려져서는 안 된다. 여성과 환경의 특별한 관련성을 당연한 것으로 전제해서는 안 되며, 그 관계의 성격을 명확히 규명해야 한다.

환경 문제에 대응하는 여성 행위자로서 우리가 서 있는 곳에서 행위자로서의 방향을 설정하기 위해서는 지구 속에서 지역성을 고려해야 하며, 어떤 인식을 바탕으로 서 있어야 하는 것인가를 규명하기 위해서는 우리가 추구했고 추구하도록 강요되었던 서구의 환경 문제 대응의 발전적인 모습인 생태여성주의의 논의를 따라가 보는 것이 매우 유용할 것이다. 서구에서 여성과 환경 관련 논의가 어떤 맥락에서 어떻게 전개되었으며, 그 사회적 함의는 무엇인지, 현실 운동에서는 어떤 양상으로 나타났는지에 대한 분석 정리는 우리의 방향 설정을 위한 전제 작업이 될 것이다.

우리 사회의 정체성은 무엇인가? 우리의 정치, 경제, 사회, 교육 등을 둘러보면 이것들은 근대 이후 서구에서 형성된 서구 제도의 유사품에 다름 아니다. 이러한 상황에서 우리들은 서구가 풀어야 했던 물음과 그 해답을 면밀히 고찰할 필요가 있다. 이러한 고찰은 서구가 겪은 시행착오를 피해 가도록 도와 주거나 최소한으로 줄일 수 있는 해결 방법을 발견하도록 해 주기 때문이다. 근대는 탄생 이후 세 번의 세기적 문제에 부닥쳤다. 그 첫 번째가 자유주의의 탄생을 가져온 시민(부르주아지 계급, 젠틀맨 층)들의 정치적 권리의 문제였다면, 두 번째는 사회주의의 탄생을 가져온 노동자들의 권리에 대한 문제 제기였고, 세 번째는 생태론의 탄생을 가져올 억압받아온 것들의 해방(여성의 권리, 자연의 권리 그리고 제3세계의 권리)에 관한 것이다(문순홍, 1996:51).

우리와 같이 이른바 제3세계로 불리거나 불렸던 국가들은 서구가 겪은 이 세 가지 문제들을 현재 그대로 겪고 있으며, 더욱이 문제 해결의 방식과 시행착오조차 서구와 흡사하다는 점이다. 환경 문제에 대한 국제적 합의를 도출하기 위한 1992년 리우회의나 여성의 권리 증진을 위한 1995년 베이징(北京) 세계여성대회에서 짐작할 수 있듯이, 이러한 여성의 권리와 자연의 권리 문제를 동시적으로 해결하려는 서구의 이론적인 시도들과 이 시도가 분화되어 가는 과정이 우리에게 줄 수 있는 의미를 자문해 볼 필요가 있다.

생태여성주의 이론이 등장하게 된 배경에는 1970년대 초반 서구 사회의 두 가지 위기를 극복하기 위한 시도가 있었다(Mellor, 1992:46). 하나는 과학 기술과 개발에 대한 회의로서, 산업주의에 대한 심층생태학적 비판, 경제적 제국주의에 대한 제3세계의 비판, 반핵 운동이 일어났다. 다른 하나는 자유주의적 여성주의가 좌절되었다는 인식이다. 동등한 교육과 경제력만 있다면 여성의 정치적 · 사회적 위치도 향상될 수 있다고 기대했던 것과 달리, 현실에서 1960년대의 신좌파 남성들은 동료 여성들을 비하하며 동등하게 대해 주지 않았다. 이러한 상황에서 여성주의자들은 새로운 출구를 여성만의 고유한 문화에서 찾으려하여 남성의 생산에 대항하는 여성의 재생산(생식), 모성, 양육적 기질을 강조하고, 이른바 여성 원리를 내세우며, 여성과 자연을 동일시하려고 시도했다. 발 플럼우드(Val Plumwood)의 표현에 따르면, 이것은 무비판적 평등의 자유주의적 여성주의에 반동해 무비판적 역전의 급진주의적 여성주의로 바뀐 것이다(Plumwood, 1992:30-31). 이렇게 시작된 전통적인 여성주의에 대한 비판과 생태주의의 연결은 급진적 생태여성주의를 태동시켰고, 그 후 사회주의적 생태여성주의 등 다양하게 전개되었다.

20세기 미국 환경 운동의 중요 인물인 레이철 루이즈 카슨(Rachel Louise Carson)은 1962년 『침묵의 봄(*Silent Spring*)』이라는 저서에서 살충제와 제초제의 피해를 심각하게 경고했다. 이들이 직접적으로 여성주의적인 관점을 표명한 것은 아니었지만 가정에서의 일상 생활을 통해 여성들이 환경 문제를 신속히 감지할 수 있으며, 인간이 자연을 정복하는 과정에서 자연뿐 아니라 같이 사는 사람들도 파괴할 수 있다고 주장했다는 점에서 생태여성주의의 선구자라 할 만하다. 이처럼 생태여성주의는 여성의 경험에 근거한 것이며, 많은 여성들이 이론(여성주의나 생태주의)에 대한 논의 이전에 자생적으로 생존을 위해 환경 운동, 반핵 운동, 무차별적 개발 착취에 대한 반대 운동에 참여하게 된 것이다. 따라서 이에 대한 이론과 서적은 주로 서구에서 주로 많이 나왔지만, 그 근원이 되는 여성들의 환경 운동은 전 세계적인 것으로 볼 수 있으며, 오히려 여성들의 실천적 환경 운동은 파괴된 자연에 무방비로 노출되어 있는 개발도상국들에서 활발하게 펼쳐져 왔다(이귀우, 1998:129). 특히 제3세계 여성들의 풀뿌리 환경 운동은 환경 문제와 여성 차별 문제가 결합되어 있다고 주장하는 근거가 단순히 양성 간의 타고난 생물학적인 차이 때문이 아니라, 성별의 사회적 · 정치적 배경이 다르기 때문이라는 것을 잘 보여 준다. 즉 남성이 주도하는 경세 영역(원료 채취 및 생산)과 정치 영역(과학적 개발 정책)에서 파생된 환경 오염의 결과를 여성들이 몸으로 감당해야 하기 때문에, 사회 운동에 참여한 여성들은 여성에 대한 폭력과 자연에 대한 폭력 사이의 연관을 깨닫게 된 것이다(이귀우, 1998:131). 지구의 환경 재앙 앞에서 남녀 구별 없이 생태계 문제에 지대한 관심을 보이고 있는 현재, 환경 논의에서 굳이 생태여성주의에 입각해야 하는지에 회의를 보일 수도 있지만, 아직도 남성이 주도하는 개발, 계속되는 세계화에 의한 자본주의 물결은 빈곤의 세계화를 초래하고 있다. 환경 문제는 근본적으로 삶의 양식을 바꾸어야 해결될 수 있다는 관점에서 전통적인 남성/여성, 자연/문명의 이항 대립에 의문을 던지는 생태여성주의 이론을 검토하는 것은 현재에도 매우 필요한 일이라 생각된다.

이처럼 생태여성주의는 학자들의 이론에서 태어난 것이 아니라 사회 운동 과정에서 형성되었다. 그러나 이론은 효과적인 사회 운동 추진에 반드시 필요하며, 생태여성주의의 논지를 분명하게 발전시키는 데 중요하다. 우리의 실정을 보면 여성 환경 운동은 활발하지만 생태여성주의 이론이 아직 뿌리를 내리지 못한 상태라고 할 수 있다. 1992년 6월 리우환경회의 이후 한국여성개발원에서 출판된 『환경과 여성의 역할』(1993)이라는 연구보고서를 통해 생태여성주의가 소개되기 시작했다. 1995년 서울에서 독일의 생태여성주의자인 마리아 미스(Maria Mies)와 국내 전문가들이 '여성과 환경'이라는 심포지엄을 개최했으며,

1997년 불교 단체에서 '생태주의와 에코페미니즘' 강좌를 여는 등 생태여성주의에 대한 관심이 많았다. 그러나 한국 여성의 환경 운동은 쓰레기줄이기운동, 재활용운동, 합성세제 안쓰기운동 등 상품 순환 주기의 마지막 단계인 최종 소비와 폐기 과정에만 제한되고, 자연 파괴의 원인이나 여성 억압의 궁극적 원인에 대한 논의는 미약한 상태다(문순홍, 1994:90). 그리고 생태여성주의가 동양사상(노장 사상, 불교)이나 전통 사상(동학, 원불교)과 통한다고 받아들여진 관계로 여성의 '영성(spirituality)'을 생태여성주의의 핵심 개념이라고 주장하는 이해에 대해서는 그러한 이해가 초래할 수 있는 문제들에 대해 주의를 기울일 필요가 있으며, 여성학계에서 더 깊은 논의가 진전되어야 한다(이귀우, 1998:132).

2.2 환경 문제 접근에서 지역성과 행위성에 대한 여성주의 관점의 실천적 논의와 방향

생태여성주의는 타자성의 테두리를 크게 넓혔다는 점에서 그 업적을 높이 살만하다. 여성의 벽을 뛰어넘어 그 관심을 자연으로 넓혔고, 더 나아가 권력이나 이데올로기에 의해 억압받는 모든 사회 제도에까지 그 영역을 확장했다. 생태여성주의는 이제 여성 운동이나 문학 비평의 좁은 테두리에 머물지 않고 사회운동 쪽으로 그 방향을 돌렸다. 그리고 그러한 방향 모색은 그 어느 때보다도 골이 깊어진 정치적 갈등, 경제적 불평등, 인간 소외, 환경 파괴 등 후기 산업 사회의 여러 사회 모순을 극복하는 데에 중대한 의미를 가진다.

환경 문제에 대응하는 여성의 사회적 지위를 고찰하기 위해서는 먼저 여성주의의 실천적 적용에 관한 고찰이 필요하다. 여성주의가 관철된, 환경 문제에 대응하는 여성의 정책 방향과 운동 방향을 모색하는 것이 왜 중요한가 하는 인식이 선행되어야 한다. 환경 문제 대응 공간에서 여성의 입장과 역할을 정립하기 위해서는 그러한 행동의 인식론상의 토대 정립이 선행되어야 한다. 여성의 사회화가 선행되어야 하는 상황에서 여성주의적 의식 개혁이 필요하다. 가치관을 바꾼다는 것은 타율적이든 자율적이든 또는 무의식적이었던 간에 그 때까지 지배적인 것으로 생각했던 삶의 우선순위를 바꾸는 혁명이다. 종국적으로 환경 문제 접근에서 지역성과 행위성에 대한 여성주의 관점의 실천적 논의들은 지구적 환경 문제 해결을 위한 여성주의자들의 제안인 생태여성주의의 논의가 어떠한 지구적 보편성과 지역적 특수성을 포괄하고 있는지 그 가능성과 방향과 한계를 탐구하는 것이 전제되어야 한다.

2.2.1 생태지역주의

요즘 들어 '전 지구적인' 것 대 '지역적인' 것이라는 구도가 환경이나 개발 담론에 널리 쓰이고 있다. 인간의 노동력과 시장뿐만 아니라 모든 천연 자원에까지 마음대로 접근하고자 하는 이익 집단들이 흔히 스스로를 '세계공동체', '전 지구적 평화', '전 지구적 환경' 혹은 보편적 인권과 자유로운 세계 시장의 수호자로 자처함을 알게 된다. 이러한 전 지구주의의 암묵적 약속은 '자유로운 세계 시장'이 세계 평화와 정의로 이어진다는 것이다. 공통의 전 지구적 목표라는 이름을 내걸고 우리 모두가 지구라는 같은 행성에 의존하고 있다는 사실을 인정하는 듯 보이지만 실상 그들은 지역 생태계 · 공동체 · 문화 등을 착취할 권리를 요구하는 것이다(미스 · 시바, 2000:19). 지배적인 담론에서 '전 지구적인' 것이란 지배적인 지역들이 지역적 · 국가적 통제에서 벗어나 전 지구적 통제를 획책하는 정치적 공간이다. 사실 전 지구적이라는 것은 보편적인 인간을 대표하는 것이 아니다. 그것은 자체의 영향력과 통제력을 통해 전 지구적으로 뻗어나간 특정 지역의 제한된 이해를 대변한다. 환경 보호는 미사여구로 동원되거나 저개발과 가난을 명목삼아 개발 자금 융자와 외채에 토대를 둔 새로운 식민주의를 만들어 낸 세계은행과 같은 '전 지구적' 기구들을 강화하고 그에 따라 그들의 영향력을 확대하기 위한 근거로 인용되고 있다. 이러한 지배 논리에서는 전 지구적으로 뻗어나간 지역이 지리상의 확장과 민주주의 확산을 나타내는 일종의 위계 조직의 형태이며 낮은 단계의 지역적 위계는 어떤 식으로든 높은 전 지구적 단계에 종속되어야 한다는 그릇된 개념이 정당화된다. 가동중인 비민주적 개발 계획들도 이와 유사한 '국가적 이익'이라는 잘못된 개념에 근거하고 있으며, 모든 지역적인 이해는 더 큰 이해로 여겨지는 전 지구적인 것을 위해 희생해야 한다는 도덕적 의무 같은 것을 느끼도록 강요된다(미스 · 시바, 2000:21). 독립 이후 인도의 지역 공동체들이 대규모 댐의 건설을 허용했던 것도 바로 이런 식이었다. 상이한 지역적 이해가 전국적 규모로 서로 맞서게 된 1980년대에 이르러서야 그들은 이른바 국익이라는 것이 떼흐리나 나르마다 계곡 같은 온갖 댐 건설을 통해 이익을 얻는 몇몇 건설업자들과 기업가, 그리고 그들의 돈을 받는 정치가들의 선거적 · 경제적 이익에 불과했음을 깨닫게 되었다. 국가적 이익으로 부풀려진 협소하고 이기적인 이해에 대항해 대규모 댐 공사에 반대했던 지역 공동체의 집단적 투쟁은 진압당한 진정한 공동의 이익이란 기치로 떠오르게 되었다(미스 · 시바, 2000:21).

자연 안에서의 생명 투쟁은 생태여성주의자들의 관점에서 여성주의적 문제들이 된다. 일단 우리가 자연과 여성의 역사적 연관성과 그에 대한 후속적인 억압을 이해하면, 우리는 자연을 파괴하는 전쟁에서 어떤 입장을 취하지 않을 수 없다. 자연 세계를 통제할 권리가 있다고 믿고 행동하는 사람들과 함께 어울려 참여하지 않음으로써, 우리 여성은 모든 단계의 지배에 대한 각성을 불러일으키는 데 일조할 수 있다(플랜트, 1996:243-244). 특히 독특한 지역 문화와 그 지역의 자연 환경에 결부된 정체성을 강조하는 생태지역주의는 생태여성주의의 철학이 실천적인 사회 운동의 일부로서 전환될 가능성을 실현시킬 수 있는 좋은 틀을 제공해 줄 것이다(플랜트, 1996:244).

생태지역주의(bioregionalism)는 우리의 타고난 기질에 자연적인 상황을 꿰어 맞추는 것이 아니라 특정 지역에 우리 자신을 적응시키는, 즉 한 장소의 원주민이 되는 방법을 배우는 것이다. 그것은 지역에 의해 제공된 제약과 선물 속에서 살아가는 것이고, 미래 세대에까지 전달될 수 있는 생활 방식을 창조하는 것이다(플랜트, 1996:244-245). 그것은 환경 내에서 작용하는 특정한 생태적 관계에 대한 인식을 통해 한 지역에 토착화되어 가는 과정을 수반한다. 그것은 특정한 장소 내에서 살아가고 있는 생명체를 풍요롭게 하고, 그것의 생명 유지 체계를 회복시키며, 그 속에서 생태적으로 사회적으로 지지될 수 있는 실존 양식을 확립할 사회적 태도를 발전시키고 그러한 활동을 이해하는 것을 의미한다. 요컨대 그것은 지역과 더불어 그 속에서 온전히 살아가는 삶을 포함한다. 그것은 특정한 생물 공동체의 구성원들이 더 이상 착취자가 되지 않도록 해 준다(Berg & Dasmann, 1978:217-218).

커크패트릭 세일(Kirkpatrick Sale)이 파악하듯이, 땅에 대해 알고, 전승담에 대해 배우고, 잠재력을 개발하고, 자아를 해방시키는 것이 생태지역주의자들의 임무다. 한 장소의 인간 및 자연 자원을 활용하는 것은 생태적인 제약 조건을 수반하기 마련이다. 지역사회는 개발을 인간과 자연의 호혜성이라는 지침 속에서 이루어지도록 하는 가장 좋은 기구다. 이러한 참여 과정을 통해 주민들은 다른 주민들과 친밀해진다. 산업과학적 패러다임과 생태지역주의적 패러다임에 내재한 가치들은 확연한 대조를 보인다. 산업 모델은 시의적절하지도 않으며 낡고 부적절하다. 생태 지역주의적 프로젝트는 낭만적이거나 유토피아적인 것도, 향수를 불러일으키는 것도 아니며, 지극히 현실적이다. 전자에서 후자로 이동하는 문제는 생태적인 문제이며 동시에 정치적인 문제다. 변화는 급작스럽고 혁명적이 아니라 점진적일 것이다. 이러한 변화는 교육, 조직, 그리고 활동에 달려 있다. 그러나 조심스럽게 계획되고 도입되어 시행된다면 이러한 변화는 확고하고 지속적이며, 진정으로 변혁적일 것이다(Sale, 1991:41-51). 새로운 장소의 정치에서 생물 지역의 자원 한도에서 살아가는 것은 하나의 강령이다. 세일은 진정으로 생태지역주의적인 도시가 되려면 진정으로 생태적이어야 한다고 주장한다. 도시는 농장이나 마을처럼 대지에 단단히 뿌리박고서, 자연 과정과 긴밀히 연계되어야 한다고 주장한다(Sale, 1991:28).

진화론적 용어로 종(種)의 적응은 그 종이 생존할 때만 가능하다. 어떻게 해야 인류는 건강한 삶을 영위하기 위한 필요를 충족시킬 수 있을까? 어떻게 하면 인류의 문화가 생태적으로 유지될 수 있을까? 이러한 물음을 다룰 때 우리는 생태지역주의와 생태여성주의의 철학이 매우 밀접하게 상호 연관되어 있음을 알게 된다. 한 지역의 원주민이 된다는 것, 시간을 초월하는 지지 기반을 갖고서 그 지역 안에서 살아가기를 배우는 것은 적정 기술의 문제도, 자급자족의 문제도 아니고, 더욱이 그 도시에 '재정착'하는 문제도 아니다. 그것은 엄청난 도덕적 전환을 포함해 인간의 전체 삶과 행위의 전환을 필요로 한다. 생태지역주의의 가장 중요한 이상은 권력을 분산시켜 사회의 조직을 자치적으로 개선시켜 나가는 것이다. 여성주의의 도움으로 특별히 여성들은 권력이 작용하는 방법에 대해 깊은 교훈을 얻었다. 생태여성주의와 마찬가지로 생태지역주의라는 명칭은 우리에게 공통 기반을 마련해 준다. 그러나 생태지역주의는 우리에게 실천할 과제를 주고 생태여성주의와 함께 현장을 제공한다. 즉 그것은 우리가 사고하는 대로 생활하는 방식을 말한다. 여기에서 우리는 평등 사회에 대한 희망과 열정뿐만 아니라 권력에 대해 깨달은 지식을 우리의 남성 친구들과 공유할 수 있도록 효과적인 방법을 발전시킬 수 있게 된다(플랜트, 1996:246).

2.2.2 저항의 정치학으로서 생태여성주의

리 퀸비(Lee Quinby)는 생태주의와 여성 운동 속에서 발생한 분열 현상에 주목하고 통일성 있고 포괄적이며 공식화된 안건을 요청하는 주장에 반대하면서 남성적 정책의 전체화된 충동에 굴복하지 않고 생태계적 파괴와 가부장적 지배에 철저히 투쟁해 온 이론과 실천의 본보기로서 생태여성주의를 인용하고 있다. 저항의 정치학으로서의 생태여성주의는 권력에 저항한다. 그 권력이란 푸코가 지적한 대로 '힘의 관계의 다양성'으로 이해되고, 계속적으로 '하나의 순간에서 다른 순간으로 파생되며' 분산된 권력이다. 그런 권력에 저항해 이론의 통일성과 실천의 중앙화는 사회 운동을 부적절하게 만들거나 악화시키고 취약성이 있는 또는 심지어 더욱 위험스럽게도 지배 세력과 손을 잡게 만든다. 따라서 푸코의 지적대로 분산된 권력은 분산된 정치적 투쟁을 필요로 한다. 사실상 생태여성주의의 강점은 장소의 다양성 속에서, 지역적인 차원에서의 권력의 남용을 타도 대상으로 삼고 있는 것이다(퀸비, 1996:196).

특정 권력에 대항해 투쟁하는 것은 권력망들의 접합점들을 약화시킬 뿐만 아니라 투쟁하고 있는 사람들에게 새 힘을 부여한다. 예를 들어 여성들은 자궁과 모유가 손상되었다는 사실이 어떻게 화학폐기물에 대해 저항하게 하는가? 우리 몸이 전에는 잘 견디어 내던 모든 종류의 바이러스에 대해 감염되기 쉽게 변화된 면역 체계에 대해 적응하는 것은 최근 자본주의의 식료품 산업과 서구 의약의 사용에 저항해 어떻게 도전하게 하는가? 인도의 벌목 행위는 여성들에게 다국적 기업들이 그들의 문화를 파괴하는 것에 대항해 어떤 투쟁을 하도록 이끄는가? 미 국방성의 사치스런 군사 원조 비용은 어떻게 여성주의자들로 하여금 그 기금들을 전쟁 기술에서 교육원 교육과 환경 보호에 대한 비용으로 사용되도록 요청하는 반군사주의적 운동을 전개하도록 영향을 미치는가 등등이다(Caldecott & Leland eds., 1983). 이러한 운동들의 사례들은 여성의 자유를 위한 여성들의 투쟁과 지구의 안녕을 위한 생태학의 투쟁이 어떻게 생태여성주의라 불리는 연합 운동으로 함께 이루어질 수 있는지를 보여 준다. 이러한 행동 속에는 운동가/이론가들이 권력이 그들에게 구체적으로 미치는 영향을 검토하고 그것에 대항해 소규모의 저항 운동을 벌이면서 그들 나름대로의 영역 안에서 자신들의 주장을 대변한다. 저항정치학으로서 생태여성주의는 힘의 관계로서 이론 자체의 사용과 남용에 대해서 많은 것을 일깨워 주고 있다. 사실상 생태여성주의 안의 우리가 권력에 반대하는 데 가장 두려운 것은 우리가 우리 자신의 전제들에 도전할 때다(퀸비, 1996:197-198).

하나의 저항정치학으로서 생태여성주의는 우리에게 문화적으로 서로 다른 남성과 여성들이 그들의 특정한 토지나 육체의 문제에 대항해 항거한다는 진실에 직면하게 한다. 그럼으로써 우리가 알아온 세계와 진실, 즉 심지어 우리의 급진주의 정책의 진실들을 구분하는 경험의 범주들에 대해 의심하게 만든다. 이러한 문제 제기는 인간만이 인간과 환경의 경험에 대해서 말할 수 있는 유일한 진리의 소유자로 보는 인간 중심적 전제들로 확산되어야 한다. 축산물 가공 공장에서 들려오는 동물들의 울부짖는 소리, 오염된 강에서 질식해 가는 고기들, 나무가 사라진 땅에 범람하는 급류의 소용돌이 이 모두가 우리가 귀 기울여야 할 목소리들이다. 종속당한 존재의 모든 소리들과 그들의 저항의 진리에 귀 기울이게 될 때 우리는 스스로의 정치적 · 개인적 실천의 문제점을 더 잘 인식하게 된다. 이러한 문제 제기는 최근에 형성된 생태여성주의의 목적을 시험할 것이다. 왜냐하면 다른 사회 운동과 마찬가지로 생태여성주의 또한 현 시대의 생태계적 파괴와 가부장적 권력에 대항해 저항을 시도하는 정책이기 때문이다. 이러한 문제 제기를 통해서 다른 용어와 다른 정치학이 출현하게 된다면, 그것은 바로 새로운 지역 운동, 새로운 창조력 그리고 권력에 대항하는 새로운 연합 운동이 될 것이다(퀸비, 1996:201).

2.2.3 억압 구조에 대한 생태여성주의적 분석

여성주의자들은 이론적으로 서로 다른 입장을 표명하면서도 여성의 억압과 자연의 억압 사이에 개념적으로 중요한 연관이 있다는 사실에 동의하는 것 같다(Warren, 1987). 이들은 전통적인 성/성별 체계가 오늘날의 환경 문제에 상당한 영향을 끼쳤다고 믿는다. 그뿐만 아니라 영어권의 많은 생태여성주의자들은 예로부터 알려진 여성과 남성 사이의 유사성이 이 두 가지 형태의 억압 사이의 연관성을 당연히 설명해 줄 것으로 인식한다(Warren, 1990). 이들은 한편으로는 여성과 자연 사이에는 수동성과 생명 양육의 속성과 같은 유사성이 인식되는데 이 유사성 때문에 이 둘은 똑같이 남성의 지배를 받기 쉽다고 믿는다(Griffin, 1978). 다른 한편으로는 여성을 자연과 결부시키는 일이 인간과 자연 사이의 소외를 치유하고 궁극적으로는 오늘날의 환경 문제를 해결하는 데에 여성의 역할이 특별히 중요함을 나타내는 것이라고 선언한다(King, 1983). 그러나 여성과 자연 사이의 연관성은 초역사적이고 초문화적인 현상은 아니다(MacCormack & Strathem, 1980). 여성과 자연의 유사성을 범세계적 차원에서 생태여성주의의 이론적 근거로 삼으려고 하는 것은 문제가 있다. 더욱이 생태여성주의를 비판하는 학자들은 생태여성주의들이 실제로 남성 헤게모니의 한도를 벗어난 일에도 남성에게 책임을 부과함으로써 환경 문제의 인과관계론을 지나치게 단순화시킨다고 주장한다(리, 2000:265-266).

여성의 억압과 자연의 억압 사이에 개념적인 연관성이 있음을 인식하는 것은 생태여성주의들에게 이 두 형태의 억압을 충분히 이해하기 위해서는 필수적이다(Warren, 1987). 이에 관한 분석은 주로 서구 문화를 토대로 한 것이다. 생태여성주의를 이론화할 때 범세계적인 문화 인식을 결여하게 되면 그 주장은 약화될 수밖에 없다. 여성과 자연의 유사성에 관한 기원을 밝히려면 생태적 관점에서 좀더 정교한 설명이 요구된다. 훼이리 리는 이 유사성을 사회의 산물로 생각한다. 서구인이 인식하듯이 여성의 자연에 대한 친밀성은 생물학적으로 결정된 것도 아니며 여성과 자연 사이에 유사성이 존재함을 인식하는 일이 인간 무의식의 본질적인 특징도 아니다. 우리는 자연에 대한 다양한 개념들과 이에 상응하는 여성의 사회적 대우 사이의 관계에 대해 더 많은 생태적 연구를 할 필요가 있으며 이 연구는 사회 역사적인 조건들을 고려해야 한다. 결국 여성 운동이나 환경 운동을 막론하고 모두 범세계적인 문제를 다루는 것이다. 이론의 목표가 가능한 한 포괄적인 방법으로 인간의 세계에 대한 경험을 나타내고자 하는 것이라면 생태여성주의자들이 할 일이란 이론적 연구의 범위와 깊이를 확장하는 일이라 하겠다(켈러, 1996). 워윅 폭스(Warwick Fox)는 오늘날의 생태적 붕괴에 대해 서구 문화가 비서구 문화보다도 훨씬 더 깊숙이 연루되어 있을 것이라고 말한다(Fox, 1989). 요컨대 여성과 자연의 유사성으로부터 여성의 역할은 남성이 상징 체계를 독점한 데에서뿐만 아니라 남성과 동일시되는 개념적 장치들에서도 드러난다. 생태여성주의자들은 여성과 자연의 유사성에 내포된 의미를 다루거나 논의하지는 않지만, 남성 지배에 대한 이들의 비평은 가부장적 종교(Rosemary Radford Ruether & Elizabeth D. Gray)와 남성화된 과학의 발달(Carolyn Merchant)에 대한 강조와 함께 어떻게 남성 중심의 그릇된 생각이 서구 문화에 구축되었는지를 보여 준다. 바로 이러한 이유로 생태여성주의들은 자연 파괴에 대한 책임을 인간 중심주의보다는 남성 중심주의 탓으로 돌려야 한다고 주장한다(Salleh, 1984).

산성비, 유독성 폐기물, 온실 효과, 핵 용해 등은 차별 대우를 하지 않는다. 생활 환경이 악화된 것을 보면 억압적이고 착취적으로 자연을 다룬 결과가 얼마나 치명적인가를 알 수 있다. 여성이 오늘날의 환경 문제에 대해 가지는 관심에 대해 평한다면 생태여성주의는 여성주의의 비교적 새로운 변형으로서 등장했다고 말할 수 있다. 여성과 자연의 유사성이 서구 문화에는 적용될지 모르지만 횡문화적 현상은 아니다. 소위 생태여성주의의 이론적 기반으로서 주장되는 이 유사성은 인간의 자연에 대한 착취와 여성의 억압 사이의 개념적 연관성을 범세계적 차원에서는 설명할 수 없다. 그러나 실제로 인간의 자연에 대한 지배 이데올로기는 남성 중심적인 세계관을 반영하는 데에 여성이 이 세계관을 반드시 공유하지는 않는다.

생태여성주의자들은 성 이데올로기가 세계관이나 문화 제도의 확립에 심오한 영향을 미쳤다고 올바르게 진단한다. 생태여성주의자들이 성을 분석함으로써 오늘날의 생태적 붕괴를 일으킨 서구의 본질적인 부분들이 근본적으로 역사적이고 문화적으로 재검토되기 시작했다. 생태여성주의의 상황 분석은 서구 문화를 토대로 한 것으로서 그 한계가 있기는 하나, 이원론과 기계론에 대한 비평은 서구의 경제적 · 군사적 · 과학적 제국주의의 결과로서 발생하는 범세계적인 생태 파괴의 본질적인 개념들을 파악하는 데에 여전히 유익하다(리, 2000:288). 더욱이 생태여성주의의 억압에 대한 분석은 단순히 여성의 억압과 자연의 억압 사이의 강력한 유대 관계에 초점을 맞춘 것은 아니다. 특히 강조되는 것은 어떻게 하나의 억압적 체계가 다른 형태의 억압들과 밀접하게 상호 관련되어 있는가 하는 점이다. 쉴라 콜린스(Sheila Collins)는 인종주의, 성차별주의, 계급 착취, 생태 파괴가 가부장적 구조의 근거가 되는 서로 맞물린 네 개의 기둥이라고 보았다(Collins, 1973). 로즈마리 래드퍼드 루터(Rosemary Radford Ruether)는 성차별주의적인 이데올로기를 검토할 때 성차별주의와 인종, 계층, 과학 기술적 권력과 같은 다른 억압 구조들과의 상관 관계를 간과해서는 안 된다고 말한다(Ruether, 1975). 다시 말해서 생태여성주의를 실천하는 일은 상호 관련된 수많은 억압 체계를 종식시키는 데에 그 목적이 있다. 이런 식의 접근이 비서구 여성에게는 생태여성주의 운동의 세계적인 결속을 오직 여성과 자연의 유사성에만 토대를 두는 논쟁보다 더 확실히 해 줄 것으로 보인다. 인도의 생태적 위기에 대한 여성의 예리한 인식에 관한 반다나 시바(Vandana Shiva)의 개발 분석은 상호 관련된 억압 체계가 어떻게 제3세계에서 생태적 퇴보를 수반하게 되는지를 명쾌하게 설명하고 있다. 시바의 개발에 대한 비판은 인도 여성의 복합적인 억압, 즉 성차별주의, 제국주의, 식민주의, 자본주의 등에 대한 경험에 근거해 인도 여성들로 하여금 이를 통해 어떻게 생태적 붕괴와 사회 경제적인 불평등이 상호 관련되어 있는지를 예리하게 인식하게 한다(리, 2000: 289).

생태여성주의 관점에서 보면 인간은 자연의 한 부분이며 자연과 문화는 서로 연관되어 있다. 생태여성주의들에게 자연은 추상적이고 정적이며 고정된 실체라기보다는 복잡하게 서로 연관된 삶의 그물망이다. 전쟁, 계급 착취, 빈곤, 동물 실험이 공기와 수질 오염, 기름 유출, 황야와 야생 동물의 멸종과 같은 다른 긴급한 생태적 문제에 비해 주변적인 것으로 간주되지 않는다. 따라서 생태여성주의 운동은 반군국주의, 반핵 운동을 포함하며 생명 기술의 남용과 제3세계에 대한 경제적인 착취에 대한 항의를 의미한다. 사회의 남성 지배 구조, 초월적 이원론, 기계론, 성/성차별 역할 차별화에 대한 생태여성주의들의 비평을 통해 가부장적 문화를 근본적으로 재정립하는 일이 생태계가 처한 곤경을 해결하는 데에 필요하다. 생태여성주의는 과학 기술 시대의 조화, 지속성, 다양성에 대한 해결의 실마리가 될 수 있다(리, 2000:290-291).

3. 환경법 질서에 대한 여성주의 관점에서의 비판

인간은 생태학적으로 볼 때는 하나의 세계 또는 생물권 내에 살고 있지만, 정치적으로는 주권 국가 또는 그 구성 요소가 되는 하부 행정 단위의 지배 하에 있다. 그러므로 환경 문제도 원칙적으로는 국지적 또는 국가적 차원에서 다루고 있지만, 국제 하천 및 호수의 오염, 대기 오염, 해양 오염, 방사선 피해, 환경 파괴 무기, 농약 등에 관한 것은 국가 간의 주요 공통 관심사로서 국제적 차원에서도 다루어진다. 또한 기술적 · 경제적 가능성 문제로서 흔히 기술적인 문제에 대한 특정한 해결 방법이 가능한가 하는 것은, 환경 문제의 해결과 같이 복잡하고 고도의 과학 기술적인 지식과 방법을 요하는 분야는 막대한 비용을 들이지 않고는 만족한 해결을 기할 수 없기 때문에 비용적인 면에서 이를 뒷받침해 줄 수 있는 가능성 여부에 달려 있다. 기술적 · 경제적 가능성 문제는 환경관리를 위한 법규정의 내용을 해석할 때 지침이 될 수 있으며, 실제로 법원이 환경 오염으로 인한 피해 구제의 방법을 심사하는 데 기술적 · 경제적 가능성 문제를 반드시 고려하며, 또한 행정기관이 특정한 기준을 설정하거나 규정을 입안하는 데 특수한 환경 문제와 관련된 기술적 · 경제적 가능성 여부를 염두에 두고 있다(신현덕, 1980:145-160).

환경 문제의 해결을 위한 법적인 접근 방법은 환경 문제를 다루는 한 방법론에 불과하며 과학 기술의 발달과 밀접한 관련을 맺으면서 합리적인 법적 규제 방법을 모색해야 한다는 점에서, 다른 법 분야와 다른 특색을 발견할 수 있을 것이다. 환경법이 문제로 삼는 것은 환경 오염 물질에 대한 규제를 효과적으로 달성하기 위해 일정한 기준을 설정할 때 이러한 기준이 법적인 면에서는 물론 기술적 내지 경제적인 측면에서 그 준수를 강행해도 무리가 없는 합리적인 기준이 될 수 있느냐 하는 데 있다. 다시 말하면, 환경 기준에 대한 문제는 법집행의 절차적인 면만을 다루면 되는 단순한 문제가 아니라, 여러 가지 과학 기술적 · 경제적 이해 관계가 복합적으로 작용하는 대단히 복잡한 문제로서, 환경법은 이러한 문제에 대한 만족한 해답을 주지 않으면 유효한 법규로서의 의미를 상실하게 될 것이다. 따라서 환경법에 대한 연구는 과학 기술과 이에 뒤따르는 경제 문제의 현황을 항상 염두에 두면서, 법의 일관성과 체계를 확립해 나가야 한다는 점에서 여러 가지로 어려운 점을 갖고 있다(신현덕, 1984:20-21). 그러나 논의는 여기서 그칠 수 없으며 환경 문제에 대한 법적 접근법 자체에 내재된 억압 문제나 이원론적 사고에 대한 비판적 인식이 선행되어야 하며, 이런 점에서 환경 문제에 대응할 때 여성주의적 관점의 필요성과 당위성이 강력히 대두된다.

지구화 시대의 세계 환경 정치 속에서 환경 문제 해결의 국제 규범 틀이 남북 갈등에서 시장 경제의 논리를 통해 북부에 의해 부당하게 정당화가 확대되고 있으며, 개발 문제 · 인구 문제에 대한 접근법, 국내 환경법의 국제 환경 규범의 종속성 등이 국제 환경법 질서에서 환경 착취를 암묵적으로 진행 가능하도록 하고 있다. 먼저 이러한 문제들을 드러내고 있는 국제 환경법에 대해 여성주의적 관점에서 비판한다. 이어서 국내 환경법상 쟁점들 중에서 두 가지, 토지 이용과 환경 보호 구분에 내재된 이분론의 문제와 리스크 관리 체계법이란 측면에서 환경 기준 설정 등을 포함한 환경법이 전제하고 있는 위험 평가의 문제를 검토한다. 국토 이용과 환경 보호를 구분된 개념으로 보아 합법적으로 환경 보호를 배제한 국토 이용이 가능하도록 하는 현행 환경 관련 법제를 여성주의적 관점에 근거해 분석 비판한다. 또한 환경 관련 법제의 기본 원리 중의 하나인 사전 배려 원칙의 현실적 허구성과 위험평가제의 구조의 문제성을 여성주의적 관점에서 비판하고 환경법제의 접근시에 생태여성주의적 접근이 전제되어야 함을 제시한다.

3.1 국제 환경법에 대한 여성주의 관점에서의 비판

국제 환경법에 대한 여성주의 접근법은 비판법학의 특정 패러다임을 되풀이해서 가르친다. 국제 환경법에 대한 여성주의 접근법의 구축은 세계 환경에 영향을 미치는 국가들의 행위에서 국가를 위한 규범적 행위를 확인하고 확립함으로써 여성주의 패러다임을 재고할 것을 필수 요건으로 한다(Joyner & Little, 1996:240-241). 여성주의적 관점의 국제법 이론을 환경법과 연결시킬 때 여성주의 국제법학자는 규범적이고 제도적인 법적 구조물이 성편견적이라는 것과 국제 환경법에 대한 자유주의의 가치 접근법에 대해 비판하고 있다.

국제 환경법에 대한 여성주의적 접근법은 해체주의적 방법론(deconstructionist methodology)을 형성하고 있다. 여성주의 이론은 국제 환경법의 규범적 기반들이 잠재적으로 성 편향적이라고 의심하고 있다. 그러나 여성주의 법학 논의들은 이러한 비판적 전제들로부터 재구축의 대책을 기술하는 것이 어려워 고전하고 있다. 국제법 특히 환경에 적용되는 것으로서 국제 환경법에 본질적으로 내재된 개념적 법적 성 편견들(gender biases)에 대한 대안이 무엇인지 하는 것이다(Joyner & Little, 1996:243). 국제 환경법의 세 가지 현저한 특징들은 여성주의 비판의 주요 타깃이 되며, 그것은 국가의 개념, 공사 구별, '경성법(hard law)'과 '연성법(soft law)' 간의 긴장 등이다(Joyner & Little, 1996:243).

정부에 의해 조직되고 관리되는 '국가'는 국제법상 분석의 기본 단위를 형성하고 있다. '국가'는 조약을 맺고, 관행적인 국제법에 따르고, 공적 국제 조직의 성원이 된다. '국가의 동의'는 지구법의 기본적 지표다. 여성주의자들은 정부와 정치의 리더십과 여성의 관여가 상당히 미미한 것에 대해 현재의 국제 환경법의 지배 상황을 비판하고 있다. 국제 관계는 가부장적 영향의 산물이다. 국제 사회에서 남성들은 권력을 잡고 국제 영역 속에 권력의 위치를 놓는다. 남성들은 국가와 국가들에 의해 창설된 국제 조직을 통제한다. 전체로서 여성은 국내 · 국제 정치에서 권력의 수단에 거의 접근하지 못한다. 여성주의자들은 국제 조직을 통상적인 국가 목적들을 달성하기 위해서 집단적으로 행동하는 것을 정부에 허용하기 위해 창설된 국가들의 기능적 연장으로 본다(Charlesworth, Chinkin & Wright, 1991:622). 몇몇 여성이 정부의 직무를 맡고 있다 하더라도 국내 국제 정치에서 남성들은 주요 행위자로 남아 있다. 여성주의 국제 이론가들은 '국가의 주권'은 여성의 종속에 대해 합법성을 부여하고 있다고 본다. 국가는 남성에 의해 창설되고 여성에 대한 남성의 지배를 선호해 남성에 의해 성립되었다.

자율적 행위자로서 '국가'의 남성적 개념은 성 불평등으로부터 여성의 소외를 강화시킨다. 여성주의 관점에서 남성은 성적 영향으로부터 빠져나올 수 있는 법학상 수단으로서 '국가 자율'을 정당화시켜 왔다. 남성들은 인간 통제로부터 독립적 · 규범적으로 기능하는 행위자로서 객관화된 '국가'를 강조할 수 있다. 현실에서 남성들은 '국가' 행위 과정을 결정하고 지시한다. 남성적 주도로부터 독립된 '국가'를 분리하는 것은 교묘히 국제법에서 성 편견을 숨기고 있다. 결국 국제 관계에서 '국가'의 구축은 '다른 목소리'의 여성의 요구를 제한하고 있다(Tickner, 1992:42-43).

또한 여성주의 이론가는 국제 환경법에서 공적/사적 구분이 문제라고 보고 있다. 공사 구분에 관한 여성주의 관심은 자유주의 이론의 핵심에서 나온다. 자유주의는 전통적으로 공적 · 남성적 영역을 여성의 대부분이 근거하고 있는 생활의 사적 영역보다 선호해 왔다. 그 구분은 사적 세계는 통제될 수 없는 것이라는 것을 함축하고 있다(Charlesworth, Chinkin & Wright, 1991:627). 국가 상호간의 공적 쟁점들과 국내 정치학의 사적 영역 간의 간격을 확립할 때 국제법은 일반적으로 이러한 사고를 강화시킨다. 국내법과 마찬가지로 국제법도 공적 관심의 문제를 다루는 정도까지는 사적 여성적 세계를 지배하지 않는다. 또한 공적 권력을 통제하는 남성은 사적 세계를 지배한다. 요컨대 국제 환경법상 공사 구분은 여성을 종속시키고 법, 사회, 환경 관리에 대한 여성의 기여 가치를 최소화시키는 기능을 한다.

한편, 국제 환경법의 중요한 법원으로 빼놓을 수 없는 것이 연성법이라 불리는 유형의 규범이다. 국제 기구의 권고, 결의 또는 선언 등과 같은 연성법은 오늘날 새로운 국제 환경법의 연원으로서 그 중요성이 부각되고 있다. 이러한 규범들은 ICJ(국제사법재판소) 규정 제38조(1)(c)항에 규정된 법의 연원에 해당하지 않으며, 따라서 공식적인 법적 구속력을 가지지 못한다. 연성법은 이들로부터 합의된 의무나 원칙들이 환경 조약으로 전환되거나, 그 중 주된 원칙들이 개별 국가의 국내법의 일부로 수용됨으로써 경성법으로 바뀌기도 한다(홍준형, 2001:11).

만약 국제 공동체가 성평등에서 진정한 진보를 이루려면, 경성법이 일반적으로 선호될 것이다. 경성법은 더욱 분명하고 구체적이며 연성법과 관련해서 잘못된 희망을 키우지 않는다. 더구나 경성법 규범과 연성법 규범 간의 이분법은 국제적 · 법적 가부장제의 한층 진전된 증거로서 여겨질 수 있다. 아마도 남성은 경성법 규범 하에 놓인 연성법을 통해 강제력 없이도 여성의 문제들을 성공적으로 언급할 수 있다. 결과적으로 남성 지배적인 국제법 체계는 경성 국제법 규범을 공표하기보다는 연성법 수단을 통해 성 관련 문제들을 교정하는 것을 더 선호할 것이라는 점이 예상될 수 있다.

3.2 토지이용 관련 법제/환경규제 관련 법제 구분 논의에 대한 여성주의적 관점에서의 비판

토지이용/환경규제 구분과 관련해서 여성 문제를 궁지에 빠지게 하는 것은 사적 소유권과 같은 중립적 요소가 그 구분의 존재에 대해 설명하는지 여부 또는 그 구분이 일정 형태의 성 억압이나 성적 소외의 흔적을 발견할 수 있는지의 여부에 대해 질문하는 것이다. 여성주의 학자는 부분적으로 가부장제가 그 구분의 원인이 된다고 제시하고 있다(Spyke, 2002:80). 여성주의 전통은 서구 문화가 여성과 자연 양자를 타자화하고 남성의 그들에 대한 의존을 부인하고 있다고 여긴다. 더 나아가 그 전통은 남성－문화/여성－자연 구분에 대한 근거가 되는 것은 강한 여성 혐오라고 여긴다. 이 체계 안에서 남성은 지배당하고 배제되는 여성과 자연 양자를 넘어서고 있다. 이러한 모델 속에서 자연에 대한 초월과 지배는 환경 문제를 여성주의의 관심사로 만든다.

이원론의 결과는 중요하다. 그 결과의 하나는 도구주의인데, 목적에 대한 수단으로 지배자의 억압된 것의 사용이다. 가장 극단적인 것으로 이원론적 도구주의는 지배적인 남성 이익은 여성을 부인과 아이 양육자로 사용하고, 한편 자연은 남성적 요구에 응하기 위해 사용된다는 점을 지적한다. 이원론의 또 다른 결과는 지배되는 이익을 상호 호환 가능한 것으로 여겨 다양성을 평가 절하하는 균질화이다. 여성은 거의 모두 비슷한 것으로 여겨진다. 어디에 위치했건 상관없이 물과 공기 모두 흡사한 방식으로 규제된다. 이원론의 세 번째 결과는 도덕적인 것이다. 이 경우 윤리는 지배자, 특히 백인 남성에 의해 표명되고 정의된다. 가장 단순화한 가정에서 지배자는 그에게 제한이 될 수 있는 열등한 것들에 대한 관심을 버린다. 다른 것들은 동정의 여지없이 자신의 필요를 가지지 않는 것으로 인식된다. 이원론의 이러한 결과는 서구 세계에 자연 자원을 충분히 가치 있는 것으로 보지 않는 경제적 · 과학적 · 기술적 전망을 남겨 왔다. 대신에 자연의 가치와 다양성은 종종 초월적인 지배적 견해에 의해 무시된다. 20세기를 통해 유지되었던 고도의 인간과 자연의 분리는 아직도 산업 발전을 주도

하고 있으며, 불가능한 것은 아니지만 인간을 자연의 부분으로 보는 것을 어렵게 한다. 그 결과 그 분리는 지구와의 연속성 부재 또는 장소와의 연관성 부재로 나타난다.

생태여성주의는 더욱 세밀하게 여성주의와 환경 문제를 연결함으로써 자연에 대한 가부장제와 이원론의 영향에 대해 논의하고 있다. 토지이용/환경규제 구분은 여성 문제와 관련해 모든 것이 어디에 닿아 있는가? 그러한 구분에 접근하는 하나의 방식은 발전과 보전 간에 선을 긋는 것으로 여기는 입장이다. 이러한 입장에 따르면 토지 이용 결정은 무엇을 어디에 세울 수 있는가를 결정한다. 반면 환경상의 결정은 공기, 물, 토양을 깨끗하게 지키는 법을 결정한다. 토지이용 결정을 통해 경관(景觀)에 명령을 부과하려는 움직임 – 도로 건설, 산업단지 조성과 주거 구획 – 은 남성적인 시도다. 반면에 환경상의 주도 – 깨끗한 공기 규제 생물다양성 보호 – 는 자연 자원과 인간 생존 간의 관계를 인식하고자 하는 여성적 대응으로서 특징지을 수 있다. 이러한 방식으로 보면 그 구분은 남성을 여성(자연)에 대립되는 것으로 놓는다. 더욱이 토지 이용 결정은 통상적으로 흔히 남성 지배적인 구획위원회(zoning boards)에서 만들어지는 반면, 환경상의 결정은 여성에 의해 크게 영향을 받고 여성과 자연의 이익을 증진시키는 다양한 풀뿌리 조직에 의해 계속해서 정보를 얻는다.

물론 토지이용/환경규제 구분을 남성적/여성적 이분법으로 단순히 특징화하는 것으로는 충분하지 않다. 여성 문제는 구분에서의 편견을 벗기려고 한다. 그래서 문제는 남성/여성 구분이 억압과 연결될 수 있는지 여부 문제로 된다. 구분에서의 편견이 토지이용/환경규제 구분을 지지한다는 것은 쉽게 알 수 있다. 토지 사용 통제의 가부장적 성질과 연결되어 지방 토지 사용 결정에 부여된 타당성의 가정은 생태계 건강에 대한 염려가 억압될 수 있다는 위험을 초래한다. 그 위험이 현실이 되는 때는 언제나 토지 사용 결정 – 남성적 가치에 의해 추진되는 – 은 환경상의 노력을 통제할 것이다.

이러한 측면은 우리 환경법 현실에서 잘 나타나고 있다. 환경부 장관의 환경영향평가 협의권을 도지사에게 위양하는 내용의 특례 조항을 두는 특별법들이 늘고 있어 환경영향평가 제도를 형해화하는 결과를 초래한다는 우려가 있었다. 그 대표적인 예가 제18회 동계유니버시아드대회 및 제4회 동계아시아경기대회 지원법(제정1995.12.30, 법률 제5130호; 일부 개정 1999.1.21, 법률 제5654호) 제20조의 환경영향평가 특례 조항이었다. 이와 같은 환경영향평가 특례 조항은 그 후에도 계속되었는데, 폐광지역 개발 지원에 관한 특별법(1995.12.29, 법률 제5089호; 일부 개정 1999.1.21, 법률 제5654호) 제9조와 제주도개발특별법(전문 개정 2000.1.28, 법률 제6249호) 제13조가 도지사에게 환경영향평가 협의권을 이양하는 내용으로 구 환경영향평가법과 환경 · 교통 · 재해 등에 관한 영향평가서의 특례를 인정해(홍준형, 2001:240) 결국 토지 이용 측면이 환경영향평가를 완화시키는 결과를 낳게 되었다고 할 수 있다. 우리 토지 이용은 현실에서 환경 규제 측면과 분리되어 고려되고 있으며, 신자유주의적 사고가 정책의 기조를 이루는 것과 맞물려 지방정부의 독자적이며 환경 파괴적 이용이 촉진되어 지방정부와 중앙정부의 토지 이용 규제가 통합적으로 이루어지지 않는 것은 물론이고 환경적 측면이 도외시되는 결과를 가져오고 있다.

또한 관련 연구 결과는 남성 정책 결정자들이 그들 결정으로부터 이익을 얻는 입장이 된다면 위험을 승인하는 경향이 있다는 것을 보여 준다(Verchick, 1996:80). 동시에 여성과 소수 집단은 환경 위험에 더욱 취약한 경향이 있다. 이러한 경향으로 볼 때 결과적으로 어떻게 위험 관련 경향들이 여성과 환경 가치를 소홀히 하는 토지 사용 결정들로 이어지는지 쉽게 알 수 있다. 상업상의 이익들을 앞세운 토지 사용 선택들이 여성과 소수 인종들에게 초래할 환경상의 위험에도 불구하고 남성 정책 결정자들에 의해 취해질 것이다. 그래서 경제적으로 상당히 끌리는 토지 사용 대안들이 성 억압과 소수 인종 억압의 위험을 초래할 것은 당연하다.

또한 가부장제(patriarchy)는 재산권을 공동체 권리와 경쟁시키는 토지이용/환경규제 구분의 경향에서 명백하다. 토지 사용 방안들(devices)은 소유자들이 여러 방식으로 토지를 사용할 개인적 권리를 부여해 주고 있다. 반면에 환경 규제는 거의 항상 재산권을 더욱 공동체적(communitarian)으로 만드는 방식으로 재산권을 제한하고 제한을 부과한다. 법상 현재 재산권의 용인과 재산의 공동체적 인식을 선호하지 않은 것(disaffection)은 토지 사용 및 개발과 관련된 남성적 가치들이 여성적 환경상의 그리고 공동체적 가치들을 압도하는 것을 허용 가능케 하고 있다. 이러한 결과는 토지이용/환경규제 구분이 이원론을 감추는 다른 방식을 나타내고 있다. 근린공원 내의 개인 소유 토지상의 골프 연습장 설치와 관련한 사건(대법원 1995.5.23. 자 94마2218 결정)에서 대법원은 "관할 행정청으로부터 도시공원법상의 근린공원 내의 개인 소유 토지상에 골프 연습장을 설치할 수 있다는 인가 처분을 받은 데 하자가 있다는 점만으로 바로 그 근린공원 인근 주민들에게 토지 소유자에 대하여 골프 연습장 건설의 금지를 구할 사법상의 권리가 생기는 것이라고는 할 수 없다."고 판시함으로써 법률에 의해 내용이 구체화되지 않는 한 헌법 제35조 제1항에 의한 환경권을 직접 소구할 수 없다는 태도를 분명히 한 바 있다(홍준형, 2001:45). 그러나 환경은 어떠한 토지 위에 고정적으로만 있는 것은 아니며, 넓게 주위 토지의 환경과 교류하는 것이기 때문에 환경권이 토지 소유권자 혹은 점유권자에게만 고정적으로 존재하는 것은 아니라고 할 것이다. 예컨대 하천에 대한 오염, 혹은 해수면의 오염이라고 하는 현상을 보더라도 이것을 단순히 토지 소유권 혹은 점유권에 대한 침해라고 하는 형태로 설명하는 것은 곤란하며, 인간을 둘러싸고 있는 사회적 환경도 마찬가지여서 이러한 환경에 대한 지배 권능은 거기에 사는 지역주민의 공유에 속하는 것이라고 해야 할 것이다(최상호, 1998:55). 그러나 환경문제에 대한 대응은 이러한 소유 개념으로 해결될 수 없는 속성을 가지고 있으며, 지배 개념을 넘는 인식으로 바라보아야 하며, 여성주의적 관점은 이러한 관점을 분명하게 드러내 주며 대안적 인식을 제시해 준다.

여성주의 방법들의 적용이 토지이용/환경규제 구분에 대한 여성주의 비판이 가지는 가치를 잘 보여 주고 있는 한편 그 적용은 중요한 윤리적 차원을 가지고 있다. 이원론의 윤리는 억압받는 관점을 인식하지 못하거나 공감하지 못하는 지배적인 남성 이익의 윤리다. 서구 윤리 모형은 지배적인 문화 윤리가 직선적이며 동일한 중심을 가진 것임을 지적하고 있는 여성주의자들에 의해 비판받아 왔다. 생태여성주의의 윤리는 자연의 중요성, 모든 생물 간의 상호 관련성과 힘없는 것에 대해 동정을 보일 필요성을 강조함으로써 이러한 견해에 이의를 제기하고 있다. 이것은 존중, 책무, 조화의 원리들을 포함하고 있는 가치에 근거한 윤리적 대응인 것이다.

여성주의 윤리 비판은 기본적으로 배제되어 온 사람들로부터의 다양한 유입의 가치를 인식함으로써, 그리고 사고의 통합적이고 비계층 구조적 체계를 채택함으로써 많은 방식으로 이원론을 언급하고 있다. 이원론을 배격하는 것은 다름에 대한 단순한 인식만으로는 부족하고 연속성과 다름 양자의 복합적이고 상호 작용하는 패턴을 인식하는 것이 필요할 것이다. 그 이의 제기는 계층 구조의 창설 없이 다름을 허용하는 것이고 모든 생물들이 확대된 목적원인론을 가지고 있다고 인정하는 것이 될 것이다. 인간들은 그 자신을 독특한 것으로 그러나 자연으로부터 분리된 것이 아닌 것으로 보아야 하며, 자연을 변화시키는 능력이 자연 자신의 힘에 의해 조화되어야 함을 이해해야만 한다.

이원론으로부터 이탈하려는 윤리적 흐름은 전통적으로 지배되어 온 사람들의 관점들에 대한 윤리적 관심을 배양할 것을 요구한다. 도덕적 선택들은 전통적인 남성의 자율적 이성적 행위자란 개념을 통합된 생태적 자아로 대체함으로써 인간과 자연 양자에 대한 관심에 근거해 만들어져야 할 것이다. 전통적인 환경 윤리 규범인 다름을 무시하고 판에 박힌 공식상의 해결을 채택하기보다는 오히려 새로운 자아가 다양한 요구를 인식하고 자아에 제한을 부과할 것이다. 인간과 자연 간의 상호 작용의 협동, 균형, 상호성의 윤리가 될 것이다.

생태여성주의 윤리 모델은 이분법에 고유한 이원론에 대한 대응을 근거짓는 것을 도와 주면서, 의미 있는 방법으로 토지이용/환경규제 구분을 비판하고 있다. 생태적 자아에 연결된 윤리는 구분의 존재에 이의를 제기한다. 문맥, 포함, 통합, 돌봄, 존중의 핵심 개념들은 자연 자원에 영향을 가지는 일정 결정이 윤리적 차원을 가져야 한다는 것을 제시한다. 중요한 것은 윤리적 대응은 토지 사용과 환경 보호 수단을 분리된 것으로 보지 않는다는 것이다. 그 대응은 오히려 토지 사용 결정들은 거기에 살면서 일하고 있는 사람들의 요구와 가치를 자연 환경에 대한 관심과 존중에 통합시키는 문맥화된 통합적 결정을 내리는 것에 근거한 것이란 점을 인식시킨다.

3.3 위험 평가에 대한 여성주의적 관점에서의 비판

환경 보호에서 핵심적인 역할을 하는 위험 평가(risk assessment)는 여성주의 이론의 관점으로부터 다름(difference)이란 문제를 탐구하기 위한 일련의 관념 설정(ideal setting)을 제공해 준다. 우리가 통상 리스크라고 할 때에는 위해 물질(예컨대 석면과 같은 발암 물질)에 노출되었을 때 발생하는 위해(예컨대 사망, 부상 또는 손상된 삶의 질)의 크기, 즉 중대성과 그것이 발생할 확률을 함께 의미한다는 것이다(Furrow, 1983:1403, 1449; Folk, 1991:173, 187). 예를 들면, 미 연방기관들은 환경상·직업상 안정 기준들을 설정할 때 독성 물질들의 승인 가능한 단계를 결정하기 위해서 위험 평가를 사용한다(Folk, 1991:187). 그래서 위험을 평가하고 위험의 최소 수준을 결정하는 과정은 오염 시설의 위치 설정, 국가 우선순위에서 빠진 시설의 위치 설정, 슈퍼펀드법상 클린업 기준들, 그러한 시설들이 클린업되는 속도를 포함하고 있는 광범위한 전 범위의 위생 건강 문제에 영향을 미치고 있다. 이에 흡사하게 고체폐기물, 살충제, 수질, 대기질을 규제하는 법률들은 기술에 근거한 환경상의 기준에 연결된 건강 평가를 인간 안전의 최소 기준을 정의하는 데 반영하고 있다(Lavelle & Coyle, 1993:584-585). 더욱이 미국 환경청의 과학자문위원회(EPA's Science Advisory Board)는 국가의 환경상의 위협의 우선순위를 정하고 연방 대응 전략을 형성하기 위해 위험 비교 분석 방법을 채택하고 있다.

그러나 현재 채택된 위험 평가의 효율성에 대해서는 의심스럽고, 많은 위험 평가 자료들이 조작 가능하며, 제휴 목적이나 정치적 목적들을 만족시키기 위해 이해 관계를 가진 행정기관에 의해 쉽게 사용될 수 있었다(Hornstein, 1992:611). 그러한 사실 인정에 적용된 승인 가능한 기준은 종종 안전과 환경법 사이에서 일치되지 않으며, 일정 집단만을 보호하는 데 기여하기도 한다. 더구나 많은 환경 행정기관의 프로그램들은 잠재적으로 위험에 노출된 사람들에 대한 자료를 수집하지 않고 또 고려하지 않고 있으며, 대신 일반화된 사실 인정에 의존하는 경향을 가지고 있다(Swanston, 1994:578).

리스크 문제의 핵심은 사회 공동체 전체와 이를 대표하는 규제 당국이 특별히 불확실한 리스크에 대해 어떻게 대응해야 하는가를 결정하는 것이다. 1997년 신설된 행정규제기본법은 규제 개혁을 달성하기 위한 수단으로 규제영향분석을 제도화하고 있다. 그 분석은 규제의 신설, 강화시 그 규제의 영향을 분석해 그 결과를 토대로 이를 철회하거나 개선하도록 함으로써 규제를 합리화하려는 것인데, 규제의 시행에 따라 피규제자 및 국민이 부담해야 하는 비용과 편익을 비교 분석하는 것을 그 핵심적 요소로 하고 있다. 행정규제기본법상 규제영향평가 규정은 환경법의 기본 원리로 널리 인정되고 있는 사전 배려의 원칙과 정면으로 충돌한다. 동법은 신설 강화되는 규제에 대한 규제영향분석을 제도화하고 비용편익분석을 그 핵심 요소로 도입해 비용편익분석 결과 규제에 소요되는 비용이 편익을 초과하는 경우에 당해 규제는 철회되거나 개선되어야 할 처지에 놓이게 될 가능성이 크다. 따라서 규제영향분석의 핵심 요소인 비용편익분석이 규제의 채택 여부에 결정적인 영향을 준다고 할 수 있다(조홍식, 2000:71). 한편 사전 배려의 원칙은 기본적으로 환경 보호를 위한 정책을 시행할 때 비용에 대한 고려를 배제하고 있다. 따라서 사전 배려의 원칙에 충실한 리스크 대비책을 세운다면 비용의 다과를 고려하지 않고 기술적으로 가능한 최대한의 범위 내에서 리스크에 대응해야 한다는 결론에 도달한다. 또한 사전 배려의 원칙은 오염원인자 책임 원칙과 달리 명문의 근거가 없었는데, 1999년 법 개정에 따라 환경정책기본법에 명문으로 규정되었다. 비용편익분석은 신설 강화되는 모든 규제에 적용되는 것이지만 이것은 대표적인 규제인 환경 규제를 염두에 둔 것이거니와 실제로 모든 환경법의 시행에 직접적인 영향을 미친다. 각종 환경법은 특히 그 기술적 성격으로 인해 그 구체적 내용을 하위 법령에 위임하고 있는 실정이고, 그러한 하위 법령을 신설 강화할 때에는 행정규제기본법이 규정한 규제영향분석을 받아야 하기 때문이다(조홍식, 2000:72).

어쨌든 합리적인 사전 배려를 하기 위해서는 대처하고자 하는 리스크에 대해 정확히 파악하고 있어야 하므로 사전 배려의 원칙에서도 리스크 평가는 필요한 과정이라고 할 수 있다. 독일에서도 사전 배려 조치가 취해지기 위해서는 '편익 리스크 평가'에 근거해야 한다는 법적 제약이 따른다는 사실은 이를 뒷받침하고 있다고 하겠다. 하지만 리스크 평가는 비용편익분석의 전 단계로 파악하는 것이 정확하다. 사전 배려의 원칙에도 리스크 평가가 필요하다는 것은 사전 배려의 원칙의 한계를 인식하고 이를 보완하는 차원에서 제시된 일종의 반성적 고려이지만, 비용편익분석에서 리스크 평가는 없어서는 안 될 핵심적 요소이기 때문이기도 하다(조홍식, 2000:95).

리스크 평가에 대한 여성주의적 관점에서의 비판은 두 가지 점에 중점을 두어 행해질 수 있다. 첫째, 위험 평가를 위해 사용된 현재의 연구들은 다른 집단 간에 환경상의 위협에 대한 취약성 측면에서의 다양성을 고려하지 못하고 있다는 것이다. 둘째, 위험을 확인하고 평가하는 과정은 공동체의 인식과 공포를 충분히 반영하지 못하고 있다는 것이다(Verchick, 1996:14). 여성주의 접근법은 영향을 받는 공동체에 살고 있는 사람들이 불평등에 대해 주의를 환기시키고 정치적 결정에 기여하는 방식을 제공해 준다.

모든 사람이 동일한 방식으로 환경상의 위험에 대응하지 않는다. 많은 과학자와 환경기관들이 알고 있듯이 일정 오염원으로부터 건강상의 위해를 겪을 가능성은 일정 집단에게는 더욱 크고 중요하다. 예를 들면 여성 특히 임산부, 소수 인종(예를 들면 특히 일반 백인에 비해 작은 폐를 가지고 있는 흑인 여성들), 극빈자, 어린, 노인들은 환경 파괴에 더욱 취약하다는 연구들이 상당히 있다. 소수 집단과 극빈자 집단은 과잉으로 불균형하게 천식, 빈혈, 심장혈관 관련 질병으로 고통을 겪고 있고, 체중 미달의 아이를 더 출산하는 경향이 있다. 흡사하게 어린이와 노인들은 일정 수준으로 노출되어도 다른 집단보다 더욱 위험할 수 있다(Swanston, 1994:589, 595). 대부분 환경 관련 행정기관들은 그러한 편차의 존재를 인정하면서도, 지속적으로 더욱 민감한 집단을 보호하기 위한 어떤 조치도 취하지 않고 있다. 예를 들면 미국의 환경청은 민감한 부분 집단에 대한 정보가 없다는 점을 들면서 위험에 노출되었을 때 평균 민감성을 가진 평균인에 대한 독성 물질의 노출에 근거한 분석에 의지한다. 물론 이러한 평균인은 임산부, 태아, 어린이, 소수 집단과 같이 더욱 민감한 집단의 상태를 반영하지 않고 있다. 실지로 이러한 평균인은 보통 남성, 백인 남성으로 설정하고 있다(Swanston, 1994:589-591).

부분 집단에 대한 자료 부족은 왜 환경행정기관이 현재 특정한 정보를 위험평가에 반영하지 않는 이유를 설명해 줄 수 있다 하더라도, 장래에까지도 이러한 방향으로 나아가지 않는 이유를 설명해 줄 수는 없을 것이다. 두 가지 관련 이유를 고찰할 수 있다.

첫째, 주류 환경 운동은 항상 사회 구성원들 중에서 결과된 손익을 동등하게 나누기보다는 전체로서 환경 악화를 줄이는 데 더욱 관심을 보여 왔다(Cole, 1992:542-645). 그래서 평균 민감성에 근거된 규제 체계는 더욱 취약한 사람들에게 불공정하게 더욱 부담을 지게 하는 한편, 전체로서 사회가 승인할 수 있는 정도로 오염의 총량을 줄이는 주류 환경주의의 주요 목표는 증진시킬 수 있을 것이다.

둘째, 정책 결정자들은 보호 규정들이 근거하고 있는 평균 민감성 단계가 전혀 평균이 아니고 주로 정책을 만드는 사람들 주로 남성들의 민감성에 근거된 단계이기 때문에 배분적 효과를 무시하는 조정에 이의를 제기할 가능성이 희박하다는 것이다. 그렇기 때문에 사회의 규범적 또는 평균 수준에서 남성은 모든 것의 척도라는 여성주의적 인식에 주의를 기울이게 된다. 이러한 문제를 해결하기 위해서는 무엇보다도 집단 중에서 민감성의 편차에 대한 정보를 더욱 수집해야 하고 더욱 엄격한 기준선 보호를 수행해야만 한다. 그러나 여성주의는 아울러 취약성을 주장할 때, 성에 근거한 보호를 요구하는 것이 때때로 취약한 자들을 배제의 타깃, 비난의 타깃, 개인과 관계 없이 일반적으로 저하된 의학 연구의 대상으로 만들어 왔다는 점에 주의할 것을 권고한다.

위험 평가는 위험의 통계적 측정에 근거하고 있기 때문에 정책 결정자들은 위험 평가를 환경상의 기준을 확립하는 데 정확하고 객관적인 도구라고 여기고 있다(Cross, 1994:887, 889). 위험 평가에 사용된 과학적 과정은 잠재적 위해라는 하나의 특징, 즉 위해 발생의 객관적 확률에만 집중하는 것을 지지하고 있다. 통계적 위험을 결정하는 데 관련 없는 대부분 가치 판단을 고려하고 있는 위험 평가자들은 모든 단계에서 가치 판단을 떨어버리려고 한다(Cross, 1994:889-890). 여성주의는 적어도 세 가지 단계에서 과학적인 위험 평가의 이러한 모형에 이의를 제기한다.

첫째, 여성주의는 과학적 조사가 과학적 편견 또는 편향에서 자유로운 가치 중립적이라는 추정에 의심을 가진다(Donovan, 1993:167, 174-175). 실지로 많은 사람이 지적해 왔듯이, 사람의 관점이 과학의 실행에 영향을 미치는 것은 피할 수 없다(Cross, 1990:599, 644-665; Tribe, 1972:66, 76-77). 서구 과학에는 생태여성주의 관점에서 차별, 지배와 착취의 순환이 관통하는 그 자신의 이데올로기가 투입되어 있을 것이다.

둘째, 과학적 조사 그 자체가 가치 중립적이라 할지라도 그러한 조사에 근거된 아직 주관적인 요소들을 포함하고 있다. 민주주의의 다른 산물과 마찬가지로 환경 규정은 불가피하게 주관성, 타협, 사익 추구의 요소들을 반영하고 있다. 규정의 기술 관료적 용어는 정치적 · 사회적 고려를 제거한다기보다는 가리는 데 봉사할 뿐이다(Bartlett, 1990:862). 위험 자료가 통계 형태로 수집되고 배열된 후, 이러한 정보를 규정과 행위의 기준으로 종국적으로 변형시켜 만든 것은 다시 한 번 가치 판단을 반영하고 있다. 백만분의 1의 안전 경계 또는 가장 최상인 전통적인 기술의 선호는 주기적인 회의석상의 논의에서 나오는 것이 아니라 오히려 인간 경험과 판단을 과학적 정보에 적용함으로써 진전된 것이다. 누구의 경험인가?, 누구의 판단인가?, 어떤 정보인가? 이러한 것들은 여성주의가 촉구하는 의문이다.

셋째, 여성주의자는 사망과 질병에 관한 물음들이 가치 중립성에 의존해서는 안 된다고 주장한다. 현재 세대뿐만 아니라 미래 세대에도 영향을 미치는 이러한 결정들은 명백히 회의석상 논의로 모든 관련 정치적 · 도덕적 고려로 행해져야 한다(Bartlett, 1990:862). 아울러 정책 결정자들은 가능한 한 도덕적 쟁점들의 완성적 배열을 계발하기 위해 사회의 가장 취약한 구성원들의 모든 관점들을 고려해야 한다.

과학적 위험 평가와 공공 가치에 대한 논의들은 규제 기준을 세우는 데 오직 가치 중립적인 기준만을 적용하려는 전문가들과 심리적 인식과 맥락적 요소들 또한 고려할 것을 요구하는 공공 대중 간의 주도권 싸움으로 종종 나타난다. 이러한 문제에 대한 여성주의적 비판은 이러한 논의가 사실 양쪽 견해가 허용하는 것보다 더욱 다양하고 복잡하다는 점을 지적하고 있다. 여성주의자들에게는 가치 중립적 인식이란 존재하지 않으며, 전문가들과 공중 간의 논의는 과학과 느낌 간의 단순한 경쟁이 아니라, 각 집단이 의존하고 있는 일련의 방식, 가치, 태도들에 대한 광범위한 논의인 것으로 여겨진다. 더욱이 여성주의자들은 이러한 논의에 대한 당사자들이 두 개의 범주 그 이상으로 나뉜다고 본다. 왜냐하면 한 사람의 세계관은 개인적 경험을 포함해 많은 것에 근거하고 때문에, 각 범주 내의 부분 집단들이 다른 부분 집단들과는 의미 있는 방식으로 다를 수 있다고 기대할 수 있을 것이기 때문이다. 따라서 여성주의자들은 과학적 위험 평가와 공적 가치들에 관한 견해의 광범위한 스펙트럼을 예상하고 있다.

확실히 과학자들 중 일부는 핵폐기물, 오존층 파괴, 지구 온난화의 위험에 대해 동의하지 않고 있다. 합리적인 방식에 대한 과학자들의 믿음에도 불구하고 그들은 개인과 정치적 견해에 의해 영향을 받는다는 점에서 많은 비판을 받는다(Cross, 1994:890). 흡사하게 공공 대중 구성원들은 광범위하게 다양한 집단이다. 핵심적으로 비과학적인 이유들로 환경상의 기준들에 대해 동의하지 않는 정치가들, 토지개발업자들, 육체 노동자들을 쉽게 볼 수 있다. 태도들과 사회적 지위가 어떻게 위험 평가 과정에 영향을 미치는지를 보고 위험 인식의 다양성을 이해하기 위해서는, 태도들과 정체성 간의 관계를 탐구하는 여성주의적 인식으로 돌아가야 한다.

4. 지역성을 반영한 생태여성주의 관점에 입각한 환경법 질서의 모색

생태여성주의는 복합 문화적 여성주의나 전 지구적 여성주의와 마찬가지로 모든 형태의 인간 억압들 사이에 존재하는 연관성들을 보여 주고자 노력할 뿐만 아니라, 또한 비인간 세계인 자연을 지배하려는 인간들의 시도에도 초점을 맞춘다. 여성들은 지금까지 문화적으로 자연과 연관되었기 때문에, 생태여성주의자들은 여성주의적 주제들과 생태학적 주제들 사이에 개념적, 상징적, 언어적 연관성들이 있다고 주장한다. 카렌 워렌(Karen J. Warren)에 의하면, 서구 세계의 기본적 신념들, 가치들, 태도들, 그리고 서구 세계 자체와 서구 세계 주민들에 대한 가설들을 형성해 온 것은 억압적인 가부장제의 개념틀이며 그 틀의 목적은 일반적으로 지배와 종속의 관계, 그리고 구체적으로는 여성에 대한 남성의 지배 관계를 설명하고 합법화하며 또 그 관계들을 계속 유지시키는 것이다(Warren, 1990). 전술한 바와 같이 이러한 관점에 서서 국내 환경법의 법적 장치들의 전제와 국제 환경법 질서가 억압적인 가부장제 틀의 연장선상에 있음을 생태여성주의적 관점에서 비판했다.

급진적 문화여성주의자들과 급진적 자유여성주의자들 사이에서 여성을 출산이나 육아와 연결시키는 것이 궁극적으로 여성에게 힘의 원천인지 아니면 무력화의 원천인지에 대해 의견이 분분한 것과 마찬가지로, 문화 생태여성주의자, 자연 생태주의자(Warren, 1990), 또는 정신생물학적 여성주의자들(Biehl, 1991)은 여성과 자연의 연관성을 강조하는 것이 현명한 일인가를 놓고서 사회구성주의적 생태여성주의자(Biehl, 1991) 또는 사회 생태여성주의자들과 견해를 달리한다. 그러나 생태여성주의자들은 환경에 대한 우리의 특별한 책임, 동물에 대한 책임, 그리고 미래 세대에 대한 책임에 대해 종종 서로 다른 견해를 견지하고 있음에도 불구하고, 그들은 여성 해방과 자연 해방이 공동 작업이라는 루터의 생각에 모두 동의한다(Ruether, 1975).

그러나 대부분의 생태여성주의 저자들은 여성 예속의 사회 역사적 발전의 궁극적인 결론에 대해서는 거의 언급하지 않는다. 대개 그들은 자연 과정과 여성의 특별한 친화성에 대해서만 언급한다. 이는 이원론과 본질주의가 이론적으로 받아들여지고 있다는 것을 의미하지만, 예외적으로 재닛 비엘(Janet Biehl)과 치아 헬러(Chiah Heller)와 같은 생태여성주의자들은 그들의 이론적 연구를 사회생태주의에서 끌어온다(Biehl, 1991). 이것이 심층생태주의와 생태여성주의 사이의 논쟁에 제기하는 문제 제기 중의 하나다. 생태여성주의자들은 심층생태주의자들이 남성중심주의를 직시하지 못하고 따라서 충분히 근본적이지 못하다고 비판한다. 이런 식으로 보면 생태여성주의자들도 단순히 위계를 역전시켰을 뿐이다. 주로 문화여성주의(자연여성주의)가 여성 지배적인 프로젝트를 추진해 왔지만, 다른 생태여성주의 운동 흐름 역시 이원론과 위계 질서를 재생산하는 경향이 있다. 여성들은 가부장적 지배 전략과 싸워오면서 동시에 그러한 전략을 자신에게 내면화시켰다는 사실을 인정해야 한다. 이것은 변화의 힘이 있는 정치를 구조한다는 조심스러운 과정과 지배 구조를 재생산하는 현재의 지식 체계를 허무는 일을 요구한다. 플럼우드와 워렌은 가장 일반적인 수준에서 여성주의와 생태 운동 모두가 이 이원론의 문제를 다루어야 하고, 지배의 논리 배후에 깔린 이원론적 사고 방식에 대해 다루어야 한다고 본다. 이것은 물론 이러한 구분을 할 수 없다거나, 차이를 인정할 수 없다고 말하는 것이 아니다. 단지 우리는 이러한 구분이 강자의 강제된 틀을 강화하는 데 사용되는 것을 막아야 한다는 것이다. 이러한 관점은 바로 생태여성주의 관점에서 환경법 질서의 기반에 대해 비판하고 새로운 환경법 질서를 구축해야 할 필요성과 당위성인 것이다. 생태환경주의가 고무하는 환경 사상은 인간의 행위, 윤리, 지식에 대한 겸손한 시각에서 나온다(데자르뎅, 1999:406). 맥락주의적, 다원적, 포괄적, 전체주의적 사고를 고무한다. 그것은 추상적, 보편적인 윤리적 단언을 피한다는 의미에서 맥락주의적이다. 추상화 과정은 인간과 자연 안에 있는 풍부한 다양성의 인식을 방해한다. 보편으로의 추상화 과정은 지배 집단의 특징을 포착해, 그것을 윤리적 · 철학적 이념으로 전환시키는 경향이 강하다.

생태주의는 다양성과 차이를 존중한다는 의미에서 다원주의적이고 포괄적이다. 아마도 지배적인 이데올로기의 주요 특징은 존재, 사고, 행위의 단 한 가지 올바른 방식이 있다는 믿음이다. 위계와 지배를 의식적으로 피하는 철학이라면 다양성을 찬미하고 환경 이론의 한 가지 정답을 확립하려는 시도를 억제해야 한다. 생태여성주의에 대한 비판들 중 상당수는 생태여성주의가 보편적 · 추상적 답변을 내놓지 못하고 있다는 것과 관련된다. 하지만 보편적 · 추상적 답변에 대한 요구는 오히려 생태여성주의자들이 문제로 삼았던 부분이다. 또한 아직 초기 단계에 머무르고 있는 생태여성주의에 대해 너무 많은 것을 요구하는 것은 공정하지 못하다. 그러나 이미 사회생태주의와 생태여성주의는 환경윤리와 환경 철학에 중요한 공헌을 했다. 더 이상 사회적 지배와 통제에 대한 논의 없이 환경 윤리와 환경 철학을 다루는 것이 불가능할 정도가 되었다.

결국 지구화 흐름 속에서 환경 문제에 대응하는 성 인지적 관점을 정립하려면 생태여성주의에 집중하지 않을 수 없다. 생태여성주의적 분석은 여성의 억압과 자연의 착취 사이에 존재하는 부인할 수 없는 유사점을 밝히는 데 유익하며, 동시에 억압의 맞물린 구조에 대한 이해를 돕는다. 생태여성주의의 이론적 논쟁들은 이제 새롭게 등장하는 이론들에 의해 모순과 단점이 부각되는 단계에 와 있는데 그 한계를 지적하고 극복하는 이론적 작업이 필요하다. 이러한 이론적 작업이 전제되고, 생태여성주의적 관점 확립에서 지구화의 구조와 조건 변화가 인식되어야 여성 행위자의 행위 방침이 올바르게 설정될 수 있을 것이다. 특히 환경 문제에 대응해서 지역성을 반영한 생태여성주의의 가능성은 행위자로서의 역할과 정체성을 확립하는 데 대전제가 되는 논의로서 앞으로의 연구는 생태여성주의의 보편성과 다양성에 관한 논의들이 지구화 흐름의 조건 변화에 대응한 수렴 가능한 부분에 대한 이론적 모색을 통해, 우리의 상황에서 생태여성주의에 대한 비판과 대안에 대한 논의 그리고 지역 현장과 세계를 연결하는 여성환경연대에 관한 이론을 정립 구축함과 동시에 그것이 국내 · 국제 환경법 질서에 어떻게 수용될 수 있는가를 탐구해야 한다.

현재 지구적으로 환경 보호를 위한 법적 규제 및 제도화는 권고를 넘어 강제적 요청의 단계에 와 있다고 할 것이다. 그러나 이 지구적 규준이 지역적 특수성과 지역 주민의 삶의 경험과 생존 조건을 도외시하게 될 경우, 또 다른 위협과 위기로 작동할 수 있다. 법학의 관점에서 법의 보편성과 공평무사성은 그 자체로 추구되는 것이지만, 그것에 대한 적용과 평가는 지역과 지역민의 삶과 동떨어질 수 없다. 따라서 법학적 측면에서 생태여성주의적 관점이 관통하는, 지역성이 반영된 국내 환경법 질서와 초국가적 세계 환경법 질서를 구축하기 위한 이론적 연구는 지역 현장에서의 여성의 삶과 경험의 관점에서 환경과 관련된 법적 · 제도적 조치들을 평가하고, 나아가 여성주의 관점이 국내 및 지구적 법제화 과정에 어떻게 적용, 관철될 수 있는가에 관한 분석과 함께 행해져야 할 것이다.

Ⅳ 여성과 자연의 관계, 여성적 원리의 지역맥락성: 한국 여성 활동가들의 경우

이영숙(한림대학교 사회학과)

1. 들어가는 말

지구화가 가져온 경험 공간의 압축에 따른 공간들 사이의 역학은 하나의 폐쇄된 공간으로서 지역 연구의 차원을 넘어서, 지구/지역 사이의, 그리고 지역들 사이의 정치 · 사회적 위상의 연구로 그 지평을 넓혀 가고 있다. 지구화는 국경을 넘어 사람들의 소통을 가능하게 함으로써, 정보와 인권 등의 기준 확산을 통해 약자와 소수자를 억압하는 힘들에 대해 지역인들의 대응을 가능하게 하기 때문이다. 이러한 시공간의 변화와 공간들 사이의 관계적 · 맥락적 선상에서 여성주의가 관심 가지는 핵심적인 이슈는 어떻게 하면 지구적 보편성의 여성주의적 관점을 공유할 수 있을까 하는 한편, 동시에 여성들 사이의 경험적 사실과 분석적 원칙의 다양성을 살리는 각 지역 여성의 특수성의 의미에 대한 인식에 있다(Barad, 2001; DeKoven, 2001; Frieman, 2001; Shohat, 2001).

한국이라는 지역에서 이 보편성과 특수성의 이슈는 여성 운동을 실천하고 있는 여성들의 활동을 설명해 주는 관점 자체와 직접적으로 관련된다. 이론은 행위하는 주체의 디딤돌이기 때문이다. 그렇기 때문에 지역 여성의 경험에서 구성되지 않은 개념은 지역 여성이 주체가 되는 것이 아니라 그들의 경험을 보편적 개념의 틀로 재구성함으로써 지역 여성을 타자화하거나 대상화하는 결과를 낳게 된다. 이와 달리, 지역의 특수성이 보편적 가치와 만나 상호 침투해 창의적인 것으로 변형될 때 지역 여성이 지구적인 담론을 수동적으로 수용만 하기보다 적극적인 행위의 주체로 서게 된다. 이처럼 지역 여성이 주체적으로 경험을 표현하고, 실천의 주체로 거듭날 때, 여성들 사이의 차이에도 불구하고 수평적 관계에서 연대해 여성의 삶의 질 향상을 위해 협력할 수 있을 것이다. 또한, 지역 여성이 실천의 주체가 될 때만이 지구적 차원의 여성 연대를 통해 지역 여성이 스스로 그들의 욕구와 필요를 충족시키고 해결하고자 하는 시도에 힘을 실어 주고, 그에 적합한 지원을 모을 수 있을 것이다.

이러한 맥락에서, 구체적으로 지구/지역의 보편성과 특수성의 역학 속에서 한국 여성 활동가들의 경험은 무엇인가를 고찰할 필요성이 있게 된다. 지구적 이론으로서 서구의 생태여성론은 여성의 환경 관련 활동을 설명해 주는 지식 체계이다. 그러나 지금까지 지구/지역의 맥락에서 생태여성론의 주요 논점을 중심으로 한국 여성 활동가들의 지역성과 행위성의 관계에 대해 현장 여성주의적으로 다루어진 연구가 없었다. 따라서 이 연구는 자연과 여성의 관계, 그리고 여성의 성역할 문제를 설명하는 지구적 서구의 생태여성론의 주요 논점들에 대해 한국이라는 지역에서 경험의 당사자인 한국 여성들은 어떻게 이해하고, 행위하고 있는가를 지역 여성의 체화된 경험을 통해 파악하는 데 목적을 둔다. 즉, 이 연구는 한국 여성 활동가들의 경험을 통해 그들의 행위성과 성별성(性別性)이 어떻게 지역성과 관련을 맺는가를 파악하는 데 목적이 있다.

지구화가 지역 여성에 미치는 영향에 대한 논의는 2000년대에 들어서는 즈음부터 지구화, 성별성, 지역성을 중심으로 이루어지다가 행위성의 포함으로 진전되고 있다(Barad, 2001; Bunch, 2001; DeKoven, 2001; Friedman, 2001; Sherwin, 2001; Shohat, 2001; Tong, 2001). 지역 여성이 보편적 이론을 그들의 실천에 적용했을 때, 지역의 경험과 상이한 언설에 의해 지역 여성의 행위 주체되기에 역행하게 된다는 문제 인식이 새로이 대두되었기 때문이다. 그 배경에는 첫째, 지역의 특수성 논의가 민족을 우선하기 위해 성별성에 대한 문제 제기를 유보시키는 한계에 주목하면서, 둘째, 지구적 여성주의가 다양한 여성들의 경험을 수용하기에는 한계가 있다는 점을 인식하고, 셋째, 남성과 여성 사이에서 존재하는 차이뿐만 아니라, 계급 · 민족 · 종교 등의 복합적인 다른 억압의 요인들이 여성들 사이를 분리하고 있는 여성 간의 차이에 주목할 필요성의 인식이 있다.

드코번(DeKoven, 2001:6)은 기존의 지구적 이론들이 지역 여성의 실천을 위한 관점으로 적용될 때 가지는 문제점으로 다양한 지역의 다양한 여성의 삶과 동떨어질 뿐만 아니라, 여성의 증대하는 활동과 참여를 위한 상황과 행위 사이를 고리로써 이어 주는 개념적 기능을 하지 못하는 한계가 있음을 지적한다. 이 논지에서는 지역의 여성들이 지구화의 구조적 작용력에 반응하고 대응해 적극적으로 행위하는 맥락적 주체라는 사실이 부각된다. 프리드먼(Friedman, 2001)은 이러한 접근을 현장 여성주의라고 명명한다. 이 현장 여성주의에서는 젠더가 인간 삶의 다른 구조적 요소와 사회 제도로부터 고립해 이해될 수 있는 것이 아니라는 점이 중요해지고, 따라서 현장 여성주의는 여성주의적 이론과 실천이 지역적이고 지구적인 지형들과 가지는 상호 관련성에 주목하는 접근법이다.

이러한 문제 의식을 가지고 이 연구의 주제인 여성과 자연의 관계로 옮겨가 보자. 한국에서는 김양희(2001a; 2001b), 문순홍(2000; 2001a; 2001b), 그리고 문순홍의 동료 연구자(문순홍 등, 2001a; 2001b), 허라금(1999)이 환경 문제에 대한 생태여성론적 접근으로 기여해 왔다. 지구화의 일반 현상 및 지구적 여성 환경 운동과 한국이라는 지역의 여성 환경 운동 사이의 유기적 관계를 논의한 이영숙(2001)의 연구 결과는 지구적 논의와 언어를 한국 여성의 경험의 특수성으로 재해석하고 변형하는 것이 한국에서 여성의 환경 활동과 같은 지역 운동을 확산하고, 성 인지적 운동으로 자리잡는 데 필수적이라고 강조한다. 허라금(2000)은 여성주의 윤리에 "공통적인 특징인 관계적이고 맥락 중심적인 이해"에 따라, 포괄적 · 사회문화적 접근의 중요성을 강조함으로써 이 글이 가지는 시각을 지지해 준다. 지구/지역의 관계성에 이러한 논의들을 적용해 보면, 지역성의 생성 과정이 지역마다 동일하지는 않을 것이며, 그 지역성이 지구적인 것에 의해 상승 작용을 받을 수도 있고, 또는 역으로 지역적인 것이 지구적인 것에 대해 저항하는 역학이 일어날 수도 있다. 따라서 지구적 중심부인 서구 여성의 활동과 우리 사회 여성의 활동에는 분명 차이 지점이 있을 것이다.

이러한 지구/지역 관계에 대한 문헌 검토를 배경으로 이 연구에서는 지역 여성으로서 한국 여성 활동가들의 의식과 행위들이 서구의 생태여성론적 접근과 어떻게 유사하고 다른가를 파악할 필요성을 제기하게 된다. 그러나 이 글의 범위는 서구의 생태여성론자들과 한국 여성 활동가들의 견해가 어떻게 포괄적으로 다른가를 논의하기보다는 서구 생태여성론을 둘러싸고 있는 주요 논쟁점인 첫째, 자연과 여성의 관계, 둘째, 여성적 원리와 보살핌의 역할 사이의 관계를 중심으로 한국 여성의 문화적 · 경험적 특수성을 검토하고자 한다.

전자의 여성과 자연의 관계에 대해서는 둘 사이의 "연관성을 부정하고 해체해야 할 것인가, 아니면 긍정하고 수용해야 할 것인가" 하는 논쟁점이 서구 생태여성론에 있다(이윤숙, 2003). 여성과 자연의 관계에 대해 로지 브라이도티(Rosi Braidotti)와 함께 한 저자들이 논의한 바와 같이 "여성이 자연에 더 가깝게 연결되어 있다는 생각에 의해 남성 지배를 정당화하는 일이 더 흔한 일"(브라이도티 외, 1995)이라는 인식도 존재하므로 여성과 자연을 결부시키는 접근은 복잡한 함의를 가진다. 다른 한편, 후자의 여성적 원리와 보살핌의 역할 관련성에 대한 논쟁점은 여성과 자연의 재생산 역할의 유사성을 설정하면서 이에 따라 여성만이 가지는 특질인 여성적 원리로 여성이 보살핌과 양육의 역할을 하게 된다는 전제가 여성을 남성에 종속시킬 뿐이라는 비판적 입장과, 이와 달리 그러한 보살핌의 역할을 하는 여성이 도덕적으로 우월하다는 입장의 상이한 견해로 나뉜다.

이러한 지구적 생태여성론의 논쟁들이 지역 여성의 경우 어떤 경험적 현상으로 나타나는가에 초점을 맞추는 이 연구의 내용은 다음과 같다.

첫째, 한국 여성 활동가들의 여성과 자연 사이의 관계에 대한 인식은 무엇인가?

둘째, 한국 여성 활동가들은 여성적 원리에 의해 여성이 보살핌의 역할을 수행하게 된다고 인식하는가?

셋째, 이러한 두 가지 항목의 물음과 관련해서 한국 여성 활동가들의 인식은 지구적인 서구의 생태여성론의 경우와 다른 어떤 지역 맥락적 특수성을 가지는가?

2. 연구의 방법

이 연구의 내용은 한국 여성 활동가들의 여성과 자연의 관계에 대해, 그리고 여성의 보살핌 행위의 원동력이 여성적 원리에서 오는 것으로 인식하고 있는지, 그리고 지구적 여성의 경험과 다른 어떤 지역 맥락적 특수성을 가지는지를 검토하는 데 있다.

이 연구에서 한국 여성 활동가들이란 환경 운동 분야의 활동가, 전문가, 생협 관련 분야의 리더와 활동가, 여성 어민이면서 지역 사회 활동가, 자발적 귀농자이면서 여성 단체 활동가, 셋째, 몸 영성 전문가, 넷째, 여성 단체 활동가 여성들을 의미한다.

2.1 문헌연구 조사

이 연구의 수행을 위한 자료의 수집은 문헌연구법과 심층 면접 조사 방법으로 이루어진다.

문헌연구 조사로는 지역 맥락적 특수성을 드러내 줄 전통 문화의 자료로서 한국과 동아시아의 생명관 관련 자료를 수집했다. 그 이유는 지구/지역적 접근으로 고찰하는 여성의 경험은 특정 시공간에서 펼쳐지는 공간적이고 맥락적인 지역 사회 문화의 특수성과 맞물려 있기 때문이다. 이를 파악하기 위해서는 전통 문화에 내재하는 생명 문화를 검토할 필요성이 있으므로, 문헌연구 조사를 통해 한국과 동아시아의 생명 사상 뿌리에 있는 생명관과 한국의 민속 문화 자료를 간략히 수집하고 검토했다.

2.2 심층 면접 조사

심층 면접 조사 방법에 의한 자료 수집 방법으로는 한국 여성 활동가들이 자연과 가지는 관계에 대한 그들의 인식, 보살핌의 원동력에 대한 경험 및 의식에 관한 자료를 수집했다.

심층 면접 조사 지역은 서울 및 수도권, 경기도, 충청남도, 대전, 강원도, 경상남도이다. 조사 대상자의 연령대는 20대에서 50대 사이 여성 활동가들이며, 인

〈표 1〉 심층 면접 조사 대상자

사례	연령대	학력	지역	직업/활동
1	20대 초반	대학 재학중	서울	학생/환경 활동가
2	30대 중반	대졸	서울	환경 활동가
3	30대 후반	대졸	충남	자발적 귀농자(친환경 농업, 전 생협 활동가)
4	30대 후반	대학원 졸	서울	환경이론 전문가
5	30대 후반	대졸	충남	자발적 귀농자(친환경 농업, 지역사회 활동가)
6	40대 초반	대졸	경남	환경 관련 전문가(자발적 귀농자)
7	40대 초반	대졸	대전	환경 활동가
8	40대 초반	대학원 졸	수도권	여성단체 활동가
9	40대 초반	대졸	서울	생협 활동가
10	40대 초반	대졸	서울	환경운동 리더
11	40대 초반	고졸	경기도	어민 여성(지역사회 활동가)
12	40대 중반	대학원 졸	서울	환경 관련 전문가
13	40대 중반	대학원 졸	수도권	환경 관련 전문가
14	40대 후반	대학원 졸	서울	몸 영성 전문가(사회복지사업 리더)
15	40대 후반	대학원 졸	충남	생협운동 리더
16	40대 후반	대학원 졸	서울	생태이론 전문가(여성단체 활동가)
17	40대 후반	대졸	수도권	생협 활동가(환경 활동가)
18	50대 초반	대학원 졸	수도권	생협 활동가
19	50대 후반	대학원 졸	강원도	자발적 귀농자(친환경 농업, 여성단체 활동가)

원은 19명을 대상으로 실시했다. 이들 조사 대상의 대부분은 환경, 생협 분야에서 활동하고 있는 여성들이고, 대상의 일부는 여성 조직, 지역 사회에서 활동하는 여성들이다. 가능한 한 다양한 지역의 여성을 포함하려고 했으나, 전국적인 표본을 대상으로 하지는 않았다.

조사의 대상을 세부 분야별로 분류해 보면, 환경 관련 다양한 활동 분야(8명), 생협 분야(5명), 여성 단체 활동가(1명), 자발적 귀농자(3명), 어민 여성(1명), 그리고 몸 영성 전문가(1명)로 구성되었다.

심층 면접 조사는 2005년 4~7월 사이 거주 지역을 방문하거나, 미리 약속해서 수도권에서 만나 실시했다. 조사는 미리 짜여진 표준조사표로 조직화하는 방법이 아닌 최소한의 면접 지침 정도만 가지고 실시했다.

따라서, 한국 여성들의 경험의 특수성을 좀더 일반화하기 위해서는 향후 다양한 여성 집단의 자연과의 관계, 보살핌의 노동을 하게 되는 동인에 대한 경험과 인식을 파악해 실증성을 보완해야 할 것이다.

3. 지구적 생태여성론과 지역적 맥락

최근 한국의 여성 환경 활동가들이 가장 관심을 가지는 생활 주변의 문제들에 대해 서구에서는 여성과 자연의 관계를 그 중심에 놓은 생태여성론을 통해 풀어 나간다. 그렇다면 지구적 생태여성론의 담론에서 여성과 자연의 관계를 기술하는 방식에 상응하는 한국의 여성 환경 활동가들의 지역 맥락적 경험과 반응은 무엇일까?

1995년 한국여성연구회와 한국여성민우회는 그들이 공동 주최한 심포지엄에서 그 간의 한국 여성 환경 운동의 활동과 전망을 검토하고, 생태여성론의 가능성을 조망해 보았다. 여기서 가장 뜨거운 관심의 하나는 '이론적 접근과 실천적 접근의 괴리' 문제였고, 다른 하나는 '여성과 환경'이 본질적으로 친화력이 있는가라는 문제였다(한국여성연구회 연구위원회, 1996:230). 이는 한국이라는 지역의 여성 환경 활동가들의 고민을 고스란히 드러내 주는 핵심 사안이다.

전자의 고민은 생태여성론이라는 그 이론이 경험적 세계에서 한국 여성들이 실천하도록 동기 부여해 주는 설명 체계인가라는 문제를 보여 주고 있다. 지구적 생태여성론이 한국의 여성 환경 운동에 소개되어 환경과 젠더 문제를 진지하게 되짚어 보게 하는 데 기여한 것은 사실이다. 그러나 한국 여성 환경 활동가 대부분이 서구의 생태여성론에 거부감을 가지는 것은 아니지만, 의외로 적지 않은 여성 환경 활동가들이 생태여성론에 이질감을 느끼고 있음을 다른 연구(이영숙, 2001)에서 보여 주고 있고, 이는 지구적 생태여성론이 한국 여성의 필요, 욕구, 문제와 접목되어 뿌리를 내리지 못했음을 시사한다.

이번 연구의 심층 면접 조사 자료에서도 환경 활동가 사례 7의 경우에서 볼 수 있듯이 "에코페미니즘을 우리 정서로 말해야 하는데, 사람들이 에코페미니즘을 말하는 것을 들으면 '저렇게도 보는구나'라는 생각이 들 뿐"이라고 한다. 여성 단체 활동가인 사례 8은 "서양인들이 반성한 것을 가지고 우리는 또 세계를 바라보아야 하는가?, 우리에게 익숙한 것을 서양을 에둘러 봐야 하는 것이 안타깝다"라고 하고 있다.

다른 한편으로는, 서구의 이론 수용에 선뜻 내키지 않음을 보이면서도 한국적인 것이라고 해서 맹목적으로 지지하는 것은 아닌 면도 볼 수 있다. 환경 운동 리더 사례 10의 경우, 이영숙(2001)의 다른 연구 결과에서는 서구 생태여성론의 내용이 추상적이고 어렵다고 토로하고 있었으나, 이번 연구 조사에서 동일한 사례 10은 한국의 것이라고 해서 무조건 옹호하지는 않음을 명백히 하고 있다.

> 동양적 가치를 우리 사회는 실현 못 하고 있다. 우리 사회가 서구의 나쁜 가치만 받아들여 왔다. 한국 사회의 동양적 가치가 너무 천박하다. 한국 사회가 서구보다 훨씬 더 돈만 추구하고 있다. 그래서 일률적으로 서구/한국 여성의 자연 관계 패턴 차이를 말할 수 없다. (사례 10)

앞의 사례 7, 8은 지역적 맥락에서 활동의 근거가 되는 밑그림을 서구의 생태여성론적 논의들이 제공해 주는 데는 일반적으로 한계가 있음을 말하고 있다. 그 밖의 사례들은 생태여성론이라는 것 자체에 대해 언급하지 않을 정도로 서구 여성에게 호소력을 가진 생태여성론에 대해 한국 여성 활동가들(대부분이 환경 분야의 활동가들임에도 불구하고)이 말하기가 쉽지 않은 것 같았다.

그 다음, 1995년 한국여성연구회와 한국여성민우회의 공동 주최 심포지엄에서 다른 하나의 뜨거운 관심은 '여성과 환경'이 본질적으로 친화력이 있는가라는 고민이었다. 이는 여성과 자연 사이에 본질적으로 친화력이 있는가에 대해 한국 여성의 경험은 무엇인가를 주체적으로 들여다보자는 문제의 제기였다.

전 지구적 맥락에서 자연과 여성 주체 사이의 관계 논의는 여성이 자연을 닮았는가 아닌가라는 이슈를 가지고 여성주의자들 사이에서 분화되고 있다. 서구의 생태여성론자들은 여성을 자연과 결부시키는 것이 성차별의 근본 원인이라는 점에는 동의하지만, 그들은 여성과 자연의 연결점들이 주로 생물학적인지 사회문화적인 것인지에 대해서는 의견의 차이를 보인다. 그뿐만 아니라 그들은 성평등 사회를 구현하기 위해서는 여성과 자연의 연관성을 중시해야 하는지, 아니면 여성과 자연 사이의 연관성이 있다는 인식을 부정해야 하는지에 대해서도 의견의 차이를 보인다(통, 2000:480). 그 차이는 급진적 문화주의적 접근과 구성주의적 접근으로 대별될 수 있다. 서구 여성주의자들의 입장을 정리한 로즈마리 통(Rosemarie Tong)에 의하면, 급진주의적 문화주의 생태여성론자들의 여성과 자연의 연관성에 대한 견해는 자연과 여성의 연관성을 강화시키고자 노력하고 있다. 이들은 "돌봄, 양육 및 직관성과 같이 …… 전통적으로 여성과 연관되는 속성들이 문화적 구성물들의 결과라기보다 여성의 실제적인 생물학적 · 심리적 경험들의 산물이라고 믿는다"(통, 2000:486). 이와 달리 자연과 여성의 연관성에 대해 구성주의적 접근은 "여성과 자연의 관계에 대한 무역사적이고 생물학적 개념을 해체하고, 그 연관성은 생물학적 특성에서 나오는 것이 아니라 오랜 역사 속에서 사회적으로 구성된 것(constructivism)"이라고 주장하고 있다(이윤숙, 2003).

이러한 개념적 배경을 유념하면서, 다음 절에서는 한국 여성 활동가들이 여성과 자연의 관계를 어떻게 인식하고 있는지를 분석하고자 한다. 서구에서는 자연 관련 논의가 환경 운동에서 있었으나, 한국에서는 최근 생명 운동으로 환경 운동의 양상이 변화하면서 활동가들의 자연과 관계도 다른 양상을 보이고 있다. 환경 활동가 사례 2에 의하면, "지난 10년간 환경 운동, 생태 운동, 생명 운동으로 변천했다. 10년 과정 동안 순차적으로 내가 변화했다." 그의 개인적 가치관의 변화와 운동의 과정 변화가 맞물려 있고, 이는 '환경' 운동이 '생명' 운동으로 거듭나야 한다는 사회의 요구에 반응한 것이었다고 한다. 따라서 우선 지역 맥락적 배경이 되는 한국 문화의 전통에서 생명관을 간략히 검토함으로써 자연에 대한 인식, 인간과 자연의 관계에 대한 인식과 배경이 무엇인지를 살펴보기로 한다.

3.1 지역 맥락적 전통의 특수성: '생명은 주체'라는 인식과 생명 감수성이 인간과 자연의 관계, 여성과 자연의 관계에 주는 함의

먼저, 전통 문화의 생명관과 관련된 문헌연구 조사에 의하면, 한국을 포함한 동아시아에서 생명은 실체, 근원적 에너지, 사회적 장, 역사성과 천명 · 운명(이기상, 2003:228)까지를 포함하는 다차원적인 성격을 가지고 있는 실재이며, 그 자체로서 스스로 존재하는 것으로 이해된다. 한국 생명 사상의 뿌리 형성에서 중요한 위치를 점하고 있는 함석헌은 '씨알'로써 생명의 본질과 성격, 활동을 은유적으로 드러냈는데, 그는 '스스로 함'이 생명의 특징이며, 따라서 인간은 '스스로 하는 나'로서 역사의 중심에 선다고 한다(이경숙 외, 2001:107, 122, 130-131).

언어철학적으로 접근해서 우리말에 담긴 생명사상의 뿌리와 의미의 근원을 탐구한 이기상(2003)에 의하면, 서양과 동양의 생명관은 큰 차이를 보인다. 그리스 철학의 초기에는 "자연 전체를 일종의 생명체"로 보았고, "자연 전체를 살아 있게 하는 그 혼이 세계 영혼"이었다(이기상, 2003:227). 그러던 것이 기독교로 넘어오면서 생명의 의미가 달라진다. "기독교는 세계 전체를 살아 있는 것으로 보지 않는다. 이제 자연은 하느님에 의해 창조된 피조물이 되고, 따라서 세계 영혼이라는 것도 없다. 이 때 신은 우주 내지는 자연으로부터 떨어져 나와 자연과는 전적으로 다른 존재로 분류된다. 신이 빠져버린 자연은 이 때부터 기계가 되어 버린다"(이기상, 2003:227). 서구는 이렇게 기계론적 생명관이 자리를 잡게 되었다.

동양은 무교, 노장, 불교, 유교에 따라 조금씩 차이가 있으나, 서양의 기계론적 생명관과는 다르다. 노장(老莊)에게 자연은 '저절로', '스스로'라는 의미를 지니는 바와 같이(이강수, 1991:148), 동양 고유의 생명관은 '자연 순응, 자연 친화, 자연 동화'하면서 '천지인(天地人) 합일'의 세계관을 가진다. 우리는 동양화 속의 자그마한 사람의 모습에서 자연에 순응해 자연과 하나가 되는 정신을 쉽게 볼 수 있다. 한의학에서 인간이 자연과 소통을 회복해야 질병의 치유가 되는 것으로 접근하고 있는 것이 그 실례다. 이와같이 생명이 주체라는 인식은 자연, 인간 양자는 그 내면을 가로 지르는 동일한 생명에 의해 그 둘이 하나일 수밖에 없고, 함께 살 수밖에 없다는 의식으로 우리 문화의 뿌리에서 지금까지 이어지고 있다.

전통 생명관의 또 다른 특수성은 민속 문화와 생명 사상의 뿌리가 보여 주는 교감과 감응의 생명 감수성이다. 민속학적 자료에 의하면, 우리 문화에서 민속은 가부장적 사회 구조와는 다른 억압적인 사회적 상황을 극복하려는 경험과 지혜들을 담고 있다. 민속 문화에서 생명에 대한 이해는 속신(俗信)[1]에서 드러나는데, 그 유형으로는 모든 자연물의 생존권을 인정하는 속신, 자연과 인간이 운명 공동체임을 일깨우는 속신들이 있다(임재해, 2002:329-357; 임재해·이윤숙, 2002:16). 그 예로는 "세숫물을 많이 쓰면 죽을 때 물에 빠져 죽는다.", "고목이나 당산나무를 함부로 베면 동티가 나 죽는다."를 들 수 있다.

이러한 예들은 자연과 인간이 함께 사는 자연 친화적 생명 감수성을 단적으

1 "속신은 구체적인 섬김의 대상이 없는 막연한 믿음"(임재해, 2002:245)이지만, 그 문화의 특징을 반영하고 있다.

로 드러내 준다. 인간이 자연에 존재하는 생물과 동일한 주체로서 교감하는 생명 감수성은 속신에 의하면 또한 공생적 세계관의 관계로 이어지고 있다. "겨울에 대나무 잎이 마르면 다음 해 사람이 많이 죽는다."는 속신, "강돌을 주워 오면 어머니가 젖을 앓는다."는 믿음에는 강돌의 생존권과 여성의 재생산 역할이 교직되어 있다(임재해, 2002:330-331, 336). 이러한 속신은 인간이 늘 다른 생명 존재와 같은 운명체라는 공생의 정신을 보여 준다.

원래 생명 감수성은 한국과 동아시아에서만 발달했던 것은 아니었으나, 자연에 대한 이해에서 서양은 앞서 언급한 바와 같이 기독교의 창조론 영향(이기상, 2003:355)과 근대 과학적 사고의 영향에 의해 기계론적인 성격으로 변화해 간 반면, 동아시아에서는 전통적인 생명관이 비교적 근대까지 유지되면서 생명 감수성이 지역적 특수성으로 남게 되었다.

그러면, 한국의 문화에서 드러나는 '생명은 주체다'라는 인식과 생명 감수성의 특수성이 여성과 자연의 관계에 대해 가지는 함의, 그리고 그것이 내포하는 성평등적 의미는 무엇일까?

생명이 주체라는 동아시아, 한국적 전통은 자연과 인간을 이분화해서 대립 구도로 보는 서구적 자연관이 아닌 '생명'이 관계의 근원이라는 인식이다. 이러한 인식은 여성이 자연과 닮았는지 아닌지를 묻기보다는 인간과 자연에 생명이 공통으로 내재한다는 믿음을 통해 인간/자연의 이분법을 근원적으로 극복하고 있다. 또한 남녀 모두가 생명에 대한 어떤 감수성을 원래적으로 지니고 있다고 인식한다. 따라서 생명이 주체라는 인식은 생명에 대한 보살핌의 감수성을 가지는 여성성이 여성에게만 있는 것이 아니라 원래 남녀 모두에게 있다고 전제하게 되는 인식적 근거로 작용하고 있는 것으로 보인다.

3.2 한국 여성의 자연과 관계맺기의 방식

이제 심층 면접 조사 자료를 중심으로 한국 여성 활동가들이 어떤 방식으로 자연과 관계를 맺고 있는지 살펴보도록 하자.

생협 활동가 사례 9의 경우는 '내 안의' 자연성을 강조하는데, 이러한 자연 인식은 인간과 자연 사이에 이분법적 분리가 아닌 하나 됨을 각인시켜 주고 있다.

> 어떤 조건이 주어져서보다는 내 안에 자연성이 들어온다. 과거엔 내가 꼭 농촌으로 가야 자연이. 지금은 내가 주체가 되어 내 안에 자연이 들어온다. 이 자연은 우리에게 아무 말을 안 하나 우리 관계를 맺는다, 미소지어 주고, 가만히 쳐다보아 주고, 내 마음과 자연이 관계를 맺는다. (사례 9)

내 안의 자연 발견은 자연을 외재적인 것으로 보지 않고, 내 안에 존재하는 생명으로 보는 것이며, 내 안의 자연의 발견은 이 생명의 발견을 의미한다. 자발적 귀농자이면서 환경 관련 전문가인 사례 6의 경우는 "나는 여성이라는 말과 자연이라는 말을 거의 '동의어'로 쓴다. …… 나에겐 자연이라는 말이 땅과 결부된다."고 하면서 그에게 이 자연은 "스스로 창조하는 것"이라 인식하고 있다. 이 때 사례 6은 자기 스스로 자연이고, 땅이 되기도 한다.

자신과 바다와의 관계, 즉 자연과의 관계를 '이콜(=)'이라고 인식하는 경우도 있다. 어민 여성이면서 지역 활동가인 사례 11은 "내가 말을 안 해도 바다는 내 속을 다 알고 있다. 바다가 이렇게 되는 것이 아쉽다. 바다와 나는 '이콜'이다. 바다와 나는 같은 거다."라고 한다. 자연과 자신이 분리되지 않은 하나의 존재로 인식하는 모습은 생협 운동의 리더 사례 15의 "어릴 때부터 …… 항상 자연 속에 있었다. 그래서 자연을 찾아간다고 생각 안 했다."라는 말에서도 느낄 수 있다.

생협 활동가로 활약하다 자발적 귀농자가 된 사례 3은 고수레를 통해 그의 '자연 속의 나'와 관계맺기를 보여 주고 있다.

> 고수레를 꼭 해야 한다고 본다. …… 오디를 따 먹을 때 처음 4개를 동서남북에 주거나, 집에서도 네 귀퉁이에 놔준다. 그럴 때 마다 나만이 여기 있는 것이 아니고, …… 이것은 도구적인 자연관이 아니라 자연 속의 나를 바라보게 한다.

(사례 3)

이는 생명이 주체, 그래서 자연이 주체라는 말이기도 하다. 자연에서도 인간에서도 생명이 모두 주체이니, 자연과 인간이 생명 공동체로서 공존할 수밖에 없고, 그 생명의 산출물에 감사드리는 행위가 고수레이다. 사례 3이 말하는 '고수레'는 상생의 차원을 넘어서, 자연을 섬기고, 자연과 공생하고, 궁극적으로는 자연 속의 나 자신을 확인하는 의례를 말해 주고 있다.

생협 활동가 사례 18은 "생명과 관계를 맺는 것이 곧 자연과 관계를 맺는 것이다."라고 인식하고 있다. 생협 활동가 사례 17에서는 자연이 살아 있는 대등한 주체라고 인식하고 있다.

> 우리는 산의 생물 집을 빌려 쓰는 것이니, 최소한의 폐를 주는 것이어야. …… 예전에 우리 조상들은 산에 신고하는 식으로 산 입구에서 지팡이로 땅을 몇 번 땅땅 쳐서 내가 지금 들어감을 신고해서 피할 동물은 피하라고 산의 생물들에게 미리 알려 주었다. (사례 17)

서구와 한국 사이에서 자연 자체가 다른 것이 아니지만, 이러한 사례들은 자연과 관계맺기에서 서구 생태여성론에서 보이는 견해와 한국의 여성 활동가들의 견해가 다름을 보여 준다.

서구 생태여성론은 "자연/문화의 이원주의"가 "여성에 대한 남성 지배의 기본적인 구조"(킹, 1996:174)라고 인식하고, 여성이 자연과 더 가깝다는 식으로 남성이 만든 이원론적 이데올로기를 통해 남성이 여성의 지배를 정당화한다고 인식한다(머천트, 1996:174). 따라서 여성—자연/남성—문화의 이원론의 해체를 핵심 과제로 하고 있다. 그럼에도 불구하고 서구의 생태여성론은 자연과 여성 사이의 생명의 동일한 내재적 특질에 대해 말하지 않는다. 다만 서구의 생태여성론은 자연과 여성이 서로 다른 특질로서, 그러나 유사한 상황에 있는 것으로 상정한다. 결과적으로 서구의 생태여성론에서는 남성이 아닌 여성이 자연에 속한 것으로 간주하는 자연/문화의 이원론적인 세계관의 잔영을 완전히 떨쳐 버리지 못하고 있다.

그와 달리, 사례 3, 6, 9, 11, 15, 17의 경우에서 보이는 한국 여성의 자연과 관계맺기의 특징은 여성 자신이 자연과 여성이, 자연과 인간이 같은 것으로 '동일'하거나 '이콜'하다고 인식하거나, '자연 속의 나', '자연 속의 나를 바라보기', '나와 대등한 주체'로 인식하고 있다. 이러한 사례들은 서구의 생태여성론이 자연과 여성이 처한 상황이 닮았다는 식의 인식보다는 여성 안에 내재하는 생명성을 자연으로 인식하고 있고, 자연과 내가 하나라는 인식과, 여성이 자연과 이분화되는 것이 아니라 자연, 여성이 모두 하나의 동질적 생명 공동체라는 인식을 지니고 있음을 말해 준다.

심층 면접 조사를 통해 파악한 이러한 특성들은 한국 전통 문화의 생명관과 어떤 관련성이 있을까? 앞의 문헌연구 조사의 자료들에 의하면, 자연 · 여성 · 인간 모두에게 관통하고 있는 생명에 초점이 맞추어지고 있었다. 이 전통의 생명관이 여성과 자연의 관계에 대해 주는 함의는 자연과 여성이 닮았다는 설정이 아니라, 살아 있는 주체로서 자연과 내가 하나라는 인식이다. '생명은 주체'라는 생명 인식에 의해 자연과 여성, 자연과 남성도 분열시키지 않는다. 이러한 문화적 특수성이 심층 면접 조사 사례들과 자연 인식 사이에 직접적인 연관성을 가지는지는 이 연구의 디자인으로는 알 수가 없으나, 적어도 문화적인 배경의 영향일지도 모른다고 유추해 볼 수 있을 것 같다.

4. 여성성, 여성적 원리와 성역할에 대한 인식

여기에서는 서구 생태여성론자들이 일반적으로 여성적 원리에 의해 여성이 보살핌의 성역할을 수행한다는 주장과 관련해 한국 여성 활동가들의 입장은 무엇인지를 파악하고자 한다. 먼저 간략히 이 논의의 지구적 맥락을 살펴보자.

일반 여성주의자들 가운데, 그리고 생태여성론자들 가운데 '여성적 원리'를 가부장제로부터 양성이 모두 해방되기 위한 가장 의미 있는 가치라고 주장[2]하는 이들이 있는 반면, 다른 일부는 여성적 원리가 사회적 · 역사적 구성물일 뿐이라면서 반대[3]하고 있다(브라이도티 외, 1995:117, 133; 통, 2000:480, 501; Sturgeon, 1997a). 서구의 생태여성론자들의 상당수는 여성적 원리에 동의하는 것으로 보인다. 그러나 서구의 일반 여성주의자들은 여성적 원리에 대해 강한 거부감을 가지는 이들이 상당히 많다. 재생산하는 자연의 특질과 닮은 여성이 양육하고 살림하는 "성 특유의 보살핌과 배려의 본질"이 있다면서 여성적 가치를 '본질화'시키는 것에 대한 강한 거부감을 가지는 여성주의자들은 여성이 자연과 닮았다거나, 여성이 여성적 원리라는 선험적 특성을 지니고 있다는 식의 본질주의적[4] 접근에 반대하는 것이다(Sturgeon, 1997b).

앞서 언급한 바와 같이 이와 유사한 선상에서 1990년대 중반 한국 여성 환경 활동가들은 여성과 자연의 관계 설정을 통해 여성을 보살핌의 성역할 수행자로 고정하는 것에 대해 문제를 제기한 것이다. 과연 여성적 원리는 여성만의 특질인가? 여기에서는 서구의 생태여성론의 여성과 자연이 닮았다는 설정의 논의 선상에서 한국 여성 활동가들은 재생산적 보살핌과 같은 역할을 수행하게 되는 배경에 흔히 알려진 여성적 원리가 있다는 전제에 대해 어떻게 생각하는지, 그리고 그러한 여성적 원리의 특질은 여성에게만 있는 것으로 상정하는지를 검토하고자 한다.

4.1 남성보다는 여성이 여성성, 여성적 원리의 특질을 가졌다는 인식

남녀가 생명과 가지는 관계의 차이에 대해 환경 관련 전문가 사례 12는 여성이 생명의 주된 담지자라는 생각을 가지고 있다.

---

2 대표적 학자로 데일리(Mary Daly, 1996)를 들 수 있다.
3 King(1990), Merchant(1979), Warren(1996)과 같은 학자들을 들 수 있다.
4 본질주의에 대한 논의는 브라이도티 외(1995)의 4장과 Sturgeon(1997b)의 6장을 참조하시오.

생명에서 주는 여자다. 남자들이 아무리 폭력을 휘두르고, 자원을 가져도 생명의 근원은 여성에게 있다. …… 남자들은 관념적, 이데올로기 차원에서 생명을 말한다. …… 여성이 생명에 대한 감수성이 훨씬 더 뛰어나다. (사례 12)

남편을 도시에 두고 자신은 귀농한 여성 단체 활동가 사례 19는 "남편은 여기에 내려오면 아무것도 모른다. 사색적이다. 관념적이다. 나는 흙 속에서 일하면서 생각한다. 남편은 자연을 바라보며 사색, 산책만 한다."고 남녀 간의 다른 성역할을 보여 주고 있다. 이 차이는 남녀가 자연과 관계 맺는 방식의 차이를 보여 줄 뿐만 아니라, '재생산 노동'을 과연 누가 수행하는가라는 성역할 분담의 문제가 핵심 사안으로 가로지르고 있다.

이와같이, 단지 소수의 사례 12와 19가 여성적 원리는 남성보다는 여성에게서 발현될 수 있는 특질이라는 입장을 견지하고 있다. 사례 12의 경우는 남성은 생명을 보살피는 재생산 활동에 거의 관련성이 없는 존재로 보고 있다. 사례 19는 남성에게서 보살핌의 재생산 노동의 가능성을 기대하지도 않을 뿐만 아니라, 일생 동안 자신의 경험에 의하면, 남성은 재생산 노동과 배려가 불가능해 보인다고 분개하고 있다. 그러면서도 사례 19는 여성이 "반드시 여성성으로 행위하는 것이 아니라고 본다. 남성도 체질에 따라 배려하는 사람도 있다."고 하여, 재생산 노동을 완전히 생물학적 특성으로만 한정시키지 않는 틈을 보이고 있다.

여기서 특기하고 넘어가야 할 사항은 한국 여성 활동가들이 쓰는 용어에 있다. 그들 대부분은 여성적 원리라는 개념과 이 용어의 사용에 대해서는 낯설어하고, 대신 여성성이라는 용어로써 여성이 가진 특질로서의 보살핌의 역할을 수행하는 여성적 원리라는 개념을 대체하고 있다는 사실이다.

4.2 남성도 적극적으로 여성성, 여성적 원리, 보살핌의 성향을 가졌다는 인식

한국 여성 활동가들의 대부분은 성별과 무관하게 남성이든 여성이든 인간의 내면에 여성성과 남성성이 함께 내재한다는 인식을 가지고 있다. 구체적 사례들을 보자.

환경 활동가 사례 2의 경우는 30대 중반인데 그는 여성에게만 여성성이 있다는 전제에 동의하지 않음을 명백히 선언하고 있다. 같은 선상에서 여성적 원리가 보살핌을 실천하는 중요한 힘의 원천임을 인정하면서 남성도 그 보살핌의 역할을 할 수 있다고 강조하는 환경 활동가 사례 7도 있다.

> 여성성은 여성의 특권이 아니다. 여성만이 여성성을 가지고 태어나는 것이 아니다. 이런 성향을 가지는 남성도 요즘은 상당히 많다. 인간이면 내재적으로 누구나 가지는 것이 여성성이다. 우리 사회는 여성에게 왜곡된 여성성을 주입하고 있고, 원래의 여성성은 그것이 아니다. (사례 2)

> 여성적 원리는 여성에게 책임을 지게 하여 일방의 희생을 요구한다. 여성적 원리가 다른 한쪽은 무책임으로 구조화시킨다. …… 그러나 아이 아픈 경험을 거쳐 여성적 원리의 긍정적 측면을 소중히 생각하게 되었다. 우리 사회를 치유하고 나갈 소중한 것이라고. 다만 그 여성적 원리가 사회적으로 잘 발현될 기제가 만들어져야 하리라고 본다. 내 말은 남성도 그런 여성적 원리 역할을 할 수 있다는 말이다. (사례 7)

생협 운동 리더 사례 15는 40대 후반인데 "1995년에 에코페미니즘을 접했을 때, '그럴 수도 있구나' 하면서, 여자들이 아니면 안 된다는 것에는 의문을 가졌다."고 한다. 이 말은 서구의 생태여성론에서 여성은 남성에게는 없는 여성적 원리라는 특질을 가진다는 인식에 그가 동의하지 않음을 의미한다.

사회복지 사업 분야 리더이면서 몸 영성 전문가인 40대 후반의 사례 14는 "여성의 특질이 생명을 살리고 키우는 것이므로, 생명 감수성이 여성의 특질이다. 여성은 생명과 뗄 수 없는 생리적 몸을 지니므로 분리가 안 된다. 남성의 생명 케어는 본질적이라기보다 뭔가 다른 것이라고 생각된다."고 한다. 그러면서 사례 14는 여성은 현실적으로 생명과 떨어질 수 없는 생명의 담지자이므로 여성적 원리는 여성의 특질이라고 한다. "여성적 원리는 현실적으로 여성의 특질이다. …… 몇 년 전 K 대학에서 약 40명이 봉사하러 왔었는데 끝까지 지구력을 가지고 하는 사람은 여성이었다."

또한 그는 "우리 안의 남성성과 여성성이 상호 관계"를 맺고 있다고 한다. 그러기 때문에 "생물학적 여성 여부가 중요한 것이 아니라, '남성화된 자기'가 살아남으려는 여성은 '여성적 원리'와 다르다."고 한다. 이것은 여성성이 반드시 여성에게만, 남성성이 반드시 남성에게만 있는 것이 아님을 의미하며, 그는 여성성과 남성성 둘 다가 상호 관계를 맺으면서 생물학적 성차와 무관하게 우리 안에 공존한다고 인식하고 있다. 그 증거로, 생물학적인 것이 작용하지만, 성역할의 최근 경향에서 사례 14는 남성에게서 양육자로서 보살핌의 적극적인 발현을 주지시키고 있다.

> 지금 10~20대의 남성 가운데 '토닥거리고 살피고 애들을 거두어 먹이'는 '남성 복지사들'이 나타나고 있다. 10~20대에서 지금 남녀가 뒤바뀌고 있다. 30대에서도 보인다. 여성의 전유물과 같던 특질이 지금 남성에게서 보이므로, 생물학적으로 모든 것이 설명되지 않는다. 가부장제 안에서 나타날 수 없는 것이다. 중요한 것은 사회적인 것이다. 외부적 환경에 의해 남녀가 뒤바뀌고 있다. (사례 14)

환경 활동가 사례 9도 남녀의 성역할, 여성적 원리라는 것이 본래적인 것이 아니며, 당분간은 과거의 남녀 시스템이 유지되겠으나, 최근 새로운 성역할의 남성들이 나타나고 있으므로 곧 해체되리라 보고 있다.

> 동네에서 아빠들이 애들을 잘 본다. 상당히 이런 사람이 많다. 40대 전후 자유업 아빠들이다. 엄마는 직장 다니고, 자유업 남성들이 시간이 있어서 아이를 본다. 나는 남녀가 많이 다르지 않다고 생각한다. 앞으로의 사회는 문화, 정보

등에 의해 사람의 '의식'이 빨리 진화하여 여성적 원리가 반드시 여성에게만 있는 고정된 존재가 아닐 것이다. (사례 9)

환경 관련 전문가 사례 13은 "남자다/여자다라기보다 자아 개념을 넘어선 사람이 훨씬 낫다. 그런 새로운 인간 존재 유형이 등장하고 있다."고 하면서 이분법적 남녀 유형의 인식을 넘어서고 있다. 사례 8도 유사한 선상에서 강한 입장을 표명한다.

여성을 하나로, 남성을 하나로 말할 수 있을까? …… 여성이든 남성이든 자아실현을 위해 행위한다. 보살핌의 역할은 …… 관계의 망을 위한 보살핌이다. 그것은 여성적 원리에서도 여성성에서도 나오는 것이 아니다. (사례 8)

그런데 사례 8은 여성성, 여성적 원리라는 개념 자체의 실효성을 부정하면서 남성도 분명 보살핌 관계의 주체임을 상정하고, 남성/여성으로 성역할을 이분화해서 남성을 가부장형으로 획일화하지 말라는 강력한 메시지를 주고 있다. "여성주의 안에서 가부장제의 하수인으로만 설정하는 남성의 위치지음이 문제다. ……항상…… 굴종의 대상 혹은 지도의 대상으로 보는 것은 문제가 있다."

또 다른 사례로서, 남성의 성역할과 남성이 자연과 가지는 관계를 보여 주는 20대 초반의 환경 활동가 사례 1을 통해 여성적 원리에 대한 분명한 입장을 볼 수 있다. 사례 1은 여성과 자연의 관계를 말하는 서구 생태여성론의 이론이 가지는 기본 전제에 대한 문제 제기로서 여성적 원리 개념에 대한 부정적인 입장을 함축하고 있다.

에코페미니즘 진영이 여성과 자연이 특별한 관계라고 한다. 내가 동의하는 측면은 여성과 자연이 남성, 인간에 의해 착취를 당한다는 유사성은 있으나, 여성과 자연의 관계가 여성이 가지는 특징에 의해 그런지는 동의하지 않는다. 너무 생물학적 얘기로 가면 근거가 약해지고. 약간 우려가 간다. 나는 내 주위에 살아 숨쉬는 자연물들과의 소통을 중요시했다. …… 여성적 원리와 어떻게 연관지을 수 있을지는 잘 모르겠다. 하지만 확실히 그 당시 나는 여성주의에 관심이 있었고, 환경 문제에도 관심이 있었다. 그렇지만 정확히 에코페미니즘에 관심이 있었다고는 말하기는 어렵다. (사례 1)

사례 1은 '여성적 원리'가 여성만의 것이 아니라는 부정의 뜻으로 "여성적 원리, 잘 모르겠다."고 한다. 그러면서 생태여성론 공부를 함께 하는 남학생 선배가 밥을 짓길 좋아한다면서 남성의 보살핌의 역할을 반증해 주고 있다. 이와는 달리 다소 약한 어조의 경우로는 사례 17을 들 수 있는데 그는 "여성들이 아무래도 생명 존중, 생명에 관심이 많다."고 일반화하면서도 그것이 반드시 여성의 전유물은 아니라고 조심스럽게 부언하고 있다.

이와같이, 이 연구의 대상인 한국 여성 활동가들은 서구의 생태여성론의 경우와 마찬가지로 자연과 여성의 관계를 부정하지 않지만, 대부분의 사례들은 여성성, 여성적 원리가 여성의 전유물이라는 식의 설정에는 강하게 부정하고 있다. 구체적으로 열거하자면, 사례 14는 "우리 안의 남성성과 여성성이 상호관계"를 맺고 있다고 인식하고 있고, 사례 9는 여성성이라는 특질은 여성의 몸에 기존의 사회적 관계가 체현된 것뿐이고, 최근에는 이를 검증해 주는 새로운 남성들이 출현하고 있다고 한다. 사례 13은 '남자/여자를 넘어선 새로운 인간존재'가 등장하고 있음을 말하고 있다. 사례 2는 인간이면 누구나 내재적으로 가지는 것이 여성성이라고 강조하고 있고, 40대 후반의 사례 15와 사례 7의 경우는 남성에게도 여성적 원리의 특질이 있고, 남성도 여성적 원리에서 나오는 역할을 할 수 있다고 인식하고 있다. 여성주의적 환경 전문가 사례 13과 환경활동가 사례 1의 "여성적 원리, 잘 모르겠다."는 부드러운 어투를 쓰지만 실은 '여성적 원리'라는 개념 자체를 아예 거부하는 강한 입장을 에둘러 표현하는 방식을 보이고 있다. 또 다른 여성주의적 환경 활동가는 보살핌의 역할에 관한 한 남성/여성으로 유형화할 수 없으며, 보살핌은 "여성적 원리에서도, 여성성에서도 나오는 것이 아니다."(사례 8)라는 확고한 자신의 입장을 보이고 있다.

4.3 자본주의로 인해 남성의 여성성, 여성적 원리가 상실되었다는 인식

앞서 '자본주의가 판'을 치는 사회에서는 새로운 성역할의 인간 유형이 나타나기 어려운 것으로 본다던 사례 13은 "기질적으로 생명 감수성을 가진 남성들이 있다. 9시 출근, 5시 퇴근의 정규직을 거부하는 남성들이 있다."고 한다. 그는 보살핌이 생명을 살리는 일이므로 이 일을 사회가 '시장 경제'에만 맡길 것이 아니라, 남성의 생명 감수성이 발현될 수 있는 사적·사회적 계기를 마련하도록 촉구하고 있다. 환경 관련 전문가 사례 6은 좀더 격한 어조로 남성 개발자와 자본주의에 대해 분노하고 있다.

> 우리 사회에서 남성이 성찰적으로 살기는 무척 어렵다. …… 암 환자이신 시아버님의 케어를 그 때 마침 직장을 그만둔 남편이 도왔다. …… 보살핌의 경험을 통해 보살핌의 윤리가 되살아났다. 그래서 '보살핌의 일'의 계기를 마련하는 것이 중요하다. (사례 13)

> 땅과 …… 관계가 회복되지 않는다면 …… 땅과 남성은 아니다. 남성은 땅을 이용하는 것, 땅을 이용해서 돈을 벌려 한다. 전기톱을 들고 항상 설치는 것은 남자다. …… 그 남성성이 대표하는 것이 지금의 자본주의, 나는 이 제도를 건설한 것에 대한 분노가 있다. (사례 6)

생태여성론의 전문가인 사례 16은 남성도 원래는 여성성을 가졌으나, 자본주의의 대기업 조직 체계 속에서 그들 남성이 가지고 있던 여성성을 상실하게 되었다고 한다. "과거에 여성스러움이 있던 남자들이 대기업에 들어가 …… 살아남기 위해 자기들의 껍데기를 형성해서 자기를 싸고 있다. …… 사회에서 도태되지 않으려고 그런 식으로 여성적 면을 억압해서 쓰고 있는 것이다."

남녀가 농사짓는 법이 다르다는 사례 5는 남녀의 생명에 대한 다른 접근의 배후에 수익성이 있다는 함의를 가지고 있다. 생협 운동의 리더 사례 15는 남녀의 생명 감수성에 차이가 있기는 한 것 같으나, 그것을 "남자/여자로 칸을 그어 나누어 버릴 수는 없다."고 한다. 그러나 남성은 자기 욕심을 채우기 위한 목적에서 생명을 잘 키우기도 한다는 그의 관찰을 들려 주기도 한다. 좀더 직접적으로 남성의 생명 억압의 근원에는 돈과 자본주의가 있다는 50대 초반 사례 18의 견해도 있다.

> 남자, 심고 키우고 대충대충 경지 넓히고 잘한다. 나는 그것이 미안하다. 3,000주 키워 대충대충 하느니, 1,500주 키워 주자고. 고추 1포기에 30번의 손이 간다. 남편은 이 바쁜데 왜 순을 질러 주냐고 한다. (사례 5)

> 여성들이 생명에 대해 남자보다 좀더 알고 있을지 모르나, 내 경우는 남편이 꽃을 피우고 생명을 키우는 일을 잘한다. …… 강아지를 잘 키운다. 그의 이러한 역할은 생명을 잘 알기보다는 욕심일지도 모른다. 자기 손아귀에 든 것을 놓치지 않으려는 욕심인 것 같다. (사례 15)

> 생명을 억압하고 괴로워하는 것은 돈과 관련된 자본주의의 문제다. …… 자본이 개입되면 생명과 생명의 관계가 사라지고, 자본이 생명을 억압한다. 여성들은 자본의 논리에 잘 적응하지 못한다. 남성들이 자본과 관계를 잘 맺는다. (사례 18)

앞서 논의에서 조사 대상자 한국 여성 활동가들 대부분은 보살핌과 배려를 하게 만드는 특질이라는 의미로 그들이 사용하는 '여성성'이 여성에게만 있는 것이 아니라, 원래 남녀 모두에게 있다는 인식의 자료를 논의했다. 그러나 자본주의적 이윤 추구와 자본주의적 조직이 남성들의 그러한 특질을 앗아가, 남성의 생명 보살핌은 돈이 될 곳을 찾아가는 욕심이고, 생명을 기업적으로 다루거나, 오히려 생명 억압적으로 몰아간다는 생각들을 가지고 있다(사례 5, 6, 13, 15, 16, 18). 이와같이 한국 여성 활동가들의 일부는 남성들이 자본주의 사회에서 살아남기 위해 여성성을 상실하고 있다고 인식하고 있다.

전 지구적 맥락에서, 여성과 자연 사이의 연관성을 강조하는 여성주의자들이 취하는 입장들은 1) 여성과 자연의 연관성을 끊자는 것, 2) 남성의 문화보다 더 우수한 여성과 자연이라는 논지로써 그 연관성을 재확인하는 것, 3) 자연/문화 이원론은 비록 문화의 산물이긴 하지만, 오히려 그것을 이용해 자유로운 생태학적 사회를 창출하자는 세 가지로 정리(통, 2000:480)[5]되고 있는 바와 같이, 상반된 고민의 흔적을 보인다.

그러면, 전 지구적 맥락에서 알려진 이와 같은 세 가지 유형과 이 연구의 한국 여성 활동가들의 입장이 얼마만큼이나 유사성을 가지는지를 검토해 보자. 남성보다 여성에게서 '여성성', '여성적 원리'의 성향이 강하다고 기우는 극소수의 사례로 12, 19가 있지만, 이들의 경우도 남성에게서 여성성의 가능성을 완전히 닫아버리지는 않고 있었다. 그 밖에 다소 약한 어조로 남성에게서 여성성의 가능성을 보고 있는 사례 17이 있다. 이와 달리 대다수의 사례들(1, 2, 5, 6, 7, 8, 9, 13, 14, 15, 16, 18)은 남성도 여성과 마찬가지로 여성성, 여성적 원리를 가진다는 강한 믿음들을 가지고 있거나, 남성들이 자본주의 사회에서 이윤을 좇다가 여성성을 잃어버렸다는 견해들을 보이고 있다. 다시 말하자면, 심층 면접조사의 사례들이 '여성성'이라는 용어를 사용하든, '여성적 원리'라는 용어를 사용하든, 한국의 여성 활동가들은 보살핌의 노동이 여성에게만 귀속되는 역할이 아닌 것으로 인식하고 있다. 따라서 서구 생태여성론에서 남녀의 차이로서 보살핌의 힘의 원천으로 일반적으로 수용되고 있는 여성적 원리에 대한 한국 여성 활동가들의 인식의 특징은 적어도 남성/여성의 이원론적 대응은 확실히 아닌 것으로 나타나고 있다.

---

5 통(2000:480)에서 재인용한 것임. King(1989), "The Ecology of Feminism and the Feminism of Ecology," 22-23쪽 참조.

5. 여성성, 여성적 원리에 대한 이중 구조적 인식과 해방적 모성

심층 면접 조사 자료에 의하면, 대부분의 사례들은 여성이 출산의 경험에 의해서, 그리고/또는 양육의 경험에 의해 보살핌의 역할을 수행하게 된다면서 모성을 적극적으로 수용하고 긍정하고 있다. 다시 말해서 이들은 모성을 강조하고 있는데, 그러나 이들의 모성 강조가 반드시 출산만을 의미하는 것은 아닌 점에 주목할 필요가 있다. 구체적으로 자료를 보면서 살펴보자.

사례 10은 여성에게 생명의 의미는 모성을 통해 드러나고, 모성을 통해 생명을 지키는 본능이 있다고 한다. 남성이 아닌 여성의 출산 기능에 의해 여성에게 모성이 있다거나, 출산을 내포하는 모성에 대한 입장은 사례 3에서도 볼 수 있다.

> 여성이 아이를 낳고 키우는 과정에서 생명 감수성은 자연스러운 기회다. 여성은 아이를 가짐으로써 생명 감수성을 강하게 가진다. 남성은 아이를 키우는 과정이 없어서 생명 감수성이 약하다. (사례 3)

> 여성은 모성적이고 보호의 심성이 있다. …… 어머니 같은 역할에 환경·생명을 지키는 본능적인 것이 있다. …… 특히 애를 낳아 본, 가정이 있는 여성은 남자가 아무리 해보려 해도 안 되는 것으로서 생명의 가치를 몸으로 실천하는 사람이다. (사례 10)

"여성을 하나로, 남성을 하나로" 선천적 성차에 따라 남녀를 구분해 여성성/남성성을 정형화할 수 없다던 여성주의적 여성 단체 활동가 사례 8도 모성을 여성의 본능으로 보고 있다.

> 나는 모성을 좋게 생각한다. …… 여성이 생명을 돌보아 왔다. 본능이다. 보살핌의 '구체적 노동'과 달리 '개념으로 다루는 보살핌'은 구분되어야 한다. 집

에서 늘 보살핌 노동을 한다. 짜증난다. 현실에서 보살핌 노동이 '강제' 되기 때문에 싫어한다. …… 나는 아직 두 애가 어리므로 지금 보살핀다. …… 그 자체가 '한살림'의 '모심과 살림'이다. (사례 8)

사례 8은 다른 존재를 보살피는 노동은 필요하며, 생명 감수성으로 보살핌의 역할을 하게 되는 것이 모성이라고 그 역할을 긍정하고 있다. 이 모성적 역할은 여성의 '본능', 즉 여성에게만 있다는 인식이다. 그런데 또한 그는 여성에게 성차별적 가사 노동의 부담을 항상 지게 하는 '모성 이데올로기적 억압'의 문제점을 인식하고 있다. 이러한 사례들(3, 8, 10)에서는 여성 몸의 생물학적 출산 기능에 의해 여성을 모성의 담지자로 인정하고 있다.

이와는 달리, 사례 5, 18은 출산을 정확하게 지칭하지 않고 양육을 함축하면서 여성에게서 모성이 더 강하다거나, 여성성과 모성을 유사 특질로 보는 경우들이다. 사례 18의 "남성의 생명 감수성은 모성과 다르다."라는 경우는 남성의 양육에 대한 생명 감수성이 여성의 것과 확실히 다르다는 말인데, 출산과의 관련점은 모호하다. 자발적 귀농자 사례 5의 모성 강조에서도 양육자로서의 모성 역할 쪽으로 기우는 경향을 보이고 있다.

생명 감수성과 모성이 크게 다른 것이 아니다. …… 여성 억압이 생명 억압임을 깨닫고. 그런데, 남성의 생명 감수성은 모성과 다르다. 여성의 생명 감수성은 모성이다. 그래서 남녀의 활동 동기의 차이는 모성이다. (사례 18)

아이를 키우는 것에는 모성이 중요하다. 모성이 다 동일하지는 않을 것이다. 그 사람의 철학과 경험에 따라. 여성성, 모성이 비슷하다. 아이를 낳으면 모성이 강화된다. 아이를 안 낳아도 여성성이 있다. (사례 5)

남녀 성역할의 생물학적 이분화에 반대하는 여성주의적 환경 활동가 사례 1도 출산에 대해 부정적이지 않다. 강한 급진주의적 여성주의자 사례 16의 경우도 모성이 여성에게 운명적으로 양육의 책임을 지게 하는 것이라고 비판하기보다는, 모성이 도덕적 감성의 발현을 촉진시키는 긍정적인 것으로 받아들이고 있다. "모성은 굉장히 이타적 행위다. 개인 사이에 모성의 차이가 있다. 모성 자체가 나쁜 것보다 모성에 의해 휘둘릴 수 있다. 모성은 사회적 장치일 수도 있고, 생물학적인 것도 있고," 사례 16은 한편으로는 서구의 급진주의적 문화주의 생태여성론자와 유사(머천트, 1996:168)하게 모성의 본질적 측면을 수용하면서도, 다른 한편으로는 그것이 가부장적 '사회'에 의해서 구성된 측면은 경계하고 있다. 그러면서, 자신은 모성이 강하다고 한다.

여성주의자이면서 환경 전문가 사례 13도 여성의 출산을 받아들이고 양육의 역할에 긍정적이다. 그는 남성도 기질적으로 생명 감수성을 가지는 이가 있음을 강조하면서 보살핌을 시장 경제에만 맡기지 말고 남성도 그러한 보살핌의 역할을 할 수 있도록 사적 · 사회적 계기를 마련하도록 촉구하던 여성이다. "첫 아이 낳을 때는 아이 낳는 것이 싫었고, 여자에게 아이는 굴레라고 느꼈다. …… 그 때는 엄마가 된다는 것에 갈등을 가졌다. 그러다가 둘째 아이 낳는 과정부터 아이 낳는 것을 자연스레 받아들였다."고 한다. 그는 이어서 보살핌에 대한 자신의 견해를 조심스럽게 드러낸다.

> 다른 존재에 대한 집중된 사랑 때문에, 이것을 여성적 원리라 하기는 좀…… 잘 모르겠다. 생물학적 성은 개인에 따라 다르다. 여성/남성이라기보다는, 그런데 여자가 더 개체에 대한 존중감이 많다. 아이를 양육자로서 키워 본 경험이 자신에게 긍정적으로 작용한 경우 보살핌을 하는 것이다. 그러나 말하기가 조심스럽다. 여성에게 보살핌의 …… 역할을 칭송해서 자기 정체성에 억압적으로 …… 작용해서 나오는 것 같기도 하다. 남자도 개별 개체에 대한 존중감이 있다. 이것이 밀착된 사랑에서 나온다. 여성적 원리는 잘 모르겠다. 오래된 역사 속에서 남성적 원리가 작동했기에 그 반대로 여성적 원리를 말하는 것 같다만. (사례 13)

사례 13은 여성적 원리는 잘 모르겠다고 두 번씩이나 동의하지 않음을 부드럽게 에둘러 말하고 있다. 그는 여성적 원리가 생물학적 성차에 근거하기보다는 남성에게도 가능한 일이라면서, 양육자의 역할에 적극적으로 의미를 부여하고 있다. 그런데 주목을 요하는 점은 그가 보살핌의 역할을 출산에서 오는 것으로 국한하지 않고 있다는 사실이다. 대신 그는 개별 개체에 대한 존중감이 '보살핌'의 역할을 하게 하는 근원이라고 말하고 있다. 그러기 때문에, 출산하는 여성만이 아니라, 남성도 이 보살핌의 역할을 수행할 수 있다는 견해를 명백히 드러내 주고 있다.

땅과 자신을 동일시하던 환경 관련 전문가 사례 6도 아이를 키우는 양육에서 오는 모성의 중요성을 들고 있다. "여성인 나, 여자라는 사실을 뼈저리게 자각하면서 산다. 여성이라는 자각은 아이를 키워 본 것에서 오는 '여성'이라는 것이다. 소녀가 '모성을 신화'라고 보는 것과 다르다. 경험에서 나온 것이다." 다른 사례로서 사례 4의 경우는 "어머니가 생명을 거두고 치유하는 힘이 우리 안에 있었는데 남성과 경쟁하면서 우리가 버린 것인데, 그것을 회복해야 한다는 메시지를 워커가 우리에게 주고 있다."라는 그의 앨리스 워커(Alice Walker)에 대한 공감을 통해 우리는 그가 모성적 보살핌에 주는 가치를 읽을 수 있다.

여성적 원리는 "의도적으로 피하고 싶은 개념"이며, "남성도 그런 여성적 원리의 역할"을 할 수 있다는 신념을 가진 사례 7의 경우 모성이 환경 운동을 위한 생명적 가치의 기본이라는 신념을 보이고 있다. "모성, 생명 감수성이 기본이 되어야 할 것이다. 생태 사회는 대지가 갖는 모든 것을 감싸안고 '공정하게' 나눠 주는 것이다. 개인적 모성으로만 아니라 사회적 차원으로 확대시켜야 사회가 변화한다. 모성이 굉장히 중요하다." 그는 사회가 변하기 위해서는 개인적 차원에만 국한해 모성을 수행하기보다는 사회적 차원으로까지 확대시켜야 한다고 한다. 개인적 모성으로만 얘기하면 운동의 가치와 보편성이 없이 생물학적 성별 역할로 제한된다. 사례 7의 '사회적' 지적은 한국 여성 활동가들의 모성에 대한 인식의 성격 규명에 적지 않은 시사성을 준다.

이와같이 '여성적 원리'라는 성역할 분담적 개념 자체를 수용하지 않는 사례들(1, 13)의 경우도 모성의 역할에서 적극적인 의미를 보고 있다. 이와 동시에 모성이 가부장적 사회에 의해 구성된 측면은 경계하고(사례 8, 16) 있음을 볼 수 있었다. 그럼에도 불구하고, 이분법적 여성성이 내포하는 본질주의적 시각 자체를 거부하는 사례들(심층 면접 조사 대상 대부분의 사례들이 해당됨)에서도 교육 수준이나 연령대와 상관없이 모성을 지지해 앞뒤가 맞지 않는 것 같은 모습을 보여 주고 있다.

정리하자면, 모성과 관련된 사례들은 세 가지 유형으로 나뉜다. 첫째, 사례 3, 8, 10은 여성의 출산 역할을 중심으로 생명 담지자로서 여성의 모성적 역할을 적극적으로 수용하고 있다. 둘째, 사례 5, 18은 여성의 출산 역할과 도덕적 감성, 그에 따른 양육자 역할의 의미를 말하고 있다. 셋째, 사례 4, 6, 7, 13, 16은 모성에 대해 언급할 때 딱히 출산의 역할을 중심으로 말하지 않고 있다. 특히 사례 6의 경우는 그가 강한 여성주의자임에도 불구하고, 모성이 여성의 역할을 자녀 양육자 어머니로 고정한다는 문제 제기를 함께 하지 않고 있음을 주목할 필요가 있다. 그리고 사례 9와 14는 모성이라는 용어를 쓰지는 않았지만, 최근 남성들의 아이 보살피기 역할 수행의 경향을 말해 주는 앞 절의 자료도 '양육자'로서 남성의 모성적 역할 잠재성과 의무라는 여성 활동가들의 성차 인식의 한 부분을 이루고 있다. 이러한 셋째 유형은 양육의 경험에서 오는 양육자로서의 모성을 중시하고 있고, 그렇기 때문에 남성도 여성성, 여성적 원리를 가진다던 이 연구의 대부분의 사례들의 견해와 일치되게 모성적 역할 수행에 남성의 양육자로서의 역할을 포함하는 여성 활동가들의 인식을 자료들이 말해 주고 있다.

6. 맺는 말

현장 여성주의에서 여성의 삶과 자연의 관계에 대한 논의는 지역의 사회문화적 맥락에서 그 의미를 파악하는 것이 중요하다. 이는 하나의 동일한 논쟁점일

지라도 행위의 주체로서 여성이 위치하는 공간 및 맥락으로서 지역성과 지역 여성의 경험에 따라 다른 의미와 관계가 형성되기 때문이다. 이러한 맥락에서 볼 때 서구식 녹색 담론의 성격을 가진 생태여성론으로 한국이라는 지역의 여성주의적 현장성을 지식 체계로 재구성하는 데는 한계가 있을지도 모른다는 문제 의식에서 실시한 이 연구의 결과는 다음과 같다.

6.1 여성과 자연의 관계, 여성성, 여성적 원리, 그리고 모성에 대한 경험과 인식의 지역맥락성

여성과 자연의 결부가 여성의 해방을 가져올 것인가 아니면 여성의 종속에 정당성을 제공할 것인가 하는 서구 생태여성론자들의 주요 논쟁점(킹, 1996:175)과 관련해 한국 여성 활동가들의 자연과 관계맺기의 특징을 파악하고자 했다. 먼저 문헌연구 조사를 통해서 지역 전통 문화의 '생명이 주체다', '생명 감수성'과 같은 생명관을 확인했고, 그 다음 심층 면접 조사에 의해 수집한 자료를 중심으로 최근 한국 여성 활동가들의 경험과 의식에서 나타나는 자연과 관계맺기의 특성, 여성적 원리에 대한 견해, 그리고 그에 따르는 한국 여성 활동가들의 경험과 인식의 지역 맥락적 특수성을 파악했다.

심층 면접 조사를 통해 수집한 자료의 사례 분석에 의하면, 한국 여성의 자연과 관계맺기의 특징은 서구의 생태여성론이 말하는 자연이 여성과 닮았다는 인식과 달리, 여성 안에 내재하는 생명성을 자연으로 인식하고 있고, 자연과 내가 하나라는 인식, 자연과 여성이 모두 동질의 생명 공동체라는 인식이 나타난다. 그 다음, 심층 면접 조사를 통해 파악한 이러한 특징과 한국 전통 문화의 생명관과 관련성을 모색해 보았다. 문헌연구 조사의 자료들에 의하면, 전통의 생명관이 여성과 자연의 관계에 대해 주는 함의는 자연과 여성이 닮았다는 설정이 아니라, 살아 있는 주체로서 자연과 내가 하나라는 인식이다. "생명이 주체다"라는 인식은 여성이 자연과 닮았는가 아닌가라는 서구 생태여성론에서의 논쟁을 극복하고 있다.

그 다음, 일반적으로 서구의 생태여성론자들은 여성만이 본래적으로 보살핌의 윤리를 실천하게 하는 특질이 있다고 인식하는 반면, 한국의 경우 사례 대부분은 여성성, 여성적 원리라는 것이 반드시 여성의 특질인 것은 아니라고 강조하고 있었다. 다른 개체에 대한 존중, 보살핌이 여성적 원리다. 그래서 남성도 그러한 여성성을 원래부터 가지고 있다는 것이며, 사례에 따라서는 자본주의가 남성으로 하여금 돈 되는 것을 좇아가게 거칠게 내몰면서 그 여성성, 여성적 원리가 억압되거나 약화되고 도태되어 가고 있다는 인식을 가지고 있다.

일반적으로 여성적 원리가 성차별을 극복할 대응적 원리라는 입장을 견지하는 서구의 생태여성론자는 여성성과 남성성을 이분법적으로 대립시킨 후 여성적 원리가 억압적인 남성적 원리를 극복할 수 있는 대응적 원리라고 주장한다. 이들의 여성성과 여성적 원리에 대한 인식은 남성과 자연의 관계는 무관하다고 상정하며, 따라서 자연을 닮은 여성적 원리에서 여성이 보살핌의 노동을 하게 된다는 견해는 남성과 보살핌 활동 사이의 관계가 본질적으로 차단된 것으로 상정하는 것이다.

한국의 여성 활동가 경우는 대부분의 사례들이 기존의 성역할을 존속시키는 생물학적 이분법에 의한 여성성, 여성적 원리를 거부하고 여성만이 아니라 남성도 여성성, 여성적 원리를 가질 수 있다는 강한 입장을 견지하고 있다. 이러한 분석 결과는 이 연구의 대상 한국 여성 활동가들이 여성적 원리, 여성성을 여성적 몸의 경험에서 직접적으로 파생하는 것으로 설정하지 않고 있으며, 또한 여성성을 남성성이나 남성적 원리와 대응 원리로 설정하고 있지 않음을 보여 준다. 그러면서, 이들은 사회의 고정 관념이 지배하는 생물학적 여성으로 제한되기를 거부하고, 체화된 젠더를 거부하는 한편, 여성 개인의 주체성을 찾으면서, 몸의 생물학적 성차에 의한 이분법적일 수 있는 윤리성을 확실히 넘어서고 있음을 보여 준다. 이러한 사례들의 인식과 지역 전통의 맥락이 사례들의 '모성'에 대한 이해와 인식으로 점철되고 있다.

한국 전통의 생명 사상이 지금의 한국 여성 활동가들의 보살핌의 역할에 대한 인식과 어떠한 상관 관계를 이루는지는 심층 면접 조사 자료의 분석이 말해 주지는 않지만, 남성에게도 여성성이 있다는 실증적 자료들은 그러한 지역 맥락적 문화의 특수성이 서구 여성의 여성적 원리에 대해 서구와는 다른 한국 여성 활동가들의 특수한 입장에 영향을 주고 있을지도 모른다고 그 연관성을 유추해 보게 한다.

6.2 한국 여성 활동가들의 모성에 대한 인식과 함의

이들 한국 여성 활동가들의 모성에 대한 인식과 그 인식이 가지는 함의는 무엇인가? 성차별적으로 위계적인 남성성/여성성의 이원론에 바탕을 둔 성역할을 거부하는 여성주의자라면 모성은 아동 양육의 책임을 여성에게 전가하는 성역할의 배정이라고 문제 제기라도 할 법하다. 그런데 이 연구의 사례들은 의외로 교육 수준이나 연령대와 상관없이 모성 역할에 대해 거의 대부분 긍정하고 수용하고 있다. 이것은 한국 여성 활동가들의 여성성, 여성적 원리에 대한 견해에서 남녀가 본래적으로 차이 없이 똑같이 보살핌의 역할을 하게 되어 있다는 의식과 상치된다. 출산, 양육의 보살핌의 역할을 여성들이 주저없이 수용하는 것은 처음의 입장을 뒤집어, 몸 자체는 남녀 차이가 있다는 생물학적 접근을 택하는 것 같은 이 양면성의 내막은 무엇일까?

서구의 자연과 관계를 말하는 생태여성론자 중 메리 댈리(Mary Daly), 수전 그리핀(Susan Griffin), 애드리엔 리치(Adrienne Rich) 같은 급진주의적 문화주의 여성론자들은 여성적인 것의 복원을 지향하고 있다(브라이도티 외, 1995: 125). 리치 같은 여성주의자가 생물학적 모성에서 여성과 자연의 밀접한 관계를 찾을 경우, 그의 모성 강조는 남/녀 생물학적 차이에 의한 "본질적으로 이원론적인 기반" 위에 이루어진 것이며, 따라서 "이원론을 영속화"시킨다는 강한 비판을 받고 있다(머천트, 1996; 브라이도티 외, 1995:129). 이 연구의 자료에 의하면, 한국 여성 활동가들은 성역할 분담적인 여성적인 것의 복원을 강조하기보다는 모성적 역할에서 보살핌의 행위성을 보는 경향이 있다.

그러면, 한국의 여성 활동가들은 모성에 대해 어떤 가치를 보이며, 이들은 무엇에 의해서 배려하고 보살피는 재생산적 활동을 하게 된다고 인식하고 있는가?

첫째, 자료 분석에 의하면, 사례들이 말하는 모성의 내용 안에는 생물학적 성 차에 의한 출산의 역할을 근거로 하는 모성과, 아이를 키우는 양육자의 역할 경험 관련 모성이 있다. 사례들은 모성에서 보살핌의 윤리가 훨씬 강화되어 발현된다고 하는데, 특히 대부분의 사례들은 양육 과정에서 보살핌의 모성이 발현된다는 생각을 가지고 있다. 즉, 양육자와 비양육자의 경계를 생물학적으로만 나누고 있는 것이 아니라, 양육자 역할의 경험에 비중을 두고 있는 것으로 자료들이 말해 주고 있다. 대부분의 사례들에서 여성성이 육체적 경험에서 직접적으로 파생된 것이 아닌 것으로 인식하고 있는 분석 결과가 생물학적 성별 차이를 초월한 양육자의 경험을 배후에서 지지해 준다. 그들이 인식하고 있는 모성은 3건의 사례들이 출산에 비중을 두는 경우, 2건의 사례들이 출산 · 양육의 의미에 비중을, 7건의 사례들이 양육자의 역할로서 모성을 의미하고 있다는 사례들의 비율이 이것을 말해 준다. 양육자로서의 모성 역할은 반드시 여성에 속한 것은 아니다. 이는 남성도 생명에 대한 감수성으로 생물학적 출산의 역할을 넘어서서 양육자의 역할을 할 수 있다는 의미다.

둘째, 여성/남성의 이분법적으로 인간의 특질을 분리해서 보지 않음을 보여주는 심층 면접 조사의 자료 분석은 기존의 몸에 근거하는 이분법적 여성성을 부정하고, 생물학적 몸을 지나치게 강조하지 않으므로, 이들의 양육적 역할의 모성은 기존의 몸에 근거한 여성성의 연장이 아니면서, 동시에 그들의 '여성이 모성에 의해' 보살핌의 역할을 더 잘한다는 모성 강조는 실체로서 여성의 출산하는 몸을 완전히 부정하는 것도 아닌 이중 구조적 인식이다. 이는 몸의 실체를 부정하는 구성주의도 넘어서고 있는 것이다.

셋째, 그러나 이러한 한국 여성 활동가들의 여성성에 대한 이중 구조적 인식은 "반이원론적인 입장에서 본다면 본질주의와 존재론이 생물학적 결정주의와 동일한 것은 아니다."(킹, 1996:183)라는 서구 생태여성론에 대한 킹의 정리와 맥락적 차이를 가진다. 한국의 여성 활동가 사례들에서 생물학적 귀결의 본질주의를 수용하지 않고, 다시 역설적으로 성 차이를 받아들이는 것 같은 모성 중시의 속 내용은 기존의 이분법적 여성성을 재강화하지 않으면서, 생물학적 출산 역할의 성별 경계를 해체하고, 경험적 존재 차원에서 남성까지도 포함하는 양육자의 역할을 부각시키는 의미를 가지고 있다.

끝으로, 여성 활동가들의 모성 강조는 사회적 역할 수행의 성격을 함의하고 있다. 여성 활동가들이 말하는 모성은 여성은 없고 모성만 존재하거나, 여성이 모성을 위한 도구로서만 존재하는 모성이 아니다. 이들의 모성은 여성성이 지역 특수성의 목소리를 가지고 변형하면서, 여성 주체가 체현된 '해방적 모성'으로 재구성되어 사회와 세상을 향해 확장되어 나아가고 있다. 이러한 맥락에서, 이들의 사회적 활동은 남성도 여성성을 가지고 있다고 그들이 강조한 생물학적 차이의 극복 기반 위에, 행위자 여성 주체의 역사적 · 사회적 보살핌이 체화되어 해방적 모성으로 지역 맥락화함으로써 나타나는 것으로 보인다.

V 조선족 목욕관리사 여성의 몸일 경험과 여성성의 변화 가능성*

변혜정(이화여자대학교 한국여성연구원)

1. 들어가는 말

1.1 문제 제기와 연구 목적

전 지구적 자본주의 체제에서의 이주는 당연하게 여겨 왔던, 때로는 불변할 것 같은 정치경제 영역을 재조직화하고 성별 분석 범주들을 불안정하게 만들고 있다. 이는 지구적 노동 이주의 현상에서 두드러진 특징인 '이주의 여성화(feminization of migration)'와 관련 있다.[1] 대다수 나라들에서 외국인 노동자

---

* 『여성학논집』(2007), 제24집 1호에 실린 글을 다듬어 재수록했음. 필자가 이 연구를 시작할 수 있도록 조선족 여성의 현황을 이해하도록 도움을 준 김애령과 조선족 학자인 김화선, 이해응의 생생한 경험 이야기에 감사드린다.

1 1980년대 이래로 한국은 근접한 아시아의 국가로부터 많은 이주 노동자들이 유입되었다. 1990년에는 그 수는 20,000명 이하였으나 2002년에는 340,000명으로 치솟았다. 이혜경(2004)은 한국의 이주 노동자는 다른 동아시아의 이주 수입국과는 달리 그다지 여성화 경향을 보이고 있지 않다고 주장한다. 한국에서 여성 이주 노동자는 보통 총 이주 노동자의 30~35%에 달하는데 아시아에서 여성 이주 노동자의 유입을 증가시킨 주된 직종인 가사 노동이 한국에서는 그다지 많지 않은 이유가 가부장적 이데올로기와 관습을 지키기 위함이라고 분석한다. 홍콩, 대만, 싱가포르와 달리 노동 시장 참여자가 낮으며 경력을 쌓지 못하고 비정규직으로 일하는 한국의 가정들은 가사 노동을 필요로 하지 않으며 그 대신 엔터테이너에 대

가운데 40~50%는 여성이다. 또한 여성들은 남성들과는 다른 방식으로 이주한다(Castles & Miller, 1999; Ehrenreich & Hochschild, 2002). 예를 들어 한국에서의 국제 이주는 남성들은 대부분 노동자의 신분으로 유입되어 생산직과 건설 현장에 유입되는 반면, 여성들은 노동자와 결혼 비자를 통해 생산직, 음식점, 유흥업소, 가사 도우미 등 여성화된 직종에 유입된다. 여성의 재생산 노동을 대신하는 서비스 노동 시장의 급속한 성장은 이주가 여성화되는 경제적 맥락을 설명할 수 있다(Parrenas, 2007). 따라서 한국에 오는 여성 이주는 글로벌 생산 체계, 글로벌 자본, 송출국과 수용국 양쪽의 노동 수요와 공급, 국가 간의 경제적 불평등, 그리고 가부장제와 성별 정치학과 연결해서 분석(Sassen, 2002)해야 한다. 즉 수용국에서의 이주 여성의 지위뿐 아니라 그들이 떠나온 송출국과의 관계를 포함해서 논의할 때 이주 여성의 경험들이 더 잘 분석될 수 있다(김은실 · 민가영, 2006).

이러한 맥락에서 한국으로의 이주 경험을 여성들의 주체적인 선택이나 삶의 전략의 하나로서 분석하는 연구들이 나오고 있다(이수자, 2004; 윤형숙, 2005; 김현미, 2005; 이해응, 2005; 김정선, 2006).[2] 부정적인 이주 경험이 이주 여성들을 위협할지라도 이들 여성의 경험을 전적으로 규정하는 것은 아니기 때문이다. 그녀들은 본국에 송금할 수 있는 능력을 가진 노동자, 생계 책임자로서 기존의 성별 역할을 변화시킬 수 있는 적극적인 행위자로서 생계 부양자의 배우자, 절대적인 어머니 역할의 변화를 수용하고 있다. 그러나 이상의 연구에서는 이주 경험을 통한 성별 분업의 변화나 생존의 구체적인 존재 조건 아래에서 협상하며 자신의 삶을 개선하고자 끊임없이 시도하는 행위자 개인에 대해서는 지적하고 있으나, '여성으로서'의 미시적인 정체성의 변화에 대해서는 이야기하지 않는다.

한 수요가 많다고 분석하고 있다.

2 김정선(2006)은 필리핀 결혼 이민자의 공동체 형성의 가능성을 통해, 김은실 · 민가영(2006)은 한국의 소비 문화, 교환 가치를 창출했던 조선족 사회로 귀환한 이주 여성들의 노동 경험에 의거해 지역 가부장적 담론이 변화되기도 한다고 주장한다.

중국 조선족 여성의 경우 1) 국가 귀속성과 민족성에서 이중적 정체성을 보유하고 있을 뿐 아니라 2) 성별 측면에서도 사회주의 사회에서 여성의 경제 활동 참여라는 적극적인 경험과 더불어 전통적 유교 사회의 가부장제 전통에서 각인된 '여성 역할'의 내면화가 충돌하는 이중적 성별 정체성을 보인다는 지점에서 변화하는 정체성 연구(이주영, 2005; 이해응, 2005; 김은실 · 민가영, 2006)가 진행되었다. 그러나 여성으로서의 미세한 감정, 몸 체험, 섹슈얼리티 등의 실천이나 규범에 대한 여성성 연구는 부재하다. 이는 이주를 가능하게 하는 구조적인 조건이 되는 민족/국가 정체성을 큰 차이로 글로벌 경제 체제에서 이주 경험을 설명하거나 여성 역할을 중심으로 성별 정체성의 변화를 설명했기 때문이다. 특히 성별 관계에서의 변화하는 어머니, 아내 역할이나 경제적 주체로의 등장을 중심으로 설명할 뿐 여성들 간의 문화적 · 심리적 · 성적 차이에 대해서는 주요하게 분석하지 않았다.

그러나 이주 경험의 다양성, 특히 이주 이후 그녀들의 '노동 경험'이 어떠한지에 따라 그녀들의 정체성은 더욱 복잡할 수 있다. 성별 역할 이상의 국가/민족, 연령, 결혼 여부, 섹슈얼리티, 개인의 역사 등에 따라 노동 경험을 협상하는, '여성으로서의 자기 위치성'에 대한 인식은 다양할 수 있다. 특히 여성성은 한계적 상황에서 살고 있는 행위자의 적극적인 선택과 협상을 통해 지속적으로 구성되는 과정 중의 산물이다. 어떤 상황에서 자신이 누구인가, 특히 여성으로서 어떻게 사는가 등의 자신을 해석하는 방식, 그리고 그 내용은 자신을 둘러싼 다양한 권력과의 협상으로 다중적으로 변화한다(Hekmann, 1999). 그렇다면 이주 여성들의 '여성'으로서의 자기 인식이나 실천은 어떠한가? 돈을 벌 수 있는 경제적 주체로서 그리고 어머니, 아내, 며느리, 딸 등의 가족 관계를 통해 규정되는 정체성과 분리할 수는 없겠지만, 독립적인 주체인 한 '여성'으로서 남성과 달리 어떤 전망을 가지고 있는지, 누구와 살 것인지에서부터 자신의 몸, 감정 등에 대해 어떤 실천을 하고 있는가? 이주 이후 여성들의 일상과 일의 영역에서의 갈등, 선택, 모순, 긴장 등이 (남성과 다른) 그녀들의 감정, 관계맺기 등에 대한 인식과 행위 등에 어떻게 영향을 미치는지에 대한 질문이다.

이러한 문제 의식에서 이 연구는 특히 국경을 넘나드는 여성들의 이주 경험 중에서도 한국에서의 '몸일을 통한 노동 경험'이 조선족 여성들의 여성으로의 변화에 어떠한 흔적을 남기는지, 그래서 여성들의 자기 의식과 미래 전망에 어떠한 영향을 미치는지를 살피고자 한다. 소비 자본주의로의 변화가 빠른 남한 사회로의 이주 이후 노동 경험이 남한 사회의 미시적인 '여성성'(이영자, 2006; 임인숙, 2006; 임옥희, 2006)과 경합해 연구 참여자들의 여성성에 어떠한 변화의 가능성을 갖는지를 분석한다. 특히 몸일 경험을 통해 모국과 수용국의 다양한 여성 역할 이상의 몸가꾸기와 아름다움 등에 대한 여성에 대한 특정 문화적인 담론들이 어떻게 경합되어 연구 참여자의 정체성 구성에 영향을 미치는지에 대한 분석은 이주 이후 노동 경험과 미시적인 여성성의 변화를 분석하는 데 기초 연구가 될 것이다.

이러한 연구 관심에서 연구 문제는 다음과 같다.

첫째, 조선족 여성들의 이주 경험을 둘러싼 개인적 맥락들과 삶의 지향들을 분석한다. 귀국 또는 남아 있음 등의 앞으로의 삶의 전망에 대한 섬세한 계획과 어려움 등을 분석한다. 이는 여성들의 이주 경험을 둘러싼 개인적 맥락들을 이해하는 데 도움이 될 것이다. 또한 많은 일들 중에서 이번의 연구 주제인 몸일을 선택하게 되는 배경을 분석할 수 있다.

둘째, 한국에서의 일의 경험, 특히 몸일(body work) 경험의 구체적인 내용과 여성으로서의 자기 인식과의 관계성을 분석한다. 몸일을 둘러싼 감정 서비스, 기술의 축적, 아름다움과 여성성에 대한 미시적인 실천을 중심으로 몸가꾸기를 포함한 여성성의 변화 가능성을 분석한다.

1.2 연구 방법과 연구 참여자

남한으로 이주, 또는 남한과 중국을 왕래하는 중국 조선족 여성들은 다른 외국인 이주 여성들과 달리 고른 연령대에 분포되어 있으며 혼인[3]을 한 상태의, 비교적 나이가 많은 여성들이 다수 포함되어 있다. 특히 한국에 체류하고 있는 중국 조선족 여성의 수는 중국 조선족 남성의 수보다 다소 많다.[4] 그들이 하는 일은 음식점 도우미(서빙, 주방 보조), 가사 도우미 등으로 다른 외국인 여성과는 달리 '한민족'이고 같은 언어를 사용한다는 사실로 한국 여성들이 하는 일을 대치하게 된다. 모국과는 달리 한국에서 돈을 받는 '지불된 일(paid work)'을 한다는 사실이 평소 하는 유사한 일을 함에도 이주 여성 노동자로서의 협상의 가능성을 가르쳐 준다(이주영, 2005).

그러나 가사 도우미라는 노동 경험은 여성으로서의 몸과 감정 등을 중심으로 한 자기 인식 과정이 잘 보이지 않았다. 감정 노동을 해야 하는 몸일이지만 중국에서도 '언제나 하는 일'이기 때문인지 여성으로서의 인식 변화의 차이가 잘 드러나지 않았다.[5] 오히려 여성이면 당연하게 하는 가사 노동보다 그들이 평소에 하지 않은 '몸에 대한 폭넓은 경험'이 여성으로서의 정체성의 구성 – 여성으로서 산다는 것, 여성이 누구이며, 자신이 누구인가 등 – 이 더 잘 분석될 수 있다고 전제했다. (현재 위치에서의 여성으로서의) 정체성은 새롭게 만나는 이주 경험(이주의 결정, 준비, 실행, 효과 등)뿐 아니라 수용국에서의 일의 특성에 따른 협상 과정, 일터 이외의 일상에서의 수용국과 모국과의 경험의 차이를 통해 상호 교차적으로 구성되기 때문이다. 이러한 맥락에서 몸일을 하는 목욕관리사의 노동 경험과 여성성의 관계를 분석하기로 결정했다.

먼저 사전 조사를 위해 한국 목욕관리사 여성들을 만났으며 목욕관리사 일을 교육하는 ○○훈련원을 통해 한국 사회에서 목욕관리사를 문화 상품으로 소개한다는 것을 알았다. 한국 사회의 경우, 목욕탕에서 운영하는 목욕 관리 자리

3 '혼인'을 통한 중국 조선족 여성의 이주는 양측의 이해가 만나는 지점에서 성립, 확산되었다. 한국의 혼인 시장 내에서 경쟁력이 없는 남성들(경제력, 학력, 나이 등에서)이 조선족 여성을 적합한 혼인 상대자로 생각하기 시작했다. 반면 중국 조선족 여성의 입장에서 혼인은 안전하고 유리한 방식으로 남한에 이주할 수 있는 근거이며, 중국 내 다른 가족들을 초청할 수 있는 자원을 마련하는 방식이다(홍기혜, 2000).

4 2003년 법무부 자료에 의하면, 장 · 단기 체류 외국인 중 한국계 중국인의 수는 132,305명이다. 이 중 남성은 60,542명이며, 여성은 71,763명이다. 이들 중 남성보다 여성이 더 많은 체류 자격은 '국민 배우자(F-2-1)'로 17,044명이다(법무부, 2003).

5 가사 도우미 여성들과의 면접에서 많이 언급된 이야기들은 돈 버는 재미나 중국과 다른 가사 경험, 주인 아주머니의 역할이나 태도 등이었다. 그 경험과 여성으로서의 변화 관련성에 대해서는 잘 언급되지 않았다.

(shop)는 지역마다 다르지만 서울의 경우 전세 5천만 원 정도(자리가 좋은 강남 역세권의 경우 상상할 수 없을 정도의 프리미엄이 추가된다) 내지는 1천에 50만 원 정도의 월세를 형성하며, 목욕탕 주인과 친분 관계가 있는 사람이 운영하는 경우가 많다고 한다. 한 달 정도를 때밀이와 경락, 오일 마사지 등을 훈련(1백만 원의 교육비를 내고 하루에 3시간에서 5시간 교육받는 4주 코스)받으면 쉽게 목욕관리사로 취업한다. 그러나 초기 소개에서 정착하기보다 기술과 경험, 임금에 따라 일자리를 찾으며 돌아다닌다고 한다. '최선을 다해' 한 곳에서 일하면 월 2백만 원 이상을 벌 수 있으므로 중요한 것은 단골을 잡는 것이며, 이는 기술, 경험뿐만 아니라 고객과의 신뢰 형성으로 가능하다.

그러나 목욕관리사로 일하는 조선족 여성을 만나는 것은 생각만큼 쉽지 않았다. 연구자와 친분이 있는 연변에서 온 여성들에게 혹시 "목욕관리사 일을 하는 사람 아느냐"고 물으면 "있기는 한데……" 하면서 어려워했다. 혹 소개해 주려고 해도 결국 연락이 닿지 않거나 면접하는 것을 원하지 않는다고 하여 소개받지 못했다. 결국 연구자가 잘 다니던 목욕탕 주인의 소개로 목욕관리사로 일하는 조선족 여성과 그 여성의 친구, 그리고 가사 도우미 · 목욕관리사를 하면서 한국 남성과 결혼한 여성, 그 친구 등을 소개받으면서 몇 명을 더 만날 수 있었다.

찻집에서 만났지만 너무 피곤해하는 것 같아 그들이 일하는 목욕탕에서 때를 미는 서비스를 받으면서 그들과 라포(rapport)를 형성했다. 나중엔 때를 밀지 않고 때를 밀고 마사지하는 시간(약 90분에서 120분)을 활용해 마사지 비용을 내고 이야기를 들을 수 있었다. 일을 하지 않는 날 만나자고 했더니 그 날은 자신들에게 너무도 중요하기 때문에 만날 수 없다고 했다. 24시간 근무 체계로 새벽 5시가 교대 시간이기 때문에 집에 가서 잠을 자고 오후 12시 넘어 일어나서 밥 먹고 집안일 하고 좀 자다 보면 하루가 가기 때문에 아주 중요한 약속이 없으면 오프(off) 날은 집에서 쉬고 싶다고 했다. 120분 안에 연구자가 묻고 싶은 것을 제대로 묻지 못하면 자신들이 일하는 사이사이 묻고 싶은 것을 물으라고 했다(그러나 이것은 거의 불가능했다. 다른 고객에게 피해를 주는 일이며 그들을 관리하는 것처럼 보이는 한국인 팀장의 눈치가 보이기 때문이다). 가사 도우미, 식당에서 일하고 있는 여성들과 달리 목욕관리사는 24시간 일하고 24시간 쉬는 일의 특성과 일의 구조 자체로 인해 자유롭다고 알려져 있지만 '건강 마사지사' 그리고 '한국 목욕관리사'와의 위계 구조, 그들과의 인맥, 그리고 일의 특성상 단골을 잡기 위해 한국 여성을 잘 알아야 한다는 점에서 여러 어려움이 있었다. 특히 목욕탕 한 구석에서 벗고 때밀이, 전신 마사지가 일이라는 이미지는 자신의 일에 대한 자부심을 갖는 것을 어렵게 하기도 했다.

연구자는 한국에서 만난 연구 참여자들과 친해지기는 했지만 면접 장소의 제한성 때문인지 그녀들이 '긍정적'인 이야기만 한다고 판단했다. 결국 2006년 1월 연변을 방문해 두 곳의 목욕탕에서 일하는 여성들을 만났다. 오히려 그곳에서 한국에 이주했다가 다시 돌아간 여성들을 만남으로써 많은 이야기를 들을 수 있었다. 일단 연변 목욕탕에서도 때미는 서비스를 받음으로써 친해질 수 있었고, 그 이후 비구조화된 질문지로 이주 경험, 목욕관리사 경험과 '여성성'의 구성 과정에 대한 면접을 했다. 연구 참여자와의 이야기는 다음의 5단계로 느슨하게 구분해 진행되었다.

1. 이제까지 어떻게 살아오셨는지 이야기해 주세요.

2. 현재 어떤 일을 하고 있는지, 왜 그 일을 선택했는지, 그 일의 어려움은 무엇인가요? (일의 성격, 전망, 어려움)

3. 그 일이 여성인 당신에게 어떤 영향을 미쳤나요? 여성으로서 그 일이 어떤가요? (일의 성별성/감정 노동의 다양성, 여성성의 의미와 변화 가능성)

4. 일반적으로 느끼는 연변 여성과 한국 여성을 비교해 주세요.

5. 앞으로의 삶의 계획과 미래의 전망에 대해서 이야기해 주세요.

또한 조선족 여성들의 경험을 그들의 '활동', '행위'의 역동성이라는 관점에서 파악하기 위해, 자기 서사(self-narrative)를 분석하는 방법을 사용했다. 정체성 연구에서 '몸의 언어'까지 포함한 '자기 서사' 방법론이 옹호되는 이유는,

개인의 정체성이 자기 구성의 힘을 통해서 확인되는 '서술적 정체성(narrative identity)'이기 때문이다(리쾨르, 2004). 자기 서사는 활동의 주체인 개인이 자신의 경험을 스스로 어떻게 해석하고 있는지를 볼 수 있다. 자기 경험에 대한 현재 시점에서의 서사는 현재의 조건과 관심에서 자신의 과거 경험을 해석하고, 또 미래의 전망을 수립하는 것을 의미한다. 이는 그 개인 경험의 소위 사실적이고 객관적인 확인을 의미하는 것이 아니라, 현재를 축으로 과거와 미래를 통합해 자기 자신을 구성하는 이야기다. 특히 연구 참여자들의 이야기들은 몸을 매개로 한 육체적인 소통의 과정(Krucks, 1999)을 언어화한 것이다. 때를 밀고 마사지를 하면서 아프고, 기분 좋고, 시원하고 등의 표현은 말로 하는 것이 아니라 여러 행위를 통해 저절로 알게 된다는 점에서 목욕관리사와 고객은 친밀한 관계를 맺게 된다. 한국 여성들의 선호가 체화된 몸-인간(mindful body)의 조건은 목욕관리사로 일할 수 있는 토대가 된다. 또한 개인의 생애사적 체험은 음성언어로써만이 아니라 항상 현존하는 육체 언어를 통해 표현된다. 연구 참여자들의 자기 서사는 특정한 맥락에서의 경험에 대한 현재적 위치에서의 해석이므로 이 연구는 연구 참여자들의 이야기와 함께 얼굴 표정, 행동의 변화, 다양한 표현 등의 맥락도 이해하려고 했다.

다음은 한국에서 만난 4명과 연변에서 만난 4명의 연구 참여자의 특성을 간략하게 표로 구성한 것이다. 몸일의 맥락을 이해하기 위해 30대 후반, 40대 초반의 한국 목욕관리사 2명, 목욕탕 주인 1명, 가사 도우미 40대 후반 연변 여성 2명 면접을 참고했으나 인용시에 보조 사례임을 밝히는 것으로 아래 표에서는 생략했다.

〈표 2〉 연구 참여자 명단

성명	나이	혼인 여부	가족 관계	이주 경험 체류 자격	해온 일	민족/국가	미래 전망	여성 인식*
김금자	46세	결혼	아들(한국) 2	1996년 이주	식당업–목욕관리사–스포츠마사지업(목욕탕 개원)	결혼으로 한국인됨.	한국에서 중국 가족들과 같이 살고 싶음.	티비드라마 여자처럼 잘살고 싶다. 한국이 더 낫다.
박봉림	38세	별거/한국 남자와 연애	이야기하고 싶지 않음.	2003년 이주 (현재 불법 체류자)	가사노동서비스업–목욕관리사	중국인	중국에서 목욕탕을 운영하고 싶음.	중국에서는 여성이라는 것을 느끼지 않는다.
이미라	30세	미혼	연변에 가족 있음.	2005년 이주	유흥업–목욕관리사	중국인	한국인과 결혼하고 싶음.	한국 여성처럼 예뻐지고 싶다.
구해승	36세	기혼	연변에 남편, 아들 1	2005년 이주	식당 종사–목욕관리사	중국인	많이 돈벌어서 빨리 중국에서 가족과 함께 살고 싶음.	한국 여성들과 나는 다르다 마사지는 일일 뿐이다.
김금희	41세	기혼	아들(쌍둥이), 남편(당뇨병), (시어머니와 함께 살고 있음.)	2000~2003년 한국에 머물다가 남편 때문에 돌아옴. 다시 한국행 알아보고 있음.	농사일–목욕관리사 6년째 하고 있음.	중국인	한국에 가서 돈 다시 벌고 싶은데 아픈 남편 때문에 갈 수 없음.	여자들은 역시 예뻐야 한다. 부럽다.
이선화	46세	기혼	아들 1	정확히 기억하지 못함(가족 초청 비자로 눌러앉음–귀환). 다시 한국행 알아보고 있음.	35세부터 목욕관리사 5년–이후 보관업 종사	중국인	47세까지만 이 일을 할 예정이며, 한국에서 입주 가정부를 원함.	한국 여성들이 좋아 보인다. 여자들이 예쁘면 일이 잘 풀린다.

성명	나이	혼인 여부	가족 관계	이주 경험 체류 자격	해온 일	민족/국가	미래 전망	여성 인식*
이련숙	38세	기혼	아들 1	1998년~2002년(취업비자 한국에 갔다 옴) 다시 나가기를 희망함.	농사일-목욕관리사 일을 배움-호텔 여종업원-목욕관리사	중국인	고도의 기술을 익혀 한국에서 더 많은 돈을 벌기를 희망	여자, 남자 같이 일하고 돈벌지만 남자와는 다르다.
박향춘**	46세	기혼	아들 2 딸 1	비자 사기로 한국에 못 나감.	농사일-(중국 내) 한국식당서비스업-목욕관리사	중국인	빨리 법이 바뀌어 한국에 가고 싶다.	여자는 여자답게 살아야 한다.

* 이 연구에서 여성 인식이란 여성이 누구인가, 어떻게 생각하는가에 대한 생각을 질문한 것이다. 너무 당연한 질문으로 생각해서인지 많은 대답을 끌어내지는 못했으나 노동 경험을 말하는 과정에서 추측할 수 있었다.

** 박향춘은 이주 경험이 없음. 한국에 나가기 위한 모든 준비를 했지만 비자 사기로 결국 못 나감.

2. 지구화, 몸일, 정체성의 구성

2.1 초국적 이주, 그리고 민족/국가/여성 정체성

한 개인의 정체성을 구성하는 축은 여러 가지다. 1) 구조적으로는 국가 귀속성(국적), 민족/인종, 계급, 성별, 섹슈얼리티 등이 그 축이 되며, 2) 실존적으로는 연령, 가족 관계, 건강 등 개인의 역사가 다른 축이 되며, 3) 현실적인 조건들과 그 조건들에 협상하는 과정중인 주체의 선택, 결정, 책임 등이 또 다른 한 축이 된다(Weeks, 1995; Yuval, 1997; Hekmann, 1999). 특히 4) 전 지구화 시대의 이주 경험은 초국가적 정체성(Yuval, 2006)을 구성한다. 지구화의 현실에서 이주를 실천하는 각 개인들의 정체성은 그렇지 않은 여성들과 다르게 구성될 수 있다. 이는 정체성이 고정적이지 않다는 것을 의미한다.

지구화의 현실에서 노동자의 이주는 이전 시대의 이주와는 달리 '정주(定住)'를 목적으로 하는 '이민'이 아니다. 이들은 더 나은 임금, 노동 조건을 향해 또 다른 중심부 국가로 이동할 수도 있고, 일정한 목적이 달성되면 본국으로 귀환할 수도 있으며, 또 다른 조건에서 다시금 국경을 넘을 수도 있다. 이주를 통해 만들어지는 '이익'은 '비교 차이'를 통한 이익이다. 중심부 국가에서의 돈벌이가 그 사회에서는 낮은 수준의 생활밖에는 보장할 수 없지만, 모국에서는 좀 더 여유 있는 삶을 가능하게 하기 때문에 이들은 움직인다. 상대적으로 높은 임금의 의미는 그 국가 간의 '차이'에서 보장된다. 그렇기 때문에 이들의 이주는 잠정적이며, 이들이 기대하는 체류 기간도 이러한 개인의 목적에 종속된다.

따라서 국가의 경계를 넘는 이주 경험이 구성하는 정체성은 1) 모국과의 관계에서 또한 2) 수용국과의 관계에서의 이중의 경계성(liminality)을 특징으로 한다. 모국을 떠나 낯선 한국 사회로 온 여성들은 어떤 의미에서 두 사회 어디에도 완전히 통합되거나 완전한 귀속감을 가질 수 없는 경계적 공간에서 살아가지만, 한국 사회에 깊게 내재된 동화의 논리는 이러한 귀속(belonging)의 불확실성을 허용하지 않는다(Yuval, 2006; 김정선, 2006). 이것은 돈을 벌기 위해서[6] 이주한 이주 노동자들이 '불법 체류자'가 되는 맥락[7]을 설명할 수 있게 한다. 이주자들은 현재 거주하고 있는 사회와 맺는 관계만큼이나 떠나온 모국과도 긴밀한 연관[8]을 만들어 내고 지속시키고 있다(Parnwell, 2005: 김정선, 2006에서 재인용). 이러한 이중의 경계성을 특징으로 하면서 이주 여성들의 정체성은 구성된다.

특히 남한 사회 내의 이주 노동자 중에서도 중국 조선족은 특수한 집단으로 분류된다. 다른 이주민들과는 달리 이들은 '재외 동포'라는 특수성을 가지고 있기 때문에, 이주민 자신의 의식과 경험뿐 아니라, 이들을 대하는 남한 사회의 태도도 다른 외국인 노동자를 대하는 태도와는 다르다. 같은 언어와 비슷한 생김새를 가졌다는 이유에서 중국 사람이라는 인식을 잘 하지 않는다. 양쪽 모두 필요에 따라 때로는 '동족'이라는 동질성을, 때로는 '외국인'이라는 이질성을 강조한다.[9]

그럼에도 남한 사회가 이들을 유인하는 동인은 남한의 경제적 풍요로움이기도 하지만, '동족성'에 근거한 친근성, 언어적 동질성[10]으로 인한 접근 가능성이

---

6 1995년 한 조사에 따르면, 조사 대상자 392명 중 69.2%가 "돈을 벌기 위해" 해외 취업을 선택했다고 말한다(설동훈, 2000).

7 본국에서의 교육 수준과 사회적 자본의 차원에서 볼 때, 잠정적인 해외 취업 상황에서의 단순 생산직 노동자로서의 생활은 '일시적이고 지나가는' 생애사의 단면일 수 있다. 생산직 노동의 힘겨움, 장시간 노동, 열악한 생활 조건 등은 이 '일시적이고 잠정적'이라는 사실에 의해 감수된다. 그렇기 때문에 한 작업 현장에서 문제가 발생하거나, 임금 체불과 같은 불합리한 상황에 처하게 되면, 이들은 '작업장을 바꾸는 방식으로' 사태를 해결한다. 이들이 '불법 체류자'가 되는 것은 법적으로 불리한 지위에 있기 때문이기도 하지만, 다른 한편 그것은 그들의 해외 취업의 목적에 가장 부합하는 방식의 협상이다.

8 이주자들은 수용국과 모국 모두를 자신의 삶의 준거로 하며 트랜스 로컬(trans-local) 방식으로 삶을 살아간다. 그들은 유입국에 정착하는 동안에도 가족에게 편지를 쓰고 송금을 하고 방문을 하면서 모국과의 연결성을 유지한다. 그들은 신체적으로는 '저기'에 있지만 본국의 가족의 의사 결정에 영향을 미치며 모국에 정치적으로 충성하고 개입한다. 이는 커뮤니케이션 기술과 교통 수단의 발달로 가능하다. 모국과의 초국적인 연결망에서 이주자 공동체가 주요 역할을 하기도 한다(김정선, 2006).

9 1983년 처음으로 중국 조선족 61명이 한국을 방문한 이래, 1992년까지 정부는 중국 조선족이 '동포'라는 점을 고려해 입국·체류에 여러 가지 특혜를 제공했으나, 그들의 대부분이 미등록 노동자로 잔류하는 경향이 증대하면서, 여느 외국인 노동자와 마찬가지로 입국 규제를 강화하기 시작했다(설동훈, 2000).

10 중국 조선족의 '조선어'는 남한 사회의 '한국어'와 같은 언어이면서도 차이가 있다. 완전히 같지는 않은 언어를 사용한다는 사실은 남한 사회 내에서 이들을 구별하게 한다. '연변 사투리'는 낮은 사회 자본의 표상이 되기도 한다. 중국 조선족들의 남한 사회 적응 노력의 하나는 '남한 말'을 익히는 것이다(부르디외, 『구별짓기: 문화와 취향의 사회학』, 1995, 새물결 참조).

기도 하다(설동훈, 2000). 이러한 의미에서 중국 조선족 이주 노동자들은 남한 사회 내에서 다른 외국인 노동자와는 다른 자원으로 남한 사회에서 이들의 지위가 다른 외국인 노동자보다 유리하게 되는 것은 사실이지만, 다른 한편 이것은 중국 조선족의 '동족에 대한 기대'에 부딪치게 되면 더 큰 실망과 좌절로 작용하기도 한다. '동족'임에도 불구하고 차별적 지위와 홀대를 당한다는 사실이 '같은 민족'임에도 불구하고 '외국인', 그것도 가난한 나라에서 온 외국인으로 취급당한다는 사실이 어려운 조건과 상황에서도 민족 의식과 정체성, 문화와 언어를 지키기 위해 노력해 온 자신들에게 '부당한 대우'라고 인식하며, 이것이 곧 정부 또는 사회를 향한 존재 주장의 근거다.

특히 경제 활동에의 적극적인 참여가 여성들의 자립심과 성취욕의 확산을 가져온다는 적극적인 평가는 전통적인 '여성 역할'에 대한 중국 조선족 공동체의 우려와 대립하기도 한다. '이주하는 여성들'에 대한 중국 조선족 사회의 평가는 전통적인 여성상이나 여성 역할을 방기하는 '공동체 파괴의 주범'이라는 인식이다. 경제적인 욕구의 실현이 이혼율 상승, 자녀 교육의 방기 등으로 연결된다는 우려는 이주를 통한 가족 관계의 재편성 과정에서 발생하는 문제들에 대한 책임을 '여성'에게 부과하는 가부장적 전통 의식의 반영이다. 더 나아가 '민족 공동체의 존립 위기'에 대한 책임을 경제 활동에 참여하는, 이주를 감행하는 여성들에게 부과하는 위기 담론도 발견된다(김은실 · 민가영, 2006). 이러한 담론이 존재하는 현실에서 여성 이주와 남성 이주의 의미는 다르다. 그럼에도 수용국에서 남성보다 여성의 이주를 더 원하는 것은 모국의 성별 역할의 변화를 가져올 수밖에 없다.

2.2 몸일, 감정 노동, 여성들 간의 차이

일이란 자신이나 타인에게 가치 있는 재화와 용역을 창출해야 하는 활동으로 사회적 서비스뿐 아니라 가족이나 공동체를 위한 활동을 포함한다(강이수 · 신경아, 2005). 여기서 노동이라기보다 일(work)이라는 개념어를 쓰는 이유는 기존 노동 개념이 여성들이 하는 수많은 활동 등을 표현할 수 없었다는 한계 때문이다. 특히 몸일(body work)이란 노동자의 몸을 활용해 타인의 몸의 돌봄, 치장(adornment), 쾌락, 훈육 등을 포함한 지불된 일(paid work)이다(Wolkowitz, 2002).[11]

물론 모든 일들은 몸을 통하기 때문에 몸일이 아닌 일은 있을 수 없다. 그럼에도 몸일은 그 일을 하는 주체의 상대방의 몸에 대한 광범위한 활동이라는 의미가 강조된다. 특히 '몸'이라는 수식어는 상호 접촉, 친밀성, 보살핌 등의 상호적인 감정의 지향, 성애화(sexualized)된 쾌락, 그리고 아름다움 등의 심미적인 요소를 연상시킨다. 따라서 이 글에서는 신체적/사회적/심미적 몸(social body/mindful body)으로 하는 일이라는 것을 강조하기 위해 목욕관리사 일을 '몸일'이라고 명명한다. 타인의 몸을 치장하고, 돌보고, 동시에 쾌락을 주는 일이라는 것이다. 성별화된 노동(박홍주, 2000)으로 명명하기에는 이상의 몸일의 특성이 보이지 않으며, 성애화된 노동으로 명명하기에도 여성이 여성에게 하는 서비스이기 때문에 (한국 사회에서는) 적합하지 않다. 또한 몸일은 단순한 기술 습득으로 가능하지 않다. 몸일은 사회적인 의미망 안에서 작동하기 때문에 몸일에 대한 사회적 특성을 체화해야 돈을 잘 벌 수 있다. 어떤 일을 잘하기 위해서는 그 일의 특성을 잘 분석해서 자신의 것으로 만들어야 한다. 이러한 이유에서 이 연구에서의 '몸'일은 몸을 통해서 하는 모든 활동 중에서도 친밀성, 보살핌, 쾌락 등의 상호 감정 교류뿐만 아니라 고객에게 아름다움을 만들어 준다는 의미에서 일정 부분 여성성의 구성에 영향을 미칠 것이라고 가정한다.

목욕관리사의 경우, 1) 때밀이와 2) 마사지로 나뉜다. 때를 미는 경우 전문적인 기술을 요한다기보다 평소에 하던 일, 하루 정도면 배울 수 있는 일, 설명으로 배울 수 있는 일이라는 통념이 있다. 그러나 한 달 이상의 기술 훈련과 그 이상의 몸을 맡길 수 있는 적절한 편안함과 신뢰, 그리고 따뜻한 위로 등의 보이

11 몸일은 돈을 받지 않는 사적 돌봄 조력자(간병, 아이 돌보기, 가사 노동)에서부터 성노동자, 피트니스 지도자, 이·미용사, 의료 서비스업(의사, 간호사, 조무사 등), 가사 서비스업 등의 일들까지 다양하다. 일의 분류와 특성화가 필요하다.

지 않는 서비스를 익혀야 한다. 즉 목욕관리사 여성들은 한국 여성들(의 여성으로서의 삶의 방식과 욕망)을 몸으로 알고 배워야 한다. '눈에 보이지 않는 이러한 일들' —타인의 몸의 더러움 감수, 친밀한 접촉, (위험하지 않다는) 편안한 신뢰— 뿐 아니라 일의 특성에 따른 보이지 않는 다양한 일들인 감정 노동이 존재한다.

감정 노동이란 업무상 요구되는 특정한 감정 상태를 연출하거나 유지하기 위해 행하는 일체의 감정 관리 활동이 직무의 일정 부분을 차지하는 노동 유형이다. 비가시적으로 노동 과정 안에서 조직의 규칙이 훈련되어 상품화된다(Hochschild, 1983; 박홍주, 2000; 조은주, 2002; 김경희, 2006). 이러한 감정 노동의 지불 정도는 사회적 의미망에 따라 다른데 성별차에 따른 일의 내용과 지불 정도는 기존의 여성 정체성을 강화할 수 있다.

특히 목욕관리사가 하는 감정 노동은 일의 내용뿐 아니라 그것에 따라 단골 여부가 결정되기도 하는 중요한 기준이다. 예를 들어 마사지는 때밀이보다 전문적 기술을 요하지만 여성들이 마사지 받기를 결정하는 것은 목욕관리사와의 친밀한 관계로 인한 믿음이기 때문이다. 그런데 서비스 도달 기준이나 믿음은 상대적이다. 감정 노동의 수혜자가 만족할 때까지며 특히나 대인 관계에서 수행되기 때문에 만족도의 기준은 양화(量化)되기 어렵다. 친절함, 편안함, 배려, 립 서비스 등의 감정은 (꼭 필요한 일임에도) 노동 능력으로 인지되거나 평가되지 않지만 이것을 잘하지 못하면 단골이 생기지 않는다. 그럼에도 노동의 가치가 임금에 반영되는 자본주의 사회에서 감정 노동 관련 직업들은 대부분 '저임금'의 하위 서비스직이다(Biggart, 1989).

목욕관리사의 경우 30분의 때를 미는 행위로 16,000원(서울의 M목욕탕)을 받지만 그 안에는 소개료, 목욕탕 내에서 목욕관리사를 고용하는 고용주(일반적으로 목욕탕 주인은 아니며 월세 또는 전세로 목욕탕의 특정 부분만 사는 사람) 비용, 고용주는 다시 왕언니를 고용해 나머지 관리사를 관리하기 때문에 왕언니의 관리 비용, 뒷정리를 해 주는 청소 아줌마에게 지불할 비용이 포함된다. 각각의 비용은 종사 기간과 관리자와의 관계 형성에 따라 다르다. 따라서 ○○

훈련원의 소개와 달리 하루 수입에서 관리 비용을 제외하면 많지 않다. 특히 때를 미는 목욕관리사의 경우 방송 매체에서 편견을 없애야 하는 건강한 직업으로 소개되기도 하나 아직까지는 떳떳하게 가족에게 말할 직업이 아니라고 연구 참여자들은 말한다. 그래서인지 특정 집단의 사람들만 이러한 일들을 담당한다. 또한 몸일들이 성애화되는 상황이지만 이성애적 성별 분리가 작동되는 한국 사회의 여성 목욕탕 내에서 고객들은 여성의 몸을 관리하고 보살피는 관리사들에 대해서 불안해하지 않는다. 성애화된 마사지의 의미보다는 몸의 돌봄, 미의 관리라는 의미로 목욕관리사 일이 담론화되기 때문이다. 이러한 맥락 안에서 목욕관리사 이주 여성들은 몸일을 하기에 적합한 여성이 누구인지를 배운다.

앨리 혹쉴드(Arlie R. Hochschild)는 오늘날 서구 선진국 여성의 사회 노동은 제3세계 이주 여성이 제공하는 서비스 노동으로써 유지되는 측면에 주목(Hochschild, 1983; Ehrenreich & Hochschild, 2002)하여 이주 여성이 담당하는 서비스 노동은 선진국 여성의 지위 변화로 인해 발생한 '돌봄의 소진'에 대응하는 양상이며 이주 여성이 종사하는 가정부, 보모, 간병인, 성매매 등의 활동은 감정적 헌신과 친밀성이 상품화되고 새로운 제국주의적 관계를 맺는 영역에 위치한다고 분석한다. 그러나 볼튼과 보이드(Bolton & Boyd, 2003)는 혹쉴드의 동질적인 감정 노동과 관리를 비판 확장한다. 즉 주체들의 다양한 맥락들과 개인적 동기에 의해 감정 노동의 관리와 주체들의 행위성이 다르게 표현된다는 것이다.[12] 이것은 감정 노동의 특성이나 수용국과 모국에서의 노동 경험의 차이에 의해 각각의 경험이 다르게 해석될 수 있음을 의미한다. 이러한 배경에서 이 연구는 목욕관리사 일이 연구 참여자들에게 어떻게 다르게 이해되며, 각각

---

12 Bolton & Boyd(2003)는 조직에서의 정서적 감정 관리(emotional management)의 네 가지 유형을 cabin crew의 목소리를 통해 분석한다. 돈을 받는(pecuniary) 감정 관리와 가시적(presentational) 감정 관리는 혹쉴드의 감정 노동과 비교될 수 있다.그러나 관행적(prescriptive) 감정 관리와 보살핌 관계(philantropic)에 있는 감정 관리를 통해 감정이 단순하지 않음을 분석한다. 이 연구는 목욕탕 내에서의 일이 조직적으로 관리되기보다 3~8명 정도의 저임의 비정규 일로 일정 정도의 커미션을 내고 능력별로 수입이 창출되며, 조선족 여성은 그 중의 소수자이기 때문에 볼튼의 틀로 분석하는 것은 무리가 있다고 본다. 그럼에도 볼튼의 아이디어는 감정 관리의 맥락화를 고민하게 한다.

에게 어떠한 영향을 미치는지를 분석할 것이다. 특히 몸일을 잘하기 위한 감정 노동의 특성이 여성성 구성에 어떻게 관계하는지를 분석할 것이다.

3. 몸일 경험과 여성성의 구성

3.1 돈벌기: 육체적 고통과 '천한 일'과의 갈등

개혁 개방 이후 중국 조선족 여성들은 새로운 경제 상황에 직면해 더욱 적극적으로 경제 활동에 뛰어들고 있다. 농촌에서 도시로의 이주, 변방에서 중심으로의 이주, 외국으로의 이주를 통해 중국 조선족 여성들의 '적극적인 경제적 욕구'는 여성들의 의식과 생활을 변화시켰다. 개혁 개방을 통해 도입된 시장 경제로의 진입 과정에서 중국 조선족 여성들은 조선족 사회 내에서도 새로운 변화를 발 빠르게 수용하는 집단으로 인식된다. 중국 조선족 사회 내에서는 이러한 여성의 의식 변화에 대해 이중적인 평가[13]가 존재한다.

그럼에도 연구 참여자들에게 한국으로의 이주는 새로운 삶의 시작이다. 자식들이 부담이 되기도 하지만 '더 많은 돈을 벌 수 있는 부모가 더 훌륭한 부모'라는 생각은 한국행을 감행하게 한다.[14] 남편 병 간호를 위해 귀환한 김금희는 다시 한국행을 준비하지만 쉽지는 않다고 말한다. "어차피 내가 (고향에) 있다고 남편의 병이 호전되는 것도 아니기 때문에 작년부터 한국행을 다시 준비중"이라는 김금희 이야기는 아내로서, 어머니로서의 전통적이고 가부장적 여성성을 뛰어넘는다. 여전히 전통적인 여성성을 내면화하고 있음에도 여성들의 '돈을

13 "과거의 자아 희생으로부터 현재의 자아 성취에로", "경제상의 독립은 물론 인격상에서도 독립"의 긍정적인 의미(강순화, 2004:176)와 지역 가부장제를 훼손하는 이기적인 여성들이라는 이중적 평가가 존재한다.

14 여성들이 돈 벌어 집을 살 수 있다는 가능성은 중국과 한국의 철저한 임금 차이에 의해 지지된다. 1990년대 기준으로 볼 때 한국 노동자의 월평균 소득은 중국 노동자의 26배였고 태국 노동자의 5배였다. 인력 부족과 임금 상승과 같은 경제적인 요인 이외에도 1980년 중엽에 한국 내에서는 3D 업종의 일을 기피하면서 아시아 지역으로부터 외국인 노동자들을 수입해 오기 시작했다. 이주를 가능하게 하는 수용국과 송출국의 경제적 맥락과 임금차, 그리고 적극적인 여성들의 선택에 의해 한국은 희망의 상징이다.

많이 벌 수 있다'는 삶의 희망은 과거의 여성성을 돌아볼 수 있는 계기가 되고 있다.

> 한국엘 가면 집을 사요. 인테리어 잘 해놓고 잘사는 집 봐요, 천국이 따로 없어요. 이곳에서도 가능한데…… 처음에는 자식이 걱정이었지만 걔네들은 부모가 돈 많이 버는 것이 좋지. 애들은 할머니가 보고……. (구해승)

현재 자식들을 연변에 있는 할머니에게 맡긴 구해승은 자식들이 보고 싶지만 이렇게 돈을 버는 것이 궁극적으로 자식을 위하는 일이라고 말했다. 나중에 자식들도 한국에 보내 돈을 벌게 하겠다는 그녀는 아직까지는 한국이 황금의 땅이나 나중에 자신의 아이들이 커서도 그것이 가능할 것인가를 질문했다. 곧 성인이 되는 아이들까지 한국에 가서 돈을 벌면 더 이상의 꿈이 없다고 했다. 필자는 "그것은 연변이 그 때까지 경제적 성장을 하지 않을 수도 있다는 이야기인데 괜찮냐"고 물었다. 구해승은 연변은 서서히 발전하기 때문에 한국의 속도를 자신이 죽을 때까지는 따라잡을 수 없을 것이라고 말했다.

(사회주의 국가인) 연변에서는 여자들이 꼭 아이를 보지 않아도 괜찮다고 말하는 이련숙도 한국에 2년간 나와 있을 때 남편과 시어머니가 아이를 키웠다고 한다. 처음에 이웃들이 수군거리기도 했지만, 한국에 가서 돈 번다고 하면 어떻게 자기도 갈 수 없냐고 방법을 알려달라는 이웃을 볼 때 자신의 선택이 훌륭하다고 생각한다는 것이다. 한국에서 2년간 돈벌이한 것으로 조그만 아파트를 살 수 있었다는 그녀는 다시 나가고 싶어 좀이 쑤시지만 남편이 반대한다는 것이다. 여자들의 행실로 이혼할 수 있다는 이상한 소문을 들은 남편이 가려면 자기도 같이 가겠다고 한다면서 그러나 남편은 공무원이라 아마 그렇게 하지 못할 것이라고 말하는 그녀는 기회를 봐서 다시 가겠다는 희망을 이야기하며 즐거워했다.

> 이런 희망이 없었으면 그 일 못 버티지 외롭고…… 무시당하고…… 한국에서 성공하는 것은 한눈팔지 않고 악착같이 돈버는 거야! 일석삼조야! 돈 벌어 좋

고, 외롭지 않아 좋고, 남들이 부러워하니 좋고…… 돈이 평생 나를 먹여 살리니 남편도 인정할 수밖에 없어.(이련숙)

일의 종류에 관계없이 자신을 원하는 곳이면 어디든 간다는 박봉림은 한국에서 해보지 않은 일이 없다고 한다. 그러나 식당업, 가사 도우미와는 성격이 다른 목욕관리사는 돈을 많이 번다고 해서 시작했지만 처음에 어떻게 해야 할지 몰라서 힘들었다고 한다. 나중에 친구 소개로 학원에서 기술도 배웠지만 초기에는 기술이 전혀 도움을 주지 않았다는 것이다. 때를 미는 행위가 한국만의 문화적 실천이기 때문이다. 연변 목욕탕 주인들의 말로는 1990년대 중반 한국의 목욕탕 시스템을 따라 연변에도 한국과 비슷한 목욕탕이 많이 생겼다고 한다. 중국 본토에는 마사지가 성행하나 이곳처럼 때밀고 마사지하는 목욕탕이 그리 많지 않은 것으로 보면 때를 밀고 마사지하는 목욕탕 시스템은 한국에서 온 것(상품)인 듯하다고 말한다. 연구자는 목욕탕 사업에 대한 문서화된 기록이나 정확한 정보는 찾을 수 없었지만 한국에 있는 목욕관리사들도 비슷한 이야기를 하고 있다.

1996년에 때를 미는 일부터 시작해 현재는 전신 마사지를 하면서 돈을 벌고 있다는 김금자는 "말로는 들었지만 때를 밀어 돈을 버는 것은 (그 당시로서는) 처음"이라면서 건강/스포츠 마사지와는 자신의 일을 다르게 취급(당)했던 자신의 과거를 이야기한다. 지금은 마사지가 일반적이지만 자신이 처음 이 일을 시작할 때는 자신이 조선족 여성이라는 것도 숨겼다고 한다. 한국 여성으로서 일하면 괜찮은데, 외국인으로서 이 일을 하는 것은 자존심이 상했다고 한다. 조선족 여성에 대한 (한국 여성들의) 선입견 때문이다.

그렇지 않아도 우리 같은 여자들을 하찮게 보는데 '이런 일'(연구자 강조)까지 하는 것 알면 그렇게 보일까봐 굳이 말할 필요가 없었어요. 사투리는 신경 쓰고 고향이 원래 함경도라고 말했어요. 처음에 연변에서 왔다고 하니 때는 밀 수 있는데 마사지는 신경 쓰인다는 거예요. 무슨 말인지 몰랐는데 지나고 보니

마사지 용품들이 오이하고 우유 말고는 서양 것이던데 우리 같은 사람이 그것을 알까 하는 의심이 있는 것 같았어요. 그래서 굳이 말하지 않았지요. (중략) 고향에 오니 그것이 제일 좋더라구요. 이곳에서 보관업을 해도 마음은 편해. 돈은 못 벌지만…… 그래도 다시 가고 싶어요. (이련숙)

전문적인 기술, 건강 등의 담론과 만나고 있는 건강 마사지사와 때를 밀고 여성들의 몸을 마사지하는 일은 '다르다'는 차별이 존재하며, 이러한 차별은 민족 간의 차별로 환원되어 자신들이 특히 열등해 보였다는 것이다. 그럼에도 한국에서 일하는 목욕관리사 세 명은 "그런 것은 신경 쓰지 말고 단기간에 돈만 많이 벌면 끝"이라고 말한다.

내가 조선족이어서 그런지 일이 좀…… 그게 무슨 소용이 있어요? 단숨에 돈을 이렇게 많이 버는데…… 힘들게 돈 벌고 빨리 가서 나도 목욕탕 하나 내고 싶어요, 여기서는 나를 아는 사람도 없고…… 무엇이 천하다는 것이지요? 힘든 것만 해결되면 일에 귀천이 있나? 빨리 돈을 버는 것이 중요하지, 따지게 생겼어? (박봉림)

박봉림은 지금은 단골이 생겨 청소 아줌마에게 얼마 주고 왕언니에게 얼마를 주더라도 자신의 근무 시간만 잘 지키면 월 2백만 원 가까이 번다고 말한다. 처음 한국에 왔을 때 초기 비용이 들고 한국 여성들을 잘 몰라 6개월은 힘들었지만 지금은 돈 버는 재미에 몸이 아픈 것도 잊는다고 한다. 1년 만에 허리를 다쳐 아는 한의원에서 침 맞느라 일을 하지 못해 두 달 간 돈 벌지 못한 것이 가장 원통하지만 한국 생활비 빼고 다 송금해 연변에 아파트도 샀다고 한다. 그녀의 꿈은 연변에서 목욕탕을 운영하는 것이다. 반면 연변에서 만난 네 명의 연구 참여자는 노골적으로 때밀이 일에 대한 가치를 낮게 부여하고 있었다.

솔직히 이 일을 하지만 그리 좋게 보이지는 않지요. 솔직히 식당업이 더 낫지

> 않아요? "지금 이 일을 하시는데도 그렇게 생각하시나요?" 돈을 많이 준다고 하니 하기는 하지만 떳떳한 일은 아닌 것 같아요. "왜 그렇게 생각하시는데요?" 글쎄…… 사람들 생각이지 저 아래에는 더 좋은 목욕탕이 있는데 그곳에서 일하는 여자들은 무엇이 다를까? 나도 처음에는 신경 안 썼는데…… 보관업으로 바꾼 것은 일이 힘들기도 하지만 이런 생각 때문이지……. (이선화)

그 말은 받은 이련숙은 "그래도 이층 마사지 일보다 더 낫지. 이층은 남녀 손님을 여자가 다 하잖아. 남자(마사지사)도 있지만 남자에게는 젊은 여자 마사지사가 더 낫다고 생각하고 그 안에서 무슨 일을 하는지 알게 뭐야. 우리는 그래도 같은 여자를 마사지하니 더 낫지 뭐." 이선화의 이야기를 반박하며 자신의 일을 합리화한다. 연변에서 목욕관리사 일을 하는 연구 참여자들은 자신들을 '때밀이'로 부른다며, 몸 파는 여자들(마사지 여자까지 포함해)보다 낫지만 여전히 '천한 일'을 한다고 말했다. 등을 밀어 주고 10원, 몸 전체 때를 밀면 30원, 마사지는 재료에 따라 80원, 130원이 있다고 한다(단골손님은 깎아 주기도 하고 재료에 따라 그 날 가격이 달라진다고도 한다). 아래 최신 목욕탕은 돈을 더 받는 듯하지만 이 집은 이 정도 받아 그런지 때 미는 손님은 꾸준히 있다고 한다. 많이 벌 때는 하루에 500원 이상도 벌지만 몸이 힘들어 나이가 들면 보관업을 한다고 한다.

돈벌이가 가장 중요하다고 말하기도 하지만 그녀들은 돈의 액수와 관계없이 자신들이 생각하는 '천한 정도'에 따라 일들을 위계화하고 있었다. 때밀이가 몸 파는 것보다 나은 것은 남성들을 상대하는 일이 아니며, 일이 천한 것은 더러움을 씻어내는 일이라는 평가에서였다. 몸 파는 일은 돈을 많이 주어도 할 수 없지만 천해도 목욕관리사 일을 하는 것은 다른 일에 비해 돈을 많이 벌기 때문이라고 강조했다. 이런 이야기는 면접이 거의 끝날 때에 항상 나오곤 했다. 그래서인지 "세상이 달라지면 이 일도 달라지지 않을까 생각도 하지만 돈을 벌면 빨리 정리하고 싶다."고 이구동성으로 이야기했다. 목욕관리사는 긍정적인(돈을 많이 번다는 의미에서) 하나의 일이기는 하지만 오래 할 일이 아닌 것은 다른 일과 달리 불규칙적인 식사와 수면으로 건강이 많이 상한다고 했다. 30세로 가장 젊은 이미라를 제외하고는 "3년 하면 골병 드는 일"이라고, 빨리 끝내고 "보관업을 하든지 식당으로 옮겨야 하는 일"이라는 것이다. 그래서 연구 참여자들은 한국행을 주장하는 것이었다. 짧게 가서 빨리 돈을 벌 수 있다는 곳은 연변이 아니라 한국이라는 것이다. 연변에서는 많이 벌어야 한 달에 5~7천 원을 벌지만 한국에서는 같은 고생을 하고 2~3배를 벌 수 있으며 많은 것을 보고 배울 수 있다는 것을 강조했다. 어차피 같은 일을 할 바에는 한국 가서 돈 벌고 고생하겠다는 것이었다. 돌아가서 떵떵거리며 집을 사서 살게 되면 한국에서의 이 고생은 남한 사회에서만의 경험이며, 자신들이 돌아갈 공간에서는 이 경험이 다르게 해석될 것이라고 낙관하기도 한다.

연변 목욕탕에서 만난 박향춘은 한국 비자 사기에 대해 이야기하면서 "힘 있으면 어떻게 좀 해보라"고 연구자에게 부탁했다. 그렇게 사기를 당했어도 한국에 가면 사기당한 8백만 원은 1년만 있으면 벌 수 있다고 기대했다. 허드렛일을 하더라도 연변에서는 만지기 힘든 돈을 번다는 것은 결국 연변에서 집을 장만할 수 있고, 안정된 노후를 보장받을 수 있다는 것이다. 그녀는 비자 사기를 당했을 때 이 일을 고치기 위해 비자 맡긴 곳부터 한국의 높으신 분들까지 자신이 다 만나고 편지 쓰고 그랬다고 흥분했다. 그 당시에 너무도 무식해서 사기를 당했다는 그녀는 주변에 비자를 만드는 이웃사람에게 꼭 자신의 경험을 이야기한다고 말했다. 꼭 그 나쁜 자식을 찾아야 되는데 중국은 워낙 땅이 넓어 찾을 수 없는 것이 원통하다고 분노했다. 한국으로의 이주 과정을 둘러싼 문제에 대한 분노와 일의 해결을 위한 활동은 그녀를 '투사'로 만들었다. 비록 이렇게 목욕탕에서 일하지만 어떤 일도 못할 것이 없다는 그녀는 조금 더 돈을 모으면 다시 비자를 만들어 한국에 가겠다고 했다. 단지 자신의 나이가 많아 한국에 가지 못할까봐 걱정하고 있었다.

돈을 벌어야 한다는 자기 추동력은 몸의 고통이나 천한 일이라는 관념까지도 무시할 수 있게 했으며, 경제적 주체로서의 욕망은 여성성에 대한 기존 관념을 변화시킬 수 있는 가능성으로 작용하고 있다. 집을 사기 위한 돈벌이라는 목적은 연구 참여자의 현재적 욕망과 (몸파는 일을 제외하고) 일에 대한 가치 평가를 유보시킨다. 그러나 한국에 갔다 온 경험이 있는 이련숙의 경우, 자신의 그 당시의 삶과 일을 회상하며 약간의 후회를 하기도 한다. 집은 샀으나 돈이 너무 헤퍼 자신의 고생이 허무하다는 것이다.

> 악착같이 돈 벌어 왔는데 못 볼 것 다 보면서 돈을 벌었는데 그 때는 그것이 고생이 아니던데…… 이곳에서의 삶은…… 다른 것이 없어. 집 있어 사람들이 부러워하기는 하는데…… 어차피 나 같은 사람의 인생이 다 그렇지, 팔자 좋게 살고 싶어. 편하게……. (이련숙)

> 돈도 중요하지만 재미있었어요. 아마 또 나간다는 것은 다른 목적이 아닐까 생각도 해봤는데…… 그렇다고 내가 한국 남자와 연애하겠다는 것은 아니고…… 주변 여자들이 한국 남자들을 만나기도 하지만 난 정말 돈만 벌었거든. 정말 내가 번 돈 중 30만 원만 쓰고 다 저금했구…… 지금 생각해 보니 그렇게 할 것까지는 아닌데라는 생각이 드네요. 동대문 시장에 가서 옷도 사 입고 그럴 것을…… 가끔 그런 생각도 한다는 것이지……. (이선화)

한국이 아닌 고향에 돌아가서 연구 참여자들은 자신의 삶에 대한 성찰을 한다. 그래서인지 한국에서는 돈을 벌어야 하는 뚜렷한 목적 아래 고통을 무시하면서 악착같이 살았다는 이선화는 다시 한국에 나가면 '다를 것'이라고 말한다. 다른 연구 참여자들도 한국에서의 대중 매체, 주변의 친구들 또는 자신들이 목욕탕에서 만나는 한국 여성들의 다양한 삶들과 자신을 비교하고 있었다. 또 연구자와의 면접을 통해 자신의 삶을 기억해 내는 과정 속에서 연구 참여자들은 이미 '다른 여성'을 욕망하고 있었다. 그뿐만 아니라 자신이 알고 있는 여성이 아니기도 했다. 그녀들이 욕망하고 실천하는 다른 여성은 누구일까?

3.2 외로움 해소: 일시적 관계와 감정 서비스의 복잡함

이주 경험은 모든 사회적 권리로부터의 일시적 배제와 국적과 인종, 그리고 계급의 차이가 만들어 내는 구조적 강제에 놓인 심리적이고 정서적인 자아의 분리 과정이다. '잠시 동안 머물러 돈을 많이 벌 수 있다'는 자기 최면은 이주 노동자로서의 불안함과 힘듦을 견딜 수 있게 한다. 이것은 기존의 여성성을 다르게 만든다. 강하게 할 뿐 아니라 독하게 만들며, 동시에 외롭게 하기도 한다. 이 때 몸일은 어떤 의미에서 연구 참여자들의 외로움을 덜어 준다. 사람과 만나는 대면 작업으로 사람들과의 접촉을 통해 일시적이지만 외로운 감정을 순화시킬 수 있다는 것이다.

> 목욕탕에 자주 오는 손님들과 친하게 지내지만…… 친하다는 것이 가능한가요? 내가 힘들어도 이 일을 왜 하냐고 묻는다면 돈이 큰 이유가 되지만 목욕탕이 좋아서…… 물을 좋아하기도 하지만 목욕도 자주 할 수 있어서 처음엔 좋았어요. 나중에 벗고 들어오는 사람이 꾸밈이 없어 좋아요. 때를 밀고 있으면 힘들기는 하지만 외롭다는 마음이 없어져요. 학원에서 그러대요, 몸과 몸이 만나면 내 몸도 좋아진다고. 이유는 잘 모르지만 사람들의 몸을 만지는 것이 좋아요. (박봉림)

연구 참여자들은 고객들과 깊은 관계를 갖기보다 일시적 관계맺기를 통해 단골을 확보한다. 깊은 관계맺음의 기회도 얻을 수 없지만 혹 그 경험 이후의 상처를 두려워하고 있었다. 상처를 만들 수 있는 관계보다 가벼운 관계를 가지면서 일시적으로 자신의 필요를 충족한다는 것이었다. 이는 따뜻한 자신의 성격을 변화시켰다고 이미라는 말한다.

> 누가 이런 일을 하는 나를 좋게 보겠어요? 사람들과 그리 깊지 않아요. 누군가 형식적 관계라고 가르쳐 주대요. 굳이 한국 사람들과는 친하게 지내지 않아

요. 친하다는 것이 말이 안 되고…… 교대(하는 파트너)와 친하기는 해도 같이 볼 수가 없으니 옆 짝이랑 친해요. 단골이 겹칠 때는 내 대신 일을 해 주기도 하고, 놓치는 것보다 품앗이하는 거죠. (이미라)

물론 자주 오시는 분들 중에서 인간적인 괜찮은 분도 있지만…… 그들은 어차피 손님이거든요. 나에게 돈을 주는 사람이니 나도 돈만큼 사람들에게 대하는 것이지요. (김금자)

한국 여성들과 만나는 기간이 길수록 연구 참여자들은 손님들을 어떻게 대할 것인가에 대한 요령을 획득한다. 목욕관리사는 말 그대로 목욕하는 여성들을 '도와 주는 것'이다. 주 고객은 몸이 불편한 노인이나 장애인이 아니라 돈이 있는, 그 돈을 통해 편리함과 쾌락을 추구하는 여성들이다. 3만 원 이상을 받는 얼굴 마사지나 6만 원 전후의 전신 마사지의 경우 '돈과 시간적 여유가 있는 일반 여성'의 취미, 호사, 몸가꾸기의 일종으로 여겨진다. 그렇기 때문에 이러한 행위는 단순히 마사지를 받아 피부가 좋아진다, 경락을 받아 시원하다는 것 이상으로 90분 이상의 감정의 돌봄을 동반한다.

감정의 돌봄이라는 것은 목욕탕 한쪽에서 서로 벗고 있는 상태에서 마사지 기술도 중요하지만 '안 아프게 목적을 달성해야' 하는 정성과 경험을 요구한다. 정확히 말하면 이것이 특정 기술이다. '고객들이 좋아하는 정성'은 마음을 편하게 하는 말과 몸짓이며, 이것을 잘하면 아프지 않을 뿐 아니라 예뻐졌다고 만족한다는 것이다. 보조 사례인 목욕탕 주인(여, 45세)의 말에 의하면, 남성 목욕탕에도 남성 때밀이가 있으나 일의 내용이 다르다. 남자 손님의 경우 20분 정도의 때를 미는 행위와 선택에 따라 경락 마사지가 추가될 수 있지만 몸에 대한 언급이나 립 서비스 없이 때 미는 행위만 잘 하면 된다. 그러나 여자 손님들은 단골 목욕관리사가 오는 날이 아니면 굳이 마사지를 받지 않기도 하고 오기 전에 전화로 확인도 한다고 한다. 그래서인지 여성 고객과 목욕관리사의 관계는 끈끈하다. 내 얼굴, 내 몸이라고 생각하면서 일을 하는 이미라나 구해승은 정성으로 단골들을 잡았다고 한다. 특히 때를 밀고 마사지를 받는 여성들이 어떤 말에 기분 좋아하는지 알고 있다. 혹쉴드(Hochschild, 1983)가 언급한대로 연구 참여자들은 감정의 부조화[15]를 나름의 방식대로 관리하고 있다.

> 처음에는 말하지 않고 정말 때만 밀었어요. 어떻게 할지 몰라서요. 그러니 더 힘들고…… 그런데 1년쯤 하니 요령이 생기대요. 손님들은 때만 밀어 주는 것보다 기분 좋은 말들을 좋아해요. 때는 밀어도 일주일 있으면 또 생기고, 피부는 마사지해도 그게 그것이라는 생각도 들기는 해요. (중략) 그래서 피부가 좋아졌다, 예쁘다, 이런 말을 했는데 손님들이 좋아하고…… 나중에는 저절로 그런 말이 나오고. 그래서인지 단골도 많아요. (구해승)

단골들에게는 살이 빠졌다든가 피부가 매끈해졌다거나 하는 감정 서비스를 해야지 단골이 바뀌지 않고 팁을 받을 수 있다는 것을 배우는 연구 참여자들은 그것으로 자신의 피곤함과 힘듦을 조절할 수 있는 요령도 터득한다. 고객에 따라 자신과 동일시하기도 하고 분리를 하기도 하면서 자신의 감정을 관리한다. 그러나 몸으로 하는 일들이기 때문인지 '요령'만으로는 고객들이 쉽게 넘어가지 않는다고 한다.

> 처음에는 무식하게 때를 벗기고 배운 대로 했는데 손님들이 좋아하지 않는다고 느끼기 시작했어요. 힘을 들이기보다 기분을 위로하는 것이 마사지인 거지. 무식하게 때 미는 것이 더 쉽다니까. 신경 쓰지 않고 그냥 했는데 요령을 알면서부터 신경이 더 쓰여. 이 손님이 이런 나를 어떻게 생각할까. 어느 정도 해 주어야 하나. 어떤 말을 해야 하나…… 내 마음을 귀신같이 안다니까…… 단골 잡으려면 애써야지요. (이미라)

---

15 혹쉴드(Hochschild, 1983)는 일의 현장에서 노동자의 감정이 세 가지 차원에서 관리된다고 분석한다. 직무의 내재화, 건강한 소외, 분리 등의 전략은 감정 노동의 부정적인 결과라고 분석한다.

연구 참여자들은 각각의 맥락에서 내면화, 일과의 거리 두기 등으로 일의 어려움을 해결한다. 그러나 일의 특성상 '몸으로 하는 일'이기 때문에 '귀신같이 자신의 소홀을 읽어낸다'는 것을 아는 연구 참여자들은 단골을 잡기 위해 오히려 자신의 몸을 활용한다. 관계는 일시적 · 형식적으로 갖고 남은 마사지 재료를 활용해 자신의 몸을 씻어낸다거나 타인의 예뻐지는 몸을 보거나, 시간 날 때마다 잠을 자거나, 사우나를 하면서 피로를 풀면서 고객들이 어떨까를 상상한다. 외로움을 친밀한 관계로 해결하는 것이 아니라 일의 내용을 자신에게 적용하면서 풀어내는 것이다. 마사지라는 일의 특성상 라포를 형성할 필요는 있으나 절대로 깊이 사귈 필요가 없다는 것을 알고 있는 이미라는 외상으로 마사지를 해 주었다가 28만 원을 못 받은 다음 절대로 친해지지 않는다고 한다. 대신 여성들이 좋아하는 말이나 표정들을 드라마를 보거나 이야기를 들으면서 터득해 '관계'를 만든다고 한다. 연변 여성들과 달리 한국 여성들은 몸에 관련한 칭찬을 참 좋아한다는 것이다.

> 누구나 칭찬은 좋아하지만 한국 여자들은 사모님 피부 좋으시네요, 젊어 보이세요, 군살이 없어요 등 이런 식의 칭찬을 참 좋아하세요. 연변에서는 이런 말 들어본 적이 없는데…… 처음에는 어색하더니 요즘은 잘해요. 자꾸 들으니 좋은 것 같고……. (이미라)

특히 벗은 몸을 맡겨 때를 민다는 행위는 '친밀한 행위'로 때를 미는 사람과 그 서비스를 받는 사람과의 신뢰성이 우선이다. 사적인 행위를 대신 누구에게 맡긴다는 것은 그 사람과의 일시적 동일시로 가능하다. 예를 들면 여성이라는 성별과 함께 인종, 국가 등이 작동한다. 때를 미는 서비스를 받는 여성들과 목욕탕 주인에게 "금발 미녀에게 때를 민다는 생각을 해보았느냐"는 연구자의 질문에 그들은 질색을 하며 한국 여성, 좀 나아가 비슷해 보이는 조선족까지는 좋다고 했다. 그러나 자신과 다른 누구에게 몸일을 맡긴다는 것은 무엇인지 불편하다고 한다. 목욕관리사를 선호하는 사람이 있다는 것은 가사노동 서비스업에도 마찬가지로 적용된다. 프랫(Pratt, 2004)이 주장한 것처럼 때를 미는 서비스를 받는 사람과 비슷한 조건 – 여성이라는 성별, 같은 민족 그러나 '자신보다 못하다고 생각되는' 민족 – 이 그 역할을 할 수 있다고 생각한다. 이주 여성들이 할 수 있는 일은 게토(ghetto)화된 직업으로 그 일이 특정한 직업군으로 편입되지 않는 경우 일하는 것이 불가능하다. 목욕관리사 일도 이주 여성 누구나가 가능한 일이 아니며 특정 민족, 성별, 나이만 가능한 것이다.

목욕 관리라는 일이 계급화 · 게토화되어 있는 감정 서비스라는 것을 아는 연구 참여자들은 일의 경험이 증가할수록 맥락에 따라 여성성과 관련된 감정 관리 기술(Bolton & Boyd, 2003)을 전수한다. 1) 깊은 관계가 필요 없는 일시적인 일이지만, 2) 단골 관리라는 점에서 고객이 좋아하는 감정적인 서비스, 주로 여성적인 칭찬과 돌봄의 언설을 사용하거나 때로는 친한 것처럼 연기, 관리하고, 3) 감정 서비스를 하다보면 자신과 고객의 경계가 고정적이지 않다는 것을 알게 되면서 자신도 그런 감정 서비스에 동화되고, 4) 일의 경험이 축적될수록 마사지 등을 돈을 버는 이상의 자신의 피로를 풀 수 있는 일로 만들면서, 한국 여성들이 원하는 것을 알게 되고 배우게 된다.

3.3 여자 만들기: (천한 일에서 아름다운 일로의) '여성 미'의 재생산

여성과 여성 간의 차이를 보이는 계급 차별, 민족 차별, 그리고 (건강) 기술과 (때미는) 서비스업에 대한 인식의 차이, 몸을 가꾸는 한국 여성들에 대한 부러움과 이상함 등이 혼재되어 자신이 하고 있는 일의 성격에 대해 혼란스러워하는 박봉림은 사회주의 국가였던 중국 사람으로서 (처음에) 낯설었던 때를 밀었던 과정은 이질적이지만 여성의 몸을 돌보는 과정은 같은 일을 하는 여성들끼리의 연대감, 친밀성을 공유하기도 했다고 한다. 이는 '예쁜 여자 만들기'라는 동일시로 나타난다.[16]

여성들의 몸가꾸기 경험을 해 주는 일을 통해 자신들의 몸가꾸기도 생각하게 된다는 이미라의 목욕관리사 경험은 여성성 구축의 한 과정을 들여다본다는 지점에서 자본에 의한 미, 돌봄, 친밀성의 상업화(Hochschild, 2002; 김현미, 2005)가 결과하는 것이 무엇인지를 고민하게 한다. 여성은 여성이기 때문에 몸을 예쁘게 가꾸어야 하며 서비스를 받는 여성들을 부러워하면서 돈만 있으면 자신도 받아보고 싶다는 이미라가 혼란스러워하는 것은 무엇일까?

> 처음에는 이 일을 어떻게 하나 생각했지요. 천하다고 말하면 뭐하지만 그런 것 있었는데 할수록 여자들의 피부가 뽀얘지고 제가 봐도 예쁘게 보여요. 갈수록 천하다는 생각보다 아름다움을 만드는 일 같아요. 돈 버는 것보다 예뻐지는 것이 더 중요하다는 생각이 든다니까요. 나중에 돈을 많이 벌면 꼭 그 서비스를 받고 싶어요. 돈이 안 아까울 것 같아(고개를 흔들며), 아니 아깝지……. (이미라)

이미라는 6만 원을 내고 서비스를 받는 여성들과 자신과의 차이가 무엇일까를 많이 생각했다고 한다. 처음에는 그냥 일이어서 비위도 맞추고 단골도 잡았는데 돈을 벌수록 자신도 그 서비스를 받고 싶은데 6만 원이 너무 큰 돈이라는 것이다. 그럼에도 이것을 가능하게 하는 남편과 국가를 잘 만나 (한국 여성들이) 호사를 누린다고 말하는 이미라는 어차피 한평생 여성으로 사랑받고 사는 것이 여성으로서의 행복이라며 한국 남자를 만나고 싶어했다. 특히 낮에 마사지를 받으러 오는 전업 주부 여성들을 부러워했다. 이전에는 돈 벌어 고향에 송금하는 것이 최선이라고 생각했는데 언제부터인가 꼭 고향으로 돌아갈 필요가 없다고 생각한다는 것이다.

> 참 행복한 여자들인 것 같아요. 어떻게 돈을 벌지 않고 사는지…… 연변에선 생각할 수 없어요. 다들 예쁘시고…… 좋아 보여요. 남편이 능력 있는 거겠지요? 그런 남자를 만나려면 예뻐야 되고…… 단골 아줌마가 그러는데 남자 사랑

---

16 연구 참여자들이 겪는 일의 스트레스는 예쁜 여자 되기에 따른 이성애 관계맺음에 대한 욕망으로 해소되기도 한다. 이러한 연애에 대한 환상은 여성들과의 관계를 더욱 분절적으로 만들고 있다. 연애에서 국제결혼까지 한 조선족 여성들의 섹슈얼리티에 대한 분석은 연구 범위를 벗어나기 때문에 이 글에서는 분석하지 않았다.

받으려면 여자는 관리해야 한다고…… 그 손님은 화요일마다 마사지받는데…… 제가 잘한다고 꼭 여기 오세요. 이 집이 싸고 서비스가 괜찮다고……. (이미라)

반면 그보다 나이가 좀 있는 이선화는 "돈을 벌기 위해 때를 밀고 마사지는 하고 있지만 정말로 할 일은 아니라"고 한다. 왜 그렇게 생각하느냐는 연구자의 질문에 "남자들을 위해 이렇게 해야 되냐"는 생각이 든다는 것이다.

남자에게 잘 보이려고 하는 것 아니야? 하긴 돈 있으니 하는 것을 내가 무엇이라고 말려? 그러나 나는 그 짓 하느라 돈을 쓰느니 약을 먹겠다. 약 먹고 힘 있어야 오래 살지. 좋은 것 보고. 남자들에게 잘 보여서 뭐 하려?…… 이쁜 것이 좋기는 하다만……. (이선화)

여자들의 몸가꾸기를 남성들에게 잘 보이기 위한 것으로 해석하는 이선화는 돈 때문에 이 일을 하지만 마사지를 받는 여성들을 '허황된 사람들'이라고 악평한다. 전신 마사지가 6~8만 원인데 혹 하고 싶으면 자신이 하면 되지 꼭 이렇게 돈을 써야 하는 것인지에 대해 묻는다. 그러나 한국 목욕탕에서 여자들이 우유, 요구르트, 아로마 오일, 오이즙, 황토 흙 등으로 마사지를 하는 것을 계속 보면서 남 시키는 것은 그렇지만 돈이 있으면 (본인이 직접 구입해서) 하는 것은 괜찮아 보인다고 한다. 여자에게 예쁜 것은 늙어도 재산이라고 말하는 이선화는 여자가 예뻐야 평생 고생하지 않는다고 나중에서야 언급했다.

이처럼 연구 참여자들은 여성으로서 여성답게 예쁘게 하는 것은 당연하고 돈만 있으면 그것은 가능하다고 했다. 돈이 없어도 여자니까 가꾸기에는 신경 써야 한다고 목소리를 높였다. 고향에서와 달리 한국 여성들은 멋을 많이 낸다며 그것이 좋아 보인다는 것이다. 자신이 하는 일이 사회적으로 천한 일이기는 하지만 그 일의 수혜를 받는 여성들에 대한 부러움을 많이 표현했다. 특히 목욕관리사 경험이 많고 한국 거주 경험이 길수록 목욕관리 서비스를 아름다워야 하는 '여성'으로서 당연히 받을 수 있는 일(능력 있으면 받을 수 있는 일)로 명명하고 있었다. 어떠한 이데올로기로 자신을 설명하는지에 따라 일의 성취도가 달라진다는 점에서 인식과 명명의 전환은 현명하나 아름다움에 대한 욕망도 증가한다.

반면 구해승은 자신의 미래를 위해 목욕관리사 일을 할 뿐 자신은 이러한 여성처럼 살고 싶어하지 않았다. 단지 지금 하고 있는 일을 응용해 큰 사업으로 확장하기 위해 노력할 뿐이다. "돈 벌 수 있는 가능성은 있다. 그러나 나는 그렇게 살고 싶지 않다."는 감정의 부조화는 이주 경험을 통한 자아와 사회의 긍정적인 확장으로 구해승 같은 30대 여성들에게 여성미 사업의 가능성을 제공한다. 비록 자신이 그런 일은 하지 않더라도 구해승이 이러한 사업을 할 수 있다고 가정하는 것은 예쁜 여성 만들기에 동의하는 것이다.

> 연속극에서처럼 돈 잘 벌고 예쁘다는 것은 좋은 것이죠. 꼭 남편이나 남자 때문이 아니라 돈 있고 피부 미인이면 세상에 부러울 것이 없지요. 피부 미인이려면 가꾸어야 하고. 그런 점에서 난 이 일을 잘 배워 커다란 마사지 숍 낼 거예요. 일의 기술도 중요하고 요령도 중요하다는 것을 배우고 있어요. 사람이야 다 같으니 연변에서도 먹힐 것 같아. (구해승)

내가 하는 일은 '천한 일'이지만 남이 나에게 해 주면 '아름다운 일'이 되는 몸일은 여러 가지 의미에서 아이러니다. 여전히 (육체적인) '몸'으로 하는 일들이 저평가되어 있는 현실에서 그 일을 통한 결과인 예뻐짐, 편함, 대접받음 등에 대해서는 긍정적으로 평가하며 다른 여성에 의해 그러한 서비스를 받고 싶지만, 자신은 되도록이면 그 일이 아닌 다른 일을 하고 싶어한다. 하더라도 관리자가 되고 싶어한다. 돈이 있을수록 예뻐질 수 있다는 것, 그리고 여성이면 당연히 미를 가져야 하며 또 갖기 위해 노력해야 한다는 이러한 욕망은 한국으로 이주 이후 특히 몸일 과정을 통해 만들어진 사실들이다. 연변에서는 감히 꿈꾸어 보지 않았던 아름다움을 갖는 것이 주는 황홀감, 그리고 인정은 다른 '여성'을 욕망하게 하는 것들이었다. 그럼에도 이러한 일은 굳이 하지 않겠다는 연구 참여자들의 모순적인 심리는 부(富)의 양극화가 진행되는 지구적 맥락에서 다양한 문제를 제기한다. 결국 그 일은 누가 할 것인가의 문제다. 그뿐만 아니라 여성의 새로운 소비 행태를 발생시켜 여성 간의 위계를 구성하며, 이것이 그 일을 통해 예뻐질 수 있는 여성에 대한 부러움으로 투사되는 것은 다양한 맥락에서의 여성들의 차이에 대해 고민하게 한다. 특히 성별화, 계급화, 인종/민족화되어 있는 몸가꾸기 일을 통해 아름다움이 여성의 본질로 재생산되고 때로는 아름다움을 추구할 수 있는 것이 남자 잘 만나 팔자 좋은 여성의 경우로 해석되는 것은 경제적 주체로 잘 살아갈 수 있는 여성의 가능성을 봉쇄하는 부정적인 현상일 수 있다. 그럼에도 여자 만들기를 철저히 사업으로서 규정하며 자신은 그렇게 살지 않겠다는 여성들의 출현은 여성성의 또 다른 변화 가능성일 수 있다. 물론 여전히 '그런 여성'을 전제한다는 것은 또 다른 모순일 수 있지만, 이주 경험을 통한 여성들 간의 차이를 어떻게 해석할지의 재미있는 문제를 제기한다.

4. 맺는 말

이 연구는 조선족 여성들의 몸일 경험을 통한 욕망, 모순, 갈등, 협상 등이 여성으로서의 정체성 구성에 어떻게 관련되는지를 분석하고 있다. 조선족 여성의 정체성은 이주 이전 자신이 속한 공동체의 내부 맥락과 더불어 이주한 남한 사회 내에서 여성의 지위와 상황과도 갈등, 협상하면서 구성된다. 남한 사회에서의 이주 여성 노동자에 대한 대응과 평가, 사회적 수용, 한국 사회의 경제 조건과 정책, 인종과 계급에 대한 의식, 성별 의식, 일의 위계와 내용, 그리고 여성들 간의 관계 등에 따라 그녀들의 여성성은 변화한다. 특히 여성의 몸가꾸기를 통한 아름다움이 불변하는 실재가 아니라 삶의 조건과 경험의 내용에 따라 끊임없이 유동하는 구성물이라는 것을 보여 준다.

조선족 여성들은 구조적인 한계 안에서 자유로운 개인 욕구와 더 나아질 미래를 담보로 해서 돈을 벌고 있으며 '민족 정체성'과 '국가 귀속성' 양자를 각 상황에 따라 '합리적으로 유리하게' 자신의 입장에서 선택하고 있다. 특히 '같은 민족 여성'이라는 사실은 편안함을 중요한 특성으로 삼는 목욕관리사 일을 하게끔 하는 중요 요소다. 그러나 한국에서 '여성을 위한 몸일'을 하면서 그녀들은 모국의 '여성으로서' 실천과 욕망과의 사이에서 혼란을 경험한다. 약간은 신경질적인 예민한 여성들을 보면서 자신이 타자화되는 경험을 하기도 하지만 그들의 몸가꾸기가 부럽다는 조선족 여성들은 '미가 아니면 죽음을 달라'는 한국 여성들을 보면서 처음에는 기이하게 느꼈으나 지금은 너무도 당연하게 여긴다. 한국 여성들의 미를 가꾸어 주는 '또 다른 여성'으로서의 경험은 그 일을 잘 하기 위한 새로운 가치를 배우게 된다. 고객들의 때를 밀고 마사지를 해 주면서 아름다움을 만들어 주고 자신과 다른 예쁜 여성으로서 대접하는 감정 노동은 결국 한국 사회의 여성되기의 이해를 동반한다. 그러한 맥락을 이해하지 않는 한 돈을 잘 벌 수 없기 때문에 그녀들도 일시적이나마 비슷한 여성이 되고자 하며 한국 여성을 욕망하기도 한다.

그러나 그러한 여성과 거리 두기를 위해 일과 일상을 분리하기도 한다. 이처럼 개인적 동기나 욕망의 차이에 따라 미를 추구하는 본질적인 여성성에 대한 거리감을 이야기하는 것, '나와는 다르다'는 주장은 여성성의 변화 가능성을 기대할 수 있다. 즉 미를 추구하는 여성을 이해하고 그러한 일(예쁜 여성 만들기)을 할 수 있으나 자신의 경우에는 그것(예쁜 여성되기)과 거리감을 둔다는 것은 자신이 누구인지를 고민하는 과정으로서 한국 사회의 '여성성'을 자신의 입장에서 '성찰'(May, 1998)하겠다는 의미다. 이는 감정 노동이 혼란과 소외라는 부정적인 결과를 가져온다는 혹쉴드(Hochschild, 1983)의 주장과 달리 여성들의 몸일 과정에서의 감정의 부조화는 좀더 맥락적인 설명을 요구한다. 연구 참여자들의 몸일 경험은 본질적인 여성성을 인정하기도 하지만 동시에 감정의 부조화를 통해 변화의 가능성도 만들기 때문이다.

그럼에도 목욕관리사 일이 친밀성, 건강, 아름다움 등의 어떤 것을 도와 주는 일인지를 질문하면서 그 경험들의 의미에 대해 좀더 논의를 전개해야 할 것이다. 또한 남성 목욕관리사와의 비교 연구는 이 논문의 성별화된 특성을 분석하는 데 도움이 될 것이다. 과연 그들도 여성들과 비슷한 욕망을 지지 또는 유예하며 그 일을 하고 있는가? 특히 남한에 살고 있는 페미니스트 연구자로서 변화하는 지구적 맥락에서 조선족 여성들의 남한 사회의 다양한 여성성의 협상과정—새로운 소비 행태와 (본질적인) 여성성의 연결—에 대한 우려가 있다. 이 문제와 연결해 여성성의 구성이란 노동 경험뿐 아니라 일상에서의 여성으로서의 호명, 경험, 제도, 이념 등과의 복잡한 역동에서 일어나기 때문에, 노동 경험을 포함한 이주 경험의 다양성과 여성성의 관계에 대한 깊이 있는 연구는 앞으로의 과제로 남긴다.

제2부

지구촌 시대의 아시아 여성들

I 지구/지역 시대 개인들의 행위 전략으로서 국제 결혼: 새로운 아시아/지역으로서의 충남 J 마을 사례 연구

김은실(이화여자대학교 여성학과) · 김정선(이화여자대학교 여성학과)

1. 들어가는 말

지구화를 특징짓는 자본과 상품 그리고 사람들의 이동 중에서도 여성들의 이동은 두드러진 특징이다. 경제적으로 빈국인 나라에서 부국인 나라로 여성의 이주는 합법에서 불법에 이르기까지 다양한 경로를 통해 광범위하게 이루어지고 있는데, 여성들은 남성들과 다른 방식으로 이주하고, 해외에서 남성 이주자들과 다른 일을 수행한다. 지구화 시대 남성 이주자들이 공장 노동자, 기술자, 건축 노동자, 선원 등으로 국가의 경계를 넘는다면 여성들은 가사 노동자, 연예 산업 종사자, 상업화된 결혼 등을 통해 국경을 넘는다. 그리고 그들은 도착지에서 공장 노동을 비롯해 가정부, 보모, 간병인, 식당 종사자, 모델 및 연예 종사자, 성매매에 이르기까지 다양한 직종에 종사하게 된다. 글로벌 자본의 확산에 따라 세계의 더 많은 지역이 단일한 하나의 글로벌 체제 속으로 편입됨으로써, 다자적인 방향으로 움직이는 이러한 이동은 세계 각 지역을 더욱 복잡한 방식으로 연결시키고 있다.

지구화 시대 성별은 이주의 동기와 과정 그리고 현지에서의 삶의 양식을 결정하는 가장 중요한 토대다. 국가의 경계를 넘는 이주는 여성으로 하여금 남성과는 다른 방식으로 그들의 삶을 구성하면서 자기 사회와 현지에서 남성들과는 다른 경제, 정치, 사회, 문화적 관계들을 재구축하게 한다. 또한 여성과 남성의 관계, 이주 여성과 현지 여성의 관계를 새로운 방식으로 매개한다. 여성 이주자들이 수행하는 일과 성역할은 현지 사회의 가부장제 사회 관계를 변화시키고, 가부장제 내 여성과 남성의 문제를 전 지구적인 차원에서 재구성한다. 그 결과 지구화 시대 로컬은 새로운 방식으로 구성된다.

이 글은 지구화 시대 국제 결혼을 통해 한국으로 이주한 여성들이 한국 사회에서 어떠한 지구/지역을 만들어 내고 있는가에 관한 민족지적 연구다. 한국 남성과 아시아 여성의 국제 결혼은 한국 사회로 이주 노동자들이 유입되는 것과 같은 맥락에서 시작되었다.[1] 즉 한국 사회가 부족한 노동력을 다른 나라로부터 유입함으로써, 자국의 문제를 해결하려는 시도였다. 한국 사회에서 국제 결혼은 1990년 초 한국 정부가 '연변 처녀와 농촌 총각 짝짓기' 사업을 추진하면서 시작되었지만, 국제 결혼이 수익 사업으로 인식되고 이윤을 얻고자 하는 결혼 중개업자와 특정 종교 단체가 개입하면서 급증하게 된다. 특히, 고용허가제 실시 이후 과거에 비해 합법적인 입국 경로가 제한되었기 때문에 장기적이고 안정적인 체류가 보장되는 국제 결혼은 더욱 증가하는 추세다.[2]

한국 사회에서 국제 결혼은 2000년대 들어 비약적으로 증가했다.[3] 통계청 자료에 따르면, 1991년 663건에 불과하던 한국 남성과 외국인 여성의 결혼은

---

1 1980년대 이후 한국인들의 취업 기피로 초래된 노동 집약적인 2차 산업 분야(이른바 3D 산업)의 노동력 부족 현상을 해결하기 위해 한국 정부가 인근 아시아 지역으로부터 이주 노동력을 수입해 오기 시작하면서 한국 사회에서 이주 노동자가 증가했다.

2 법무부 2006년도 『출입국 관리통계연보』에 따르면, 2006년 등록 외국인 중 결혼 이주 여성은 약 8만 명, 노동 이주 여성은 약 10만 명으로, 남성과 달리 여성에게는 결혼이 이주의 주요한 통로가 됨을 알 수 있다. 국적별로는 베트남의 경우 결혼 이주가 노동 이주의 3배, 중국(한족)의 경우 2배 이상인데, 이는 최근 5년간 베트남이 한국 사회에서 주요한 국제 결혼 시장으로 부상했고, 2006년까지 중국이 MOU 체결국에서 제외되었기 때문이다. 반면에 한국계 중국인은 노동 이주자가 결혼 이주자에 비해 많은데, 이는 방문 취업 비자와 같은 외국적 동포 우대 정책에 의해 한국계 중국인들에게 상대적으로 많은 노동 이주의 기회가 주어지기 때문이다. 결국 남성과 달리 여성의 경우 노동 이주와 결혼 이주는 연동하며, 따라서 노동 이주의 통로가 다양화되고 확대될수록 상대적으로 결혼 이주는 줄어들게 된다고 할 수 있다.

2001년 10,006건, 2006년에는 30,208건으로 증가했고, 1990년부터 2006년까지 한국 사회로 유입된 '외국인 아내'의 수는 19만 명에 이른다.[4] 국적별 분포는 2006년의 경우 중국(47%), 베트남(34%), 일본(5%), 필리핀(4%), 몽골(2%), 태국(1%), 러시아(1%) 순으로 출신 국적이 다양해졌지만, 여전히 중국(한국계 중국인 포함) 여성과의 결혼이 압도적으로 많고, 베트남 여성과의 결혼이 눈에 띄게 증가했다는 특징을 갖는다.

국제 결혼이 늘어나면서 페미니스트 연구자와 운동가들 사이에서 이에 대한 관심이 증가하고 있다. 그러나 국제 결혼을 바라보는 관점은 그들이 서 있는 입장만큼이나 다양한데, 젠더 관점을 요청하면서 이주 노동의 성별적 특징을 강조하는 설명들은 여성이 자신의 몸(섹슈얼리티)을 매개로 국경을 넘으며, 이주 후 가족 내에서 가사나 육아와 같은 재생산 노동을 수행하게 된다는 점에서 국제 결혼을 성매매 여성이나 가사 노동자, 보모와 동일 선상에 위치한 '이주의 여성화' 혹은 '여성화된 노동'의 한 영역으로 간주해 왔다(김현미, 2001; 김현미, 2006; 김은실, 2002). 그러나 국제 결혼에 관한 지배 담론은 그것이 표피적으로는 결혼의 형식을 취하지만, 실질적으로는 글로벌 결혼 시장에서 여성의 몸이 교환 가능한 '상품'으로 거래되는 '매매혼'에 다름 아니라는 입장이고, 이주 여성들은 한국의 가부장제적 가족 질서를 재생산하기 위한 통제와 억압의 대상이 된다(홍기혜, 2000; 윤형숙, 2003). 따라서 여성 운동 진영에서는 인권적 관점에서 결혼 이주자들의 결혼 생활에서 일어나는 폭력이나 체류 자격의 문제를 접근해 왔다(이금연, 2003; 윤정숙 외, 2004; 김민정, 2006; 한국염, 2006; 소라미, 2006).

현재 국제 결혼은 구조적인 차원에서 폭력과 인권 유린이 발생될 성별 불평등 위에서 진행되고 있으며, 이는 여성주의자들의 개입과 비판이 요청되는 사

3 성별에 따른 국제 결혼의 변화 추이를 살펴보면, 1994년까지 한국인 여성과 외국인 남성의 결혼 비율이 높았지만, 1995년 이후에는 한국인 남성과 외국인 여성의 결혼 비율이 압도적으로 높아져, 2006년 한국인 남성과 외국인 여성의 결혼은 전체 국제 결혼 중 76%를 차지했다.

4 http://www.kosis.nso.go.kr

안이다.[5] 그러나 '차이'를 인정하지 않고 모든 국제 결혼 당사자들을 가해자/피해자로 정형화하는 담론은 결과적으로 모든 국제 결혼을 비난하면서 근대 이성애적 중산층 결혼이 갖는 규범을 정상화하고 강화할 위험을 갖는다. 이러한 담론은 지구화 과정에서 새롭게 등장하는 주체들을 타자화하고 비정상화하는 결혼과 사랑에 대한 규범적 권력의 행사일 수 있다. 현재 한국 남성과 아시아 여성의 결혼은 젠더의 문제일 뿐 아니라 계급의 문제다. 동시에 남성과 여성의 조건을 둘러싼 타산적인 성역할 결합 방식으로 진행되고 있는 한국 사회의 결혼 내 존재하는 모순들이 극명하게 투영되는 장이기도 하다.

이 글에서는 국제 결혼을 선택하는 남녀의 입장에서 그들의 경험을 드러내고, 결혼 이주 여성들이 로컬을 어떠한 방식으로 변화시키고 있는지에 초점을 두어 지구/지역의 형성이라는 맥락에서 국제 결혼을 조명하고자 한다. 왜 한국 남성과 아시아 여성들은 국제 결혼을 선택하는 것일까? 결혼에 대한 기대는 어떤 것일까? 성혼 과정에서 이들은 자신의 결혼을 어떻게 경험하며, 해석하고 의미화하는 것일까? 삶에 대한 기대와 실천들은 어떤 것일까? 이러한 질문은 이들이 하나의 논리로 단일화할 수 없는 이질적이고 다양한 삶의 경험(lived experience)을 지닌 주체라는 전제에서 출발한다. 또한 이러한 질문은 피해자/가해자로 재현되어 온 국제 결혼 당사자들이 구성하는 새로운 사회적 환경의 가능성을 드러내기 위한 것이다.

5 현재 국제 결혼은 결혼 중개업자들을 통해 여성들이 한국으로 유입되는 과정상 많은 문제점을 내포한다. 다른 나라로의 이주는 많은 입국 비용을 필요로 하기 때문에, 이주 비용을 마련할 수 없는 아시아 지역의 가난한 여성들은 결혼이라는 가장 무력한 방식으로 국경을 넘는다. 그리고 여기에서 남성이 여성의 가족에게 경제적 보상을 하고 결혼 비용과 입국 비용 전액을 지불한다는 사실은 여성이 맞선 과정에서 불이익이나 협박을 당하는 또한 결혼 후 가족 내에서 여성에게 가해지는 착취와 폭력의 근본적인 원인이 되기도 한다. 그러나 콘스터블(Constable, 2003)이 지적했듯이 국제 결혼을 판매 대상/구매자, 희생자/억압자, 피해자/가해자라는 이분법적 구도로 재현하는 페미니즘 담론은 여성을 영구적인 희생자로 남성을 가해자로 규정함으로써, 이들의 행위성을 배제하는 또 다른 담론적 권력의 행사일 수 있다.

2. 국제 결혼에 관한 한국 사회의 담론, 연구, 정책

한국 사회에서 국제 결혼에 대한 담론은 농촌의 생산, 재생산 위기를 타개하기 위한 것에서 시작되어 현재 급속하게 진행되고 있는 저출산과 가족의 위기에 대한 불안감, 노동력 부족 담론 속에서 전개되고 있다. 1990년대 초 한국 정부는 농산물 시장 개방 압력으로 악화된 농촌 경제를 보호하기 위한 정치적이고 경제적인 조치들을 취하기보다 조선족 여성들의 생산, 재생산 노동을 통해서 농촌의 경제 위기, 인구 재생산 위기를 벗어나려고 했고(박혜란, 1996:219; Freeman, 2005:84 재인용), 이 시기 정부가 주도하는 '농촌 총각 연변 처녀 짝짓기 운동'은 범사회적인 운동으로 전개되었다(홍기혜, 2000:34).

이러한 행정 주도형 국제 결혼은 한국 사회만의 독특한 현상은 아니다. 1980년대 이후 일본, 대만과 같은 동아시아 지역 신흥 부유국들은 자국의 신부 부족 문제를 해결하기 위해 아시아 지역 저개발국 여성들의 결혼 이주를 묵인하거나 장려해 왔는데(Suzuki, 2002; Wang & Chang, 2002; Nakamatsu, 2003; Hsia, 2004; 김현미, 2006), 여기에서 국제 결혼은 구조적으로는 유입국 하층 계급의 재생산을 보장할 뿐 아니라 값싼 노동력을 지속적으로 제공함으로써 저임금 노동 시장을 안정화하는 데 기여하게 된다(Hsia, 2004).

초기 정부에 의해 주도되었던 국제 결혼은 1990년대 중반 이후 상업화된 중개업체와 특정 종교 단체가 개입하면서 폭발적으로 증가했는데, 이는 정부가 중개업 시장을 효과적으로 관리, 감독하지 못함으로써 초래된 결과다. 중개업은 초기 투자 자본 없이 고소득을 올릴 수 있는 수익 사업일 뿐 아니라, 과거 행정 기관의 허락과 감독을 받아야 했던 중개업체들이 1998년 이후 세무서에 사업자 신고만 하면 영업이 가능해짐으로써, 당시 700여 개이던 중개업소는 2005년 2천 개 이상으로 급증했다(고현웅 외, 2005; 한건수 외, 2006). 정부 차원의 결혼 이주자에 관한 공식적인 정책이나 제도가 마련되지 않은 상황에서 결혼 중개는 초국적 이주 산업으로 팽창했다. 더욱이 최근 저출산 고령화 사회에 대한 공포와 함께 국제 결혼이 향후 인구 재생산을 위한 하나의 '대안'으로 간주됨으로써, 각 지자체들이 경쟁적으로 국제 결혼 비용을 지원하는 조례를 제정하기에 이르렀다.[6] 그런데 여기에서 문제는 지방자치단체의 국제 결혼 비용 지원 사업이 상업화된 중개업체를 통해 이루어지며, 그 과정에서 중개업체를 통한 결혼이 안고 있는 문제들이 고스란히 재생산되고 있다는 점이다.

다른 나라로의 이주는 많은 입국 비용을 필요로 하기 때문에, 이주 비용을 마련할 수 없는 아시아 지역의 가난한 여성들은 자원이 없는 상태에서 결혼이라는 가장 무력한 방식으로 국경을 넘는다. 그러나 현재 관행화된 중개 방식은 비용 전액을 지불하는 남성의 이해와 욕구에 초점이 맞추어져 있을 뿐 아니라, 최대 이윤의 추구라는 시장 논리에 의해 구조화되어 있기 때문에, 여성들은 결혼 과정에서 일어나는 다양한 형태의 인권 유린에 대해 취약할 수밖에 없다. 더욱이 중개 과정 자체에 내재된 이러한 젠더 불평등은 결혼 후 가족 내에서 여성에 대한 착취와 극단적인 폭력으로 이어지기도 한다(고현웅 외, 2005).[7]

이런 현실 속에서 국제 결혼이 사회 문제로 가시화되면서 이에 대한 학문적 · 실천적 관심이 증가하고 있다. 여성학적 연구들은 국제 결혼을 젠더 권력의 문제로 인식하고 여성의 '피해 경험'에 초점을 맞추어 왔다. 따라서 고유한 인격을 지니는 여성을 글로벌 결혼 시장 안에서 거래 가능한 상품으로 위치짓는 중개 방식이나 불평등한 가부장제적 가족 내에서 여성에게 가해지는 다양한 형태의 통제나 억압, 학대와 착취의 현실을 드러내고 이를 비판해 왔다(홍기혜, 2000; 윤형숙, 2003; 윤정숙 외, 2004, 김현미, 2006). 같은 맥락에서 상업화된 중개업체를 통한 결혼 과정에서 일어나는 인권 유린이나, 결혼 생활에서 일어나

---

6 최근 각 지방자치단체들은 "영농, 영어 의욕 고취와 안정적인 생활 영위"라는 명목으로 조례를 제정해 농어촌 미혼 남성들에게 국제 결혼 비용을 지원하는 사업을 경쟁적으로 실시함으로써, 이주 여성을 지원하는 NGO 그룹으로부터 거센 비판을 받고 있다. 2007년 6월 현재 농어민 국제 결혼 비용 지원에 관한 조례를 제정하거나, 조례 제정과 무관하게 예산을 책정해 국제 결혼 비용 지원 사업을 실시하고 있는 지자체는 3개 광역시도와 60개 시군으로, 이는 전국 기초자치단체 246개 중 24.7%에 해당하는 수치다(최순영, 2007). 지원 사업의 문제점과 비판의 내용에 대해서는 2007년 6월 7일 이주 여성 정책 네트워크와 민노당 최순영 의원이 주최한 "농어민 국제 결혼 지용 지원 사업 무엇이 문제인가" 토론회 토론집 참조할 것.

7 현재 상업화된 초국적 결혼 중개 시스템의 구조와 국제 결혼 과정에서 일어나는 다양한 인권 침해의 문제에 관한 내용은 고현웅 외(2005)와 Wang & Chang(2002)을 참조할 것.

는 폭력, 여성의 체류 자격이 사회 문제가 되면서 이주 여성 지원 단체는 결혼 과정에서 일어나는 인권 유린과 피해 실태를 드러내고, 여성 인권의 관점에서 정부의 대책 마련을 촉구해 왔다(이금연, 2003; 두레방, 2005; 고현웅 외, 2005; 김민정, 2006; 한국염, 2006; 소라미, 2006).

현재 한국 정부는 저숙련 이주 노동자들을 한국 사회가 책임질 필요가 없는 임시적인 노동력(guest worker)으로 간주하고 정착을 허용하지 않는다. 반면에 한국민의 '배우자'로 이주하는 여성들을 '결혼 이민자(marriage immigrant)'로 차별화하면서, 이들이 한국인의 '아내'이자 '어머니'로서 가능한 한 빨리 한국 사회에 '적응'할 수 있도록 한국어 교육을 포함한 다양한 정착 지원 사업과 프로그램을 마련했다. 또한 국적 취득 전 한국민의 '배우자'로 생활하는 여성들이라 하더라도 자녀를 양육하는 경우라면 '국민 기초생활 보장법'과 '모, 부자 복지법'의 수급권자로 포함시켰다(김민정, 2007). 이러한 일련의 지원 정책들은 2006년 4월 26일 정부가 발표한 「여성 결혼 이민자 가족의 사회 통합 지원 대책」으로 수렴되었다.[8]

이처럼 범정부 차원에서 결혼 이주 여성들에 대한 사회 통합 지원 대책이 마련되면서, 최근 국제 결혼에 관한 논의는 피해 실태로부터 '이민자 적응 문제'로 확대되고 있다. 국제 결혼 여성에 대한 실태 조사 보고서들(설동훈 외, 2005; 2006; 정기선 외, 2007)은 여성들이 "이민자로서 한국 사회에 성공적으로 적응할 수 있도록 정부 차원의 적응 지원 정책을 마련할 것"을 촉구하고, 경제적 빈곤이나 사회 서비스로부터의 소외, 의사 소통의 어려움, 문화 갈등과 같이 결혼 이주 여성들이 한국 사회에 '적응'하는 과정에서 겪는 어려움을 분석한다. 또한 학문적 연구들은 이주 여성들이 실제 가족 안에서 생활하면서 동화(同化)의

8 2006년 4월 26일 정부가 발표한 「여성 결혼 이민자 가족의 사회 통합 지원 대책」의 주요 내용은 ① 탈법적인 국제 결혼 방지 및 국제 결혼 당사자 보호, ② 가정 폭력 피해자 등에 대한 안정적인 체류 지원 강화, ③ 한국 사회 조기 적응 및 정착 지원, ④ 결혼 이민자 가족 아동의 학교 생활 적응 지원, ⑤ 결혼 이민자 가족의 안정적인 생활 환경 조성, ⑥ 결혼 이민자에 대한 사회적 인식 개선 및 업무 책임자 교육, ⑦ 추진 체계 구축이다. 자세한 내용은 2006년 4월 26일 정부가 발표한 「여성 결혼 이민자 가족의 사회 통합 지원」안을 참조할 것.

압력에 직면해 겪게 되는 다양한 사회 문화적 갈등을 분석하고(하밍타잉, 2005; 한건수, 2006), 정착 과정에서 여성들의 전략적 협상에 주목한다(윤형숙, 2004; Freeman, 2005; 김민정 외, 2006). 이러한 연구들은 국제 결혼에 관한 논의를 정책 마련을 위한 실태 조사 차원을 넘어 확장시켰다는 의의를 지니지만, 결혼 이주 여성의 삶을 주로 한국 가족 관계 안에서 설명하고 있다는 점에서 '적응 모델'을 크게 벗어나지 않는다.

그러나 적응 모델과는 다른 연구들도 등장하고 있다. 김지은(2006, 2007)은 현재 한국 사회가 결혼 이주 여성들에게 부여하는 권리는 단지 자녀 양육이나 가사 노동과 같이 재생산 노동과 관련되며, 적응 · 정착 지원 프로그램들이 실질적으로는 여성들을 가족 내 재생산 노동의 주체로 훈육시켜 내고 있음을 지적하면서, 편협한 동화주의를 비판한다. 그런데 여기에서 심각한 문제는 지방자치단체뿐 아니라 중개업자들이 이주 여성들의 초기 정착 과정에 가부장제적인 이데올로기를 주입시키는 훈육적 주체로 개입한다는 사실이다. 그 외 결혼 이주 여성들과 모국과의 관계나 물리적 · 정서적 안전망으로서 이주 여성들의 자조 공동체에 주목하는 연구들(임안나, 2005; 김정선, 2007) 그리고 다문화주의에 관한 논의(김이선 외, 2006; 문경희, 2006; 김영옥, 2007) 등이 새롭게 등장하고 있다.

3. 연구 방법, 연구 대상지의 특성 및 연구 참여자

이 연구는 충남 J 마을에 거주하는 국제 결혼 가족에 대한 현지 조사 결과다. 현지 조사는 2004년 10월부터 2005년 2월까지 약 5개월에 걸쳐 수행되었다. 이 연구는 국제 결혼 당사자들이 자신의 결혼을 어떻게 경험하고 의미화하는지 살펴보는 연구이므로 이들의 경험을 듣고 그들이 어떻게 자신의 결혼을 해석하는가 하는 데 초점을 두었다. 연구 참여자들은 충남의 한 지자체 기관이 주최하는 '혼인 귀화 여성 농업인 부부 교육' 프로그램에서 만났다. 그 후 이들 중 충남 J

마을에 거주하는 이들에게 인터뷰를 요청했고, 이들의 가정을 방문해 심층 인터뷰를 수행했다. 이 연구가 농촌에 거주하는 이들로 연구 참여자를 제한한 것은 한국 사회에서 국제 결혼은 기본적으로 도시와 농촌의 위계 혹은 농촌의 주변화라는 구조적 문제에서 비롯되었고, 따라서 농촌이라는 지역적 특수성이 고

〈표 1〉 J 마을 인터뷰 사례표

성명	성별	연령	국적	학력	결혼 방식	현재 하는 일	가족 상황	비고
명석	남성	36세	한국	방통대 중퇴	통일교	논농사, 화훼, 깻잎 재배 부업으로 보험	어머니와 3세 딸	
마리아	여성	26세	필리핀	대학 중퇴	통일교	가사와 육아만 담당하는 전업 주부. 단, 꽃을 재배할 때만 남편을 도움	시어머니와 3세 딸	
정우	남성	36세	한국	중졸	국제 결혼 중개업체	논농사, 깻잎, 당귀 등 특용 작물 재배	아버지와 3세 아들	
누엔	여성	22세	베트남	초졸	국제 결혼 중개업체	가사 노동뿐 아니라 남편과 함께 농업 노동	시아버지와 3세 아들	
영수	남성	44세	한국	고졸	국제 결혼 중개업체	건축업	부모와 4세 딸	
메이	여성	22세	베트남	초졸	국제 결혼 중개업체	가사와 육아만 담당하는 전업 주부	시부모와 4세 딸	
대식	남성	41세	한국	고졸	국제 결혼 중개업체	농업		베트남 여성과 결혼했지만 부인이 한국으로 입국하지 못함
중개업체 대표이사	남성	40대 후반	한국					베트남 전문 결혼 중개업

려되어야 한다고 생각했기 때문이다.

J 마을은 53여 가구 약 150명 정도의 인구가 살고 있는 농촌의 작은 마을이다. 이 마을은 지리적으로 대전에서 가깝기 때문에 아이들은 대전에서 학교를 다니고 있고 20, 30대의 젊은이들 또한 대전이나 서울로 일하러 나가 인구의 절반 이상이 60세 이상의 노년층으로 구성되어 있다. 지난 2001년과 2002년에 이 마을에 남아 있던 비혼(非婚) 남성(30대 남성 3명과 40대 남성 2명) 모두 국제 결혼했지만, 한 가구는 배우자가 베트남에서 들어오지 못했고, 다른 한 가구는 대전으로 이주해 현재 이 마을에는 국제 결혼한 3쌍의 부부가 살고 있다. 이들 중 두 가구는 결혼 중개업자를 통해 베트남 여성과 결혼한 경우고 다른 한 가구는 통일교를 통해 필리핀 여성과 결혼한 경우며, 남성들 중 2명은 논농사뿐 아니라 특용 작물, 약재, 화훼 재배를 주업으로 하고 있고, 다른 1명은 건축업에 종사하고 있다.

이 연구는 J 마을에 거주하는 국제 결혼한 한국 남성 4명과 베트남 여성 2명, 필리핀 여성 1명, 모두 7명과 2회에서 3회에 걸쳐 심층 면접했고, 부족한 부분에 대해서는 전화 인터뷰했다.

4. 한국 농촌 사회와 국제 결혼

4.1 한국 남성과 아시아 여성[9]의 결혼을 구조화하는 요인들

최근 전 지구적으로 확산되고 있는 글로벌 자본은 정보, 금융, 문화 자본주의의 형태로 그 축적 양식을 달리하면서, 비가시적이지만 고수익을 올릴 수 있는 자본의 형태로 급속히 변화하고 있다(김현미, 2004). 자본의 이러한 새로운 흐

9 아시아 여성이란 용어는 아주 문제적인 용어다. 문화 · 언어 · 국적 등이 다른 여성들을 하나로 묶어내는 말이고 그들을 타자화하는 말이지만, 이 글에서는 지면의 경제적 이유 때문에 그들을 아시아 여성이라고 부르고 있다. 그러나 가능한 그들의 차이를 가시화할 수 있는 방식으로 기술하고자 한다.

름은 같은 아시아 지역 내에서뿐 아니라 하나의 국민국가 내부에서도 지역 간 불균형과 계급 불평등을 심화시키는 구조로 작동한다. 한국 남성과 아시아 여성의 결혼은 근본적으로 글로벌 자본의 흐름에 의해 가속화되고 있는 국가 간 위계뿐 아니라, 국민국가 내부 도시와 농촌의 위계, 산업 사회의 효율을 극대화시킬 수 있는 신체의 정상성과 비정상성의 위계 등 다중적인 주변화에 의해 구조화된다.

4.1.1 농촌 사회의 주변화, 농민 남성성의 주변화

후기 산업 사회의 중요한 특징의 하나는 인구 대부분이 도시에서의 삶을 영위하는 도시성에 있다. 글로벌 시대 도시는 초국가적인 정보, 자본, 하이테크놀로지, 문화, 소비, 여가, 나아가 네트워크의 중심으로서 과잉 부유화의 이미지를 지니며, 농촌이라는 주변화된 공간의 인구를 빠르게 흡입해 내고 있다. J 마을도 예외는 아니어서 현재 이 마을의 젊은이들은 거의 서울이나 인근 대전으로 나아가 생활하고 있고, 이 마을에 남아 있는 국제 결혼한 남성들 또한 한번쯤은 서울에서 직장을 가지고 생활한 경험을 갖는다. 젊은 시절 '더 나은 삶'에 대한 기대는 농촌의 젊은이들을 도시로 이끌지만, 학력 자본이나 전문 지식, 전문 기술이 없는 이들이 도시에서 '나은 삶'을 보장받는 것은 아니다.

남성들은 주로 염색 공장, 나전칠기, 금은 세공과 같은 영세업체의 생산직 노동이나 카센터, 전자 제품 서비스 센터와 같이 저임금 서비스직에 종사했다. 그러나 경쟁적인 도시 생활에 적응하는 데 어려움을 겪거나 안정된 수입이 보장되는 직장을 얻지 못함으로써, 혹은 도시 생활이 더 나은 미래에 대한 전망을 제공하지 못함으로써 이들은 다시 J 마을로 돌아왔다. 특히 신체적인 장애를 가진 경우라면 경쟁적이고 불안정한 도시의 고용 시장에서 생존하는 것은 더욱 어려운 일이었다. 이처럼 임금 노동 시장에서의 주변화와 소외는 남성들이 자신의 고향인 J 마을로 되돌아오는 중요한 이유가 된다.

그러나 남성들이 되돌아온 J 마을 또한 글로벌화의 영향으로부터 자유로운 공간은 아니다. 현재 J 마을의 삶을 규정하는 가장 큰 요인은 전 지구적 규모에서 진행되는 농업의 글로벌화다. 전통적으로 농업은 생산과 유통이 매우 지역적일 수밖에 없는 산업이었지만, 글로벌 체제 하에서 전 지구적으로 확산되고 있는 냉장 · 냉동 · 운송 기술의 발전으로 농산물 또한 전 지구적 차원에서 가장 생산비가 싼 지역에서 생산되어, 이윤이 가장 높은 곳에서 판매된다는 자본의 논리 속으로 편입되어 가고 있다(박민선, 2004). 지형적으로 J 마을은 평야라기보다는 산에 인접한 땅이기 때문에, 전통적으로 논농사뿐 아니라 인삼, 황기, 당귀, 구절초, 인진쑥과 같은 약초나 도라지, 깻잎과 같은 특수 작물이나 밭작물 그리고 배와 같은 과수를 재배해 왔고, 다른 지역에 비해 소득이 높은 편이었다. 그러나 1990년대 후반 이후 한국 사회가 글로벌 체제로 급속히 편입됨에 따라 농산물 수입 자유화에 따른 농산물 가격 인하와 WTO의 압력에 의해 농촌에 대한 정부의 지원이 약화되면서 농가 소득이 지속적으로 감소하고 있다.[10] 소득이 감소하면서 대부분의 사람들이 도시로 다시 나갔고, 남은 사람들도 전업을 시도하고 있다. 국제 결혼한 남성 중 영수씨는 "일년 내내 힘들게 일해도 도시인들의 3개월 생활비에도 못 미치는 소득" 때문에 농사를 짓다가 건축업으로 전업했다.

이처럼 장시간의 노동에 비해 낮은 소득이 농촌의 삶을 규정짓는 요소가 되면서 농촌은 빠르게 분해되어 가고 있지만, 그 과정은 계층적 이질성과 다양성을 동반하면서 진행되고 있다. J 마을의 경우에도 특수 작물을 재배해 대전에 집을 살 수 있을 정도로 고소득을 올리는 상층 농가와 소득 감소로 최저 한도의 생계를 유지하는 농가가 있다. 명석씨의 경우에는 글로벌 흐름에 따른 시장의 변화에 능동적으로 대처하기 위해 6년 전부터 국화를 재배하기 시작했고, 일본으로 수출을 시도하기도 했다. 농업은 기본적으로 토지에 의존하는 노동으로 생산량과 소득은 소유한 토지의 면적과 비례하는데, 명석씨는 300평 규모의 비

10 박민선에 따르면 농가 소득은 1990년 중반까지는 도시 근로자 소득과 균형을 이루어 왔다 그러나 1990년대 후반 이후 그 격차가 확대되고 있다. 농림부 자료에 따르면 1990년 가구당 농가 소득은 도시의 97.4%, 농가의 1인당 소득은 도시의 97.7%였지만 2002년에는 각각 73%와 82.4%로 감소했다(박민선, 2004:49).

닐 하우스 하나만 가지고 있기 때문에 생산 물량이 적어 수출을 포기했다. 그는 앞으로 주변의 토지를 매입해 물량을 늘려 자신의 브랜드를 내고 수출할 꿈도 가지고 있다. 그러나 외지인들의 투기는 J 마을의 땅값을 올려놓음으로써 그가 자신의 꿈을 실현시킬 만한 물적 조건을 마련하는 것을 더욱 어렵게 하고 있다.

농업은 동식물의 유기적 생육 과정을 돌보는 노동의 성격을 지니며 토지에 의존하는 노동이기 때문에, 시간적으로나 공간적으로 매우 한정된 특성을 지닌다. 또한 사람의 노동에 의해 가치가 창출되는 노동 시간과 상품을 생산하는 생산 시간이 다르다는 특성을 지닌다(Sachs, 1983: 박민선, 2004에서 재인용). 이러한 특성으로 인해 농업은 다른 노동에 비해 가족 노동에 대한 의존도가 높고, 필연적으로 여성의 육체 노동을 요구한다. 그러나 농촌의 삶은 고된 노동에 대한 정당한 대가를 제공해 주지 못할 뿐만 아니라 도시 생활과 대비해 볼 때 소비, 여가, 이동, 네트워크가 제한되어 있다. 이러한 삶의 조건 때문에 한국 여성들은 농촌 남성과 결혼을 기피하게 된다. 따라서 J 마을 남성들에게도 '농촌에서 산다'는 사실은 곧 한국의 결혼 시장에서 배제되는 중요한 이유가 된다.

고된 노동에 대한 정당한 대가를 받을 수 없는 농촌의 현실뿐 아니라, 신체의 주변화 역시 J 마을 남성들이 한국의 노동 시장과 결혼 시장에서 소외되는 또 다른 이유가 된다. 남성에게 공적 영역에서 사회적 노동에의 참여는 그가 한 개인으로서의 권리를 인정받고 가족을 부양할 수 있는 경제적 자원을 획득할 수 있는 중요한 통로다. 그러나 장애에 대한 편견이 자리잡고 있는 현실에서 장애를 지닌 사람들은 사회적 노동에서 제외되는 경우가 많으며, 장애 남성은 가족을 부양할 만한 경제적 능력을 갖지 못한 것으로 미리 전제되곤 한다. 명석씨의 경우에는 주변 사람들뿐 아니라 가족들까지도 그가 신체적 조건 때문에 결혼하기 힘들 거라고 생각했다.

> 한국 여성하고 선본 적은 없었어요. 누가 해 주는 사람이 없으니까. 소개시켜 주는 사람이 없으니까. 왜냐면 제가 다리가 불편하고 그러니까 그런 거 같아요. 욕 먹을까봐. 사람들 그렇게 생각하잖아요. 다리 불편하니까 일하기 힘들 거라

고…… 그러니까 못 하죠…… 또 나도 그렇게 생각했죠. '나는 장애인이고 그런 것 (결혼하기) 힘들 거다' 생각은 들었죠. 혼자 미리 생각했지. 형님도 마찬가지고 어머니도 마찬가지고. (명석)

이는 교육이나 취업에서 결혼에 이르기까지 다양한 권리로부터 장애인들을 배제시키는 사회적 편견이 깊게 내재된 한국 사회의 현실을 보여 준다. 이러한 현실에서 장애의 몸을 지닌 사람들은 도시, 노동 시장, 결혼 시장과 같은 다양한 사회적 장에서 주변화될 수밖에 없다.

그러나 현재 한국 사회에서 몸에 대한 위계는 단지 장애/비장애라는 조건만이 아니라 소비 사회에서 '외모'라는 이름으로 불리는 신체의 여러 조건들이 사회적 장에서 가치로 작동하면서 만들어지고 있다. 따라서 경제적이고 육체적인 조건이 우선시되는 맞선 과정에서 개인의 외모는 여성뿐 아니라 남성에게도 중요한 평가 기준으로 작동한다.

그리고 한국 여성하고 선을 한 두어 번 봤는데 그것도 별로 안 됐고. 맘에 안 든 여자도 있고, 될 거니 했는데 여자가 퇴짜 놓은 적도 있고. 한번은 중매로 가서 봤는데 싫다고 하더라고. 근데 그 여자가 선을 많이 봤더라고. 그래서 한 단계 높아진 상태더라고. 그러니까 딱 잘라 얘기해서 두 가지가 마음에 안 들었을 테지. 키 작은 거 하고 농사짓는 거 하고 두 개가 마음에 안 드는 거지. "그러냐?" 고 그러고 말았지. (정우)

농촌에서 살고 있다는 사실과 '키가 작다'는 자신의 신체적 조건이 한국 여성의 거부 원인이라고 이해하는 정우씨의 이야기는 농촌의 주변화와 신체의 주변화가 한국의 결혼 시장에서 J 마을 남성들을 소외시키는 중요한 요소가 되고 있음을 보여 준다.

4.1.2 국가 간 위계와 가난한 로컬에서 여성의 소외

글로벌 자본의 확산으로 더 많은 지역이 하나의 단일한 세계 체제로 편입되고 있지만, 이러한 편입은 균질적이거나 균등한 것이 아니며 오히려 국가 간 위계와 경제적 불평등을 더욱 심화시키는 방식으로 진행된다. 이러한 추세는 아시아 지역도 예외가 아니어서 같은 아시아 지역 내에서도 자본 중심의 경제 체제를 갖춘 국가들, 즉 일본, 한국, 대만, 홍콩, 싱가포르와 같은 신흥 부유국과 농업 중심의 전통적인 경제 체계를 유지하고 있는 아시아 저개발 국가들 사이의 경제적 불균형이 더욱 심화되고 있는데, 이는 한국 남성과 아시아 여성의 결혼을 구조화하는 가장 근본적인 정치, 경제적 구조로 기능한다.

그러나 글로벌 차원의 국가 간 위계가 아시아 저개발 국가의 여성과 한국이나 대만과 같은 아시아 신흥 부유국의 남성들의 결혼을 구조화하는 유일한 요소는 아니다. 이들의 결혼은 국가 간 경제적 불균형뿐 아니라 여성 본국의 노동시장, 그리고 아시아 지역의 로컬 가부장제가 서로 복잡한 방식으로 상호 교직하는 과정을 통해 구조화된다.

누엔과 메이가 생활하던 베트남 농촌은 농사에 의존하는 전통적인 경제 체계를 갖고 있다. 그러나 글로벌화 과정에서 이들 역시 국가 간 위계뿐 아니라 베트남 내부에서 도시/농촌의 위계에 의한 이중의 주변화를 경험한다. 베트남의 가난한 농촌 마을에서 태어나 교육을 받을 기회가 없었던 베트남 여성 대부분은 도시로 나아가거나 공적인 임금 시장에 편입되지 못한 채, 농촌에서 전통적인 농업에 종사해 왔다. 그러나 누엔이나 메이의 가족처럼 자신의 명의로 된 토지를 소유하지 못한 경우라면, 여성에게는 그러한 노동조차 보장되지 못한다. 누엔의 가족은 땅을 가지고 있지 못했기 때문에 아버지는 다른 집에 가서 일했고, 누엔은 모내기 철이나 수확 철과 같은 농번기 동안만 다른 집에 가서 일을 돕고 그 대가로 벼를 받는 생활을 했다.

메이의 경우도 아버지가 자신의 토지를 가지고 있지 않았기 때문에 아버지는 다른 사람의 소유인 과수원에서 일하고 일당을 받았으며, 자신은 어머니가 집에서 과자를 만들어 파는 것을 돕는 생활을 했다.

아버지는 베트남에 땅이 없어 남의 과수원에 가서 일을 했었거든요. 저는 농사일을 안 돕고 어머니 과자 만드시잖아요, 과자 만드는 거 장사하는 거 도와드렸거든요…… 저와 같은 나이, 친구들, 여자들은 이것저것 일을 하기도 해요. 뭐 농사짓고 아니면 공장 가서 일을 하고 이런 쪽 일을 해요. "혹시 도시, 공장에 가서 일을 하고 싶다는 생각은 안 하셨어요?" 아니오, 친구들이 호치민 시나 그런 도시에 가서 재봉업체나 구두 아니면 보통 외국 업체나 공장에 가서 일하는 사람도 있어요. 근데, 시골에 있다 보니까 올라가서 여러 가지 비용도 있고, 도시에선 생활비도 많이 든다고 그래서…… 회사, 일자리 구하기는 구하는데, 돈 많이 못 벌어요. 생활비, 방세 내고, 자취하고 밥 먹고 그래야 되니까 얼마 남지는 않아요. 일을 열심히 해도 돈이 많이 남는 것도 아니고, 가면 고생하는 거다……그래서 아예 처음부터 가고 싶지 않았어요…… "요즘 베트남 여성들이 공장에서 일하면 월급 얼마나 받나요?" 일에 따라 다르죠. 보통 농사짓는 거는 돈으로 따질 수가 없고 공장에 나가면 한 달에 한 10만 원, 원으로 한 10만 원 그 정도. 100만 동 받거든요. (메이-센 통역)

메이와 같은 또래의 젊은 베트남 여성들은 호치민 시와 같은 도시로 나가 봉재나 신발 공장 같은 제조업 노동자나 다국적 기업의 노동자로 생활하기도 하지만, 도시에서의 생활은 저임금 장시간의 노동에 비해 생활비가 많이 들기 때문에 저학력의 젊은 여성들이 노동을 통해 돈을 벌기는 어렵다.

마리아는 한국에 오기 전 필리핀에서 다국적 기업의 노동자로 일했다. 그녀는 경제적인 이유로 다니던 대학을 중퇴하고 인근 도시에 있는 한국과 일본 합작 신발 공장에서 봉재 일을 했다.

"친구들은 일했어요?" 일 많이 없어요. 필리핀 사람들 일 없어요. 그냥 집에 있어요, 스탠바이. 일 있으면 여성들은 저기 팩토리 워커나 그냥 아르바이트로 백화점에서 세일즈해요. 나는 대학 공부 2년만 하고 그냥 공장 가서 돈 벌었어요. 팩토리 워커. 신발 있잖아요. 라벨 붙이는 거. 우리 소잉했어요. 미싱 놓고요. 민다나오에는 브랜드가 있잖아요, 일본인하고 한국인이 합작하는 아이 엔씨. 하루에 8시간 일해요. "그렇게 일하면 월급은 얼마 정도 받나요?" 하루 150페소. 4달러. 일주일에 6일 일하고 일요일 날 일이 없어요. 일이 많을 때는 연장해서 근무하고 그랬어요. 돈 벌어서 반은 내가 쓰고 반은 부모님 드리고 조카 학비도 주고 그랬어요. (마리아)

많은 필리핀 젊은이들은 직장을 얻지 못하고 만성적인 실업 상태(스탠바이)에서 살아간다. 필리핀 본국의 노동 시장은 소수 전문직 여성을 제외하고 여성들에게 그들의 능력에 적합한 일자리를 제공하지 못한다. 여성들은 보통 다국적 기업의 생산직 노동이나 백화점 판매 직원과 같은 저임금 서비스직의 일을 하게 되는데, 임금은 한 달에 110달러에 불과했다. 더욱이 아들보다는 딸에게 가족 부양의 책임을 기대하는 사회적 분위기 속에서 여성들은 자신이 번 돈의 대부분을 가족을 위해 사용해야 한다.

J 마을 결혼 이주 여성들은 로컬의 노동 시장에서 자신의 능력에 적합한 일자리를 갖거나 자신의 노동에 대한 정당한 대가를 받을 수 없다. 또 가족 부양의 의무로 인해 자신의 필요나 의지에 따라 사용할 수 있는 경제적 자원을 축적할 수 없다. 이런 상황에서 한국 남성과의 결혼은 누엔, 메이 그리고 마리아와 같은 아시아 여성들에게 새로운 삶을 살아볼 하나의 기회였다.

4.2 기회/대안으로 기능하는 국제 결혼

4.2.1 '실현 가능한 대안'으로서 국제 결혼

1990년대 이후 결혼 정보 회사를 통한 기업형 중매가 폭발적으로 증가하면서 한국 사회에서 결혼은 자본주의 시장 질서로 빠르게 편입되고 있다. 그러나 이러한 현실과는 무관하게 다른 한편에서는 "남녀 개인의 관계성이나 친밀성이 결혼의 전제 조건이 되어야 한다."는 결혼에 대한 근대적 이상이 강력한 사회, 문화적 규범으로 작동한다. 이에 따르면, 연애는 이성애적 친밀성을 만들어 가는 기간으로, 이상적인 결혼의 전제 조건이다. 점점 더 전인적이고 인격적인 인간 관계를 맺기가 힘들어지는 후기 근대 사회에서 사랑은 타인과 친밀하고 깊은 정서적인 관계를 맺을 수 있는 유일한 방식으로(기든스, 1996), 자신의 사적 존재를 인정받는 유일한 관계로 자리매김되고 있다.

명석씨는 J 마을로 돌아오기 전 도시에서 직장 생활을 하면서 다양한 사회적인 장에서 이성을 만날 수 있는 기회를 가졌고, 상대방에 대해 알게 되고 이성으로서 호감을 느끼게 되면 자신의 감정을 고백해 본 경험도 있다.

> 외로웠죠. 연애하고 싶었고. 남들을 보면 부럽기도 하고. 그런데 이제 자라온 환경도 그렇고 또 집도 그렇고, 나 자신도 그런 콤플렉스가 있다 보니까 구애를 한다기보다는 좀 조심스러웠죠. 내가 마음을 전하기 전에 그 쪽이 마음을 열어야 되는데 나 혼자만 마음을 열어서 보여 주면 그쪽은 싫어하는 거죠. 그러다 보니까 이제 자꾸 늦어진 거지. 그런 생활을 하다 보니까. 한국 여성들 만날 기회는 그냥 회사 생활할 때, 서울에서 직장 동료나 그래서 제가 맘이 있어서 이야기하면 여자들은 안 받아 주더라구요. 그래서…… 남들 연애하는 것처럼 아니라 친구처럼 만나서 식사도 하고 이렇게 데이트도 하고 그렇게. 처음에는 그런 얘기를 못 하니까. "나는 좋으니까 뭐, 사귀어 보자" 든지 이렇게 얘기를 하기가 좀…… 그런 얘기하면 그 쪽에서 피하더라고. 그 쪽에서 피해요, 저를. 그래서 뭐 대부분 성공을 못 했죠. (명석)

그러나 여성들은 그와 친구를 넘어서 연인으로 발전되기를 원치 않음으로써, 그는 한국 여성과 친밀하고 정서적인 관계를 경험할 수 없었다.

J 마을의 연구 참여자들은 농촌에서 살아간다는 이유로 혹은 신체가 불편하다는 이유로 친밀성의 시장에서 끊임없이 주변화되고 배제되었다. 이러한 상황에서 남성들은 "어차피 결혼 안 하면 어떠냐? 못 하면 말지!"라고 결혼을 포기하고 비혼(非婚)으로서의 삶을 상상하기도 했다. 그러나 이성애적인 핵가족이 규범적 이상으로 자리잡은 사회에서, 또한 결혼 적령기가 지난 후 가족 생활

이 아닌 다른 삶의 양식을 상상하거나 실천할 수 없는 사람들이 비혼으로 살아간다는 것은 쉬운 일이 아니다. 따라서 "한국 사람이랑 어차피 결혼 못할 거라면," 그러나 "결혼을 포기하지 않을 거라면" 유일한 길은 국제 결혼을 하는 것이다.

단일 민족 신화를 내면화하고 자라온 남성들은 처음에는 국제 결혼을 할 수 있다는 생각을 못했지만, 1990년 후반 이후 아시아 여성과의 결혼이 급증하고 가까운 이웃 마을에서 한국 남성과 결혼해 생활하는 아시아 여성들을 보게 되면서 국제 결혼은 실현 가능한 하나의 대안이 된다. 더욱이 상업화된 국제 결혼 중개업체가 급증하면서 농촌의 비혼 남성들은 결혼 중개업자들로부터 적극적인 권유를 받게 된다. J 마을 비혼 남성들도 몇 년 전부터 통일교로부터 국제 결혼을 하라는 권유를 지속적으로 받다가 2001년 정우씨가 결혼 중개업자를 통해 베트남 여성과 결혼하면서, 2002년 통일교를 통해 필리핀 여성과 결혼한 명석씨를 제외하고, 2002년 이 마을에 남아 있던 비혼 남성 모두 베트남 여성들과 결혼했다.

나름대로 배우자가 될 여성에 대한 기대가 있었지만 그런 여성을 만나볼 기회를 가져보지 못한 남성들에게 결혼 중개업자가 재현하는 베트남 여성의 이미지는 극도로 유혹적일 수밖에 없다.

> 그 전에 한국 여성들과 선을 몇 번 봤죠, 많이는 안 봤지만. 물론 나도 그렇지만 아니다 싶더라고요, 볼 때마다. 그래서 그냥 접었죠, 그냥. 쉽게 쉽게 접었어요…… 그래도 결혼해야겠다는 마음은 있었죠. 근데, 국제 결혼이라는 건 진짜 꿈에도 생각 안 했었어요. 안 했었는데 이렇게 자꾸 얘기 들어보니까 저 같은 경우엔 여자 경험도 없었고 진짜 뭐, 말 그대로 시골 총각이었어요, 진짜로. 그랬는데 (중개업자가) 그 쪽에(베트남에) 가면 어리고 착한 여자들, 진짜로 착하고 예쁘고 순진하고 부모님 공경 잘하고 생활력도 강하다고 그렇다고 말하니까 혹하는 거죠. 감언이설로 환상적으로 이야기하니까 서둘러지더라구요……. 엄청 급했어요 급했어. 뭐 홀린 것처럼 자제가 안 되더라구요. 그 땐 다른 생각이

안 났어요. 그 쪽으로만 생각하니까 맘이 들떠 있어가지고 일도 손에 안 잡히고……. (대식)

'어리고', '착하고', '예쁘고', '순진할' 뿐 아니라 '부모님 공경 잘하고', '생활력까지 강한' 베트남 여성의 이미지는 남성이 혹은 가부장제적인 가족이 필요로 하는 여성성에 관한 최상의 가치들을 모두 구현하고 있는 것으로 현재 한국 여성으로부터 기대할 수 없는 가치들이기도 하다.

최근 한국 사회에는 중개업체를 통해 이루어지는 상업화된 국제 결혼의 비인간적인 측면들이 사회 문제가 되고 있는데, 이 문제의 핵심은 남성이 비용 전액을 지불하고 여성을 '마치 상품처럼' 구매하게 된다는 데 있다. 그리고 때에 따라서 '돈을 지불했다'는 사실은 남성이 여성의 몸에 대한 전면적인 통제권을 주장하는 이유가 되기도 한다. 그러나 정우씨는 자신의 경험에 비추어 비용을 지불하는 국제 결혼을 '결혼을 할 권리', '행복을 추구할 권리'로 이해한다.

에이전트들은 당연히 돈만 생각하지 이거를 정부에서 뭐 실질적으로 갈 사람 모집해서 "야, 돈 대줄 테니까 가라!" 그렇게 하면 모를까 그렇게 되지 않죠. 그 나라(베트남)에서도 돈을 요구하고 그러는데, 그거는 할 수 없다고 한다면 그럼 한국 총각들은 그냥 결혼도 못 하고 총각귀신 되는 거 아니에요? 그 사람들이 상업성으로 그거 하지 뭐 봉사로다 비행기 표 사가지고 주고 그러겠어요? …… 뭐, 장가 갈 사람은 돈으로 가는 것밖에 길이 없잖아요. 우리는 그렇게 생각 안 하는데, 그걸 여자를 사온다 뭐다 비난하는 게 너무한 거지……. (정우)

정우씨는 중개업자가 요구하는 비용 전부를 부담하는 것은 결혼을 원한다면 자신이 "감수할 수밖에 없는 일"로 받아들인다. 그러나 그럼에도 불구하고 그것은 남성성에 관련된 것이고, 돈을 지불한 여성에 대한 남성의 관계를 규정짓는다.

4.2.2 '더 나은 삶'에 대한 매개로서 국제 결혼

여성주의 연구자들과 여성 단체에서는 국제 결혼의 피해자로서 여성의 비자발성을 강조해 왔다. 그런데 이러한 논의는 여성의 피해자성을 강조함으로써 국제 결혼의 문제점을 빠르게 해결하는 운동에는 효율적일 수 있지만, 여성들이 국제 결혼을 선택하는 동기를 단편적으로 이해함으로써 급증하고 있는 국제 결혼의 근본적인 원인에 대해서는 설명하지 못한다. 따라서 자발성/비자발성이라는 이분법적 논의보다는 여성들을 초국가적 결혼 시장에 편입시키는 구조적인 요인뿐 아니라 정서적 욕망에 대한 이해가 필요하다.

국제 결혼을 이주 노동의 한 형태로 설명하는 논의들은 여성 본국의 가난과 실업이라는 경제적 요소들을 가장 중요한 배출 요인으로 간주해 왔다. 이러한 설명은 아시아 여성이 국제 결혼을 선택하는 이유를 더 넓은 사회 경제적 맥락 안에서 설명한다는 의의를 지닌다. 그러나 이러한 경제결정주의적인 접근은 더 나은 삶을 향한 여성 개인의 욕망이나 상상력의 힘을 간과한다. 글로벌 체제라는 변화하는 세계 속에서 여성의 삶에 대한 기대나 자아 인식은 근본적으로 달라지고 있다. 누엔과 메이 그리고 마리아의 이야기는 가난으로부터의 탈피나 딸로서 가족 부양에 대한 의무 못지않게 계층 상승이나 새로운 삶에 대한 욕망이 그들을 글로벌 차원의 결혼 시장으로 편입시키는 중요한 요소가 되고 있다는 것을 보여 준다.

"어떻게 외국 남자랑 결혼하겠다는 생각하셨어요?"라는 질문에 "비행기 타고 싶으니까. 또 다른 나라에서 살고 싶으니까. 그래서 외국 남자에게 시집가요."라는 누엔의 대답은 여성이 글로벌 시대 국가 간 경계를 넘고, 로컬의 경계를 벗어나는 것은 새로운 삶에 대한 기대와 가능성 때문이었다는 것을 보여 준다. 초등학교를 졸업하고 베트남 농촌에서 농사일을 하고 있던 누엔은 대만 남성과 결혼한 마을 여성들이 친정 부모에게 "새 집을 지어 주고 가구와 전자 제품도 사 주고 경제적으로 도움을 주는" 모습을 보고 열세 살 때부터 국제 결혼할 생각을 가졌다고 한다. 그런데 누엔의 이러한 생각은 허황된 꿈이라기보다는 자신의 현실에 대한 정확한 이해에 기반한 것이다.

앞서 언급한 바와 같이 고등 교육을 받지 못한 누엔과 같은 베트남 농촌의 여성들은 대부분 공적인 노동 시장에 참여해 경제적 자립을 이룰 기회를 갖지 못하고 가족 노동이라는 전통적인 형태의 노동에 참여한다. 베트남 사회에서 남성과 달리 경제적 자립의 길이 제한되어 있는 여성들에게 결혼은 계층 이동을 할 수 있는 유일한 길이다. 그러나 한국 사회와 마찬가지로 결혼이 계층적 결합으로 이루어지는 베트남 로컬의 결혼 시장에서 결혼을 통한 계층 상승은 그렇게 쉬운 일이 아니다. 누엔은 자신이 가진 취약한 조건으로는 로컬의 결혼 시장에서 '학력이 높고', '경제적인 능력을 가진', '잘생긴' 남성과 결혼할 수 없다고 판단했다. 로컬의 가부장제가 여성에게 허용하는 삶이란 베트남 농촌 남성과의 결혼일 뿐이며, 이러한 결혼은 그저 현재의 삶과 노동을 그대로 유지하거나 재생산하는 것으로 그녀에게 더 나은 삶을 보장하지 못한다.

반면에 국제 결혼은 그것이 비록 '사랑'을 통해 이루어지는 것이 아니라 하더라도 자신에게 주어진 한정된 삶의 조건을 넘어 새로운 삶, 더 나은 삶에 대한 가능성을 실현할 수 있는 하나의 대안이 될 수 있다. 그리고 이러한 의미에서 국제 결혼은 자신의 미래에 대한 기대와 가능성의 형태를 취한다. 이러한 기대 때문에 어릴 적부터 대만 남성과 국제 결혼을 할 생각을 가지고 있었던 누엔은 베트남 고향 마을에서 자신과 사귀고 싶어하는 남성들에게 이성애적인 감정을 느낄 수 없었는데, 이러한 이야기는 국제 결혼을 통해 현재와 다른 새로운 삶을 살고자 하는 그녀의 욕망이 자신을 로컬에 묶어둘지도 모를 사랑이라는 감정의 발현을 유보시켜 왔다는 것을 보여 준다. 누엔은 한국 (혹은 대만) 남성과의 결혼이 단순 반복의 노동, 비전 없는 로컬의 현실을 벗어나 물질적 안락함을 제공해 줄 것이라고 상상했다. 그런데 이러한 기대는 글로벌 차원에서 한국이 아시아 신흥 부유국으로 잘사는 국가의 이미지를 가지고 있기 때문이다. 누엔과 마찬가지로 마리아 또한 결혼 전 한국에 대해 '돈이 많다', '필리핀보다 먹고 살기 쉽다'라는 이미지를 가지고 있었으며, 한국에서의 삶이 필리핀보다 '더 나은 삶(better life)'이 될 것이라고 기대했다.

이들의 이야기처럼 아시아 여성들이 한국 남성과의 결혼을 선택하는 근본적인 이유는 글로벌 차원에서 한국이 갖는 경제력 때문이지만, "필리핀 남성에 비해 가족 부양에 더 충실한 태도를 지니는" 한국 남성의 이미지는 이들이 한국 남성과의 결혼을 선택하는 또 다른 이유다. 양변(兩邊, bilateral)제 가족 제도에 기반한 필리핀 사회는 가족 안에서 부부가 상대적으로 평등하고 상보적인 역할을 담당하며, 여성의 경제 활동을 보장한다(김민정, 2004: 9). 그러나 높은 실업률로 인해 남성이 직장을 가지지 못한 경우라면 이러한 상대적 평등은 가족 부양의 의무를 전적으로 여성에게 전가시키는 결과를 낳는다. 필리핀에서 생활하는 동안 마리아는 주변에서 직업 없이 부모에게 경제적으로 의존하는 남성들을 보았고, 어머니로부터 늘 "직업이 있는 남성과 결혼해야 한다"는 이야기를 들었다.

마리아가 오랜 갈등 끝에 명석씨와의 결혼을 결심하게 된 것은 그가 자신에게 헌신적인 태도를 보였기 때문이기도 하지만, 주변에서 보아온 필리핀 남성들보다 생계 부양자로서의 책임 의식이 강해 보였기 때문이다. 이처럼 지구화는 고정된 영토 내에서 생활하던 여성에게 특정 지역(local)의 경계를 넘어 더 나은 삶을 꿈꾸게 하지만, 미래에 대한 그들의 상상력은 여전히 결혼에 결박되어 있다. 경제적 자원이 없는 아시아 여성들이 국적이나 경제적 계급과 같은 비가시적인 경계를 넘을 수 있는 방법은 단지 결혼일 뿐이며, 자신들의 미래를 변화시킬 수 있는 길에 대한 상상력 역시 남성을 매개로 한다.

5. 규범적 각본이 부재하는/작동하지 않는 성혼 과정

1990년대 한국 사회에서 국제 결혼은 주로 결혼 중개를 통해 교세 확장과 경제적 이윤을 추구하는 통일교에 의해 중개되었지만, 최근 국제 결혼이 수익성 높은 사업으로 인식되면서 상업화된 중개업소를 통한 결혼 또한 급증하는 추세다. 그러나 한국 남성과 아시아 여성의 결혼을 상업화하는 힘은 단지 한국 중개업자만은 아니다. 국제 결혼은 한국 중개업자뿐 아니라, 여성 본국의 현지 중개업자, 호텔, 예식장, 레스토랑, 미용, 화장, 웨딩, 관광, 이벤트 업체 등 다양한 이익 집단이 개입되어 하나의 초국가적 사업(transnational business)을 이루며, 그 과정은 맞선, 처가 방문, 결혼식, 합방, 신혼 여행으로 구성되는 5박 6일의 1차 방문, 서류 완성 후 남성이 여성을 한국으로 데려오기 위한 3박 4일의 2차 방문으로 이루어진다. 그런데, 이러한 절차는 현재 한국 사회에서 하나의 관행으로 굳어져 있다.

상업화된 국제 결혼에서 중개업자들은 결혼과 입국 비용 전액을 남성에게 지불케 하는데, 경제적 이윤이 창출되는 것은 여성을 통해서다. 이주 비용을 마련할 수 없는 아시아 지역의 가난한 여성들은 중개업자에게 의존해 국경을 넘을 수밖에 없는데, 이 과정에서 중개업자들은 더 많은 경제적 이윤을 얻기 위해 여성의 몸을 상품화시킬 뿐 아니라 남녀 모두에게 비인간적이고 비인격적인 절차를 강요한다. 따라서 여성주의자들은 국제 결혼 중개의 '인신 매매적' 성격을 비판해 왔다.

그런데 문제는 과연 국제 결혼 당사자들이 어떻게 자신의 결혼 과정을 경험하고 해석하는가 하는 것이다. 또한 중개업자에 의해 주선되는 자리를 결혼으로 가져가기 위해 어떠한 정서적 · 관계적 장치를 만들어 내는가 하는 것이다. 결혼은 한국 사회에서만이 아니라 베트남이나 필리핀에서 자신의 미래를 함께 하는 인생의 동반자를 만나는 것이기 때문에 그 상대가 누구여야 하고 그 상대와 어떠한 정서적 · 감정적 결합이 이루어져야 한다는 규범과 기대, 문화적 각본들이 존재한다. 그러나 중개업자가 매개하는 성혼 과정에서는 이런 것들이 작동되지 않는다. 바로 이러한 규범적 절차 혹은 문화적 각본의 부재가 그들의 결혼을 '비정상적'이고 '매매적인' 것으로 만든다.

남성들은 맞선과 성혼 과정에서 겪었던 자신의 정서적 상태를 '경황이 없음', '얼떨떨함', '불안감'이라는 느낌의 언어로 표현한다. "뭐, 말이 안 통하니까 자세한 거는 알 수도 없고 주로 보는 게 뭐, 나이하고 외모밖에 더 돼요?"라는 영수씨의 자조 섞인 반문처럼 언어적 소통 자체가 불가능한 맞선 과정에서 개인은 익명화될 수밖에 없다. 상대방과의 관계 속에서 언어가 의미를 생산하지 못함으로써, 여성의 경우라면 나이와 외모, 남성의 경우라면 직업, 학력, 경제력, 가족 사항 등 몇 개의 조건적 범주가 모든 것을 대변하는 지표가 된다. 한국 남성이 비용의 전액을 지불한다는 사실은 맞선 과정에서 남성의 우선적인 선택권을 보장한다. 그러나 단 몇 시간 만에 타인들의 가치를 그 개인의 인격과 무관한 조건들로만 평가해야 하는 상황에서, 그리고 그 짧은 순간의 선택이 자신의 배우자를 결정하는 것일 때, 남성은 '선택하는 자'로서 비인간화된다.

> 이게, 어떻게 말씀드려야 될지 모르겠지만 경황이 별로 없어요. 그리고 정신이…… 이게 상대방 성격도 모르고 아무것도 모르잖아요. 일단 얼굴만 보고 이제 그저 말이 통하는 것도 아니고. 그러니까 진짜 어떻게 보면 진짜 속된 표현이지만 우시장에서 소 고르는 것처럼…… 그리고 경황이 너무 없었어요. 그리고 이게 아무리 국제 결혼이라도 사람이 대화를 해 보고 말이 안 통하더라도 좀 시간을 갖고 이를테면 하루면 하루 데이트를 같이 해 보고 나서 해야 되는데 그냥 이렇게 가자마자 딱 해 갖고 딱 들어오면 이 여자 둘 중에 하나 고르고…… 또 둘 중 하나 고르고…… 그러니까 이거는 뭐, 어떻게 뭐, 제대로 되는게 아니죠……. (대식)

그러나 '선택하는 자'로서 남성의 위치가 절대적인 권력을 보장받는 것은 아니다. 이는 그의 선택이 여성과 그 가족에 의해 거부될 수 있고, 여성이 남성의 선택 의사를 수용한 경우라 해도 확실성을 보장받는 것은 아니기 때문이다. 그것은 잠정적인 것에 불과하며 따라서 취약할 수밖에 없다. 시간을 통해 쌓아가는 상대방에 대한 신뢰와 믿음이 부재한 상태에서 남성들은 이러한 취약성을 불안감으로 경험하며, 이러한 불안감은 소통 가능한 언어로 전환되지 못하고 느낌 속에 갇힌 채 쉽게 외화되지 않는다.

흔히 맞선 과정에서 상대방에 대한 아무런 지식이나 정보도 없는 상태에서 남성들이 여성을 선택하는 절대적인 기준은 여성의 신체적 매력, 즉 '외모'라고 이야기된다. 그리고 이는 일반적인 사실이기도 하다. 그러나 실제 연구 참여자들의 경험에서 여성에 대한 이들의 선택은 외모라는 일반적인 기준 못지않게 정서적인 느낌에 의존한다.

영수씨는 다른 남성들과는 달리 베트남에 결혼하러 가기 전에 중개업자로부터 부인의 사진을 팩스로 받아 보았다. 이는 그가 J 마을에서 부유한 계급에 속하고 키도 크고 외모도 준수할 뿐 아니라, 부모님의 성화로 한국 여성과 70번이 넘게 선을 봤지만 결혼을 안 한 '까다로운' 사람이라는 중개업자의 판단에 따른 특권적 배려 때문이었다. 그는 처음으로 대면하게 된 '낯선' 여성들 중에서 자신의 배우자를 선택해야 하는 막막한 상황에서 한국에서 미리 사진이라도 보고 이야기를 들었던 메이에게 '친근감'이 느껴져 그녀를 선택했다. 대식씨의 경험 또한 영수씨와 유사하다. 그는 최종으로 올라온 두 명의 여성 중 마지막으로 배우자를 선택해야 하는 상황에서 자신과 시선을 교환한 여성을 선택했다. 이러한 이야기들은 의사 소통이 불가능한 맞선에서 남성들이 자신이 지불한 금액에 상응하는 최선의 선택이라는 이성적인 계산보다는 자신의 선택을 스스로에게 납득시키고 상대방과 관계를 맺을 수 있는 정서적인 끈들을 고안하고 거기에 의존하려고 노력한다는 것을 보여 준다.

6. 한국의 가부장제적 가족과 이주 여성

그동안 국제 결혼 여성들은 한국의 가부장제의 필요에 의해 한국으로 유입되고, 가부장제적 가족 질서를 재생산하는 것으로 간주되어 왔다. 그리고 가족 내에 고립, 감금되어 자신의 노동과 섹슈얼리티를 착취당하고 이를 거부할 경우 폭력적인 통제의 대상이 되는 것으로 재현되어 왔다. 가부장제 사회에서 이성애 결혼은 제도로서의 가부장제적 가족을 재생산하는 측면을 지니며, 한국 여성의 결혼도 예외는 아니다. 그러나 이러한 일반화는 여성의 행위성을 부정하고 여성을 가부장제적인 권력이 각인되는 무기력한 대상 혹은 피해자로 만들 위험을 갖는다. 여성이 가부장제 사회에서 삶을 살아가는 이상 가부장제적 권력에 의해 오염되지 않는 순수한 여성 행위성의 공간은 존재하지 않으며, 따라서 중요한 것은 국제 결혼이 가부장제적 가족 체계를 재생산한다고 할 때, 혹은 그러한 질서가 전위, 변형, 전복된다면 어떤 과정을 통해서인가 하는 것이다. 그리고 이러한 질문은 '제도'로서 가부장제적 가족과 여성이 구체적인 맥락에서 가족, 가족 관계, 가족 내에서의 역할을 통해 경험하는 '경험'으로서의 가족을 구분함으로써 접근할 수 있다.

결혼 이주 여성들이 한국 가족과 맺는 관계나 가족 내에서 수행하는 역할의 경험은 남편의 경제적 계급이나, 여성 개인의 의지나 자아 실현에 대한 욕망에 따라 다를 것이다. '더 나은 삶'을 기대하고 한국 남성과 결혼을 선택한 여성들에게 남편의 생활 수준은 기대를 충족시키는 것일 수도, 혹은 기대에 못 미치는 것일 수도 있다. 결혼 전 이미 남편의 경제적 조건을 알고 있던 마리아와 달리, 중개업자를 통해 결혼한 누엔과 메이는 한국으로 입국한 후에야 비로소 자신이 생활해야 할 환경에 대해 정확히 알게 되었다. 가족 노동에 의존하지 않고 외부 노동력을 구매해 과수와 농사를 지을 만큼 J 마을에서 경제적으로 부유한 계급에 속하는 영수씨와 결혼한 메이는 자신이 '운이 좋은 편'이라고 생각한다. 이는 농사에 참여해 장시간 노동하는 마을의 다른 여성들과 달리 이러한 노동에서 면제되어 도시 중산층 전업 주부와 같이 가사와 육아만을 담당하며 생활할 수 있기 때문이다.

베트남에서 남성을 사귀어 본 경험이 없어서 "남편을 사랑하는지 아닌지는 잘 모르겠지만", 계급 상승의 기반으로 국제 결혼의 의미를 수용했던 했던 메이에게 정기적으로 생활비를 줄 뿐만 아니라 가끔씩 육아도 분담해 주는 남편과 함께하는 생활은 자신의 기대를 충족시켜 주는 것이다.

이처럼 메이는 결혼을 통해 자신이 기대했던 물질적인 안락함을 누리고 만족하지만, 남편과 자신의 관계를 정우와 누엔의 관계에 비춰 보면서 가정 내에서의 자신의 지위가 누엔보다 나은 것은 아니라고 생각한다. 그녀는 자신과 달리 경제적 형편이 어려운 누엔은 일을 해야 하지만, 대신에 그러한 노동의 대가로 가족 내에서 자율성, 남편과 동등한 관계, 친밀성을 보상받는다고 생각한다.

메이의 남편인 영수 또한 메이가 남편과의 관계에서 느끼는 이러한 결핍을 느끼며, "여자랑 사는 거라기보다는 애들하고 사는 것 같은 느낌"이라고 말한다.

> 뭐, 나이가 어리니까 어떤 때는 애기 같아요, 애기. 그러니까 한국 여자랑 사는 거 하고는 느낌 자체가 다르지. 여자 같은 느낌이 안 들죠. 살기는 살아도. 남자들이 그런 거 바라는 사람이 어딨어요? 여자 같은 느낌을 바라지…… 뭐. 애 같아. 집에 있으면 심심하다고 하고, 애들마냥 용돈 타서 쓸라고 하고 친구네 집 놀러간다고 데려다 달라고 하면 데려다 주고 싶지만 부모님이 계시니 매번 해 줄 수도 없고. 그러니 와이프를 보는 느낌이 아니라 애들 같은 느낌이 든다니까. 아내하고 사는 느낌이 안 들고 애들하고 사는 느낌. (영수)

이는 그가 부인과의 관계를 상호적이고 동반자적인 관계라기보다 자신의 일방적인 보살핌과 돌봄을 필요로 하는 관계로 느낀다는 것을 의미한다. 현재 국제 결혼의 가장 큰 특징은 연령의 차이에 있으며, 일반적인 경우 많은 연령의 차이는 국제 결혼에 내재된 남녀 권력의 비대칭을 상징한다. 동시에 결혼 후 그러한 비대칭을 더욱 공고히 하거나 재생산하는 중요한 요소가 된다. 그러나 연령의 차이는 단순히 권력으로만 환원될 수 없는 측면을 갖는다. 인간에게 나이는 단순히 생물학적이고 유기체적인 몸의 상태만 의미하는 것이 아니다. 그것은 몸과 더불어 정신이 살아온 시간의 축적물로, 따라서 나이 차이는 서로 소통하거나 공유하기 힘든 두 개인의 정신적인 경험의 간극을 의미하는 것이기도 하다. "여자가 아니라 애들하고 사는 것 같다"는 영수씨의 표현은 이들 관계에 내재된 이러한 간극을 드러낸다.

한국의 가부장제적인 가족과 여성이 맺는 관계라는 측면에서 누엔의 경험과 메이의 경험은 차별화된다. 메이와 달리 누엔은 한국에서 남편의 경제적 조건이 베트남에서 자신이 상상했던 것과 달라 실망했다.[11] 한국 남성과 국제 결혼한 여성들 대부분이 이러한 실망을 경험하는데, 이는 국제 결혼을 하는 남성들 대부분은 경제적 능력이라는 기준으로 위계화된 한국의 결혼 시장에서 주변화된 이들이지만, 글로벌 차원의 결혼 시장에서는 국가 '한국'이 갖는 경제력이 남성 개인의 자원이 되었기 때문이다. 누엔이 국제 결혼에서 기대했던 것은 자신이 육체적 노동을 안 해도 되는 경제적 계층 상승이었지만, 그녀의 현실은 자신의 노동을 필요로 한다.

그러나 한국에서의 노동은 베트남에서의 노동과는 그 성격과 의미가 다르다. 정우씨는 다른 여성들과 달리 농사일을 분담해야 하는 아내에 대한 미안함과 고마움 때문에 누엔이 맡고 있는 깻잎에서 거둔 수익 중 일부를 누엔의 통장으로 입금시켜 주는데, 이는 누엔에게 자신의 노동이 현금화된다는 의미를 갖는다. 베트남에서 논농사는 수작업으로 이루어지며 노동 강도가 높은 반면 가격이 낮아 저축할 만큼의 벌이가 안 되고, 더욱이 가족 노동의 일부로 경제적 대가를 받지 못하는 부불(不拂) 노동이었다. 이에 비해 한국에서 누엔이 주로 돌보는 깻잎과 같은 특용 작물은 평당 수익이 높으며, 그녀의 노동은 '내 돈'으로 현금화됨으로써 자신의 의지나 필요에 의해 처분 가능한 경제적 자원이 된다. 이러한 의미에서 누엔은 한국에서의 삶이 베트남에서의 생활보다 낫다고 평가하며, 이러한 평가는 자신의 힘으로 경제적으로 더 풍족한 삶을 실현할 수 있다는 미래에 대한 기대를 포함하는 것이다.

> 신랑은 그냥 통장 하나 만들어 줬어요, 그냥. 신랑이 저번에 50만 원 줬어, 통장에다 넣어 줬어. 그냥 혼자 가지라고. 그냥 신랑 가끔씩 일년에 50만 원 모아 줘요. 작년에도 50만 원 주고 금년에도 50만 원 주고 그렇게 신랑은 줘요. 그냥 통장 가져가서 우체국 가서 혼자 돈 넣어요. 그건 내 돈이지. 그 돈은 나중에 베트남에 가면 쓸 거예요. 예, 그래서 만족스러워요. (누엔-센 통역)

---

11 누엔의 이러한 실망감은 같은 마을 혹은 이웃 마을의 다른 국제 결혼 여성들과의 비교를 통해 강화되며, 자존심이 강한 그녀는 다른 베트남 여성들이 자신에게 동정심을 갖는 것이 싫어 한국 남성들과 결혼한 베트남 여성들의 모임에 잘 나가지 않고 같은 마을에 사는 메이와만 교류하고 있다.

남편의 경제적 조건은 비록 자신의 기대에 못 미치는 것이지만 베트남과 달리 한국에서는 일한 만큼 돈을 벌 수 있다는 인식은 누엔으로 하여금 남편의 생활 태도의 변화를 요구하게 했다. 결혼 전 가족 부양의 의무가 없었던 정우씨는 소득은 높지만 많은 노동을 필요로 하는 밭작물을 재배하기보다 논농사만 지으면서 마을 남성들과 어울려 술을 마시거나 읍내 노래방에서 대부분의 시간을 보내면서 생활했고, 이러한 생활 방식은 결혼 초기 누엔과의 관계에서 갈등의 원인이 되었다. 그러나 한국 생활에 익숙해지고 한국어로 의사 소통이 가능해지기 시작하면서 누엔은 남편의 생활을 통제하고 남편을 노동의 파트너로, 더 나아가서 경제적 계층 상승에 대한 자신의 기대에 동참시켰다. 여기에서 계층 상승에 대한 누엔의 욕망은 가족을 매개로 하지만, 그렇다고 이를 가부장제적인 가족 질서의 재생산이라는 하나의 잣대로 재단할 수는 없다. 이는 오히려 자신에게 주어진 제한된 조건에서나마 자신의 욕망을 현실화하려는 여성 개인의 노력이라는 해석이 가능한 지점이 된다.

이들이 함께 몸을 부딪히며 노동하는 경험은 더 나은 삶을 위한 현재적인 노력이기도 하지만, 정서적이고 육체적인 친밀성을 쌓아가는 과정이자 동시에 동반자적 의식이나 정서적인 유대감을 강화하는 과정이기도 하다. 누엔은 남편과의 이러한 관계의 변화를 "단지 내가 결혼했다."라는 표현과 "진짜 아내, 남편이다"라는 표현으로 구분한다. 법적인 혼인으로서의 결혼은 그녀에게 단지 그녀가 기혼이라는 상태만을 의미할 뿐이다. 그녀는 성혼 과정에서 배제되었지만, 결혼 생활을 통해 사후적으로 구성되는 친밀성을 획득한 이후에야 비로소 정우씨를 '진정한' 남편으로 승인한다.

7. 트랜스 로컬이 되어 가는 J 마을

오늘날 전 지구적으로 확산되고 있는 글로벌한 흐름은 우리의 삶을 근본적으로 변화시키고 있으며, 이러한 세계 속에서 자신의 미래에 대한 상상이나 자아 인식은 단지 로컬의 경계에 국한되는 것이 아니다. 이러한 맥락에서 볼 때, 한국의 가부장제적 가족이나 농촌 공동체로서 J 마을이라는 국지적인 조건들은 더 이상 이주 여성들의 삶이나 정체성을 규정하는 단일한 준거 틀이 될 수 없다. 더욱이 여성들이 글로벌화의 영향 속에서 삶을 살아가는 J 마을의 지역성은 더 이상 이전의 사회 관계들을 전통적인 방식으로 재생산하지 않는다.

젊은 연령층 대부분이 도시로 나아가 생활하면서 J 마을에 남아 있는 한국 여성들은 대부분 50대 이상이기 때문에 마리아와 같은 젊은 이주 여성은 마을 여성들보다는 한국 남성과 결혼한 필리핀 여성들과 관계를 맺으며, 이러한 이주 여성들의 네트워크는 여성들에게 한국 생활에 대한 정보와 지식을 얻을 수 있는 정보망일 뿐 아니라, 고립감을 완화시켜 주는 정서적인 지원망이 되기도 한다. 더욱이 글로벌 시대 주요한 정보 매체인 인터넷 사용은 여성들의 관계망을 J 마을이라는 제한된 물리적 공간을 넘어 필리핀 본국뿐 아니라 초국적인 영역으로 확장시킨다. 현재 마리아는 인터넷을 이용해 필리핀 뉴스를 보거나 필리핀 라디오 프로그램 음악도 듣고 본국의 가족들이나 친구들과 문자 메시지나 채팅을 통해 지속적이고 긴밀한 관계를 유지하고 있다. 또한 그녀의 영어 사용 능력은 그녀가 인터넷 채팅을 통해 사이버 공간상에서 미국, 러시아 등 다국적 인들과의 관계맺음을 가능케 한다.

마리아 이야기는 J 마을이 그녀가 '적응해야 하는 현실'이지만 그것이 한국의 농촌 생활 양식이나 한국 가족 규범의 현실을 의미하는 것은 아니며, 여성들의 정체성의 준거가 더 이상 '가족'이라는 틀 안에 고정된 것이 아니라는 것을 보여 준다. 그녀는 "한국 사회의 가부장제적인 가족 질서에 적응할 것을 요구받는" 여성이라는 단일한 이미지로 통합해 낼 수 없는 다중적인 정체성을 소유하며, 이는 로컬의 젠더 규범을 넘어 자아 정체성을 새롭게 협상할 수 있는 중요한 조건이 된다.

글로벌 시대 이주와 대중 매체는 상상된 세계의 범위를 확장하며, 이는 고정된 지역에서 생활하는 개인들의 상상력을 확장시키는 주요한 힘으로 작용하고 있다. 또한 이러한 상상력의 확장은 개인들로 하여금 국지적인 경계를 넘은 실천들을 가능케 한다. 명석씨는 글로벌 흐름이나 시장의 변화에 대처하기 위해 이스라엘, 네덜란드의 화훼 박람회에 참여하고 새로운 정보나 기술을 적극적으로 수용하고자 한다. 그는 J 마을에서 유일하게 화훼를 재배하고 있는데, 이는 화훼가 평당 소득이 가장 높으면서 다리가 불편한 자신의 신체적 조건에 맞는다는 판단에 따른 것이다. 장례식용 꽃으로 사용되어 비교적 수요가 안정적인 국화를 재배했지만 난방비가 많이 들기 때문에, 박람회에 다녀와서는 난방비를 절감할 수 있는 금어초를 국화와 병행해 재배하기 시작했는데, 이는 개인의 행위성의 영역이 글로벌라이제이션이라는 맥락에서 더욱 넓어졌다는 사실을 보여 준다. 특히, 국제 결혼은 결혼 당사자들의 상상력이나 행위성을 확장시킬 수 있는 일종의 자원이 되기도 한다. 비록 마리아와의 결혼으로 중단되기는 했지만 방송통신대에서 컴퓨터 공학을 전공한 명석씨는 필리핀의 마리아의 가족을 방문한 기간 동안 컴퓨터를 조립해 판매하거나 PC방을 운영하거나 혹은 휴대폰 관련 제품을 판매할 생각을 갖게 되었다. 또 한국보다 교육비가 훨씬 싼 필리핀의 사립 학교에 자신의 딸을 유학시킬 생각도 갖고 있다.

부인과 함께 필리핀을 방문한 경험은 로컬의 경계를 벗어나 자신의 미래를 계획하고 상상할 수 있는 하나의 계기가 되었다. 그는 변화된 글로벌 현실을 살아가는 다중적인 정체성을 갖는 주체이자, 주어진 제한된 삶의 조건을 넘어서 자신의 삶을 확장하려는 욕망을 지닌 주체다. 더불어 이들이 살아가는 J 마을은 과거와 달리 도시에 비해 상대적으로 안정적이거나 공간적으로 제한되어 있거나 문화적으로 동질적이지 않은 트랜스 로컬(translocal)이 되어 가고 있다.

II 일본의 국제 결혼 이주 여성과 지역 사회의 대응

함동주(이화여자대학교 사학과)

1. 들어가는 말

20세기 인구의 국제 이동은 저소득 국가에서 미국, 유럽, 일본과 같은 선진국으로 진행되어 왔다. 그런데 1980년대 지구화의 확산에 따라 한층 활발해진 인구 이동에서 아시아 여성 인구가 차지하는 비중이 크게 확대되면서, 남성 이주민에 주목했던 기존의 연구들과 달리 아시아인의 국제 이동에서 여성이 차지하는 역할과 의미에 대한 연구가 주목받고 있다(Chin, 1998; Anderson, 2000; Momsen ed., 1999).

일반적으로 아시아 여성의 국제 이주는 저임금의 미숙련 노동자가 중심이 되고 있다. 1980년대 이후 지구화에 따른 여성 이주에 대해서도 저소득국 출신 여성의 저임금 노동에 대한 연구가 많이 진행되었다(Chin, 1998; Anderson, 2000; Parrenas, 2001). 이 연구들은 여성 이주민이 남성의 가족으로서의 이주가 아니라 독자적인 노동력으로서 이주국(host-country)에서 중요한 역할을 차지하고 있다는 점과 더불어, 여성의 이주 경험이 남성의 경우와 커다란 차이점을 지니고 있다는 사실을 지적했다. 이 글의 분석 대상인 일본은 아시아 여성의 이주에서 대표적인 이주국의 하나다. 그런데 아시아 여성의 일본으로의 이주는 가사 노동자나 미숙련 노동자와 같은 저임금 노동의 형태보다 결혼이나 유흥업에 종사하는 경우가 큰 비중을 차지하고 있다. 따라서 외국 여성의 일본 이주는 노동의 이주라는 측면으로만 볼 수 없는 성격을 지녔다. 이 점을 중시해 이 글에서는 아시아 여성의 일본 이주를 국제 결혼을 통한 이주에 중점을 두고 검토하고자 한다.

1980년대 지구화의 확산 속에서 아시아에 국제 결혼이 크게 증가했는데, 그 대부분이 경제적 선진국의 남성과 경제적 낙후국의 여성의 결합이라는 형태로 전개되면서 경제적 요소가 강하게 작용하고 있다(Wang & Chang, 2002). 일본의 경우도 1980년대 이후 국제 결혼은 대부분 저소득 국가 출신의 여성이 경제적 기회를 위해 일본으로 이주하는 형태로 이루어졌다. 그런데 이러한 국제 결혼 증대가 지구화에 따른 국가적 경계 약화의 결과이면서 그 과정을 한층 심화시킬 가능성을 지닌다는 점에서 중대한 의미를 지닌다. 최근의 국제 결혼이 지구화와 깊은 관련을 지니고 있다는 사실은 일과적 · 개인적 차원에서 이루어진 과거의 사례들과 달리 상당 기간 지속되면서 이주국 내부에도 깊은 영향을 초래할 가능성을 지니기 때문이다. 따라서 일본과 같은 이주국은 국제 결혼에 의한 이주자를 문화적 동화의 대상으로 보려는 기존의 시각에서 탈피할 필요가 있다. 지구화에 따른 국제 결혼의 증대에 따라 일본과 같은 이주국들은 국제 결혼에 따른 사회적 변화에 적극적인 자세로 임해야 한다는 요구에 직면하게 되었기 때문이다.

지구화와 국제 결혼의 관련에 대해서는 아직 연구가 본격화되지 않았다고 할 수 있다. 국제 결혼의 문제는 제2차 세계대전 이후 두드러진 미군 병사와 아시아계 여성의 결혼이 가장 주목을 받았으며, 이는 일본의 경우도 예외는 아니다. 이러한 연구의 주된 관심은 백인계 남성과 아시아계 여성의 결혼 및 이들이 미국 사회 내에서의 적응 문제에 있다(Rohrlich, 1988; Romano, 1988; Cottrell, 1990). 이에 비해 현재 나타나고 있는 아시아계 여성의 일본 남성과의 결혼 문제는 비교적 최근에 관심을 끌기 시작했다(Piper, 1997).

기존의 연구들은 외국인 이주 여성을 지원 대상으로 설정하고 이들을 지원한다는 시각에 입각하고 있기 때문에 외국인 이주 여성과 일본인 사이의 상호 관계에 대한 관심이 부족하다. 여기에서는 이러한 한계가 외국인 이주 여성과 일본인들 사이에 공유된 경험이 부족하기 때문이라고 보고, 최근 들어 차츰 확대되고 있는 국제 결혼 외국인 여성과 일본 여성의 교류에 주목하고자 한다. 그러한 교류의 대표적 사례로 먼저 교육 현장에서의 만남을 들 수 있다. 국제 결혼 외국인 여성의 자녀들이 지역 학교에 진학하게 되면서 '학부모'로서 만남과 교류를 갖게 될 가능성이 확대되고 있다(藤原孝章, 1995; 志水宏吉 · 清水睦美, 2001; 太田晴雄, 2000). 또 다른 사례는 '가정 폭력(DV)'과 관련된 현장에서의 교류 가능성이다. 특히 2001년 10월 13일에 '배우자로부터의 폭력의 방지 및 피해자의 보호에 관한 법률'(일명 'DV방지법')이 제정되는 등, 일본 사회에 가정 폭력에 대한 사회적 관심이 확대되고 있는데, 그러한 폭력의 대상으로 일본인 여성뿐 아니라 외국인 여성에 대한 관심과 논의가 활발해졌다.

이 중에서 본고는 국제 결혼 외국인 여성이 직면한 가정 폭력 문제에 주목해, 이에 대한 일본 사회의 시각과 대응책을 검토하고자 한다. 지구화의 진전에 따라 더불어 대규모로 진행되고 있는 국제 결혼에 따른 변화와 과제에 대해 일본이라는 이주국의 인식과 대응 양상을 검토하고, 이를 통해 지구화에 따른 사회적 변용 가능성과 방향에 대해 고찰해 보겠다.

2. 국제 결혼 이주 여성의 현황과 과제

2.1 일본의 이주 여성과 국제 결혼의 현황

일본에서 국제 결혼은 19세기 말 문호 개방에 의한 외국인과의 교류가 이루어지면서 시작되었다. 그러나 20세기 초까지 국제 결혼은 예외적인 것이었다. 본격적으로 국제 결혼이 등장한 것은 제2차 세계대전 이후 일본에 주둔한 미군 병사와 일본 여성의 결혼에 의해서였다(竹下修子, 2000). 이러한 유형의 결혼은 일본뿐 아니라 미군 병사가 주둔한 다른 지역에서도 공통적으로 나타난 것이었지만, 이 역시도 전후의 일정 기간에 국한되었을 뿐 아니라 미국으로 이주하는 경우가 많았기 때문에 일본 사회 내에서 본격적인 관심의 대상이 되지는 못했다.

이에 반해 1980년대부터 나타난 국제 결혼은 전혀 다른 성격을 띠고 있다. 가장 두드러진 특징은 외국인 이주 여성의 일본인과의 결혼이 크게 증가한 점이다. 〈표 1〉에서 보듯이 1970년에서 2005년까지 전체 결혼 건수는 30% 가까이 감소했지만, 국제 결혼은 오히려 1970년의 5,546건에서 2004년 39,511건으로 약 7배 가량 증가했다. 국제 결혼은 1980년대 들어서 증가하기 시작해 1990년대가 되면서 급증했다. 즉, 1985년에는 12,181명이 되었고, 5년 후인 1990년에는 그 2배인 25,626명이 되었으며, 2000년에 36,263명에서 2005년 41,481명으로 지속적으로 증가하고 있다. 마찬가지로 전체 결혼에서 국제 결혼이 차지하는 비율도 크게 증대되었다. 1970년의 경우 0.54%였으나, 1980년에 0.94%로 1%에 접근한 이후 급격히 증가했다. 1985년에 1.66%, 1990년 3.55%, 2000년 4.54% 2001년 4.97%, 2004년에는 처음으로 5.48%로서 5%선을 넘어섰고, 2005년에도 5.81%로 증대했다.

일본에서 국제 결혼이 급증한 이유는 무엇인가? 1980년대 이후 일본 사회에 외국 이주민의 증대에 따라 일본인과 외국인의 교제 가능성이 늘었다는 데 가장 큰 이유가 있다. 일본에 거주하는 외국인은 1994년 말에 이미 135만 명을 넘어섰으며 그 중에서 신규 이주민이 100만을 넘어섰다(宮島喬, 1996). 현재는 일본으로의 외국인 노동자 유입이 정체되어 1980년대와 같이 급격한 증대를 볼 수는 없지만, 1990년대 이후 이들의 거주 기간이 장기화되면서 정주화(定住化)의 경향이 심화되고 있다.

일본의 경우 외국 여성의 이주는 1980년대를 전후해 증가하기 시작했으며, 전체 이주민에서 차지하는 비중도 증가해 왔다. 〈표 2〉를 보면 지난 6년간 여성 입국자가 수적으로나 비율로나 증가하고 있음을 볼 수 있다.

〈표 1〉 부부의 국적별 혼인 건수의 연차 추이

(단위: 건)

국적 \ 연도		1970	1975	1980	1985	1990	1995	2000	2001	2002	2003	2004	2005
총수		1,029,405	941,628	774,702	735,850	722,138	791,888	798,138	799,999	757,331	740,191	720,417	714,265
부부 모두 일본		1,023,859	935,583	767,441	723,669	696,512	764,161	761,875	760,272	721,452	704,152	680,906	672,784
부부 한쪽 일본		5,546	6,045	7,261	12,181	25,626	27,727	36,263	39,727	35,879	36,039	39,511	41,481
夫日本·妻外國		2,108	3,222	4,386	7,738	20,026	20,787	28,326	31,972	27,957	27,881	30,907	33,116
妻日本·夫外國		3,438	2,823	2,875	4,443	5,600	6,940	7,937	7,755	7,922	8,158	8,604	8,365
夫日本·妻外國		2,108	3,222	4,386	7,738	20,026	20,787	28,326	31,972	27,957	27,881	30,907	33,116
처의 국적	한국·조선	1,536	1,994	2,458	3,622	8,940	4,521	6,214	6,188	5,353	5,318	5,730	6,066
	중국	280	574	912	1,766	3,614	5,174	9,884	13,936	10,750	10,242	11,915	11,644
	필리핀	…	…	…	…	…	7,188	7,519	7,160	7,630	7,794	8,397	10,242
	태국	…	…	…	…	…	1,915	2,137	1,840	1,536	1,445	1,640	1,637
	미국	75	152	178	254	260	198	202	175	163	156	179	177
	영국	…	…	…	…	…	82	76	93	85	65	64	59
	브라질	…	…	…	…	…	579	357	347	284	295	256	311
	페루	…	…	…	…	…	140	145	142	126	139	137	121
	그 밖의 국가	217	502	838	2,096	7,212	990	1,792	2,091	2,030	2,427	2,589	2,859

국적 \ 연도		1970	1975	1980	1985	1990	1995	2000	2001	2002	2003	2004	2005
夫日本 · 妻外國		3,438	2,823	2,875	4,443	5,600	6,940	7,937	7,755	7,922	8,158	8,604	8,367
부의 국적	한국 · 조선	1,386	1,554	1,651	2,525	2,721	2,842	2,509	2,477	2,379	2,235	2,293	2,084
	중국	195	243	194	380	708	769	878	793	814	890	1,104	1,015
	필리핀	…	…	…	…	…	52	109	83	104	117	120	187
	태국	…	…	…	…	…	19	67	55	45	62	75	60
	미국	1,571	631	625	876	1,091	1,303	1,483	1,416	1,488	1,529	1,500	1,551
	영국	…	…	…	…	…	213	249	267	317	334	339	343
	브라질	…	…	…	…	…	162	279	243	231	265	268	261
	페루	…	…	…	…	…	66	124	135	137	125	122	123
	그 밖의 국가	286	395	405	662	1,080	1,514	2,239	2,286	2,407	2,601	2,783	2,738

필리핀, 태국, 영국, 브라질, 페루의 경우는 1992년부터 조사해 왔으며, 1991년까지는 '그 밖의 국가'에 포함되었음.
(출처: http://www.mhlw.go.jp/toukei/saikin/hw/jinkou/suii05/marr2.html)

〈표 2〉 입국자의 남녀별 추이

연도		2000	2001	2002	2003	2004	2005
인원 (명)	남	2,954,947	2,920,787	3,170,553	3,134,669	3,628,809	4,012,383
	여	2,317,148	2,365,523	2,601,422	2,592,571	3,128,021	3,437,265
구성비 (%)	남	56.0	55.3	54.9	54.7	53.7	53.9
	여	44.0	44.7	45.1	45.3	46.3	46.1

출처: 〈표 2〉 남녀별 · 연령별 외국인 입국자 수의 추이, 『平成18年版 出入國管理』, (http://www.moj.go.jp/NYUKAN/nyukan53-2.pdf)를 바탕으로 작성.

일본의 입국자들 중에서 여성 이주자의 재류 자격은 '흥행',[1] '일본인의 배우자 등',[2] '정주자'[3]의 세 그룹으로 크게 이루어져 있다. 〈표 3〉을 보면 '흥행'으로 입국한 경우는 1999년 이후 매년 꾸준한 증가세를 보이고 있다. 국적별로는 〈표 4〉에서 보듯이 2005년의 경우 필리핀 출신이 전체 99,342명 중에서 47,765명으로 48%에 이른다.

둘째로, '일본인의 배우자 등'은 2000년도의 33,167명을 정점으로 줄어드는 추세이지만 2003년도 이후 다시 증가세를 보였다. 국적별로는 브라질이 8,299명, 필리핀 5,530명, 중국 5,445명으로, 이 세 나라가 전체의 50%를 차지하고 있다.

세 번째로 '정주자'는 2005년도 기준으로 33,756명으로 전년에 비해 2,449명 증가했다. 국적별로는 브라질이 23,522명으로 '정주자' 전체의 69.7%를 차지하며, 그 다음이 중국, 필리핀, 페루의 순서이다.

1 '연극, 연예, 연주, 스포츠 등의 흥행에 관련된 활동이나 그 밖의 예능 활동'(「在留資格一覽表竝在留期間一覽表」, 『平成16年版 出入國管理』, (http://www.moj.go.jp/NYUKAN/nyukan37.pdf, p.206).

2 '일본인의 배우자 혹은 민법(1896년 법률 제89호) 제817조의 2의 규정에 따른 특별 양자나 일본인의 자녀로서 출생한 자' (「在留資格一覽表竝在留期間一覽表」, 『平成16年版 出入國管理』, (http://www.moj.go.jp/NYUKAN/nyukan37.pdf, p.207).

3 '법무대신이 특별한 이유를 고려해 일정의 재류 기간을 지정해 거주를 인정한 자'(「在留資格一覽表竝在留期間一覽表」, 『平成16年版 出入國管理』, (http://www.moj.go.jp/NYUKAN/nyukan37.pdf, p.207).

〈표 3〉 연도별 여성 관련 재류 자격(입국 목적)별 외국인 신규 입국자 수

(단위: 명)

재류 자격 \ 연도	1999	2000	2001	2002	2003	2004	2005
총수	3,959,612	4,256,403	4,229,257	4,646,240	4,633,892	5,508,926	6,120,709
흥행	82,305	103,264	117,839	123,332	133,103	134,879	99,342
일본인의 배우자 등	26,737	33,167	27,461	20,857	23,298	23,083	24,026
영주자의 배우자 등	241	389	494	473	581	807	990
정주자	23,465	40,033	29,729	22,905	30,780	31,307	33,756

출처: 「제4표 재류 자격별 신규 입국자의 추이」『平成18年版 出入國管理』, (http://www.moj.go.jp/NYUKAN/nyukan53-2.pdf) p.10을 바탕으로 작성.

〈표 4〉 2005년도 여성 관련 재류 자격에 의한 국적(출신지)별 신규 입국자 수

(단위: 명)

출신지	흥행	출신지	일본인의 배우자 등	출신지	영주자의 배우자 등	출신지	정주자
총수	99,342	총수	24,026	총수	990	총수	33,756
필리핀	47,765	브라질	8,299	중국	435	브라질	23,522
중국	8,263	필리핀	5,530	필리핀	139	중국	3,207
미국	6,852	중국	5,445	브라질	135	필리핀	3,109
러시아	4,325	태국	663	페루	66	페루	2,402
인도네시아	4,086	한국	633	베트남	50	볼리비아	314
루마니아	3,201	페루	525	한국	41	베트남	252
영국	2,763	미국	510	파키스탄	24	인도네시아	139
독일	2,435	인도네시아	221	방글라데시	18	태국	132
한국	1,954	대만	174	루마니아	12	파라과이	110
우크라이나	1,783	영국	171	라오스	10	한국	96
기타	15,915	기타	1,855	기타	90	기타	473

출처: 「각 재류 자격의 국적(출신지)별 신규 입국자 수 · 외국인 등록자 수의 추이」, 『平成18年版 出入國管理』, (http://www.moj.go.jp/NYUKAN /nyukan53-4.pdf) 중에서 pp.172-180의 부분을 바탕으로 작성.

한편, 최근 일본의 국제 결혼이 대부분 일본인 남성과 외국인 여성의 경우라는 점에 주목할 필요가 있다. 앞의 〈표 1〉에서 보듯이, 국제 결혼에서 일본인

〈표 5〉 부부의 국적별 이혼 건수의 연차 추이

(단위: 건)

국적 \ 연도		1992	1993	1994	1995	1996	1997	1998	1999	2000	2001	2002	2003	2004	2005
총수		179,191	188,297	195,106	199,016	206,955	222,635	243,183	250,529	264,246	285,911	289,836	283,854	270,804	261,917
부부 모두 일본		171,475	180,700	187,369	191,024	198,860	213,486	232,877	239,479	251,879	272,244	274,584	268,598	255,505	246,228
부부 한쪽 외국		7,716	7,597	7,737	7,992	8,095	9,149	10,306	11,050	12,367	13,667	15,252	15,256	15,299	15,689
夫日本 · 妻外國		6,174	5,987	5,996	6,153	6,171	7,080	7,867	8,514	9,607	10,676	12,087	12,103	12,071	12,430
妻日本 · 夫外國		1,542	1,610	1,741	1,839	1,924	2,069	2,439	2,536	2,760	2,991	3,165	3,153	3,228	3,259
夫日本 · 妻外國		6,174	5,987	5,996	6,153	6,171	7,080	7,867	8,514	9,607	10,676	12,087	12,103	12,071	12,430
처의 국적	한국 · 조선	33,591	3,154	2,835	2,582	2,313	2,185	2,146	2,312	2,555	2,652	2,745	2,653	2,504	2,555
	중국	1,163	1,234	1,323	1,486	1,462	1,901	2,318	2,476	2,918	3,610	4,629	4,480	4,386	4,363
	필리핀	988	1,111	1,281	1,456	1,706	2,216	2,440	2,575	2,816	2,963	3,133	3,282	3,395	3,485
	태국	171	186	239	315	320	362	435	540	612	682	699	678	685	782
	미국	75	62	63	53	60	67	76	75	68	69	76	75	75	76
	영국	15	17	17	25	19	27	29	29	41	31	33	17	21	28
	브라질	39	43	35	47	52	66	71	91	92	101	91	101	103	116
	페루	6	6	11	15	18	19	27	25	40	41	45	57	65	59
	그 밖의 국가	126	174	192	174	221	237	325	391	465	527	636	760	837	966

국적 \ 연도		1992	1993	1994	1995	1996	1997	1998	1999	2000	2001	2002	2003	2004	2005
妻日本 · 夫外國		1,542	1,610	1,741	1,839	1,924	2,069	2,439	2,536	2,760	2,991	3,165	3,153	3,228	3,259
부의 국적	한국 · 조선	956	889	885	939	912	983	1,091	1,096	1,113	1,184	1,167	1,098	966	971
	중국	148	167	190	198	203	237	286	320	369	397	447	411	502	492
	필리핀	33	40	52	43	66	53	48	59	66	62	77	84	84	86
	태국	4	8	12	8	14	15	14	20	19	38	36	43	46	30
	미국	203	265	273	299	298	328	383	356	385	359	364	371	367	398
	영국	22	31	48	40	39	43	57	42	58	59	58	79	63	86
	브라질	3	10	12	20	23	26	33	39	59	54	78	72	81	81
	페루	3	7	7	7	15	17	41	35	41	52	56	57	56	69
	그 밖의 국가	170	193	262	285	354	367	486	569	650	786	882	938	1,063	1,047

* 부부의 국적은 1992년부터 조사해 옴(출처: http://www.mhlw.go.jp/toukei/saikin/hw/jinkou/suii05/divo2.html).

남편 · 외국인 아내의 경우와 일본인 아내 · 외국인 남편의 경우는 그 비율이 1975년에 역전된 후 그 차이는 점차로 확대되었다. 2005년도의 경우 일본인 남편 · 외국인 아내는 33,116건인데 비해, 일본인 아내 · 외국인 남편은 8,365건에 불과했다. 따라서 일본인 아내 · 외국인 남편의 경우는 1970년에서 2005년 사이에 2.5배가 늘어난데 비해, 일본인 남편 · 외국인 아내는 같은 기간에 약 15배로 증가했다. 다시 말해, 일본에서 국제 결혼의 증가는 대부분 일본인 남편 · 외국인 아내의 결혼이 증가한 결과다.

국제 결혼 건수의 증가와 함께 국제 이혼 건수도 증가하는 경향이다. 1992년부터 2005년까지 일본인 남편 · 외국인 아내의 총 이혼 건수는 116,763건이다. 2005년도의 경우 전체 이혼 건수 261,917건 중에서 일본인 남편 · 외국인 아내의 이혼은 12,430건으로 4.75%를 차지한다.

국제 결혼의 당사자인 외국인 여성은 어떤 이들인가? 앞서 본 〈표 1〉에 나타난 외국인 아내의 국적별 분포에 따르면, 2005년도의 경우, 중국 11,644건(35.15%), 필리핀 10,242건(30.93%), 한국 · 조선 국적이 6,066건(18.32%), 태국 1,637건(4.94%)이다. 이 중에서 필리핀 여성의 경우, 2004~2005년간 크게 증가했다.

이러한 국적 분포는 결혼의 계기와 밀접하게 연결되어 있다. 국제 결혼한 태국 여성에 대한 최근의 조사에 따르면, 일본인 남편 · 외국인 아내의 결혼은 현지에서 일본인 남성과 만나 결혼한 후 일본에 온 경우(유형 1), 취업을 위해 엔터테이너나 불법 취로 후에 결혼한 경우(유형 2), '농촌 신부(農村花嫁)'로 대표되는 결혼 중개업자의 알선에 의한 경우(유형 3)를 들 수 있다. 이 중에서 1990년대 이후 크게 증가한 것은 유형 2와 유형 3이다(茨城大学地域統合研究所, 2002).

먼저 유형 2는 1980년대 들어 엔터테이너 등으로 일본에 취업한 여성이 급증한 결과로 볼 수 있다. 1990년대가 되면 1980년대 흥행 비자나 관광 비자로 입국했던 외국인 여성들 중에서 일본인 남성과 결혼이나 동거를 하는 경우가 증대되었다. 이 중에서 엔터테이너 출신의 결혼은 필리핀 여성의 경우에 주로 해당한다. 니콜라 파이퍼(Nicola Piper)의 연구에 따르면, 14명의 여성 이주 노동자와 면접을 한 중에 9명이 필리핀 출신이었다. 그들은 평균 8년 거주에 결혼기간 평균 5년이며, 본국에서 대부분 고등학교 졸업 및 대학 재학 경력을 지녔다. 일본에는 엔터테이너로 입국했고 결혼 후에는 각종 미숙련직에 종사하고 있다. 이러한 계층적 위치 때문에 아시아 여성과 결혼하는 일본인 남성은 일본 사회 내에서 '사회 · 경제적 패배자(socio-economic losers)'의 위치에 있는 경우가 대부분이었다(Piper, 1997). 이러한 점은 일본의 국제 결혼에서뿐 아니라 저소득 국가 출신 여성의 국제 결혼에서 흔히 발견되는 것이기도 한다.[4]

유형 3의 경우는 결혼 중개자의 성격에 따라 다시 농촌 지역의 자치단체가 중심이 된 행정 중개형과 민간 결혼 알선업자에 의한 브로커 중개형으로 나눌 수 있다(定松文, 1996:68). 이 유형은 1980년대에 도호쿠(東北) 지방 등의 농촌 지역에서 신붓감 부족에 대한 대책으로 필리핀이나 스리랑카 등에서 신부를 찾는 움직임이 시작되면서 등장했다(茨城大学地域統合研究所, 2002:8). 1985년에 처음 야마가타(山形) 현의 아사히초(旭町)라는 자치단체에서 결혼 상대자를 찾지 못한 농촌 남성들을 위해 동남아시아에서 신붓감을 구하는 방식을 취한 후, 야마가타 현 전체로 확대되었던 것이 출발점이었다.[5] 브로커 중개에 의한 결혼은 대개의 경우 결혼 상대를 찾는 일본인 남성이 중개료(액수는 다양함)를 지불하게 하며, 이들이 필리핀이나 중국 현지를 방문해 모집된 여러 명의 여성들 중에서 원하는 여성을 고르게 한 후, 머무는 짧은 기간 중에 결혼신청서를 제출하게 한다. 남성이 일본에 돌아간 후 업자가 결혼 상대자의 재류 자격에 관한 수속을 마친 후 일본으로 입국시키게 된다(人身売買禁止ネットワーク(JNATIP) · お茶の水女子大学21世紀COEプログラム「ジェンダー研究のフロンチイア」(F-GENS), 2005:88).

4 타이(Hung Cam Thai)의 연구에 따르면, 베트남인 간의 결혼에서도 동일한 패턴이 나타난다. 즉 베트남 현지의 여성과 미국 이주 남성의 결혼에서는 여성이 고학력인데 비해, 남성은 저학력 · 저소득인 경우가 흔히 발견된다(Thai, 2003).

5 http://nanakokr.fc2web.com/philippines.html.

이상에서 알 수 있듯이, 최근 국제 결혼의 당사자인 외국인 여성들은 저소득 국가 출신으로서, 일본인 남편과는 유흥업소에서의 만남이나 중개업자를 통한 단기 교제에 의해 결혼에 이른 경우가 대부분이다. 따라서 국제 결혼을 통해 일본 사회에 이주하게 된 외국인 여성들은 새로운 사회적 · 문화적 환경에 적응해야 한다는 점 외에도, 배우자에 비해 불리한 사회경제적 위치에서 출발한다는 어려움을 안고 있다.

2.2 국제 결혼 여성의 정주화와 DV 문제

1980년대 이후 활발해진 일본인 남성과 외국인 여성의 국제 결혼은 이주 외국인의 정주화(定住化) 현상과 맞물려 있다. 국제 결혼의 당사자들은 대부분 일본에서의 정주를 지향하고 있다. 이 점은 과거의 국제 결혼이 수적으로 적었을 뿐 아니라 외국인 남편과의 결혼 이후 외국으로의 이주가 상대적으로 많았던 것과 근본적인 차이를 지닌 것이다. 그렇다면 국제 결혼 외국인, 그 중에서도 그 대부분을 차지하는 국제 결혼 외국인 여성은 일본에 정주해 가는 과정에서 어떠한 어려움을 안고 있는가?

1980년대의 외국인 이주자들은 저개발국 출신의 저임금 노동자로서, 이들이 직면했던 가장 큰 어려움은 임금 문제를 중심으로 하는 각종 노동 문제와 재류 자격을 둘러싼 출입국 관리 문제였다. 그러나 국제 결혼 외국인 여성은 일시적 노동 이주의 성격을 넘어서 일본 사회에 정주하는 경향이 강하기 때문에, 이들이 직면한 과제 또한 다른 성격을 지니고 있다.

일본의 이주 외국인을 대상으로 한 상담 결과를 분석한 연구에 따르면, 이주 외국인이 대부분 노동자이기 때문에 노동 관련 상담이 많을 것이라는 예상과 달리, 그 비중이 출입국 관리, 가족 다음일 뿐 아니라, 점차로 감소 추세를 보였다(함동주, 2004). 다시 말해, 1990년대가 되면 이주 외국인들의 정주화가 진행됨에 따라 사회의 일원으로서의 적응과 통합의 중요성이 증대한 것이다.

이러한 경향은 국제 결혼 이주 여성의 경우에도 찾아볼 수 있다. 국제 결혼 이주 여성이 가장 먼저 직면하는 문제는 재류 자격과 관련된 것이다. 일본에서 국제 결혼에 의한 이주는 재류 자격과 관련된 법조항의 규제를 받는다. 먼저, 결혼에 의한 일본에의 이주의 경우는 '일본인의 배우자 등'이라고 하는 재류 자격에 의해 이루어진다. '일본인의 배우자 등'의 자격은 '일본인의 처나 남편, 혹은 자녀에게 부여된 재류 자격'을 지칭하며, 3년이나 1년의 재류 기간이 주어지고 갱신이 가능하다. 그러나 실질적인 혼인 상태라고 해도 혼인 신고가 안 된 경우나 일본인 배우자의 사망시는 '일본인의 배우자 등'의 자격 취득이 불가능하기 때문에, 남편에 의존적인 불안정성이 문제로 지적되고 있다(駒井洋外 編, 1997). 한편, 국제 결혼 여성이 이혼을 할 경우, 외국인 배우자가 이전에 영주허가를 취득했으면 일본 거주가 가능하지만, '일본인의 배우자 등'의 자격을 지니고 있는 경우는 계속 체재하기가 사실상 어렵다. 이혼으로 재류 자격을 잃지는 않지만 갱신이 안 되기 때문이다. 물론, 외국인 배우자의 재류 자격을 '정주자'로 전환할 수도 있지만, 실제로는 혼인 연수가 길고 자녀에 대한 친권이 있는 등의 제한된 경우가 아니면 매우 어렵다. 그 때문에 귀국을 해야만 하게 되어 최악의 경우 재류 기간을 넘어서 불법 체재가 되는 경우도 많다(筑波君枝, 2001:45). 다시 말해, 국제 결혼 이주 여성은 일본 사회에 합법적으로 재류하기 위해서는 일본인 배우자와의 혼인 관계를 상당 기간 유지해야 한다는 법적 지위의 불안정성을 지니고 있다.

국제 결혼 외국인 여성이 일본 사회의 일원으로 자리잡는 데 재류 자격의 문제가 여전히 큰 비중을 차지하지만 가족 문제의 중요성이 증대하는 추세다. 외국인 지원 단체의 상담들 모두에서 여성과 깊은 관련을 지닌 가족 문제가 첫 번째 내지는 두 번째의 비중을 차지하면서 계속적인 증가 추세에 있다는 점에 주목할 필요가 있다. '다문화 공생센터 오사카'의 경우, 1997년, 1999년, 2000년 모두에서 출입국 관리 문제가 가장 큰 비중을 차지했지만 가족 문제도 큰 차이 없는 두 번째의 비중을 차지하고 있다. '다문화 공생센터 도쿄 21'의 경우 가족 문제가 출입국 관리 문제보다 월등히 큰 비중을 차지하며, 그 중에서도 교육 문제가 두드러진 부분을 차지하고 있다. 이러한 일련의 데이터를 통해 현재 일본의 이주 여성들의 현실적 요구가 그 이전까지 일반적으로 논의되었던 노동, 출입국 관리 문제와는 다른 점을 지닌다는 것을 보여 준다(함동주, 2004).

외국인 이주자의 상담에서 가족 문제가 증가하는 것은 일본 사회에 정착해 정주의 가능성을 강하게 지닌 국제 결혼 여성의 증대와 밀접한 관련이 있는 것으로 판단된다. 이러한 상담들 중에는 일본인 남편과 결혼한 외국인 여성들이 남편으로부터 신체적 · 정신적 학대를 받으며 이혼까지 당하는 사례를 흔히 찾아볼 수 있다. 예컨대, 2002년 9월에 전국 14개의 단체가 참가해 이주 여성의 가정 폭력 문제에 대한 전화 상담을 실시한 결과 심각한 상황을 확인할 수 있었다. 상담 전화를 한 이주 여성의 국적을 보면, 필리핀 34건(전체의 59%), 중국 10건(17%), 남미 6건(11%) 등이었으며, 상담 내용으로는 가정 폭력 38건(66%), 재류 자격 11건(19%)의 순이었다(松崎百合子, 2001:3).

외국인 여성의 가정 폭력(domestic violence, 이하는 DV로 약칭) 피해는 일본인 피해자와 상이한 조건과 과제를 안고 있다. 외국인 여성의 DV 피해의 특징과 어려움을 정리하면 다음과 같다.

- 국제 결혼을 한 외국인 여성의 경우, 입국 관리 · 재류 자격 등에 관한 법적 지식과 사무 능력이 없는 것, 배우자인 일본인 남성이 재류 자격의 수속을 하지 않고 초과 체재 상태가 되어 버린 경우가 있다.
- 자녀가 무국적 상태가 된 경우도 있고, 상대편 남성이 '여성과 자녀로부터 스스로의 생명과 안전을 지킬 권리'를 빼앗는 현상이 있다.
- 외국인 여성은 재류 자격의 문제, 공적 기관에 대한 저항감과 공포 등으로 인해 공적인 행정 서비스 기관에 도움을 구하기가 어렵다.
- 외국인 여성에 대한 폭력의 문제는 사회적 인지도도 낮다.
- 외국인 여성이 병원에서 치료를 받는 경우 DV의 스트레스에 더해서 언어가 통하지 않는 등의 특유의 스트레스가 보태진다.
- 외국인 여성의 지원에는 법률, 언어의 문제, 수속에 드는 수고 등이 많다.
- 일본어를 못하는 것이 원인이 되어 치료에 대한 처방의 온전한 이해

(informed-consent)가 어렵고, 섹슈얼리티와 프라이버시에 대한 배려가 곤란하다.

• 통역자 부재의 경우, 가해자에게 통역을 의뢰하는 상황까지 있을 수 있다.

• 외국이 여성 중에서도 특히 초과 체류의 여성은 안전하고 자립적인 생활이나 의료 지원을 받을 기회가 적다. 그 때문에 DV를 당하는 생활로부터 탈출하는 것이 매우 어렵고, 심각한 상황을 초래하기 쉽다(李節子, 2004).

이처럼 국제 결혼 외국인 여성의 DV 피해는 이주민으로서 지닌 법적 · 사회적 · 문화적 한계와 긴밀히 맞물려 있다. 따라서 정확한 조사는 없지만 이주 여성의 DV 리스크는 일본인 여성 이상으로 높다고 추정된다. 그 이유로는 일본인 남성과의 역학 관계의 불평등, 언어 · 정보의 격차로 남편에 높은 의존도, 상담과 탈출에의 접근을 저해, 친구 · 가족 등의 후원 세력의 격차, 차별 의식에 보이는 국가 간의 격차, 재류 자격의 불안정 등 법적 지위의 격차 등이 지적되고 있다(松崎百合子, 2005:136).

DV 피해 외국인 여성 중에서도 가장 큰 위험도를 지닌 피해자는 법적인 지원을 얻을 수 없고 전문직조차 개입 곤란한 초과 체류 외국인 여성이다. 초과 체류 여성은 일상적으로 사회적 지원을 받기 어려운 환경에서 생활하고 있다. DV는 가해자가 상습성을 지니며 폭력의 종류는 복수다. 또한 계속적으로 행해지는 경우가 많고, '폭력을 휘둘러도 (처가) 도망가지 않는다'는 것을 알게 될 경우 더욱 가혹한 폭력을 낳는 성질을 지닌다. 초과 체류 여성이 빈사 상태에서 일시 보호되는 현행의 법 체제에서는 폭력 범죄자인 남편에게로 돌아가는 것을 선택할 수밖에 없는 경우가 종종 발생하고 있다(李節子, 2004:37).

이와같이 국제 결혼을 통해 일본에 이주한 외국 여성들은 재류 자격과 같은 법적 문제뿐 아니라 가정 폭력을 포함한 가족 내부의 다양한 문제에 직면해 있을 뿐 아니라, 이주민으로서의 사회경제적 위치 때문에 한층 더 어려움을 겪고 있다.

3. 국제 결혼 이주 여성에 대한 사회적 지원 체제와 과제

일본의 외국인 이주 여성에 사회적 관심과 대응은 1990년을 전후로 국제 결혼이 급증함에 따라 변화하기 시작했다. 1980년대의 외국인 이주 여성이 주로 엔터테이너 등의 자격으로 한 취업에 집중되었던 데 비해 1990년대가 되면 일본인 남자와의 결혼을 통해 일본 사회의 일원으로 정주화하는 현상이 증대했다. 외국인 이주 여성이 당면한 현실적 상황과 문제가 상이한 양상을 띠게 됨에 따라 일본 사회의 대응도 변화가 불가피해졌다. 외국인 여성의 DV 피해에 대한 일본 사회의 움직임은 그러한 변화의 양상과 방향을 이해하는 데 중요한 단서를 제공한다.

가정 폭력은 '친밀한 관계'에서 행사된 남편(연인)에 의한 여성에의 폭력이다. 가정 폭력의 규정은 개인에 따라 의미의 차이가 크기 때문에 일본의 내각부는 '남편 · 파트너로부터의 폭력'이라는 용어를 사용하고 있다.

미국에서는 1974년 초에 가정 폭력에 의한 폭력 피해 여성을 위한 긴급피난소(shelter)가 설립되었다. 그 후 미국 각지에서 긴급피난소 설립이 진행된 결과, 가정 폭력 반대 운동(Battered Women's Movement)은 사회 구조를 바꾸는 법률과 행정 시책의 제정으로까지 강한 영향을 미치고 있다. 국제 사회에서도 1990년대에 들어서면서 여성에 대한 폭력에 대한 다양한 논의가 제기되었다. 여성에 대한 폭력의 심각성에 대한 인식이 심화되면서 1993년 유엔총회에서 여성에 대한 폭력이 남녀 간의 성적 불평등에 기인한다고 보고 국제 사회가 여성에 대한 폭력 철폐를 위해 노력할 것을 선언한 「여성에 대한 폭력 철폐 선언」이 채택되었다. 1995년 「제4회 베이징(北京)여성대회 성과 문서」에서는 여성의 다양성에 대한 인식이 강화되었으며, 1998년 4월에는 유엔 인권위원회가 여성 이주 노동자에 대한 학대와 폭력 행위의 심각성을 인식하고 이에 대한 대책의 필요성을 촉구한 '여성 이주 노동자에 대한 폭력 결의'를 채택하는 등, 이주 여성과 여성에 대한 폭력 문제의 상호 관계에 대한 국제적 인식이 확대되었다(関哲夫, 2001).

'가정 폭력'은 국적과 관계 없는 기혼 여성 모두의 문제로서, 일본도 예외가 아니다. 따라서 국제 사회의 움직임은 일본 사회에도 큰 영향을 미쳤다. 즉, 일본에서는 1996년 7월 남녀공동참획심의회가 「남녀공동참획 비전: 21세기의 새로운 가치의 창조」에서 여성에 대한 폭력의 철폐를 향한 제언을 했고, 같은 해 12월에는 남녀공동참획추진본부(본부장 내각총리대신)가 「남녀공동참획 2000년 플랜: 남녀공동참획 사회의 형성의 촉진에 관한 평성 12년(2000년)도까지의 국내 행동계획」을 결정했다. 1999년에는 남녀공동참획사회기본법, 개정 고용기회균등법으로 성희롱 방지를 도입하고, 2000년에는 스토커규제법, 아동학대방지법, 범죄피해자보호법을 성립시켰다. 그런 중에 일본에서는 2000년에 접어들면서 가정 폭력 피해 여성의 보호를 목표로 하는 법률 제정 움직임이 본격화되어 2001년 10월 13일에 '배우자로부터의 폭력의 방지 및 피해자의 보호에 관한 법률', 일명 'DV방지법'이 일부 시행되기 시작했고, 2002년 4월 1일부터는 전면 시행되었다(関哲夫, 2001). 또한 2004년 6월 2일에는 '배우자로부터의 폭력의 방지 및 피해자의 보호에 관한 법률의 일부를 개정하는 법률'이 제정되어 2004년 12월 2일에 시행되었다. 개정안은 DV 방지법의 한계로 지적되어 온 여러 가지 점을 보완했다. 그 중의 하나가 외국적 당사자, 즉 일본인과 결혼한 외국 여성에 대한 배려가 결여된 점이었다. 특히 재류 자격이 없는 외국인 여성의 지원을 위해서는 관계 기관에서 통보 의무보다도 적절한 외국적 당사자 지원 방법이 요구되었다. 이 점에 대해 개정안은 '외국적 당사자의 인권 존중'을 명기했다(移住連「女性への暴力」プロジェクト, 2004:60).

DV 방지법의 제정과 개정으로 외국인 피해자에 대한 제도적 지원도 강화되었다. 먼저, 일본의 중앙정부나 지방자치단체와 같은 공적 기관의 피해 지원 체제와 활동을 살펴보면 다음과 같다.

3.1 배우자폭력상담지원센터(配偶者暴力相談支援センター)

2001년 제정된 DV 방지법에 따라 각 지방자치단체에 배우자폭력상담지원센터가 설치되고, 폭력을 행사한 배우자로부터 피해자를 보호하는 '보호명령'의 체제가 마련되었다. 배우자폭력상담지원센터의 업무[6]는 다음과 같다.

- 상담(혹은 상담 기관의 소개)
- 임시 보호(피해자 및 그 동반 가족)
- 피해자의 심신의 건강을 회복시키기 위한 지도(카운슬링 등)
- 피해자의 자립을 지원하기 위한 정보 제공 · 조언 · 연락 조정 등의 원조
- 보호명령 제도의 이용에 대한 정보 제공 · 조언 · 연락 등의 원조
- 피해자를 보호하는 시설의 이용에 대한 정보 제공 · 조언 · 연락 조정 등의 원조

배우자폭력상담지원센터의 설치는 신설의 경우와 더불어 기존의 부인상담소나 여성센터, 복지사무소를 지원하는 방식이 적극 활용되었다.[7] 도쿄(東京)의 경우, 도쿄 위먼즈플라자(東京ウィメンズプラザ)와 도쿄도 여성상담센터(東京都女性相談センター)를 배우자폭력상담지원센터로 지정해 역할을 담당하게 하고 있다.

개정된 DV 방지법은 피해자가 외국인일 경우도 그 적용 대상임을 명기하고, 직무 관계자는 그 직무를 수행할 때 피해자의 국적 · 장애의 유무 등에 개의하지 말고 인권을 존중할 것을 규정하고 있다. 그럼에도 불구하고, 배우자폭력상담지원센터가 공적 기관인 점은 외국인 여성의 이용을 어렵게 하는 측면이 있다. DV 피해를 입은 외국인 여성들은 일본의 공적 제도에 익숙하지 않아서 이용을 기피할 가능성이 클 뿐 아니라, 재류 자격의 미비로 인해 신분적 불안정을 겪고 있는 경우가 다수 있기 때문이다.

6 http://www.gender.go.jp/e-vaw/soudankikan/01.html.
7 배우자폭력상담지원센터의 일람표는 http://www.gender.go.jp/dv/center.pdf 참조.

3.2 부인상담소(婦人相談所)

외국인 피해자의 원조가 가능한 기관으로 부인상담소가 있다. 부인상담소는 '매춘방지법' 제34조에 기반해 각 지방자치단체에 반드시 1개씩 설치하도록 되어 있다. 원래 매춘과 관련된 여성의 상담과 지원, 임시 보호를 담당한 기관이었지만 차츰 배우자 간의 폭력에 관한 업무도 담당하게 되었다.

특히, 부인상담소는 배우자폭력상담지원센터 업무의 하나인 임시 보호의 장소를 직접 제공하거나 일정한 기준을 충족하는 다른 기관(예: 민간의 긴급피난소)에 위탁하는 일을 담당하고 있다.[8]

3.3 외국인 재류 종합정보센터(外國人在留総合インフォメーションセンター)

외국인 DV 피해자 중에서는 재류 자격에 따른 어려움을 지닌 경우가 많다. 입국관리국에서는 외국인 및 그 관계자의 입국 및 재류 등의 문의에 관해 외국인 재류 종합정보센터를 설치해 운영하고 있다. 센터는 센다이(仙臺), 도쿄, 요코하마(横濱), 나고야(名古屋), 오사카(大阪), 고베(神戸), 히로시마(廣島) 및 후쿠오카(福岡) 8개 입국관리국이나 지국에 설치되어 있다. 이곳에는 전화나 방문에 의해 상담이 가능하며, 일본어 및 외국어(영어, 한국어, 중국어, 스페인어 등)를 사용하고 있다.[9]

3.4 외국인을 위한 인권상담소(外國人のための人權相談所)

법무성 산하의 기관으로 국민의 기본적 인권 옹호를 위해 설치되었다. 활동은 인권 상담 및 인권 침범 사건의 조사 처리 등이다. 인권상담소의 설치 장소는 도쿄, 오사카, 고베, 나고야, 히로시마, 후쿠오카, 다카마쓰(高松), 마쓰야마

---

8 http://www.gender.go.jp/e-vaw/soudankikan/02.html.

9 http://www.moj.go.jp/NYUKAN/nyukan05.html#info_add.

(松山) 등이다.[10]

이상과 같이 일본 정부나 지방 단체와 같은 공적 기관으로 외국인 피해 여성 지원이 가능한 경우를 살펴보았다. 그러나 이들 기관의 외국인 피해 여성 지원은 여러 한계를 안고 있다. 예컨대, 첫째, 이들 기관의 활동은 DV 방지법의 규정에 따른 것으로, 법 규정의 실행이라고 하는 제한된 목적을 지닌 소극적 성격을 지니고 있다. 둘째, 외국인 피해 여성들 중에는 재류 자격의 제약을 지닌 경우가 상당수 있는데, 공적 기관은 재류 자격의 합법성 여부에 따라 지원에 제한을 두게 된다.

한편, 공적 기관의 외국인 피해 여성 지원이 소극적 성격을 지닌 데 비해 각종 민간 단체는 비교적 적극적이며 개방적인 지원 활동을 펴고 있다. 일본의 외국인 관련 민간 단체들은 DV 방지법 제정 이전부터 외국인 피해 여성에 대한 지원을 시작했으며, 재류 자격의 불법성 여부에 상대적으로 유연할 뿐 아니라 경우에 따라서는 재류 자격 취득을 위해 적극적으로 개입하기도 했다(サーシャヘド・関口千恵, 2002).

현재 일본에는 여러 외국인 지원 단체들이 신규 이주 외국인 문제에 적극적인 역할을 하고 있다. 일본의 시민 단체가 이주 외국인 문제에 관심을 갖기 시작한 것은 1980년대 후반부터였다. 그런데 1980년대에 시작된 외국인 이주민의 유입 현상은 초기에 필리핀 등의 동남아시아 여성들이 홍행 비자를 통해 성 풍속 산업에 진출함으로써 시작되었기 때문에 외국인 지원 시민 단체들 중에는 이주 여성 문제를 다루는 경우가 큰 비중을 차지한다. 이 점은 '이주련(移住連)'의 지원 단체로 등록된 72개의 단체들 중에서 상담 분야로 여성, 결혼, 이혼 등을 지목한 15개에 이르고 있는 데에서 알 수 있다.[11]

일본인 남편과 결혼한 외국인 여성의 정주화가 진행된 1990년대 후반이 되면서 이들에 대한 남편의 폭력 문제가 가시화되기 시작했다. '가정 폭력' 문제가 일본 여성 문제의 중요한 의제로 자리잡는 중에 기존의 일본 여성 지원 단체 중

10 http://www.moj.go.jp/JINKEN/jinken21.html.
11 http://www.jca.apc.org/migrant-net/korean/Korean.html.

에서 가정 폭력 문제의 상담 및 지원 활동을 통해 자연스럽게 외국인 여성 문제에 적극적으로 개입하는 경우가 나타났다. 국제 결혼 여성들 중에 일본인 여성들과 마찬가지로 남편의 극단적인 폭력에 대한 여성 지원 단체에 상담을 하거나 긴급 피난처(shelter)에 대피하는 경우가 나타나기 시작한 것이다. 현재 '가정 폭력'은 국제 결혼 외국인 여성, 특히 동남아시아나 중국과 같은 저개발국 출신 여성들과 관련된 일본 NGO의 중요한 활동 과제로 자리잡고 있다.

이주 노동자를 지원하면서 국가적 차원에서 방치하고 있는 이주 노동자 문제 해결에 적극적인 역할을 하고 있는 NGO들 중에서 '가정 폭력' 문제에의 개입 계기를 보자면, 일본 여성 지원 단체로서 활동 중에 외국인 여성 지원 요청에 응하게 된 경우(女性の家 HELP), 당초에 이주 여성 지원 단체로 출발했으며 가정 폭력 문제에 적극화한 경우(여성의 집 사라, 카파티란), 이주 노동자 중심의 외국인 지원 조직이면서 가정 폭력 문제를 다루는 경우(이주련) 등이 있다. 이러한 단체들의 공통점은 설립의 목적과 관계 없이 이주 여성의 실제적 경험을 접하게 되면서 활동 영역을 공유하게 되었다는 점이다.

이주 여성에 대한 상담 업무를 하고 있는 대표적 NGO는 다음과 같다(移住連, 「女性への暴力」プロジェクト編, 2004: 127).

- 야마가타(山形) IYV(국제 볼런티어 센터)
- 도쿄(東京) 카파티란, 여성의 집 HELP, OCNet(외국인과 함께 사는 오타 · 시민네트워크)
- 가나가와(神奈川) 여성의 집 사라, 가라가산-이주 여성을 위한 임파워먼트 센터
- 나가노(長野) 파키키사(가톨릭 체일 외국인과 연대하는 회 · 나가노)
- 아이치(愛知) 가케코미 여성센터-아이치
- 교토(京都) YMCA · APT
- 오사카(大阪) 크로바
- 고베(神戸) NGO 고베 외국인 구원 네트, 아시아 여성 자립 프로젝트

• 히로시마(廣島) 월드십(worldship)

• 후쿠오카(福岡) 아시아여성센터, 여성 임파워먼트센터-후쿠오카

• 구마모토(熊本) 콤즈타카-외국인과 함께 사는 회

이 중에서 외국인 피해 여성의 지원에 적극적인 대표적 단체들의 설립 경위와 활동 상황은 다음과 같다.

3.4.1 카파티란(カパティラン)

1990년에 일본 거주 필리핀인 지원을 목적으로 설립되었다. 1980년대 후반부터 엔터테이너로 일본에 체재하는 필리핀 여성이 증가하면서 이들의 종교적 · 개인적 필요성을 지원하기 위해 일본성공회 도쿄교구 산하에 카파티란 운영위원회가 설치되고, 그 밑에 카파티란 오피스를 두고 실제 지원 활동을 맡게 했다. 오피스는 크게 사무국장 1명이 상근하는 사무국과 15명 정도의 자원봉사자가 근무하는 전화 상담 부문으로 구성되었다.

주요 활동은 1) 전화와 면접에 의한 상담으로, 일본어, 타갈로그어, 영어의 3개 국어의 상담을 진행한다. 2) 수속 등의 지원으로, 정부기관이나 재판소, 입국관리소 등에 동행해 수속의 통역과 지원, 교섭 등을 행한다. 3) 가정 방문과 병원 방문을 필요에 따라 행한다. 4) 영어 미사의 소개로, 대부분 가톨릭 신자인 필리핀인들이 신앙을 지킬 수 있도록 영어 미사를 진행하는 성당을 소개한다. 5) 격월로 일본어 뉴스레터를 발행해 지원 활동 등을 소개한다. 6) 재일 필리핀 여성을 위한 네트워크와 커뮤니티 형성을 지원한다. 7) 카파티란의 활동을 알리고 필리핀인과 일본인, 그 외 국가의 사람들과 즐길 수 있는 모임을 기획한다. 8) 관련 지원 단체와 협력해 행정기관(후생성과 외무성 등)에 대해 현재의 법률과 지원 체제 개선을 요구하는 활동을 한다.[12]

카파티란의 초기 활동은 엔터테이너로 일본에 온 필리핀 여성의 지원이 중심

12 http://www.nskk.org/tokyo/kapatiran/ja/intro.html.

이었던 데 비해 1990년대 중반이 되면서 일본인과 결혼한 국제 결혼 필리핀 여성이 크게 증가해 지원의 중심이 되었다. 국제 결혼 여성의 증가에 따라 카파티란의 전화 상담 내용도 결혼·가족 문제, 자녀, 이혼 및 DV 등으로 변화했다. 이 중 DV 관련 상담은 1995년 109건, 1998년 144년, 2003년 146건으로, DV 방지법 제정 이전부터 큰 비중을 차지하면서 지속되었다. DV 방지법 제정 초기에 외국인이라는 이유로 많은 기관들이 피해 지원을 거부했는데, 카파티란은 적극적으로 피해 지원 활동을 전개했다. 특히 피해자에 대한 상담뿐 아니라, 가정재판소·지방재판소에서의 재판이나 조정 과정을 도와 주거나 변호사를 소개하는 등의 법률적 지원을 행하고 있다(カパティラン運営委員会, 2004).

3.4.2 여성의 집 헬프(女性の家 HELP)

일본의 대표적인 여성 지원 단체인 '여성의 집 헬프'는 국적이나 체류 자격에 상관없이 여성의 결혼과 이혼, 어린이, 교육, 노동, 의료, 재류 자격 등에 대한 상담과 긴급피난소를 제공한다.[13]

여성의 집 헬프는 일본 그리스도교 부인교풍회가 100주년을 기념해 1985년 아시아 여성을 위한 피난센터로 설립되었다. 설립 경위를 보면 1980년 교풍회 전국 대회에서 피난센터 설립이 승인되었고, 1982년에 교풍회 이사회의 위탁에 따라 센터설립준비위원회가 가동했으며, 1984년에 설립에 관한 최종 보고서가 승인되면서 설립이 이루어졌다(バビオー, 1996).

헬프는 처음에는 일본인 여성을 위해 준비되었지만 1980년대 들어 일본에서 외국인 여성의 성착취 문제가 부상하면서 일본 여성과 외국인 여성 모두를 위한 긴급피난처의 역할을 하도록 결정되었다(バビオー, 1996:234). 특히 1980년대에 다수의 필리핀인, 그리고 태국 여성들이 일본에서 임금 노동자로 일하게 되면서 다양한 피해를 겪게 되자 헬프가 적극적인 지원을 하게 되었다. 헬프는 재류 자격(비자)이나 국적에 관계 없이 이용할 수 있기 때문에 많은 외국적 여

13 「지원 단체 소개」, http://www.jca.apc.org/migrant-net/korean/Korean.html. 관련 자료, 팸플릿(연 3회 발행), 『여성의 집 헬프의 10년사』.

성들이 이용하고 있다.[14]

헬프의 통계에 따르면, 1986년부터 약 10년간 외국인 1,369명이 헬프의 긴급피난소를 이용했다. 이들 중에는 태국인, 필리핀인이 그 밖의 국가에 비해 다수다. 이용 이유를 보면 인신 매매에 의한 경우와 함께 남편이나 연인의 폭력을 피해서 헬프를 찾은 경우도 다수다. 구체적으로, 2004년 4월에서 2005년 3월까지의 이용자 통계를 보면, 일본 국적 여성 85명(동반 아동 6명)과 외국적 여성 58명(동반 아동 39명)이 헬프의 긴급피난소를 이용했다. 이 중 외국 여성은 태국 21명, 필리핀 21명이었으며, 이 중 필리핀 여성이 24명의 동반 아동과 함께 입소해 전체 이용 아동의 절반 이상을 차지했다. 한편, 이용의 사유를 보면 일본 여성과 외국 여성의 차이가 확연하게 구분된다. 일본 여성의 경우 남편이나 애인의 폭력이 10%, 가족으로부터의 폭력 4%인데 비해 홈리스가 81%로 대부분을 차지했다. 반면, 외국 여성은 남편이나 애인의 폭력이 59%, 인신 매매가 36%를 차지했다.[15]

3.4.3 여성의 집 사라(女性の家 サーラー)

'여성의 집 사라' 는 1992년 9월 26일에 외국인 여성을 위한 긴급피난소로 설립되었으며 주로 각종 가정 내 폭력이나 인신 매매 등의 문제에 적극 개입하고 있다.[16] 1991년 5월에 가나가와(神奈川) 현의 외국인 지원 단체에 태국으로부터 인신 매매된 태국 여성의 구출을 의뢰하는 팩스를 받게 된 것이 계기가 되어 시민 단체와의 협력을 통해 구출에 성공한 것이 설립 계기였다.

사라의 설립 목적은 인신 매매, 가정 폭력, 아동 학대와 같이 타국 · 타문화 속에서 다양한 어려움에 직면한 여성과 그 자녀들을 직접 지원하는 것과 함께, 그러한 사회적 상황이 호전되도록 연수와 강연, 로비 활동 등을 통해 사회에 호소함으로써 개선해 가는 것이다. 구체적 활동 내용은 외국인 여성을 주 대상으로

14 http://www.gender.go.jp/danjo-kaigi/boryoku.gijiroku/bo02-g.html.
15 女性の家 HELP, 『女性の家 HELP ネットワークニュース』 58号(2005.5).
16 http://www.issho.org/modules.php?op=modload&name=News&file=article&sid=586.

한 긴급피난소의 운영과 외국어(스페인어, 태국어, 타갈로그어, 영어)와 일본에 의한 전화 및 면접 상담을 실시하는 것이다.

한편 사라의 설립 초기에는 지원의 중심이 매춘으로부터 도망친 여성에 있었는데 비해, 차츰 자녀를 데리고 피난한 태국이나 필리핀 여성이 많아졌다. 자녀를 지닌 외국인 여성은 정주화 경향의 결과다. 이 점을 사라의 활동 내용 통계를 통해 확인하면 다음과 같다. 먼저 긴급피난소의 입소 상황을 보면 2004년도 이용자 52명의 입소 이유 중 가정 폭력이 29건(이 중 28명이 외국인)으로 인신매매 14건보다 큰 비중을 차지한다. 가정 폭력 관련의 이용자는 1995~1998년 사이에 10명대에 머물렀던 것이 1999년 이후는 지속적으로 20명 이상을 유지하고 있다. 이러한 경향은 전화 및 면접 상담에서도 나타난다. 2004년도의 상담 내용을 보면, 전체 1,812건 중에서 가정 폭력이 262건으로 292건의 이혼 관련 다음으로 큰 비중을 차지했다.[17]

4. 맺는 말

이 글은 지구화에 따른 아시아 내의 인구 이동이 활발해진 일환으로 일본의 일본 남성과 외국인 여성의 국제 결혼 증가와 그에 따른 일본 내의 사회적 변화와 과제에 대해 검토해 보았다. 그동안 일본의 외국 이주민에 대한 연구들이 활발히 진행되어 왔지만, 그 대부분은 이주 노동자로서의 노동 문제 및 재류 자격을 둘러싼 법적 권리의 문제를 다루어 왔다. 외국인 이주 여성의 경우는 재류 자격에 관한 논의와 함께 인신 매매 문제가 큰 비중을 차지했다. 이에 비해 이 글에서 살펴본 것처럼, 국제 결혼이 급증하면서 노동을 위한 일시적 거주가 아니라 장기간 일본에 정주하게 된 외국인 여성들이 직면한 과제는 결혼 및 이혼, 자녀 교육과 같은 가족 문제인 경우가 큰 비중을 차지한다. 이 글은 이처럼 국

17 「女性の家サーラー 平成16年度(2004年度)事業報告書」, 『サーラー通信』 78号(2005.5).

제 결혼 외국 여성이 직면한 과제가 가족 문제에 집중된 점에 주목하면서, 이들에 대해 일본 사회가 어떠한 지원 대책을 보이고 있는가를 검토했다.

그 중에서 가정 폭력 문제는 최근 일본 사회 내에 적극 제기되면서 사회적 이슈로 자리잡았으며, 그 과정에서 일본 여성뿐 아니라 외국 여성들의 현실적 문제가 크게 부각되었다. 1990년대 중반부터 국제 사회에서 가정 폭력 문제에 관심이 조명되면서 일본 정부도 'DV 방지법'의 제정을 통해 제도적 차원에서 대응책을 마련했다. 'DV 방지법'의 제정과 시행 과정은 일본 여성의 사회적 구조라는 목적에서 추진되었지만 그 과정에서 외국 여성에 대한 가정 폭력 지원 필요성이 제기되면서, 제한적이기는 해도 지원의 대상으로 자리잡을 수 있는 가능성이 마련되었다. 한편, 각종 외국인 지원 민간 단체들은 더욱 적극적으로 외국 여성의 가정 폭력 문제에 개입하고 있다. 이들 단체들은 'DV 방지법' 이전부터 실제의 활동 현장에서 발생하는 사건과 문제점들을 접하게 되면서 각종 지원 활동을 확대해 왔으며, 'DV 방지법' 제정을 계기로 한층 활발한 움직임을 보이고 있다.

현재 일본 사회는 국제 결혼의 지속적 증가에 따라 새로운 사회 통합의 과제에 직면해 있다. 그러나 여전히 일본 사회가 지구화에 따른 국내 사회의 변화 방향에 대해 적극적 논의와 대책을 마련했다고 보기에는 미흡한 점이 많다. 다만 일본의 정부나 민간 단체에 의한 가정 폭력 외국 여성의 지원은 이들이 일본 사회의 일원으로 자리잡아 가면서 등장하고 있는 현실적 문제에 대응하기 위한 정책과 활동을 확대해 가고 있는 점에서 우리 사회에도 시사하는 바가 크다. 최근 급속한 국제 결혼의 증가를 경험하고 있는 한국 사회로서는 일본 사회의 움직임에 대해 깊은 관심을 갖고 지켜보아야 할 것이다.

III 기억, 신체, 차이를 말하다: 지구/지역 시대 여성 예술가들의 예술 생산

김영옥(이화여자대학교 한국여성연구원)

1. 들어가는 말

초국가(超國家, transnational) 지구/지역(glo/cal) 시대를 맞이해 최근 아시아에서는 다양한 문화 예술 교류의 시도가 엿보인다. 이러한 교류는 문화의 생산 및 수용 과정을 특정한 지형학적 · 역사적 맥락 속에서 고찰하고자 하는 의지와 함께 아시아에 대한 새로운 인식론적 질문들에 기반하고 있다. 또한 고도로 발달한 미디어 테크놀로지와 폭넓게 확산되고 있는 문화권(文化權)에 대한 의식은 상황에 민감하고 대화를 지향하는 새로운 문화 실천을 요청하고 있다.[1] 문화 예술 풍경의 이러한 변화는 명목상 지역성과 지구성을 동시에 추구하며, 정체성의 지속과 동시에 전 지구적 차원에서의 실시간적 상호 침투와 상호 교류를 지향하는 국제전에서뿐만 아니라 소규모의 교류전이나 개별 전시회, 혹은

1 2005 UNDP 워크숍 「한국과 동남아시아의 성 인지적 문화 정책을 찾아서」에 참석한 한국, 말레이시아, 인도네시아, 베트남, 태국, 필리핀의 예술 활동가, NGO, 학자들은 아시아의 근대화 과정이 여성의 역사와 경험을 획일화시키고 폄하하는 과정이었다는 인식 하에 세계화와 더불어 진행되는 권역별 블록화의 추세 속에서 아시아 여성 문화의 재발견과 여성 문화 네트워크를 모색하고자 했다.

지역 문화 운동에서도 관찰된다.

근대 이후 강렬한 밀도로 서구 문화를 경험해야 했던 아시아권 문화는 혼돈과 동화, 갈등과 융합의 독특한 면모를 지닌다. 그러나 이러한 서구화의 경험이 아시아 내 각 나라에서 어떤 방식으로 진행되었으며, 의식적 혹은 무의식적 차원에서 현재의 리얼리티에 어떻게 개입하고 있는가 하는 것은 여전히 세밀하게 탐색되어야 할 과제로 남아 있다. 1990년대 후반 이후 아시아의 미학 담론과 실천을 향한 논의들은 크게 탈식민적, 지구/지역적 역사 해석의 논의 속에서 서서히 전개되어 나가고 있다.[2] 이러한 논의들은 예들 들어 첫째, 식민지 시대와 식민지 이후의 시대, 아시아와 아시아 이외의 문화권, 그리고 무엇보다도 아시아 내 지역들 간의 쌍방향적 조응을 강조하거나, 둘째 아시아 현대 예술의 특성을 관념과 주관성, 근대 역사와 도시 생태학의 관련 속에서 찾으면서 지역적 문화 태도와 공존 가능한 초국가적 문화를 지향하거나,[3] 셋째 여전히 경제 위주, 남성 위주, 형식미학 위주의 한계에 갇혀 있는 동아시아 담론을 뛰어넘어 치유적 대안으로서 미술, 여성, 이념, 정치, 지역, 역사의 그물망이 충만하게 얽혀드는 새로운 정치 예술을 제안하는 등 다양하게 펼쳐지고 있다.[4]

문화 예술의 규범적 문법을 거슬러 생성되는 이러한 새로운 시공간성은 무엇보다도 여성 예술가들의 작품에서 두드러진다. 여성 예술가들은 국가의 경계가 견고했던 근대의 공간에서도 자신들의 국외자적 위치 때문에 (물론 장르별 차이는 있지만 전반적으로 볼 때) 기존의 문법 체계를 벗어나는, 기존의 문법

---

2 이와 관련해서는 1995년부터 시작된 〈광주 비엔날레〉의 부대 행사인 국제 학술 대회에서 그동안 발표된 연구 논문들이 좋은 예가 될 수 있을 것이다.

3 예를 들어 제4회 광주 비엔날레 초청 국제 워크숍 「공동체와 미술」에서 발표된 전용석의 "지역주의에 근거한 도시성의 재맥락화-포럼 에이(Forum A)의 의제" 참조.

4 제2회 여성미술제 〈동아시아 여성과 역사〉의 전시기획위원장이었던 김홍희는 다음과 같이 전시 기획 의도를 밝히고 있다.
"동 전시는 국제화 이슈와 맞물려 대두되는 글로벌리즘과 로컬리즘의 이중적 요구에 직면하여 서구적·부계적 가치를 상대화할 여성 특유의 창조적·미학적 실천으로 아시아 여성 미술의 새로운 생성적 전통과 역동적 정체성을 자리매김하는 데 일조할 것입니다. 국제 미술 현장에서 여전히 소수인 동아시아의 여성 작가들이 공동체 의식으로 한데 모여 새로운 미술 문화를 창출할 것으로 기대되며, 특히 동아시아 담론이 여전히 경제 위주, 남성 위주의 한계에 머물러 있는 상황에 대한 하나의 치유적 대안이 될 수 있을 것입니다"((사)여성문화예술기획, 2002).

체계로는 충분히 설명되지 않는 문화를 생산해 왔다. 여성 예술가들은 국가와 민족, 혹은 전통 등의 규범적 상징 체계에 대해 남성과 다른 관계를 맺을 수 있는 구조적 잠재력을 지니고 있으며, 이러한 상황에서 아시아의 여성 예술가들은 각자 나름의 방식대로 아시아의 역사 속에 침묵으로 갇혀 있는 '이야기들'을 풀어내면서 자유로운 소통의 공간을 마련하려고 노력한다.

이야기를 담고 있는 이러한 예술적 표현은 두 가지 측면에서 관심을 불러일으킨다. 우선 이것은 마케팅과 홍보에 전적으로 의존하는, 정체성의 정치학을 탈각시켜 버리는 일종의 비즈니스로서의 미술 세계(art world)에 맞서 지역과 전통, 역사 등에 기반하고 있는 문화적 특수성과 동시에 초문화적(transcultural) 움직임의 혼성으로 존재하는 미술의 정체성을 다시 회복하는 것을 의미한다.[5] 그리고 또한 이것은 주체를 타인과 연결된 시간적 존재, 다시 말해 시간의 연속성 속에서 타자(他者)들과 나눈 대화의 그물망으로 이해하는 주체 관점을 담고 있다(Benjamin, 1994). 예술 행위를 통한 이러한 해석학적 실천은 진정성(authenticity)을 둘러싸고 그동안 활발히 논의되어 온 '자서전적 표현'과도 밀접히 연관된다. 지적 생산의 양식으로서 이론이 겪게 된 위기와 더불어 그 위상이 높아지고 있는 '저서전적 표현'은 정치적 · 문화적 다원주의 및 인식론적 자유주의의 다양한 논의에 중요한 관점을 제시해 왔다. 이제까지 특히 여성적 표현 영역으로 간주되어 왔던 자서전적 제스처는 작가나 화가의 진리 요구가 직면하고 있는 한계를 좀더 분명히 드러내는 동시에 그들의 창작 행위가 특별한 수요와 조건을 지닌 향유자들과 만나는 것을 도와 준다(Berland, et al., 1996). 이렇듯 자서전적 창작 실천은 (경험에 대한) 이야기의 귀환과 소문자 주체의 회복을 가리키고 있다(Cavarero, 2000). 사적인 것을 공적 논쟁의 틀 속에 위치시키는 자서전적 미학 실천과 수사학은 "사적인 것은 정치적인 것이다"라는 페미니즘 명제에 심미적 성찰성을 부여하면서 개별적 인간의 자기 표현이 인식 가

5 모건(Robert C. Morgan)은 1980년대 말 이래로 극심해진 미술계의 지구화(globalization)를 이런 의미에서 의식의 지구화로 부르면서 지역적 · 문화적 특수성과 초문화적 움직임이 만나 생성되는 미술의 회복이야말로 새 천년의 과제라고 강조한다(Morgan, 2000).

능하고 소통 가능한 지식 체계에 통합될 수 있는 적합한 장소를 제공한다.[6] 미학 일반 및 지적 담론 일반에 대한 이러한 여성주의적 문제 제기는 1970년대 이래 서구에서 여성주의적 예술 운동이 일어난 이래 한국을 비롯한 아시아의 여러 장소들에서도 역시 그 지형학적 특성을 매개로 다양한 실험적 움직임들, 새로운 통로들(passage), 횡단들(transit)을 만들어 내고 있다.

다음에서는 서구에서 전개된 여성주의 예술 운동을 짧게 개관한 뒤 한국과 일본 등지에서 활동하고 있는 여성 예술가들의 예술 실천을 이야기라는 관점에서 살펴보고자 한다. 그녀들의 이야기는 몸의(corporeal) 이야기며, 역사 새로 쓰기이고, 그리고 차이를 되새김질하며 연대를 모색하는 이야기다.

6 한국의 경우를 예로 들어보자. 서구화가 곧 근대화였던, 그러나 근대화의 구체적 과정을 식민 공간에서 경험할 수밖에 없었던 한국에서 현대 미술은 오랜 시간 서구 모더니즘의 정언적 명령에 따라 소위 '형식적 성찰'의 길을 가면서 동시에 이것을 전통과 연결시키고자 하는 민족주의적 시도와 연결되어 있었다. 한국 화단은 식민지 근대에 '서양화'를 도입, 번역하는 과정에서 '일본화'와의 부정적인 변별성을 통해 '한국적 회화'의 자기 정체성 및 미학 규범을 세우려 했다. 즉 한국적 회화 양식의 본질을 찾아 나서는 과정에서 식민 이전 시기인 소위 전근대에 통용되었던 서화 일체의 전통이 발견되었고 이로써 수묵화/문인화가 채색화와 동일시된 '일본화'와의 대립 속에서 한국적인 양식으로 전면에 부각되었다. 1950년대 말 회화의 자율성 추구라는 관점에서 '현대적'인 것으로 간주된 추상표현주의가 한국에 도입되었을 때 가장 전통적인 것으로 간주된 문인화와 가장 현대적인 것으로 간주된 추상화가 만나 독특한 형태의 한국식 추상화가 정전으로 자리잡게 된다(신지영, 2006). 지역의 역사적 · 생활사적 맥락과 무관하게 이식된 서구 미술의 이념 및 실천과 문인화 전통의 이러한 접합은 한편으로는 캔버스에서 지속적으로 구상성과 현실 관련성이 사라지는 결과를 낳았으며, 다른 한편으로는 한국 사회에서 오랫동안 각각의 예술적 실천, 즉 텍스트가 자리매김될 수 있는 상징 질서 체계의 맥락이 부재하는, 혹은 존재하더라도 매우 미약하게만 존재하는 상황을 낳았다. 그리고 이것은 특히 미술 교육의 현장에서 더욱 심각하게 드러난다(강성원, 2004; 정헌이, 2004). 이와 같은 한국 화단의 미학적 정치적 맥락 속에서, 다시 말해 은밀하게 절합된 모더니즘과 문인화의 형식 원리에 따라 예술의 가치, 즉 '훌륭함'이 평가되는 곳에서 여성들은 자신이 '여성으로서 여성의 경험을 여성의 언어로' 표현한다는 의식을 갖기 힘들었으며, 여성적 주체로서의 표현 양식이 분명한 (많지는 않지만 그래도 존재하는) 작품들 또한 그에 합당한 해석과 이해를 받기 힘들었다. 그러나 1990년대 이후 민중 미술에 대한 여성주의적 반성과 포스트모더니즘 논의 속에서 활발해지기 시작한 여성 미술에 대한 관심은 창작에서나 수용면에서 많은 차이와 '사이'의 공간을 만들어 내며 기존의 가부장제 사회에서 추동되었던 제도적 · 전통적 · 민족주의적 예술을 새롭게 질문하고 있다. 이것은 1970년대 후반부터 한국 사회에 진지하게 뿌리내리기 시작한 여성주의 의식화 운동과도 상관되는 것으로서 그러한 일반적인 사회정치적 맥락 속에서 점차 여성들의 경험, 여성들의 해석 방식, 여성들의 미적 감각 등이 동등한 미적 가치로서 경쟁하는 수준을 넘어 미학 체계 자체를 이데올로기 비판적으로 질문하는 문화 정치학의 토대가 마련된 것이다.

2. 여성주의 관점에서 본 미학 개념과 예술 생산

1971년 "왜 위대한 여성 미술가들은 존재하지 않았는가?"라는 린다 노클린(Linda Nochlin)의 글과 함께 출발한 서구의 여성주의 미술사 연구는 미술사가 교육 체계, 후원 제도 등 여러 가지 사회 세력들과 문화 이데올로기적 담론 체계가 만들어 낸 결과물임을 밝혀 냄으로써 '위대한 예술가'의 신화적 성격을 드러낼 뿐만 아니라 더 나아가 '여성'의 문제가 함축하고 있는 이데올로기 비판적 관점을 강조해 왔다. 즉 여성의 문제는 주변적 가치만을 지니는 하부 문제가 아니라 미술사의 가장 자연스러워 보이는 근본적인 전제들을 재점검하고 미학 내적 · 외적 질문들을 위한 패러다임을 제공하는 지적 도구, 촉매제라는 것이다(노클린, 1997). 이렇게 볼 때 여성주의 미술사는 '여성(적)/남성(적)'이라는 젠더의 범주가 상징 가치 체계에서 발생시키는 효과들에 주목함으로써 또한 다른 분야에서 시도되는 개혁적인 접근법들이 마련하는 새로운 패러다임들과도 생산적인 연계를 구축할 수 있게 된다. 1970년대의 미술사가 문화 이데올로기의 규범 체계 및 가치 체계를 비판적으로 조망하면서 상실된 여성 미술가들의 역사를 회복하고 그들의 이미지를 재해석함으로써 주류 역사 속에 새롭게 자리매김하는 데에 주력했다면 1980년대 여성주의 미술가와 평론가들은 미술 담론의 구성 과정, 미술사 기술의 문제, 여성(성)과 남성(성) 등 정체성의 구성 그 자체를 근본적으로 회의하면서 기호학과 정신분석학 등의 이론적 도움을 받아 구조적인 해체를 시도한 것이다(Pollock & Parker, 1987; Pollock, 1988; Gouma-Peterson & Mathews, 1987).

여성주의 미술 비평의 논점은 진정한 여성주의 미술의 '본질'은 무엇인가라는 물음과 복잡하게 얽혀 있다. 이 물음에 대한 답변의 과정들이 바로 여성주의 미술 비평, 미술사, 담론의 역사를 이룬다. 이것은 상황적 맥락 속에서 치열하게 답변됨으로써 또 다른 질문과 과제를 위한 새로운 공간을 여는 '과정 중의 질문'이기 때문이다.

다음 절에서는 가부장제와 국가주의의 경계적 위치에서 기존 미학 체계를 질문하며, 예술 생산을 역사적 · 정치적 힘들의 격자 속에 위치시키는 여성 아티스트들의 작업을 살펴보겠다. 2004년 일본 도쿄에서 열렸던 〈Borderline Cases〉에 참여한 작가들인 박영숙, 윤석남, 이토 타리(Ito Tari), 시마다 요시코(Shimada Yoshiko)의 작업[7]이 그 구체적인 대상이다. 이들의 작업은 여성주의 세계관과 감성에 의해 추동된 예술 생산이 어떻게 사업으로서의 미술 세계에 맞서, 혹은 그것과 협상하면서 현장의 행위성과 문화적 정치적 특수성을 살려내는지, 어떻게 '이야기'와 소통이 있는 문화 생산의 장이 가능한지 함께 고민할 수 있는 토론의 장을 제공할 것이다.

3. 기억, 신체, 차이: 지구/지역 시대 여성주의 미학 실천

3.1 차이와 인정, 그리고 기억의 정치학: 이토 타리의 퍼포먼스와 시마다 요시코의 설치 실험

〈Borderline Cases: Women on the Borderlines〉[8]는 일군의 페미니스트 학자들과 한국, 일본의 페미니스트 예술가들이 모여 사회와 국가, 그리고 개인의 내면에 존재하는 경계들에 대해 고찰하고, 그것들의 길항 속에서 타자와의 상호 응답의 길을 찾는 시도였다. 학술 대회와 병행된 이 전시회에서 여성들의 삶과

7 필자는 도쿄에서 열린 이 전시회의 개막식과 학술 대회에 참석했으며, 이 전시회의 큐레이터였던 김선희 씨, 그리고 전시회의 공동 기획자였던 퍼포먼스 아티스트 이토 타리 씨와 2004년 6월 27일 인터뷰를 가졌다. 또한 전시회의 다른 공동 기획자였던 시마다 요시코 씨와 2005년 서울에서 열린 제3회 여성미술제 〈판타스틱 아시아-숨겨진 경계, 새로운 관계〉에서 만나 6월 18일 인터뷰를 할 수 있었다. 한국의 페미니스트 아트를 이끄는 주요 동력인 박영숙, 윤석남과는 2003년부터 2006년까지 여러 차례 만나 대화를 나누었으며, 두 차례에 걸쳐 심층 면접을 했다. 아래의 글은 일본과 한국을 오가며 진행된 페미니스트 아티스트들, 기획자들과의 인터뷰를 기반으로 한다.

8 전시회의 제목 〈Borderline Cases〉는 심리 치료에서 '경계선 장애'라는 '성격장애'를 일컫는 말이다. 그러나 전시회에 참가한 박영숙의 〈미친년 프로젝트〉가 보여 주듯이 두 개 혹은 여러 개의 시간, 공간, 리얼리티의 교차는 여성들에게 매우 익숙한 삶의 구조, 정신 세계의 구조이기도 하다.

경험은 특히 경계선 위의 실존, 즉 둘 혹은 여럿의 공간이 겹쳐지는 접경 지대에서의 움직임으로 포착되었다. 이것은 구체적으로 가부장제와 민족주의, 포스트 식민의 특성을 갖는 아시아에서 여성으로 산다는 것, 여성으로 예술 활동을 한다는 것이 어떤 방식으로 의식/무의식, 언어/비언어, 기억/침묵의 경계 지대와 관련되는가를 미학적 · 심리적으로 탐색하는 과정이며, 궁극적으로 이것은 윤리적이고 정치적인 질문으로 수렴된다.

경계란 순조롭게 전환이나 초월이 이루어지는 곳이 아니라 일련의 내적 전치와 분절이 발생하는 지점으로서, 여기서는 과거와 현재의 시간이, 그곳과 이곳의 공간이 그리고 지역의 문화적 특수성과 초국가적 리얼리티가 끊임없이 교차한다. 이러한 경계에서는 절충을 위한 문화적 번역의 변증법이 지속적으로 작동함으로써 혼성적 문화와 새로운 예술이 만들어진다.[9] 경계의 미술은, 미국에서 유색 인종들의 미술 실천을 언급할 때처럼, 주류 문화의 번역, 혹은 번안의 과정으로 이해되곤 했지만(김현주, 2001), 그러나 인종적 · 종족적 변수가 꼭 포함되지 않는 경우에도 여성들의 표현 행위는 주류 미학 체계와의 협상, 절충의 변증법적 과정을 보여 준다. 번역의 과정을 통과한 결과로서의 혼성적 문화는 더 나아가 소위 참조 구조로서의 원형을 변형 · 해체시킬 뿐 아니라 원형 역시 모방적 이미지들과의 관계 속에서만 존재한다는 것을 상기시킨다.

3.1.1 두려움, 그리고 인정을 향한 투쟁: 이토 타리의 퍼포먼스

그러나 무엇보다도 〈Borderline Cases〉에서 의미 있는 현장적 효과를 발생시키는 접경 지대들은, 이토 타리의 퍼포먼스 〈무지개 빛깔 사람들〉과 함께 진행된 개막식 장면이 보여 주었듯이, 상이한 문화적 · 정치적 맥락 속에서 살고 있는 여성들의 삶이 서로 조우하며 만들어 내는 여성들 상호간의 인정의 공간, 연대의 공간이다. 재일 조선인과 레즈비언 작가의 사회적 정체성의 문제를 '이

9 Bhabha(1993), "Beyond the Pale: Art in the Age of Multicultural Translation," *Biennial Exhibition* (exhibition catalogue), Whitney Museum of American Art, pp.62-73; 김현주(2001), 『현대 미국의 아시아계 여성 미술과 탈식민 여성주의』, 45쪽에서 재인용.

[그림 1] Ito Tari, 〈어디에 두려움이 있는가?〉, 퍼포먼스, 2003.

름'에 초점을 맞추어 현장으로 불러낸 이토 타리의 퍼포먼스는 한 개인의 이름이 공적 공간에서 호명되는 방식이 어떻게 사회적 정체성의 승인과 관련되는지를 고통스럽게 드러낸다. 인정(recognition) 투쟁은 1990년대 이래로 페미니스트들과 함께 섹슈얼리티의 정치학을 고민해 온 이토 타리의 일관된 주제다. 그는 2002년 한국에서 열렸던 제2회 여성미술제 〈동아시아 여성과 역사〉전에서 〈어디에 두려움이 있는가?〉라는 제목의 퍼포먼스를 통해 성적 소수자를 포함한 사회 소수자들의 비가시적 존재성을 정치적 의제로 다루었다.

개인의 감정과 성 판타지 그리고 정치적 이데올로기 사이의 밀접한 상관 관계를 몸의 언어를 통해 질문하는 그에게 소수자들의 일상적 삶을 위협하는 두려움은 소수자를 배제하는 특정 이데올로기와 그 이데올로기에 침윤되어 있는 사회 구성원의 인식 속에 있다. 그는 사회 속에서 동등한 구성원으로 인정받지 못하고 의식적으로 무시당하며 계속해서 비가시적인 존재로 남게 되는 성적 소수자의 두려움을 '이방인'이 되는 두려움이라고 말했는데,[10] 이것은 〈무지개 빛깔 사람들〉에서도 핵심 주제로 등장한다. 일상의 차원에서, 그리고 특정한 의제들을 선택하거나 피하는 방식을 통해 공공연하게 재생산되는 편견과 차별은 소수자들의 정체성을 부정적으로 각인하며, 두려움의 정신적 구조를 만들어낸다. 이토 타리의 퍼포먼스에 등장하는 내레이터 중 한 사람은 레즈비언으로서 글을 쓰는 작가다. 그녀는 섹슈얼리티를 주제로 글을 쓸 때 본명 사용이 야기하는 내적 · 외적 검열과 '결국 레즈비언 전문가로 범주화되는' 낙인을 이야기한다. "…… 내가 내 손발에 족쇄를 채워 버렸구나 하는 생각도 들어요. …… 여러 가지를 해 왔는데 그 과정에서 정말로 뭐랄까 왜소해졌다고 할까. 가령 창작 작업이 순조로워 의도한 표현을 해내면 당신은 그 방면의 전문가니까라는 식으로 레테르(letter)를 붙이거나, 그도 아니면 레테르를 붙이기 전에 완전히 무시해 없는 존재로 만든다든가 그런 사람도 있었지요. 전체적으로 보면 무시하는 경향이 강했던 것 같아요."[11] 또 다른 내레이터는 재일 조선인으로서 여전히 편견과 차별이 작동하는 일본 사회에서 일본명이 아닌 본명을 사용하겠다는 결심이 얼마나 큰 두려움과 결부된 일인가를 이야기한다. "그 때까지 자기 자신 속에만 틀어박혀 있었는데, 다른 재일 조선인 학생들과 만나 시야가 넓어져 자신을 열어가게 되었다고 할 수 있어요. 그러니까 물론 여러 가지 우여곡절은 있지만, 그(녀)들과 만나 나는 굉장히 행운이었다고 생각해요. 그 후 대학에서 본명을 쓰기로 하고 그 이름으로 학생 시절을 보냈지요. 그런데 역시 사회에 나오니까 차별에 맞서는 나 자신의 마음가짐이 부족했는지, 실력이 모자랐는지, 한동안 일본명을 썼어요. 그렇지만 여러 가지 상황에서 알려지는 거예요. 사회보험이라든가. 그래서 직장에서도 내가 재일 조선인이라는 걸 알아차리기도 하고. …… 본명으로 일한 회사는 상당히 힘들었어요. 음, 말하자면 재일 조선인에 대한 뿌리 깊은 멸시라고 할까, 어떤 의미에서는 그들에 대해 제대로 된 보상이라든가 그런 것을 하지 않았다는 것에 대한 역심리라고 할 수 있을지도 모르지만, 예를 들면 그쪽에서, 재일 조선인은 무서워요라는 심리지요. 그런 게

10 www.femiart.or.kr 의 '미술제' 부분 참조.

11 이토 타리 퍼포먼스 아트 〈무지개 빛깔 사람들〉 내레이션 중 사와베 히토미 씨의 말에서.

비뚤어진 모습으로 드러난다고 할까. …… 재일 조선인이 역사를 체현하는 존재니까 그(녀)들의 존재를 의식의 바깥으로 밀어내고 싶을지도 모르지만요. 음, 역시 본명을 쓰기 위해서는 여러 상황과 싸우는 마음가짐을 지녀야 해요."[12] 일본에 거주하는 재일 조선인은 일본에서의 삶을 위한 '방편'으로 일본명을 사용하지만 제대로 된 인간 관계를 위해 본명으로 살아갈 수 있기를 바란다. 그녀의 말에 따르면 재일 조선인의 수는 49만 정도인데, 거의 모두가 본명을 쓰지 않은 채 '임시 일본인'으로 살아가고 있다. 순혈주의에 기반을 둔 민족주의가 강한 일본은 이주민에 대해 끊임없이 귀화를 강요하는 동화주의 정책을 채택하고 있다. 또한 제국주의적 식민 지배의 역사적 결과인 재일 조선인 문제를 이제까지 현재적 차원에서의 진지한 역사적 · 정치적 성찰의 과제로 삼지 않고 있다(김태영, 2005; 한일민족문제학회, 2003). 이런 상황에서 1세대건 2세대건 일본에 사는 많은 한국인들에게 가장 큰 비밀은 일본에서 자신의 민족성을 숨기는 것이다. 그들은 두려움 때문에 실제 이름, 즉 한국 이름을 사용하지 않는다.[13] 강력한 이성애주의와 전통적인 일본 이상들(ideals)에 토대를 두고 있는 민족주의가 다시 거세게 부활하고 있는 일본 사회에서 레즈비언 정체성을 가진 작가로서 본명으로 글을 쓴다는 것과 본명을 사용하는 한국인으로 산다는 것은 온전한 구성원으로서의 존재론적 위상의 중지, 즉 폐제(foreclosure)를 경험해야 한다는 것을 의미한다. 이러한 폐제의 위협에 대항해 동등한 구성원으로 인정받는 것은 대단히 정치적인 투쟁의 과정이며, 배제된 사람들 사이의 역량 강화와 연대를 요청한다. 레즈비언 퍼포먼스 아티스트로서 이토 타리는 동성애뿐 아니라 일본에 살고 있는 한국인의 성원권(成員權), 그리고 군 위안부 문제를 지속적으로 무대에 올림으로써[14] 이들 소수자 그룹의 정체성을 구조화하고 있는 그

---

12 이토 타리 퍼포먼스 아트 〈무지개 빛깔 사람들〉 내레이션 중 박영자 씨의 말에서.

13 Monty Dipietro, "Skeletons come out of the closet," *The Japan Times*(on line), 30 June, 2004.

14 2002년 이토 타리는 한국에서 열렸던 한국, 일본 페미니스트 아티스트들의 〈아트 마라톤〉에 참가해 '나눔의 집'에서 퍼포먼스를 한 이래로 일본 군국주의에 의한 성 노예 문제를 지속적인 의제로 삼았다. 현재 그의 퍼포먼스 레퍼토리에는 "I will not forget you: Homage to Kim Sundok"도 포함되어 있다. 이 퍼포먼스는 커다랗게 확대된 김순덕 사진을 배경으로 진행된다.

[그림 2] Ito Tari, 〈Great East Asia Co-prosperity Restaurant in Japan〉 (28 April, 2006 in Tokyo)

러한 폐제의 부정의(injustice)에 대항한 인정의 투쟁을 확산시키고자 한다.

9·11 사건 이후 전 지구적 차원에서 차이를 도덕적, 정치적, 사회문화적 차원에서 진지하게 고민하는 인정의 문제는 다시 한 번 중요한 정치철학적 의제로 떠오르게 되었다. 표현, 해석, 의사 소통 등 상징적 체계의 사회적 양식에 뿌리내리고 있는 문화적 부정의(cultural injustice), 즉 문화적 지배(cultural dominance), 불인정(nonrecognition), 경멸(disrespect) 등은 특정 소수자 집단이 다른 집단에 비해 낮은 존중과 품위를 누리게 만든다. 따라서 '다른' 문화 환경이나 '다른' 성적 정체성, '다른' 민족성이나 종족성(ethnicity)을 지닌 집단의 시민권과 사회 성원권(membership)을 온전히 인정함으로써 그들의 손상된 정체성이 회복되고 그들의 문화적 산물들이 존중될 수 있게 하는 것은 매우 중요한 인권 주제다. 그리고 이를 위해서는 해체적·변형적 전략을 통해 상징적 체계의 사회적 양식에 변화를 가져오는 한편, 문화적 다양성에 긍정적 의미를 부여

하는 것이 필연적으로 요청된다(Fraser, 2003:7-109). 그리고 이러한 정치철학적 각성과 그에 따른 정책적 실행은 새로운 타자의 윤리에 기반을 두고 있어야 한다.

이토 타리의 퍼포먼스는 두 가지 관점에서 주목을 끈다. 첫째는 그녀가 네덜란드에서 연극 단체 단원으로서의 계약이 만료된 이후 소위 '불법 체류자'로 거주한 경험, 전 지구적 차원에서 가동되는 문화 산업에 포섭되지 않는 마이너 예술 장르인 신체 예술가로서의 경험, 부인됨으로써만 획득하게 되는 성적 정체성으로서의 레즈비언 정체성의 경험을 자신의 퍼포먼스의 물질적 맥락으로 삼는다는 것이다.[15] 그리고 이러한 경험과 연계된 주제들은 그 무엇보다도 신체 언어를 통해 가장 잘 표현되고, 그럼으로써 가장 덜 매개된 방식으로, 즉 가장 직접적으로 관람객들에게 말을 건다는 것이다. 무언가를 표현하고 있는 그녀의 몸은 바로 '그 몸'으로 현존하며, 그 몸의 일회적 시공간적 현존성을 부각시킨다. 이 때 관람객들은 '고통을, 희망을, 기억과 망각을' 연희하는 그녀의 몸을 통해 '나'와 '타자'에 대한 윤리적 소통에 도달하게 된다. 애드리아나 카바레로(Adriana Cavarero)의 서사적(narrating) 윤리 이론을 이어받으면서 다름 아닌 '자아의 근원적 타자 연관성'이라는 한계에서 새로운 윤리의 주체를 발견하고자 하는 주디스 버틀러(Judith Butler)의 시도는 이러한 윤리적 소통을 잘 설명해 주고 있다. 여기서 '나'와 '타자'는 근본적으로 노출되어 있는, 가시적인, 육체적으로 존재하는, 다시 말해서 필연적으로 현상의 영역에 거주하고 있는 존재로 만난다. '나'와 '타자'는 또한 내가 언어적으로 드러나기 위해서는 나의 말을 수신하는 '너'의 존재가 항상 전제되어야 한다는 점에서 필연적으로 '서로 내맡겨져' 있다. 따라서 '나'는 '너'와의 관련 속에서만 자서전적으로 말할 수 있으며 '나'는 오직 '너'와의 관련 속에서만 호명될 수 있다. '너'가 없다면

15 필자와의 인터뷰에서 이토 타리는 이러한 경험이 1990년대에 페미니즘을 만나면서 본격적으로 자신의 퍼포먼스의 인식론적 배경이 되었다고 말했다. 또한 9·11 이후 일본에서도 여성 및 소수자들에 대한 심각한 보수주의적 반격이 번지고 있음을 언급하면서 초국가적 차원에서의 연대가 그 어느 때보다 필요함을 강조했다.

나 자신의 역사는 불가능하게 된다. 만약 이러한 근원적인 타자 연관성이라는 한계 인식이 없다면 나는 '나' 자신과의 관계 속에서 나에 대해 완전하게 알고 있다고 오인하게 될 것이다(Butler, 2003:43). 따라서 나는 '나'를 알기 위해 언제나 '너'의 이해, 인정에 기대야 한다. 더 나아가 이러한 상호간의 근원적 타자 연관성에 입각해 서로 타자의 욕구를 인정한다고 할 때, 이러한 인정은 결코 완성되지 않는다. 왜냐하면 처음에 인정받고자 제기된 특정 욕구는 그 인정 운동의 과정에서 어느새 다른 욕구의 인정을 제기하기 때문이다. 이런 방식으로 인정은 지속적으로 연기된다.

이토 타리가 한국의 군 위안부 '할머니들'과 신체 언어를 통해서 소통하는 것이나[16] 일본에 거주하는 한국 여성의 실존적 삶을 구성하는 경계들을 몸으로 사유하고 가시화하는 것은 한편으로는 자아와 타자가 근본적으로 서로에게 내맡겨져 있는, 노출되어 있는 현상학적 존재이기 때문에 더욱 효과적일 수 있으며, 다른 한편으로는 그러한 윤리 의식이 일깨워질 수 있도록 몸의 감각을 활성화시킨다는 점에서 역사 새로 쓰기, 역사 기억하기의 뛰어난 방식을 보여 준다. 퍼포먼스는 근본적으로 매번 다른 효과를 내는 축제 혹은 제의의 성격을 띤다. 인정이 결코 완성되지 않는, 지속적인 관심과 인식을 요구하는 것이라고 할 때 매번 새로운 축제 혹은 제의로 연행되는 퍼포먼스야말로 이에 적합한 장르가 아닐 수 없다. 그리고 이러한 축제 혹은 제의에서 여성들은 국민 국가의 경계를 넘어서, 민족주의의 동원 전략에 비판적으로 대응하면서, 윤리적 · 정치적 감각에 따른 새로운 연대를 꿈꾸고 실현한다. 이처럼 그녀의 퍼포먼스는 특정한 지형학적 공간에서 개별적 삶을 살고 있는 것처럼 보이는 많은 여성들의 경험을 초국가적 문화정치 의제로 가시화하고, 그 과정에서 여성주의 문화 예술 실천들의 연대 지평을 더욱 분명하게 드러낸다.

---

16 필자와의 인터뷰에서 이토 타리는 '나눔의 집'에서 군 위안부 '할머니'들이 둘러앉아 있는 한가운데에서 퍼포먼스를 할 때 "진정 해방감을 느끼고 행복했다"고 말했다.

3.1.2 차이를 직면하며 역사를 다시 쓰다: 시마다 요시코의 프린트, 설치, 퍼포먼스

사적 삶의 공간이 공적 언어의 상징 체계와 맺는 관계는 시마다 요시코의 설치 미술과 퍼포먼스, 그리고 공식화된 기존의 사진에 새로운 역사적 표현력을 부여하는 아트 작업에서도 중요 의제로 작동하고 있다.

스스로를 페미니스트이며 아트 활동가로 부르는 시마다 요시코는 1992년부터 지금까지 일본 제국주의의 역사와 군국주의에 의해 치밀하게 계획, 운영된 성 노예 문제, 일본 특유의 가부장제와 섹슈얼리티, 결혼/가족 이데올로기, 민족주의와 타자화의 문제 등을 집중적으로 성찰해 오고 있다. 그녀에게 이 문제들은 일본이 서구와의 관계 속에서 자신의 근대적 정체성을 성립하는 과정이 어떻게 아시아로부터 자신을 분리시켜, '일본과 아시아'라는 분리된 인식 체계를 만들어 나가는가에 대한 성찰과 맞물려 있다. 여기서 일본과 아시아는 '우리'와 '타자'로 고착되며, 일본 여성들로 하여금 아시아 다른 나라들의 여성들에 대해 우월감을 갖도록 만들고, 일본 제국주의에 적극적으로 동참한 모든 행위에 대해 망각과 책임 전가로 대응하게 만든다. 시마다 요시코는 신문 기사나 사진 등 공식적인 역사 기억의 토대가 되는 자료를 발굴해서 그것을 새로운 관점에서 인용하고 분절시킴으로써 제국주의 권력 하에 아시아 내부에서 계급과 민족성에 따라 위계적으로 상이하게 배치된 여성들의 사회적 위치들을 드러낸다.

1994년의 전시회 〈Comfort Women / Women of Conformity〉는 다양한 공식 자료들의 재구성을 통해 일본 제국의 군대를 위해 성 노예로 기능해야 했던 한국의 군 위안부들과 황군 병사의 어머니로서 제국과 하나 되기를 경험한 일본 여성들을 대립 내지는 병치시키고 있다. 이를 통해 한국 여성과 일본 여성은 피식민자와 식민자의 위치에서 대립 쌍을 이룬다. 그러나 동시에 여성을 (일본 민족의 정체성을 담지하는) 성스러운 민족의 어머니와 남성의 성적 환상이 무차별적으로 투사되는 '창녀'로 구분하는 일본 제국주의의 가부장제 관점에서 볼 때 이것은 병치의 의미를 띤다. 결국 여성들은 황군 병사의 남성성을 유지시켜

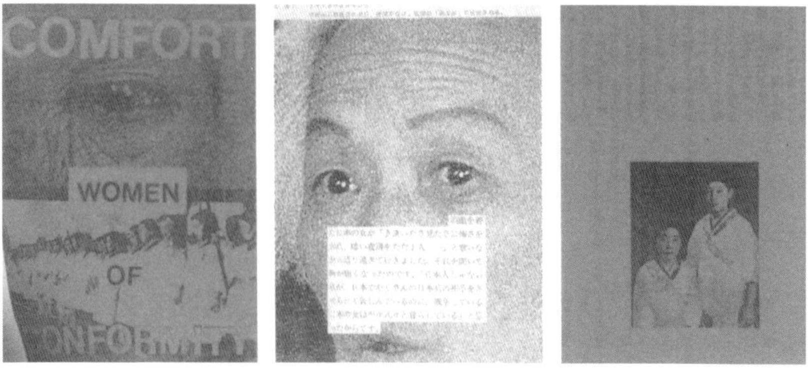

[그림 3] Shimada Yoshiko, 〈Comfort Women/Women of Conformity〉, 1994.

주기 위해 아내/어머니로 그리고 '창녀'로 동시에 동원된 것이기 때문이다.[17]

그러나 전쟁이라는 거대한 국가 사업으로 비대해진 공적 영역이 여성들에게 '국민 되기'의 기회를 제공한다고 믿었던 당시의 페미니스트들을 비롯해서 일본 여성들에게 이러한 성별 이데올로기를 비판적으로 바라본다는 것은 거의 불가능했던 것으로 보인다. 국민이 남성성을 모델로 정의되었기에 '남자는 전방으로, 여자는 후방으로'의 원칙에 따라 수행된 국민 총동원 체제에서 여성들은 오히려 황군 병사의 아이를 낳아 기르는 어머니로서, 근로와 생활 개선을 통한 공출 담당자로서 '국가의 일원'이 되는 새로운 정체성 경험에 홍분과 사명감을 느꼈다. '여성의 국민화' 프로젝트에 대한 홍분과 사명감은 황군 병사의 어머니로서 궁극적으로 전 세계를 하나의 가족으로 만들 수 있다는 / 만들어야 한다는 '광기 어린' 비전에서 극에 달한 모습을 보여 준다. 가장 광신적으로 '성전(聖戰)'을 지지했던 초국가주의자 다카무레 이츠에의 비전을 보자. "우리 '우아하고 아름다운 여인'은 가족심(家族心)을 생명으로 여겨 세계의 가족화를 갈망

17 이에 대해 우에노 치즈코는 『내셔널리즘과 젠더』에서 다음과 같이 말하고 있다. "일본 여성의 '아내'와 '어머니'로서의 신성성은 갖은 수단을 통해 유지되어야만 했다. 인구 정책을 '가족 제도 보호'라고 부르는 것은 이미 완곡 어법을 넘어서고 있다. 가족이야말로 황군 병사의 남성성을 정의하는 요새였기 때문이다. 그 그늘에는 '성의 이중 기준'의 어두운 면, 즉 '모성'과 대비되는 '창부성'을 짊어진 일본군 '위안부' 여성들이 있다"(치즈코, 1999:71).

하고 있다. 그러므로 그것을 막는 것에 대항하기 위해 성전이 일어났으므로, 전쟁은 적극적으로 여성의 것이라 해도 좋다. 우리 아이, 우리 남편, 우리 형제를 격려해 싸워 이기도록 해야만 하는 여성의 의사가 여기에 있다. 이번 대전에 우리는 '여자이지만'이 아니라 '여자이기 때문에' 일어서는 것이다."[18] 이와 같은 모성적 제국주의야말로 시마다 요시코가 보기에 일본 제국주의의 독특한 성격이다(Shimada, 1999; Hiroko, 1996).[19] 당시 일본 여성들이 이처럼 자신의 아들을 매개로 천황 체계를 일종의 가족-국가 체계로 이해할 때 개체성에 기반을 둔 일체의 반성이나 책임감은 사라지게 된다. 시마다 요시코는 이러한 결핍이 지금까지 일본 사회를 지배하고 있다고 비판하면서, 역사를 통한 자기 성찰을 강조한다. 그리고 그녀는 표현 예술의 과제는 바로 이러한 성찰로의 일깨움에 있다고 믿는다.

공식 기억이 만들어 내는 개인의, 집단의, 국가의 정체성에 개별적 타자의 기억을 대치시키기 위해 표현 예술은 무엇을 할 수 있을 것인가. "역사라는 것도 '표현된 기억'인 이상 픽션인 것이고, 때문에 하나의 사실로서의 역사라는 것은 존재하지 않는다. 내가 사용한 다큐멘터리 사진도 '표현된 것'이며, 이미 누군가에 의해서, 누군가를 위해서 각색된 것이다"(Shimada, 1996). 그러나 공식적인 역사는 사실을 말하고 있다고 주장하고, 사람들은 무의식중에 이것을 믿는다. 시마다 요시코의 표현 예술은 이에 저항하면서 '타자'의 고통의 기억을 공유하고자 시도한다. "타자의 고통의 감각을 다 탈각시키지 않는 표현이 가능할 것인가?"라는 질문에서 출발하는 그녀의 작업은 고통의 경험이라는 지점과(고통이 경험되는 그 순간 얼어붙어, 딱지가 앉아버린 지점), 나중에 그것을 말할 수밖에 없어 말하는 지점, 그리고 그 사이라는 공간을 함께 성찰하고자 한다.

---

18 『일본 부인』의 1944년 11월호에 개재된 "우아하고 아름다운 여인" 중에서: 우에노 치즈코(1999), 47쪽에서 재인용.

19 이것은 또한 일본의 가부장제에는 중심이 되는 '아버지'의 이미지가 없었음을 의미한다. 당시 체제의 핵심 상징이었을 히로히토(裕仁)조차도 부성적 특성보다는 모성적 특성을 더 많이 지니고 있었으며, 이처럼 가부장제의 중심을 모성적 특성이 채움으로써 그것이 행사하는 권력은 덜 가시적으로 될 수밖에 없었다고 시마다 요시코는 지적한다.

소위 '마음'의 밖에서 만들어지는 객관적 언설이라는 것이 이미 내 안에 들어와 자리잡고 있을 때, 그것은 어느 정도는 살아남기 위한 전략이라는 측면에서의 베일쓰기(veiling)의 문제이고, 또 어느 정도는 관념의 과정을 거칠 수밖에 없는 요약의 폭력에 노출된다는 문제이며, 동시에 정체성을 만들어 가는 과정 자체가 자의식과 의식 사이의 지속적인 협상이라는 문제이기도 하다. 말이 되어 나오기까지의 이러한 사회적 · 정치적 담론의 과정을 (하나의 규범적 · 요약적 관념으로 고정시키지 않은 채) 표현해 내는 것, 이것이 바로 미학의 과제일 것이다.[20]

정치학과 미학, 그리고 윤리학의 만남이라고 일컬을 수 있는 이러한 국면은 〈Borderline Cases〉에서의 설치 작업에서도 핵심 동력으로 작용한다. 오랜 침묵 끝에 '증언'을 행한 군 위안부들의 경험과 기억은 〈Borderline Cases〉에서 가족사의 비밀을 증언하는 사람들의 기억으로 이어진다. 〈Bones in a Tansu[21] – Family Secrets〉이라는 이 설치 작업에서 관람객들은 장롱의 서랍을 열고 그곳에 저장되어 있는 비밀을 읽는 한편, 장롱 옆에 있는 커튼이 쳐진 부스 안에 들어가 자신의 가족의 비밀을 적어 상자 안에 밀어넣는다. 이러한 일련의 과정을 통해 시마다 요시코는 가족 구성원들 사이에서 언어화되지 않은 채 일종의 무의식으로 작용하고 있는 상처들이 위치해 있는 사회적 · 역사적 · 정치적 맥락들을 드러내고 담론화시킨다. 이 작업은 역사 기술에 대한 근본적인 질문과 새로운 관점에서 출발한다. 매번 전시가 진행될 때마다 언어화되고 가시화된 자서전적 이야기들은 역사가 '사실'에 의해서보다 '경험'과 그것의 '기억'에 의해 만들어진다는 깨달음을 환기시킨다. 침묵에 잠겨 있던, 지워진 '가족사'는 공인된 역사를 거슬러 다른 역사를 기록하려고 안간힘을 쓴다. 이렇게 베일을 찢고 나온 기억들은 궁극적으로 배제와 통합의 제도적 검열 과정에서 승인된 사

20 이 부분은 Shimada(1996), *Exhibition Catalog*에 실려 있는 시마다 요시코와 이정화의 대담을 참조로 한 것이다. 번역을 도와 준 이화여자대학교 아시아여성학센터의 강가람 씨에게 이 자리를 빌어 감사의 말을 전한다.

21 탄수(簞笥)는 일본의 전통적인 장롱이다.

[그림 4] Shimada Yoshiko, 〈Secret Desires - Bones in Tansu〉, 2004-5.

건이나 행동만을 다루는 공인된 역사와는 다른 역사, 다른 이야기'들'의 공동체를 구성할 것이다.

어둡게 커튼이 내려진 작은 공간에 들어가 자신이 가장 하고 싶었던 그러나 하지 못했던 (진정성을 동반한 채 들어 줄 귀가 없기에) 이야기를, 누군가가 읽어 줄 것이라는 희망 속에서 종이 위에 쓸 수 있는 기회를 갖게 된 관객들의 자서전적 이야기들은 나중에 현장에 설치된 서랍장의 서랍들 속에 설치되어 실제로 '들어 주는 귀들'을 만나게 된다. 그러면 다시 현장에 참여하는 관람객들은 서랍을 열고 그곳 어둠 속에 저장되어 있는 이야기를 만남으로써 자신의 내부에 숨겨진 침묵의 이야기를 발화하고 싶은 열망을 느끼게 된다. 이러한 연속적인 과정을 통해 시마다 요시코는 '증언'이란 말하는 사람과 듣는 사람의 공동작업으로서 한 사회의 지적 · 도덕적 · 정치적 상황을 보여 주는 집합적 목소리의 장르이며, 따라서 한 사람의 증언은 부재한 다른 목소리들의 다성성을 불러들인다는 인식(Berverley, 1989)을 관람객들과 공유하게 된다. 궁극적으로 설치된 부스 안에 들어가 가족의 숨겨진 기억을 기록하는 행위는 개별 사람들에게는 치유의 과정이 되는 동시에, 전체적으로는 일본 사회와 일본 역사에 대해 새로운 언설의 형태를 띠게 될 것이다.[22]

공식적 역사를 거슬러 기록되는 이러한 작은 기억들과 증언들의 수집은 도시와 국가의 경계를 넘어서 지속되고 있다. 2005년 제9차 세계여성학대회 기념으로 마련된 제3회 여성미술제 〈판타스틱 아시아—숨겨진 경계, 새로운 관계〉에서 시마다 요시코는 동일한 장롱과 부스를 설치하고, 관람객들로 하여금 '숨겨진 성적 욕망'에 대한 기억을 떠올리게 했다. '훔쳐보기'이며 동시에 '자기 고백'인 이러한 '욕망 드러내기'를 통해 가부장제와 성에 대한 이중 윤리가 강한 한국 사회 동시대인들의 성에 대한 느낌, 경험 등이 연령별, 계층별, 성별에 따라 어떻게 차이를 보이는지, 또한 그럼에도 어떠한 동일한 구조를 가리키는지 알 수 있는 흥미로운 계기였다.

3.2 기억을 향한 기록들의 몽타주: 박영숙의 사진 작업과 이미지의 정치학

여성주의 시각으로 사진을 찍는다는 것, 혹은 본다는 것은 무엇을 의미하는가? 카메라 앞에 선 사람들은 시선을 되돌려 주지 않는 낯선 눈 앞에 서 있는 부담감으로 인해 움츠러들며, 자신이 '상상하고 기대하는' 최상의 이미지를 만들어 내기 위해 안간힘을 쓰게 됨으로써 '내가 이해하는 나'가 아닌 '보이는 나'라는 타자가 될 수밖에 없다. 카메라 앞에 선 사람은 자신의 외부에 위치한 특정 이상(理想)의 코드나 가치를, 즉 상징 체계를 통해 끊임없이 요구되는 '그' 이미지를 최대한 구가하고자 노력한다. 자신에게 끊임없이 이상적 이미지가 강제되고 있다는 사실을 망각하고 있던 사람들은 카메라 앞에 설 때 이것이 불현듯 '신체적으로' 환기됨을 경험한다. 이처럼 카메라의 시선은 피사체에 대해 일정한 권력을 가지고 있다. 그리고 변혁을 꿈꾸는 모든 전위적 몽상가들이 그

22 이것은 특히 재일 조선인의 '비밀'이 많이 수집될 경우 더욱 분명해질 것이다. 시마다 요시코는 재일 조선인들이 이 '비밀 발화하기'에 동참하도록 다양하게 노력하고 있는데, 이로써 전전과 전후에 일본이 취한 합법적 폭력의 양태와, 일본이 회피한 도덕적 법적 책임의 문제가 구체적으로 드러날 수 있을 것이다.

러하듯 여성 사진가들은 역으로, 다시 말해 이미지의 정치학을 성찰적으로 전유하면서, 카메라에 내재해 있는 이러한 상징적 규범 세계를 해체하는 과정으로 사진을 사용할 수 있다(고 믿는다). 카메라의 '호명하는' 권력을 전치시킴으로써 포착된 이미지를 다른 의미망으로 미끄러지게 만드는 것이다. 예를 들어 여성에 대한 고착화된 관념(stereotype), 그리고 그러한 관념을 내재화한 여성들의 내면 풍경을 적나라하게 드러내고 해체하는 데 사진만큼 강력한 매체는 흔치 않을 것이다. 페미니스트 사진 작가 박영숙의 〈미친년 프로젝트〉는 바로 이러한 해체와 재구성의 과정을 잘 보여 준다.

사물에서 나오는 빛과 사람의 눈에서 나오는 빛이 만나 만드는 것이 이미지다. 이것을 박영숙의 경우에 대입시켜 보자. 카메라 앞에서 자세를 취하고 있는 여성에게서 나오는 빛과 박영숙 자신에게서 나오는 빛, 그리고 그녀의 손에 들려 있는 카메라에서 나오는 빛이 어떤 장(field)을 만든다. 이 장에서 이미지가 만들어진다. 이 이미지는 발광(發光/發狂)의 장면화다.

카메라는 불가피하게 파괴적인 혹은 해체주의적인 속성을 지닌다. 카메라는 지속적으로 변화하는 외양의 흐름에서 각각의 외양을 따로 떼어내 변하지 않도록 고정시키기 때문이다. 어떤 하나의 이미지를 원형 그대로 보존함으로써 변화와 소멸의 과정으로부터 보호한다는 의미에서 카메라의 이러한 기능은 기억하고 회상하는 마음의 눈과 유사성을 갖는 것처럼 보이기도 한다. 그러나 기억과 회상 속에서 떠오르는 이미지들과는 달리 카메라가 외양의 흐름과 맥락에서 끊어내 냉동시킨 이미지로서의 사진은 그것 자체로써는 아무런 의미도 지니지 않는다. 의미라는 것은 이해 과정의 결과이며, 또한 이해는 시간 속에서 발생하고, 시간 속에서 설명되는 것이기 때문이다. "이야기를 하고 있는 사진들만이 우리로 하여금 이해할 수 있게 만든다"(손탁, 1986:7-8). 그렇다면 사진은 언제 이야기를 하기 시작하는가? 사진은 언제, 어떻게 사진 속에 모습을 드러내고 있는 사람들의 삶의 맥락으로, 시간 속에서 이해되기를 기다리고 있는 경험의 기억으로 되돌아갈 수 있는가? 〈미친년 프로젝트〉라는 커다란 표제 아래 전시된 박영숙의 사진들을 보면서 관객들은 이 질문에서 한 걸음 더 나아가 이렇게 묻는다. '사진을 응시하는 사람의 삶의 이야기와 사진 속에 모습을 드러낸 사람의 삶의 이야기가 만나는 것은 언제 어떻게 가능한가?' "내 안의 마녀", "꽃이 나를 흔들다" 등의 부제를 달고 있는 박영숙의 〈미친년 프로젝트〉의 사진들은 이 질문에 대한 길고도 사려 깊은 답변의 과정이다.

사회적 금기를 깨뜨리는 사진은 사람들을 불안과 동요로 밀어넣는다(『라이프』 지에 실렸던 많은 사진들의 효과를 떠올려 보라). 그렇다면 '미친 여성' – '여성의 미침'은 어떠한가? 이것은 사회적 금기인가? 여성들 스스로에게 '미침/들림'의 상태는 그렇게 낯선 것이 아니다. 피안과 차안의 다리 역할을 하는 영매들이나, 지그문트 프로이트(Sigmund Freud)가 정신분석을 창안할 당시의 히스테리 여성 환자들의 예를 언급하지 않더라도, 여성들은 다중적 시공간의 삶을 사는 데, 변방의 언어들과 방언들을 구사하는 데 능수능란하다. 여성들은 자신의 삶 안에 깊은 영성과 존재의 은밀한 비밀들에 이르는 많은 문들을 간직하고 있다. 그러나 사회와 제도가 여성들의 '미침'을 너무나 상투적으로 만들어 버림으로써 여성들의 '미침/들림'의 경험은 이류 혹은 삼류의 유행어가 되어 버렸다. '이런, 미친 년……' 이런 식의 상투적 언설은 은연중에 사람들의 무의식 속에 여성성이나 여성이라는 젠더를 가리키는 수식어로 새겨져 있다. 그러나 이러한 상투화 과정의 진실은 가부장제의 상징 체계가 여성들 고유의 '미침'에 대해 품는 참을 수 없는 두려움에 있다. '미친 여성'이야말로 가부장제가 자신의 존속을 위해 우선적으로 세울 수밖에 없는 금기인 것이다. 가장 상투적인 일반화의 옷을 입고 실행되는 금기–이것이 여성의 '미친/들린' 상태의 야누스적 얼굴이다. 프로이트의 정신분석을 탄생시켰던 독일어에서 '미치다(verrückt sein)'는 어원적으로 '자리를 약간 이동하다'를 의미한다. 있으라고 한 자리, 혹은 있을 것이라고 추정되는 자리에서 조금 벗어난 자리에 있는 것, 이것이 바로 '미친' 상태다. 여성들이 특히 '미침'의 상태와 친숙한 것은, 여성들이 있다고 가정되는, 여성들에게 있으라고 사회와 규범이 지정해 준 그 자리가 여성들에게는 맞지 않는, 자유롭지 못한 숨 막히는 장소이기 때문이다. 그래서 여성들은 순간적으로, 혹은 오랜 시간 그 자리를 떠나 다른 곳에 머문다. 자신의

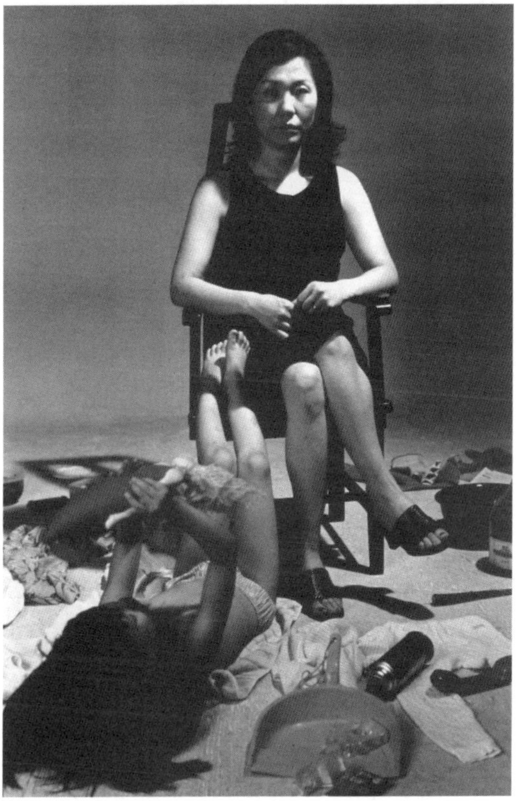

[그림 5] 박영숙, 〈Giant Park 1069〉, 2005.

정체성 속에 무수히 많은 수포(水疱) 같은 공간들을 마련해 놓고 들락거린다. 이것이 여성들의 '미침/홀림/들림'이다. 카메라를 든 여성, 박영숙은 여성들을 초대해 마음껏 시공간을 이동하라고 부추긴다.

인간의 눈과 다른 능력을 지니고 있는 카메라의 렌즈는 우리의 눈에 띄지 않(았)거나 우리가 의식하지 못한 채 무심코 스쳐 지나가는 무의식의 흔적들, 얼룩들을 포착해 내기도 한다. 인간의 눈이 잃어버린 미메시스 능력을 되찾거나 인간의 눈으로는 포착 불가능한 세계에 대한 인상학적 감수성을 높이는 데에 기여하는 것이 사진의 기능이라면, 박영숙의 사진들은 그처럼 '일상적'으로

'상투적'으로 처리되어 버리는 여성의 실존 방식 이면에 깔린 '광학적 무의식의 세계', '미쳐서 살고, 살아서 미치는' 여성들의 의식/무의식 세계를 들춰낸다. 빛을 내뿜기 시작하는(發光) 미침/들림의(發狂) 순간, 시공간의 이동이 일어난다.

여기서 우리는 박영숙의 작업과 함께 "카메라가 신의 눈을 대신해 온 것일까? 종교의 쇠퇴는 사진의 발흥과 일치한다"(버거, 2000)라는 존 버거(John Berger)의 질문이나 "사진의 예술성 요구는 사진이 상품으로 등장한 것과 동시적으로 나타난다"(Benjamin, GS.III, S.501)라는 발터 벤야민(Walter Benjamin)의 말을 다시 기억할 수 있을 것이다. 정치 · 학문 · 인상학적 연관 관계에서 벗어나 대상을 순수하게 시각적 관점에서 보는 소위 창조적 사진에 대한 벤야민의 비판은 새로운 시각, 즉 시각적 혁명을 통해 새로운 미적 특성을 강조하려 했던 '예술 작가들'을 지나 시각적 영감은 사회적 경험에 따르는 것이지 그 반대는 아니라는 입장을 취하는 풍자 화가들의 곁에 가 선다.[23] 사진에 대한 이러한 이해 방식은 박영숙의 카메라 활동에 적절한 담론적 배경을 설정해 준다. 박영숙의 카메라는 '즉각적 향유'라고 일컬을 수 있는 어떤 예술적 아름다움을 찾기 위해서라거나 혹은 모더니즘의 그 숱한 선언문적 예술 운동들이 그러했듯이 예술의 철학적 본질을 구현하기 위해 대상을 포착하지 않는다. 오히려 그녀는 표현 매체로서 카메라를 믿는다. 카메라를 통해 여성들의 내면이, 내면의 풍경이 표현될 수 있다고 믿는다. 그리고 이것은 동지를 확보해 여성주의 운동을 실현하기 위해서다. 사진의 기록적 가치를 중요시했지만, 그러나 사진을 통한 표현의 가능성을 더 확장시키기 원했던 그녀는 직관과 연출의 힘을 교묘히 활용해 여성의 내면 세계를 표면 위로 끌어올리고자 한다.[24]

---

23 벤야민은 시각적 미의 추구가 전통과의 단절과 함께 극단적으로 추상적인 독창성 요구를 따르고 있음을 날카롭게 지적한다. 창조성에 대한 이러한 요구는 결국 사진의 유행화, 상업화에 부응한다는 점을 벤야민은 다음과 같이 설명한다.
"오늘날 사회 질서의 위기가 만연하면 할수록, 또 개개의 계기들이 생명 없는 대립 속에서 경직된 상태로 마주 하면 할수록 창조적인 것은 [……] 더욱더 물신이 되어 버렸다. 그리고 물신은 변화하는 유행의 조명에 힘입어 겨우 그 명맥을 유지한다. 사진 찍는 행위에 창조적인 면이 있다면 그것은 유행에 자신을 맡기는 것이다. '세상은 아름답다'—이것이 바로 유행의 구호이다"(Benjamin, GS.II, S.383).

[그림 5] 박영숙, 〈Giant Park 1078〉, 2005.

포스트모던, 시뮬라크르의 시대. 사진 작업은 그 어느 때보다 도전과 위협 또는 가능성에 직면해 있다. '예술의 종말' (단토, 2005) 이후 모든 예술 행위와 실험이 가능해졌지만 그만큼 모든 예술 행위와 실험은 의미의 부재라는 악몽에 시달리고 있으며 거대한 예술 세계의 상업주의에 종속될 위험에 빠져 있다. 따라서 여전히 맥락을 중요시하며, 경계선상의 존재가 내포하는 정치적 의미를 드러내는 사람들의 이야기에 사진을 통한 형식과 객관적 담론의 장을 마련해 주는 것이 요청된다.

이렇게 볼 때 박영숙의 〈미친년 프로젝트〉가 한국 페미니스트들과의 공동

---

24 2006년 2월 21일 필자와 행한 인터뷰에서 박영숙은 숙명여대 재학생, 졸업생으로 이루어진 한국 최초의 여성 사진가 모임 숙미회(1961년 결성)를 이끌어 가는 과정에서 당시 사진계를 지배하던 남성 사진 작가들과 '사진의 미학적 가치'를 두고 부딪쳤던 경험을 이렇게 말한다.
"당시 나는 사진에 대해, 예술에 대해, 한국 사회에서 여성이 예술한다는 것에 대해 이야기를 나눌 수 있는 대화자가 없어 몹시 외로웠어요. '이것이 사진이다. 그것은 사진이 아니다' 라는 식의 판결을 닮은 말로 나를 비롯한 여성 사진가들의 사진을 부정하는 남성 사진가들의 권력에서 숙미회의 감성을 지키는 것은 어려운 도전이었으니까요. 배제와 소외의 위치에서 …… 나는 기록만을 사진의 본령으로 취급하고 감성의 표현은 철저하게 사진 외적인 것으로 취급하는 남성 사진가들의 시선에 저항하는 한편, 그들의 사진관이 기대고 있는 모더니즘에 대해 회의했죠."

작업으로 끝나지 않고 일본 페미니스트들과의 공동 작업으로 확대된 것은 의미심장한 일이다. 두 차례에 걸쳐 일본에 머물면서 박영숙은 거식증/폭식증에 시달리는 여성들, 재일 조선인, 레즈비언, 심리상담 의사, 페미니스트 감독 등 다양한 삶을 사는 여성들에게 자신들의 이야기를 풀어놓게 하고, 그 과정 중에 사진을 찍는 방식을 택했다. 경험의 내용을 중요하게 여기는, 시간의 구조 속에 전개되는 이야기를 존중하는 이러한 사진 찍기는 특히 여성들의 그러한 이야기에 깃들어 있는 어떤 '경계적(liminal)' 성격, '미침'의 성격을 포착함으로써 비판적 해체와 새로운 운동을 향한 연대의 기초를 마련한다.

3.3 남성적 근대 기획의 욕망 무대와 여성의 히스테리적 욕망: 윤석남의 설치 미술과 여성 시간의 이야기

3.3.1 아, 어머니의 눈이여, 자유의 영기여

"그림을 그릴 줄 알게 되면서부터 어머니를 그렸어요."[25]

윤석남은 38세에 첫 개인전을 연 이래로 지금까지 페미니스트 아티스트로서의 자신의 위치와 역할에 매우 진지하게 대응해 오고 있다.[26] 한국 화단에서 페미니스트 아트의 생성과 전개의 한가운데에 서 있는 그녀는 그러나 '페미니스트 아트의 대모(代母)'로 불리는 것을 달가워하지 않는다. 페미니스트 운동과 페미니스트 아트 자체가 진행중에 있는 미완의 프로젝트임을 잘 알고 있기 때

25 이것은 2005년 7월 필자와 나눈 인터뷰에서 윤석남이 들려 준 말이다.

26 필자와의 인터뷰에서 윤석남은 선배 및 후배 여성 작가들과 자신의 관계를 이렇게 설명한다.
"솔직히 말해서 나는 운동이라면 진저리를 치는 사람이에요. 우선 나는 굉장히 에고이스트입니다, 말할 수 없이 에고이스트예요. 시간에 대해서 그렇죠. …… 그럼에도 불구하고 나는 '여성문화예술기획'의 일원으로 열심히 일을 했어요. 내가 여자로 아트를 하는데, 이게 정말 정치적인 운동이라고 생각한 거예요. '이건 후배들이나 나를 앞서 간 선배들에 대한 빚갚음이다'라고 생각한 거죠. 그래서 뛰어들어간 거예요. …… 정말로 빚갚음이라고 생각했고, 그리고 기왕 하려면 철저히 해야 한다고 생각했구요."
윤석남은 3회까지 열렸던 〈여성 미술제〉에서 가장 큰 책임을 맡고 기획 단계에서부터 전시에 이르기까지 적극적으로 참여했다.

문이다. 그녀는 특히 시선과 계보학에 민감한 아티스트다. 예술 행위자로서 자신의 길을 실험하면서 다름 아닌 '어머니의 눈'을 화두로 설정한 것은 그녀가 시선을 문제적 틀로서 항상 고민하고 성찰하는 것과 관련된다. 보는 것과 보이는 것, 시선과 성별 차이의 문제적 관계, 그리고 이 모든 기제 속에서 물질적 몸체를 형성하는 식민지 근대의 환영(phantasmagoria)과 여성의 히스테리적 욕망은 그녀가 치열하게 고민하는 주제다. 그리고 이 고민은 무엇보다도 과거와 현재를 넘나들며 가부장제가 역사 밖으로 밀쳐낸 여성들을 전시 공간으로 불러내 관람객들과 대화를 나누게 할 때 가장 생생한 현장감을 얻는다.

페미니스트들은 말하는 주체, 욕망하는 주체로서의 여성을 늘 부재의 자리에 못박아두는 상징계의 규범성과 허구성을 해체할 수 있는 방법을 모색해 왔다. 구조적으로 주체는 대타자의 시선에 의해 구성된다는 라캉(Jacques Lacan)식 주체성 설명은 시선의 구조가 현실화되고 효과를 발생시키는 맥락의 사회문화적 요소를 진지하게 고려하지 않음으로써 지역적 현장의 역동성을 놓치고 있을 뿐 아니라 상징계와 상상계, 그리고 실재계의 경계를 너무 부동의 것으로 고착시켜 왔다. 그러나 상징계와 상상계, 혹은 더 깊숙이 내려가 무의식의 세계인 기호계는 늘 상호 침투 과정에 있을 뿐 아니라, 결코 완벽한 기계가 아닌 상징계의 규범 체계 역시 페티시즘의 인식론적 이율 배반 — "~ 임을 안다, 그러나" — 구조를 요구한다. 이와 관련해 윤석남의 '핑크 룸'에 세워진 커다란 거울이 검은 면으로 이루어져 있다는 것은 흥미로운 일이다. 여기서 검은 거울은 다중적 의미를 지닌다. 우선 나르시즘적 상상적/상징적 자아 이미지의 획득을 위해 끊임없이 거울을 요구하거나 필요로 하는 남성 주체와 달리 어머니를 비롯한 다른 여성들에게서 자신의 이미지를 확인하는 여성에게 거울은 필요하지 않다는 사실을 암시하고 있을 뿐 아니라,[27] 여성에게 특히 억압적 대타자로 작용

27 "빛을 발하는 우리. 하나도 아니고 둘도 아닌. 나는 결코 셀 수가 없었다. 너에게 이르기까지. 그들의 계산법을 따르면 우리는 둘이 될 것이다. 정말 둘인가? 너에게는 이 사실이 우습지 않은가? 우스꽝스러운 둘. 어찌되었든 하나는 아니다. 특히 하나는 아니다. 이 하나는 그들에게 넘겨 주자. 특권, 지배력, 하나 또는 태양이라는 유아론(唯我論)을, 그들이 주장하는 쌍들의 이상한 분포를 말이다. 거기에서는 타자가 그 유일한 존재의 모사일 뿐이다. 오로지 모사에 불과하다. 이 타자에게 가는 것은 그러므로 자기 환영의

하는 시선들을 더 이상 거울 이미지로 용납하지 않겠다는 저항을 알린다. 가부장제의 규범을 강요하는 상징계의 거울에 검은 휘장을 치고 찬란한 핑크의 반란과 도도한 히스테리로 그 애도를 집행하는 이 아티스트는 등 뒤에, 눈앞에, 좌우에 어머니의 눈이 있음을 아는 사람이다.

내게 있어 1996년 시작된 윤석남의 '핑크 룸 연작'은 그녀의 작업 여정에서 일정 부분 통과 제의적 의미를, 혹은 어떤 '씻김굿'의 의미를 지닌 것으로 보인다. ('푸른 방' 연작이 시작된 이후에도 '핑크 룸' 공간이 사라지지 않은 채 더욱 현란한, 에일리언처럼 터질듯 증식하는 것은 이 때문이 아닐까.[28]) 여기서 핑크 히스테리는 그녀 작업의 (그리고 그녀가 가시화하려고 하는 여성 삶의) 정력학과 동력학이, 여성을 둘러싼 전근대와 근대의 기호학이 격렬하게 충돌하는 무대가 된다. 근엄함과 키치적 발칙함, 전근대적 꽃무늬 양단 치마와 서구의 근대를 향한 페티시적 욕망으로 한껏 발기한 바로크식 의자/소파의 공존, 바닥을 메우는 핑크빛 가짜 구슬들, 가부장적 미학 규범 체계를 뚫고 자신의 길을 내야 했던 여성 아티스트의 히스테리적 경련을 나타내는 이 미장센에서 우리는 한국 근대화의 물신적 성격과 그 속에서 전통적이고 근원적인 민족 정신성의 은유가 된 채 박제처럼 살아야 했던 여성들의 욕망이 충돌해 일으키는 묘한 변형을 보게 된다. 금방 살인이라도 저지를 듯 의자 위를 뚫고 치솟는 갈고리들은 핑크빛 적요함이 빚어내는 깊이 속에서 무시무시한 두려움(das Unheimliche)의 여성적 에너지를 내뿜는다. 여기서 두려움은 더 이상 포박된 여성들 내부에 있지 않고, 그녀들의 뚫고 나오는 욕망에 직면한 가부장제의 규범적 판단 속에 있다.

히스테리는 여성 특유의 질병으로 간주되어 여성성의 무시무시하고 알 수 없는, 부정성으로만 기입될 수 있는 어떤 이면을 지시해 왔지만, 바로 그렇기 때

매력으로 되돌아오는 것이다. (거의) 살아 있다고 말하기 힘든 거울로 말이다. 경직된 채, 말이 없는 거울. 그 거울은 좀더 정확하다. 배가와 모방의 피곤한 작업. 우리 삶의 유동성을 다 소진시켜 버리는"(이리가라이, 2000:213).

28 윤석남은 '어머니의 눈'을 화두로 시작된 자신의 작업 여정을 1996년부터 시작된 '핑크 룸', 2000년부터 시작된 '블루 룸/늘어나는 몸', 그리고 2004년 이후의 '역사 속 여성들과의 조우'를 향한 전개 과정으로 설명한 바 있다(http://www.yunsuknam.com).

[그림 7] 윤석남, 〈Black Mirror〉, 2005.

문에 기존의 기호학에 포섭되지 않는 여성의 언어다. 원인 없는 증상으로서의 히스테리는 많은 페미니스트 정신분석학자들에 의해 공식적인 기호학 체계에 틈새와 균열을 내는 '경계의 정치학'으로 주목받아 왔다. 젠더 생산에서 소위 정체성을 둘러싸고 벌어지는 정상성과 비정상성의 문제 자체를 이데올로기적 허구로 드러내는 히스테리적 몸에는 언제나 위반(Transgression)의 가능성이 잠재되어 있다. '법'의 효율적 운영을 위협하는 이러한 히스테리의 계기야말로 히스테리에 대한 두려움의 이면을 설명해 준다(Braun, 1994; Bronfen, 1998; Showalter, 1985; 김영옥, 2002). 그 어떤 언어보다 위반에, '되기'에 강한 잠재력을 지니고 있는 히스테리의 몸은 윤석남에게서 무한한 변이와 증식, 확장을 경험한다.[29] '그녀들'을 가두는 핑크 룸은 희열에 찬 반란과 분산과 산포가 일어나는 바다, 블루 룸으로 전이된다. 이것은 빛이 되어 날아다니는 여성 몸들의 파종이다.[30]

3.3.2 자서전적 표현과 필연적 타자

경험과 정체성의 관계, 그리고 비가시성의 영역에 머물던 여성의 생애에 대한 회화적 복원은 윤석남의 작업에서 여러 갈래 고민과 시도들을 낳아 왔다. 그녀는 나혜석, 이매창, 허난설헌, 황진이 등 미학의 역사에서 변방의 자리만을 부여받았거나, 오해의 덫에 갇힌 여성 아티스트들을 불러내 여성 미학의 계보를 그린다. 동일한 열정과 강도로 앞선 여성들의 그 이름 없이 살아낸 삶에 이름을 붙여 주려 한다. 문제는 그들을 어떻게 불러낼 것인가, 어떤 방식으로 그들의 경험을 언어화할 것인가다. 경험과 정체성의 관계를 질문하며 지워진 타자들의 역사를 복원하고자 할 때 무엇보다 중요한 것은 경험을 가시화함으로써 그들의 존재와 억압, 그리고 서로 다른 경험들의 관련을 인정하는 것뿐 아니라, 그 억압에 내재되어 있는 운동성이나 논리, 차이들의 관련성을 밝히는 것이다. 즉 단순히 특정 경험을 '소유하고' 있는 주체를 불러내는 것이 아니라, 어떤 경험을 통해 주체가 구성되었는지를 드러내는 것이다. 경험을 역사화하기 혹은 마치 자연사의 일부인 양 '주어진' 경험을 해체하기라고 부를 수 있는 이러한

---

29 식수(H. Cixous)가 보기에 이것은 여성의 몸적 창조성의 특징이다. 여성적 글쓰기에 대한 식수의 설명은 여성적 시각예술하기에도 해당됨을 알 수 있다.
"여성의 일어남, 그것은 발기가 아니다. 확산이다. …… 여성이여 글을 쓰기를! 여성의 텍스트는 자신을 추구하면서 자신을 안다. 자신이 살과 피 그 이상임을 안다. 자신을 빚는 반죽, 청각적이며, 향기로운 요소들로 이루어진 반란적으로 일어나는 반죽, 날아가는 색깔들, 잎사귀들, 우리가 자양을 공급하는 바다에로 몸을 던지는 강물들로 요동치는 조합. …… 이질적인, 그렇다. 자신의 즐거운 이득에 이질적인 여자는 성욕이 자극된다. 여자는 이질적인 것의 성욕 자극성이다. 대기를 헤엄치는 여자, 날아가는 여자, 그녀는 그녀 자신에 집착하지 않는다. 여자는 자신을 분산시키는 능력이 있다. 여자는 자신을 아낌없이 내어준다. 여자는 도취하게 만든다. 여자는 타자를 욕망하며, 타자가 되는 능력이 있다. 여자는 다른 여자가 될 수 있다. 그녀가 아닌 다른 여자, 그, 그대도 될 수 있는 것이다"(식수 · 클레망, 2004:105-106).

30 999개의 여성 조각들로 이루어진 설치 〈빛의 파종〉을 참조할 것. 〈빛의 파종〉 전시회는 1998년 6월 22일부터 8일 1일까지 일본의 가마쿠라(鎌倉) 갤러리에서 열렸다.

탐색은 윤석남에게서 여성 생애사, 또는 자서전적 이야기의 공간적 · 회화적 형식 탐색으로 나타난다.

앞(2절)에서 지적했듯이 한국 사회에서 오랜 시간 근대적 미학의 전범으로 작용했던 추상화/미니멀리즘은 이야기나 지시적 속성을 가능한 지워버릴 것을 요청한다. 이것은 구상회화의 서사성이 기존 이데올로기를 재생산하거나 적어도 그 흔적을 계속 연장시킬 수 있다는 미학적 반성 내지는 저항에서 출발한 것이다. 그러나 이러한 미적 태도는 심미적 · 윤리적 자아의 생성과 자율 공간의 확장에 기여하기보다는 오히려 생산자와 수용자 사이의 무책임하고 무기력한 괴리를 심화시킴으로써 미적 체험이 사라진 자리에 문화 산업의 상투적인 기제만 남게 만들었다. 그렇다면 미적 작업을 구상성의 이데올로기적 바이러스에 침윤되지 않은 채 해방적 상상력과 해석학의 공간으로 만드는 것은 어떻게 가능할 것인가.

윤석남의 작업은 이 고민 과정에서 두 방향으로 진행된다. 벽이 아닌 공간 사체를 과거와 현재가, 일상과 비일상이, 떠남과 머묾이 겹치고 섞여드는 사건의 현장으로 만드는 한편, 드로잉을 통해 수많은 속삭임과 웅얼거림, 리듬들, 심미적 색감들이 스며오르게 만든다. 역사가 지워버린 여성들의 생애를 담론의 현장으로 불러낼 때 윤석남이 사용하는 나무나 드럼통은 독특한 물질성을 발휘한다. 이 물질성 덕분에 그녀들은 장식적 외양이나 손쉬운 감정이입의 대상으로 미끄러지는 대신, 심미적 사유의 매개물이 된다. 특히 나무판이 일종의 아플라(aplat), 즉 도면처럼 설치 현장을 주변 공간으로부터 고립시킬 때 그 효과는 더욱 가중된다.

그렇다면 속삭임이 한결 더 잦은 드로잉은 어떠한가? 지난 수 년간 윤석남의 드로잉에는 작은 그네? 혹은 발판? 혹은 작은 무대가 등장한다. 이것 역시 설치의 일종, 화폭 안에 마련된 또 다른 경계지어진 도면이다. 이 무대 위로 다양한 사람들이 등장한다. 이 무대 위에서, '착지하면서 동시에 비상하는' 이 가벼운 흔들림 속에서 등장 인물이 된 이들은 조그맣게 입술을 오므리고 휘파람을 불 듯 자신의 이야기를 시작한다. 물론 그것은 아주 구체적인 동작이기도 하고 심

[그림 8] 윤석남, 〈바그다드 4〉, 2005.

리적 욕동의 어느 한 순간이기도 하며 일상 공간 또는 정신 공간의 한 모퉁이기도 하다. 그러나 이것들 모두는 이제 막 시작되고 있거나, 이미 오래 전부터 진행되어 오고 있던, 혹은 이제 막 끝나가려는, 또는 더 나아가 이제 막 잉태되려는 어떤 '자서전/이야기'의 숨결을 지니고 있다. 이 속삭임들은, 당연히, 관객들의 시선이 아닌 귀를 향해 있다.

우리는 자서전 쓰기의 근본적인 구성 요소 중 하나가 필수적 타자(necessary other)임을 안다. 윤석남의 전략은 모든 관객들 하나하나가 이 필수적 타자가 되어 어떤 사람의 자서전이 완성되는 데 동참하라는 것이다. 이 등장 인물들이 서술 가능한 자아(narratable self)로 형상화될 수 있도록 적극적인 귀가 되라는 것이다(Cavarero, 2000). 이러한 적극적 참여를 통해 관객은 자기 안에 함께 둥지를 틀고 있는 수많은 타자들을 만나게 되고, 이로써 인간의 정체성이 (대)타자의 시선의 결과라기보다는 타자의 유산이라는 좀더 행복하고 겸손한 윤리적 지평에 도달할 수 있을 것이다. 여기에서는 윤석남의 바그다드 메시지가 전달하듯, 그렇게 삶에 대한 다른 기록을 써 나갈 것이다.[31]

4. 맺는 말

문화사의 영역에서뿐 아니라 도덕, 표현 및 소통의 방식, 언어 등 다양한 방면에서 남성과 차이를 보이는 여성의 특성을 연구한 여성주의자들은 여성의 인식론이 도구적 이성보다는 소통적 감성에 더 많이 기대고 있으며, 그것의 발화(發話) 역시 관계적인 이야기 구조를 띤다고 밝히고 있다. 여성 아티스트들에게서 나타나는 구상성은 이러한 감성의 구조와 이야기 양식으로 설명될 수 있다. 모노크롬에 대항하는 '폴리크롬'[32]의 계보학이 있는 것이다. 최근 여성 아티스트들이 보여 주는 폴리크롬의 작업은 기존의 미학적 문법이나 상징 체계를 비판적 시각으로 해체, 재구성하면서 삶의 경험으로서의 이야기가 발화될 수 있는 표현 공간을 만들어 내고 있다. 그리고 이 때 중요한 것은 공식적 담론 기제

31 부천시에 있는 제비울 미술관이 기획한 〈바그다드 551km전〉(2004.1.30~3.31)은 이라크의 현장을 체험하고 돌아온 한국의 화가 및 사진 작가들의 발언들을 보여 주었다. 전쟁의 폭력이 글로벌 미디어의 권력에 의해 스펙터클의 오락성과 결합되어 전 지구적으로 유포되는 '워테인먼트(wartainment)' 또는 '밀리테인먼트(militainment)' 시대에 실제 체험에 근거해 명백한 시각을 제시하는 이러한 예술 활동은 '창작-수용'의 문제를 넘어선 정치적 중요성을 띤다. 특히 이 프로젝트에 참석한 윤석남과 박영숙은 (확실히 남성 작가들과 구별되는 재현을 통해) 이라크의 사람들, 특히 여성들, 아이들, 가족들의 모습을 추상적이지 않은 실재의 차원에서 만날 수 있게 해 주었다. 이들은 대단히 구체적으로 개입된 상태에서 전쟁을 볼 수 있게 함으로써 세계 정치 및 폭력에 대한 여성주의적 대안의 시각을 확장시켜 주었다. 또한 '제비울' 전시관은 '부천 문화의 집'과 공동 협업하여 부천 시민들이 가능한 많이 이 전시회를 보고 토론할 수 있도록 했다. 이러한 예들은 동아시아 내 여성 예술가들의 현장적 행위성을 살필 수 있는 좋은 예를 제공한다.

32 여기서 폴리크롬은 좁은 의미에서의 다색(多色) 그림을 의미하지 않는다. 모노크롬이 추상적 미니멀리즘을 가리키는 것이라면 폴리크롬은 바로 그러한 추상적 미니멀리즘의 미학적 규범과 이데올로기를 비판적으로 조응하면서, 상이하고 다양한 시·공간의 서사가 발화할 수 있는 회화적 시도들과 설치 작업들을 펼친다.

로 기능하는 기억 및 언어화와 구별되는 여성들/소수자들의 기억과 언어화이다. 그동안 사회의 변방에서 침묵을 강요당했던 여성과 소수자들의 경험이 미적 표현을 얻으면서 문화 예술은 지구/지역의 시공간 속에서 젠더, 지역, 역사, 정치의 그물망이 만들어 내는 맥락으로 확장되고, 그럼으로써 좀더 적극적이고 열린 해석학적 지평을 제안하고 있다고 할 것이다. 지구/지역 시대 한국을 비롯한 아시아 공간에서 여성주의 문화 예술은 담론과 실천의 차원 모두에서 그동안 가부장제의 역사 속에서 지워지거나 이면으로 존재했던 여성들의 경험을 이야기 형식으로 복원하고자 시도한다. 감성의 구조를 담고 있는 이야기는 시간의 흐름과 공간의 정황을 고려하는 표현 방식이다. 이러한 여성주의적 미학 실천은 근대가 주장하고 추진했던 정치적 · 역사적 기획의 한계를 극복하며 후기근대, 지구/지역 시대가 제공하는 도전과 위기에 새로운 정치적 의미로 대응하는 협상과 개입의 일환이다.

위에서 살펴본 이토 타리, 시마다 요시코, 박영숙, 윤석남의 작업들은 여성의 경험의 역사와 여성적/여성주의적 감성의 구조를 여성 문화의 계보 안에서 성찰한다. 스스로를 페미니스트 아티스트 혹은 운동가라고 명명하는 이들은 가부장제와 국가주의, 그리고 전 지구적 차원에서 지역적 아트 생산의 문법을 명령하고 지배하는 아트 산업의 맥락에 대한 날카로운 비판 속에서 기존의 미학 체계를 질문하며, 소통을 중요시하는 예술 생산의 가능성을 탐색한다. 이들의 작업은 시장 논리에 내맡겨진 전시장의 경계를 벗어나 현장의 맥락 속으로 침투하며 사람들에게 말을 건다. 이로써 새로운 통로(passage), 새로운 열림의 출구를 만들고자 시도한다. 여성주의 세계관과 감성에 의해 추동된 예술 생산이 앞으로 어떤 방식으로 전 지구적 미술 산업 체계에 맞서, 혹은 그것과 협상하면서 현장의 행위성과 문화적 · 정치적 특수성을 살려 낼 수 있을지, 어떻게 삶의 실천적 의미 생산과 변화로 이어지는 문화 생산의 장을 활성화시킬 수 있을지, 이 모든 것은 여성주의 지식 생산의 다양한 흐름들, 운동들이 그러한 낯설지만 새로운 통로들과 만나 연대하는 방식에 달려 있을 것이다.

IV 초록 리더십의 개념과 가능성

김정희(이화여자대학교 한국여성연구원)

1. 들어가는 말

흔히, "리더십을 정의하기는 어렵지만, 리더의 행동을 보면 리더십이 제대로 행해지고 있는지 아닌지를 아는 것은 어렵지 않다"라고 말한다. 이것은 리더십이 일반적으로 정의되기 어렵다는 의미다. 그럼에도 불구하고 오늘날 평범한 사람들이나 최고 CEO, 정치인들에 이르기까지 리더십만큼 보편적 화두가 되고 있는 것 또한 없다. 출판된 '리더십' 책을 검색해 보니, 교보문고에서는 국내 서적만 1,977건, 아마존에서는 207,479권의 책이 검색되었다(검색일: 2007.7.2). 이 같은 엄청난 양의 리더십 출판 서적은 국내적으로는 물론 지구적으로도 리더십이 절박한 보편적 화두가 되고 있음을 간접적으로 말해 준다. 그러나 현대인들이 리더십에 이렇게 절박하게 매달리고 있는 것과는 달리, 리더십 책과 관련 자료들을 읽으면 읽을수록 리더십의 국어사전적 정의인 '지도력', '통솔력'이라는 최소 공통 분모 이상의 것을 찾기 어려웠다. 리더십의 다양한 풍경이 계속 펼쳐지는 끝없는 대평원을 달리는 기차 속에 앉아 있는 기분이었다고나 할까. 이러한 망망대해의 리더십 논의 속에서 어디서 어떻게 리더십을 생태학적으로 접근해 보는 출발선을 삼을 수 있을까가 내가 부딪친 문제였다. 책을 읽어 가도, '어디서 어떻게 출발해야 할까?'의 문제가 해결될 기미가 보이지 않으면서 일단 리더십 책을 덮고 생명 철학[1]으로 돌아가 보자라는 생각이 들었다. 물론 내가 돌아간 생명 철학은 내 생명 철학의 젖줄이라고 할 수 있는 불교와 노자, 신과학(new science)과 여성성에 대한 논의였다. 리더십에 대한 생명 철학적 이해를 정리하고 난 다음 작업은 풀뿌리 여성 리더들의 특성에 대한 이해를 이에 통합시키는 것이었다.

이렇게 이 글은 초록 리더십의 개념과 가능성을 서구 리더십론에 대한 검토, 노자(老子) 생명철학의 리더십론으로의 재해석, 풀뿌리 여성 활동을 중심으로 들여다보았다. 첫 번째 질문은 리더십을 생명 철학적으로 이해한다는 것은 기존의 리더십에 대한 접근과 어떻게 다른가라는 문제다. 두 번째 질문은 우리가 현실에서 구사되는 많은 리더십들 중에서 특정 리더십을 생명 감수성에 기초하는 리더십이라고 부를 수 있다면, 그 리더십이 갖고 있는 특성들은 어떤 것들인가라는 점이다. 이 글에서 생명 감수성에 기초하는 리더십은 그 상징적 기표인 '초록'으로 대체해 '초록 리더십'으로 지칭했다. '초록 리더십의 개념'에서는 초록 리더십의 일반적 특징을 주로 노자에 의거해 살펴보면서, 이러한 특징이 풀뿌리 여성 리더들에게는 어떻게 구현되고 있는가를 함께 고찰하고자 한다.

〈표 1〉은 리더십의 관찰을 위해 심층 면접한 구술자들에 대한 간략한 소개다. 이들은 면접 당시 3~4년에서 십수 년 동안 지역이나 단체에서 환경 관련 활동을 하고 있었다.

마지막으로 초록 리더십이 젠더(gender)와의 관련 속에서는 어떻게 이해될 수 있는가를 남성성과 여성성 및 풀뿌리 리더들의 역량 강화를 중심으로 살펴볼 것이다.

---

1 서구에서는 보통 생태 철학(ecological philosophy)이라는 용어가 일반적이다. 그러나 한국에서는 '생태'보다는 '생명'을 화두로 작업하는 일군의 인문 · 사회과학자들이 형성되어 있고 이들은 얼마 전에 생명학회를 창립했다.

〈표 1〉 구술자의 일반적 특징

사례 번호	소속	나이	면접일
1	여성환경연대	38세	2004. 7. 21
2	환경운동연합	42세	2004. 7. 23
3	녹색연합	42세	2004. 7. 29
4	대구녹색소비자연대	34세	2004. 7. 30
5	구로문화사랑방	40세	2005. 7. 20
6	동북여성민우회	47세	2005. 8. 1
7	고양여성민우회	51세	2005. 8. 1
8	급식운동가	45세	2005. 8. 3
9	녹색삶을위한여성들의 모임	48세	2005. 8. 4
10	신나는신나는공부방	40세	2007. 1. 24

2. 리더십에 대한 생태적 이해는 기존의 이해와 어떻게 다른가?: 개방 체계의 한 구성 요소로서 리더의 행동 특성으로서의 리더십

리더십 연구는 서구에서 20세기에 시작했는데 당시의 리더십론은 리더의 효율성을 결정하는 데 리더의 역할이 결정적으로 중요하다고 보는 '리더십 위인론(the great man theory of leadership)'이었다(Fry, 2003:696). 리더 개인의 자질과 성향에 초점을 맞추어 리더십이 연구되었고, 리더의 평균 수준 이상의 명석함(intelligence), 지배적 성향, 삶에 대한 외향적 동기 지향 등이 강조되었다. 환경과 상관없이 이러한 성향은 리더의 본성의 결과로 불변하며 안정적 특성으로 이해되었다. 이 이론에서 우리는 리더십 능력을 갖고 태어나거나, 불운하게도 그렇지 못한 두 경우로 나뉜다. 이 이론은 오늘날에도 여전히 영향력을 발휘하고 있다(Fry, 2003:696; Moxley, 2000:47).

1960년대 말에 리더의 행위와 상황의 조건 간의 적합성이 존재해야만 리더가 효율적일 수 있다고 가정하는 동기 부여에 기초하는 리더십론인 '조건 리더십론(contingency leadership theory)' 혹은 '상황적 리더십(situational leadership)'

이 등장하면서 리더십론은 동기 부여의 문제에 집중하게 되었다. 여기서의 리더십에 대한 관심은 리더 개인보다는 관계로 옮아지고, 리더십은 리더 개인의 전망이나 탁월함에 의해서가 아니라 추종자의 동기, 관심이 충족될 때만 발휘된다고 이해된다(Fry, 2003:696; Moxley, 2000:48-49). 이 이론은 경로-목표 이론(path-goal theory)으로 발전했다. 경로-목표 이론은 노력－보상, 수행(performance)－보상의 연계를 명확히 하고, 참여적이고 성취 지향적 리더 행동은 추종자로 하여금 목표 완수를 위해 전력을 다하게 하고, 보상의 욕구를 분명하게 함으로써 동기 부여에서 리더 역할이 절대적이라고 본다(Fry, 2003:696-700). 이 이론은 오우치(William G. Ouchi), 피터스와 워터만(Peters & Waterman)과 브로먼과 루싱거(Vroman & Luschinger) 등에 의해 1980년대 전략적 리더십론으로 다시 발전하면서 씨족(clan)이나 적응 문화를 기반으로 가치들에 의존한 비전, 동기화, 통제를 강조한 일본의 팀 리더십이 주목을 받았다(Fry, 2003:697에서 재인용).

루이스 프라이(Louis W. Fry)는 모든 리더십은 사람들을 동기화하여 변화시키는 것과 관련된 것이라고 본다. 위의 두 리더십론 외에도 카리스마적 리더십(charismatic leadership), 교환적 리더십(transactional leadership)은 물론, 대안적 리더십으로 제시되고 있는 리더십 가운데 하나인 변혁적 리더십(transformational leadership)조차도 그러하다. 카리스마 리더십은 의무를 넘어서는 결과가 생산될 수 있도록 추종자의 에너지와 헌신에 불을 지피는 불(Klein & Housse, 1995; Fry, 2003:701에서 재인용)이다. 교환적 리더십은 개인에게서 승진, 봉급 인상, 보너스, 수행 압력, 감독 행위, 보험 혜택, 휴가 등과 같은 외재적인 요인들로 동기를 이끌어 낸다. 반면에 변혁적 리더십은 리더가 추종자들에게 미래의 바람직한 상태에 대한 비전을 제시해 추종자들이 변화의 고통조차 기꺼이 감수하려고 노력하고, 도덕적 열망을 가질 수 있도록 하는 내적 동기를 부여한다(번즈, 2000; Bass, 1990). 프라이는 통제와 변화는 조직 효율성을 유지하기 위해 모두 필요하므로 교환적 리더와 변혁적 리더는 상호 배타적이라기보다는 연속선상에 있다고 말한다(Fry, 2003:702).

이상과 같은 서구의 주류 리더십 논의의 역사는 여전히 리더십론이 개인 리더의 다양한 리더십 유형을 강조하는 데서 벗어나고 있지 못함을 보여 준다. 개인 리더의 역할을 과도하게 강조하는 것에 대한 문제 의식에서 리더와 추종자가 놓인 관계에 관심을 갖는 상황 이론으로 발전했으나, 이 또한 교환적 리더십이나 변혁적 리더십과 같이 추종자가 동기를 최대화할 수 있게 하는 관계를 유도하는 리더의 역할에 대한 강조로 흘러감으로써 다시 개인 리더의 역할을 강조하는 출발점으로 돌아온 셈이다. 외재적 보상 조건이나 공유 목표를 성취하고자 하는 내적 열망이라는 상황이 중요하다고 제시되어도 이러한 상황을 제공하고 제시할 수 있는 리더의 역할이 강조되고 있기 때문이다.

이처럼 리더의 역할이 강조되는 리더십론들에 대해, 겐밀과 오클리(Genmil & Oakley, 1992)는 사회 문제에 대한 비난을 개인에게 돌리고 예측과 통제를 할 수 없는 세상에서 사람들에게 안정감과 보호감을 제공하려는 사회적 신화라고 비판한다(Wielkiewicz & Stelzner, 2005:328에서 재인용). 조직적 성과나 실패를 리더(positional leader)에게 돌리게 되면, 리더는 리더십 과정에 참여하는 성원에게 과도한 영향을 미치는 데서 비롯되는 어려움을 경험하게 된다(Wielkiewicz & Stelzner, 2005:327-328). 또한 개인 리더십의 강조는 명령-통제의 리더십 스타일(command-and-control leadership style)을 가져오고 리더로서의 임원(executive-as-leaders)이 강제적 권력(coercive)을 행사하게 한다. 이러한 리더십은 협조보다는 경쟁을, 창조보다는 유지를 조장하고, 새로운 사고와 혁신적 기획을 가로막는다(Moxley, 2000:50-52).

에드윈 홀랜더(Edwin Pau Hollander)와 같은 상황 이론가는 이 같은 문제점을 피하기 위해 리더십을 리더와 조직 구성원 사이의 사회적 교환 과정으로 전제하고, 리더의 속성, 조직의 역사와 자원 및 구조 등의 환경적 요인, 그리고 구성원들의 속성이 만나는 부분을 '리더십의 핵(locus of leadership)'으로 보았다(Hollander, 1978). 그에 의하면 리더십의 효과는 이 세 가지 요인에서 비롯된다.

한편 앨런(K. E. Allen)·스텔즈너(S. P. Stelzner)와 윌키웍(R. M. Wielkiewicz)은 기존의 리더십 논의에 대한 생태학적 비판을 통해 리더십에 대한 새로운 메타포가 필요함을 역설한다. 즉 리더는 마치 진공 상태에서 일하는 기계,

조직을 안정되게 하는(fixing) 기술자, 경영자로 일하는 개인으로 이해되어 왔다. 그러나 리더십은 진공 상태에서 일어나지 않으며 상호 의존하며 상호 영향을 미치는 다양한 사회적 · 생물학적 체계에서 일어난다. 리더십은 리더십을 이해하기 위해 이해해야만 하는 좀더 넓은 체계의 부분일 뿐이다. 이들에 의하면, 리더십은 리더의 활동으로 정의될 수 없는 생태학적 체계 내의 개인들의 상호 작용과 행위로부터 발현하는 창발적 과정(emergent process)이다. 리더 개인의 행동이 아니라 조직의 적응력의 향상이나 쇠퇴로 나타나는 창발적 과정이 리더십이다(Allen, Stelzner & Wielkiewicz, 1998). 이는 리더를 무시하는 것이 아니라 리더십의 초점이 리더의 결정이나 영향력이 아니라 리더와 조직의 다른 구성원들 간의 상호 작용 방식에 주어져야 함을 강조하는 것이다. 리더의 역할은 명령이나 결정을 통해 변화를 만들어 내기보다는 리더십의 발현(the emergence of leadership)을 지원하는 것으로 이해된다(Wielkiewicz & Stelzner, 2005:330-31).

홀랜더, 앨런, 윌키워과 스텔즈너의 논의에서 중요한 지적은 리더가 진공 상태에 존재하는 리더가 아니라 특정 환경 혹은 조건 속에서 구성원들과 상호 작용하는 리더라는 점이다. 이 점을 유념하는 것이 리더십론에 대한 생태학적 접근의 첫걸음이라고 할 수 있다. 그럼에도 불구하고 의문은 남는다. 과연 리더십은 이제까지 개인 리더의 특성으로 이해되어 온 것과는 달리, 리더와 구성원들 간의 상호 작용 과정이나 상호 작용으로부터 새롭게 발현하는 창발적 과정으로 이해하는 것이 맞는가? 그렇다면 우리는 '왕가리 마타이(Wangari Maathai)의 리더십'과 같은 어법을 버리고 '현대의 리더십'과 같은 어법으로 바꾸어야 할 것이다. 이러한 어법이 불가능하지는 않지만, 일반적이 될 수 있을까? 우리는 리더십을 너무나도 익숙하게 리더의 특성으로 이해하고 '리더십'이라는 용어를 쓰고 있다. 『위대한 리더십의 최강자들』, 『프로페셔널의 조건』, 『나폴레옹 리더십』, 『공병호의 희망 리더십』, 『팀장 리더십』, 『편견의 문화와 여성 리더십』, 『여성 리더십』, 『강금실, 매혹의 카리스마』, 『칭기즈 칸의 리더십 혁명』, 『성공적인 부모 리더십』, 『서번트 리더십』, 『세종의 수성 리더십』, 『유능한 팀장은 절대로 명령하지 않는다』, 『승자의 법칙』, 『성공한 사람들의 정치력』, 『이심전심 리더십』 등등 거의 모든 리더십 책은 리더의 특성에 관한 연구거나 이야기들이다. 『두바이 기적의 리더십』과 같이 개인 리더보다는 리더십이 발현된 장소를 제목으로 내건 책도 사실은, 두바이 기적을 일으킨 특정 리더 — 셰이크 모하메드 — 에 대한 이야기다. 리더십에 대한 책의 99%가 이같이 사실상 리더의 특성에 주목하고 있다는 것은 통솔력을 발휘하는 리더 개인의 행위적 특성으로 리더십을 이해하는 것이 리더십에 대한 일상 어법임을 말해 준다.

리더십에 대한 생명 철학적 이해는 리더십에 대한 일상 어법과 리더십이란 진공 상태에 존재하는 개인 리더의 행위 속성으로 이해될 수 없는 창발적 과정이라는 생태학적 접근을 합친 지점에 존재한다. 우선 리더십은 일상 어법대로 개인 리더로서의 특성으로 이해되어야 한다. 영어에서 어미(語尾)에 붙는 '-ship'은 'position, rank or status'의 의미를 지닌다(http://kr.dic.yahoo.com). 이것은 '-ship'이 penmanship(습자, 필적), conmanship(사기술), gunmanship(사격술), denizenship(시민권, 영주권), plowmanship(농부 신분), seamanship(선박조종술) 등의 단어들에서 알 수 있듯이, 사람의 특성이나 신분을 나타내는 어미임을 말해 준다. 리더는 원자론적으로 이해될 수 있는 개인이 아니라는 점에서 주류 리더십론은 한계를 갖는다. 그러나 동시에 리더십이 리더와 조직 구성원 사이의 사회적 교환 과정이라는 홀랜더의 주장이나 리더 개인의 행동이 아니라 조직의 창발적 과정이 리더십이라는 앨런, 윌키워의 주장은 리더십이 작동하는 과정의 생태학적 속성을 강조하려다 보니, 리더십을 상호 작용 과정 자체로 이해하는 쪽으로 잘못 나아가고 있다.

우선 리더십은 언어 자체의 속성상, 리더의 특성을 의미하는 개념이라는 점에서 리더와 조직 구성원 사이의 사회적 교환 과정 그 자체라기보다는 리더와 조직 구성원 사이의 사회적 교환 과정의 한 부분이며, 또한 이 교환 과정을 수반하는 리더의 행동적 특성으로 이해하는 것이 타당하다. 물론 이 때의 리더는 원자론적인 리더가 아니라 리더가 분리될 수 없는 구성원과의 관계, 체계 안팎의 제도라는 조건 속에서 이 관계들과 조건들에 의해 구속되며, 동시에 이 구속을 변화시키고 뛰어넘는 행위를 연출하는 관계와 작용의 총화와 초월로서의 리더다. 생명 철학에서 존재, 개체는 '부분 속에 이미 전체가 들어가 있는', 부분과 전체가 통합된 내적으로 상호 연관된 존재며, 따라서 자타(自他)는 서로의 속에 이미 들어가 있는, 서로 서로를 이루어 가는 존재다. 존재를 이와같이 역동적인 관계적 존재로 이해하면 리더십을 (관계 속에 있는) 개인 리더의 특성으로 이해한다고 개인 리더의 역할을 과잉으로 절대화하는 기존의 주류 리더십론의 함정에 빠지지는 않게 된다.

다음으로 '조직의 적응력의 향상이나 쇠퇴로 나타나는 창발적 과정'은 리더십의 특징이거나 최상의 상태로 확정된 최후의 형식이 아니라, 끊임없이 움직이는 '역동적 상호 관계의 과정'에 의해 전체적인 모습이 유지되는 아주 유연한 구조로서의 생태적인 개방 체계(카프라, 1998) 자체의 특성이다. 즉 앨런과 윌키워은 체계적 속성을 리더십의 속성으로 대체시키는 오류를 범하고 있다. 리더십은 특정 조건 하에서 체계의 역동성을 활성화시킬 수 있는 하위 요소일 뿐이다. 특정 시점이나 조건에서 조직이나 체계의 적응력 향상이나 쇠퇴에 리더십이 절대적이거나 일정 부분 영향을 미칠 수도 있다. 그러나 체계 안팎의 다른 조건들의 구속력이 리더십보다 더 큰 영향을 미칠 때는 아무리 우수한 리더십이라도 체계 변화에 큰 영향을 못 미치는 상황이 있을 수 있다. "복합적 체계들은 어느 경우에나 진정한 의미의 안정 상태에 들어갈 수는 없다. 구조를 유지하는 한, 그것은 언제나 초안정적이다. 이와 같은 종류의 동력학적 존재는 복합성을 엄청나게 증가시킬 수 있다. 영구적인 구조 안정성을 버림으로써 진화는 개방적이고 무제한적이 된다"(얀치, 1993:350).

이 같은 체계 변화에서 리더십이 늘 주도권을 쥐는 것은 아니다. 또한 체계 정체성의 주원인이 늘 리더십인 것만도 아니다. 리더십은 체계 변화에 영향력이 클 수도 있고 그렇지 못할 수도 있는 체계 조건들 중의 하나로 이해되어야 한다. 변화에의 갈증으로 리더십에 쏟아지는 관심은 때로는 적합한 것이 아닐 수도 있다는 것이다. 리더십에 쏟아지고 있는 관심의 상당한 부분은 사실은 조직 문화로 향해져야 할 관심일 것이다.

『주역(周易)』[2]의 세계관은 변화와 관련된, 리더십의 상대성에 대한 이 같은 이해를 돕는다. 『주역』은 사람이 살아가면서 처할 수 있는 상황을 64가지로 코드화하여 64괘로 상징화하고 있다. 하나의 괘를 이루는 6가지의 효(爻)는 음효와 양효 각각 3개로 구성된다. 괘에서 중요한 것은 음효(陰爻)와 양효(陽爻)의 조합 방식인데, 이것은 단순히 자연의 음기, 양기의 조합 방식을 상징하는 것이 아니라 사회적인 관계의 조합에서 비롯되는 음적, 양적인 상황을 상징적으로 보여 주는 것이기도 하다. 이 같은 조합의 요소에는 자기의 기질도 있고 자신이 처한 조건도 있다. 그리고 64괘 하나하나는 이런 복합적인 조합의 상황에서 각자가 어떤 처신을 함으로써 가장 잘 생존해 낼 수 있느냐의 처방을 은유적으로 일러 준다. 따라서 『주역』은 각자가 처해 있는 다양한 상황에 대한 이해와 더불어 이 다양한 상황 상황마다의 리더십을 과정적 · 맥락적으로 이해할 수 있게 해 준다.

리더십에 대한 생명 철학적 이해를 요약해 보면, 리더십은 체계의 창발적 촉매로서의 개인을 통해 발휘되는 리더의 행위 특성이다. 리더는 자신이 분리될 수 없는 체계 안팎의 구성 요소들이 놓여진 맥락과 다른 구성원들과의 상호 작용 속에서 리더십을 발현하거나 발현에 장애를 받게 되므로 통솔력, 지도력이라는 최소 보편성을 넘어서서 리더십을 일반적으로 정의하기는 어렵다. 또한 리더십은 체계의 변화와 진화를 촉진할 수도 있으나, 때로는 큰 영향력을 발휘하지 못할 수도 있다.[3] 우리는 이러한 상황을 가리켜, "때가 안 되었어" 혹은 "인연이 무르익어야 해"라는 말로 표현한다.

---

2 『주역』은 하늘을 대표하는 건괘(乾卦)를 으뜸으로 삼는다는 점에서 간괘(艮卦)를 으뜸으로 삼았다고 하나 지금은 전해지지 않는 『귀장』과 달리 양(陽) 중심적이다. 따라서 남성 중심적이라는 한계를 갖기는 한다.

3 최근 서구의 리더십 연구에서도 리더십은 인종, 민족, 국가들 간의 서로 다른 맥락에 따라 그 특성과 요구되는 것들이 매우 다르므로 하나로 정의하기 어렵다는 주장이 등장하고 있다. 리더십에 대한 이 같은 입장에 따르면, 참여와 리더십을 극대화하기 위해서는 문화적 규범이 고려의 대상이 되어야만 한다(Freeman & Borque, 2001:4-5).

3. 초록 리더십의 개념적 이해

3.1 누구에게나 잠재하는 리더십

생명 철학의 핵심 명제 중의 하나는 존재의 내적 상호 의존성이다. 존재의 내적 상호 의존성은 존재/개체는 '부분 속에 이미 전체가 들어가 있는', 부분과 전체가 통합된 내적으로 상호 연관된 존재며, 따라서 자타(自他)는 서로 속에 이미 들어가 있는, 서로 서로를 이루어가는 존재임을 말한다. 이것은 존재의 상호 자율성을 의미하기도 한다. 노자에서는 이를 "왕이 도를 지니면 만물이 저절로 따르고 천지가 화합하여 감로수를 내리고 백성은 명령하지 않아도 저절로 다스려지게 된다."라고 말한다(『감산의 노자 풀이』:112). 이같이 관계 요소들의 자율성을 수반하는 존재의 내적 상호 의존성은 상층 리더의 일방통행식의 영향력 행사가 진실일 수 없음을 말해 준다. 존재의 내적 상호 의존성은 원인과 결과를 단선적으로 말할 수 없게 복잡하게 얽힌 요소들이 관계의 그물망을 이루어 끊임없이 순환하는 개방 체계를 이루게 되기 때문이다.[4] 직위상의 리더와 구성원들은 끊임없는 상호 작용 속에서 영향을 주고받는 관계망 속에 있으며, 따라서 직위가 아닌 일의 이루어져 가는 내용 측면에서 절대 리더란 없다. 모두가 리더고 동시에 모두가 '모두 리더들'의 영향을 받는 구성원이다. 생명 리더십론은 만인(萬人) 리더십론(everybody leadership theory)이라고 할 수 있다.

모두가 리더라는 이 명제는 유토피아적인 생태 체계에서나 작용할 수 있는 이념형적인 것이 아니라 사실상 우리가 주변에서 가족, 비정부기구(NGO)에서 무한 경쟁에 노출된 회사에 이르는 모든 현장에서 관찰할 수 있다.[5]

많은 혁신할 거리들을 갖고 있음에도 불구하고 시민 사회는 자율성을 그 동

---

4 체계에 대한 이 같은 이해에 대한 더 깊은 논의는 얀치(1993), 카프라(1998)를 참고.

5 최근 리더십 논의에서는 구성원들의 자발성이 일에 대한 최대한의 동기 부여와 조직에의 헌신을 가져온다는 관점에서 '작업장에서의 리더십과 영성'에 대한 이론적 · 실증적 연구가 활발하게 이루어지고 있다. 이와 관련해서는 Fry(2003), Giacalone & Jurkiewicz(2003), Moxley(2000)를 참고할 수 있다.

력으로 움직이고 있는 산실이라고 할 수 있다. 이것은 선택의 지배적인 추동력이 돈이나 지위가 되고 있는 현대 사회 속에서 이 두 요소의 어느 것도 확실하게 보장해 주지 않는 시민 활동을 선택하게 하는 것은 자기 내면의 선택이라는 자율성이 아니고는 설명될 수 없기 때문이다. 심층 면접한 활동가들은 한결같이, 어떻게 살 것인가라는 질문 속에서 개인적 이해보다는 공공(公共)을 생각하는 스스로의 소명감에 따라 선택하고 행동하고 있다. 그리고 누구나 리더가 될 수 있다는 이해와 믿음은 아래와 같이 확고하다.

> 굉장히 다양한 리더십 생성이 활발한 지역이에요.…… 어떤 틀에 갇힌 리더, '잘난 사람이 리더가 된다?', 그런 것을 아주 완전히 깨는 …… 누구나 지부 대표를 할 수 있다는…… 공감대가 있고…… 시스템이 그래서 그렇기도 하고 그만큼 활동 과정에서 지도력이 길러진다는 거, 대표를 할 수 있다는 지도력이 길러진다는 것(이지요). (사례 7)

> 누구나 다 할 수 있어요. 저도 리더형 인간이 아니거든요. (사례 3)

> 모든 생명은 자기 운명의 주인이고 존중받아야 할 존귀할 존재라고 보는 거죠. 그래서 자기 운명을 책임지고 이끌어 가야 할 힘이 있어야 하는 거고 그게 리더십이라고 봐요. (사례 3)

3.2 파트너십을 형성하는 리더십

노자는 "앞과 뒤는 서로를 뒤따른다(前後相隨)"(『도덕경』 2장), "스스로를 굽혀 남을 좇아야 도가 펴지며, 자기를 낮춰야만 채워지고(枉則直 窪則盈)" (『도덕경』 22장)라고 말하고 있다. "앞과 뒤는 서로를 뒤따른다"는 최고 리더 집단에 권력이 환원되는 리더십 과정과는 다른, 생명 중심적인 복수적인 리더십 과정의 핵심 명제로 볼 수 있다. 이것은 오늘날의 리더십 논의에서는 파트너십

(partnership)으로 이야기된다. 러스 목슬리(Russ S. Moxley)에 의하면, 개인과 집단이 누릴 수 있는 최대의 자유를 누리며 개인들이 자신의 일이 의미 있다고 느끼며, 따라서 일에 자신의 모든 재능과 에너지를 바치고자 하는 소망이 존재하고 작동한다는 것은 이 일의 과정이 영(靈, spirit)을 불러일으키고 영을 포함하고 있음을 의미한다. 바로 이러한 상태가 파트너십이 구현되고 있는 상태다. 파트너십은 개인과 관계에서 나오며 외적 통제에 의해 이끌어지는 과정(outside-in process)이 아니라 내부로부터 외부로 발산되는 과정(inside-out process)이다(Moxley, 2000:74). 자유와 질서는 흔히 상호 배타적인 것으로 이해되나 파트너십은 오히려 자유와 질서를 상호 전제하는 것으로 이해한다. 에리히 얀치(Erich Jantsch)와 노자는 우리에게 이 점을 분명히 일러 준다.

> 자기 갱신적 체계에는 특수한 개성의 표현, 환경으로부터의 특수한 자율성이 포함되어 있다. 적절한 용액 속에 두면 무한정 성장하는 결정(結晶: 하나의 평형 체계)을 제외하고 산일 구조는 '영양을 공급하는' 환경과는 독립되어 그 고유의 형태와 규모를 찾아서 유지하게 된다. 구조와 기능이 개성을 발휘하면 할수록 그 체계에 돌아가는 자유의 폭은 넓어진다. …… 자기 조직에서는 자유가 크면 클수록 질서가 그에 비례하여 강화된다(얀치, 1993:71).

> 왕이 도를 지니면 만물이 저절로 따르고 천지가 화합하여 감로수를 내리고 백성은 명령하지 않아도 저절로 다스려지게 된다(『감산의 노자 풀이』:112).

노자는 "도는 두루 사랑하고 길러 주지만 주인으로 군림하지 않는다."라고 말한다(『감산의 노자 풀이』:119). 즉 두루 사랑하고 생명력을 길러 주지만 군림하지 않는 것이 리더가 도에 복귀하는 것이다. 목슬리가 파트너십이 작동되기 위해 요구된다고 하는, 권력 균형, 목표의 공유, 책임감의 공유, 인간에 대한 존중, 힘든 일에서의 파트너 되기(partnering in the nitty-gritty)라는 다섯 가지 조건은 리더의 도와의 일치 정도를 가늠할 수 있는 조건들로 볼 수 있을 것이다

(Moxley, 2000:75-76).

여성 풀뿌리 현장에서도 파트너십은 관찰된다. 간혹 리더 중에는 과도한 서번트 리더십형이어서 일을 제대로 분담하지 못하고 자기 혼자 과도한 일을 해서 힘든 경우도 있으나(사례 1), 단체와 개인의 연륜이 깊어지면서 이러한 문제점은 해결되어 간다. 이보다는 서로가 맡은 바 역할을 능숙하게 해내며, 운영위원회와 같은 상호 협의 구조를 통해 공동으로 책임지고, 결정하는 것에 대한 상호 신뢰를 갖고, 상황에 따라 파트너들이 일정 기간 자리를 비워도 그 자리를 표 나지 않게 메울 정도로 상당한 수준에 달한 파트너십의 모습이 관찰된다(사례 1, 5, 6, 7, 9). 생활협동조합의 초기 1980~90년대, 이사장이 주로 남자였던 시절, 생협의 부채는 주로 이사장이 지는 등, 이사장이 과도한 짐을 지는 모습이 일반적으로 관찰되었다. 그러나 한국여성민우회와 같은 여성 생협은 다른 모습을 보여 주었다. 매장을 열 때면, 가능한 많은 조합원들이 쌈짓돈을 출자해 함께 경비를 부담했다. 오랫동안 남녀 시민 활동가를 관찰해 온 김제남은 남녀의 차이를 다음과 같이 설명한다.

> 남성들은 마당발 리더십인데 자기 발이 큰 거예요. 여성들은 관계망을 만들고 관계망 속에서 서로 상승하게 만들죠. 그런데 마당발 리더십은 내가 쥐고 있는 거거든요. 여성들에게는 네트워크 리더십이 나타나고. 서로 관계망인데 마당발 리더십은 나하고 그 사람하고 관계고, 그 사람하고 이 사람의 관계망을 안 해 줘요. 나를 통해서 되어야 해. 그런데 네트워크 리더십은 나는 이렇게 해 주면 거기서 또 거기서 이렇게. 그런 서로 시너지도 나고 주고받고.

그러나 여성의 파트너십의 우위는 상대적 우위인 경향성이지 이를 절대화해서는 안 된다. 길리건(Carol Gilligan)은 남녀의 놀이의 차이를 관찰한다(길리건, 1994). 남자의 놀이는 규칙을 정교화해서 반칙이 범해져도 게임이 종료되지 않고 벌점을 준 후 게임을 끝까지 지속한다. 물론 이는 자발적 파트너십에 의한다기보다는 규칙에 종속된 관계의 지속성이다. 이 그 관계는 좀더 자발성이 고양되는 파트너십으로 고양되기도 하고, 승부에 대한 집착으로 약물 투여나 '반칙과 부상'으로 점철되는 피폐화로 나아갈 수도 있다. 여성의 놀이는 고무줄놀이나 공기놀이처럼 규칙이 발달해 있지 않고 싸움이 일어나면 놀이는 중단되는 경향이 있다. 갈등 발생시, 이를 넘어서지 못하고 관계와 활동에서 완전히 물러나 버리는 여성 또한 지속적으로 관찰되는 현상이다.

3.3 최고 리더십으로서의 무위(無爲)

모두가 리더가 되는 상황은 최고 리더의 역할의 중요성을 배제하는 것이 아니라 오히려 더 높은 수준의 최고 리더를 요청한다. 여기서는 체계의 순리적 작동을 위해 요청되는 최고 리더의 이 같은 역할에 대해 논의해 보자.

노자에게서 성인 혹은 왕은 오늘날의 용어로는 직위상의 최고 리더를 지칭하는 것으로 이해해 볼 수 있다. 그러나 이 직위상의 최고 리더는 조직의 위계에서 정점에 있는 최고 리더 단 한 명만을 지칭하는 것은 아니다. 미시적인 조직도 하나의 작은 생태계로 이해하면, 미시적인 조직의 리더도 그 생태계에서는 최고 리더가 된다. 일정 기간 동안 과제의 팀장을 맡는 중간 리더들도 자신이 책임을 맡는 기간과 그 팀 단위에서는 최고 리더로 이해된다. 성인, 최고 리더를 이렇게 이해하면, 『도덕경』의 성인론은 한 가정의 부모, 한 반(班)을 이끄는 선생님부터, 자원 활동의 리더와 회사의 중간 리더, 임원진에 이르기까지 두루 참고할 수 있는 리더십론이 된다.

3.3.1 사사로움이 없이 만물을 생성하고 양육하나 거느리지 않는 리더십

> 천지는 장구하다. 천지가 능히 장구한 것은 스스로 위해 살지 않기 때문이다.[6] 그러므로 오래도록 장구한 것이다. 이런 까닭에 성인은 자기를 뒤로 하지

6 '以其不自生'을 인용한 책에서는 '스스로 낳지 않기 때문이다'로 번역했으나, 여기서는 '자기를 위해 살지 않기 때문이다'로 번역했다.

> 만 그는 저절로 앞세워지고 스스로를 멀리하지만 그는 우뚝 서게 된다. 이는 그가 사사로움이 없어서가 아닐까. 그러므로 저절로 사사로움을 이루는 것이다(『감산의 노자 풀이』:35).

위 문구는 리더는 사사로움이 없음으로써 리더라는 자기 실현을 하게 됨을 말하고 있다. 사사로움을 없앤다는 것은 무엇일까? 그것은 첫째로 정도를 지나쳐 사람의 행동을 흔들어 놓는 소리, 색깔, 음식, 놀이(쾌락), 재화와 같은 탐욕을 버린다는 것이다(『감산의 노자 풀이』:49). 둘째로 그저 일을 이룰 뿐 자기 능력과 공적을 과시하거나 교만을 부리지 않는 것이다(『감산의 노자 풀이』:107). 명예나 리더의 위치를 얻더라도 영화를 구하는 자리가 아니라 큰 걱정거리로 보고, 오직 천하를 위한 일에만 전념할 뿐, 이것들에 연연해하지 않는다(『감산의 노자 풀이』:51).

풀뿌리 활동이라는 것은 가장 밑바닥 현장에서 행해지는 활동이라는 점에서 그 활동을 아무리 오래 한다고 해도, 애초에 그것이 소득이나 사회적 경력, 지위로 전환될 가능성은 거의 없다. 탐욕을 부릴 만한 그 어떤 가시적인 사회적 보상이 있기는커녕, 거의 보상 없는 자원 활동에 투신하는 것이다. 단체 실무자의 경우 급여를 받지만, 이 역시 평균 임금에 못 미치는 박봉으로서 욕망으로 덤빌 만한 일은 못 된다. 명예나 리더의 위치라는 것도 풀뿌리 현장에 국한된 것이고 리더 지위도 절대적이지 않다. 기초의회, 광역의회, 중앙의회 등, 더 높은 사회적 위신이 주어지는 자리로 옮겨가는 경우도 손꼽을 정도로 나오기는 하지만, 단체 대표까지 올라가는 경우라도 임기가 끝나면 다시 평회원이 되거나 자신의 봉사를 필요로 하는 다른 곳으로 옮겨가서 봉사하는 것이 더 일반적이다. 이런 점에서 풀뿌리 리더십은 상향 이동을 목표로 하는 국가나 시장 부문에서 작동하는 피라미드 구조에 구속된 리더십이 아닌 원형적으로 순환하는 리더십이다. 그 어떤 사회적 일보다도 마음으로 하는 일, 영적인 일이 될 수 있는 가능성을 내재하며 실제 그러하다.

실제 풀뿌리 활동가들을 추동하는 것은 뜻, 이대로는 안 된다는 절박한 문제

의식, 지구 시민으로의 사명감, 존재론적으로 잘살고 싶은 마음, 성숙한 신앙심 등으로 공공(公共)의 행복에 기여하고자 하는 마음이 대부분이다.

우선, 1980년대의 학생 운동을 거쳐 노동 운동이나 지역 운동을 한 환경 운동 리더들의 경우는 환경 운동, 지역 운동, 교육 운동 등에서 새로운 비전을 찾는 과정을 거친다.

> 사회주의로 청년기를 보냈는데, 어떻게 살 것인가 대안이 안 떠올랐는데 환경이라는 창을 통해 새로운 세상을 볼 것 같은 느낌, 새로운 운동으로서의 시민 운동의 가능성, 그 속에서의 환경 운동, 환경 운동이 매력적인 건 문명사적 접근이라는 거고 이 창을 통해서 대안을 찾을 수 있을 것이라는 생각을 했지요. (사례 1)

> 89년, 90년 물 파동에서 반응들이 즉각 나오지요. 물을 먹어야 되나 말아야 되나 궁금해 하고, 그 때 같이 활동하는 여성들을 위해서 어떻게 풀어갈 건가 고민도 하고. …… 그 때 눈뜬 거 같아요. '환경 문제가 삶과 생존의 문제로 다가오는구나. ……' (사례 3)

> 지금의 고민은 지역에서 조그만 사례를 만들어 내는 것이 지구 시민의 사명이다(라는 거지요). (사례 4)

> 아이를 키우면서 우리 기성 세대가 이렇게 함부로 살아서는 안 되겠다, 뭔가 잘못한 것이 있으면 지금 바꾸지 않으면 우리 아이들이 제대로 못 살겠다, 이런 생각을 늘 가지고 있다가 가장 바람직한 활동이 부모로서 …… 제대로 된 역할을 해 주는 것, 이게 교육 운동 차원으로 학부모라는 나의 직분대로 나의 운동을 하겠다는 생각을 했었어요. (사례 8)

학생 운동을 거치지 않은 경우는 여가를 의미 있게 보내고자 하는 관심이나 자기 인생의 건강한 이모작을 생각하는 등, 개인적이지만 건강한 동기나 신앙심을 바탕으로 한 마음에서 지역의 단체 활동을 하게 되고 이를 통해 공공적인 마음을 갖게 되고 이를 바탕으로 공공의 활동으로 나아가게 된다. 예를 들면, 애들이 커서 오전 시간이 남자 오전을 수다 모임으로 보내는 것에서 벗어나 어떻게 의미 있게 보낼까라는 고민에서 소외 계층 공부방 자원 활동 교사로 출발해 지역의 리더로 성장하는 경우도 있다. 이 경우 별거 아니라고 생각했던 자신의 봉사에 대해 부모 모임에서 홀부모나 조부모들이 감사해 하는 것을 보고 자신의 활동이 꽤 의미가 있음을 깨달았고 이로 인해 활동을 지속하게 된다(사례 8). 성남의 한 지역아동센터는 저소득층 지역에서 6년을 보수 없이 자원 교사로 일하면서 공부방을 지켜온 대표 선생님이 있었기에 최근에 이르러서야 국가로부터 월 200만 원의 운영비 지원을 받는 지역아동센터로 발돋움할 수 있었다. 이분은 자신이 그 어려운 시절을 묵묵히 견딘 동력을 욕심이 없었기 때문이라고 말한다.

> 내가 생각해 봐도. 내가 욕심이 크게 없어서 했던 거 같애. …… 그냥 나도 어려운 유년 시절을 보냈기 때문에 그냥 아이들이 학교 끝나고 와서 앉아 있을 수 있고, 함께 얘기할 수 있고, 내가 책도 읽고 공부도 하고 하기 힘든 어려운 얘기도 좀 하고, 그냥 그렇게 하는 공부방, 지역아동센터를 만들어 보겠다 하고 진행을 해 온 거지, 제가 가만히 생각해 보니까 머 큰 꿈을 갖고 '지역아동센터를 지역 사회에 크게 만들어 보겠다,' 이렇게 생각했으면 못했을 거 같아. (사례 10)

민우회 동북 지부의 교육 워커즈는 3명으로 구성되는데 월 1회 박물관 학교를 운영하면, 아이들의 참가비에서 월 10만 원의 활동비를 받는다. 이들은 독서지도사 자격증을 땄고 문화센터 등의 박물관 교사 양성 프로그램을 이수했다. 또한 평소에는 관련 서적을 사서 끊임없이 공부하고 부지런히 전시회를 다니는 일상적으로 자기 재교육을 게을리하지 않는다. 이러한 평상시의 노력 외에, 한 번 프로그램을 진행하기 위해서는 교사들 간에 수 차례에 걸친 세미나, 지방까지의 현지 답사, 아이들을 접수받고 버스 섭외하며 자료 복사하는 등의 행정 실무를 해야 한다. 10만 원의 활동비는 이런 면에서 보상이라기보다는 프로그램 진행 경비이고 이들의 활동은 자원 활동으로 이해된다. 그렇기 때문에 활동가는 다음과 같이 말한다.

> 상업적인 이해가 개입되었다면 이렇게 많은 수고를 해서 아이들한테 하는 것이 가능할까 하는 생각이 들더라고요. 저희가 제일 처음 시작한 게 교육적으로 서로 뜻이 맞고 어린이 교육에 대한 관심이 맞으니까 그것으로 인해서 시작할 수 있는 첫 단추를 끼게 된 것이기 때문에, 아직까지는 이게 서로 뭐 뜻이 맞고 그게 생명력인 거 같아요. (사례 6)

이와 같은 과정에서 단체가 회원들을 상대로 실시한 '민우여성학교', 'NGO 스터디' 같은 교육 프로그램은 이들이 좀더 공공적 시야를 갖고 리더로 성장하는 데 결정적으로 중요한 역할을 하고 있다.

노자는 사사로움이 없는 리더십은 만물을 생성하고 양육하나 거느리지 않는 덕을 갖는 리더십이라고 말한다.

> 천지는 만물을 생성하고 양육한다. 하지만 만유를 낳았으나 자기의 소유로 삼지 않고, 스스로 한 바가 있지만 자기의 능력을 뽐내지 않고, 만물을 길러 주었으나 아무것도 거느리지 않는다. 이를 현묘한 덕이라고 일컫는다(『감산의 노자 풀이』:42).

> 도는 두루 사랑하고 길러 주지만 주인으로 군림하지 않는다(『감산의 노자 풀이』:119).

이같이 노자는 힘이 있는 패권적인 세속적 리더와는 달리 생명을 낳고 기르나 그 생명을 자기 휘하에 두지 않는 리더를 말한다. 이는 자식을 낳고 길렀으나 자식을 기꺼이 자기 심신의 품 안에서 보상을 바라지 않고 떼어내는 성숙한 모성을 연상시킨다. 노자는 실제 도를 '천지 만물의 어머니'로 비유한다(『감산의 노자 풀이』:166). 바로 앞에서 살펴본 풀뿌리 리더십은 이같이 생명을 기르나 소유할 권력거리는 애초에 갖고 있지 않은 이런 면에서 덕이 있는 리더십의 전형이 될 수 있는 잠재력이 있다. 동양에서는 사람을 자기 성숙의 정도에 따라 속인(俗人)→범인(凡人)→현인(賢人)/군자(君子)→성인(聖人)→진인(眞人)으로 구분한다. 만물을 생성하고 양육하나 거느리지 않는 덕을 갖는 경지는 도에 비유되는 성인의 경지다. 공자는 군자는 소인과 색(色)으로 표상되는 여성을 멀리한다고 말했지만, 현대 사회에서 군자나 성인을 보고자 한다면, 아마도 대다수가 역사에 기록으로 남지 않을, 풀뿌리 현장에 숨어 있는 이들을 볼 필요가 있다. 자기 자식은 어떻게 키웠냐는 질문을 하자 그들은 "그냥 놀면서 컸어요.", "아빠가 키웠어요."라며 무심하게 말한다. 남자들이 모성을 본능이라 말할 만큼, 여성이 집착을 다 내려놓을 때 마지막까지 내려놓지 못하는 것이 자식이라고 할 만큼, 여성에게 자식은 무거운 존재다. 자기 자식에게는 무심하면서 남의 자식들의 안녕을 위해 분투하는 그들의 모습에서 내가 본 것은 '군자' 혹은 '성인'의 모습 그 이상도 그 이하도 아니었다.

우리는 특정 단체를 떠올릴 때 그 단체를 상징하는 최고 리더 이름만을 떠올리지 밤샘 작업을 하고 주말 휴일에도 거리에서 회원 배가 운동을 하거나 현장으로 달려간 실무자들을 일일이 다 기억하지는 못한다. 이들을 기억할 수 있는 방법은 없는 것일까? 책 하나, 자료집 하나라도 단체명으로 나가는 것이 아니라, 실무자의 실명제 윤리를 철저하게 지킨다거나, 총회 보고서에 프로젝트 담당자를 실명 표기하고 사업에 대한 그들의 에필로그를 첨부하는 것 등은, 우리가 파트너십을 구현하는 한 명 한 명을 단체명이나 최고 리더의 이름 속으로 소멸시키지 않을 수 있는 방법이 될 수 있다. 이러한 것들이 단체에도 덕(德)을 물을 수 있다면, 그 단체를 덕이 있는 단체가 되게 하는 데 도움이 될 수 있을 것이다.

서번트 리더십을 주창한 로버트 그린리프(Robert K. Grinliff)는 리더는 정보가 충분하지 않아도 결정을 해야 하는 위치에 있으며, 이를 위해서는 미지의 것을 감지할 수 있는 직관력과 예측할 수 없는 것을 예측할 수 있는 예지력이 필요하다고 말한다(그린리프, 2006:45-49). 노자에서 이러한 직관력과 예지력은 "하늘에 합일되며, 하늘은 도에 합치된다는 것"으로 설명된다. 이러한 능력은 스스로 비우기를 지극하게 하여 근본으로 돌아가는 데서 비롯된다. 근본으로 돌아가는 것을 상(常)을 얻는다고 말하며, "상을 얻으면 만물을 품에 담게 된다. 만물을 가슴에 안아야 마음이 광명정대해진다. 안으로 광명정대해야 밖으로 베풀어 왕이 되고 왕은 곧 하늘에 합일되며 하늘은 바로 도에 합치된다"(『감산의 노자 풀이』:64). 하나의 풀뿌리의 실천은 미시적 실천이다. 미시적 실천이 그 실천 사안과 관련된 당대의 변혁적인 새로운 문화나 제도로 자리잡기 위해서는 한 지역에서 동일하거나 유사한 사안별로 미시적 실천 단위들의 소통과 협력망이 구축되어야 한다. 그리고 중앙 본부가 아닌 이 협력체들의 소통과 연대의 단위로 작용하는 중앙이 있어야 한다. 또한 여기서 더 나아가 광역단체, 정부와의 협치(協治)를 통해 현장의 성과가 수렴되고 국지적 실천을 제도화하는 정책이 요구된다. 그러나 현실에서 각 수준의 소통이 원활하지 않은 경우가 종종 있다. 정부와의 소통에서 한 목소리를 내야 할 풀뿌리나 복수의 풀뿌리 연합체는 상호 갈등과 반목으로 서로 다른 목소리를 내기도 한다. 노자는 애초의 같았던 한 뜻으로 돌아가 화합하지 않으면 풀뿌리가 전체를 품는, 즉 한 사회의 새로운 문화와 제도를 만들어 내는 옴살스러운 펼침은 가능하지 않다고 말한다.

3.3.2 도를 따르기 위해 힘껏 노력하며 능력을 갖춘 리더십

무위(無爲)는 서양 학자들에 의해 '활동하지 않음'이라는 의미의 non-action이나 inactivity와 같은 관조적인 의미로 잘못 번역되기도 했다. 그러나 성인은 관조하는 자가 아니라 신중하고 힘들게 노력하고, 엄격하면서도 돈후하고 세속의 한가운데 있는 자다.[7] 이 일이 만물의 자연스런 흐름을 따르기 때문에 자유방임적인 행위가 아니라는 의미에서 도모함이 없는 무위인 것이다.[8] 이러한 무위는 "일을 할 경우에는 매우 능수능란하게 처리하며 세상에 나아갈 경우 시절의 변화를 그대로 탄다"(『감산의 노자 풀이』:37). 또한 "늘 어떤 일도 잘 치르는 까닭에 어느 하나도 버리지 않는다"(『감산의 노자 풀이』:97).

시절의 변화를 타며 능수능란하게 일을 처리한다는 것은 세상의 변화에 대한 전체적 이해를 바탕으로 하는 전문성을 갖는 것을 의미한다. 제도권 학문이 환원주의에 기초한 미시적 전문성에 함몰되는 경향이 있는 것과는 달리,[9] 비교적 체계에 대한 통합적 이해 혹은 통합적 이해를 구하고자 하는 노력이 살아 있는 곳이 시민 사회 활동가들의 인식 영역이다. 이것은 이들이 세상을 "다음 세대 · 지구 · 자연과 인간의 지속 가능성 혹은 특정 계급이 극단적으로 불행하지 않은 사회 체계"와 같은 공공의 시선에서 세상을 이해하고자 하기 때문이다. 활동가들, 특히 단체 대표급 리더들은 다양한 방면에 대한 독서를 생활화하고 있으며, 외국 인터넷 사이트를 뒤져 필요한 정보를 그때그때 취하는 능력도 갖고 있다. 여기서 더 나아가 NGO 대학원이나 방통대 등에 입학해 공부하기도 한다. 4~6년 이상 경력의 길동 생태공원지기들은 순수 사원봉사자들임에도 불구하고 자신의 분야 — 공원 동식물에 대한 모니터와 체험 학습 프로그램 진행 — 에 대한 국내 서적은 거의 섭렵하고 외국 전문 서적을 수입해 공부할 정도로 탄탄한 전문성을 지니고 있다.

이와 같은 통합적 전문성에도 불구하고 가공할 파괴력을 갖는 정부의 정책들은 제대로 대응할 틈도 없이 빠르게 쏟아져 나오고 사후에 수세적으로 난리를 치게 되는 대응 방식이 반복되면서, 환경 단체 리더들은 전향적으로 앞서서 큰 그림을 그려내지 못함을 문제로 지적하기도 한다(사례 1, 3). 또한 정부의 각종 민관위원회에 참여할 전문가, 특히 여성 전문가를 찾기가 쉽지 않다는 것도 (여

---

7 옛날에 훌륭하게 수행했던 사람은 미묘하고 현묘한 도리에 통하여 그 깊이를 감히 알 수 없었다. …… 그는 행동하는 것이 매우 조심스러워 마치 겨울에 강을 건너는 듯하고 머뭇머뭇거리는 것이 흡사 사방 이웃을 두려워하듯 한다. 그의 위엄스런 자태는 엄격함이 흡사 손님처럼 자기를 낮추는 가운데 드러나고 마치 얼음이 풀리는 듯하며 그의 외모는 돈독해 아무런 꾸밈이 없다. 마음은 텅 비어 아무것도 없는 골짜기 같고, 자취는 세속과 뒤섞여 혼탁한 듯하다(『감산의 노자 풀이』:59).

8 만물의 자연스런 흐름을 따를 뿐 결단코 일을 도모하지는 않는다(『감산의 노자 풀이』:202).

9 근대 과학의 환원주의는 과학의 남성 중심성으로 여성주의 과학자들의 비판의 핵심이다(미스 · 시바, 2000:39–52; 켈러, 1996). 환원주의는 부분에 대한 지식을 전체 지식으로 혹은 절대적 지식으로 맹신하게 하는 오류를 범한다.

성)시민사회의 고민 중의 하나다. 울리히 벡(Ulich Beck)은 신근대화를 위해 아(亞)정치 조직의 필요성을 말한다. 아(亞)정치에서는 전문적인 직업인의 역할이 강조된다. 문명론적인 폭넓은 시야와 고도의 전문성, 이것이 오늘날 시민 사회 리더십이 무위의 리더십이 되기 위해 갖추어야 하는 조건이다. 파트너십은 이 무위의 리더십을 대표 리더 혼자 다 갖추어야 하는 것이 아님을 말해 준다. 전문성은 다른 파트너들에 의해 충족된다고 하더라도 시절의 변화를 타기 위한, 전망하는 능력은 최고 리더의 몫으로 남는다.

최고 리더가 전망을 하더라도 이 전망을 파트너들과 공유할 수 있는가는 별도의 문제로 남는다. 최고 리더의 전망 능력은 조직에서는 '오피니언 리더(opinion leader)'의 모습으로 나타나고 이것은 새로운 일을 벌임을 의미한다. 이 때 문제는 파트너들이 일이 힘겹게 느껴지더라도 최고 리더의 안을 받느냐 거부하느냐가 되고 힘들어하면서도 재미있게 받는 경우와 그렇지 않은 경우, 모든 사례들이 관찰된다. 이것은 파트너들의 성향과 조직 문화와 관련된다. 최고 리더의 자기 성장이 기존의 조직이 담을 수 있는 수준을 넘어설 때, 최고 리더는 기존의 조직을 떠나 새로운 조직을 만들기도 해야 한다.

4. 초록 리더십과 젠더

앞에서는 초록 리더십의 특징을 주로 노자의 리더십 개념에 의거해 살펴보면서, 초록 리더십의 특징이 풀뿌리 여성 리더들에게 어떻게 구현되고 있는가를 중심으로 논의했다. 여성적 혹은 여성주의 리더십은 최고 리더 개인의 능력이나 경쟁, 위계 조직, 양적 성장, 통제에 의한 문제 해결보다는 협동과 조직 구성원들 간의 유기적 관계, 팀 중심의 수평 구조, 질적 결과물, 직관과 합리성 및 대화에 의한 문제 해결을 강조한다(김양희, 2006:52-56). 이러한 여성적 혹은 여성주의 리더십은 앞에서 살펴본 초록 리더십에 수렴한다. 다만 논란의 여지는 있지만,[10] 여성적, 여성주의 리더십은 전통적 리더들과는 달리 여성이 좀더 여성적 리더십을 익숙하게 구사해 왔음을 암묵적으로 전제하는 것과 달리 초록 리더십은 동양에서 음성(陰性)으로 표현되는 여성성 — 이 때의 음성, 여성성은 은유적 범주이며 현실의 남녀와 일치하는 존재론적 범주가 아니다 — 을 무시하지 않음에도 불구하고 이어지는 논의에서 보겠지만 리더십을 남성성과 여성성이 조화롭게 구사되어야 한다고 보는 점에서, 특별히 여성적 리더십으로 정형화되기는 어렵다. 그러나 기존의 문화가 충분히 양성적이지 않다는 점에서 여성의 초록 리더로서의 가능성, 혹은 초록 리더로서의 역량 강화(empowerment)를 가늠할 때는 별도로 고찰할 면들이 있게 된다. 여기에서는 초록 리더십과 젠더의 문제를 남성성과 여성성의 조화로서의 초록 리더십의 특성과 풀뿌리 여성 리더들의 역량 강화와 관련된 문제를 중심으로 고찰해 보고자 한다.

4.1 남성성과 여성성을 조화롭게 구사하는 리더십

> 그 수컷을 알고 암컷을 지키면 천하의 골짜기가 된다(『감산의 노자 풀이』:101).

남성성과 여성성 혹은 남성적 가치와 여성적 가치만큼 모호하지만, 그러나 이만큼 일상적으로 쓰이고 있는 말도 없다. 대립되는 특성들을 상호 배타적인 것으로 파악하는 이원론적 세계관은 서구 가부장제 문명의 핵심이다. 이 이원론적 세계관에서 세상은 문화/자연, 이성/자연, 남성/여성, 정신/육체(자연), 주인/노예, 이성/물질, 이성/감정, 정신 · 영혼/자연, 자유/필요(자연), 보편/특수, 인간/자연(비인간), 문명/원시(자연), 생산/재생산(자연), 공/사, 주체/객체, 자아/타자의 이원론적 렌즈를 통해 조명되며, 이 때 이 대립 쌍들은 상호 의존이나 상호 전환의 역동성을 용인하지 않는 배타적이고 본질적인 대립 쌍들이다. 그리고 이 세계관은 성, 계급, 인종, 자연 억압과 각각 일치하며 그것들을 자연

10 『여성적 가치의 선택』(2000)은 프랑스 여성주의자들 간의 이에 대한 논쟁을 소개하고 있다.

화한다(Plumwood, 1993). 남성성과 여성성에 대한 이 같은 역사문화적인 이해에 따를 때, 남성성과 여성성의 이원론의 문명은 아무리 장구하게 지속되어 왔다 하더라도 역사문화적인 형성물인 만큼, 이 이분법을 떨쳐버리고 다중적인 차이의 세계관으로 대체함으로써 극복 가능하다.

그러나 심리학적으로 남성성과 여성성을 이해할 때, 남성성과 여성성의 문제는 극복해야만 하는 이데올로기로나 고정 관념으로만 치부될 수 없는, 뿌리를 뽑아버릴 수 없는 무의식적인 원형이 되고, 이 원형의 힘은 의식화하여 인격적으로 통합해 가야 하는 심리적 성숙의 과제가 된다. 카를 융(Carl Jung)은 이러한 접근의 대표자다. 심리학적으로 융은 남성들의 무의식 속에는 여성상의 원형인 아니마(여성성), 여성들의 무의식 속에는 남성상의 원형인 아니무스(남성성)가 존재한다고 보았다. 여성, 남성이 통합적인 인격을 이루기 위해 무의식과 자아 관계가 중요한데, 따라서 남성에게는 아니마의 관계, 여성에게는 아니무스와의 관계가 특히 중요하다. 여성성 아니마는 미발달된 유아적 또는 원시적인 성격으로, 본래의 사고가 아니며 꿈, 표상, 원망, 두려움의 유형이고, 관계성이며, 직관과 감각과 결합한 감정의 행위로서 창조하는 에로스의 원리다. 남성은 아니마에 대한 무의식적인 동경을 승인함으로써 이를 창조력의 원천으로 삼을 수 있다(이리가라이, 1996:28-34, 70-78). 반면에 아니무스는 구별하고 질서를 부여하는 로고스의 원리다. 관계는 여성에게 본래적인 것이므로 여성에게 아니무스 빙의 — 명에 남성화 — 는 바람직하지 않으며 여성은 여성적인 관계 영역에 한정해 아니무스를 발휘하는 것이 바람직하다(이리가라이, 1996:53-57).

어머니와 태아가 분리와 공존의 역설을 실현하고 있는 태반 관계 혹은 모자 관계를 통합해 내어 이를 인간 관계의 원형으로 제시하고자 하는 이리가라이(1996:39-45)의 심리학적 작업은 여성성을 자신들을 삼켜버리고 말 암흑의 대륙, 원시적 혼돈으로 사유해 온 가부장적 심리학에 대한 통쾌한 반박의 단서를 제시한다. 그럼에도 불구하고 융의 아니무스와 아니마에 대한 견해를 그대로 수용하고 있는 데서 여성들은 갑갑함을 느끼게 된다. '여성적인 관계 영역'이란 도대체 무엇인가? 애초에 세상은 관계이지 않은가?, 세상을 관계 자체로 파악하는 생태학적 사유에서 '여성적인 관계 영역'이라는 말은 여전히 여성을 전통적인 여성의 살림 영역에 가둠으로써 '남성적인 관계 영역'을 경쟁과 폭력과 패권과 종속의 영역으로 방치하는 의도하지 않은 논리적 결과를 낳는다. 그 결과 관계 전체가 건강한 남성성과 여성성이 조화롭게 구사되는 영역으로 변화되어야 한다는 전망으로 나아가지 못한다.

볼렌(Jean Shinoda Bolen)이나 고혜경과 같은 후기 여성주의 융이언(Jungian)들에게 오면, 여성성과 남성성의 원형은 성 이분법적 성격을 벗어 던지고 좀더 폭넓게 사유되고 있다. 볼렌은 그리스 로마 신화의 신들이 여성성, 남성성의 다양한 원형을 반영한다고 보고 있고 여성도 남신을, 남성도 여신을 자신의 원형으로 가질 수 있다고 본다. 10여 년 전쯤 내 여성학 강좌에 미와 관능의 여신 아프로디테가 자신의 원형이라는, 발레를 전공하는 남학생이 있었다. 이 학생은 부모의 반대로 무용을 전공하지 못하고 회사 생활을 하다 삼십이 다 돼서야 자신의 원형을 좇아 무용과에 다시 입학해 다니고 있었다. 또한 한 학기 내내 '깊은 성찰성을 가진 여학생'의 글로 생각하게 한 리포트를 쓴 당사자가 남학생임을 나중에야 알고 소스라치게 놀란 적이 있다. 경쟁을 즐기는 여성들은 생의 온전한 의미를 깨닫기 위해서는 경쟁이 아니라 나의 시간과 에너지와 정열을 대가 없이 주는 살림/보살핌의 가치와 그 의미도 깨달아야겠지만, 그녀들은 아니무스 빙의에 걸렸다기보다는 자신의 아테나 원형을 십분 발휘하고 있는 것으로 보인다. 고혜경(2006)에게서 '콩쥐 팥쥐'는 질투로 표현되는 부정적 여성성(계모의 여성성)에서 우주적인 너름, 깊음, 분별의 지혜를 포괄하면서 끝없이 변화와 성장을 꿈꾸는 긍정적 여성성에 이르는 여성성에 대한 폭넓은 사유로 읽힌다. 이 같은 후기 여성주의 융이언들의 복수적 여성성, 남성성에 대한 사유는 융의 아니무스, 아니마의 사유보다 우리의 남성성, 여성성에 대해 좀더 구체적이고 풍부하게 설명해 주는 진화한 사유 형태다.

그럼에도 불구하고 세상을 대립 쌍으로 이해하면서 이를 음양, 혹은 남성성, 여성성으로 은유하는 사유는 인간의 가장 기본적인 사유로 인정해야만 할 듯싶다. 동양의 우주관인 음양오행설도 이 이원론을 인정할 때 의미를 지닌다. 다만 이것은 우주와 자연, 인간사를 추동시키는 대립적인 성격을 갖는 기본적인 두 힘의 은유이지 현실의 여성, 남성으로 등치시켜 이해할 필요는 없다. 물론 동물을 포함해 인류 역사 속에서 생명을 낳고 기르는 일을 여성이 해왔기 때문에 음양, 남성성/여성성을 끊임없이 현실의 남녀로 치환하는 것이 우리들의 뿌리 깊은 습성이 되고 있는 것이 현실이기는 하다. 또한 이로 인해 여성이 좀더 생명 감수성이 민감하고 폭넓게 개발되어 있는 경향이 있는 것도 사실이다. 음양, 남성성/여성성을 생의 기본적인 두 추동력에 대한 은유로 이해할 때, 노자의 "그 수컷을 알고 암컷을 지키면 천하의 골짜기가 된다."라는 말은 배타적인 성 이분법의 전통에서 벗어나지 못했던 융과는 달리 통합적인 인성과 리더십의 전망을 제시한다. 이러한 비전을 우리 선조 여성들은 이미 지니고 있었음을 구전 설화는 말해 준다.

> 옛이야기에서는 완성된 여성이 완성된 남성을 만나 결혼을 하는 것이 공식적 결말처럼 되어 있다. …… 서양 이야기에 나오는 왕이나 왕자, 우리 이야기의 원님 또는 임금이 다 인간으로서의 완성 혹은 신적 힘을 지닌 최고 의식의 단계에 이른 남성을 은유적으로 말하는 것이다. 이들의 결혼은 최고의 여성과 최고의 남성이 이루는 완전한 결합을 뜻한다(고혜경, 2006:86).

또한 세 아이의 어머니로 북아일랜드와 영국의 수백 년에 걸친 만성적인 분쟁을 종식시킨 아일랜드의 전 대통령 메리 로빈슨(Mary Robinson)이나 독재 정권에 맞서 아프리카의 녹색화를 추진해 온 왕가리 마타이, 생명 복음의 지구적 전도사인 제인 구달(Jane Goodall)은 이 전망이 이야기 속에서가 아니라 현실에서 작동하기 시작했음을 증명한다. 이들에게서는 더 이상 명에 남성으로서의 리더십의 모습은 찾아볼 수 없다. 이들의 리더십의 핵심은 건강한 남성성과 여성성의 조화다. "훌륭한 지도자는 남성적 가치들과 여성적 가치들 사이에서 최상의 균형을 이루는 데 성공한 남성 또는 여성들인 개개인들이 될 것입니다"

(포르셍연구소, 2000:163)라는 전망은 이제 전망이 아니라 현실로 당겨져 우리 앞에 모습을 나타내고 있다. '영혼이 있는 기업을 말하는 안철수'나 대기업 CEO로 중소기업을 살리는 운동에 앞장서고 직원들 거주지에 직장 어린이집을 설치하고 부부 사원의 적절한 유동 근무시간제 등을 통해, 직원들의 안정적인 자녀 양육 시스템을 정착시킨 문국현과 같은 남성들에게서도 양성 구유적(具有的) 리더십은 관찰된다. 양성 구유적 리더십이 여성, 남성 어느 한 성에 고착되지 않을 전망은 점점 더 커지고 있다.

4.2 여성 리더의 힘 기르기

힘 기르기(empowerment)는 여성 운동의 궁극적 과정이자 목표로 설명되는데 1995년 베이징(北京) 세계 여성대회 이후 주류화와 더불어 여성 지위 향상을 위한 주된 전략이 되고 있다. 힘 기르기는 여성들이 인간으로서 사회 모든 영역에서 자신의 삶을 규정하는 모든 과정에 참여해 스스로 삶을 결정하는 힘과 능력을 갖는 것으로, 심리학적 · 정치적 · 경제적 · 육체적 요소를 포함하는 사회정치적 개념으로 이해된다(김선욱, 2002:96). 그러나 나는 힘 기르기를 생명주의의 맥락에서 자신과 인간, 나아가 자신을 둘러싼 모든 존재의 상생(相生)을 도모하고 강화하는 데 기여하는 능력이라는 의미의, 좀더 존재론적인 개념으로 이해하고자 한다.

연구자가 진행한 심층 면접에서 풀뿌리 여성 리더들은 '웃으며 죽고 싶다'[11], '한번 시작한 일은 끝을 봐야 한다' 등으로 표현되는 리더로서의 성향을 갖고 있는 경우도 있다. 그러나 전체적으로 여성 풀뿌리 리더들의 분출하는 에너지는 학생 운동이나 지역 여성 단체에 참여한 경험에 바탕을 두고 있다. 1987년 전후 한국 사회 민주화 운동의 흐름 속의 한 부분이었던 학생 운동에 참여한 경우가 다섯 사례고, 혼인 이후 지역 여성 단체에 참여한 사례가 네 사례다. 학생

---

11 심층 면접자로서 이 말에는 '그래서 찾아서 힘든 일을 할 수 있다.' 라는 말이 함축되어 있다고 말할 수 있다.

운동에 참여했던 경험은 이들에게 역사 사회적 존재로 살아가야 할 소명 의식을 단단하게 부여한다. 학생 운동에 참여했던 이들은 1980~90년대 마르크스주의의 세례를 받은 이들로서 동구권이 무너지고 졸업 후 지역 운동가, 노동 운동가나 시민 단체 실무자, 학부모로서 한 경험 속에서 환경 운동가나 학부모 운동가로 자기 변신을 했다. 함께했던 그룹 성원들 간의 세미나나 단체 강좌, 개인적인 폭넓은 독서와 이를 통해 터득한 앎과 이를 현실에 접합시키고자 하는 개인적인 뜻과 관심, 열정 등이 이들을 리더의 길로 나아가게 했다. 단체에 참여한 이들은 단체의 회원 강좌를 통해 시민 의식을 다지는 계기를 가지며 이후 단체의 지역 활동을 하는 가운데 지역 여성 운동가 리더로 성장한다. 어머니며 아내라는 공통된 체험의 기반 위에서 단체 활동을 하면서 재미있고, 의의도 느끼며, 다른 사람과 자신이 성장하고 변하는 모습을 기쁘게 체험하면서, 또한 일을 할 때 서로 간에 호흡이 맞는 파트너십이 주는 성취감을 느끼면서 이들은 함께 역량이 성장해 간다. 개인적인 자기 계발의 강한 동기와 모색이 추동력이 되는 예외적 사례(사례 5)도 있으나 이 경우도 결국은 여성 지역 활동가들과 만나면서 적극적으로 지역 활동을 전개할 수 있게 된다.

이들은 운동에 참여하면서 자신들의 일과 관련해 전문성 향상을 위한 노력을 할 필요를 느끼게 된다. 철학, 인문사회과학 서적 등에 두루 걸친 개인적인 다독(多讀), 단체 내의 지속적인 탄탄한 소모임 학습을 통해 풀뿌리 운동가로서의 전문성을 습득하기도 한다. 후자의 경우는 학습에서 단체 혹은 소모임 리더가 학습 공동체를 유지하는 데 강한 구심력을 발휘한다. 이들은 스스로 인정하듯이, 다른 사람들에게 자신의 발로 뛰는 모습과 대화, 토론 등을 통해 감동을 주고 소명 의식을 불러일으키고 닮고 싶다는 느낌을 갖게 하는 최고 리더의 성향을 기질적으로든 자기 계발을 통해서건 가지고 있다. 일종의 (권위주의적이지 않다는 의미에서의 여성적) 카리스마를 갖고 있다고 볼 수 있다. 환경정의시민연대의 '다음을 지키는 사람들'이나 광명 YMCA의 등불 모임—같은 지역의 생활협동조합 회원 5~6명이 주 1회 모여 대화, 학습 등을 해가는 소모임—과 같은 모임의 경우는 회원들이 사회, 토론 참여, 발표 등을 돌아가면서 모두 해봄으로써 회원들의 역량을 계발하게 한다. 이 때는 학습 공동체로서의 소모임 자체가 역량 강화의 모체라고 말할 수 있다(김소연, 2003; 변희종, 2004).

풀뿌리 리더십의 가장 중요한 전문성은 현장 전문성이지만, 풀뿌리 활동가들은 자신들의 현장 전문성에 학문적 전문성을 결합하기 위해, 때로는 방송통신대학이나 NGO대학원, 사회복지대학원 등에 진학하기도 한다. 이들의 대학원 교육 과정에 대한 만족도는 다양하다. 현실 · 현장의 움직임에 별다른 도움을 주지 못하는 상아탑에 갇힌 대학원 수업에 대해 불만을 토로하는 경우도 있고, 특정 교수의 이름을 거명하며 큰 도움을 받았다고 말하기도 하고, 수업 내용과는 별도로 수업에서 만난 사람들과의 경험 교류와 네트워크 때문에 대학원 진학이 유익했다고도 말한다. 사회 교육으로서 리더십 교육을 받은 경우들도 있으나 시민 단체나 대학에서 주관하는 리더십 강좌들이 부분적으로는 도움이 되지만, 시민 사회나 풀뿌리 리더십을 위한 맞춤형 리더십 강좌는 되지 못하고 있음을 아쉬워한다. 또한 이들은 자신들과 파트너십을 이루며 함께할 환경 관련 분야의 여성 전문가가 없음을 몹시 아쉬워하고 있다. 환경은 세부적으로 들어가면, 물, 에너지, 공기, 땅, 화학 물질, 환경병 등등과 같이 다양한 분야로 갈라지는데, 각 분야로 들어가면 여성 전문가는 부족하거나 아예 찾기 힘든 경우도 종종 있다. 직업의 정치 행동으로서의 중요성이 점점 더 커지고 있는 가운데, 환경 관련 각 분야의 여성 전문가를 찾을 수 없다는 것은 그만큼 풀뿌리 단체들의 실천 역량을 감소시키는 원인 중의 하나로 지적된다.

여성 풀뿌리 리더에게 결혼과 육아가 힘을 기르는 데 긍정적 · 부정적으로 작용하는가는 개별 주체들의 상황과 맥락에 따라 다양하게 나타날 수 있으므로 일반화하기는 쉽지 않다. 육아휴직제를 실시하고 있는 환경 단체가 약 절반 정도이고 환경 단체는 여성 단체보다도 생리 휴가, 가족간호 휴가, 출산 휴가, 육아 휴가, 무급 휴가 등의 제도에서 여성 단체보다 높은 시행 비율을 보이고 있다(여성환경연대 리더십 기획팀, 2004:160-161). 그러나 일요일에도 개발을 막아내야 하는 싸움의 현장으로 달려가야 하는 전천후 활동의 경우, 혼인 · 육아와의 병행은 쉽지 않다. 경우에 따라 부부 활동가들은 생계 유지와 육아 등의 문제로 한 사람은 활동의 현장을 떠나게 되는데, 이런 경우 여자가 활동 현장을 떠나 학원이나 보험 등, 생계를 유지하는 데 더 유리한 직종으로 옮아가기도 한다. 그러나 이런 경우도 여성의 풀뿌리 리더로서의 활동은 종결된 것이지만, 개인 여성으로서의 능동적 행위성이 종결된 것은 아니다. 자발적 헌신의 선택은 좀더 심원한 보살행[12]으로 해석될 여지를 남긴다. 아이를 봐 줄 사람이 없어 아이를 데리고 사무실에 출근하는 등 우여곡절을 겪으며 자신의 활동을 지속하지만, 출산의 체험을 "세상에 못할 게 없는 거 같아요. 세상에 애도 낳았는데 못할 것이 뭐 있냐? 뭐가 어렵냐? 뭐 두렵냐?", "자신감도 생기고 생명을 만들었구나. 뭐(라 할까) 내가 생명을 지었는데 하는 자신감"으로 표현하는 여성 활동가에게 출산은 원초적 힘의 근원으로서의 의미까지 지닌다(사례 3). 무엇보다도 주 양육자로서의 경험 속에서 여성이 남성에 비해 더욱 민감하고 두터운 생명 감수성을 개발하게 되는 것은 부정할 수 없다. 여성 생명 활동가들에게 이것은 제약을 넘어서서 남성과 공유할 가치가 있고 남성도 개발해야만 하는 적극적인 가치로 수용되고 있다.

> 죽어가는 지구를 살려내어 활기차게 움직이게 하려면, 이제까지는 가정 내의 전통적인 역할에 국한되어 왔던 살림의 개념을 사회적으로 확대하여, 인구의 절반을 차지하는 여성이 가정을 균형 있게 돌보던 경험으로 지역 사회 경영에 참여하고, 국가의 정책 결정 및 경제 운용 과정에 참여하며 지구적 의사 결정 과정에도 중요한 영향력을 미칠 수 있어야 한다. 또 나아가서 모든 생명이 평등하며 건강하게 살아가는 사회를 만들기 위해 근본적인 구조 변화를 초래할 수 있어야 한다. 이 과정은 여성이 없으면 해낼 수 없지만 또한 여성들의 힘만으로

12 보살(菩薩)은 'bodhi(菩提 ; 깨달음)+sattva(薩陀 사람)'에서 '깨달음을 구하는 사람'의 뜻이며, 본래 불교의 창시자 석가모니의 성도(成道) 이전 전생의 모습을 가리킨다. 석가모니는 다른 사람에 대한 자비행(慈悲行 ; 菩薩行)을 되풀이하여 시행했기 때문에 금세에서 특별히 불타(佛陀)로 될 수 있었던 것을 강조했다. 대승 불교에서는 자비행을 행하는 석가모니(보살)를 자신의 모델로 하고, 자신도 '불타'가 되는 것을 목표로 하는 사람을 보살로 칭하며, 나아가 대승 불교의 수행자는 모두 보살 또는 보살승(菩薩乘)이라고 하게 되었다.

되는 일도 아니다(여성과 환경, 지속 가능한 개발에 관한 한국 NGO네트워크, 1995:131-33).

5. 맺는 말

이 글은 생명 감수성 혹은 생명 철학에 기반해 초록 리더십을 이해해 보고 또한 초록 리더십과 젠더의 문제를 여성을 중심으로 살펴보았다. 리더십에 대한 생명 철학적 이해는 다음과 같이 요약된다.

첫째로, 리더십은 체계의 창발적 촉매로서의 개인을 통해 발휘되는 리더의 행위 특성이다. 리더는 자신이 분리될 수 없는 체계 안팎의 구성 요소들이 놓여 있는 맥락과 다른 구성원들과의 상호 작용 속에서 리더십을 발현하거나 발현에 장애를 받게 되므로 통솔력, 지도력이라는 최소 보편성을 넘어서서 리더십을 일반적으로 정의하기는 어렵다. 또한 리더십은 체계의 변화와 진화를 촉진할 수도 있으나, 때로는 큰 영향력을 발휘하지 못할 수도 있다. 이러한 상황을 가리켜, 우리는 "때가 안 되었어" 혹은 "인연이 무르익어야 해"라는 말로 표현한다. 이러한 경우 우리는 시대의 정황이나 조직 문화를 좀더 눈여겨 볼 필요가 있다.

둘째로, 초록 리더십의 일반적 특징이다. 초록 리더십은 1) 누구에게나 잠재하는 리더십, 2) 파트너십을 형성하는 리더십, 3) 최고 리더십으로의 무위(無爲)의 세 가지 특징을 지니는 것으로 이해된다.

셋째로, 초록 리더십과 젠더의 문제를 여성성, 남성성 및 힘 기르기의 두 주제를 중심으로 다루었다. 초록 리더십은 여성적, 남성적 어느 한쪽을 강조할 수 없는 균형 잡힌 리더십 혹은 양성 구유적 리더십이다. 그리고 이러한 리더십이 여성, 남성 어느 한 성에 고착되지 않고 양성 모두가 발전시켜 갈 수 있는 전망은 오늘날 점점 더 커지고 있다.

여성 환경 활동을 하는 리더들의 힘 기르기는 학생 운동을 거쳐 환경 단체 활동에 입문하거나 주민으로 지역 단체 활동에 입문하는 첫 관문을 거친다. 이들은 활동과 공부—개인적인 공부나 단체 소모임 학습이나 단체의 지원을 받는 재교육 혹은 대학원 진학 등—를 병행하면서 이론과 실천을 융합한 통합적인 현장 전문성을 계발해 간다. 이 과정에서 결혼과 육아가 여성 리더들의 힘을 기르는 데 긍정적으로 작용하는지 부정적으로 작용하는지는 개인에 따라 다르게 나타나고 있으므로 쉽게 일반화하기는 어렵다.

V 과학 기술의 연구개발과 이용에서 여성의 참여와 역할*

최경희(이화여자대학교 과학교육과)

1. 들어가는 말

전통적으로 과학은 일반 사회로부터 분리된 영역으로서 객관적인 진리 탐구를 주된 활동으로 하는 것이었으며, 과학자와 과학철학자들이 제시한 과학의 모습은 참인 것으로 받아들여졌다(조희형 · 최경희, 2001). 따라서 과학 기술은 보편 합리성의 산물이고 가치 중립적인 것이며, 사회나 사회적 책임과는 무관하다는 것이 당시 과학자 사회의 전통적인 믿음이었다. 즉, 사회는 과학 기술의 발전 속도에는 영향을 미칠 수 있지만 과학 기술의 내용에는 영향을 미치지 못하는 것으로 간주되었다.

그러나 1960년대 말부터 서구에서는 이러한 과학에 대한 전통적인 믿음에 대해 근본적인 반성과 회의가 일어나기 시작했다. 토머스 쿤(Thomas S. Kuhn)이나 폴 파이어아벤트(Paul Feyerabend) 등으로 대표되는 사회구성주의적인 새로운 과학관(the view of science)에서는 과학 연구와 이론 안에 과학자가 속한

* 이 글은 『여성학논집』 제23권 2호, 165-195쪽에 게재된 것임.

사회의 세계관 등이 깊숙이 개입되어 있다고 주장한다(Hess, 1997). 즉, 자연에 대한 실험이나 관찰은 더 이상 객관적인 것이 아니라 과학자 사회의 언어, 가치, 문화라는 주관적인 관점을 통해 이루어진다는 것이다. 20세기에 들어서면서 과학 기술은 산업화라는 거센 압력과 협력 관계를 맺으며 급속하게 발전하게 되었으며, 과학 기술의 연구개발(R&D) 활동이 과거의 개인적이고 소규모적인 것에서 수많은 인력과 자금이 투여되는 거대한 프로젝트로 바뀌었고, 과학기술자 개개인은 스스로의 활동을 통제할 수 없는 지경에 이르렀다. 결국 과학기술의 연구가 객관적인 진리만을 탐구하는 순수한 활동이 아니라, 연구 과정이나 결과 발표에서 인권을 침해하는 경우까지 생겨났다. 여러 긍정적인 측면이 있는 반면 사회적 차별과 불평등을 합리화시키고 확대시키는 경우도 많은데 생명 공학이 그 대표적인 예라고 할 수 있다. 이제 과학 기술을 합리적인 것으로 보는 관점, 그리고 과학 기술은 그 자체로 독자적이고 중립적인 가치를 지니고 있다는 논리는 거부되고 있다. 이런 관점에서 과학 기술을 민주적으로 외부에서 통제해야 한다는 주장과 과학 전문가 혹은 과학 생산자뿐만 아니라 여성을 포함하는 과학 소비자들의 '평범한 지식(lay knowledge)'을 중요하게 여기고 이들의 지식을 과학에 포함시켜야 한다는 주장이 나오게 되었다(참여연대 과학기술민주화를 위한 모임, 1999).

우선 과학 기술이 사회에 미치는 영향이 너무나 커졌기 때문에 과학 기술의 발전에서 비롯되는 사회 문제를 과학자나 개별 분야의 전문가들에게만 맡길 수 없다는 인식이 생기기 시작했다. 과학 기술자들은 시민으로서 자기 정체성과 전문가로서 자기 정체성이라는 이중의 정체성을 동시에 지니고 있는데, 일반적으로 과학 기술 활동 과정에서는 시민으로서의 정체성보다는 전문가로서의 정체성을 더욱 강하게 표출하게 된다. 따라서 과학 기술자들의 신념이나 가치관은 시민의 그것과 항상 일치하지는 않으며, 아울러 주로 과학 기술 관료들에 의해 추진되는 정부 주도의 과학 기술 활동 역시 시민의 보편적인 이해 관계보다는 특정 과학 기술자 집단이나 기업 집단의 이익을 더 중요시함으로써 과학 기술과 관련된 자원 배분에서도 심각한 왜곡을 초래할 수 있다. 이러한 점을 인식할 때 여성을 포함한 시민들의 지식 혹은 정보에 접근할 권리, 과학 기술 정책 결정 과정에 대한 참여의 권리, 의사 결정이 합의에 기초해야 함을 주장할 권리, 집단이나 개인들을 위험에 빠지게 할 가능성을 제한할 권리 등을 포괄하는 '기술시민권(technological citizenship)' 획득에 대한 논의가 필요하다 (Frankenfeld, 1992; Zimmerman, 1995). 즉, 시민들이 과학 기술에 관련된 주요한 의사 결정 과정에 어떠한 형태로든 참여함으로써 과학 기술의 사회적 구성 과정을 엘리트에 의한 통제로부터 시민에 의한 민주적 통제로 변화시켜 과학 기술이 좀더 민주적인 방향으로 전개될 수 있도록 영향력을 행사해야 한다는 것이다. 과학 기술에서 참여 민주주의의 확보는 정책의 투명성과 정당성을 높여 잘못된 과학 기술 투자로 인한 엄청난 환경적 비용 및 사회적 갈등을 최소화할 수 있게 한다. 과학 기술의 역사는 결정론적으로 진화해 온 것이 아니라, 인간들의 주체적인 개입에 의해 방향과 형태, 내용이 달라질 수 있으므로 과학 기술의 사회적 형성 과정에 좀더 시민적이고 민주적이며, 여성적이고 생태 친화적인 가치들을 부여함으로써 과학 기술 발전에 대한 사회적 통제를 꾀하려는 것이 바로 '기술시민권'을 획득하고자 하는 목표다.

과학 소비자의 평범한 지식을 중요하게 여기고 이들의 지식이 과학에 들어가도록 해야 한다는 주장은 삶의 경험 속에서 축적된 일반 시민들의 지식이 문제해결에 더 효과적일 수 있다는 데에서 나오게 된 것이다. 지금까지의 과학 기술 발전에는 엘리트와 전문가들만이 의사 결정에 참여하고 선택할 기회가 부여되어 왔다. 사회의 다수 구성원인 일반 시민, 특히 여성들은 이러한 사회 구조가 과연 '정당성'을 갖는 것인지, 그것을 수용할 것인지에 대해 의사 결정을 내릴 기회를 가지지 못했으며, 단지 남성 중심의 전문가들이 결정한 정책의 홍보 대상이거나 과학 기술 결과물의 수동적 소비자 역할을 해왔을 뿐이다. 그러나 과학 기술 전문가들이 가지고 있는 과학 기술 지식은 대부분이 교과서와 실험실로부터 생겨난 것으로서 모든 상황적 조건을 다 고려할 수 없기 때문에 완벽한 지식일 수 없다. 이에 반해, 일반인이 갖고 있는 지식은 주로 삶의 현장에서 경험을 통해 발생한 것으로서 과학 기술로부터 직접적인 영향을 받는 환경에 오랫동안 놓여 있던 일반인이 오히려 문제 해결에 기여할 수 있는 생생한 지식일 수 있다. 따라서 전문 지식을 생산하는 과정에 이러한 일반 시민들의 지식을 고려하거나 이용하는 것은 기술적 · 환경적 문제의 해결을 위한 유용한 정보와 새로운 시각을 부각시킴으로써 오히려 전문성을 보완하거나 높여 준다.

앞에서와 같은 주장들에 대해 과학 기술이 발전하는 것은 역사의 필연적 흐름이고, 따라서 그것을 반대하는 것은 역사를 거스르는 행위이며 반지성적인 태도라는 식의 우려가 전혀 없는 것은 아니다. 그러나 오늘날 첨단 과학 기술의 대명사로 불리는 생명 공학 분야의 문제점들을 살펴보면 시민 참여의 당위성과 절박성은 더욱 커지고 있다는 사실이 분명해진다. 생명 공학 분야의 연구들은 상업적인 동기로 출발해서 그 방향이 정해지는 경우가 많으며, 지금까지의 그 어떤 과학 기술보다도 시민들의 일상적 삶에 큰 영향을 미치고 있기 때문이다. 또한 생명 공학 기술은 생명과 특히 여성의 문제를 다룸으로써 여성의 삶과 인권에 큰 변화를 줄 수도 있으며, 이들 이론으로부터 나온 상품을 대부분 여성이 소비하게 될 것이라는 점을 고려해 볼 때 여성의 삶에 엄청난 영향력을 행사할 문제를 오로지 남성 전문가들의 손에만 맡겨 둔다는 것은 매우 위험한 발상일 수 있다.

한편, 서구의 여성 연구에서는 역사를 통틀어 가장 성차별적 뿌리가 깊었던 분야 중 하나가 과학 기술 영역이었다는 결론을 내리는 데 대부분 일치한다(김명자, 2003; Harding, 1982; Kahle & Meece, 1994; Kelly, 1985). 과학사에서 이러한 점을 분명히 일깨워 주고 있는데, 대표적인 사례가 노벨상을 두 번씩이나 수상한 마리 퀴리(Marie Curie)가 프랑스 아카데미 정회원 추대에 좌절되었다는 사실이다. 근대 과학 형성기까지 과학 기술의 연구, 발전 과정에 여성은 거의 참여할 수 없었다. 근대 사회 초기, 우리가 알고 있는 몇몇 여성이 과학 기술에 참여할 수 있었던 것은 가족 또는 친구들의 특별한 지지와 도움을 받았거나 장인 전통이 강한 집안에서 태어났을 경우에만 가능했다(이은경, 2003).

그러나 20세기 중반 이후 대항 문화(counter-culture)가 일어나면서 여성 운동, 환경 운동 등이 사회적 관심사로 부상하게 되는데, 산업화와 연결되면서 환경 문제의 주범 중 하나인 과학 기술이 긍정적인 측면과 부정적인 측면의 양면성을 띠면서 사회의 중심 주제로 떠오르게 된다. 또한 1960년대 본격적인 태동 이래 과학 기술에 큰 관심을 기울이지 않았던 여성학이 학문적 체계를 이루고 과학 기술 분야에 관심을 가지게 되면서 '여성과 과학 기술'이라는 분야가 태동하고 성장하게 되었다. 또한 경제 발전과 사회의 변화에 따라 여성의 고등 교육 이수 비율이 높아짐으로써 과학 기술 전공을 선택할 수 있는 기회가 많아지고 이에 따라 과학 기술 분야에 여성들의 진출이 유리하게 되었다. 게다가 정부는 국가 경쟁력을 높이기 위해 우수한 여성 과학 기술 인력을 육성하고 지원해야 하는 실정이다.

최근 과학 기술의 여러 분야 중, 생명 공학 기술은 하루가 다르게 급속도로 발전해 생물의 복제, 인공 장기 생산용 형질 전환 동물, 줄기세포를 이용한 난치병의 치료, 세포 융합 기술, 생체 인식 기술 등 과거에는 상상할 수도 없었던 기술들이 현실화되고 있다(류재천, 2003). 생명 공학 기술을 바탕으로 한 산업에서는 세포 융합 혹은 유전자 재조합을 통해 원하는 생명체를 만들고 이 생명체의 기능이나 생산 능력을 조정해 목적하는 산물을 생산할 수 있다. 또한 생명체를 대량으로 배양해 식량, 의약품 등에 이용하거나 다른 영역에 응용해서 또 다른 생명 공학 산업으로 분리하기도 한다. 이러한 생명 공학 기술은 과거 기계 기술과 달리 여성 특유의 감성, 섬세함, 부드러움이 잘 발휘될 수 있는 분야이며, 이들 분야에서 도출된 많은 이론들이 체계화되는 과정에는 여성의 개입이 필수적이다. 또한 이들 이론이 산물화(産物化) 또는 상품화되었을 때 이들 소비자의 대부분은 여성들이다.

따라서 전통적인 인식과는 달리 현대 과학 기술, 특히 첨단 과학 기술 분야인 생명 공학 기술의 연구, 개발, 발전에는 여성들의 참여가 필수적이며 여성들의 역할은 날로 증대될 것이다. 이러한 과학 기술 및 사회의 요구에 의해, 이 연구에서는 생명 공학의 발달이 여성에게 미치는 영향과 건강에 대한 인식, 생명 공학의 발달에 따른 여성의 참여와 선택의 문제, 아시아에서 대표적인 생명 공학 발전국인 우리나라와 일본의 여성 과학 기술자의 분포 현황 및 여성 과학 기술자의 육성과 지원 정책 등에 대해 알아보았다.

2. 생명 공학의 발달이 여성에게 미치는 영향과 건강에 대한 인식

생명 공학의 놀라운 발달은 인간으로서 내 자신이 누구인가에 대한 근본적인 물음을 제기하고 있다. 지금 이 시대에는 생명의 형태가 특허가 될 수 있으며, 우리의 유전자는 상업 시장에서 판매될 수 있다. 생명 공학의 발달로 인해 한편에서는 우리의 건강이 더 증진될 것이라는 관측이 있고, 다른 한편으로는 우리가 더욱더 의료인을 비롯한 생명 관련 전문가들에게 건강 문제를 의존하게 될 것이라는 입장이 있다.

우리나라는 1999년 '생명공학육성법'을 제정해 생명 공학을 산업적 측면에서 지원하기 시작했으며, 이는 대부분의 개발 국가에서 유사하게 일어나고 있는 현상이다. 인간 유전체 연구(Human Genome Project)는 1990년부터 주요 6개국이 컨소시엄을 결성해 국제적인 프로젝트로 연구를 진행하고 있다. 각국의 정부는 생명 공학의 발달에 대한 새로운 약속을 담은 정책안을 발표했다. 이 정책은 대부분 그 목적이 각 국가를 세계적인 생명 공학의 리더로 자리매김하면서 보건, 안전, 환경 및 사회적 · 경제적 발전을 고려해 국민의 삶의 질을 증진시키는 데 두고 있다. 그러나 자세히 살펴보면 정부의 역할은 생명 공학 산업을 관리하는 것이고, 지적재산권법 등을 개정해 생명 공학의 발전에 도움을 주거나 국내 및 국제적으로 이익을 공동화시키려고 하는 움직임이었다. 이들 법안들은 생명 공학에서 여성이 차지하는 위치나 여성에게 영향을 미칠 수 있는 사항들은 전혀 고려하지 않았다.

특히 생명 공학의 발전은 의료, 특히 여성의 건강에 관련된 산업에 큰 영향을 미쳤다. 전통적으로 여성의 건강에 대한 견해는 임신과 분만을 중심으로 한 생식 능력의 범위를 벗어나지 못했다. 또한 역사적으로 여성의 건강을 여러 측면에서 제한하는 상황적 요소들이 있어 왔으며, 이러한 상황적 요소로 인해서 여성의 건강에 관련된 정책의 범위나 대상도 매우 제한적이었다. 이에 대한 사례는 다음과 같다(이인영, 2001).

첫째, 여성은 건강 관리에 대한 연구에서 대상자로서 특별히 고려되지 않았다. 질병에 대한 연구 결과는 남녀 모두에서 적용되어 왔기 때문에, 남성과 여성에게 다르게 영향을 미치는 질병이나 조건, 여성 또는 일부 여성 집단에게만 있는 질병이나 여성에게 더 많이 나타나는 질병이나 조건 등에 대해서는 무시되어 왔다.

둘째, 치료를 선택할 경우, 여성은 성의 편견을 경험하며 여성 자신의 결정보다는 성의 대상물로서 타인에 의해 치료가 결정된다. 특히 재활 치료에서 남성에 비해 우선적으로 고려되지 않았다.

셋째, 과학 문명의 발달과 사회 변화에 따라 자유 의지를 가진 한 인간으로서 여성은 그 역할과 지위의 변화(길어진 수명, 늦은 결혼과 적은 수의 자녀, 독신의 증가, 여성 가장의 증가 등), 인간으로서 자아 실현에 대한 욕구 증대, 보건의료의 주요 수혜자이며 공급자로서의 여성, 그리고 여성의 사회적 지위와 역할의 변화에 따른 스트레스 등이 건강 문제를 유발하게 되었다.

넷째, 여성은 남성보다 증상 호소, 이환율과 의료 기관 이용률, 약물 의존율이 높다. 그럼에도 불구하고 여성의 증상 호소나 질병은 사회적으로 병으로 인정되지 않고 사소한 문제로 무시되며, 영양 불량 상태는 사회 문화적 요인으로 생각하는 경향이 있다.

따라서 최근 생명 공학 영역의 신기술이 의료 영역에 적용되면서 적용 대상자의 큰 부분을 차지하는 여성에 대한 배려가 있어야 한다는 주장이 제기되고 있다.

또한 생명 공학 기술은 여성의 건강과 역할에 대해 다음과 같은 중요한 함의를 지니고 있다(Ford, 2000).

첫째, 여성은 가정의 건강을 지키는 일차 파수꾼이다. 이러한 역할은 지난 몇십 년간 바뀌어 오긴 했으나 가정에서 건강 관리, 음식, 가정용 상품, 의료 서비스, 의약품의 구입 등은 여전히 여성의 영역으로 남아 있다. 따라서 여성들은 새로운 식품이나 보건 기술을 생산하는 산업이 가장 중요하게 여기는 접촉 집단이다. 여성은 또한 이런 상품과 기술을 규제하는 정부가 시민의 안전과 효율을 고려할 때 가장 고려해야 할 집단이기도 하다.

둘째, 여성은 임신과 출산을 하는 동안 산전 또는 다른 유전자 진단 검사를 선택해야 하거나 경험해야 한다. 특히 생식 기술의 영역에서 여성들은 유전자 검사 및 치료를 포함한 의료 검사의 상당 부분을 차지하고 있다. 여성들에게 한때는 안전하고 효과적이라고 선전되었던 많은 기술과 치료는 나중에 악영향을 끼치는 것으로 알려져 있다. 유산 방지 합성 호르몬제 디에틸스티베스트롤(diethylstilbestrol: DES), 자궁내 장치(intrauterine device: IUD)인 달콘 쉴드(Dalkon Shield), 유방 이식 등이 대표적이다. 여성은 유전자 검사와 유전자 치료와 같이 상대적으로 잘 알려지지 않은 새로운 기술에 대해서 신뢰할 수 있는지 의문을 제기하고 있다.

셋째, 여성들은 보건 의료 서비스와 약품의 주요 소비자이고 관리자다. 이들 의료 상품에는 최근에 개발된 생명 공학과 관련된 것이 늘어나고 있다. 많은 신상품, 치료와 치료 기술은 임상 치료에 적용되기 전에 짧은 시간 동안 테스트를 하게 된다. 일차 진료에서 아동이나 환자의 보호자인 여성은 약물과 치료법을 결정해야 하며, 치료 과정의 물리적 변화는 여성에 의해 판단되거나 관리되기도 한다. 이러한 역할과 책임 때문에 여성들은 의약품 및 의료 광고의 주요 대상이 된다.

이와같이, 생명 공학 기술의 이용과 적용은 여성의 건강에 영향을 미치며, 이 영역에서 여성은 소비자로서, 그리고 고객으로서의 역할은 매우 중요하다. 외국의 경우, 보건이나 의료 정책을 수립하는 과정에서 여성을 배려하는 경우를 쉽게 찾아볼 수 있다. 맥브라이드(A. B. McBride)는 여성 건강을 위한 보건 의료 정책을 수립할 때는 다음과 같은 의제를 개발해야 한다고 주장했다(McBride, 1993).

첫째, 건강 평가는 여성에게서 자기 존중과 신체 이미지 문제는 물론 역할 갈등과 의존성 및 수동성의 전통적인 사회화에 유래하는 의기소침의 만연에 주의를 기울일 필요가 있다.

둘째, 충분한 설명 하의 동의 원칙이 모든 치료 과정에서 행해져야 한다. 그래야 여성은 약물 치료와 다른 침습적인 치료의 장·단기 결과에 관한 감각을 가질 수 있다. 여성이 모든 상당한 치료 옵션에 대해 통고받아야 한다는 것 역시 중요하다.

셋째, 상담과 직업적인 치료 요법 과정에서 여성은 다만 낮은 임금을 지불받는 직업, 즉 가사일 또는 세탁과 같은 여성에게 전형화되어 있는 직업에 종사하는 것으로만 분류되어 준비되어서는 안 된다.

넷째, 여성주의적인 요법은 조정이 아니라 변화를 고무하는 것으로 사용될 수 있다. 이 역시 우리의 문화가 여성에게 직접적인 분노의 표현이 거부되고 있는 상황임과 동시에 분노를 계속적으로 만들어 내는 하위의 상황에 놓여 있다는 것을 밝혀내는 것을 의미한다.

다섯째, 의료 건강 체계에서 여성에 의해 수행된 작업들은 가치를 인정받아야 한다. 이것은 여성들이 변화에 영향을 미칠 상응하는 권위를 가지고 책임질 수 있다는 점에서 특별히 중요한 의미를 가진다.

위와 같은 주장들은 생명 공학 기술에서 여성의 역할과 배려를 고려하는 주요한 기준으로 삼을 수 있을 것이다.

3. 생명 공학 발달에 따른 여성의 참여와 선택의 문제: 의료 치료 및 연구 사례를 바탕으로

생명 공학, 특히 유전학의 연구 과정과 결과물의 이용에서 여성의 참여와 선택의 문제가 쟁점화되고 있는 대표적인 사례가 유방암 유전자에 대한 검사다 (Ford, 2000). 여성은 BRCA(Breast Cancer)1과 BRCA2 유전자를 보인자로 갖고 있다. 이 유전자의 돌연변이가 나타나면 암을 일으킬 수 있다. BRCA1, BRCA2 유전자의 특별한 유전적 돌연변이는 부모로부터 유전되고 유방암을 일으킬 수 있는 잠재적인 상태가 될 수 있다.

처음에 유방암 유전자가 1994년에 분리되었을 때 이 발견은 여성을 위해 대단히 중요한 발전인 것으로 여겨졌다. 그러나 소비자 단체와 유방암 환자 단체는 실제로 유방암 환자의 5~10%만이 돌연변이 BRCA1 또는 BRCA2 유전자를 갖고 있음을 밝혀냈다. 유방암에 관련된 것이 환경적 영향이 크다는 것을 알게 된 것이다. 이와 비슷하게 1% 미만의 여성들이 이 돌연변이 유전자의 보인자이므로 실제로 유전자 검사를 하고 있는 후보자 중에서 대단히 적은 수의 여성이 이 경우에 해당한다. 그럼에도 불구하고 많은 여성들 특히 유방암의 가족력이 있는 여성들은 이 검사를 받기를 원했다.

유방암 환자 단체는 유방암에 걸린 여성을 대상으로 이 논쟁적인 검사에 대해 정책적 영향을 미칠 수 있도록 열심히 활동했다. 일반 시민들이 이 검사의 한계를 인지할 수 있도록 노력했다. 이 단체의 대변인들은 돌연변이 유방암 유전자를 갖고 있는 것으로 진단받은 여성들은 다음의 사항을 알아야 한다고 말한다. 양성 진단을 받았다면 반드시 유방암이 걸릴 것이라는 의미와 음성 반응이라면 유방암에 걸리지 않을 것을 확신할 수 없다는 점이다. 다만, 검사를 통해 유방암에 걸릴 수 있는 수많은 요소 중 어떤 요소를 가지고 있다는 사실을 알 필요가 있다. 특히 양성 검사는 제한된 치료를 선택하는 것으로 이어졌는데, 이 중 유방절제술이나 증명되지 않은 실험 치료 타목시펜이나 랄록시펜 등이 그렇다. 양성 검사는 잠재적으로 고용이나 보험에서의 차별로 이어질 수 있다.

또 다른 사례로서, 과배란 유도시 나타나는 합병증을 들 수 있다. 난소 과자극증후군(ovarian hyperstimulation syndrome: OHSS)은 불임증을 치료하기 위해 배란 유도를 목적으로 사용되는 여러 약제들에 의해서 나타날 수 있는 비교적 흔한 합병증의 하나다. OHSS는 증상이나 징후의 정도에 따라 경증(mild) OHSS, 중등도(mModerate) OHSS, 중증(severe) OHSS로 분류하는데, 경우에 따라서는 매우 심각한 치명적인 합병증이다(김석현, 2004).

과배란 유도를 권하면서, 경우에 따라서는 난소과자극증후군으로 인해 혈전증이 발생될 수 있으며, 이로 인해서 뇌졸중에 의한 반신불수나 심한 경우 사망

할 수도 있다. 이러한 문제의 발생을 최소한으로 줄이기 위해서는 사전에 모든 시술 과정에 대한 이해를 하도록 환자에게 충분히 설명해야 한다. 아울러 과배란 유도 과정에서 철저한 환자 관리가 중요하다. 과배란 주기를 시작할 때 환자에게 합병증에 대한 충분한 설명을 해 주고, 유사시 환자가 적극적으로 협조할 수 있도록 여건을 만들어야 한다.

그러나 현실적으로 모든 위험 가능성이나 합병증 등을 설명하는 데에는 한계가 있다. 모든 위험 가능성을 설명할 경우 많은 환자가 동의하지 못하고 돌아갈 수도 있기 때문이다. 따라서 담당 의료진은 환자에게 수술 및 치료 과정에서 발생할 수 있는 부작용을 환자에게 알리지 않는 경우가 많으며, 이에 대한 부담은 고스란히 여성 환자가 떠맡게 되는 것이다.

민우회, 여성환경연대, 대한YWCA연합회 등 32개 여성단체는 2006년 1월 4일 긴급 기자 회견에서 여성의 몸(난자)은 생명 공학 기술 발전을 위한 재료나 수단으로만 여겨져 왔다고 주장한 후, 생명윤리법 개정과 인공 수정에 관한 법률 제정과 같은 여성의 인권과 건강 보호를 위한 제도적 장치가 마련될 때까지 지속적인 연대 활동을 벌여 나가겠다고 밝힌 바 있다(여성신문, 2006). 이 회견의 내용을 보더라도 결국 생명 공학의 연구 과정에 여성의 몸이 직접 개입되고 있음을 알 수 있다.

한편, 시험관 아기 시술이 성공을 거두면서 생명 공학과 생식 의료 기술은 이제 정자와 난자는 물론 배아에 이르기까지 그 연구 영역을 넓히고 있다. 2005년에 발생한 서울대학교 황우석 교수팀의 줄기세포 연구에서 논문 조작과 줄기세포 존재 유무에 대한 문제는 국내뿐 아니라 전 세계를 떠들썩하게 했다. 이와 더불어 이 연구에서 사용된 난자의 출처와 난자 기증 동의서 관련 의혹도 심각한 윤리적 문제로 쟁점화되었다. 특히 여성 연구원이 강압적인 분위기에서 연구에 참여하기 위해 자신의 난자를 직접 적출할 수밖에 없었던 간접적인 시인은 연구에서 여성 연구원의 역할에 대해 심각한 윤리적 문제를 던져 주고 있다. 여성 연구원의 난자 제공 문제는 이미 2004년 『네이처(*Nature*)』를 통해 의혹을 받은 바 있고, 2005년 5월 한국 생명윤리학회가 성명서를 통해 황우석 교수팀의 연구에 쓰인 난자 출처에 대해 의문점을 제기한 바 있었다.

이러한 의혹에 대해서 황우석 교수팀은 초기 인터뷰에서는 여성 연구원의 난자 제공을 부인했으나, 이후의 인터뷰에서는 난자 제공 사실을 몰랐다가 뒤늦게 알았다고 해명했다. 이후 서울대학교 조사위원회에서는 "황우석 교수 연구 의혹 조사 결과 보고서"에서 2004년 『사이언스(*Science*)』 논문 연구에 사용된 난자와 관련해 난자 제공 연구원은 2003년 2월 부족한 난자 문제로 걱정하다가 자신의 난자를 사용할 수 있다고 생각하고 황 교수의 승인을 받아 난자를 제공했다고 진술했음을 밝혔다(연합뉴스, 2006). 이와 관련하여 문화방송은 2005년 12월 31일 '뉴스데스크'에서 황 교수팀의 한 여성 연구원이 쓴 "내 난자로 내가 복제 실험을 했다. 황 교수에게 대적하지 못했던 나를 후회한다"는 내용의 전자우편을 공개했다. 이 연구원은 2003년 3월 실험 도중 실수로 난자가 담긴 접시를 엎지른 데 대한 보상으로 자신의 난자를 제공하기로 했으며, 과배란 촉진 주사를 맞고 전신 마취 상태에서 난자를 뽑아 직접 복제 실험한 것으로 알려졌다. 동료 연구원들에 의하면 당시 이 연구원은 외국 유학을 꿈꾸고 있었으며, 황 교수 논문의 공동 저자에 끼지 못할까봐 불안해 했다고 문화방송이 밝혔다(한겨레, 2006).

한편 서울대학교 조사위원회 보고서에서는 이와 함께 황 교수팀이 2003년 5월 당시 여성 연구원들에게 난자가 필요할 때 난자 기증 의향이 있다는 내용의 난자 기증 동의 양식서를 나누어 주고 서명을 받아 간 적이 있다고 밝혔다. 이와 관련해서 당시 연구실 분위기가 난자 기증에서 강제적인 분위기였을 수도 있었음을 암시하는 주장도 나오고 있다. 이 때 난자 기증 동의서에 서명한 연구원은 현직 7명, 전직 1명 등 모두 8명인 것으로 확인되었다(연합뉴스, 2005).

또한 2004년, 2005년 『사이언스』의 논문과 관련해 황 교수팀에 제공된 난자는 2,061개로 드러났다. 이들 난자는 2002년 11월 28일부터 2005년 11월 8일까지 4개 병원에서 129명의 여성으로부터 채취한 것이라고 보고서는 밝혔다. 보고서는 또한 한양대학교 윤리심의위원회(Institutional Review Board) 연구계획서를 승인할 때, 난자 채취에 따른 합병증 등 위험성에 대한 설명이 미비한 난자 기증 동의서 양식의 문제점을 제대로 지적하지 않았다고 비판했다. 이 사례에서 알 수 있듯이 여성 연구원은 난자 및 배아와 관련된 연구에서 그동안의 실험실 관행대로 연구 대상으로 전락할 위험이 높음을 예상할 수 있다(강양구, 2004).

위의 사례에서 던져지는 딜레마는 여성의 선택과 관련된 문제다. 오늘날 여성은 빠르게 발전되고 있는 생식 기술에 직면하고 있다. 여러 여성 단체에서는 그동안 생식 관련 문제에 여성의 선택이 제한되어 왔다고 주장했다. 보조 생식 기술은 이미 수십억 달러에 이르는 시장을 형성했으며 시험관 아기, 산전 유전자 검사와 태아 화학 염색체 검사 등을 실행하고 있다. '책임 있는 유전학을 위한 회의(Council for the Responsible Genetics: CRG)'는 여성이 생식에 대한 자기 결정을 가질 권리를 지지하면서도, 인간의 난자와 배아의 대량 생산이나 상업적 사용의 가능성에 대해서는 반대했다. 이는 우생학적으로 응용될 잠재성이 있으며 여성과 그 자녀의 건강을 위협할 수 있기 때문이다.

의사가 어떤 검사를 제안했을 때 해당 여성이 그 선택을 거절하기란 어려운 일이다. 충분한 정보에 근거한 선택(informed consent)이란 선택하고 있는 치료의 목적이 무엇인지 완전히 이해하고, 누가 이 검사를 제안했으며, 또한 이러한 행위를 통해 여성의 능력이 어떻게 달라지는지에 근거해서 이루어져야 한다. 만약 정보가 단지 새로운 기술을 사용함으로써 오는 이득, 즉 재정적 이득, 학문적 성공, 보건 의료 비용 절감 등의 이득을 얻고자 하는 사람으로부터 온다면 그 정보가 환자에게 모든 측면을 정확히 잘 설명해 주었다고 믿을 수는 없다(Miller & Morris, 2000).

4. 여성 과학 기술자 및 생명 공학자의 분포 현황

앞 절에서 살펴본 바와 같이 여성 연구원이 연구 과정에서 선택의 여지없이 이용되는 경우도 있으나, 실제로 생명 공학 영역에서 여성의 역할은 매우 중요하며 다양한 영역에 참여할 수 있다. 여성이 연구원으로서 직접 연구를 수행할 뿐 아니라, 생명 공학의 산물이나 실험 과정에 소비자로서, 구매자로서 혹은 실험 대상으로서 관여하고 참여할 수 있다.

무엇보다도 생명 공학의 연구개발 과정에 여성 연구원이 주요한 위치에서 참여하게 된다면 기본적으로 여성의 본성에 대한 이해나 배려가 전제된 연구가 가능하다. 그리고 남성 중심의 연구 과정에서 놓칠 수 있는 양성 평등적인 접근이 가능하다는 점에서 의미가 있다.

〈표 1〉은 우리나라 과학 기술 연구의 중심지인 대덕연구단지 내 정부 출연 연구소의 연구원 분포 현황을 나타낸 것이다(노정혜, 2000). 〈표 1〉에 나타난 바와 같이 우리나라의 과학 기술 분야 연구소 중에서 생명공학연구소의 여성 연구원의 비율이 가장 높다. 그러나 자세히 살펴보면 책임급이나 선임급 연구원 중에서는 여성의 비율이 매우 낮음을 알 수 있다. 이는 이은경 등(2004)의 연구에서 제시된 '2003년도의 우리나라 여성 과학 기술자 재직 현황 및 연구원 분포'(〈표 2〉)의 결과와도 같음을 알 수 있다. 〈표 2〉에서 볼 수 있는 바와 같이 기초기술연구회 한국생명공학연구원의 여성 연구원의 비율이 다른 연구소에 재직중인 여성 연구원의 비율에 비해 가장 높다. 그러나 〈표 1〉에서 분석한 결과와 마찬가지로 자세히 살펴보면 책임급으로 갈수록 여성 연구원의 비율이 낮음을 알 수 있다. 이러한 결과는 생명 공학 연구 과정에서 여성 연구원이 연구를 주도하면서 안정적이고 지속적으로 참여하기가 힘들다는 사실을 암시하기도 한다.

한편, 〈표 3〉은 최근 10여 년간 과학 기술자의 성별 변화 정도를 나타낸 것이다. 〈표 3〉에서 알 수 있듯이 우리나라 과학 기술자 중 여성이 차지하는 비율이 해마다 높아지고 있다. 이러한 현상은 과학 기술의 연구 및 개발 과정에서 차지하는 여성의 수가 많아지고 있음을 알 수 있다(과학기술부, 2002). 그러나 〈표 1〉과 〈표 2〉에 연관해 생각해 볼 때, 실제 연구 및 개발 과정에서 의사 결정과 문제 해결력을 가진 직책에 여성의 비율이 낮음은 그만큼 여성의 특성과 입장에 의한 문제를 합리적으로 다루거나 해결하는 일이 쉽지 않음을 알 수 있다.

〈표 1〉 대덕연구단지 내 정부 출연 연구소 연구원 분포 현황

(단위: 명, %)

연구소/연구원	정규직											임시직						총계	
	책임			선임			원급			계		연구원			박사				
	남성	여성	소계	남성	여성	소계	남성	여성	소계	남성	여성	남성	여성	소계	남성	여성	소계	남성	여성 (구성비)
생명공학	55	7	62	60	11	71	8	3	11	123	21	98	84	182	69	25	94	221	105 (32.2)
화학	83	8	91	107	9	116	1	7	8	191	24	165	86	251	6	1	7	356	110 (23.6)
해양	68	2	70	54	1	55	0	0	0	122	3	79	29	108	–	–	–	201	32 (13.7)
전자통신	291	8	299	716	81	797	252	47	299	1,259	136	–	–	–	–	–	–	1,259	136 (9.7)
KIST	193	4	197	103	11	114	90	15	105	383	30	–	–	–	–	–	–	386	30 (7.7)
인삼연초	49	0	49	77	7	84	24	4	28	150	11	–	–	–	–	–	–	150	11 (6.8)
표준과학	94	4	98	69	2	71	7	0	7	170	6	13	3	16	13	3	16	183	9 (4.7)
에너지	72	0	72	69	2	71	20	1	21	161	3	48	6	54	6	0	6	209	9 (4.1)
기계	74	0	74	149	0	149	56	1	57	279	1	177	17	194	25	0	25	456	18 (3.8)

연구소/연구원	정규직											임시직						총계	
	책임			선임			원급			계		연구원			박사				
	남성	여성	소계	남성	여성	소계	남성	여성	소계	남성	여성	남성	여성	소계	남성	여성	소계	남성	여성 (구성비)
항공우주	43	0	43	102	1	103	45	5	50	190	6	4	1	5	2	0	2	194	7 (3.5)
원자력	267	2	269	341	14	255	17	5	22	625	21	–	–	–	–	–	–	625	21 (3.3)
KINS	116	0	116	82	4	86	16	1	17	214	5	–	–	–	–	–	–	214	5 (2.3)
계	1,405	35	1,440	1,929	143	1,972	536	89	625	3,867	267	584	226	810	121	29	150	4,454	493 (11.1)

* 출처: 과학기술부(2002).

〈표 2〉 2003년도 여성 과학 기술인 재직 현황

(단위: 명, %)

연구기관	연구위원급			책임급 연구원			선임급 연구원			원급 연구원			기타(기술직 등)			과학기술인 총계			연구원 총계		
	전체	여성	비율	전체	여성	비율	전체	여성	비율	전체	여성	비율	전체	여성	비율	전체	여성	비율	전체	여성	비율
기초기술연구회 한국생명공학연구원				75	8	10.7	96	19	19.8	12	6	50.0	52	17	32.7	235	50	21.3	183	33	18.0
과학기술계 정부출연연구기관 소계	295	1	0.3	3,072	81	2.6	3,588	243	6.8	1,426	218	15.3	833	81	9.7	9,124	624	6.8	8,381	543	6.5
8개 정부투자 연구기관	53	0	0.0	174	3	1.7	380	17	405	195	24	12.3	105	10	9.5	907	54	6.0	802	44	5.5
74개 확대시행 연구기관 소계	137	3	2.2	449	31	6.9	1,094	74	6.8	3,287	667	20.3	1,003	167	16.7	5,970	942	15.8	4,967	775	15.6
총계	432	4	0.9	3,521	112	3.2	4,682	317	6.8	4,713	885	18.8	1,836	248	13.5	15,184	1,566	10.3	13,348	1,318	9.9

* 출처: 과학기술부(2002).

〈표 3〉 연도에 따른 과학 기술인의 성별 수 변화

(단위: 명)

구분	1991	1992	1993	1994	1995	1996	1997	1998	1999	2000	2001
남성	71,939	83,000	92,174	108,394	118,080	120,857	125,893	117,405	121,559	143,588	159,007
비율(%)	94.3	93.5	93.3	92.3	92.0	91.5	90.9	90.5	90.3	89.8	88.9
여성	4,313	5,764	6,590	9,052	10,235	11,166	12,545	12,317	13,009	16,385	19,930
비율(%)	5.7	6.5	6.7	7.7	8.0	8.5	9.1	9.5	9.7	10.2	11.1
전체	76,252	88,764	98,764	117,446	128,315	132,023	138,438	129,767	134,568	159,973	178,937
비율(%)	100.0	100.0	100.0	100.0	100.0	100.0	100.0	100.0	100.0	100.0	100.0

* 출처: 과학기술부(2002).

따라서 여성 과학 기술자의 수가 점차 증가하고, 여성 과학 기술자들이 참여할 수 있는 분야가 많아지고 여성 중심의 특성화 분야가 활성화되고 있는 현실에서, 여성들이 능력과 특성과 맞는 직책을 부여받을 수 있는 제도적 장치도 필요하다고 할 수 있다.

한편, 아래의 〈표 4〉와 〈표 5〉에서는 일본의 과학 연구 개발 인력과 연도별 일본의 여성 과학 기술 연구원의 비율 변화를 각각 나타내고 있다(www.stat.go.jp). 〈표 4〉와 〈표 5〉에서 나타난 바와 같이 일본은 과학 기술 선진국임에도 불구하고, 여성 과학 기술 연구원의 수는 남성 연구원에 비해 현저히 낮음을 알 수 있다. 그러나 매년 여성 과학 기술 연구원의 비율이 점차 증가하고 있다는 사실은 그나마 다행스럽다.

〈표 4〉 2005년도 일본의 과학 연구개발 인력

(단위: 명)

<table>
<tr><td rowspan="2"></td><td rowspan="2">합계</td><td colspan="4">전문 기술직</td></tr>
<tr><td>합계</td><td>기술자</td><td>강사</td><td>기타 전문직 및 기술자</td></tr>
<tr><td>과학연구개발원</td><td>190,000
남 140,000
여 50,000</td><td>120,000
110,000
10,000</td><td>20,000
20,000
0</td><td>0
0
0</td><td>90,000
80,000
10,000</td></tr>
</table>

* 출처: www.stat.go.jp

〈표 5〉 연도별 일본의 여성 과학 기술 연구원 비율

연도	1995	1996	1997	1998	1999	2000	2001	2002	2003	2004
비율(%)	8.9	9.3	9.8	10.2	10.1	10.6	10.9	10.7	11.2	11.6

* 출처: www.stat.go.jp

5. 여성 과학 기술자 육성과 참여를 위한 지원 정책: 우리나라와 일본을 중심으로

우리나라 여성 인력 고등 교육 참여율은 매년 증가 추세에 있으나 이공 계열에서의 여학생 재학 현황과 학위 취득 현황은 남학생에 비해 낮음을 볼 수 있다. 〈표 6〉은 2003년도 『교육통계연보』(교육부, 2003)에서 제시된 우리나라 4년제 대학교의 이공계 및 의 · 약학 계열 재학 현황을, 〈표 7〉은 이공계 및 의학 계열에서의 석 · 박사 학위 취득 현황을 나타낸 것이다.

〈표 6〉에서 알 수 있는 바와 같이 대학교의 의 · 약학 계열의 여학생 재학 비율은 오히려 남학생을 약간 앞지르고 있으나(51.1%), 이공 계열의 여학생은 전체 비율의 20%에도 채 미치지 못하고 있다. 따라서 〈표 8〉에서 나타나듯이 재학 현황과 석사 학위 과정 이수자를 나타내는 고학력 여성의 경제활동 참가율도 세계 평균과 비교해 볼 때 아직 미흡한 수준으로 평가된다. 이런 상황에서는 과학 기술 분야에서의 적극적인 여성의 참여나 결정적인 역할은 기대하기가 어려울 수밖에 없다.

〈표 6〉 4년제 대학교의 이공 및 의 · 약학 계열의 여학생 재학 현황(2003년도)

(단위: 명, %)

구분	재적 학생 수		남자		여자	
	인원 수	비율	인원 수	비율	인원 수	비율
전체	1,808,539	100	1,143,280	63.2	665,259	36.8
이공계	712,450	100	575,124	80.7	137,326	19.3
의 · 약학	64,439	100	31,533	48.9	32,906	51.1

* 출처: 교육부(2003).

이들 표에서 살펴본 바와 같이 현재까지 우리나라 여성 과학 기술 인력 비율은 남성에 비교해 낮음을 알 수 있다. 이에 따라 과학기술부는 여성 과학 기술인을 육성하기 위한 한 방안으로 WISE(Women into Science and Engineering)

〈표 7〉 이공 및 의 · 약학 계열의 여학생 학위 취득 현황(2003년도)

(단위: 명, %)

구분		석사 과정			박사 과정			석사 취득		박사 취득	
		지원자	입학자	입학률	지원자	입학자	입학률	인원	비율	인원	비율
전체	계	182,201	91,178	50.0	22,112	13,310	60.2	64,259		7,240	
	남자	88,174	50,365	57.1	14,432	8,982	62.2	38,667	60.2	5,525	76.3
	여자	94,027	40,813	43.4	7,680	4,328	56.4	25,592	39.8	1,715	23.7
이공계	계	35,110	21,361	60.8	5,814	4,208	72.4	18,492		2,796	
	남자	27,781	17,046	61.4	4,697	3,420	72.8	15,010	81.2	2,473	88.4
	여자	7,329	4,315	58.9	1,117	788	70.5	3,482	18.8	323	11.6
의 · 약학	계	10,041	6,407	63.8	3,591	2,554	71.1	4,430		1,905	
	남자	4,112	3,158	76.8	2,454	1,760	71.7	2,541	57.4	1,388	72.9
	여자	5,929	3,249	54.8	1,137	794	69.8	1,889	42.6	517	27.1

* 출처: 교육부(2003).

〈표 8〉 고학력 여성 인력 중 경제활동 참가율 국제 비교

(단위: %)

구분	한국	미국	일본	독일	영국	캐나다	호주	세계 평균
남	91	92	98	92	93	90	93	90
여	54	81	65	83	88	84	73	79

* 출처: OECD 교육지표(2001).

프로그램과 우수 여성 과학자 연구 지원 사업 등을 지원하고 있으며, 2002년 11월 '여성 과학 기술인 육성 및 지원에 관한 법률안'이 국회에서 통과되어 채용할당제, 승진 목표제, 여성 과학 기술인 제원센터 등의 지원 제도가 보강되었다. 특히 WISE 프로그램은 우수 여성 과학 기술자와 여학생 간의 멘토링(후견인 연계 체제)을 통해 우수 여성 과학 기술인의 전문 지식, 가치관 등을 전수하고 인식시켜 과학 기술 분야로 진출하도록 유도하는 사업이다. 이 사업은 이화

여자대학교에 거점센터를 두고 전국에 지역별로 8개 센터를 설치했으며, 2004년에는 총 9억 2,000만 원의 운영비를 지원했다. 또한 과학기술부는 우수 여성 과학자의 기초과학 연구와 박사 학위를 취득했으나 미취업 상태인 유망 여성 과학자의 연구 활동 지원을 위해 2004년 한 해에만 모두 85억 원의 예산을 지원했다.

이처럼 정부는 여성 과학 기술자를 육성하고 우수 여성 과학 기술자를 지원하기 위한 정책을 수행하고 있다. 그러나 2004년 국감 자료에 의하면 과학재단 과제선정평가위원의 여성 비율은 8.4%에 불과했다. 2003년도에는 25개 이공계 정부출연연구소가 총 497명의 신규 연구원을 채용하면서 여성은 52명(10.5%)을 채용하는 데 그쳤으며, 2004년도 이공계 정부출연연구소는 약 15%의 여성 과학 기술인을 채용할 계획이었으나 실제 채용 비율은 이보다 훨씬 떨어진 것으로 밝혀졌다(세계일보, 2004. 10. 11). 이는 아직까지도 여성 과학 기술인 홀대 현상에 대한 개선이 거의 이루어지지 않고 있음을 보여 준다. 따라서 여성 과학 기술인 육성과 지원이 연결되어 지속적으로 이루어지는 정책이 필요하다.

일본도 우리나라와 마찬가지로 여성 과학 기술인의 비율이 남성에 비해 낮은 편이다. 이 · 공학 계열 전공자가 일본의 각급 학교에서 재직중인 비율도 〈표 9〉에서 보는 바와 같이 상급 학교로 올라갈수록 급격히 감소하고 있다.

일본의 문부과학성에서 발간한 2002년도 『학교 기본조사 보고서』에 의하면 이 · 공학 계열을 전공한 여성이 대학에 재직중인 비율은 14.1%로서 직위가 높이 올라갈수록 그 비율이 낮아짐을 알 수 있다(〈표 10〉).

일본 여학생의 경우 대학 학부 및 대학원의 진학률은 해마다 향상하고 있지만, 대학 학부, 석사 과정, 박사 과정으로 올라갈수록 그 비율이 줄어드는 경향이 있음을 알 수 있다. 대학의 재적자 수에서 차지하는 여학생의 비율은 학부 38.9%, 대학원 석사 과정은 28.1%, 대학원 박사 과정은 27.9%를 나타내고 있다. 〈표 11〉에서 알 수 있는 바와 같이 여학생들은 인문 · 사회 계열에 비해 자연 · 공학 계열의 분야에서 여전히 낮은 재적 비율을 나타내고 있다(과학기술부, 2003, http://www.most.go.kr).

〈표 9〉 일본 각급 학교에서 여성 교직자의 비율

구분	초등학교	중학교	고등학교	대학교
여성 교직자	62.5%	40.6%	26.1%	14.1%

* 출처: 과학기술부(2003).

〈표 10〉 일본 대학의 여성 교수의 비율

구분	조수	강사	조교수	교수	학장
여성 교수	21.7%	21.0%	14.4%	8.8%	8.2%

* 출처: 과학기술부(2003).

〈표 11〉 일본 대학의 전공 분야별 여학생 재학 비율

구분	인문 계열	사회 계열	자연 계열	공학 계열
학부	67.4%	29.8%	25.7%	10.5%
대학원 석사 과정	54.5%	32.6%	21.6%	9.2%
대학원 박사 과정	50.9%	31.2%	16.9%	10.6%

* 출처: 과학기술부(2003).

일본은 세계의 모든 지적 분야에서 활약할 수 있는 인재를 육성하고, 독창적이며 선구적인 학술 연구와 과학 기술을 세계에 발양하는 지적 창조 입국을 목표로 하고 있다. 특히 일본 과학문부성은 소자녀 · 고령화 사회에서 학술 연구, 과학 기술 인재의 양성과 확보를 긴요한 과제로 보고 여성 연구자의 활약의 장(場)을 확대하는 것을 중요하게 인식하고 있다. 그러나 실제로 일본의 대학이나 기업에는 여성 연구자의 수가 적어 의사 결정의 장에 참여하는 기회가 남성 연구자에 비해 매우 적다. 이러한 현상은 여성이라는 이유로 채용, 처우, 업적 평가, 연수 기회 등의 면에서 불공평한 대우를 받으며 출산과 육아 기간 동안 연구가 곤란하기 때문이라는 주장이 있다.

이러한 문제를 해결해 여성 과학자를 육성하고 지원하기 위해 일본은 현재

다양한 정책 방안을 고려중이거나 시행하고 있다. 예를 들어, 일본의 대학이나 기업에서는 '경영 전략'으로서 여성 인력 활용에 조직적으로 대처하고 있다. 즉 여성 연구자를 다수 받아들여 다양한 발상과 가치를 활용함으로써 교육 연구 활동의 활성화를 꾀하고 있다. 우선 대학에서 여성 연구자의 비율을 높이기 위해 남녀 공동 참여 추진을 위한 조직적인 체제를 갖추고 있다. 구체적으로 일본 국립대학협회가 '남녀 공동 참여에 관한 워킹 그룹'을 설치해 2010년까지 국립대학의 여성 교원의 비율을 20%로 끌어올리는 것을 달성 목표로 계속적인 노력을 기울이고 있다. 또한 여성 과학자의 양성을 위해 대학원 박사 과정에 학생들이 차지하는 비율을 높이고 있다. 이 밖에 일본 문부과학성은 2001년 1월에 '문부과학성 여성 직원의 채용 · 등용 확대 계획'을 수립하고 2005년도를 목표로 국립대학 등에 여성 채용 비율을 2001년도와 비교해 20% 정도 이상 증가시키는 것을 목표로 정하는 동시에 근무 환경 정비에도 힘쓰고 있다.

대학교뿐 아니라 특히 산업계에서 새로운 잠재 시장을 개발하기 위한 연구개발을 하는 경우 사고 방식의 틀과 방법론, 요구되는 능력이 크게 바뀌고 있어 여성 연구자에 대한 수요와 기대가 높아지고 있다고 판단된다. 이와 관련해서 최근 여성 연구자의 진출로 새로운 분야가 생기거나 참신한 관점에서의 연구가 이루어지고 있어 우수한 여학생과 여성 연구자를 육성하고 지원하는 데 초점을 두고 있다. 이를 위해 여성 연구자의 다양성 · 유동성의 확대와 재고용에 지원하고 있는데, 먼저 출산이나 육아 등으로 연구를 중단했을 경우나 연구 이외의 분야에서 경력을 쌓았을 경우 등 다양한 배경을 가진 연구자의 수용을 확대하거나 다른 대학이나 민간 기업 등과의 인사 교류도 실시하고 있다. 대학에서는 출산이나 육아, 간호 등으로 일시적으로 대학 등을 떠날 경우라도 자택에서 연구를 계속할 수 있도록 배려하고 과학연구비 보조금(국가연구비) 등을 지원하고 있다. 또한 보육 시설을 정비하거나 확대해 여성 연구자와 여학생이 연구에 전념하도록 하고 있다.

6. 맺는 말

서구의 여성 연구에서는 역사를 통틀어 가장 성차별적 뿌리가 깊었던 분야 중 하나가 과학 기술 영역이었다는 결론을 내리고 있다. 과학사에서 이러한 점을 분명히 말해 주고 있는데, 근대 과학 형성기까지 과학 기술의 연구와 발전 과정에 여성은 거의 참여할 수 없었다. 그러나 20세기 중반 이후 대항 문화가 일어나고 여성학에서 과학 기술 영역에 관심을 가지게 되면서 '여성과 과학 기술' 분야가 성장하게 되었다. 게다가 경제와 사회 발전에 따라 여성의 고등 교육 이수 비율이 높아짐으로써 과학 기술 전공을 선택할 수 있는 폭이 커지고 여성들이 과학 기술 분야로 진출할 수 있는 기회가 많아지게 되었다. 또한 국가 경쟁력을 높이기 위한 측면에서도 우수한 여성 과학 기술 인력을 양성하고 여성들을 연구에 참여시켜야 한다는 요구가 점점 커지고 있다.

최근 과학 기술의 여러 분야 중, 생명 공학의 발달로 인해 생물의 복제, 인공 장기 생산용 형질 전환 동물, 줄기세포를 이용한 난치병의 치료, 세포 융합 기술, 생체 인식 기술 등 과거에는 상상할 수도 없었던 기술들이 현실화되고 있다. 이러한 생명 공학 기술은 과거 기계 기술과 달리 여성 특유의 감성, 섬세함, 부드러움이 잘 발휘될 수 있는 분야이며, 이들 분야에서 도출된 많은 이론들을 체계화하는 과정에는 여성의 개입이 필수적이다. 또한 이들 이론이 산물화 또는 상품화되었을 때 이들 소비자의 대부분은 여성들이다. 따라서 생명 공학 영역에서의 연구와 개발에는 여성들의 참여가 필수적이며 여성들의 역할은 날로 증대될 것이다.

이 연구에서는 생명 공학의 발달이 여성에게 미치는 영향, 여성의 건강에 대한 인식, 의료 치료 및 생명 공학 연구 사례에서 여성의 선택과 역할, 우리나라와 일본의 여성 과학 기술자의 분포 현황 및 여성 과학 기술자의 육성과 지원 정책 등에 대해 알아보았다.

생명 공학 기술이 가장 많이 적용되는 의료 치료 영역은 여성의 건강과 직접적으로 관련되어 있다. 그럼에도 불구하고 현재 생명 공학 분야에서 여성에 대한 이해와 배려가 부족하고 연구개발 과정에 여성들이 대부분 소외되고 있다. 특히 BRCA 유방암 유전자 검사나 과배란 유도와 같은 의료 치료 과정에서 여성들은 선택의 여지 없이 검사를 받아야 하거나 충분한 설명을 듣지 못한 채 시술을 받게 됨으로써 위험에 쉽게 노출되기도 한다. 이러한 의료 치료 결정 과정에서 여성들의 의사결정권이 소외됨으로써 예상 밖의 결과를 치르게 되기도 한다. 또한 생명 공학 연구 과정에서 여성 연구원들은 연구 대상으로 전락할 가능성도 있다. 황우석 교수의 줄기세포 연구 사례에서도 알 수 있듯이, 연구원이 강압적인 연구실 분위기로 인해 자신의 난자를 적출해서 실험을 해야 하는 경우도 있었고, 난자 기증을 한 여성에게서 한 번에 45개의 난자를 적출한 사실도 있었다.

최근 들어 여성 과학 기술자나 연구원의 비율이 점점 높아지고 있으며, 특히 생명 공학 영역에서 여성 연구원의 비율이 가장 높다. 그러나 실제로 책임급이나 선임급 연구원 중에는 여성의 비율이 매우 낮다. 이는 일본의 경우도 마찬가지다. 따라서 실제 연구와 개발 과정에서는 여성 연구원들의 비중 있는 역할을 기대하기가 어려우며, 의사결정권도 높지 못하고, 심지어 주요 의사 결정 과정에서는 소외될 수도 있다. 우리나라에서는 우수 여성 과학 기술 인력을 육성하기 위해 WISE 프로그램 지원, 우수 여성과학자 연구 지원 사업 등을 지원하고 있다. 일본에서도 여성 연구원을 지원하기 위해 많은 노력을 기울이고 있다. 대학과 기업에서 '남녀 공동 참여 추진 체제' 구축과 '문부과학성의 여성 직원의 채용 · 등용 확대' 실시 등이 그 예가 될 수 있다. 이 밖에 대학에서는 출산이나 육아, 간호 등으로 일시적으로 대학 등을 떠날 경우라도 자택에서 연구를 계속할 수 있도록 배려하고 과학연구비 보조금 등을 지원하고 있다. 일본의 여성 과학자 지원 정책은 우리나라에서도 검토해 도입할 필요가 있다.

생명 공학 기술은 앞으로 계속해 발전할 것이고 생명 공학의 특성상 연구개발 과정에는 여성 연구원이 필수적으로 참여할 것이다. 또한 연구개발에 따른 산물의 소비자는 많은 경우 여성일 것이다. 따라서 생명 공학을 포함한 미래의 첨단 과학 기술 분야에서 우수한 여성 인력은 필수적이다. 따라서 우수한 여성

과학 인력을 양성하고 연구 과정에 여성이 능동적이고 주도적으로 참여할 수 있는 정부 차원의 지원과 정책이 요구된다. 또한 미래의 과학 기술 분야에 여성과 관련된 다양한 사례의 수집과 분석을 통해 여성이 의도적으로 소외된 부분을 조명하고, 여성의 역할과 참여를 높이는 방안을 강구할 필요가 있다.

제3부

여성 리더십의 현장과 의제

I 'Ⅰ 여성주의 리더십' 이해를 위한 시론*

허라금(이화여자대학교 여성학과)

1. 들어가는 말

최근 우리 사회에서 '리더십'은 광범위한 영역에서 관심의 핵으로 떠오르고 있다. 정치 영역에서는 카리스마를 갖고 지휘력을 발휘하는 권력형 리더십을 대신할 리더십을, 기업에서도 구성원들을 효율적으로 관리 감독하는 것 이상의 리더십을 요구받고 있다. 교육의 장에서도 사정은 마찬가지다. 인적자원부는 대학특성화사업을 통해 '리더십 교육'을 제도적으로 지원되고 있을 뿐 아니라, 각 가정에서는 심지어 학령 전 자녀의 리더십 함양을 위한 사교육까지도 마다하지 않고 있는 실정이다.[1]

---

* 이 글은 한국여성철학회지인 『한국여성철학』 제5권(2005), 55-80쪽에 실렸던 논문임.

1 이렇게 전 사회적으로 리더십이 주목받는 주제가 된 까닭은 무엇인가? 어느 시대건 사회 속에서 리더십은 중요하고 필요한 것이 사실이지만, 이처럼 이 주제에 대한 관심이 사회 전 분야에 걸쳐 공유된 적이 드물다. 이런 최근 리더십에 대한 활발한 관심에 대해서는 일정한 설명이 필요할 정도다. 이에 대한 여러 가지 설명들이 가능하겠지만, 한 가지, 그것은 한국의 정치적 변화와 관련시켜 생각해 볼 수 있다. 과거의 권위주의적 군사 정권이 민주 정권으로 대치되면서 전통적인 리더십을 대신할 새로운 리더십을 찾게 만들고 있는 것이다. 더군다나, 기존의 언어나 논리로는 정확히 파악되지 않는, 알 수 없는 세대라는 뜻으로 이름붙여진 'X세대'를 거쳐, 인터넷으로 연결된 사회 속에서 자신의 세상을 만들고 있는 'N세대'에

이런 맥락에서 생산해 내고 있는 새로운 리더십에 대한 지향은 언론 기사로 전해지는 다채로운 형용사를 달고 있는 리더십 명칭들만큼이나 어지럽다. 지난 몇 개월 간 여러 언론 매체에서 다루어진 리더십 관련 기사들만 헤아려도 그 수가 대단하며, 그 양만큼이나 많은 종류의 리더십 개념을 소개하고 있다. 이들에 공통되는 점은 시대 변화에 따른 '새로운' 리더십에 대한 요청과 기대를 반영하고 있다는 것이다.

수직적인 인간 관계 안에서 사고되었던 리더십은 파트너 관계 속에서 발휘되는 '수평적 리더십'으로, 일들을 지시하고 명령하는 역할로서의 리더십은 머리로 아는 것뿐 아니라, 손을 통해 실천하고 이것을 반복하고 지속적으로 습관화하는 '서번트 리더십', '섬기는 리더십'으로, 상대방이 어떤 사람이기를 원하는 것이 아니라 상대방을 있는 그대로 받아들이는 능력을 갖춘 리더십, 즉 구성원을 누구나 성장 욕구와 잠재력을 지닌 존재, 즉 조직의 주체로 보고, 현장에서 업무를 수행하는 과정에서 어려움을 잘 헤쳐 갈 수 있도록 코치하는 역할로서의 '코치형 리더십' 등등 모두 민주적이고 실천적인 리더십에 대한 지향을 나타낸다. 권위보다는 동지애, 조직보다는 소부족들의 자발적 참여에 의존하는 '유목민 리더십' 역시 마찬가지다. 중앙 집중적인 권력 체계에 의존했던 권위적 '정착민 리더십'으로는 정치적·경제적 교류뿐만 아니라, 인터넷 등을 통한 문화적 소통이 일상화된 빠른 변화 속도의 시대적 조건을 감당할 수 없게 되었다는 것이다.

동시에 영화 「안토니아스 라인」에서 보여 주었던 '통합의 리더십'이 주목받기도 한다. 사회적으로 소외된, 그렇지만 공통점보다는 다른 점이 훨씬 많은 이들이 삶의 공동체를 이루어 가는 과정에서 보여 주는 리더십은 차이를 차별하지

이르기까지, 공유된 절대 시간과 공간에 속해 있지 않는 젊은 세대들이 시민으로 또는 직장인으로 공적인 영역에 진입하면서 과거와는 다른 종류의 리더십의 모색은 더 이상 피할 수 없게 된 것이다. 특히, 이들 세대들이 정치적인 장에서 주체적인 힘을 발휘했던 2002년 대통령 선거는 개인이나 집단의 가치를 일사불란하게 오로지 사회 공동의 목표 아래 종속시켰던 과거와는 다른 리더십을 필요로 하는 사회로 진입했음을 깨닫게 한 계기이기도 했다. 이미 1997년 'IMF 사태'로 명명되는 국가적인 경제 위기의 경험은 국가가 개개인의 삶의 안전을 보장해 줄 힘 있는 장치가 아니라는 사실에 대한 국민들의 자각 역시 기존과는 다른 시민 사회로 이행하게 만든 한 원인이라 볼 수 있다.

않는 리더십으로 지구적인 다원주의 사회에 필수적이기 때문이다. 지배적 권력에 기반한 권위주의적 리더십 대신 이해 당사자들과의 조율을 통해 합의를 이끌어 낼 수 있을 만한 전문적 실력을 갖춘 '전문적 리더십'이 요청되기도 한다.

이렇듯 리더십에 대한 사회적 관심이 급증하는 환경 속에서 이 글은 '리더십'을 여성주의 관점에서 개념화할 필요가 있다는 생각에서 출발하고 있다. 그리고 생명여성주의 활동을 통해 여성주의 리더십의 한 가지 구체적인 의미를 발굴해 보고자 한다.

글의 순서는 먼저, 최근 우리 사회에서 급증하고 있는 리더십에 대한 관심을 어떻게 사회적인 현상으로 설명할 수 있을지 살펴보고, 두 번째, 이런 현상 속에 중요한 대안적인 리더십으로 주목받고 있는 여성 리더십 연구의 현황을 간단히 소개한 다음, 이들 연구의 기본 개념이라 할 '여성 리더십'을 어떻게 개념적으로 명료화할 수 있을지에 대해 생각해 본다. 끝으로, 생명의 가치를 중심으로 살아 있는 것들을 돌보는 활동을 통해 사회적인 변화를 이끌어 가고 있는 여성 리더들의 활동이 갖는 의미를 짚어볼 것이다.

2. 여성 리더십의 연구

여성 리더십에 대한 연구들 역시 국내에서는 서구보다 조금 늦은 1990년대부터 시작되어 경영학, 행정학, 교육학 등등 여러 학문 영역에서 활발하다. 특히, 여성 리더십이 주목받는 까닭은 적어도 다음 두 가지 이상의 이유에서 찾을 수 있다. 첫째, 변화를 모색중인 사회적 조직이나 관계 패러다임에 적합한 리더십을, 기존의 남성 중심적인 조직과는 다른 인간 관계 조직 속에서 발휘된 여성들의 리더십을 통해 찾을 수 있으리라는 사회적인 기대가 한 가지 이유며, 둘째, 성차별적인 법과 제도들이 상당 부분 제거되면서, 이제 여성들이 남성적인 조직과 문화에 진입해 살아남고, 더 나아가 리더가 되기 위해 필요한 요건들이 무엇인가에 대해서 여성들 자신이 갖고 있는 관심과 필요가 또 한 이유다. 물론

이 같은 관심은 우수한 여성 인력의 사회적 활용이라는 측면에서 국가적 관심사이기도 하다.[2]

여성 리더십이 요구되는 맥락이 단일하지 않은 만큼, '여성 리더십'이 무엇인가를 단순 명료하게 정의내리려는 시도는 실패할 수밖에 없을 것이다. 앞에서 말한 것에만 비추어 보더라도, 전자가 '여성적'인 특성에다 여성 리더십을 기초시키려 한다면, 후자는 여성에게 '여성적'일 것을 기대하는 젠더화된 맥락에 대한 비판적 인식과 함께 그것에 저항하거나, 또는 그것을 해체시킬 전략적 사고와 태도를 요구할 수도 있을 것이다. 이런 저항적 · 전략적 사고와 행동이 반드시 '여성적'이지 않을 수도 있으며, 더 나아가서 여성들이 살아남기 위해서는 기존 '남성적인' 리더십을 발휘해야 할 상황도 있기 때문에, 전자와 후자의 리더십은 그 개념적 차원에서 상반되는 것일 수도 있는 것이다. 이처럼 '여성 리더십'은 그 안에 복합적이고 때로는 모순적이기까지 한 집합적인 의미를 내포한 개념이다.

그러나 개념적 복잡성은 명료화할 필요가 있다. 복합적인 의미들 간의 관계가 명료화되지 않는다면, 여성 리더십 연구는 그 자체가 모순적이기도 한 주먹구구식 사례나 주장의 나열로 보일 수 있기 때문이다. 그것은 최근 여러 여성단체나 여성 교육 기관 등에서 활발하게 추진하고 하고 있는 여성 리더십 교육을 위해서도 바람직하지 않다. 물론, '여성 리더십'은 구체적인 실천의 맥락을 갖는 개념인 만큼 개념 분석적 접근만으로 그 의미 전부를 밝혀낼 수 없는 것은

---

2 이제까지의 리더십 관련 논의들은 주로 남성 리더를 대상으로, 남성의 경험과 특성에 기반해서 이루어졌지만, 이에 대한 대안으로서 성별을 고려한 리더십 이론들이 출현하게 되었다. 따라서 남성 리더와는 다른 경험을 가지고 있고, 다른 상황에 놓여 있는 여성 리더에 대한 연구가 이루어지게 되었으며, 이는 다양한 방향에서 논의되고 있다. 그동안 국내에서 이루어진 여성 리더십 연구들은 크게 세 가지 접근 방식으로 나누어 볼 수 있다. 첫 번째 접근 방식은 리더십 평가의 영향 요인에 관한 것으로, 여성 리더에 대한 동료 및 부하 직원들의 태도나 평가에 영향을 미치는 요소가 무엇인지, 그리고 여성 리더 자신이 스스로에게 내리는 평가에 영향을 미치는 요소가 무엇인지를 밝히는 방식이다(예컨대, 김양희 · 김홍숙, 2000). 두 번째 접근 방식은 여성 리더십 기회의 장애 요인에 관한 것으로, 여성들이 리더가 되는 과정에서, 그리고 리더가 된 후에, 리더십을 발휘하기 어렵게 하는 장애 요인이 무엇인지를 밝히고 있다. 그리고 더 나아가 이러한 장애 요인들을 극복하기 위한 방안을 제시한다(예컨대, 강시현, 2003; 이진아, 2003). 여성 리더십 연구의 세 번째 접근 방식은 남성과 여성의 리더십 차이에 관한 것으로, 남성 리더의 리더십과 여성 리더의 리더십의 차이와 특성 밝히고 이를 분석하는 방식이다.

분명하다. 그렇다고 반대로 '여성 리더십'이 무엇인지를 실천적 현장 그 자체가 보여 주는 것 역시 분명 아니다.

실제로 앞에서 이미 언급한 경영학, 행정학, 교육학 등에서 생산한 많은 여성 리더십 연구들이 주로 사례 중심의 연구 결과들로 이루어지고 있다. 이들 대부분은 실증적인 사회과학 방법을 통해 조직 안에서 여성 리더들의 행동 양식이나 경험, 인간 관계 운영의 특징 등에 대한 양적 · 질적인 경험적 증거 자료들을 수집해서 여성 리더십의 현황 또는 현재를 확인해 주는 것을 과제로 하고 있다. 최근 이들 연구는 기존의 조직들이 여성 리더들을 길러 내기 힘든 남성 중심적 문화와 연결망을 갖고 있음을 인식하고 여성들 간의 연결망을 만드는 데 관심을 갖고 있음을 발견하게 된다.[3] 이것은 리더로서의 성공 여부가 개인적인 능력이나 특질에 의해 좌우된다기보다는 그가 속한 조직의 문화에 의해 크게 좌우된다는 것을 인식하고 있는 연구라는 점에서 진일보한 것으로 보인다.

그러나 이들 연구들은 연구자가 이미 "누가 여성 리더인지를 알고 있다"는 전제를 공유하고 있다. 즉, 연구자가 '여성 리더'로 선정한 이들의 수행적인 특성들이 무엇인가를 중심으로 리더십 연구 결과를 도출하는 것이다. 이런 접근 방법은 "누가 리더인가?"에 대한 정답이 이미 주어져 있거나 리더에 대한 입장을 공유하고 있는 경우라면 별 문제가 없을지도 모른다. 그러나 전술했던 대로, 현재 우리의 리더십 연구의 맥락은 '리더' 또는 '리더십' 개념 자체의 변화를 요구하고 있다고 보이며, 이것은 "누구를 리더로 볼 것인가" 자체가 확정되지 않은 채, 새로운 인식의 전환을 요구받는 상황에서의 연구라는 점에서 문제인 것이다. 그 때문에 "어떤 실천적 현장에서, 어떤 활동을 하고 있는, 누구를, 대안적인 리더십 연구가 주목해야 하는가?"라는 질문에 방향을 설정해 줄 개념적 연구가 반드시 선행적으로 요청되는 것이다.

3 강시현(2003), "성별 인식과 리더십에 관한 연구: 일반 행정직 여성 공무원을 중심으로," 이화여자대학교 여성학과 석사학위 논문, 미간행.

3. ‘여성 리더십’의 개념화

나는 ‘여성주의’를 이해하는 데 가장 일반적으로 사용되는 방법이기도 한, ‘여성(women)’의 세 가지 개념을 구분함으로써 ‘여성 리더십’의 개념적 연구가 출발할 수 있다고 생각한다. 즉 생물학적 구분에 의해서 구별되는 ‘여성(female)’과 문화적으로 구성된 구분적 특성을 의미하는 ‘여성적(feminine)’, 마지막으로 성차별적인 젠더로부터의 해방을 목표하는 ‘여성주의적(feminist)’이 그것이다.[4]

3.1 여성 리더십

첫 번째, 여성 리더십(female leadership)은 생물학적으로 여성으로 분류되는 이들이 발휘하고 있는 리더십이다. 이것은 리더로 분류되는 여성들이 어떤 리더십을 발휘하고 있는지에 대한 역사적 혹은 현재의 사실들을 통해 대답될 수 있는 문제다. 연구의 대상은 일반적으로 사회적으로 인정받는 성공한 여성들이 되며, 어떤 여성이 리더인가의 물음은 제기되지 않는다. 대신, 이미 리더로 공인받는 그룹에 속해 있는 이들 여성들이 어떤 행위 전략과 능력을 발휘해 리더의 자리에 오르게 되었으며, 리더로서의 역할을 성공적으로 수행할 수 있었는지에 연구의 관심이 놓여 있다.[5] 바로 앞 절에서 언급한 현재 여성 리더십의 연구에서 쉽게 찾아볼 수 있는 경험 연구들이 여기에 속한다.

이들은 이들 여성들의 업무 추진 스타일, 인간 관리 유형의 특징과 더불어, 남성 중심적 조직 문화 속에서 이런 업무 방식이나 능력들이 그들을 어떻게 성공

---

4 이런 개념 구분이 유용한 까닭은 우선 가장 일반적이라는 점에서 개념을 이해하는 데 편리한 개념적 기초를 제공해 주는 이점이 있다(참고: 장필화(2003), “여성학, 여성주의, 리더십,” 이화리더십개발원, 「여성주의 가치와 여성 리더십」 제1차 학술대회 자료집).

5 현재 나와 있는 여성 리더십 연구의 대부분이 여기에 속한다. 박통희(2004), 강혜련(2005) 등이 보여 주듯이, 가부장제 사회에서 여성들의 진출이 금지되거나 어려웠던 공적인 부문이나 기업 부문에서 여성들이 어떻게 공적인 목표나 기업적인 성취를 이끌어 내고 있는가를 연구하는 것이 현재 우리 한국 여성 리더십 연구에서 활발하다.

으로 이끌어 주었는지를 분석하고, 이것이 일반화될 수 있는지 여부를 타진하는 것이 연구의 주된 내용을 이루게 된다. 이들은 여성에게 비우호적인 조직 환경 속에서 어떤 전략을 통해 성공할 수 있었는지를 밝혀 줄 수 있으리라 기대되지만, 성공적 또는 성취 지향적 리더십의 차원을 넘어서 여성에게 비우호적인 조직 문화 자체를 변화시킬 수 있는 리더십에 대한 연구는 되지 못한다는 한계를 갖는다.

3.2 여성적 리더십

여성적 리더십(feminine leadership)은 앞에서 언급했던 바와 같이 여성적인 것과 남성적인 것으로 인성적 특징을 구분하는 개념 체계 안에서 전자적 특성을 갖는 리더십을 의미한다.[6] 여성과 남성의 성역할을 기본 축으로 사회 질서를 구축하고 있는 젠더화된 사회에서는 집단적 차원에서 여성이 남성보다 여성적일 가능성이 높을 것이라 추론할 수 있지만, 그렇다고 개인 여성이 개인 남성보다 항상 여성적인 것은 아니다. 그렇기 때문에, 여성적 리더십은 현실 여성들 모두가 발휘할 수 있는 것도 아니고 또 여성들만의 리더십도 아니다. 즉, 여성적 리더십은 '수평적 리더십', '서번트 리더십', '코치형 리더십', '섬기는 리더십' 등으로 불리는 민주적인 리더십과 가까운 것으로 이해할 수 있다.

그럼에도 불구하고 전통적으로 위계적인 남성 조직에서 위로부터 내려오는 방향의 남성 리더십과는 달리 주로 생명을 보살피고 키워 가는 활동 공간에서 여성들이 발휘해 왔던 리더십이 남성의 그것과 다를 수 있다고 추론하는 것은 상당한 개연성이 있다. 생명을 키우고 보살피는 일에서 중요한 것은 그 일을 하는 주체가 정한 원칙이나 가치가 아니라, 오히려 대상에 대한 이해가 우선일 수

---

6 '여성적 리더십' 개념은 로덴(Loden, 1985)에 의해 처음으로 주창된 것으로 알려져 있다. 여성 리더에게 상대적으로 더 많이 나타난다고 밝혀진 관계 지향성, 배려, 보살핌 등을 특징으로 하는 '여성적 리더십'은 참여적이고 민주적인 인간 중심의 리더십과 관리 구조를 선호하는 오늘날의 상황에 좀더 적합하고 효율적인 것으로 여겨지고 있다(강시현, 2003에서 재인용).

밖에 없다. 그 대상이 어떤 욕구와 특징을 갖는 존재인지에 대한 파악 없이 보살핌은 제대로 될 수 없기 때문이다. 이런 성격의 활동을 통해 길러온 바, 섬세하게 상대를 배려하고 감정이입적인 여성적 특성이 바로 최근 한국 사회에서 평등한 관계를 지향하는 조직이나 사회에서 요구되는 민주적 리더십의 모델이 될 수 있을지 모른다는 기대가 있다. 주도적인 리더십과 달리 타자 지향적인 리더십이 민주적인 관계 패러다임에서 필요로 하는 리더십이라는 담론이 설득력을 얻어 가면서, 권위주의적 리더십의 대안으로 여성적인 특성의 리더십을 훈련하고 교육하는 프로그램들이 관심을 얻고 있는 것도 이 때문이다.

남성 중심적인 조직에서 조직을 선도하는 남성의 전유물, 남성적 역할로 여겨졌던 '리더십' 연구를 넘어서, 여성적 가치와 특성을 좀더 적극적으로 리더십 개념과 연결시켜 보고자 하는 시도인 것이다. 이들 연구들은 "여성 리더의 특징은 무엇인가?", "남성 리더십과의 차이점은 무엇인가?"[7] 그리고 "여성 리더의 효율성을 방해하는 요인은 무엇인가?"를 체계적으로 이해하는 것을 중요한 연구 주제로 삼고 있다.[8]

이들의 연구들을 대략 종합해 보면, 일반적으로 리더십에 대한 평가는 업무 수행의 효율성과 구성원의 만족도를 준거로 하게 되는데, 여성 리더십에 대한 평가는 남성 리더십에 대한 평가와는 다른 많은 요인들이 영향을 미치는 것으로 나타난다. 아모스(B. V. Amos)는 과제 지향적-대인 지향적, 권위주의적-민주주의적, 거래적-변환적 등으로 대조한 유형, 평가자의 성별과 태도 또는 여성 리더의 직업적 성격, 즉 여성적인 직업이냐 남성적인 직업이냐 등이 여성의 리더십 평가에 중요한 영향을 미친다고 보고하고 있다.[9] 이처럼 이들 연구의 대부분은 여성적 특성과 남성적 특성을 이분법적으로 전제하고 그 위에서

7 S. Helgesen(1995), *The Female Advantage: Women's Ways of Leadership*, New York: Doubleday Currency.

8 J. K. Fletcher(1999), *Disappearing Acts: Gender, Power, and Relational Practice at Work*, Cambridge, Massachusetts: MIT Press; Van Nostrand & C. Herr(1993), *Gender-Responsible Leadership: Detecting Bias, Implementing Interventions*, SAGE Publications.

9 B. V. Amos(1998), "Women as Leaders," *Women in Management*, 이화여자대학교, 「관리직 여성 능력 개발을 위한 워크숍」 자료집(1998. 5. 29).

여성 리더십의 가능성을 조사 탐구하는 경향이 짙다. 다시 말해, 이들 대부분은 남성 중심적 조직 및 리더십과는 대비되는 것으로서 여성 리더십을 개념화하는 성격이 강하다.

여성 리더십에 대한 이런 접근 방법은 리더로서의 자격을 인정받는 여성의 수를 늘리는 데는 효과적일지 모르나, 여성 리더의 역할을 여성 개인의 성공을 넘어 여성주의적 조직으로의 변화와 여성 세력화라는 관점에서 찾을 때 제한적이라 할 수 있다. 물론, 여성 리더십에 대한 이들 연구들은 전형적인 남성적 특성(예컨대 주도적, 모험적, 카리스마 등등)으로 정의되었던 리더십에 여성적 특성을 첨가시킴으로써 기존 리더십 개념을 변형시키고 있는 것은 사실이며, 이런 변형된 리더십 개념을 통해 전통적인 의미와는 다른 특징을 갖는 여성들의 리더십이 가시화되고 인정되는 것 역시 사실이다. 그러나 데버러 로드(Deborah L. Rhode)가 『'차이'가 만드는 차이』라는 책에서 지적하고 있는 것처럼, 이것은 기존의 여성적 특성이나 가치를 리더십과 단순하게 연결시킴으로써 가부장적인 사회에서 구성된 여성성의 억압적 측면을 간과하거나, 여성 리더들을 획일적으로 유형화시켜 오히려 또 다른 틀에 가두게 되는 문제를 야기할 수 있다는 점 또한 유의할 필요가 있다.[10]

이상의 논의를 살펴볼 때, 여성 리더십 연구는 여성을 단지 범주로서 혹은 연구 대상으로 놓고 하는 연구가 아니라, 여성주의적 가치를 지향하고 포함하는 리더십에 대한 탐색의 끈을 놓쳐서는 안 된다는 하나의 중요한 명제가 도출된다.

3.3 여성주의 리더십

여성주의 리더십(feminist leadership)이란 정치적 권력 관계의 맥락에서 추구되는 해방적 가치를 기초로 하는 리더십이란 점에서 앞의 두 리더십과 구별된

---

10 Deborah L. Rhode(2004), *The Difference "Difference" Makes: Women and Leadership*, Stanford University Press.

다. 이런 구별은 '여성주의'가 가부장적 또는 남성 중심적인 권력 질서로부터의 여성 해방을 목표로 하는 정치적 입장이라는 사실에서 나온다. 여기에서 '여성'을 생물학적 범주로서가 아니라 사회적인 범주로서 이해할 때, 여성주의적 리더십은 약자의 입장에서 지배적이고 억압적인 현실의 권력 질서에 저항하고 그런 권력 관계의 변화를 이끌어 가는 것으로 해석할 수 있다. 따라서 '여성주의 리더십'은 이런 정치적 의식과 목표 아래 발휘되는 리더십이다.

여성주의 리더십을 앞의 여성 및 여성적 리더십과 대조시켜 설명해 보자. 먼저, 여성적 리더십과의 구별은 "리더가 여성주의 의식이나 정치적 목표 없이도 '여성적' 특징을 갖는 리더십을 발휘할 수 있다."는 데서 쉽게 확인할 수 있다. 예컨대, 조직원들이 개성이 강하고 자존감이 강할 경우 리더는 조직의 목표를 원활히 달성하기 위해 조직원들의 목소리에 귀를 기울이고 그 잠재력을 충분히 발굴할 수 있는 (주도적, 수직적 리더십 대신) 관계적이고 민주적인 '여성적' 리더십을 구사할 수 있다. 즉 '여성적' 리더십은 조직의 주어진 목표나 성격을 변경하지 않고도 그 안에서 주어진 목표에 효과적인 리더십으로서 채택되는 일종의 리더십 유형일 수 있는 것이다.

여성 리더십과는 어떻게 다른가?, '여성 리더십'의 핵심이 성취적 능력에 있다면 '여성주의 리더십'의 핵심은 목표하는바 '변화'에 있다. 즉 여성주의 리더십은 리더가 지향하는 여성주의적 가치, 목표에 의해 성립하는 리더십이다. 예를 들어, 첫 번째 여성 리더십 연구에서의 관심은 그녀가 자신이 속해 있는 조직에서 성취하고자 한 것을 어떻게 이루어 냈는가 또는 그 조직의 높은 지위에 어떻게 올라갔는가에 일차적으로 집중되고 그가 성취한 것이 무엇을 위한 것이었는지는 상대적으로 중요한 것이 아니다. 이에 반해, 무엇을 위해 발휘되는 리더십인가가 더 중요한 관점에서는 목표의 성공적 성취 여부 그 자체가 결정적인 문제는 아니다. 리더십의 결과보다는 여성주의 의식 아래 여성의 해방적 목표를 향한 변화를 얼마나 열어 주고 있는가가 더 중요한 관심이 되는 것이다.

여성주의 리더십의 발휘를 통해 이루어진 성취를 카오스 이론의 '나비 효과'

와의 유비를 통해 설명하고 있는 윤혜린의 논의 역시 여성주의 리더십의 실천과 그 실천을 통해 이룬 목표 간의 관계가 일반적인 목적 지향적 행위의 그것과 다른 점을 잘 보여 준다.[11] 나비 효과를 창발한 행위는 어떤 행위자가 안정된 조직 구조 안에서 목표하는 것에 도달하기 위해 계산한 결과로서 취한 수단적 행위와는 다른 것이다. 나비 효과는 행위자가 행위하는 순간이나 지점에서 전혀 예측 불가능한 복잡한 인과 구조 소위 '복잡계(complex system)'에서 일어나는 것이기 때문이다. 원리적으로 말하자면, 나비 효과는 그 효과가 출현한 이후 사후(事後)적으로 그 원인이 역추적될 수는 있을지 모르나 어떤 목표에 도달할 원인 행위를 계획할 수는 없는 것이다.

윤혜린의 나비효과론이 결과에 대한 논의임에도 불구하고, 여성주의 리더십이 그 성취적 결과에 의해 개념화될 수 없다는 여성주의 리더십의 그 핵심적 측면을 밝혀 주고 있는 점은 흥미롭다.

4. '여성주의 리더십'의 포괄적 정의

이상의 논의를 기초로 좀더 넓은 의미의 '여성주의 리더십'을 정의해 볼 수 있다. 그것은 현실 세계 속에서 여성이 발휘한 도전적인 리더십과 '여성적 리더십' 그리고 해방적 정치를 구현하는 앞 절의 좁은 의미의 '여성주의 리더십'이 모두 '여성주의 리더십'의 중요한 요소들이라 보는 여성주의 리더십에 대한 포괄적인 입장을 표현한다. 즉 생물학적, 문화 · 규범적, 정치적 의미의 '여성'을 모두 포함하는 넓은 의미의 '여성주의 리더십'이다. 이런 포괄적인 정의를 선호하는 까닭은 그것이 외연의 폭을 넓힘으로써 여성주의 리더십의 연구가 밝혀야 할 여러 가지 지점들에 대한 관심을 확장할 수 있으며, 동시에 이들 생물학적, 문화 · 규범적, 정치적 의미들이 여성주의 리더십 안에서 어떻게 서로 관

11 윤혜린(2005), "카오스 나비 효과를 통해서 본 여성주의 리더십," 이화리더십개발원 2주년 기념 학술대회 「리더십 모형을 향한 4가지 시도」 자료집 발표문(2005. 11. 9).

계하거나 교차하거나 대립하면서 현실에서 발휘되고 있는지를 밝혀 줄 수 있으리라 생각되기 때문이다.

이제, 앞의 개념적 분석을 기초로 한 논의로부터 '여성 리더십' 개념을 구성할 각각의 리더십의 핵심적 내용과 정치적 효과를 다음과 같이 도출해 볼 수 있다. 첫 번째 여성 리더십의 핵심은 여성에게 결코 호의적이지도 친화적이지도 않을 뿐 아니라, 성차별적이기까지 한 불리한 상황에서 그 자신의 성공을 개척해 내거나, 조직으로 하여금 목표를 이루어 내게 만든 능력, 즉 성취적인 성공 능력에서 찾을 수 있다. 그 성취적 능력은 도전성과 용기를 필요로 할 것이다. 또한 역할 모델이 없거나 찾기 어렵다는 주어진 상황적 여건은 스스로가 자신을 이끌어 가는 자기 주도력을 필수적으로 요구할 것이다.

이것은 성별화된 여성성의 정형에 저항하기도 또는 적극적으로 전유하기도 하면서 새로운 역할 모델을 만들고 있다는 점에서, 리더 자신의 의도 유무와 상관없이, 여성주의적인 정치적 효과를 낳는다. '리더다움'을 '남성다움'에서 찾았던 기존 질서에서 남성적인 영역이나 남성의 자리에 여성이 등장함으로써 성별화된 역할과 규범의 불안정성을 드러내는 것이다. 과거 역사 속에서 일탈적인 여성, '여성이 아닌 여성', '발칙한 여성'으로 치부되었던 여성들을 리더십의 관점에서 재평가하게 되는 것이다.[12]

두 번째 리더십은 함께 일하는 타자에 대해 지배적이거나 억압적이지 않으며, 성취 중심적이기보다는 관계 중심적인 특징이 그 핵심이다. 설사 성취한 바가 대단하지 않다 하더라도, 함께하는 이들이 그들의 역량을 발휘할 수 있도록 격려하고 어려움을 극복할 수 있도록 보살피는 능력이 여성적 리더십이 요구하는 우선적 조건인 것이다.

그러나 앞에서 언급했듯이, "기존의 여성적 특성이나 가치를 리더십과 단순하게 연결시킴으로써 가부장적인 사회에서 구성된 여성성의 억압적 측면을 간과하거나, 여성 리더들을 획일적으로 유형화시켜 오히려 또 다른 틀에 가두게

---

12 정지영(2005), "가부장제의 역사, 여성 리더의 틈새," 『여성주의 리더십: 새로운 길 찾기』, 윤혜린 외 저, 서울: 이화여자대학교출판부, 139–186쪽.

되는 문제를 야기할 수 있다."는 위험을 어떻게 할 것인가? 나는 이들 연구가 빠지게 될지도 모를 대부분의 위험성이 '여성적'인 것을 젠더 정체성과 혼동하는 개념적 오류에 기인한다고 생각한다.[13] 그것을 여성이 남성과 달리 갖는 정체성으로 전제할 때 그것은 여성 대 남성, 여성적인 것 대 남성적인 것이 이분법적으로 그리고 병렬적으로 결합되어 있는 것으로 오해하기 쉽다. 이런 오해가 흔히 "여성 리더는 모두 다 세심하고 타자 배려적인 리더십을 발휘하는가?"라는 별 쓸모없는 질문을 반복하게 만드는 것이다.

'여성적'인 것은 젠더 정체성과는 우연적인 관계에 있는 것으로, 그것을 리더십의 특징과 연결시켜 이해할 때에는 오히려 타자 지향적인 관계맺기의 특성으로 접근하는 것이 필요하다. 즉, 그것은 협동적이고 상대를 그 자체로서 배려하는 속에서 리더로서의 역할을 수행하는 민주적 능력에 기초한다. 이런 리더십 개념은 기존의 주도적이고 지배적 리더십의 정형성을 허물고 그동안 비가시화되어 있던 위치에서 발휘되는 리더십에 주목하게 만들면서 기존과는 다른 질서를 열어 가는 여성주의적 효과를 갖는다.

세 번째 여성주의 리더십은 정치적 지향성에 의해 구분되는 리더십이다. 즉, 여성주의가 지향하는 정치적 목표, 곧 약자의 입장에서 지배적이고 억압적인 현실의 권력 질서에 저항하고 그런 권력 관계의 변화를 열어 가려는 정치적인 의지나 효과와의 관계 속에서 이해되어야 할 리더십이다. 현재 우리 사회 리더십 논의가 패러다임의 전환을 요구한다는 사회적 인식에서 출발하고 있다는 점을 염두에 둔다면 앞의 두 리더십은 대안적 리더십으로서 충분하지 않다. 주변화되어 있는 이들이 행위자로서의 능력을 발휘해 자신의 목표를 이루어 갈 협상력과 경쟁력을 도모하는 첫 번째 리더십과 서로 다른 이해 관계와 지향이 다른 그룹이나 개인들을 존중하면서 목표를 이루어 가는 데서 두 번째 리더십은 중요한 대안적 리더십의 요건이긴 하지만, 그것만으로는 이들 그룹이나 개인들을 단지 조율하거나 타협시켜 가는 단계를 넘어, 새로운 사회적인 지향점의 공

13 Iris Marion Young(1997), "Is Male Gender Identity the Cause of Male Domination?," *Feminist Social Thought: A Reader*, Diana Tietjens Meyers(ed.), New York: Routledge, pp. 21-37.

유를 이끌어 내지는 못하기 때문이다. 대안적 리더십으로서의 여성주의 리더십의 정체성은 뛰어난 여성 개인의 생존 전략과 성공을 넘어서 여성주의자들이 지향하는 바 해방적 가치, 즉 사회적 소수자, 약자 집단에게도 확산되고 개인에게 체화되고 보편화 가능한 가치를 핵심에 두어야 한다는 말이다.

이상을 요약하면, 자기 주도적이고 도전적인 성취 지향적 능력(여성 리더십), 타자 지향적이고 민주적인 관계의 능력(여성적 리더십), 지배적이고 억압적인 현실의 권력 질서에 저항하고 가부장적인(불평등한) 권력 질서를 변화시키려는 정치적인 의지나 효과(여성주의 리더십) 등이 넓은 의미의 여성주의 리더십의 내용을 구성한다. 이들 리더십의 내용은 현실 속에서 개념적으로 분리되어 관찰되기보다는 오히려 상호 연결되고 중첩되어 구현될 것이다. 또한 여성주의적 의식도 전혀 없고 여성적인 실천 양식도 갖추지 않은 리더십을 어떤 여성(female)이 발휘할 수도 있으며, 여성적이지 않지만 여성주의적 의미를 갖는 리더십을 어떤 남성(male)이 훌륭하게 발휘할 수도 있으며, 여성주의 의식을 가지고 여성적인 리더십을 여성이 실천할 수도 있는 등등 그 가능한 조합들은 여러 가지로 나열될 수 있다. 이같이 다양한 조합으로 실행되는 리더십이기 때문에 여성주의 리더십 개념은 좀더 포괄적일 필요가 있음을 확인할 수 있다.

더 나아가서, 여성 리더십이나 여성적 리더십이 여성을 종속시키는 가부장적 질서를 변화시키는 효과를 가질 때 그것은 정의상(by definition) '여성주의 리더십'이기도 하다. 따라서 '여성주의 리더십'은 '여성 리더십', '여성적 리더십'과 구별되는 특징으로서의 좁은 의미의 '여성주의 리더십'이란 의미와는 또 다른 차원의 개념으로서, 즉 여성 리더십과 여성적 리더십, 여성주의 리더십을 포괄하는 상위적 개념으로서도 사용될 수 있다.

5. 여성주의 리더십과 생명 운동

5.1 여성주의 리더의 활동 공간

리더십은 선험적 실체적인 것이라기보다 현실의 다양한 맥락 속에서 발휘되는 것이라는 엄연한 사실 때문에, 리더십 연구는 어떤 현실의 맥락에 주목해야 하는가와 분리되어 전개될 수 없을 것이다. 그리하여 리더십 연구는 구체적 맥락을 볼 수 있는 경험적 연구를 필요로 한다. 여성주의적 가치를 실현시키는 리더십이 무엇인가를 밝히는 이론적 논의와 함께 그 리더십이 구체적인 맥락에서 어떻게 발현되는가에 대한 연구가 진행될 때 비로소 그 리더십의 실질적 내용이 확보될 수 있기 때문이다.[14] 따라서 어떤 맥락에 초점을 맞춰 접근하느냐 역시 여성 리더십 연구에 매우 중요하며, 또한 개별 리더십 경험 연구의 핵심이기도 하다. 이제 여성주의 리더십의 경험 연구에서 다음을 묻는 것이 출발이다.

여성주의적 리더십을 누가 발휘하고 있는가? "여성들의 해방을 위한 새로운 사회적 공간을 열어 가는 이들"을 어디에서 찾을 것인가? 그 대답은 아마도, 포괄적 의미의 여성주의 리더십은 리더십을 발휘해 성공한 여성들, 민주적이고 타자 지향적인 리더십을 발휘하는 리더, 여성주의 의식을 가지고 좀더 해방적인 사회로의 변화를 이루어 가는 데 리더십을 발휘하고 있는 이들 모두가 해당되며, 이들이 활동하는 어느 곳에서도 찾을 수 있다는 점일 것이다. 여성주의 리더십은 앞에서 말한 여성, 여성적, 여성주의 리더십의 연접이기 때문이다.

그러나 나는 이들 리더십이 교집되는 여성주의 리더십에 대한 연구가 우선적으로 연구될 필요가 있다고 생각한다. '여성주의'로 차별화된 리더십에 대한

---

14 사실 여성주의 리더십의 지향적 가치가 무엇이며 그 가치를 구현하고 있는 리더십의 존재 양식은 어떤 것인지에 대한 이론적 연구보다 현실에서 리더십을 발휘하고 있는 여성 리더들에 대한 경험 연구가 리더십 연구의 전부를 차지하고 있다고 해도 과언이 아니다. 이런 연구 현실은 변화하는 시대가 요청하는 대안적 리더십을 찾는 데에는 적절하다고 보기 어렵다. 최근 여성주의 리더십이 무엇인지에 대한 이론적 연구는 최근 정대현(2005)의 "성기성물(成己成物): 리더십의 여성주의적 가치"와 그의 이론에 대한 논문들로 엮어진 『여성주의 가치와 모성 리더십』에서 시도되고 있음을 알 수 있다.

탐구라면 일단 여성주의 목표와 의식을 가지고 발휘되는 리더십이 무엇인가에 대한 이해가 기초가 되어야 할 것이라 보기 때문이다. 더 나아가서, 여성주의 의식에 기초함으로써 타자 지향적이고 민주적인 조직 운영이나 관계 질서를 지향하는 리더십이 추구되고, 남성 중심적인 제도나 질서에 도전해 변화를 이끌어 내며 성취를 이루어 가는 리더십을 고려하는 것이다.

그렇다면 이들 여성주의 리더, "여성들의 해방을 위한 새로운 사회적 공간을 열어 가는 이들"을 어디에서 찾을 것인가? 이 때, 여성주의 리더십은 그 목표를 실제로 성취했는가 여부가 아니라 해방적인 사회 변화 가능성을 얼마나 열어 주고 있는가에서 찾아야 한다는 점을 환기하자. '목표로서의 사회적 변화'란 역사적 시간 속에 열려 있는 과정(적인 것)이지 출발과 끝이 있는 독립적 단위의 성취(적인 것)물은 아니기 때문에 여성주의 리더를 성공적인 변화 지점에서 찾으려는 시도는 잘못된 것일 수 있다. 사회적 변화를 목표하는 리더십은 새로운 가능성을 열었는가에서 찾는 것이 타당하다. 그 열린 가능성을 어떤 또 다른 가능성으로 연결해 가는가는 미래의 잠재적 리더들에 달린 문제일 것이다.

이렇게 본다면, 여성주의 리더십은 이미 확립되어 있는 질서나 제도의 지도적 위치에서 활동하고 있는 이들보다는 그 질서나 제도 자체의 변화까지도 염두에 두고 활동하는 이들을 통해 연구될 필요가 있다. 즉, 기존 권력 관계 패러다임 자체의 변화 가능성을 열어 가고 있는 이들에 주목해서 연구될 필요가 있다. 그렇다면 이들이 있는 곳은 오히려 기존 리더십 연구가 별로 다루고 있지 않은 활동 공간일 것이다.[15] 나는 여성주의 리더십 연구는 공직의 조직인 정부기관보다는 비정부 단체, 체계화된 기업 조직보다는 일상의 생활 공간을 눈여겨 볼 필요가 있다고 생각한다. 이들은 서열화된 조직 구조 안에서 활동하지 않는다는 점에서 그 안에 작동하는 권력 관계 역시 상당히 다를 수밖에 없는 조건에 있음 역시 주목해 볼 부분이다. 적어도 이들 대부분의 공간에는 강제할 수

15 참고로 가부장제 사회에서 여성들의 진출이 금지되거나 어려웠던 공적인 부문이나 기업 부문에서 여성들이 어떻게 공적인 목표나 기업적인 성취를 이끌어 내고 있는가를 연구하는 것이 현재 우리 한국 여성 리더십 연구에서 활발하다.

있는 지위나 보상과 처벌을 통해 통제할 수 있는 규칙이나 자원도 제도화된 기관들에 비해 없으므로 지지적인 관계가 기본이 되어야 할 것이기 때문이다.[16]

이들 공간에서 활동하는 이들은 다양한 관심만큼이나 많을 것이지만 나는 여성 활동가들, 특히 여성주의 의식을 갖고 환경 및 생명 운동을 전개하고 있는 여성들을 통해 리더십이 어떻게 발휘되고 있는지를 살펴보는 것이 여성주의 리더십을 이해하는 데 중요하다고 생각한다. 여기에는 시민 단체뿐 아니라 특정한 조직 형태를 갖지 않지만, 생명을 중심으로 하는 대안 사회를 지향하면서 그 구체적 진로를 모색하는 여러 형태의 집단들도 포함된다. 예컨대 민우회의 생협 활동, 여성환경연대 등 여성 단체뿐 아니라 녹색연합, 환경연합 등 환경 단체에서 활동하는 많은 여성 리더들이 포함되며, 담론 활동을 주로 하고 있는 꿈지모(꿈꾸는 지렁이 모임)와 같은 그룹들, 지역에서 활동하는 여러 형태의 여성 환경 집단들도 포함될 것이다.

이들은 현재 우리 사회에서 여성의 몸을 둘러싸고 벌어지는 문제들, 예컨대 다이어트, 외모 지상주의, 대안 생리대, 생명 기술 공학 등을 포함해서, 새만금 사업과 같이 지역의 생태 환경을 위협하는 국가적 프로젝트 문제, 공동 육아, 유기농 먹거리 운동, 더 나아가 생명 친화적인 삶의 방식을 소외시키면서 현실적으로 취하기 어렵게 만드는 현 지구화 문제에 대한 비판적 실천 등등, 다양한 수준의 정치적 의제와 활동 영역에서 여성으로서의 몸의 경험, 또한 한 생명으로서의 삶의 경험과 연결시켜 여러 가지 방식으로 활동하고 있다.

이들 대부분에서 보이는 활동적 특징은 어떤 문제에 접근하거나 그 해결을 위해 활동하는 과정에서 개인적인 자신의 삶의 체험이나 자신이 속해 있는 현장 경험과 그 문제의 의미를 결코 분리하지 않는다는 점이다. 즉, 보편적이고 추상적인 가치로서, 또는 거대 담론으로서 생명의 문제에 접근하는 방식에 대해서는 오히려 거부감을 보인다. 대신에 구체적인 자신의 몸, 또는 가족이나 친

16 참고: Joanne B. Ciculla(2003), *The Ethics of Leadership*, Belmont, California: Wadsworth Publishing; 이상화(2005), "여성주의 관점에서 본 리더십과 권력," 이화여대 한국여성연구원, 『여성학논집』, 제22집 1호, 3-22쪽.

지의 건강, 교육과 같은 구체적인 생활 경험 속에서 생명의 안전을 위협하는 것으로서 사회적 · 정치적 · 경제적 · 문화적 · 계급적 등의 제도를 체험하는 것이다.[17]

5.2 생명 여성주의 활동이 열어 가는 패러다임의 변화

이들에 주목하는 까닭은 이들이 열어 가고 있는 새로운 사회적 영역이 앞으로 우리가 만들어 가야 할 시대의 방향을 제시해 주고 있다고 보기 때문이다. 이들이 변화의 방향을 제시한다고 보는 이유를 통해 이들의 발휘하는 리더로서의 의미를 구체화해 볼 수 있다. 간략하게나마, 그것은 다음 두 가지로 요약할 수 있다.

첫째, 여성주의적 이유다. 이들은 유교적인 인습과 전 지구적인 시장 중심적인 경제 질서 등이 혼융되어 지배하고 있는 한국 사회라는 시간 · 공간 속에서 새로운 공적 영역을 만들어 가고 있다. 이 때 새로운 공적 영역이라 함은 기존의 공적/사적 구분에 기초한 규범, 인간 관계, 제도 등을 해체함으로써 다르게 재편되고 재구성되는 담론 및 활동 영역을 의미한다. 생명의 가치에 주목하고, 현대 산업 사회에서 공적인 것의 중심이 되다시피 한 '경제(economy)'를 본래적 의미의 '살림(oikos)'으로 살려 내고자 하는 이들의 활동은 생명을 차별하고 착취했던 공적인 것과 사적인 것의 가부장적인 경계를 가로지르고 있는 것이다.

17 실제로 여성주의 리더십 연구를 위해 내가 면접한 40~50대 여성 활동가들과의 대화를 통해서도 이상의 지점들을 확인할 수 있었다. 이들은 대학 시절 억압적인 제도나 부정의에 대한 비판적 사회 의식을 길러 온 세대였다고 할 수 있다. 1970~80년대 대개 대학에서 군사 독재에 대한 민주화 운동을 했던 경험을 가지고 있었다. 이들은 사회 비판적 의식을 일상 생활의 문제와 분리해 생각할 수 없었다고 이야기하고 있다. "민주화 운동의 목표가 이루어졌을 때 자신의 삶의 문제도 해결되어 있을까?"를 질문하면서 "아니다"라는 대답을 얻었다는 것이다. 이들은 소위 정치적인 목표를 정권 타도나 교체에 두는 민주화 운동의 관점이 남성 중심적인 것이라는 통찰과 함께 여성주의 의식을 갖게 되는 과정이 있었다. 소위 정권으로서의 정치적 장을 넘어 일상과 사회의 다른 소외의 문제에까지 운동의 지평을 확대해야 한다는 생각을 갖고, 여성 의식을 민주화 운동과 접목시키는 활동을 해 왔던 것이다. 현재 이들의 활동 속에서 지구화와 지역의 여성, 환경의 문제가 어떻게 연결되어 있는가에 대한 인식 등에 대해서도 확인할 수 있었는데, 여기에서는 지면상 생략한다.

이들이 열고 있는 공적 영역에 의미를 두는 것에는, 사회 비판적 입장으로서의 여성주의의 핵심이 "기존 삶의 억압적 질서가 젠더적으로 공/사를 이분화해 온 오랜 가부장적 전통과 닿아 있다"는 여성주의자로서의 입장이 개입하고 있다. 이 때 '젠더적'이라는 것은 이분화된 생물학적 성에 따라 사회적 구분을 하는 것뿐만 아니라, 그 둘의 관계를 권력 위계화하는 것을 뜻한다.

젠더적인 이분화가 만들어 낸 삶의 공/사 구분 속에서 생명의 문제는, 주지하다시피, 자연에 속하는 개인 또는 사적인 문제일 뿐 공적인 영역에서 다루어져야 할 진정한 정치적 의제가 되지 못하는 것으로 취급되었다. 단지, 그것은 소위 공적인 문제들에 종속되는 것으로서 다루어졌을 뿐이다. 이에 반해, 몸적인 생명의 문제를 정치화하는 이들의 활동은 새로운 공적 영역을 열어 가는 것으로서 기존의 공/사 구분을 재편하는 것일 뿐 아니라, 생명의 가치를 중심으로 하는 인간 관계, 규범, 제도, 실행으로서의 공적 영역으로 패러다임 전환을 꾀하는 것이기도 하다. 사람들이 생명의 기본적 필요를 적절히 채울 것임을 보장하기 위해 서로 경쟁할 것을 더 이상 요구하지 않는 사회를 급진적으로 상상하는 가운데 이 문제의 해결을 지향한다는 말이다. 생명을 사적인 가치(private good)가 아니라, 보편적인 공공적 가치(public value)로 인식한다는 것은 생명의 문제를 단지 정책적 의제로 세운다거나, 복지적 수혜의 문제로 다룬다는 것에 그치는 것이 아니라, 기존 공/사의 경계를 해체하는 방식으로 그 해결을 모색한다는 것이다.

둘째, 민주적인 리더십과 관련된 이유다. 지구적으로 다원화된 사회에서 민주성은 구성원들 간의 동일성에 기초하는 것이 아니라 차이에 기초하는 민주성이다. 차이가 착취나 차별의 토대가 아니라 상생의 자원이 되어야 한다는 것에 이의를 제기할 사람은 없는 듯이 보인다. 문제는 차이를 기반으로 하는 민주성을 보장하는 리더십의 기반은 무엇인가가 관건이다.

분명한 것은 차이의 민주주의가 성원들의 침묵이나 관망 또는 분리에 의해 유지되는 공존은 아닐 것이라는 점이다. 어느 여성주의자가 말했듯이, 그것은 다 함께 말하고 거기에서 어떤 목소리들은 다른 목소리보다 더 울리고, 공명하며, 울림의 진동이 곧 변화를 이끄는 힘 혹은 권력이 되는 그런 공적인 장 속에서 이루어지는 것이 아닐까? 이런 장이 이루어지기 위해서는, 우리에게는 누구도 결코 무관할 수 없는 최소한의 공유하는 가치가 필요할 것이라 보는데, 나는 이 가치가 바로 몸적인 생명일 것이라 생각하는 것이다. 아래는 20~30대 여성주의적 관심에서 출발해 생명 문제에 대한 담론 활동을 활발히 펼치고 있는 그룹원들의 말이다.

> 세미나 플러스 (시의적인 사건들에 대한 외부로부터의 주문, 개입 요청에 대한) 침묵 집단이 아니었다면 이렇게 모임이 오래 지속되지 못했을 것(이다)…… 일단 (함께 모인 회원 상대) 각자 삶에 대해서 관심이 많았고…… 그 고민을 자연스럽게 이야기하고 털어놓을 수 있는 곳이 이곳이었고, 엄청 (함께) 놀았고…… (그 과정에서) 개인적인 관계들이 형성되(었기 때문에)…… (입장에) 갈등이 생겼을 때에도 이 사람에 대한 역사성에 대한 이해가 있으니까, 이 사람과…… 이론이 내 삶 속에 들어오니까(체화되니까)……. 그런 이론, 사상이 뭐냐(즉 입장에 충실하기보다는 오히려), 이 사람이 힘든 원인이 뭘까? 이것을 어떻게 해결할지가 더 중요(해졌다)…… 사람에 대한 관심(이 우리 집단이 활동, 유지하는 원동력).[18]

생명은 인종, 섹슈얼리티, 젠더, 계급, 세대, 장애 등의 차이들이 모일 수 있는 담론과 실행의 공간을 형성할 수 있을 것이다. 물론 여기에서도 문화적 · 인식론적 · 정치적 · 국가적 · 인종적 · 계급적 등등의 사람들의 삶을 가로지르는 경계들을 둘러싼 차이들이 갈등하고 경합하며, 의견의 대립도 있겠지만, 그 갈등과 대립이 끝없이 언어적 · 관념적으로 치달을 수만은 없게 만드는 역할을 바로 보편적이고 구체적인 지구가 처해 있는 생명 현실이 할 것이라 기대하는 것이다. 더 이상, 개인적인 것일 수만도, 일(一) 국가적인 것만도 될 수 없는 지구 환

18 꿈지모 회원과의 인터뷰 중에서.

경, 생명의 문제는 이미 기존의 공/사 구분뿐 아니라, 개인/국가/지구의 경계 역시도 해체시키면서, 새로운 삶의 패러다임을 요구하는 문제이기 때문이다.

실제로, 지역성과 지구화가 결합해 만들어 내고 있는 변화 지점을 우리는 일상 생활 속에서 가장 직접적으로 확인할 수 있다. 식탁 위에 올라온 음식, 입고 있는 옷, 살고 있는 건축물의 자료, 타고 다니는 자동차 등등, 어디에서 온 것이며 내가 생산하고 있는 것들은 어디로 수출되는 것인지 등등.

6. 맺는 말

나는 이 글에서 '여성주의 리더십'의 개념화를 통해 여성주의 리더십 경험 연구의 기본 방향과 연구가 주목해야 할 리더들을 어디에서 찾아야 하는가를 제시하고자 했다. 이런 이 글의 목적상 '여성 리더십'의 개념적 체계화에 논의 대부분을 할애했고, 그 개념화가 여성주의 리더십 경험 연구에 어떻게 접목될 수 있는가를 보이기 위해 생명 운동의 여성 활동가들을 다루었다.

사실, '여성 리더십' 또는 '여성주의 리더십'은 여성학 연구 주제 목록 속에서도 최근의 것에 속한다. '리더'라는 개념이 '이끄는 자'와 '따르는 자'를 이분화하는 개념이기 때문에 지배적인 권력의 의미를 배제할 수 없을 것이라는 의구심이 있었기 때문이다. 그러나 여성주의 운동의 역사나 지구/지역의 크고 작은 많은 활동들 속에서 여성들의 리더적 역할은 분명하며, 이런 역할에 주목해 대안적인 사회에 필요한 리더십을 확산시켜 나갈 필요 역시 분명하다. 그뿐만 아니라, 민주적인 사회에서 요청하는 리더십에 대한 일반적인 요구 역시 이미 지배적 권력에 기반한 리더십 개념을 넘어서고 있는 실정이다.

기존 남성 중심 사회 속에서 차별받고 억압받아 온 피해자로서의 여성의 위치만이 아니라, 생태계가 위협받고 있는 시대적 문제의 심각성을 한 발 앞서 몸으로 인지하고 이의 해결을 위한 대안적 공동체를 모색하고 있는 행위자로서의 여성의 위치를 확인한다는 것은 지구화 시대 대안적 삶의 공동체를 위한 리더십 연구로서 그리고 여성학적 연구로서 그 의미를 갖는 일일 것이다. 기존의 효율과 목표 지향적 조직 문화가 요구하는 리더십과는 다른 리더십, 과연 "승부와 경쟁력의 시대에…… 리더 없는 리더, 리더를 길러내는 리더…… 라는 이야기가 뜨악하지 않을까……" 싶지만, 그래도 "그 사람의 삶의 모습을 닮고 싶다는 공명을 주는 리더십"[19]을 실천하고 있는 이들은 새로운 삶의 문화를 우리 사회에 요구하는 리더들이다. 서열 조직화된 공간이 보장해 주는 지위(position)의 권력 없이 일을 해야 하는 상황에서 발휘되어야 하는 리더십은 때로는 불안정하고 대개는 비효율적이고 경쟁력도 처지지만, 그래서 이런 리더십이 이루어 가는 변화의 과정은 때로 지루할 만큼 느리지만, 지구적이면서 지역적인 행위자로 스스로를 정체화하면서 생활 문제를 해결한 대안적인 공간을 만들어 내고자 하는 이들의 활동을 통해 변혁의 새로운 패러다임을 찾아볼 수 있는 것이다.

19 꿈지모 회원과의 인터뷰.

II 지구화 시대 여성주의 리더십의 공간과 철학

윤혜린(이화여자대학교 한국여성연구원)

1. 들어가는 말

지구화(globalization)는 지구지역(glocal) 공간들 간의 정보, 의식, 실천의 소통을 증진시킴으로써, 사회 · 문화의 차원에서 기존의 경계와 경직성을 완화시키고 가치의 다원화와 차이의 공존을 통한 다양화를 촉진하고 있다. 이러한 소통과 문화 인프라의 재편을 리더십과 관련시켜 본다면, 기존의 패권적이고 수직적이며 구심적이고 일원적인 구도에서, 수평적이며 탈중심적이고 다원적 관계맺음의 활성화 구도로 그 패러다임이 전환되는 국면이라고 볼 수 있다.

그렇다면 지구화 과정은 여성의 사회 참여를 필연적으로 추동하는가?, '여성'의 각종 사회 공간에의 진출과 '여성 리더들'의 두각은 우리 사회를 '여성주의' 사회로 질적 변환시킬 것인가?, '지구화'와 '지역적 실천'의 역동적 중첩 관계는 또 어떻게 규명되어야 할 것인가? 또한 '여성주의 리더십'과 '여성의 공간적 행위성' 등 핵심적으로 규명해야 할 기둥들이 서로 얽혀 있는 상황에서 그 관계들을 지적으로 성찰하는 일은 새로운 과제다.

구체적으로 지구화 시대는 리더들이 한국 사회 혹은 더 미시적으로 자신이 속한 사회적 공간들과 지구지역 공간 사이의 장들에서 만들어 내고 있는 사회적 네트워크 형성 행위들이 어떤 가치론적 의미를 지니는지에 대한 새로운 물음을 제기하게 한다. 또한 '지역'을 물리적 공간에 구속된 장소가 아니라 맥락적이고 행위론적인 '현장'으로 폭넓게 이해했을 때, 리더들이 활동하고 교류하는 지구/지역/현장들의 비전을 철학적으로 음미해 보아야 할 필요성을 느끼게 한다. 그리하여 리더들이 다른 공간에 있는 여성주의자들과 소통하면서 관계망을 맺어 가고 활동해 가는 공간적 경험의 궤적을 추적해 볼 것을 요구한다.

이에 현장의 공간들을 이동하면서 새로운 경험들을 만들어 내는 하나의 주체로서 여성주의 리더들에 주목해 그 공간적 활동의 의미 구조를 파악하고 이들이 리더로서 자리매김되는 과정을 추적해 보는 일은 지구화와 리더십 관계에 대한 새로운 시대적 분석이 된다.

또한 최대의 사회적 약자로서 그리고 가부장제적 주류 문화의 주변부로서 가시적 · 비가시적인 여러 진입 장벽에 막힌 여성들이 자신의 사회적 현장들, 확장되는 공적/사적 공간들에서 행위 주체로 나설 수 있는 가능성들을 어떻게 실험해 가고 있는지를 탐구하는 일은 거시적으로 볼 때 참다운 지구 시민 사회 실현을 위한 실천적 노력이면서 가부장제 사회의 철저한 극복을 위한 이론적 촉매 작용을 한다.

필자는 자신의 직업, 활동, 부문에서 공간적 주체로 활동하는 여성주의자들이 자신의 리더십을 어떻게 이해하고, 어떻게 여성주의적으로 의미화하고 있는가에 대한 탐구에서 시작해 이들 자신의 리더로서의 정체성, 집단 안의 인간 관계, 리더십의 장애 극복 방안 개발, 리더로서 조직 발전에 대해 보유하는 철학의 내용, 여성주의 리더로서 발전하기 위한 네트워크 구성 방식 등의 지점들과 연관해 어떤 활동들을 기획하고 실현해 내고 있는지를 연구 과제로 삼고자 한다. 이러한 여성주의 리더십의 철학적 체계화를 위해 설정한 연구 내용은 다음과 같다.

첫째, 지구화 시대를 공간적 관점에서 규정해 보는 일이다. 전통적으로 관계에 대한 감수성, 정서적 지지, 상호 평등한 보살핌 등으로 거론되는 여성적 자원들은 국가 경계를 넘어선다. 그리하여 지구 시민(global citizen)이 갖추어야 할 성평등한 젠더 감수성 및 내부 민주 역량, 사회 변화를 추동하는 가치로서의 다양한 공동체 성원 의식으로 질적 발전을 이루므로 지구화는 여성에게 새로운 공간 활동의 틀이 되고 있음에 주목한다.

둘째, 지구지역적 행위자로서 여성주의 리더 개인의 의식 확장 및 공간적 교류의 내용을 추적하는 일이다. 자기가 속한 조직 내부에서 수평적 소통을 확보하고, 탈중심 구도 하에서 발현되는 시너지를 조직하고, 네트워킹 능력을 체계화하는 등 행위자로서 개인 능력의 증진 방식을 살펴볼 것이다. 이는 개인의 내면적 요소들이 집단과 어떤 종류의 역동적인 상호 작용을 이루어 낼 수 있는지 하는 가능성을 현실의 실천과 연관짓는 작업이다.

셋째, 리더십의 철학적 기초를 확립함으로써 여성주의 리더십 발휘를 담보하고 여성주의 리더(leader)와 팔로워(follower) 간에 이루어지는 상호 성장과 힘 북돋우기(empowering)가 인간 개발의 목적적 가치임을 밝히는 일이다. 이를 기초로 리더십 교육 프로그램을 사회적으로 실천하는 데서 리더로부터 멘토링의 공급과 팔로워에 대한 정서적, 심리적, 언어적, 정책적 차원의 힘 북돋우기를 해내는 방법 등의 콘텐트를 마련하고자 한다.

이러한 전체적 논의의 틀 안에서 우리 현실의 구조에 정합적인 여성주의 리더십에 대한 밑그림을 그려보고자 하는 이 연구가 어떤 접근법을 취할 것인가를 고민해 볼 때, 필자는 연역적 접근과 귀납적 접근을 상향적 · 하향적으로 통합시킴으로써 리더십에 대한 좀더 좋은 설명력을 확보할 수 있지 않을까 생각한다. 즉 한편으로 연역적 접근 혹은 규범적 접근을 통해 지구화 맥락에서 여성주의 리더십의 공간적 실천에 대한 이론적 구성물을 마련하고, 그것이 여러 여성 행위자의 활동에 어떻게 적용될 수 있는지를 고찰해 보자는 것이다. 그리고 이어서 혹은 이와 중첩적으로 귀납적 접근 혹은 기술적 접근을 통해 리더들의 현실적 · 경험적 실천에서 출발해 쟁점, 가치 체계, 혹은 문제들을 확인하고 그 이면에 구조화된 공간 이론적 문제가 무엇인지를 파악하는 것이다.

구체적으로 여성 리더들에 대한 심층 면접 방법은 이들의 직접적 실천과 경험, 성찰적 자원에 대한 관심을 환기시키며, 개인 경험이 갖는 문제의 정치적 차원을 인식하고 구조적 차원에서 그 문제를 다시 바라보게 한다. 이는 리더십의 공간적 구조에서 출발해 행위자로, 다시 행위자에서 출발해 구조에 대한 파악으로 이어지면서 상 · 하향의 양 방향이 서로 교류하고 소통할 수 있는 가능성을 모색하는 것이다. 이론과 실천이 역동적으로 비선형적으로 만나는 담론의 장 속에서 여성주의 리더십 의제가 지적 · 현실적 통합성을 견지할 수 있을 것이다.

이 연구의 면접 대상자들은 30~40대 연령으로서 사회 활동 경력은 10년 이상이다. 특히 여성주의적 가치를 표방하고 지향하는 조직(여성 단체)이나 여성주의적 가치와 병존할 수 있는 NGOs(생협 및 지역여성 자활 공동체 등), NPOs(이주노동자지원센터 및 WTO반대 시민단체 등), 그리고 교육 및 문화 관련 직종 안에서 리더급에 있는 여성들 9인이다. 이들에 대한 1차 면접(평균 2시간 정도)을 수행한 바, 이 과정을 통해 여성 리더들이 여성주의적 가치에 따라 조직을 운영하고 구성원의 자발적 참여 하에서 상호 주도적 행위성을 발휘하는 방식과 경로, 비전을 추적해 보고자 했다. 이 면접은 2005년 2월 15일에서 5월 30일 사이에 행해졌다. 그 후 선별적 보강 면접(2005년 10월 1일에서 11월 30일)을 통해 리더의 주변 인간 관계에서 관찰된 내용들을 새로 다각적으로 수렴하고 리더 스스로 작성한 각종 텍스트들도 참조해 연구를 보완했다.

기초적이고 핵심적인 질문 및 대화 주제는 다음과 같다. 여성주의 리더의 자기 정체성은 무엇인가?, 여성주의자 개인의 의식, 사고, 행위에 영향을 주는 지구지역적 범위의 인간 관계는 무엇인가?, 리더의 선배−동료−후배(제자)의 삼각 관계에서 시너지가 어떻게 생성되는가?, 여성주의 리더가 존재함으로써 그 사회적 공간이 어떻게 바뀌는가?, 카오스 이론의 '나비 효과'가 어떤 식으로 나타나는가?, 여성주의 리더는 기존 조직 문화에 어떤 변화, 갈등 관계를 불러일으키는가?, 조직 성원들은 그 공간을 어떻게 의미화하는가?, 조직 안에서 기존 가부장제 문화의 재생산이 아닌 여성주의 문화의 생산이 어떻게 이루어지는가?, 조직 안의 의사 결정 구조에서 여성주의적 방식이 무엇인가?, 여성주의 리더의 멘토는 누구이며 어떤 역할을 하는가?, 여성주의 리더십이 구현되기 어려운 장애 요인은 무엇인가?, 여성주의 가치 교육을 위한 리더십 프로그램은 어떻게 되어야 하는가? 등이다.

2. 공간 문제로 본 '지구화'

지구화(globalization)는 지구촌 곳곳을 거시적으로 또한 미시적으로 연결시키고 있는 무형의 인프라 구조다. 지구화의 토대 위에 각 지역 사회들 간에 정보, 의식, 실천의 소통이 증진됨으로써 각 사회 · 문화 안에 새로운 콘텐트들이 생성되고 있다. 이는 각 사회 단위 안에서 기존 가치 규범의 기준과 경직된 경계들을 완화시키고 가치의 다원화와 차이의 공존을 통한 다양한 질서를 수립하게 하는 힘이 된다.

'지구화'를 이런 식으로 시 · 공간 응축(time-space compression)에 따른 경험의 증폭과 공간적 교류 및 소통의 환경으로 이해함으로써 우리는 지구적 환경과 각종 지역적 현실들이 상호 작용하는 새로운 에너지의 흐름을 관찰할 수 있다. 다중적 현장들에서 활동하는 행위 주체들과 리더십들이 소개되고 연구되면서 기존의 인식 틀에 변화를 가져온다. 여기에서 '현장'이란 한 사람의 행위가 사회 구조와 협상하는 곳, 의미 있는 사건이 만들어지고 발생하는 곳, 사회적 관계가 만들어지는 곳을 의미한다(Friedman, 2001). 그렇다면 지구화는 물리적 공간의 사건으로 국한되지 않고 비물리적이지만 새로운 사회적 공간들의 경계 안에서 그리고 경계를 넘어서 횡단하는 활동 주체들을 만들어 내는 역동적인 지형 자체를 표상한다.

구체적으로 우리는 지구화의 힘 안에서 자신의 고향 및 고국을 벗어나 다른 지역에서 노동하다 귀환하거나 왕복 운동을 하게 되는 이산적 경로들도 발견한다. 또한 다른 지역 사회로의 여행 및 각종 교류 활동, 사이버 정보 서핑 등을 활성화시킴으로써 지역 간의 공간적 교류와 삶의 질의 대조 작업을 대폭적으로 증진시킨다. 이는 지구 시민으로서 삶의 방식의 유목화(nomadism)라고 할 수 있는 대목이다. 그뿐 아니라 정치적 행위와 사회 발전을 위한 노력 등의 지평도 국가 경계를 넘어설 것이 요구된다. 왜냐하면 한 개인에게 영향을 미치는 정치 · 경제 · 사회 차원의 힘이 국가 단위를 넘게 됨으로써 지구 시민 사회를 성숙시키는 방향과 개인이 속한 집단을 발전시키는 방향이 만날 수밖에 없기 때문이다. 지구적 노동권 확보나 글로벌 스탠더드에 대한 요구는 바로 자신의 현장에 직접적으로 영향을 미치는 힘이 되고 있다.

하나의 사회적 인간으로서 개인의 경험은 이러한 공간적 맥락들과 조우 혹은 교차함으로써 펼쳐진다. 즉 경험의 선험적 구조 혹은 토대로서 공간의 차원과 다르게 경험의 구체적 내용과의 연관성이 중요하게 대두된다. 따라서 우리의 경험을 탈공간화하는 것은 경험의 의미를 구성하는 데서 오류를 범하게 한다. 만일 우리가 지구화를 공간 문제로 보지 않고 우리 삶에 개입하는 실체적 힘으로 본다면 이는 지구화를 하나의 신비적 주체로서 물신화시키는 일이다. 그 대신에 지구화를 절대적 규정력으로 보지 않으면서 인간의 삶에 개입하는 하나의 변수로서 받아들이는 것, 혹은 지구화 안에서 각종 이질적인 사회적 공간들이 갖는 상대적으로 자율적인 인과력(생산력, 효과)을 생각해 보는 방향이 필요하다고 본다. 인간이 공간을 만들고 공간이 인간의 삶을 배치하는 두 힘의 방향을 종합해서 생각하는 것이 필요하다는 뜻이다. 인간과 공간은 동질적인 지평에 놓인 동급의 두 주체라기보다는 서로에 대한 연관 항이다. 인간은 공간 생산의 주체이며 공간은 사회적 인간 생산의 기제다.

그렇다면 당대는 지구 시민의 공간 경험(체험)을 과거와 어떻게 다르게 구조화하고 있는가?, 지금까지 논의에서 지구화가 곧 지구촌화 즉 하나의 큰 외연을 갖는 세계의 형성을 뜻하지 않는다는 것이 명확하다면 지구화는 어떤 다양한 사회적 공간들을 창출하는가?, 공간 문제로서의 지구화는 어떤 특질적 면모들을 노정시키는가? 등을 이하에서 다섯 가지로 정리해 보았다.

첫째, 지구의 외연은 상대적으로 고정되어 있지만 지구화 안에서 사람들의 경험(내포)은 무한 증식하고 있다. 공간 간의 이동 시간이 짧아지면서 물리적 지구는 축소감을 준다. 공간의 거리감이 증발하고 있다. 동시에 각 개인이 처한 여러 사회적 상황에 따라 즉 성별, 계급, 국가, 섹슈얼리티, 인종, 각종 일상 세계의 여건 등으로 미분화되는 여러 복수적 세계가 발아하는 조건이 만들어지고 있다. "나는 어떤 세계에서 사는가?"의 문제는 "나는 어떤 사회적 공간 속에서 타인과 상호 작용하면서 내 삶의 방식을 정체화하는가?"의 문제로 연결된다.

둘째, 공간 이동의 폭은 확장되고, 이동에 의한 심리적 부담은 감소되고 있다. 사고의 유연성과 가소성(plasticity)이 증대되고 있다. '내가 살기로 선택하는' 공간 개념이 생기고 있다. 어디에나 갈 수 있고, 어디에나 여행할 수 있다. 구체적으로 공간의 직접적 이주(노동, 여행 등)가 확산된다. 상이한 사회 공간에 대한 체재 및 경유를 통해서 심미적 · 공간적 경험이 증폭되고 있다. 한편으로는 다양하고 이국적인 '이미지 소비'에 물려서 단순하고 소박한 내 세계를 지향하는 경향도 생긴다. 하나의 유기체적이고 전체론적 질서로서 나의 삶을 지배하는 사회적 단위들(국가, 민족)이 아닌 개인이 거주를 선택하는 공간들이 생성된다.

셋째, 사이버 공간을 통한 교류가 창출되면서 새로운 사회 집단들이 생기고 있다. 사회 의식 및 생활 세계의 관심사와 취향에 따라 틀과 범위가 다종다양하고 공간 구속력이 천차만별인 공동체들이 생겨나고 있다. 이는 누가 나의 이웃인가, 친구인가를 전 지구적으로 재협상하는 국면이다.

넷째, '내 세계'의 전통적 외부가 소멸하고 있다. 국민국가 대 국민국가의 대결 구도가 아닌 초국가적 공간 안에서 내 밖의 경계들이 문턱을 낮추고 있다. 국가와 국가 간의 교류 증대를 뜻하는 '국제화'와 다르게 '지구화'는 공간 단위들을 재편성한다. 안과 밖의 경계 해체는 실천의 지향점을 복잡하게 하고 미시화시킨다. '지구화'와 '지역화'는 반대 개념이 아니고 서로 양립 가능한 개념이 된다.

다섯째, 공간 이동을 통한 정체성 구성과 해체, 재구성이 활성화된다. 삶의 공간, 노동의 공간, 친밀성의 공간들 사이를 유영하면서 자아를 구성해 간다. 이는 자아 확립이 공간적인 경로를 따라 전개됨을 뜻한다. 특히나 개인이 영향을 받는 문화적 질료들이 세계의 모든 방향에서 유입됨으로써 공감과 연대 관계의 창출이 다기화된다.

이러한 면모들은 지구화를 하나의 역동적인 환경으로 이해하게 해 준다. 지구화를 일면적이고 패권주의적으로 규정해 예컨대 정치 · 경제적 차원에서만 인식할 때 주목할 수 없었던 행위성(agency)이 이러한 인식적 전환을 계기로 하여 출구를 열어 갈 수 있다. 특히 여성 등 지구화의 약자로 규정되는 여러 소수자 집단들은 지구화가 벌려 주고 있는 여러 사이(in-between) 공간들을 적극적으로 활용함으로써 억압적인 현실 질서에 대항하고 대안을 선취해 실천하는 공간들을 개척하는 데 힘써야 한다.

우리의 대안적 공간은 해방을 위한, 비판을 위한 논의들의 담론적 공동체일 수도 있고, 구체적으로 물리적 · 사회적으로 실현되는 맥락적 공동체일 수도 있다. 그 조건은 공간적 행위성이 발현되는가 아닌가, 해방적 가치를 구현하기 위한 노력들이 창출되는가 아닌가다. 중요한 것은 지구화가 주어진 공동체와 선택한 공동체의 사이 공간들이 병존할 수 있는 조건을 가능하게 한다는 것이다.

3. 공간적 리더십을 구현하는 여성

얼마 전(2005년) 우리 사회 가부장제 유지의 주요 기제였던 호주제가 법적 효력을 상실했다. 여성 사회의 오랜 숙원을 사회적 합의를 통해 철폐하기로 한 것이다. 이를 두고 혹자는 마땅히 없어져야 할 반(反)여성적 제도가 역사의 뒤켠으로 사라지는 당연한 일이 진행되고 있을 뿐이어서 별 감흥이 없다고 하는 반면, 여성 운동의 실천과 투쟁 그리고 그 과정에서 리더들의 헌신과 비전의 몫이 중요했다고 보는 시각에서는 또 다른 평가를 내리고 있다.

21세기가 여성의 시대, 혹은 여성 리더십이 부각되는 시대라는 담론에 대해서도 마찬가지 혼선이 엿보인다. 여성의 사회 참여가 시대 정신이라는 원론적 사고가 강조되기도 하고, 여성의 구체적 실천과 경험이야말로 우리 사회를 여성주의화할 수 있는 행위 자원이므로 여성 리더십은 더욱 개발되어야 하고, 여성 주체에 의해 창의적으로 구성되어야 한다는 주장이 제기되기도 한다.

사회 활동의 진입에서 여성에 대한 배제나 공사 영역의 엄격한 분리 속에 사적 영역에 대한 여성의 일방적 배치 등이 가부장제 하 공간 정치학의 내용이라면 여성주의적 지향점은 공간 안에서 표출될 수밖에 없다. 각종 공간의 여성주의화는 실제적이며 새로운 프로젝트다. 현실의 문제점을 극복하는 이상적 가치는 이러한 대안적 공간 창출과 결부되어 나타난다.

이 점과 관련해 벨 훅스(bell hooks)는 우리가 속한 가정, 학교, 지역 사회, 종교 기관 등의 공동체에서 그 공간 밖으로 나가지 않으면 그 공동체의 억압적 질서에 동의한 것인가를 묻는다(Lugones, 1998). 여성주의를 대안적 가치로서 내재화할 때 각종 사회적 공간에서의 여성의 지위와 위상에 대해 민감할 수밖에 없고, 그로 인해 새로운 공간적 질서를 모색하는 것은 불가피하다고 볼 때 자연스럽게 두 가지 선택지가 가능해진다. 하나는 기존 공간 안에서 문제들과 싸우면서 계속 협상해 나가고 변형시켜 나가는 운동의 흐름을 타는 것이며, 남은 하나는 공동체 외부에서 분리주의적 전략을 구사하면서 억압 체제의 틀을 비판하는 것이다.

그렇지만 앞에서 살펴본 지구화를 논의 축으로 할 때 여성주의 공간의 내부와 외부는 분명하지 않다. 억압적 공동체로서 가정이나 지역 사회, 시민 사회, 국가 사회에 대한 순응과 대안의 모색은 이분법적으로 나눠는 것이 아니다. 비판적 창조력의 힘으로 인해서 그 매개고리 덕분에 자신에게 운명처럼 주어진 공동체를 개혁해 새로운 공간으로 만들 수 있다. '희망의 공간' (하비, 2001)은 기존 공동체 외부에 뚜렷한 윤곽을 가지고 존재할 수도 있지만 공동체 내부로 삼투해 들어올 수도 있지 않은가?

더구나 지구화로 인해 기존 사회 경계들이 이완되고 공간 구속력이 완화되면서 창출되는 각종 사이 공간들을 보면 성 불평등 속에서 여성이 진출하지 못했던 기존 부문들에 대한 진입 못지않게 그 공간의 콘텐트를 바꾸는 근본적인 리더십이 요구된다고 보며 여성주의를 그 내용성을 담보하는 원천이 될 수 있다. 변혁적 리더십(transformational leadership)이나 규칙 창조적 리더십(rule-creating leadership)에 기여할 몫이 있다는 뜻이다.

여성이 각종 사회적 공간에 진출한다는 것 자체가 그 공간 내의 갈등 요소로 등장한다는 것이고, 여성은 이 점을 두려워하거나 회피하기보다는 발전적으로 적극적으로 해석하는 것이 필요하다. 여성이 리더로서 사회 안에서 입지를 굳히려면 생애사 안에서 갖가지 관문을 통과해야 한다. 성차별이 관행인 가부장제 사회에서 개인적으로 의식적인 무장이 아무리 단단하더라도, 집단 내의 조직적 비협조나 여성 상사에 대한 비가시적 저항 등에 직면했을 때 이를 극복하기는 어렵다. "저기 전시용 여성(token woman)이 하나 있군."(곽삼근, 1998) 하는 질시 속에서 여성에게 가해지는 무언의 압력은 여성에 대한 여러 합법적인 장치(예컨대 정부에서 추진하는 적극적 조치들, affirmative actions)를 무색하게 한다. 여성이 승진했을 때 그것을 성실한 노력이나 리더십 역량보다는 상대적으로 쉬운 과제를 맡은 행운의 탓으로 돌리거나 주변 관계 이용 등의 효과로 생각하고, 남성이 승진했을 때는 주요하게 능력 기준에 의해 승인하는 비평행적이고 왜곡된 시각의 경우 또한 여성에게 보이지 않는 유리벽 역할을 하면서 사회 안의 여성 리더 그룹 형성을 막는 역할을 한다.

직업을 가진 여성에게 암묵적으로 가해지는 이러한 성별 고정 관념 때문에 혹은 고용평등법 같은 선진적 제도보다 더 무서운 관행들 때문에 조직 내에서 승진하고 경력 관리를 하려면 특별한 전략을 사용해야 한다는 생각이 일반적이다. 여성이 리더십을 발휘하게 되는 데는 능력 못지않게 여러 사회적 협상 전략이 필요하다는 것이다. 이는 때로는 소위 '천상 여자임'을 강조하는 전략으로, 혹자에 따라서는 '중성화' 전략으로, 때로는 '여성 전사형'으로 나타난다. 여성성을 강조하거나 부정하거나, 자신의 정체성인 여성주의를 부인하는 전략 등은 국회의원, 기업인 등 성공한 여성 안에 실로 일반화되어 있는 부분들도 있다.

이는 성평등에 대한 관념과 현실 변화 사이의 문화적 지연 현상(장필화,

2003)을 보여 줄 수 있지만, 여성주의 문화 재생산의 관점에서는 매우 제한적이다. 특히 여성 리더의 기존 직장 문화에 대한 협상력에서 사회 안에서의 성공이 자신의 잠재력을 최대한 끌어올림과 동시에 자신이 속한 집단, 조직 안에서 좋은 리더십을 통해 조직의 발전을 이루어 내는 것이라면, 이러한 방어적 리더십의 한계는 분명하다. 반드시 가부장제 문화에 순응하고 여기에서 결정론적으로 자신의 의식 및 행위를 조정해야 하는가라는 기본적인 문제가 제기되는 것이다. 이와 관련해서 여성주의 리더십의 정체성은 뛰어난 여성 개인의 생존 전략을 넘어서 사회적 소수자, 약자 집단(DAWN, 2003)에게도 확산되고 개인에게 체화되고 보편화 가능한 가치여야 함을 강조하고자 한다.

큰 구도에서 보면 리더십을 둘러싼 지구적 환경 변화는 한국 여성의 리더십 발휘에 매우 유리한 환경을 제공하면서 동시에 리더십이 질적으로 비약할 수 있는 새로운 기회를 조성하고 있다. 하지만 그와 동시에 리더가 되고자 하는 여성 개개인은 공식적으로나 비공식적으로 가해지는 각종 압력에서 자유로울 수 없다는 점이 현실적 제약이라고 볼 때, 그 부담을 오히려 장애가 아니라 추진력이자 대의적 전망을 가능하게 하는 요소로 적극 해석해야 할 것이다. 다음은 여성이 공간적 리더십을 실현하고자 할 때 대면하는 세 가지의 국면들이다.

첫째, 소위 성평등의 주류화(mainstreaming) 정책을 실시함으로써 지구적 차원에서 여성 집단의 지위와 권한을 증진하려는 국제 사회의 글로벌 스탠더드를 활용해 지역으로서의 한국 사회에서 실현하는 국면이다. 국제 사회의 긍정적 압력이 가해지고, 각 사회의 여성 지위가 공개적으로 비교되며, 국가 경쟁력을 제고하려는 한국 정부의 전망과 맞물리면서 개선의 추동력이 확보되는 효과를 낳고 있다. 그리하여 우리 사회의 법률적 · 제도적 · 직업적 부문에서 성평등을 주류화하는 구체적 정책, 입법 과정으로 연결될 수 있다.

둘째, 여성의 사회 진출에서 그 양을 확보하는 차원을 넘어서서 리더십의 내용적 발전을 고민하고 성찰해야 하는 대목이다. 보살핌이나 관계성으로 특화된 성별화된 여성 특유의 리더십 개념은 그 자체로 한계적이다. 일반적으로 여성 리더가 남성 리더와 변별성을 갖는 지점을 다시 해석함으로써 여성적 특성과 남성적 특성이 이분법적으로 분류되고 고착화되는 것을 막아야 한다. 남성 중심적 조직 문화의 해체와 리더십의 구성 요소 자체를 재구성하고 변화시킬 수 있는 적극적 대안 마련이 중요하다. 기존 공간의 질서마저 해체할 때 여성주의의 역량은 극대화된다.

셋째, 각종 공간에서 위상을 확립한 여성 리더들이 지역 활동가일 뿐 아니라 다시 국제 무대로 진출해 서로 네트워크를 이룸으로써 지구 공간의 생활 양식 자체를 여성주의화하는 데 기여하는 국면이다. 이는 여성주의 리더십에 참여하고 이를 내용적으로 발휘할 수 있는 인적 구성에 지구적 시민 의식과 성 인지적 관점을 가지면서 시대 변화에 민감하게 대응하는 다른 지역의 여성주의자도 연대 관계에 포함될 수 있음을 의미한다.

따라서 시대 발전에 호흡할 수 있는 참여적 리더십의 확보를 위한 여성주의 의식의 철학적 기초들을 다져 나가면서, 여성 전문 인력의 개발 및 활용과 양성에도 주력할 때 사회적 여건의 변화와 여성의 역량 성숙면에서 상호적인 발전이 담보될 수 있을 것이다. 이를 위해 21세기 여성주의 리더십의 철학과 전망을 정립하고 다양한 현장, 사회적 공간들에서 성장한 여성주의 리더들의 경험을 이론화하는 등의 학문적 연구가 필요하다. 이는 거꾸로 새로운 지도자의 역할 모형들이 생산되어 사회 안으로 파급되고, 그 실천들을 증폭시킬 수 있을 것이다. 지구화 안에서 사회적 공간들의 다변화는 지구적으로 소통하고, 지역에서 실천하는 여성주의 지도자를 육성하는 계기로 작용한다.

여성주의 리더의 활동 공간은 매우 다양하고 다중적이다. 가부장제의 모순이 그만큼 여러 층위에 전면적으로 침투해 있기 때문에 너무나 당연한 귀결이다. 이 때 최장기의 최대 다수의 사회적 소수자로서 살아온 여성이 이제는 스스로가 중심화하겠다는 것이 성 주류화(gender mainstreaming)가 아님을 인식할 필요가 있다. 그것은 또 다른 중심–주변의 관계를 재생산하기 때문이다. 지구–한국, 대도시–지역, 가부장제 주류 남성–여성, 중심적 사회 운동–주변적 사회 운동, 팀 구성원–리더 등등이 다양한 이원적이고 위계적인 심급들에서 다중심적이고 탈위계적인 관계성들이 창출되어야 한다.

4. 여성주의 리더의 리더십 경험

리더십에 대한 현대적 해석에 따르면 리더십은 리더가 갖고 있는 내적 역량이나 권능이 아니라 조직, 집단 등 사회적 관계 안에 작동되는 관계성의 성질로 인식된다(베니스 외, 2002; 쿠츠마르스키, 1999). 즉 한 개인의 탁월한 능력의 수직적 전달이 아니라, 사회적 장(場) 안에서 집단적으로 새로운 에너지가 창출되는 데 영향력을 발휘할 수 있는가가 리더십 연구의 출발점이 된다는 뜻이다. 이 점에서 리더는 기본적으로 팀 플레이어 역할을 하게 된다. 과거 비범한 개인이 태생적으로 지닌 속성으로서의 리더십 가정과 현격하게 달라진 것이다.

가부장제 사회에서는 여성이 이런 리더십을 발휘할 여지가 구조적으로 차단되거나 혹시 상징적인 리더로 부각될 수 있는 여성이 있었더라도 이 소수의 여성은 다른 대다수의 여성과 다른 예외적 존재 혹은 가부장제 사회에 거의 균질적으로 동화된 여성이었기에 여성 집단의 리더십을 논의할 토대로서 이들의 경험을 도입하기는 쉽지 않다. 가정 안에서 헌신적으로 가족을 돌보고 경제적으로나 생활상으로 부딪히는 여러 위기 때마다 자기 희생과 사랑으로 집안을 이끌어간 어머니 혹은 여성들은 많았지만 엄밀한 의미에서 이들이 여성주의 리더였던가는 다시 평가되어야 한다고 본다.

필자는 소위 '공/사 영역'의 엄격한 젠더 상징 체계에 따라 사회 활동에서 여성의 진입을 배제하거나 여성을 사적 영역에로 일방적으로 배치하는 것 등이 가부장제 하 공간 정치학(space politics)의 내용이었다고 생각한다. 가부장제 이데올로기[1]는 여성 집단의 역사적 · 인류학적 공간을 제한하고 사회적 공간의 점유에서 여성들을 밀어내어 가정 안에 파편적으로 수용한 것이 아닌가? 여성 일반은 대체적으로 젠더 정치적 피억압 집단이었기 때문에 자신의 삶을 형성하

1 이 용어에 대해 "생물학적 성의 차이를 중심으로 인간을 남녀로 이분화하고 서로 다른 역할과 규범을 배정하는 사회 속에서 남성의 경험을 중심으로 제반 사회적인 가치와 규율, 제도 등을 조직화하는 성질"(허라금, 2004)로 정의하는 것을 필자가 이어받아 이러한 이데올로기가 공/사 공간에 대한 남성/여성 배치를 주축으로 한다고 논의하는 바이다.

는 사회적 실재들에 대한 통제를 하지 못했다(윤혜린, 2005a). 그렇다면 여성주의 리더십은 이러한 가부장제 사회의 공간적 규칙 자체에 정면으로 대항하는/대치되는/대안적인 성격을 가질 수밖에 없는 새로운 공간 프로젝트다.

공/사 공간의 이분법에 따른 성별 분리를 거부하는 여성주의는 공간에 대한 다른 분류법을 내장하고 있다. 즉 각종 공간의 여성주의화는 여성의 눈으로 볼 때, 가치 위계적이지 않은 양성 평등한 세상을 지향하는 실제적이며 새로운 틀(paradigm)에 따라 수행되는 작업이기에 각종 사회적 공간들은 이제 공/사가 아닌 반(反)여성주의적 공간이냐 혹은 여성주의적 공간이냐 하는 그런 기준과 속성에 따라 정성적으로 분류된다.

여성주의를 대안적 삶의 양식으로 내재화한 사람으로서는 각종 사회적 공간에서의 여성의 지위와 위상, 역할에 대해 민감해질 수밖에 없다. 이들 개인의 의식적 공간 안에서는 이미 기존의 젠더 통치(gender regime)에 대해 '아니오'라고 한 사람들이다. 여성 억압적 현존 질서에 대해 비판적 성찰을 행하고 대안적 상상력을 체화한 사람은 플라톤 식으로 이야기하면 '동굴' 밖으로 나가 본 사람, 이 세상이 전부가 아니라는 과감한 상상을 실천에 옮긴 사람, 그리하여 백일하에 드러난 진짜 세상을 보고 온 사람이다.

앞에서 여성주의 공간의 내부와 외부가 분명하게 구획되지 않는다는 논의를 상기한다면 현재 여성 리더가 처한 상황을 더 명확하게 볼 수 있다. 거시 단위로 볼 때 한 국가 내에도 이질적이고 다종적인 사회적 공간들이 병치되고 중첩되어 있다. 정부 내의 여성주의 공간인 여성부가 있는가 하면 "호주제가 폐지되면 온 나라가 짐승 천국이 된다"는 발언을 서슴지 않는, 유림으로 대표되는 반여성주의적 공간이 있다. 여성주의의 대규모 인적 자원인 여성 집단 안에도 가부장제 제국들에 맞서 여성주의 리더십을 꽃피우는 사람이 있는가 하면, 거식증을 앓으면서 사회적 공간 안에서 최소한도로 축소된 물리적 신체로써 자기를 은폐하는 사람이 있다.

가부장제의 권력은 제도적 · 구조적 차원의 시스템일 뿐 아니라 이미 구성원들의 신체와 행위에 삼투하여 작동하고 있다고 보는(푸코, 1989) 한 이에 대한 대응 역시 미시화되고 미분화되어야 하는, 즉 여성주의의 실천 역시 다기한 경로를 밟아야 하는 것이 아닐까? 여성주의의 잣대로 보면 공간들마다 다기한 불균등 발전을 보이는 것이 현실이라면 선도적 부분과 후발로 따라오는 부분, 마지막까지 문화적 지체를 노출하는 부분이 있기 마련이고, 이들 각각이 다양하고 치열한 가치 경합 속에서 여성 대중을 포함한 대중적 동의와 실천을 누가 이끌어 내는가가 중요한 것이 아닐까?

여성주의자 개인으로서는 이미 여성 억압적 사회의 선에서 탈주한 사람들이라고 하더라도 여성주의의 가치가 집단적이고 보편적이며 이상적인 지평에 놓여 있는 한, 리더십이라는 조직적이고 전략적인 작업에 투신함으로써 공간의 질서(논리)와 결(정서)을 바꾸어야 한다. 그런 점에서 여성주의는 공간적 프로젝트일 뿐만 아니라 집단적인 기획일 수밖에 없다. 여성이 각종 사회적 공간에 진출한다는 것 자체가 그 공간 내의 갈등 요소로 등장하는 것이기에 여성은 텃세를 지불하는 과정에서 오는 심정적 불편함이나 경계를 넘을 때 치르는 비싼 통행세를 회피하거나 개인적으로 해결하기보다는 과정상의 저항이자 동력으로 발전적으로 해석하고 집단적으로 미래 지향적 낙관성을 견지하는 태도가 필요하다.

우리 사회의 가부장제 문화 규칙을 지닌 남성에게 세상이란 공간은 단일하다. 이들은 주류의 정체성을 갖고 있기 때문에 공간적 역할의 다중성을 드러낼 필요가 없다. 여성은 이와 달리 공적 영역에서의 배제라는 역사적 경험과 가부장제적 공간과 성평등적 공간의 불균등 발전의 경험 때문에 공간적 전략을 다양하게 구사할 수밖에 없다.

여성주의 전국연합단체에 소속되어 활동하는 한 활동가는 다음과 같이 공간적 결의 차이를 진술했다.

> 여기 있으면서 결혼을 했거든요…… 시어머니가 처음에 부엌에서 일하거나 이런 거 하지 말라고 하셨어요…… 제가 7년차니까 요즘 부엌에서 일하라고 그러세요. 그러고 뭐라고뭐라고 하시면, 예전에는 그냥 듣고 말았어요. 듣고말고,

"알았어요, 어머니" 이러고 했는데, 지금은 받아쳐요, 어머니한테, "어머니 그러지 마세요. 왜 그러세요?" 험하게 얘기하기도 해요. 저의 어머니는 험하게 얘기하지 않으면 잘 안 통하기 때문에…… 근데 좀 참아요…… 그렇게 여기 있던 방식대로 말씀을 드리면 상처입으세요. 그리고 꽁해 계시는 게 보여요. 그래서 너무 미안해서, (웃으며) 정말 잘 안 가고 참, 가면 참죠. 저는 초등학교 동창들 만나면 그렇게 답답해요. 얘기할 수 있는 통로가 전혀 없는 것 같더라고. 없어요. 여기서는 호주제 이런 얘기하고 이러면 같이 이렇게 딱 가는 게 있는데 거기는 너무 스펙트럼이 넓으니까 이미 들었던 얘길 또 들어야 되니까 재미없구요, 공통의 관심사를 찾는 게 너무 힘들더라구요…… 전업 주부인 친구들 만나면, 재미없어요. 자기 아이 어떻게 키울까? 자기 아이만 생각하니까요…… 우리는 어떻게 살지? 우리 가족은 언제 집을 살까? 집 사려고 대출받았는데, 이 대출을 언제 어떻게 갚을까? 뭐 이런 생각들, 딱 고것만, 고것만 생각하더라구요. "너 학교 다닐 때 안 그러고 살았어~ 너도 살아봐. 너도 집에 있어 봐봐", 그럼, "난 그러면 집에 안 있어." 사실 집에 있다가 (다시) 나올려고 했던 거 중에 하나 이유는 놀이터에서 만난 엄마들은 다 자기 아이들, 자기 아이를 어떻게 잘 키울까에 대해서 학습지 선생님 뭐 이런 게 정보가 공유가 돼요. 그리고 그걸 다 시키더라구요. 근데 저는 그거를 왜 다 시켜야 되는지 모르겠어요. 그리고 너무나 많은 유혹들이 오는데 못 견디겠더라구요. '아, 할 수 없다. 여기를 떠나야 되는구나.' 그런 것들이 있어요. 여기 오면 그런 거 안 시켜도 아무런 부담 없거든요. 심지어 그런 거 왜 시키냐고, 그런 거 없이 애들 다 잘 크니까 그냥 두라구, 그렇게 위로를 받는 게 너무 좋아요. 여기에서 부담을 많이 덜게 되었어요. (사례 7)

여성주의자에게 각종 사회 공간들은 온도 차이가 심해서 이들은 마치 난류 지대와 한류 지대를 오가면서 생활하게 되고 따라서 공간 정치적인 협상력을 발휘해야 한다. 예컨대 여성은 가정 교육이나 학교 교육에서 양성 평등 문화 속에서 교육받았다 해도 보통 직업 세계에서 비가시적으로 작동하는 유리 천장 때문에 갈등을 겪는다. 또한 여전히 온존해 있는 가부장제 가족 문화는 혼인 관계에 있는 여성으로 하여금 친정에서의 위치와 시집에서의 지위 및 역할 간의 차이를 조정할 수 있는 삶의 지혜를 요구한다.

동시에 여성주의자들은 양성 평등적 역사 발전 방향에 대한 관념론적 기대가 아니라 자신의 행위성(agency)을 통해 기존 사회의 변화를 실천적으로 도모해야 하는 현실적 안목을 필요로 한다. 이들에게 중요한 하나의 계기는 지구화 국면 등으로 인해 기존 사회 문화적 경계들이 이완되고 공간 구속력이 완화되면서 창출되는 각종 사이 공간들(in-between spaces)이 생겨나고 있다는 것이다.

지구촌 분쟁 지역 곳곳을 누비며 다큐멘터리 PD로 활동하고 있는 한 여성은 이 틈새 공간을 다음과 같이 진술했다.

> 남자들이 (다큐멘터리 분야를) 자기들이 장악하고 있는 직업의 세계라고 생각하기 때문에…… (여성을) 잡아먹어야 되는 약육강식의 상대로 보지를 않기 때문에 거기에서 오는 메리트가 있구요…… 두 번째로 저는 여성이라든가 어린이라든가, 이런 아주 개인적인 사람들의 삶이라든가 이런 좀 작은 부분들을 보려고 하죠…… 미시적이고 감정적이고 아주 그런 접근들이 필요한…… 여성 문제 같은 경우에도 외간 남자한테는 절대로 자기 와이프나 마누라를, 어, 저거 (자기) 여동생을 보여 주지 않는 습관 때문에…… 근데 저는 안채에서 벌어지는 여자들의 삶들을 볼 수 있죠. (사례 6)

일반적으로 당대에 지구적 정보 소통과 인적 이동이 새로운 현실로 대두되면서 지구촌의 다른 사회들에 대한 지식과 견문이 축적될 기회가 많아지고 있다. 이로써 자신의 삶의 사회・문화적 조건에 대한 성찰의 기회가 확대되면서 여성주의 리더십은 탈가부장제 사회를 희구하는 전망 속에서 대안적 공간 질서를 실천해 가는 실제적 역량으로 자리매김된다. 특히나 여성주의는 기존 국민국가의 문화적 가치로 국한되지 않는 인류의 보편 가치이기에 여성주의자의 친교와 소통의 범위는 국내외를 넘나든다. 여성 리더는 자기가 활동하는 현장에서 지구화와 모종의 인터페이스를 맺고 있다. 그 상호 작용은 집단적/개인적 교류 양쪽에서 실현된다.

한 예로, WTO반대 국제 연대 활동을 하고 있는 한 활동가는 지구적 연대 현장의 감동을 다음과 같이 회고한다.

> 재작년에 멕시코 칸쿤 WTO 각료 회의할 때 제가 그 실무자였거든요. 그 때 그 이경해 열사가 자결을 했을 때 현장에 있었고 병원에 쫓아가고…… 그 때 외국 사람들이 사실 굉장히 이해를 못 하죠. 할복하는 걸 어떻게 이해를 해요. 그런데 그럼에도 불구하고 이해를 못 해도 지지해 주고 연대해 준다, 같이 와서 울어 주고 천막 쳐주고…… 다해 줬거든요. 그 때 이제 좀 일단은 워낙 다른 사람들 감정 상태가 다 약간 좀 간 상태기도 했는데, 그 때 그런 경험을 했었고…… 마지막 날 또 한번 시위를 하는데 그 때 천 명이 모였었는데, 다 달라요. 현지 사람 한국 사람 뭐 다 섞여 있는데, 누가 한 명 발언할 때 한국 사람 발언하면 그걸 영어로 통역해 주고. 영어에서 스페인어로 통역하면 굉장히 지루하거든요…… 근데 그 때 완벽한 침묵을 유지했죠. 그 많은 사람들이. 근데 저는 국내에서는 그런 거 한번도 못 봤어요. 근데 그 말도 안 통하는 사람들이, 다, 그, 그 침묵을 완벽하게 할지 모르겠는데, 그런 그 때 굉장히 감명이었고, 이런 게 가능하구나! 그런 생각이 들었었고……. (사례 1)

활동가들의 문화적 차이에도 불구하고 문화적 관용과 연대를 구현할 수 있었던 배경에는 "……에도 불구하고" 타자 집단과 연대한다는 의식성의 토대가 있었다고 본다. 연대는 '차이 때문에' 부각되는 가치이지 차이 때문에 실현 불가능해지는 가치가 아님을 보여 준 것이다. 이러한 소통의 경험은 비록 한시적이고 잠정적이기는 하지만 활동가들의 긴장 어린 장 속에서 면면히 흐르는 가치로운 삶의 의미를 되새기는 소중한 경험으로 남는다.

한 이주 노동자 운동가는 자신이 힘을 받는 국제 친구를 다음과 같이 소개했다.

(어떤 사람들이) Non Violence Peace Force(비폭력평화군)라는 국제 조직을 얼마 전에 만들었어요…… 이 그룹은 예전에 흑인 분리 정책에 항거해서 싸웠고 그 다음에는 남미에 미국이 무기 수출하고 그 때…… 뭐 군함이 간다 그러면 보트 타고 군함 옆에서 막아서 블로킹하고, 그 다음에 철도로 무기를 나른다 그러면 그 철도에 다 드러누워가지고…… 그래서 그 옆에 있는 친구는 철도가, 그렇게 블로킹하고 있는 거 아는데도 지나가서 다리가 완전히 다 절단된 분…… 정말 자신이 생각하는 그 평화를 지켜야 된다고 할 때 온몸으로다가 저항하는데 그것이 철저히 비폭력적인 수단이었고…… 지금 60이 넘었는데도 진짜 열심히 막 날라다니면서 활동하시거든요. (사례 8)

지구화 맥락에서 리더십의 특징은 지구적 그리고 지역적 수준에서 움직일 수 있어야 할 뿐만 아니라 그 구분을 초월하는 창의적인 실천 형태를 통해 양자를 연결시킬 수 있어야 한다. 리더들은 지역의 문제를 고립적으로 이해하는 것이 아니라, 동시에 전 세계적으로 관철되고 있는 문제로 볼 수 있는 능력을 발휘해 그 문제에 적절히 대응하기 위해서 지구적 · 지역적 차원 모두에서 행동을 취할 필요가 있음을 인지하고 그 양자를 연계하는 방법을 경험적으로 발견해 가고 있다고 본다. 그 과정에서 역할 모델이 될 만한 사람과 인적으로 조직적으로 교류하고 서로 영향을 주고받는 경험이야말로 실천이 제공하는 삶의 역동성 바로 그것이다.

한편으로 한국의 활동가는 다른 지역의 활동가들을 접하면서 스스로의 객관적 위치에 대해 새롭게 성찰할 기회를 획득하며 한국 사회의 특성에 대한 재발견을 통해 현장에서의 비전을 새롭게 구상하는 힘을 얻는다. 한 예로 생협 활동가가 다른 나라, 다른 지역의 생협 활동가들과 교류하면서 느끼는 대목을 정리해 보면 다음과 같다.

일본 생협에 있는 지도자들을 보면서 느꼈던 건 뭐냐 하면 확실한 리더십에 대한 자각을 가지고 자기 역할을 해 나갔던 것 같애요…… 특히 한 사람은 여성으로서 애 혼자 키우면서 직원서부터 시작해서…… 이제 전무님이 된 분이 있었는데 그 분이 이제 가정 생활을 어떻게 처리하는 거서부터 해가지고, 그 다음에 자기가 중간 과정 부장일 때, 이사장하고 생각이 달랐을 때, 자기가 어떤 식으로 결정을 하고 처리를 하려고 했는데 생각의 변화를 가졌던 거, 그리고 현재 지금의 위치에서 직원들을 생각하는 거, 조합원들을 생각하는 거, 그리고 자기 미래를 생각하고 준비하는 것들에 대한 영향을 참 많이 받았어요. "다른 나라와 많이 교류하시나요?" 일본에서도 (현장 학습을) 오는데, 일본에서는 우리보다 훨씬 더 선진적인데 와서 뭘 배울까 이런 생각이 들더라구요…… 와 가지고 뭘 보냐, 이런 시설도 후지고, 그런데 그 뭔가 문제가 있을 때 원점으로 돌아가서 생각하란 얘기를 많이 하잖아요. 원칙이랄까? 원점. 그 쪽 같은 경우에는 생협이 처음 만들어질 때에 인간과 인간의 어떤 네트워크에서 출발된 공동체성이나 이런 것들이 많이 사업 쪽에 밀려서 옅어진 부분에 대해서 한국 생협에 와서 보면 직원들 간에 어떤 그 뭐랄까, 동지애랄까, 그 조합원들 간에 공동체성, 모임, 생산자하고 관계 이런 것들을 보면서 과거에 대한 뭐랄까, '아 우리가 그 때 이런 가치를 가지고 했었지.' 그래서 감동을 많이 받고 돌아간다고 그래요. (사례 5)

이 생협에서는 이런 경험을 확산시키기 위해 직원들과 조합원들이 일 년에 한 번씩 해외 연수를 경험하게 하고 있다. 생협 실무자들은 이를 통해서 자신의 활동을 객관화 · 공식화해서 이해하는 수준이 커지고, 자신의 활동에 대한 프라이드도 생기고, 우리의 상황과 대조, 비교를 통해서 구체적인 업무상의 제안도 할 수 있는 좋은 기회라고 생각한다(사례 5).

이와 유사하게 한국에 초빙 교수로 6개월 생활할 수 있었던 중국의 한 교수는 우리 사회의 문화적 개방성과 여자 대학생들의 당당한 의견 주장(결혼, 연애, 가족관), 젊은 여성들의 자기 표현(복식 및 두발 디자인 포함)에 대한 인상 깊은 소회를 말하면서 중국의 대남자주의(大男子主義: 가부장제)를 되돌아볼 수 있는 기회를 갖게 되었다고 긍정적으로 평가했다(사례 4).

교육 부문에 종사하는 한 여성 리더는 이태리의 한 도시에서 개최되는 교육 프로그램에 연수단으로 지속적으로 참가해 세미나 강좌, 정보 교류, 시설 및 교육 시스템에 대한 관찰, 운영자들의 마인드를 관찰함으로써 자신의 교육 현장에 적용할 수 있는 자원들을 확보할 수 있었다고 한다(사례 3). 이로써 다른 사회 공간에 대한 관심과 호기심을 가지고 직접 그 삶의 현장을 경험하는 일은 한 개인의 시야를 객관적으로 확장해 주면서 자기 성찰의 기회를 더 심화시키는 기능을 하고 있다고 평가할 수 있겠다. 여성주의의 발전에서 자기 사회의 부정성에 몰두해 패배적인 경향성을 띠는 것보다 현재적 삶을 들여다보면서 더욱 미래 지향적인 그림들을 그려갈 수 있게 하는 것, 즉 전망의 확보는 귀중한 나침반이 된다.

> "아프간 그런데 가시면 그쪽 여성들의 삶과 우리 삶도 자연스럽게 비교가 되지요?" 저는 여성뿐만 아니라 자연도 그렇고, 모든 것이 한국만큼 괜찮은 사회가 없다고 생각해요. 뭐 지금 한국 여성의 위치가 어떠하든 간에 그것이 문제라고 인식이 된다면 그 문제를 해결해 나가고 발전시켜 나갈 수 있는 능력이 있고 에너지가 있는 사회이기 때문에…… 우리만이 갖고 있는 그 굉장한 힘, 그게 있는 것 같아요. (사례 6)

양성 평등한 세상에 대한 희구 속에서 우리 사회의 문제들을 들여다보았을 때 여성에 대한 인식 및 여성의 사회 참여 등 측면에서 갈 길이 멀다는 느낌이 들기도 하지만 문제 해결은 그것을 문제화하는 것에서 출발한다고 볼 때, 한국 여성들의 문제 의식은 이미 현장 곳곳에서 확인된다. 이 연구에서 규명한 바는 아니지만 한국 여성의 삶의 에너지와 실천의 역동성, 변화의 큰 폭은 하나의 엄연한 사실로 받아들여도 될 만큼 압축적 · 선진적 의식화가 이루어져 '여성'은 이제 '변화'와 동의어가 되고 있다.

또 하나 이 연구를 통해 밝혀진 바에 따르면, 한국 사회의 맥락에서 여성주의 리더십을 구성하는 내용으로서 리더십 발현 맥락의 '사회적 속성'과 리더 개인의 '인격성'이라는 내적 속성의 미분리 혹은 통합성이 두드러진다. 여성주의 리더의 경우 그러한 집단 내 요구가 부담스러운 측면도 있지만 본인이 속한 조직을 스스로 하나의 직장으로만 생각한 것이 아니라 생활 공동체적인 측면에 대한 기대감을 안고 들어가기 때문에 당연한 귀결이라고 생각한다. 한 사례를 살펴보자.

> 남자들이 많은 조직에서 리더에게 요구하는 것과 여성들이 많은 조직에서 리더에게 요구하는 것들이 쪼끔 차이가 있는 것 같애요…… (직원들한테) 너희들은 나한테 아주 유능한 능력 그런 것도 요구하고 굉장히 자상한 (양면을) 다 요구하는데 내가 무슨 천사냐 내가 무슨 천재냐? ……근데 남자들은…… 그 리더라고 하는 사람이 일에 대한 비전과 확실한 성과, 이런 것들을 제시해 주면 그 사람 인간성이 어떻든간에 따라오는 것 같애요. 여자들인 경우에는 그거 가지고는 절대로 따라오지 않는 것 같구요. (사례 5)

> 여러 가지 사회 경제적인 기반, 정서적인 유대감 이런 것들을 생협 내에서 해결할 수 있을 거라고 생각하고 왔기 때문에……. (사례 5)

> 저도 그만뒀다 들어온 경우고, 작년에 9년차 됐던 분도 3년인가 있다가 다시 들어오셨어요. 또 한 분은 3년마다 휴직 쓰고 공부하고 여행갔다 오고 들어오는, 계속 쉬고 일하고 쉬고 일하고 이런 패턴으로 가는 친구도 한 명 있고…… 그런 식으로 적은 계속 (이 단체에) 두고 있는 친구들이에요. "여기 말고 다른 사회적 관계들은 어떤 걸 맺고 계세요?" 들어오면 사회적 관계들은 한 2년 정도 유지되구요, 그 이후에는 이게 저희 사조직이에요…… 뭐 돌잔치 있다고 그래도, 결혼식 있다 그래도, "아직 일 안 끝났거든. 미안해. 다음에 보자." 이러고 못 보고…… 그래서 개인적으로 초등학교 동창들 모임, 스터디 모임, 뭐 이런 것

말고는 여기 있는 조직이 제 조직이에요. 사조직이에요. 티켓 팔아 이러면, 어고민인데, 사조직은 여기밖에 없는데, 다들……. (사례 7)

원 직장으로의 복귀율이 상대적으로 높고 조직 집중성 또한 매우 높은 이러한 상황은 본인이 몸담고 있는 공간이 여러 객관적 여건(보수, 노동 시간 등)에서 볼 때 매우 열악하지만 그것보다 삶의 의미를 부여하는 기능과 자신의 자율성, 주체성 발휘에서 높은 가능성이라는 더 중요한 대가가 있다는 생각에서 연유한다고 본다.

그렇지만 여성 리더의 이러한 공간 집중성이 꼭 바람직한 것인가는 별도로 논의될 필요가 있다. 빈민 활동을 오래 지속했던 한 활동가는 한번도 잠옷을 입고 자본 적이 없었다고 했다. 밤 12시고 2시고 가정 폭력에 희생된 여성이 언제라도 불쑥 들어올 수 있는 상황에서 비상 사태 분위기로 살아가는 것, 그 속에서 자기 생활이 없어서 황폐해지거나 피해 의식도 많이 생기는 것 등(사례 9)을 문제점으로 지적한다. 마찬가지로 한 여성 단체 활동가는 바쁠 때 하루 열여섯, 열다섯 시간 근무하면서 남편들이 "일 주일에 한번은 같이 저녁을 먹게 해달라", "나는 베개와 결혼한 것이 아니다"라는 피케팅을 할 거라는 얘기를 들어야 했다고 한다(사례 7). 이러한 활동에서 누적되는 피로와 일중독 증상, 건강 적신호 그리고 활동력 저하로 이어지는 악순환은 여러 사회적 관계를 통합적으로 형성할 때 가능한 사회적 건강성이 심대하게 저하되고 있음을 보여 준다고 할 것이다.

활동력이 강한 여성 리더가 후배 여성들을 키우는 자리에 있을수록 자기 개발과 창의적 사고의 여지를 남겨 놓는 지혜가 필요한 것이 아닌가라는 성찰은 이제 막 시작되고 있다고 본다.

중간 관리자를 키울 때 저는 일을 많이…… 분담만 해 주면 되는 거라고 생각을 했는데, 제가 그 당시에 중간 관리자일 때 필요했던 것들은 자신이 생각하는 거를 정리할 시간, 그 다음에 또 재투자를 위한 재충전의 시간들을 굉장히 많이 절실하게 요구했던 것들이 있었는데 그 시간을 주는 게 중간 관리자를 키우는 데 한 삼분의 일 정도를 투자해 줘야 된다는 생각이 이제 들거든요……시민 단체들이 그 부분에 대해서 노력하지 않으면 그야말로 소모품으로 일하다가 만신창이가 돼서 끝나버리지 않을까 싶어서……조직적으로 시스템적으로 만들어 줘야 될 것 같은데……. (사례 5)

다음의 사례는 자신의 사회적 활동과 가정 생활, 그리고 친밀한 인간 관계 유지 등에 두루 에너지를 투여하는 것을 바람직하게 생각하는 리더의 진술이다.

"본인을 정서적으로 지원하는 집단이 있나요?" 저는 하나도 그것을 우위에 놓기 어려운데요…… 원 운영에 어려움이 있을 때는 친밀하게 이야기 나누는 원장들이 있어요. 저는 속얘기를 감추지 않는 스타일이어서 자주 얘기하고 자주 얘기를 들어요……근데 내가 원 운영이 잘되는데 내 아이가 아프거나 뭐 학업에 문제가 있거나 친구에 문제가 있으면 저는 결코 행복하지가 않더라구요. 그리고 남편하고 싸웠는데 일만 잘하고 내 새끼만 잘 되도 행복하지가 않더라구요. 그래서 그걸 발견하게 된 거죠. 제가 살면서 처음에 내가 이 모든 것들이 나에게 이루어져 있는 이 요소들이 하나라도 기우뚱하면 내가 슬퍼한다는 걸 발견한 거죠. 그렇다고 해서 가족만 행복하고 내가 일이 없거나 자기 개발을 포기해도 난 굉장히 시무룩해지는 걸 볼 수 있구요…… 힘을 주는 영역이 다른 거지, 다 필요로 해요. (사례 3)

우리 시대에 여성들은 기존에 진출하지 못했던 기존 부문들에 대한 진입을 활성화하는 한편 그에 못지않게 그 공간의 문화 콘텐트를 바꾸는 근본적인 변화 추동자가 되어야 한다고 볼 수 있다. 공/사 공간의 이분법을 폐지한다는 것은 공적 공간의 리더십을 우월한 것으로 보는 위계적 사고를 철폐하고 삶의 공간들을 인간답게 창조해 내는 더욱 근본적인 설계도를 마련해야 가능하다. 여성주의는 경제적 효율성이나 경쟁력, 전문성 등과 같은 직업적 가치에 대한 성찰 속에서 자신의 총체적 삶의 핵심적 가치가 무엇인가에 대한 콘텐트를 새로 만들어야 하는 단계에 와 있다. 당대의 여성주의는 공간적 생활 양식을 변혁시키거나 공간의 규칙을 새롭게 쓰는 창발적 리더십에 속한다.

공간 전략적 관점에서 보자면 여성 리더에 대한 교육/양성/훈련 등의 작업은 기초적이고 하위적인 전술로서 폭넓은 토대 역량으로 건설되어야 할 부분이다. 동시에 우리 사회의 여성주의화를 위해 여성의 사회 활동에서 임계 질량 확보는 필요하지만 충분 조건은 아니라는 점이 강조되어야 한다. 여성주의라고 하는 상위적인 전망적 가치에 의해 추동되고 기획되지 않는다면 각종 사회적 공간에 대한 여성 리더들의 대거 진입만으로 대안 공간을 정초하는 리더십이 될 수 없다.

리더십은 추상적 이론이 아니다. 현실 사회에서 가장 긴요하고 절실한 구조적 문제들을 극복해 가는 과정에서 궁극적으로 삶의 가치를 선택하고 실천하는 사람들의 행위성이 온전하게 발휘되는 동선이 표시되는 그림이 가장 멋진 리더십 지도라고 본다.

5. 여성주의 리더십의 철학에 대한 시론

"철학 없는 리더가 없다"면 한국 사회가 지구화 시대를 맞아 성평등한 방향으로 발전하기 위한 구체적 전망의 일환으로 여성주의 리더십의 내용성과 가치를 담보할 수 있는 리더십의 철학이 무엇이어야 하는가는 매우 중요한 질문이다. 이는 지구촌 곳곳의 다양한 지역 현장들에서 발굴되고 실천되고 있으며 서로 소통되고 있는 유망한 여성주의 리더십 모형 개발과 관련되어 기술되고 해석된다. 이는 리더십의 철학을 기술적으로(descriptively) 접근하는 것을 뜻한다. 또 한편으로는 리더십의 철학에 규범적으로(normatively) 접근할 수 있는 바, 이는 여성주의 리더십을 정의하고 재개념화함으로써 리더십의 가치를 규범화하는 것을 뜻한다. 필자로서는 현실에서 구현되고 있는 구체적인 행위자들의 리더십을 기술하면서 동시에 여성주의의 이상적 목표로서 여성주의적 리더십을 추상화해 보고자 한다.

5.1 무엇이 여성주의 리더십인가?: 리더십의 인식론적 탐구

여성 리더가 기존 가부장제 문화로부터 완전한 성평등 사회로의 이행에 촉매로 작용하려면 어느 정도 임계 질량(critical mass)이 필요하다. 이러한 리더십에 대한 성 인지적 접근은 지구화의 과정 속에서 '남성'과 '리더십'을 당연한 짝 개념(coupling concept)으로 보는 고정 관념을 타파하면서 한국 사회 각 부문의 세계적 경쟁력을 강화시킬 수 있을 것이다. 그러나 동시에 리더들이 새로 창출한 공간들은 기존 세계의 억압 구조를 폭로하고 대안 가치들(평등, 자유, 이질성의 공존, 복수적 세계관 등)을 모색하는 한 스스로를 또 하나의 억압 단위로 기능하게 해서는 안 된다.

그동안 여성이 겪어온 각종 차별과 억압의 역사를 돌이켜본다면 주변부의 인식적 의무를 견지하면서 위로부터의 리더십(top-down)이 아닌 아래로부터의(bottom-up) 리더십을 구현할 수밖에 없는 것이다. 집단으로서의 여성보다 더 하위에 있는 여러 주변화된 약자들에 대한 사회적 배려와 공명할 수 있는 이해력이 여성 리더 집단에게 요청된다.

쾨스텐바움(P. Koestenbaum)이 개발한 리더십의 '다이아몬드 모형'(Koestenbaum, 2002)에 의하면, 리더는 가치적 전망(vision) 속에서 현실적(reality) 변수들을 고려하면서 행위의 윤리성(ethic)을 담보로 길을 개척해 갈 수 있는 용기(courage)를 동력화하는 네 항목들을 좌표로 하여 리더십을 구현한다. 지금 논의의 맥락에서 이 모형을 적용시켜 보자면 여성주의 리더는 여성주의 가치 전망 속에서 여성에 대한 각종 가시적 · 비가시적 억압에 대한 현실 인식을 바탕으로 도덕적 수단을 통해 장애물들을 극복하고 용기 있게 리더십을 구현해야 한다.

이 네 가지 항목 모두 리더십을 구성하는 필수적인 요소로 이해되며 특히나 전망 제시와 관련해 볼 때 여성주의는 아래로부터의 해방이 모든 해방에 필수 불가결하다는 인식적 관점을 견지해야 한다.

이 연구의 면접에서 관찰하고 정리한 내용들을 연결시켜 보면 다음과 같다.

① 여성주의 비전

· 현재 한부모 자녀 가정 어린이집 및 여성 자활 공동체 운영, 여성 주체적 마을의 거점으로서 '여성의 집' 세우기(사례 9)

· 현재 생협 사업을 복지 공동체 건설로 확장하고자 하는 비전(사례 5)

· 현재 이주 노동자 지원 활동을 대안 무역 활동으로 연결하려는 시도(사례 8)

· 현재 회사 단위의 공동 육아 지원에서 큰 규모의 돌봄 공동체 건설 계획(사례 2)

② 현실 인식

· 자활 공동체 품목 선정시 사업 현실성 판단: 기술 수준에서 최고의 경쟁력을 보여 줄 자신이 없는 봉제업 아이디어 대신에 자연화장품 개발에 역점을 두고 추진함(사례 9).

· 생협 법인화와 물류 통합의 관철을 통해 조직 발전을 꾀함(사례 5).

· 학원 경영에 경영 마인드 도입(사례 3)

· 여성 틈새 공간 공략: 외국 여성의 삶을 취재할 때 남성이라면 접근하기 힘든 영역을 뚫고 들어갈 수 있음(사례 6).

③ 윤리성

· 집단 내 상호 보살핌 실천(사례 2, 사례 5)

· 내부 민주주의: 직책의 차이에도 불구하고 의사 소통과 의사 결정의 하

향식 구조가 허용되지 않는 수평적 조직 문화(사례 7, 사례 8)

· 능력주의 철폐: 조직 성원 간 자원, 능력의 공유를 위해 순환적 대표성 채택(사례 1)

· 지역 문화 공간으로서의 위상 유지와 대규모적 확장 경계(사례 3)

· 조직 헌신성(사례 7)

· 운동의 건강성(사례 8)

· 취재 윤리 준수(사례 6)

④ 용기

· 국제 연대 단위 내 여성 대표성 주장(사례 1)

· 자신에 대한 잘못된 비방 사과 요구 및 여성 경영자에 대한 비우호적 분위기 시정(사례 9)

· 분쟁 지역의 위험에 맞섬(사례 6).

· 일중독에서 벗어나기 위해 과감히 일을 줄임(사례 9).

5.2 리더십은 여성주의 가치와 어떻게 만나는가?: 리더십의 가치론적 탐구

여성주의의 새로운 리더십 콘텐트는 권력 집단이 자의적으로 자신들의 이익을 위해 지배 대상을 향해 행사하는 힘이 아니라 상호 주체적 구성원들 사이에서 공동체에 대한 책임과 봉사, 의무를 공유하는 자원이라는 인식의 전환이 있어야 실현될 수 있다. 정치적으로 리더십은 통치 행위라기보다는 공치(共治) 혹은 협치(協治, governance) 행위다. 여기에서는 파워 엘리트의 권위주의적인 의사 결정이 아니라 이해 당사자들끼리의 자율적 조정을 해내는 파트너십과 소통 및 연대가 중요한 가치가 되며 이를 위한 네트워킹(브라운 외, 2005)이 주요 매개 기제가 된다. 이 점을 소통 구조의 재구성과 관련시켜 본다면 기존의 수직적이고 구심적이며 일원적인 구도에서, 수평적이고 탈중심적이며 다원적 관계 맺음의 활성화 구도로 패러다임이 전환된다.

이러한 맥락에서 당대에 창출된 공감대는 가부장적 남성 중심의 리더십이 아닌 탈가부장적인 대안 리더십이 사회 발전에 필수적이라는 인식적 전환이다. 면접을 통해 추출한 리더십 내용은 다음과 같다. 일정 부분 위에서 서술한 인식론의 '윤리성' 대목과 중복되는 것은 제외했다.

· 리더의 권력화와 자원 독점 경계(사례 1, 사례 8)
· 조직 내 상호 주체성 확보(사례 3, 사례 5, 사례 7)
· 자기 발전 도모(사례 2, 사례 9)

5.3 리더십의 존재론적 성질은 무엇인가?: 리더십의 존재론적 탐구

리더십은 지도자와 추종자 간에 통제하는 권력의 행사가 아닌 서로에게 공유되어 확산되는 식으로 힘을 북돋워 주는 에너지로 보아야 한다. 리더 유일의 중심이 아닌 분산적 권한과 책임성을 함께 나누어 가질 수 있는 다중심적 주체들의 양성이 중요하다. 그리하여 리더십은 일차적으로는 팔로워십(followership)과의 관계성 하에서 규정되지만 더 발전적으로는 리더의 셀프 리더십: 팔로워의 셀프 리더십의 교차라는 수평적 관계성이 모색되어야 한다.

현재 리더의 위치에 있는 사람들 스스로 차세대 리더들의 발굴, 양성에 힘쓰는 것이 리더십의 중요한 한 축을 구성한다고 인식하는 대목들(사례 6, 사례 9)을 보면, 리더십에서는 고정된 실체로서 한 개인에게 속박되어 있는 에너지가 아닌 확장적 · 연속적 흐름의 맥락이 중요함을 알 수 있다.

리더십의 철학은 가르쳐질 수 있는가? 물리학적 메타포를 사용해 보자. 만일 리더십의 콘텐트가 입자적 경로를 따른다면 리더가 이 내용들을 일정하게 전수하고 교육할 수 있지만 파동적 경로를 따른다면 리더십은 고정될 수 없고 비가시적으로 전파될 수밖에 없다. 즉 리더십 콘텐트는 하나의 패키지로서 묶일 수 있는 단위 지식에 머물러서는 안 되고 리더에게 도움을 받는 팔로워 각자가 자신의 현장에서 현실 조건에 감응하면서 새로 창출해 내는 리더십 즉 지식이 아닌 지혜로서의 리더십으로 발전되어야 한다는 뜻이다.

리더십의 핵심 콘텐트는 바로 힘 기르기(empowerment)이다. 리더는 팔로워가 지고 있는 모든 문제 해결자를 자임함으로써 의존적으로 만들어서는 안 된다. 팔로워로 하여금 스스로 문제를 인식하고 해결할 수 있게끔 지원하고 격려하고 돕는 자로서의 역할에 국한해야 한다. 동시에 이 새로운 리더십은 단지 여성의 권한 증진이나 사회의 양성 평등 실현을 위한 수단적 가치에 머무르는 것이 아닌 지혜나 행복과 같은 차원에 놓인 인간의 본질적 · 목적적 가치라는 위상을 갖는다.

참고로 UNDP에서는 인간 개발이란 개념을 사용해 "일인당 소득, 인적 자원 개발, 기본 욕구를 넘어, 인간의 자유, 명예, 인간 주도성(agency), 즉 발전 과정 속의 사람들의 역할을 포함하고 있다. 개발이란 단지 국가 수입을 늘리는 것이 아니라 궁극적으로 사람들의 선택권을 확대시키는 과정, 구조에 의한 결정력보다 개인의 행위력을 신장시키는 데에 목표를 두고 있다."고 천명한 것이다 (UNDP, 2003).

우리는 결국 리더십의 철학적 기초로서 성찰적 개인의 리더십을 도출하게 되는데 그렇다면 현 사회에서 신분 상승으로 통할 수 있는 리더십의 내용을 따라잡기보다 미래 지향적으로 자기 고유의 리더십을 창출하고, 자신의 정체성을 확고히 할 수 있는 방향이 더욱 적극적인 전망을 가능하게 하지 않을까 생각한다. 기존의 관성과 문화, 관점에 묶여 있는 리더십은 사회 변화를 추동하는 행위력을 증진시키기 어렵다. 가까운 미래 사회에 대한 각종 예측들은 리더십을 성별에 따라 차이화하기보다 리더십의 개성화와 다양화에 주목한다.

팀 문화를 지적인 의사 결정 집단화하는 사례에 대한 연구(Seifter, 2001)나 리더십의 관건을 집단 감성의 창출 여부(골맨, 2003)로 보고 이에 주목하는 연구 경향들은 소위 남성적 가치에 따른 리더십과 여성적 가치에 따른 리더십 연구들의 제한성을 극복하고 있다. 이는 성별화된 차이에 기반한 여성적 자질, 혹은 덕성을 강조하는 경우 여성을 생물학적 집단으로 분류하고 고착화함과 동시에, 여성 집단 안의 다양한 차이들을 외면하는 비현실성을 갖기 때문이다. 여성주의 리더십은 여러 가치 지향적인 리더십과 교류할 수 있다.

한 예로 팀 능력을 극대화하기 위해 집단의 감성 기능을 조직화하는 일은 감성적 지능이 뛰어난 개인들이 보여 주는 자기 인식 능력, 자기 관리 능력, 사회적 인식 능력, 관계 관리 능력을 필요로 한다. 팀의 감성적 기조가 어떤 상태인지를 확인하고 팀 구성원들로 하여금 그들에게 어떤 부조화가 존재하는지를 자각하게 해 주어야 한다는 것이다(골맨, 2003). 이러한 감성 지능의 최대화를 조직하는 리더십은 팀 내의 감성 자원들을 관리하면서 자신의 일과 내면의 불일치를 최소화하는 통합적인 인간 모형을 추구하는 여성주의 리더십 자원으로 재구성될 수 있다.

또한 지휘자 없는 오케스트라로 알려진 오르페우스 프로세스는 성취 지향적인 다양한 환경 속에서 개인의 자유와 협동이라는 의무가 역동적인 균형을 유지하게 하려는 체계로서, 각 방면의 지식 중심 조직에서 스스로 관리하는 팀의 역할이 중요해지면서 오르페우스 프로세스가 이뤄낸 성공은 기업들에게 많은 시사점을 던져 주고 있다(Seifter, 2001). 소위 리더십 앙상블을 만들어 낸 이 집단의 특성은 리더의 복수화를 통해 각 성원의 자발적 리더십을 고취하고 이를 실제 효과면에서 검증해 낸 사례다.

결국 지구화 시대가 여성의 시대 혹은 감성의 시대라는 말은 리더십에서 여성 특유의 생물학적 소질들의 동원을 유도하거나 이를 가치화하는 것으로 오해되어서는 안 되며, 여러 다양하고 미래 지향적인 가치 개념으로서 여성주의 리더십에 대한 요구로 받아들여질 수 있다. 이와 관련해서 젊은 리더들이 윤리적 행동을 글로벌 시대 차세대 리더들의 중요한 특성 중의 하나로서 채택하면서 이를 기존 리더들이 결여하고 있는 부분으로서 지적하고 있는 대목(베니스 외, 2002) 또한 대안적 리더십의 내용이 될 것이다.

포르셍(FORESEEN) 연구소는 미래에 대한 예측 보고서(2000)에서, "새로운 사회 모델은 남성적인 가치보다는 여성적인 가치에 특권을 부여하며, 여성들만큼이나 남성들에 의해서도 실행되는 모델이 될 것이다. …… 도덕적인 힘이 있는, 정서적 · 직감적 · 경험주의적 · 사회 연대적인 조화와 행복의 모성적 가치들에 특권을 부여하는 모델이 될 것이다. 그것이 이른바 여성적인 것이라 불리는 가치들의 선택이다."라고 말한다. 여기에서 '여성적인 가치'를 소위 모성이나 여성 특유의 본질에서 비롯되는 속성으로 보지 않고 성평등하고 상호 소통적인 유대의 확장을 이루어 낼 수 있는 가치로서 이론과 정서적 삶의 통합을 지향하는 인간의 통합적 가치로 맥락화해서 이해한다면(정대현, 2004) 이를 '여성주의적 가치'로 재개념화할 수 있을 것이다.

리더가 되고자 하는 욕구 및 열망이 글로벌 트렌드(global trend)라고 할 정도로 날이 갈수록 증가하는 사람들의 관심 속에서 리더십 함양의 구체적이고 효과적인 스킬(skill) 교육 또한 성행하고 있다. 이러한 사회·문화적 분위기를 반영하듯 경력 개발이나 자기 계발을 향한 노력들도 생존 전략으로 자리잡고 있다. 그러나 누가 진정한 여성주의 리더인가에 대한 성찰이 없다면 단편적이고 맹목적인 처세술 이상이 될 수 없고, 성공한 사람에 대한 이런 저런 선망만이 떠돌 뿐이다. 반면에 '여성주의'를 원론적이고 이상적인 가치 지향으로만 보면서 여성주의와 리더십의 관계를 불편하게 생각하는 한 우리 사회의 실제적 변화는 한계적이다.

진정한 리더는 부하나 하급 직원과의 상하 관계를 맺을 때도 그 기능적 차이를 유지할 뿐이며 기능에 따른 지위나 권한이 아닌 다른 권력 관계를 강요하지 않는다. 기능적으로 발휘하는 능력이 다를 뿐 인격적 수직성이 아님을 인식한다. 따라서 이런 리더는 스스로를 또 다른 (차세대) 리더와 수평적으로 소통하는 존재다. 권위는 있으되 권위주의에 매몰되지 않는 리더가 진정 힘있는 리더다. 리더는 부하－추종자－팬－구성원의 넓은 스펙트럼 중에서 어떤 파트너십을 가져야 할지, 리더 자신의 주변의 관계들은 어떤 속성을 드러내는지 그 위상적 차이에 주목해야 한다.

리더십은 총체적이다. 리더십은 360° 전방위 인간 관계, 사회 관계에서 발휘된다. 따라서 단편적인 리더십 스킬 교육은 한계가 있다. 리더는 팀 내 다른 구성원들이 처한 상황, 환경 조건, 구조 등을 전체적으로 이해하고 문제점을 점검해 주고 삶의 전략을 코치해 주는 안목이 있어야 한다.

또한 리더십은 통합적이다. 개인의 외적 관계와 내적 관계에서 균형적으로 발휘되어야 한다. 팀, 조직, 혹은 사회에 기여하는 부분과 자기 실현의 길이 분리되거나 유리되어서는 안 된다. 한 사람이 리더로서 발전하는 과정 자체가 리더십을 필요로 한다.

리더십은 고정 불변의 실체가 아니고 시대적 · 역사적 변화 발전 과정에 있다. 한 개인의 삶에서 리더십은 도전에 직면할 때도 있고, 시련 속에서 갈피를 잡지 못할 때도 있지만 끊임없는 자기 점검과 성찰, 타인에 대한 학습을 통해 자신만의 고유 궤도를 찾아갈 수 있을 것이다.

6. 맺는 말

지구화가 지역적 활동의 지구적 소통을 증폭시킬 수 있다는 인식에서 보면 세계를 무대로 활약하는 사람들뿐만 아니라 자신의 작은 지역적 현장에서 여성주의라는 보편 가치에 따라 활동하고 이 행위의 경험과 자원을 공간적으로 확산해 가는 여성주의 리더 또한 이미 글로벌 리더인 셈이다.

한국의 여성주의 리더들은 성평등 실현과 여성의 적극적 사회 참여를 승인하는 글로벌 스탠더드의 확산 등으로 인해 기존 사회 · 문화적 경계들이 이완되고 공간 구속력이 완화되면서 가능해진 각종 사이 공간들(in-between spaces) 안에서 한국 사회의 가부장제적 문화와 관습을 바꾸어 나가는 행위성을 담보해 가고 있다. 이른바 '공/사 영역'의 엄격한 젠더 상징 체계에 따라 사회 활동에서 여성의 진입을 배제하거나 여성을 사적 영역으로 일방적으로 배치하는 것 등이 가부장제 하 공간 정치학(space politics)의 내용이라면 여성주의 리더들은 이에 대항하는/대치되는/대안적인 공간 프로젝트를 수행중이다.

인식론적 차원에서 볼 때 여성주의 리더들이 새로 창출한 공간들은 기존 세계의 억압 구조를 폭로하고 대안 가치들(평등, 자유, 이질성과 다양성의 공존,

복수적 세계관 등)을 모색하는 한 스스로를 또 하나의 통제 중심 구조로 기능하게 해서는 안 된다. 여성주의는 "아래로부터의 해방이 모든 해방에 필수 불가결하다."는 인식적 관점을 견지한다.

가치론적 차원에서 볼 때 여성주의의 새로운 리더십 콘텐트는 권력 집단이 자의적으로 자신들의 이익을 위해 행사하는 힘이 아니라, 공동체에 대한 책임과 봉사의 기회라는 인식의 전환이 있어야 실현될 수 있다. 정치적으로 리더십은 통치 행위라기보다는 공치 혹은 협치(governance) 행위다.

존재론적 차원에서 볼 때 리더십은 지도자와 추종자 간에 통제하는 권력의 행사가 아닌 서로에게 공유되어 확산되는 식으로 힘을 북돋워 주는 에너지로 보아야 한다. 리더 유일의 중심이 아닌 분산적 권한과 책임성을 함께 나누어 가질 수 있는 다중심적 주체들의 양성이 중요하기 때문에 리더십은 팔로워십(followership)과의 관계성 하에서 규정될 수밖에 없다.

여성주의 리더십의 핵심 콘텐트는 바로 힘 기르기(empowerment)다. 리더는 팔로워가 지고 있는 모든 문제들의 해결자를 자임함으로써 팔로워를 의존적으로 만들어서는 안 된다. 리더는 팔로워로 하여금 스스로 문제를 인식하고 해결할 수 있게끔 자극하고 지원하고 격려하고 돕는 자로서의 역할에 국한해야 한다. 동시에 이 새로운 리더십은 단지 여성의 권한 증진이나 사회의 양성 평등 실현을 위한 수단적 가치에 머무르는 것이 아닌 지혜나 행복과 같은 차원에 놓인 인간의 본질적 · 목적적 가치라는 위상을 갖는다. 우리는 결국 여성주의 리더십의 철학적 기초로서 성찰적 개인의 리더십을 도출하게 되는바 미래 지향적으로 자기 고유의 개성적 리더십을 창출하고, 자신의 정체성을 확고히 할 수 있는 방향이 더욱 적극적인 전망을 가능하게 할 것으로 본다.

우리 사회의 여성주의화는 그 안에 수없이 형성되어 있는 사회적 공간들의 삶의 내용을 여성주의적으로 실천해 가는 수많은 행위자(agent)들의 에너지가 결집되는 양과 질에 달려 있다. 여성주의자가 지구적 맥락에서 리더십의 행위성을 구현하기 위해서는 여러 관문을 넘어서는 용기와 실천, 실험들이 필요하다. 가부장제 사회의 문화적 효과 때문에 여성주의 리더의 역할 모형이 제대로 확립되어 있지 않기에(혹은 제대로 발굴하지 못해서) 새로운 길을 닦아가는 선구자들이 많이 필요하다.

이 연구를 통해 현행의 여성주의 리더들은 자신의 경험을 전수하는 데 인색하지 않으며 동시에 자신의 경험만을 절대화하는 오류에 빠지지 않는 유연한 소통의 리더십을 구현해 왔으며, 앞으로 더욱 그런 방향으로 발전할 것으로 기대할 수 있다고 본다.

여성주의의 이론과 공간적 실험 자체가 세상을 바꾼다. 세상의 변화 가능성은 여성주의 리더의 공간적 상상력과 비례한다. 여성주의 리더로서의 정체성을 사회적으로 구현해 나가는 인간 나비들의 날갯짓이 더 많은 수의 팔로워, 차세대 리더군을 생성하는 폭풍을 만들고 함께 탈가부장제의 지평을 확연히 열어갈 때까지 이들의 전망적 성찰은 중단 없이 진행될 것이다. 나비 효과 이론을 원용하자면 마치 베이징의 나비 한 마리가 날개를 펄럭이자 뉴욕에 폭풍우가 내리듯 여성주의 리더들이 실천적 영향력을 통해 우리 사회를 변혁시키고 있음(윤혜린, 2005)에 대한 경험적 증거들이 축적되고 있다는 사실이 희망이다.

〈표 1〉 **면접 대상자 자료**(면접 시점인 2005년 기준임)

구분	연령	주요 사회 활동	현직
사례 1	76년생 (29세)	여성주의 학생 운동, 국제연대 활동	WTO반대 단체 사무총장
사례 2	65년생 (40세)	종교 기관 교무 활동	디자인 회사 대표
사례 3	61년생 (44세)	학생 운동, 노동 운동	미술학원장
사례 4	62년생 (43세)	교원	교수
사례 5	61년생 (44세)	학생 운동, 노동 운동	생협 이사
사례 6	61년생 (44세)	학생 운동, 기독교 인권 운동	다큐멘터리 프로덕션 대표
사례 7	71년생 (34세)	여성 단체 활동, 정당 활동	전국급 여성단체 부장
사례 8	66년생 (39세)	기독청년 운동	이주노동자인권센터 소장
사례 9	61년생 (44세)	빈민 운동, 자활공동체 운영	지역 여성의 집 사무국장

III 성 주류화 정책과 여성 리더십

최희경(이화여자대학교 법학과)

1. 들어가는 말

세계화의 변화 속에서 각 국가의 공공 정책의 기능과 역할은 변화하고 있으며, 여성 정책도 이전과는 다른 변화를 겪고 있다. 이는 세계화 현상의 근본적 원동력이 된 정보화[1]라는 기술적 변화와 함께 여성의 능력이 그 효율성을 발휘할 수 있게 되었기 때문이며, 또한 국내적 범주를 넘어서 다른 선진국 기준에 상응하는 여성 정책으로의 전환을 통해서 여성에게 기회를 확대하고 능력을 발휘할 수 있는 여건을 조성하는 다양한 방안이 마련되었기 때문이다. 특히 세계화는 국가의 역할 감소로 인해서 여성 정책을 위축시킬 수 있다는 일부의 우려도 있었으나, 성평등과 여성의 권리 증진을 위한 국제적 기준의 강화는 국내의

---

1 세계화라는 현상의 근본적 원동력은 소통의 장벽을 허물어뜨리는 기술의 비약적 발전과 정보의 공유화 현상이다. 제3의 혁명이라고까지 불리는 정보 기술의 혁명은 개인 · 기업 · 단체 · 사회뿐만 아니라 근대 국가에까지 지대한 영향을 미치게 된 것이다. 이러한 기술 발전과 정보 공유의 보편화 과정을 살펴보면 그 파급 효과는 일정한 국가에 한정되지 않고, 전 세계적 차원에서 나타나며, 이는 세계화라는 사회적 현상의 물질적 · 기술적 바탕이 된다. 안인해(1998), "세계화와 여성 정책," 『21세기 정치와 여성』, 나남, 623쪽.

여성 정책을 선진국 수준으로 발전시키도록 요구했으며 한 국가의 여성 문제를 국내·외적인 관심사의 것으로 확대했다. 또한 여성의 국가 권력 구조의 참여 기회의 확대라는 단순히 양적 측면에서의 변화뿐만 아니라 참여를 통해서 실질적으로 능력을 발휘할 수 있는 지위를 확보하도록 하는 질적 변화를 요구했고, 여성에게 종래 배제되었던 리더십을 발휘해야 하는 위치에 이를 수 있도록 기회의 제공과 함께 실질적 역할을 부여하고 있다.

한편 과거 여성의 지위를 증진하기 위한 국가 정책은 일부의 여성에게만 초점이 맞추어진 일부를 위한 정책이 되어 왔다는 점에서 비판받아 왔으며, 전체 국가 정책의 비중에서 볼 때 낮은 순위의 주변적인 것으로만 인식되어 왔다. 또한 성 중립적이라고 판단된 국가 정책의 상당수도 실제로는 여성에게 차별적인 영향을 미치는 경우가 많았다. 따라서 국가 정책의 일부로서의 여성을 고려하는 정책은 이제는 모든 국가 정책에서 성별 특성을 고려하고 양성 평등적 관점을 모든 정책 과정에 통합하는 성 주류화 정책으로 그 정책 방향이 전환되어야 하며, 이에 따른 세부적 과제와 전략들이 개발되어 시행될 필요성이 요구된다. 즉 성 주류화 정책이란 남성과 여성의 차이, 성별 특성을 모든 국가 정책에서 고려하고 양성 평등적 관점을 모든 정책 과정에 통합하는 것으로서 그 정책 효과가 종래의 여성 정책과 달리 모든 여성에게 미치며,[2] 나아가 여성만을 대상으로 하는 정책이 아니라 양성 평등의 실현을 위해 남녀를 포괄하는 방향, 남성을 변화시키고 남녀의 사회적 관계를 변화시키는 정책으로 변화시키는 것이다. 이에 앞서 논의가 활발했던 유엔과 유럽연합(EU)의 성 주류화 정책의 전개를 살펴보고, 우리나라의 성 주류화 정책을 검토함으로써 여성의 권리 증진과 평등 실현에 기여하는 바를 평가해 보고자 한다. 또한 이러한 정책이 여성의 리더십 개발과 증진에 미친 영향과 그 공과를 검토해 보고자 한다.

---

2 성 주류화로서 여성 정책은 가부장적인 제반 조직, 제도, 질서 등이 갖고 있는 성차별적인 문제들을 인식하고 그 시정을 목표한다는 점에서, 그 정책의 대상을 기존의 요보호 대상 여성으로 한정하고 그들을 기존 가부장적 질서의 한 일원으로 편입시키려는 기존의 여성 정책과는 분명한 차이를 갖는다고 한다. 허라금(2004), "보살핌 윤리에 기초한 성 주류화정책 패러다임의 모색," 『한국 여성 정책의 뉴패러다임의 정립』, 20-21쪽.

2. 국외의 성 주류화 정책의 발전

2.1 유엔의 성 주류화 정책

유엔은 여성의 발전과 여성 지위 개선을 위해서 많은 관심을 가져왔으며, 특히 유엔이 이를 위해 채택했던 전략상의 변화, 즉 여성 중심적 접근법인 WID (Women-in-Development) 접근법[3]에서의 젠더 중심적 접근법인 GAD(Gender and Development) 접근법으로의 전환, 그리고 후자의 전략화를 위한 성 주류화 정책의 채택은 유엔뿐만 아니라 주요 국가의 여성 정책에 커다란 영향을 미쳤다. 또한 유엔의 이러한 전략의 변화는 여성과 남성의 차이, 성별을 정치적 문제의 중심에 두었으며, 이를 긍정적으로 수용하는 방향으로의 전환을 가져왔다.

먼저 유엔은 1975년에 '세계 여성의 해'를 선포하고 여성 발전 프로젝트를 진행해 오면서, 발전 속에서 여성 문제를 고려하고 여성의 참여를 유도하는 WID 접근법을 채택했다. 이는 여성의 불평등한 지위가 남녀의 차이를 강조하는 성별 노동 분업에 기인한 노동 시장으로부터의 배제에서 나온다고 보았으며, 따라서 국가 개입을 통해 여성이 생산 영역에 더 균등하게 참여할 수 있도록 한다면 남성과의 불평등이 극복될 뿐만 아니라 정치 · 경제적 자율성을 획득할 수 있다고 주장했다. 이러한 전략은 당시의 발전을 위한 구조 속에 여성을 편입시키는 긍정적 결과를 가져오기는 했지만 구조를 만들어 낸 편견 그 자체는 문제 삼지 않았다는 점에서 한계가 있다고 하겠다. 즉, 재생산에 대한 남녀 역할 분담이나 사회적 지원에 대한 문제 의식을 결여한 채 여성의 전통적인 성역할에 기초한 정책에 중점을 둠으로써 불평등을 지속하는 구조와 관습 그 자체를 전

---

3 WID라는 용어는 1970년대 초에 여성개발전문기구 국제개발협회의 워싱턴 지부 여성위원회가 이스터 보스럽(Ester Boserup)과 다른 신인류학자들의 제3세계 개발 작업에 영향을 받아 만든 용어다. 미국국제개발기구가 재빨리 채택해서 WID 접근으로 불렀던 이 용어는 여성을 경제 개발에 기여할 수 있는 미활용된 자원으로 보는 것을 기본적인 원리로 삼고 있다. 모저(2000), 『여성 정책의 이론과 실제』, 13쪽.

환시키지는 못했다(모저, 2000:49). 이는 주로 개발도상국 여성들을 대상으로 했으며, 여성의 생산적 활동은 무시한 채 재생산 활동만을 강조하는 모성 프로젝트와 자녀 건강에 대해서만 중점을 두고 있었다.

따라서 1985년 나이로비에서 개최된 제3차 유엔세계여성대회에서는 WID 접근법에 대해서 여성의 상황을 일부 개선하기는 했지만 기본적인 남녀 관계를 근본적으로 변화시키지는 못했다고 평가했다. 그러면서 GAD 접근법을 새롭게 제시했는데, GAD 접근법은 여성과 남성 모두의 역할 변화를 통해서 성별 관계를 재편하고 여성의 지위를 향상시키기 위한 전략적 요구에 중점을 둔다. 그리고 WID 접근법이 여성을 특별하고 독립적인 이익집단으로 인식한 것과 달리 GAD 접근법은 젠더를 발전 전략의 통합적 부분으로 인식했으며, GAD 접근법 하에서 여성의 상황은 더 이상 남성과 구별되어 독자적으로 분석되지 않고 오히려 남성과의 관계에서 이루어졌다.[4] 특히 WID 접근법이 발전의 틀 안에서 여성을 위한 자원의 재분배를 요구한다면, GAD 접근법은 자원 배분 틀 자체의 변화를 요구하는 것이며(강남식, 2005:288), 여성과 남성 간의 불평등한 권력 관계 그 자체를 조망했다.

그리고 유엔은 1995년 베이징(北京)에서 개최된 제4차 세계여성대회에서 이러한 GAD 접근법이 모든 영역에서 가능하도록 하기 위해서, 그 행동강령에서 성 주류화를 채택했다. 즉 성 주류화란 "체계적인 절차와 메커니즘을 향한 도약을 의미하며, 성 이슈를 정부와 공공 기관의 모든 의사 결정과 정책 실행에 고려해야 하는 것"이라고 규정했다. 이처럼 베이징 행동강령에서 가장 중요하고 혁신적인 요소는 성 주류화를 요청하도록 한 조항으로서, 동 강령 제20조는 "여성 지위 향상을 위한 국가 기구는 정부 내의 정책 조정 중심 부서로서 주된 과제는 모든 정책 분야에서 성 평등 관점을 범정부적으로 주류화하는 것을 지원하는 것"이라고 규정했다. 이처럼 국가 정책 과정에서의 성 주류화 정책이라는 개념

4 Hafner-Burton & Pollack(2002), "Mainstreaming Gender in Global Governance," 8 *EJIR* 339, pp.348-349; Charlesworth(2005), "Not Waving but Drowning: Gender Mainstreaming and Human Rights in the United States," 18 *Harv. Hum. Rts. J.* 1, pp. 2-5 참조.

은 이미 20여 년 전에도 존재하기는 했지만 유엔 구성국이 이를 공식적으로 승인하고 강화한 것은 전 세계에 커다란 영향을 미쳤다. 성 주류화는 국제적 · 국내적 정책 과정에서 혁명적인 변화를 초래했으며, 젠더 문제는 단순히 여성 문제를 다루는 특정 부서나 장관에게만이 아니라 입안과 집행과 평가를 거친 정책 과정의 모든 분야와 모든 단계에서 고려되어야 할 핵심으로 부상했다.

유엔은 이러한 전략의 변화에 따라 모든 조직 내에서 성 주류화에 대한 베이징 행동강령을 이행했다. 특히 경제사회이사회(ECOSOC)는 1997년 성 주류화에 대한 상당한 수준의 패널 토의를 진행했으며, 당시 유엔에 대해 "젠더 관점을 주류화하는 적극적이고 가시적인 정책을 증진하고 있다."고 평가했다. 그리고 유엔사무국 역시 모든 위원회와 기구에 대해서 "모든 분야, 특히 미시 경제적 문제, 발전을 위한 운영 활동, 빈곤 제거, 인권, 군비 축소, 평화와 안전, 법과 정치 문제에서 체계적으로 젠더 관점을 주류화할 필요가 있다."고 강조했다. 특히 대부분의 젠더 주류화에 대한 이행 조치는 1997년 경제사회이사회의 다음과 같은 정의에서 도출되었다. 즉 "젠더 관점의 주류화란 모든 영역에서 입법, 정책, 프로그램이 포함된 조치에 대해 여성과 남성에 대한 의미를 평가하는 과정을 뜻한다. 이는 정치 · 경제 · 사회적 모든 영역에서 여성과 남성의 이익을 평등하게 지속시키며 불평등하지 않도록 남성의 이해 관계와 경험뿐만 아니라 여성의 이해와 경험까지 각 정책 및 프로그램을 계획하고, 이행하고, 모니터링하며 평가하는 것에 통합하는 전략이다. 그리고 그 궁극적 목표는 젠더 평등을 실현하는 것이다."[5] 따라서 경제사회이사회는 유엔의 모든 체제에서 젠더 관점을 주류화하도록 하고 그 이행 결과를 지속적으로 모니터링하고 모든 정책 결정 과정에 여성의 참여를 확대하도록 요구했다. 또한 재량의 여지가 있는 지침이 아니라, 직접적인 지침의 이용을 강조했으며 모니터링하고 평가 및 책임을 지는 메커니즘 도입을 포함해 다양한 성 주류화를 위한 제도적 요건들을 만들어 내었다. 그리고 유엔 시스템 전반에 광범위한 '젠더 교육을 통한 훈련'을 강

5 Report of the Economic and Social Council for the Year 1997, U.N.GAOR, 52nd Ses., Supp. no. 3, at 24, U.N.DOC> A/52/3/Rev.1. Charlesworth(2005), p.4에서 재인용.

조했다.[6]

지속적으로 유엔의 모든 조직과 기구는 성 주류화를 공식적으로 강화해 왔으며, 성 주류화 정책은 국제연합개발계획(UNDP),[7] 유네스코, 세계은행, ILO 등에서 반복해 사용되고 있다. 예컨대 국제연합개발계획의 구체적 변화는 성 주류화의 전반적 발전 방향을 보여 준다. 1965년 창설된 국제연합개발계획은 WID정책을 수립했고, 1990년대에는 WID에서 GAD로 전환했다. 이후 국제연합개발은 성 주류화를 통해서 성 평등을 증진시켜 왔는데, 특히 여성에 대한 권한 부여 및 평등의 증진을 조직의 핵심 사업에 통합하기 위해서 새로운 전략을 제시했다. 새로운 전략은 세 개의 중심 부분으로 이루어지는데 첫째, 전 지구적 · 지역적 · 국가적 협력 구조 안에서 젠더에 대한 관심을 통합하기 위한 자원을 발전시키는 것이다. 둘째, 젠더 평등과 여성의 권한 부여를 증진하기 위한 정책 권고 서비스를 제공하는 것이다. 셋째, 여성의 이익을 위한 구체적 개입을 지원하고, '여성을 위한 유엔발전기금(UNIFEM)'에 의해서 발전되고 심사된 것과 같은 개혁적 모델을 확대하는 것이다. 이러한 성 주류화를 위한 새로운 전략은 소수의 전문가 그룹의 책임이 아니라 전체의 임무임이 강조되고 있다.[8]

이처럼 유엔은 종래 여성과 개발에 중점을 두어 기존의 발전 속에 여성을 편입시키고자 했으며, 초기에는 그 구체적 발전의 구조나 틀 자체를 문제삼지는 못했다. 또한 여성의 성을 전통적인 성역할에 기초해 남성과 대립되는 고립적인 것으로 이해했다. 하지만 1985년 이후 남성과의 관계에서 여성의 문제를 종합적으로 분석하고 여성의 성별을 대등하게 적극적으로 강조하면서 개발 이익과 권력 분배의 틀 자체를 변화시키고자 했으며, 1995년 성 주류화 정책을 채택해 이를 유엔 조직과 기구 내에서 시행하고 있을 뿐 아니라 각 국가들이 이를

---

6 Id, at 4-5.

7 UNDP는 개발 협력에 관련해서는 세계에서 가장 큰 개발 협력을 위한 자금 지원 기구다. 1965년 UN의 기술 협력을 위해 실행되어 오던 두 개 프로그램이 합쳐져서 UNDP로 출발하게 되었다. UNDP 기금은 UN의 각 회원국들의 자발적인 성금과 UNDP에 매년 약 10억 달러의 자금을 기부하는 UN 유관 기구들에 의해 구성된다. 선진국 및 개발도상국가의 회원들 36명으로 구성된 이사회에서 UNDP의 주요 프로그램 및 정책 결정에 대한 사항을 승인한다.

8 www.undp.org/gender/mainstream/undp.shtml.

시행하도록 그 변화를 주도하고 있다.

2.2 유럽연합의 성 주류화 정책

1990년 이후 유럽연합은 남성과 여성의 평등한 기회를 보장하기 위해 새롭고 광범위한 의제를 발전시켜 왔다. 이러한 어젠다는 직장에서의 동등 임금과 동등 처우를 위한 전통적인 접근법에서 한 걸음 나아가 정책 과정에서 젠더 주류화를 위한 새로운 이행 조치를 포함하고 있었다.

유럽연합의 성 주류화 정책과 관련해서 성 주류화라는 용어는 1991년 EC parlance에서 처음 도입되었으며, 평등 기회에 대한 제3차 행동강령 프로그램(1991~1996년)에서 상대적으로 미비하기는 했지만 개혁적 요소로 영향을 미쳤다. 이 기간 동안 위원회는 여성의 이익을 위해 구체적인 세부적 안을 마련하고, 제4차 베이징 세계여성대회를 적극적으로 준비했다. 하지만 제3차 행동강령 프로그램이 시행되는 기간에는 위원회의 관료적 구조로 인해서 모든 유럽연합의 정책에 젠더 관점을 도입하려는 시도는 별다른 결실을 맺지 못했다(Pollack & Hafner-Burton, 2000:435).

오히려 성 주류화 정책이 채택된 중요한 시기는 1995년이라고 할 수 있다. 유럽연합은 상대적으로 여성에게 정치적 기회를 개방해 왔는데, 다음의 사건을 계기로 기회를 더욱 확대했다. 첫째, 유럽위원회에 새로운 국가가 포함되었는데, 특히 스웨덴, 오스트리아, 핀란드가 유럽연합에 가입한 것은 중요한 의미를 가진다. 이들 국가의 경우 여성 평등에 많은 관심을 가지고 있었을 뿐만 아니라 공공 정책에서의 성 주류화에 대해 상당한 경험을 가지고 있었다. 이러한 참가국의 변화와 구성국 지명의 선택으로 인해 후임 유럽위원회에는 5인의 여성이 선임되었으며 평등 고용에 대한 이행을 확대했다.

두 번째 변화는 마스트리히트 조약이 발효된 1993년 11월에 시작되었다. 이 조약이 평등 기회 정책에 대한 유럽연합 자체의 권한을 확대시킨 것은 아니지만 유럽연합의 여성 정책을 강력히 후원해 준 유럽 의회의 중요 권한을 실질적으로 확대시켰다. 이 조약은 유럽연합에게 특정 분야의 입법에 대한 공동 결정 절차를 인정했을 뿐만 아니라 유럽위원회 구성을 위한 투표권을 부여했다(Pollack & Hafner-Burton, 2000:436).

새로운 유럽위원회는 '기회 평등에 대한 위원회' 그룹과 함께 1995년부터 시작되어, 기회 평등 영역에서 중요 제안을 위한 명령을 발했으며 그 핵심은 성 주류화의 '정책구조안'에서 제시되고 있다. 1995년 후반 위원회는 남녀 기회 평등에 대한 제4차 행동강령 프로그램(1996~2000년)을 제안하고 이사회에서 이를 채택했다. 그리고 1996년 2월 "위원회의 모든 정책과 조치에서의 남녀 기회 평등의 통합"이라는 제목의 새로운 발표를 주류화의 이행으로 공식적으로 선언한 바 있다.

마지막으로 1997년 암스테르담 협정으로 인해서 유럽연합의 기회 평등을 보장하는 권한이 더욱 강화되었는데, 이 협정은 기회 평등 영역에서 유럽연합의 권한을 강화하는 새로운 조항을 다수 포함하고 있다. 동등한 임금에 대한 제119조의 원래 용어 대신에 회원국은 새로운 119조(현재는 141조)에 동의했는데,[9] 그것은 동등한 임금에 대한 원래의 용어를 강화했다. 즉 "모든 구성국은 동등한 근로 내지 동등한 가치의 근로에 대해서는 남녀 근로자 모두에게 동일 임금 원칙이 적용되도록 그 보장을 요구"하고 있다. 또한 새로운 협정의 중요 조항으로는 협정 제2조와 제3조의 개정을 들 수 있는데, 연합의 중요한 주체로서 여성과 남성을 위한 평등한 기회를 규정하고 있다. 이 같은 조항이 직접 집행력을 갖거나 유럽 여성을 위해 법적으로 이행될 수 있는 권리를 부여하고 있는 것은 아니지만, 협정에 근거해 성 주류화에 대한 정치적 이행을 나타낸다(Pollack & Hafner-Burton, 2000:437).

그리고 유럽연합 집행위원회 역시 2000년에 '성 평등 추진 전략의 기본 틀'을

---

9 제119조는 여성의 권리를 위한 캠페인의 차원에서 개정된 것이 아니다. 이는 동일한 직무에 대한 동일 임금의 원리를 각 구성국이 이행하도록 하고자 하는 공정한 시장 경쟁에 대한 프랑스의 관심에서 비롯된다. Booth & Bennet(2002), "Gender Mainstreaming in the European Union," 9 *The European Journal of Women's Studies* 430, p.436.

제시하고 있는데, 경제 생활, 동등한 참여와 대표성, 사회적 권리, 시민 생활, 성 역할과 편견이라는 다섯 개의 영역을 개입의 주요 영역으로 설정했다.[10]

유럽위원회가 채택한 제5차 행동강령 프로그램(2001~2006년)은 명확한 모니터링 절차에 근거한 단일한 틀 안에서 상이한 주류화 방안과 평등 프로그램을 조정했으며, 수평적 주류화 전략을 발전시키기 위한 재원을 마련했다. 또한 2000년부터 성 주류화의 이행은 구조기금[11]을 위한 기금 규제와 연구 및 기술 발전을 후원하는 기본 프로그램에 결합되었다(Booth & Bennet, 2002:431-432). 이는 이전에는 그 핵심적 활동이 평등 기회 증진에 중점을 두지 않았던 조직에 대해 성 주류화의 요건을 확대한 것이다.

하지만 유럽연합에서의 젠더 관련 정책은 기회 평등에 대한 개념의 협소화와 위원회의 동의를 위해서는 만장 일치를 요구하는 엄격한 요건을 통과해야만 집행되는 점에서 효과적 이행이 어렵다는 것이 문제가 되었다(Pollack & Hafner-Burton, 2000:437). 또한 각 개별 구성국의 젠더 명령에 대한 유럽연합 입법의 다양한 집행이 문제된다.

그럼에도 이러한 유럽연합의 성 주류화 정책은 그 회원국들의 성 주류화 정책에 영향을 미치고 이를 강화했다. 예컨대 유럽연합 회원국 중 독일의 경우 1999년 연방정부가 성 주류화에 대한 지침을 결정했으며, 2000년 7월 26일 연방정부 총괄규정(GGO)을 개정해 "여성과 남성의 평등 지위는 주요한 지도 원리이며, 연방정부의 모든 정치적 · 입법적 · 행정적 조치에서 요구된다."고 성 주류화 정책을 표방했다. 그리고 2001년 연방정부의 모든 부서는 남녀 공무원들에게 성 주류화 교육을 받도록 요구하고, 적어도 하나 이상의 성 주류화 시도에 관한 개발 프로젝트를 시행하도록 하고 있다. 한편 이미 성 평등을 중요한 과제로 삼아왔던 스웨덴의 경우 1979년 남녀평등법을 제정하고 '평등위원회'와 '평등 옴부즈만'을 설치해 노동 시장 내 성별 직종 분리와 남녀 간 임금 차이

10 이에 대해서는 여성부(2004), "외국의 성 주류화 동향과 여성 정책 기본계획," 35-48쪽 참조.

11 구조기금은 유럽공동체가 응집을 강화하고 고용 분야를 개선하며 지속 가능한 개발을 촉진하기 위한 주요 재정적 도구 중 하나며, 특히 양성 평등 촉진을 위한 중요한 도구로서 역할하고 있다.

를 줄이기 위해 다양한 정책을 도입해 왔다(여성부, 2004d:180). 그리고 1994년부터 시작된 성 주류화 정책은 3단계 모형을 발전시켰다. 제1단계는 시작 단계로서 최고 의사 결정자로 하여금 모든 정책 과정에서 성 주류화를 기관 운영의 방침으로 정하도록 결단을 요구하며, 제2단계로는 프로그램의 개발과 점검, 분석이 포함되며, 제3단계로는 목표의 형성, 업무 통합 과정 등으로 이루어져 있다. 특히 2003년 정부 차원에서 5개의 핵심 분야를 선정했는데, 이는 대표성, 동일 노동 및 동일 가치 노동에 대한 동일 임금, 여성에 대한 남성의 폭력, 성매매, 성적 착취를 목적으로 하는 여성 인신 매매, 남성과 성 평등, 공적 영역에서의 성적화[12]가 그것이다.

이처럼 유럽연합 자체도 평등 기회 보장이라는 그 목적을 실현하기 위해서 조직 내에서 성 주류화 정책이 이행되고 있고, 그 회원국들도 다양한 영역에서 성 주류화 정책을 시행하고 이를 담당하는 국가 기구를 발전시키고 있다.

3. 우리나라의 성 주류화 정책

3.1 성 주류화 정책의 전개 및 의의

우리나라의 경우 헌법 제11조에서 "모든 국민은 법 앞에 평등하다. 누구든지 성별 · 종교 또는 사회적 신분에 의하여 정치적 · 경제적 · 사회적 · 문화적 생활의 모든 영역에 있어서 차별을 받지 아니한다."라고 규정함으로써 평등권을 보장하고 있다. 특히 유교적 · 가부장적 전통 속에서 여성의 권리가 간과되어 오고 공사 영역에서 일상적으로 차별이 행해졌던 우리의 경험 속에서 이를 극복하고 양성 평등을 실현하는 것은 주요한 과제라 할 것이다.

하지만 여성의 권리 향상과 양성 평등 실현을 위한 우리나라의 여성 정책은

---

12 스웨덴 정부는 공적 영역의 성적화에 대한 인식 및 전문 지식 체계를 구축하기 위한 노력을 촉구하고, 관련 이슈를 다룰 전문가 그룹을 지명했다. 여성부(2004d), 197쪽 참조.

다른 국가 정책과 비교해 볼 때 상대적으로 그 중요도에서 비중이 높지 못했으며, 이를 전담하는 체제도 뒤늦게 그 모습을 갖추기 시작했음을 알 수 있다.[13] 즉 이를 본격적으로 전담하는 체제는 1980년대를 거쳐 2001년 여성부의 설립에 이르러서야 제 모습을 갖추기 시작했다. 즉 1983년 국무총리 산하 여성정책심의위원회가 여성 문제에 관한 정책을 종합적으로 심의 · 조정하기 위해 발족되었으나,[14] 동 위원회는 국무총리의 정책자문기관으로서 행정적 기속력이 없다는 점에서 그 역할이 제한적이었다. 이후 여성 정책 전담 기구는 1988년 제2정무장관실, 1998년 대통령 직속의 여성특별위원회를 거쳐서 2001년 여성부의 설립으로 이어졌다. 2001년 출범된 여성부는 2005년 여성가족부로 명칭이 변경되어[15] 가족 정책 및 영유아 보육에 관한 사무와 함께 여성 정책의 기획 · 종합, 여성의 권익 증진 등 지위 향상에 관한 사무를 관장함으로써 여성 정책 추진 기구로서의 중추적 역할을 담당하고 있다.

이러한 여성 정책 추진 기구의 발전은 여성 정책을 전담할 수 있는 인력과 기구의 증대와 함께, 성차별 금지와 여성의 정치 사회적 참여를 확대하기 위한 정책과 관련 법률 마련에 기초가 되었다. 하지만 여성 정책 담당 기구의 발전과 이를 뒷받침하는 관련 법제도의 발전에도 불구하고 종래의 여성 정책은 특정 영역, 즉 혼인과 신분, 고용 등 협소한 영역에서의 차별 금지 부분에만 중점을 둠으로써 그 정책의 효과가 제한적이고, 여성의 삶 전반에 대한 고려가 부족했다. 그리고 여성 정책 담당 기관이나 기구도 국가 정책의 중요 부분으로서가 아니라 정책의 일부 특별한 영역을 위한 기능을 담당하는 주변적인 기구로 평가되었다. 또한 남녀의 불평등만을 강조해 이를 극복하려는 정책만으로는 여성의

---

13 국가 차원의 여성 정책 담당 기구는 미군정 시기인 1946년 부녀국을 설치함으로써 시작되었으며, 1963년 부녀국은 부녀아동국으로, 1981년 가정복지국으로 바뀌었다.

14 그 기능, 구성 및 운영 등에 관해 필요한 사항은 1983년 12월 8일 공포되고 1993년 12월 9일 최종 개정된 여정정책심의위원회규정에서 규정하고 있다. 이 규정은 심의위원회의 기능 강화를 위해서 이후 6차례에 걸쳐 개정되었다.

15 2005년 3월 24일 정부조직법이 개정되었는데, 이는 가정의 가치를 새롭게 정립하기 위해 여성부에 가족정책의 수립 · 조정 기능을 추가하기 위함이다. 정부조직법 제42조는 "여성가족부 장관은 여성 정책의 기획 · 종합, 여성의 권익 증진 등 지위 향상, 가족 정책의 수립 · 조정 · 지원 및 영유아 보육에 관한 사무를 관장한다."고 규정하고 있다.

실질적 필요와 고유한 경험을 반영하는 데 한계가 있음을 간과함으로써 여성의 삶을 긍정적으로 변화시키는 데 어려움을 겪어 왔다.

이에 1995년 베이징에서 개최된 제4차 세계여성대회에서 주요 전략으로 채택된 성 주류화 정책은 이러한 점을 보완해 줄 것으로 기대되었고, 이는 여성 정책의 주요 전략으로 채택되었다. 특히 우리의 경우 1998년 여성특별위원회가 그 업무 계획에서 처음으로 여성 정책의 주류화를 여성 정책의 방향으로 제시했고 이후 여성부에서 이러한 임무를 수행함에 따라, 1990년대 후반 이후 성 주류화와 성 인지적 관점은 한국 여성 정책의 중요한 과제가 되었다. 여성발전기본법 제7조에 근거해 시행되고 있는 여성 정책 기본계획과 관련해서 정부는 1998년부터 2001년까지의 제1차 여성 정책 기본계획 기간 동안 6개 부처에 여성 정책담당관실 설치, 여성부 신설 등 여성 정책 추진 체계를 강화하고 성별 분리 통계의 구축[16] 등 성 주류화를 위한 정책적 노력을 기울여 왔다. 또한 2003년부터 시행되고 있는 제2차 여성 정책 기본계획에서도 성 주류화 전략을 강조해 여성 정책을 "여성만을 대상으로 하는 정책을 넘어 남성을 변화시키고 남녀의 사회적 관계를 변화시키는 정책"으로 정의하고, "실질적 남녀 평등 사회의 실현"을 목표로 한다는 점을 명확하게 밝히고 있다(여성부, 2002:29). 그리고 구체적으로 이를 위해 여성 정책 추진 기구를 확대하고, 성 인지적 예산 수립 및 정책의 성별 분석을 위한 기반을 조성하고 있다.

이처럼 성 주류화 정책은 기존의 여성 정책과 달리 그 정책의 대상을 일부 요보호 대상의 여성으로 한정하지 않음으로써 그 정책의 효과가 여성 일부가 아닌 모든 여성에게 미치는 것이며,[17] 나아가 여성만을 대상으로 하는 정책이 아니라 양성 평등의 실현을 위해 남녀를 포괄하는 방향, 남성을 변화시키고 남녀의 사회적 관계를 변화시키는 정책으로 변화하고 있다. 특히 성 주류화 정책은 국가 정책에 성 인지적 관점이 반영될 것을 요구하는데, 성 인지적 관점은 여성

---

16 2001년 1월 29일 개정된 여성발전기본법 제13조는 제1항에서 "여성부 장관은 효율적인 여성 정책의 수립을 위하여 여론 조사, 성별 통계 작성 등을 통하여 여성과 관련된 문제에 관한 조사를 실시하여야 한다."고 규정했다.

이 남성과는 다른, 때로는 갈등하는 이해와 요구를 가지고 있다고 보면서 여성과 남성의 삶을 비교하고 여성 특유의 경험을 반영하도록 하고 있다(김경희, 2005a:155). 또한 특정 정책이 성별에 따른 차별적 효과를 가지는지, 성역할에 대한 고정 관념이 개입되어 있는지 여부를 검토하고, 성별의 차이를 존중하면서도 이것이 차별되지 않도록 하는 정책이라고 하겠다.

하지만 이러한 성 주류화 정책에 대해서는 개념상의 모호함으로 인한 어려움과 함께 정책으로서의 효율성, 여성 정책으로서의 적합성 등이 우려되고 있다.

첫째, 성 주류화 정책은 그 자체 개념상의 모호함뿐만 아니라 성별 영향 분석 등 구체적 집행 프로그램 역시 개념적인 어려움을 가지고 있다. 또한 유엔이나 유럽연합, 주요 국가에서 시행되어 온 성 주류화 정책의 용어와 의미를 우리의 것으로 전환하는 데 어려움이 있는 것도 사실이다. 따라서 이러한 개념적 이해의 어려움은 단지 이 정책이 선언적 효과를 미치는 것에 그치지 않는가 하는 우려(여성부, 2004a:4)를 낳고 있다.

둘째, 성 주류화 정책의 정책으로서의 효율성에 대한 의문이다. 예컨대 구체적인 평등 실현 수단으로 그 방법 및 효과가 명확한 적극적 실현 조치와는 달리 성별에 대한 고려, 양성 평등적 관점의 통합이라는 것이 정책의 효과면에서 실제 효율성을 보여 줄 수 있는지가 문제되고 있다. 또한 극단적인 경우 전혀 성 평등에 기여하지 않는 새로운 법이나 정책이라 하더라도 이를 성 주류화라고 이름붙임으로써 합법화시킬 수 있는 수사학적 방법으로 이용될 수도 있다(Holzleithner, 2005:933)는 점이 지적된다.

셋째, 성 주류화 정책의 여성 정책으로서의 적합성에 대한 우려다. 즉 여성 정책이 성 주류화 정책으로 전환하는 과정, 즉 일반 정책에 양성 평등 관점을 통합하는 성 주류화 전략의 채택이 여성 문제의 특수성과 성차별의 심각성을

17 성 주류화로서 여성 정책은 가부장적인 제반 조직, 제도, 질서 등이 갖고 있는 성차별적인 문제들을 인식하고 그 시정을 목표한다는 점에서, 그 정책의 대상을 기존의 요보호 대상 여성으로 한정하고 그들을 기존 가부장적 질서의 한 일원으로 편입시키려는 기존의 여성 정책과는 분명한 차이를 갖는다고 한다. 허라금(2004), "보살핌 윤리에 기초한 성 주류화 정책 패러다임의 모색," 『한국 여성 정책의 뉴패러다임의 정립』, 여성부, 20-21쪽.

약화시킬 수 있다는 우려가 제기되고 있다(김경희, 2005b:17). 또한 여성 정책의 목표가 여성 억압의 극복에서 성별 관계의 변화로 이전함에 따라 이것이 여성주의가 표방하는 급진성의 쇠퇴나 남성들과의 타협으로 여겨질 수 있다(김경희, 2005a:157)고 한다. 그리고 종래 여성의 억압을 뒷받침하는 이론을 반박하거나 비판할 경우 성 주류화 정책이 명확한 해답을 제기하는 어려운 점도 지적될 수 있다.

하지만 성 주류화 정책은 양성 평등 실현을 위한 구체적인 목표를 가지고 있으며, 구체적 정책 프로그램의 제도화와 시행 등을 통해서 그 효율성을 갖추어 가는 것으로서 이미 완성된 정책의 단순한 적용이 아니라 기존 정책에 대해 변화와 새로운 방향을 이끌어 나가면서 형성되어 가고 있는 정책이다. 또한 종래 여성 정책이 가지는 한계로 지적되어 온 주변화라는 문제를 극복하기 위해 적극적으로 성을 정치적 관심에 두면서 국가 정책에서 여성, 나아가 남성을 통합하는 성에 대한 관점을 편입해 주류화하는 것으로서 이러한 과정을 통해 기존 여성 정책이 가지는 한계를 극복하고 그 외연을 확대해 나간다고 할 수 있다. 따라서 기존의 여성 정책에 대한 단순한 대체물로 보거나 그 일면만을 강조할 것이 아니라, 여성만의 정책을 넘어서 남녀 모두의 성을 정책의 중심에 둠으로써 실질적 평등 실현을 위한 전략으로 기여할 수 있는 장점에 주목할 필요가 있다. 그리고 그러한 정책의 근간에는 남성과 여성의 차이를 차별의 기초로 보는 것이 아니라 이러한 집단 간의 차이를 인정하며 각 성별의 특성을 고려해 이를 존중하면서 정책을 시행함으로써 평등을 실현하려는 정책 의지가 담겨 있는 것이라 하겠다. 또한 부처 간에 분산되어 시행, 집행되는 여성 정책을 종합적으로 분석할 수 있는 관점을 제공하며, 개별 여성 정책에 대해서도 양성 평등적 관점에서 발전된 구체적 프로그램과 분석 틀을 적용함으로써 이를 종합적으로 평가하고 발전시킬 수 있도록 해 준다고 하겠다.

3.2 성 주류화 정책의 제도화

우리나라에서 성 주류화를 위한 구체적 정책 프로그램으로 논의되어 제도화되고 있는 것으로는 성별 영향 분석 평가와 성 인지적 예산, 성 인지적 교육 등이며, 이를 전체 여성 정책의 범주 안에서 조정하기 위한 시스템으로 여성정책조정회의와 여성정책책임관 제도를 두고 있다.

첫째, 성별 영향 분석 평가(gender-based analysis)[18]는 국가의 정책 수립 및 집행의 모든 과정에서 여성과 남성 각각의 성에 미치는 효과를 검토하고 분석하는 것이다. 이는 국가 정책의 계획과 집행의 모든 단계에서 남성과 여성 간의 중요한 사회적 · 경제적 차이를 고려하는 것이며, 이를 통해서 정책을 수립하기 이전에 잠재적인 차별적 효과를 인식할 수 있도록 해 준다. 이처럼 주요 정책의 기획에서 집행까지 양성 평등 효과를 판별해 내는 성별 분석이 강조되며, 성별 분리 통계 등 평가 지표의 체계화가 요구된다.

성별 영향 분석 평가의 적용 대상은 각종 연금 등 사회보장 정책, 보건복지 정책, 고용촉진 정책 등 사회적 파급 효과가 크고 성별에 따라 수혜도 편차가 큰 정책과 여성 권한 척도, 남녀 평등 지수 등 국제적으로 공인된 양성 평등 관련 지표에 영향을 주는 정책을 포함한 정책 전반이다(김경희, 2005b:1). 우리의 경우 2002년 여성발전기본법이 개정되면서 성별 영향 분석 평가가 제도화되었으며, 현행 여성발전기본법은 제10조와 제10조의2에서 이를 규정하고 있다. 동법 제10조 제1항은 국가 및 지방자치단체로 하여금 소관 정책을 수립 · 시행하는 과정에서 당해 정책이 여성의 권익과 사회 참여 등에 미칠 영향을 미리 분석 · 평가하도록 했으며, 제2항에서는 여성가족부 장관이 국가 및 지방자치단체에 대해 제1항의 규정에 의한 정책의 분석 · 평가에 필요한 지원 및 자문을 할 수 있도록 하고 있다. 그리고 법 제10조의2는 제1항에서 여성가족부 장관에게

---

18 성별 영향 분석 평가는 외국에서는 성별 영향 평가, 성분석이라고도 불리는데, 노르웨이, 캐나다, 뉴질랜드, 일본, 영국, 네덜란드 등 각국에서 사용되고 있으며, 그 구체적 내용은 김경희(2004), "성별 영향 분석 평가의 도입과 적용 방안," 『입법정보』, 제153호 참조.

국가 및 지방자치단체 정책의 분석 · 평가에 필요한 지원 및 자문을 위해 국공립연구기관, 정부 및 지방자치단체가 출연한 연구기관 또는 민간연구기관을 정책의 분석 · 평가 지원기관으로 지정할 수 있도록 하고 있다.[19]

한편 성별 영향 분석과 성 인지적 통계를 구축하기 위해서는 이를 전담하는 부서와 구체적 시행 지침이 요구된다. 여성가족부는 2004년 재직자 직업훈련 정책, 암 관리 정책 등 10개의 국가 정책에 성별 영향 평가를 시범적으로 실시했고, 2005년 53개 기관, 85개의 과제에 대해 성별 영향 평가 사업을 확대했다. 2006년의 경우에는 187개 기관, 314개의 과제에 성별 영향 평가 사업이 시행되었으며, 특히 표면적으로는 성별 영향 평가의 대상이 되지 않을 것처럼 보이는 일반 정책의 비율이 확대됨에 따라 일반 정책에 성평등 관점을 통합하려는 정책적 노력이 확산되고 있다는 점에서 긍정적인 것으로 평가받고 있다. 이러한 성별 영향 분석 평가는 양적인 접근 외에도 질적인 접근이 함께 고려되어야 하며, 단순한 통계 자료의 의미를 넘어서 분석 결과에 따른 문제 진단을 통한 구체적인 대안 마련에 기여할 수 있어야 실질적 의미가 확보될 수 있다고 하겠다.

둘째, 성 인지적 예산(gender-sensitive budgeting)은 정부의 예산이 여성과 남성에게 미치는 효과를 평가하고 이 평가를 정부의 예산 체계와 편성에 반영하는 것이다. 즉 재정 사업을 편성 · 집행할 때 남성과 여성의 차이와 특성이 반영되어 그 효과가 평등하게 나타나는지 여부를 분석하는 것이며, 불평등이 발생하는 경우 이를 개선하는 것이 목적이라고 하겠다. 기본적으로 국가 예산의 배당은 정부의 우선순위를 반영하고 있으며, 사회 경제적 어젠다를 실현하기 위한 정부의 선택을 보여 준다. 그리고 이러한 선택을 통해서 상이한 사회 집단 간의 권력 관계의 변화와 균형이 이루어진다. 외국의 경우 성 인지 예산 제도는 1984년 호주에서 처음 도입했으며, 1995년에 중국 베이징에서 개최된 세계여성대회에서 성 인지 예산의 필요성이 강조되면서 프랑스, 영국, 캐나다, 독일 등 60여 개 나라에서 시행하고 있다.

---

19 2005년 12월 29일의 개정을 통해서 본조가 신설되었다.

먼저 성 인지적 예산과 관련해서는 두 가지 점을 생각해 볼 수 있다. 종래 우리의 경우 전체 국가 예산 중에서 여성 관련 예산이 매우 적게 배정되고 여성 인력 혹은 보육 관련 예산에 관한 논의에 국한되었다는 점이다. 다른 하나는 국가 예산이 성 중립적이라고 가정하는 경우 남성과 여성의 차이가 고려되기 어렵고 여성의 필요가 간과될 수 있다는 점이다. 즉 이제까지의 예산 수립과 집행은 성 중립적이라는 전제 하에 사실상 남성의 관점과 필요만이 우선적으로 반영되었으며, 여성의 관점이나 수요를 간과함으로써 성차별을 유지 강화시켜 왔을 뿐 이를 개선하는 데 전혀 기여하지 못해 왔다. 따라서 성 중립적이라고 전제되는 여러 가지 예산 관련 정책이 과연 성 중립적인가에 대한 기본적인 재검토와 함께 남성뿐만 아니라 여성의 관점이나 수요도 반영될 수 있도록 이를 재조정할 필요가 있다.

이러한 문제 의식 하에서 2002년에 국회 여성위원회는 성 인지적 예산 편성을 행정부에 요구했고, 같은 해 11월 국회에서 '성 인지적 예산 편성 및 여성 관련 자료 제출 촉구 결의안'이 채택된 바 있다. 또한 2005년 12월 5일에는 100여 명의 여야 국회의원이 당시 심의중이던 국가재정법에 성 인지적 예·결산 제도를 도입할 것을 촉구한 바 있다.[20] 이러한 노력의 결과 2006년 10월 4일 제정된 국가재정법은 "정부는 예산이 여성과 남성에게 미치는 효과를 평가하고, 그 결과를 정부의 예산 편성에 반영하기 위하여 노력하여야 한다."(법 제16조 제4호)고 규정하고 있으며, 성 인지적 예·결산 제도는 2010년 회계연도부터 본격적으로 도입 시행하게 된다. 이를 위해 국가재정법은 제26조에서 정부는 예산이 여성과 남성에게 미칠 영향을 미리 분석한 보고서(성 인지 예산서)를 작성해야 한다고 규정하고 있으며, 제57조는 정부는 여성이 남성과 동등하게 예산의 수혜를 받고 예산이 성차별을 개선하는 방향으로 집행되었는지를 평가하는 보고

---

20 열린우리당 김현미, 한나라당 이계경, 민주당 손봉숙 의원 등 여야 의원 100명은 양성 평등과 성 인지적 예·결산 제도를 도입하는 내용으로 국가재정법을 개정할 것을 촉구했다. 김 의원 등은 5일 국회에서 기자 회견을 갖고 "모든 정부 예산이 남성과 여성에게 끼치는 효과를 평가해 정부의 예산 편성에 반영해야 한다."면서 이같이 밝혔다(『연합뉴스』, 2005. 12. 6).

서(성 인지 결산서)를 작성하도록 하고 있다.

이와같이 정부가 예산을 편성할 때 남성뿐만 아니라 여성에게 미치는 영향도 사전에 분석해 성 인지 예산서를 작성해야 하며, 집행과 관련해서 남녀 동등하게 예산의 수혜를 받을 수 있는지, 성차별을 개선하는 방향으로 집행되었는지를 평가하는 성 인지 결산서를 작성하도록 함으로써 이전처럼 남성만의 필요가 반영된 예산 정책을 통해 성차별적 제도나 정책을 자연스럽게 유지하는 것이 아니라 이를 개선할 수 있도록 제도적 방안을 마련하고 있다. 계속적으로 관련 공무원들에 대한 성 인지 예산 교육이 필요할 뿐만 아니라 실제 운용 과정에서도 예산 편성 및 집행 관련 담당자의 성 인지적 의식과 실행 의지가 요구되며, 이에 대한 지속적인 모니터링이 요구된다고 하겠다.

셋째, 국가 정책을 담당하는 공무원에 대한 성 인지적 교육이 필요한데, 성 인지적 교육이란 양성 평등 교육, 특정 성별에게 불평등이 발생하지 아니하도록 여성과 남성에게 미치는 영향을 인식 · 반영하는 능력을 증진시키는 교육을 말한다(여성발전기본법 제21조의3 참조). 이러한 성 인지적 교육을 효율적이고 체계적으로 추진하고 진흥시키기 위해서 한국양성평등교육진흥원이 설립[21]되었으며(여성발전기본법 제21조의3), 특히 성별 영향 평가 교육 사업을 통해 성별 영향 평가와 성 인지 예산 수립, 성별 통계 생산 및 활용을 위한 전문성을 강화시킬 수 있는 교육 프로그램을 마련하고 있다.

이처럼 성 주류화 정책은 다양한 정책 프로그램을 필요로 하며, 또한 이를 조정하고 평가하는 시스템이 갖추어져야만 그 정책의 효율성이 갖추어질 수 있다. 이를 전체 여성 정책의 틀 안에서 조정하기 위해서 2002년 여성정책조정회의와 여성정책책임관이 제도화되었다. 먼저 여성정책조정회의는 여성 정책에 관한 주요 사항을 심의 · 조정하기 위한 기구로서, 국무총리 소속 하에 설치된다(여성발전기본법 제11조 제1항 참조). 이 회의는 국무총리가 의장이 되며, 여성가족부 장관이 부의장이 되고, 이들을 포함한 30인 이내의 위원으로 구성된

21 양성평등교육진흥원은 2005. 12. 29. 개정된 여성발전기본법에 근거를 두고 있으며, 2006년 3월 30일 출범했다.

다(동법 시행령 제10조 제1항 참조). 또한 여성정책책임관을 두고 있는데, 이는 당해 기관의 여성 정책의 효율적인 수립 · 시행을 위해서 중앙행정기관의 장이 소속 공무원 중에서 지정[22]하도록 되어 있다(여성발전기본법 제12조). 여성정책책임관이 행하는 주요 임무는 당해 기관의 연도별 시행 계획의 종합 · 조정 및 추진 실적의 점검, 법 제10조의 규정에 의한 정책의 분석 · 평가에 관한 사항, 당해 기관의 여성 공무원의 지위 향상 등이 그것이다(동법 시행령 제12조 제3항). 여성정책책임관 제도는 2003년 5월 처음으로 45명의 여성정책책임관이 지정되어 활동을 시작한 바 있다.

이러한 우리나라의 성 주류화 정책의 수용과 그 제도화에 대해서는 첫째, 우리나라의 성 주류화 정책이 여성발전기본법에 법적 근거를 두고 있다는 점에서 성 주류화 정책의 본래적 의미를 충분히 구현하기에는 부족하지 않은가 하는 점을 생각해 볼 필요가 있다. 즉 성별 영향 평가와 같은 중요 실천 프로그램이 동법에 근거하고 있지만, 여성발전기본법의 내용 대부분이 여성의 사회 참여 확대를 위한 것이어서 일반 정책에 성 인지적 관점을 통합한다는 의미의 성 주류화라기보다는 여성의 사회 참여를 증진시키기 위한 것일 뿐이라는 비판(여성부, 2004a:19)이 제기되고 있다. 또한 사회 참여를 위한 목표의 성격에서도 여성에 대한 차별을 금지하고, 여성을 사회 각 영역에 포함시키려는 전략은 분명한데 비해, 여성들의 사회 진입 또는 참여를 어렵게 만들어 온 좀더 일상적이고 구조적인 차원의 원인을 제거하려는 전략은 상대적으로 미약하다고 평가받고 있다. 하지만 여성발전기본법은 헌법의 남녀 평등 이념을 구현하기 위한 국가와 지방자치단체의 책무 등 기본적인 사항을 규정하는 기본법으로서 그 구체적 집행과 이행은 관련 법률 및 정책과 연계되어 이루어질 수밖에 없다. 그리고 성별 영향 평가 분석이나 정책 담당자의 성 인지적 교육과 같이 구체적으로 법에 규정된 것 이외에도 동법 제7조에 근거한 여성정책 기본계획 수립과 관련해서

22 구체적으로 중앙행정기관의 장은 당해 기관의 기획관리실장 또는 이에 준하는 직위의 공무원을 여성 정책책임관으로 지정해야 하며, 이를 지정한 때에는 여성가족부 장관에게 통보하도록 되어 있다(동법 시행령 제12조 제1항, 제2항).

적극적으로 관련 계획의 수립, 분석과 평가 등의 실질적 부분에서 성 인지적 관점을 강화하고 성 주류화 정책을 강화할 필요가 있으며, 이를 통해 성 주류화 정책을 구체화하는 것이 가능하다. 다만 동법에서 모든 국가 정책의 수립과 시행 등 모든 단계에서 양성 평등적 관점을 고려하도록 하는 명시적인 규정을 포함시키는 것이 필요하다고 하겠다.

둘째, 현재까지 추진되고 있는 성 주류화 정책이 성별 영향 평가 분석, 분리 통계의 구축, 공무원의 성 인지적 능력 향상과 공무원에 대한 교육 등 정책적 '도구'의 개발에 중점을 두다 보니 이 같은 도구 개발의 필요성에도 불구하고 양성 평등 실현을 위한 변화된 전략으로서의 성 주류화 정책의 의미가 소홀해지고 있는 점은 문제가 있다고 하겠다. 성 주류화 정책의 시행 과정에서 성별 영향 평가와 같은 일부 정책 프로그램의 개발과 시행에만 주목하고 있으며, 성 주류화 정책의 전반적인 영향력과 그 의미에 대한 평가보다는 세부 프로그램에의 시행 자체에 대한 부분적 성과만이 강조되고 있다. 따라서 지속적인 다양한 도구 개발이 행해지더라도 양성 평등 실현을 위한 성 주류화 정책의 정책적 의미가 강조되어야 하겠다. 그리고 성 주류화 정책의 정책 도구로 개발된 여러 프로그램이 실제 정책적 효과를 가져올 수 있도록 정책 집행 담당자의 실행 의지가 중요하므로 각각 담당하는 정책과 성별 관점의 연계성을 잘 파악하는 것이 필요하며, 이를 통해 종래의 불평등한 상황을 적극적으로 개선할 필요가 있다고 하겠다.

4. 성 주류화 정책과 여성 리더십의 관계 및 발전 방안

성 주류화 정책은 고립된 여성에 대한 개별적 고려가 아니라 남성과의 관계 속에서의 성별 자체에 대한 강조와 특성을 고려함으로써 정책을 수립, 집행한다. 그리고 이는 일정 부분 성 대표성의 확보를 기초로 하고 있고, 이 같은 고려 속에서 여성에게 과거와는 달리 상위 직급에 올라갈 수 있는 기회를 마련해 줄 뿐만 아니라 여성의 관점과 경험이 고려되도록 한다. 먼저 국가의 모든 정책 수립 과정이나 집행시에 양성 통합적 관점을 고려하기 위해서는 정책 결정 과정의 구조 속에서 일정한 성 대표성이 확보될 필요가 있는 것으로, 성 주류화 정책은 조직 구조 내에서 남성뿐만 아니라 여성의 일정한 참여를 확보하도록 요구한다. 우리의 경우 2003년 1월부터 2007년 12월까지 한시적으로 시행되는 양성채용목표제 등이 그 구체화라고 할 수 있다. 그렇다면 여성이 조직 결정 과정에 참여하고 리더로서의 기회와 역할이 강조되었을 때 과연 여성 리더십은 어떠한 의미를 가지고, 성 주류화 정책은 구체적인 여성 리더십 확대에 대해 긍정적인 영향력을 행사할 수 있는 것인가, 그리고 성 주류화 정책이 여성 리더십의 활용을 지원하는가.

우선 여성 리더십이란 개념은 필연적으로 권력과 결부된다. 특히 종래의 전통적인 리더십 개념은 '지배와 종속 관계를 전례로 하는 위계적 관계 개념'이라는 남성 중심적 권력 관계의 맥락에서 이해되는 개념이다(이상화, 2005:4). 따라서 일부에서는 리더십을 지배와 동일시하면서 여성주의와 양립할 수 없는 것으로 보아 이를 여성주의적 의제에서 배제하려는 입장을 취하기도 한다(이상화, 2005:4). 하지만 이러한 단순화는 남성 지배적 현실과 권력 관계를 방치할 수 있으며, 여성에게 리더십을 부정하면서 여성의 비권력화를 고착시킬 우려가 있다. 이는 종래 여성 정책이 일부 여성에 대한 차별 해소에 중점을 두는 과정에서 여성에 관한 것, 종래 여성적인 것에만 중점을 두고 이를 집행하는 과정에서 여성 정책을 주변화시키는 것과 마찬가지로 여성에게서 리더십을 배제시키는 것 역시 기존의 권력 관계에서 결국 여성을 소외시키고 그 힘을 약화시키는 것으로 바람직하지 않다. 따라서 성 주류화 정책을 통해서 여성이 일정한 수의 대표성을 확보하는 것과 함께 남성의 관점에 의한 남성 리더십이 평가받고 있는 것과 마찬가지로 여성적인 관점, 여성의 경험 등이 반영된 여성의 리더십도 고려되어야만 한다.

한편 여성 리더십을 강조할 경우 두 가지 점을 고려해 볼 수 있다. 하나는 그렇다면 이제까지 여성은 리더십을 가진 적이 없고 남성이 가진 리더십을 모방하고 남성이 가진 리더십에서 일정 부분 나누어 가져야 하는가 하는 점이다. 하지만 이는 다른 측면에서 보면 역사적으로 여성도 리더십을 가져왔고 발휘해 왔으나 이를 전혀 인정받지 못했을 뿐이라는 점이 간과되고 있다는 것이다. 즉 역사 속에서 여성은 리더십을 발휘해 왔으며, 다만 이러한 것들이 남성 중심의 가부장적 역사 속에서 제대로 인정받지 못했다는 점이 지적(이상화, 2005:19-20)될 수 있다. 또한 조직 내에서 여성이 리더십을 발휘해 성공하는 경우 흔히 이를 여성 자신의 능력으로 인정해 주기보다는 다른 요인이 개입하거나 우연적인 것으로 폄하하는 것이 일반적이다. 즉 타인의 도움이나 조직의 성공에 부수된 것으로 이를 일반화시킨다. 또한 많은 경우 여성의 리더십 자체에 대해서 여성과 리더십이 양립할 수 없다고 보거나 권한을 행사하는 여성에 대해 부정적인 이미지를 지속적으로 만들어 내어 왔다. 하지만 권력적 상황에서 여성의 능력에 대한 올바른 평가를 통해 여성과 리더십의 관계를 좀더 익숙하고 자연스러운 것으로 만들어 나갈 필요가 있으며, 여성에게도 권력과 리더십이 적합하며 여성들에게 더 많은 권력이 나누어질 수 있도록 이를 구조화할 필요가 있다.

또 다른 하나는 종래의 권력 관계의 맥락에서 이해되는 남성적인 리더십이 여성에게도 그대로 적합한 것인가 하는 점이다. 이는 여성과 리더십의 관계에서 종래의 리더십 답습만을 강조하는 것은 여성의 특성과 장점이 제대로 반영되지 않는 것이며, 또한 리더십 그 자체만을 두고 보더라도 이것이 가장 적합한 유형인가에 대해서도 의문이 제기된다. 따라서 여성에게 권력이나 리더십을 강조하더라도 종래의 리더십[23]과 차별화되는 리더십이 강조될 필요가 있으며, 여성이 발휘하는 리더십 자체의 특성이 재평가될 필요가 있다. 우선 종래 바람직한 리더십으로 이해되어 온 거래적 리더십, 즉 권력의 배분과 지배를 강조하는 리더십과는 달리 리더로서의 역할 자체에 대해서 동료들에게 열정을 불어넣어 주고 그들이 조직에 기여할 수 있도록 능력을 길러 주어야 한다는 점이 강조되

23 기존의 거래적 리더십에서의 리더는 부하와 교환 관계를 맺고 부하의 업무 수행을 보상과 연계시킨다. 즉 부하의 책임감을 명확히 해주고, 부하가 달성한 목표를 보상의 기준으로 삼고, 부하가 목표를 성공적으로 이루지 못하게 되면 잘못된 부분을 고쳐 준다.

는 변혁적 리더십에 주목해야 하며, 이는 여성이 경험하는 역할 불일치의 딜레마를 극복할 수 있도록 도와 주는 리더십으로 평가받고 있다(강혜련, 2005:90). 그리고 여성 관리자들의 경우 남성 관리자들이 선호하는 권위주의적이거나 자문적인 리더십 스타일보다는 참여적 리더십을 선호하는 경향이 크며, 남성 리더십이 권력을 활용하고 조직의 자원과 권위를 통제함으로써 조직을 관리하는 데 반해 여성 리더십은 개인의 능력, 개인 관계에 더 깊은 관심을 보이는 점에서 차이가 있다(이은재, 2001:191).

또한 여성이 리더십을 발휘할 때 어려운 점은 여성 고유의 역할에 충실하면서 동시에 사회에서 요구되는 리더로서 동료에 대해 영향력을 행사하는 것이 쉽지 않다는 점과 함께 리더로서의 역할이 여성이라는 특성과 어울리지 않는다는 성 고정 관념에 기초한 차별과 부딪혀야 한다는 점이다. 특히 여성이 리더로서 수행한 업무 능력 자체에 대해서 남성 리더에게 적용되는 동일한 기준과 기대 수준만을 강조하고 여성이 이룬 특별한 부분은 일체 고려되지 않았으며, 단순히 기존의 남성 리더십과 유사한 리더십을 보여 줄 것만이 강요되어 왔다. 하지만 과거의 성 고정 관념으로 인해 리더로서의 여성에 대한 편견과 차별을 가져온 부정적인 성별 고려로서의 이미지가 아니라 차이를 동등하게 평가하는 성주류화 정책의 강조점에서 볼 수 있듯이 양성을 통합하고 여성적 가치를 고려하는 긍정적인 성별 고려로서 여성 리더십을 강조할 필요가 있다. 또한 국가 영역에서 여성의 지위 상승과 이들의 업무 영역 확대를 통해서 여성을 리더로 키우고 이들의 리더십을 고양시키는 적극적 방안이 결국은 국가 발전의 기초가 될 수 있으므로 이들에 대한 적극적 지원이 요구된다.

한편 여성 리더의 특성은 다양한 업무를 동시에 수행할 수 있다는 점과 사고의 유연성을 강점으로 들 수 있다. 남성이 가지는 일면적인 사고력과 수행 능력과는 달리 여성은 동시에 여러 가지 업무를 고려하고 수행할 수 있다는 점에서 과거에 비해 더욱 다양하고 확대된 리더의 역할이 기대되는 현 상황에서 여성 리더십은 다른 동료에 대한 영향력 행사와 조직 내 목적을 실현하기 위한 업무를 수행할 때 상당한 의미를 갖게 된다.

이러한 여성 리더십의 특성이 여성에게 불리한 것이 아니라 장점으로서 평가되어야 할 뿐만 아니라 일정 지위에 올라간 여성들의 경험을 분석하고 평가함으로써 이러한 특성들을 좀더 일반화할 필요가 있다. 그리고 여성의 리더십이 남성적 특성을 가져야만 성공할 수 있다는 고정 관념을 바꾸기 위해서는 이러한 연구에 대한 결과물의 배출과 함께 여성들이 리더십을 실제 발휘할 수 있도록 경험의 기회를 부여해야 하며 여성들도 다른 여성들에게 그러한 경험을 나눠 줄 수 있어야 한다.

그리고 여성이 리더십을 발휘하지 못했던 데에는 여성이 리더로서의 역할을 수행하는 자리에 올라가는 것 자체가 어려웠을 뿐만 아니라 고위직에 진출하지 못하고 권력을 가지지 못한 여성 그 자체에 대한 부정적 이미지가 다시 순환적으로 여성이 더 큰 권한과 지위를 차지할 수 없도록 어려움을 부가했었던 점에 대한 이해가 있어야 한다. 따라서 개별 여성뿐만 아니라 집단으로서 여성들이 능력을 통해 리더가 되고 적합한 리더십을 발휘할 수 있도록 노력해야 하고, 조직 그 자체도 이러한 특성을 이해하고 여성의 능력을 활용하는 것이 궁극적으로 더 큰 이익이 될 수 있음에 주목해 여성의 리더십을 자연스럽고 바람직한 것으로 인식하는 관점의 변화가 요구된다.

이와같이 성 주류화 정책은 여성이 리더십을 발휘할 기반을 마련해 줄 뿐만 아니라 여성의 리더십 자체를 고정 관념에 근거한 차별적인 부정적 요소로 보는 것이 아니라 여성적 가치와 특성을 살린 자연스러운 것으로 평가받을 수 있도록 한다. 또한 남성 리더십과 여성 리더십 각각의 가치를 인정할 수 있게 해 주며 성 자체를 리더십의 문제에서 중요한 부분으로 부각시켜 여성 리더십을 리더십의 문제에서 주변적인 것이 아니라 중요한 부분으로 평가받을 수 있도록 해 준다. 나아가 여성이 리더십을 발휘할 때도 종래 강요되었던 남성적 특성에 의한 리더십이 아니라 자연스러운 자신의 특성을 살리면서 리더십을 행사할 수 있도록 도와 줄 수 있다. 이와같이 조직 내 리더십 문제에서 여성의 관점과 경험에 대한 반영 및 동등한 고려를 통해서 양성 평등의 구체적 실현을 강조할 수 있게 된다.

5. 맺는 말

인간의 존엄을 보장하고 평등을 실현하기 위한 오랜 노력에도 불구하고 기존의 권력 관계 및 구조의 불평등, 기득권을 가진 자의 기존 관계의 고착화 등으로 인해서 쉽게 평등이 이루어지지 않았다. 또한 여성의 경우 개인의 능력과 상관없이 여성에 대한 고정 관념에 기초한 성차별과 기회의 배제를 통해서 많은 불이익을 받아온 것은 부인할 수 없는 사실이다.

이러한 불평등을 시정하고자 국가의 개입이 요구되었고, 종래 국가는 여성 정책을 통해 여성에게 형식적 기회를 보장하고, 일부 복지적 측면에서의 부분적인 혜택을 부여해 왔다. 하지만 세계화의 흐름 속에서 여성 정책은 국내적인 것만이 아니라 국제적 수준에서의 정책 수립과 집행이 요구되었고, 특히 1995년 이후 유엔의 베이징 행동강령에서 채택된 성 주류화 정책은 기존의 여성 정책에 대해 방향의 전환과 함께 새로운 방향 제시를 해 주었다. 우리나라의 경우도 여성발전기본법에서 이 제도를 이행하는 정책 프로그램을 채택하고 있으며, 이는 종래의 적극적 평등 실현 조치와 서로 보완적으로 실질적인 헌법상의 양성 평등을 실현하는 데 기여하고 있다.

이와같이 성 주류화 정책은 여성 정책의 외연을 넓혀 주며, 종래의 주변화된 여성 정책과 달리 모든 국가의 정책에 성을 중심적 고려 요소로 부각시켜 준다. 또한 양성 통합적 관점을 도입해 이를 분석하고 평가하는 과정에서 성 중립적이라고 평가되어 온 정책이 가지는 여성에 대한 차별적 효과와 문제점을 개선할 수 있도록 해 준다. 나아가 이러한 방향성의 제시를 통해 여성에게 리더십을 발휘할 수 있는 기회를 부여하고 또한 여성의 리더십이 가지는 긍정적 가치를 평가할 수 있게 해 줌으로써 여성이 리더십을 자연스럽게 행사하고 스스로의 특성을 반영할 수 있도록 해 준다.

IV 중상위 계층 여성 공무원의 리더십 행동 유형: 행위자 관점의 다요인 구조

박통희(이화여자대학교 행정학과) · 강현희(건국대학교)

1. 들어가는 말

1990년대 여성 인력의 이슈가 '성차별'이었다면 21세기의 화두는 '저활용'(강우란, 2002)이다. 2005년 말 현재 중앙 48개 기관 공무원 5급 이상 여성 비율은 8.4 %(1,576명)다. 정부 차원에서 여성 관리자 임용 확대 5개년 계획을 추진 중임에도 2006년까지의 목표치가 10%에 그치고 있다. 여성 고급 인력의 양적인 확대와 함께 여성 인력의 실질적 활용을 위한 적극적 조치가 이어지고 있지만 여성 리더에 대한 사회적 인식은 여전히 부정적이다. 조직 구성원들이나 관리자들도 여성보다는 남성 관리자를 선호하고 여성 관리자에 대해 부정적인 평가를 하는 경향이 여전하다(김양희 · 김홍숙, 2000; 김혜숙 · 장재윤, 2002; Bass, 1981; Gutek & Morasch, 1982; Eagly et al., 1992; Powell, 1993; Deal & Stevenson, 1998).[1] 이러한 부정적 인식은 고급 여성 인력의 리더십이 부족하다

1 여성에 대해 낮은 가치를 두는 사회에서는 사람들이 남성 관리자를 선호하는 반면 여성 관리자를 꺼리는 경향이 나타난다. 이러한 인식은 주로 ① 성역할 유출 문제와 ② 조직 구조적 문제라는 두 메커니즘을 매개로 하여 발생한다고 본다(김양희 · 김홍숙, 2000). 성역할 유출 문제 접근은 세 가지 방향에서 이루

는 인식과도 밀접한 관련이 있다.

이러한 맥락에서 여성의 공직 진출 증가, 특히 중상위 관리직의 증가와 함께 리더십에 대한 여성들의 관심이 증가하고 있을 뿐만 아니라 여성 리더십을 개발하기 위한 사회적 관심과 노력이 고조되고 있다.[2] 정부 차원에서도 여성의 공직 참여가 정부의 생산성 제고로 이어지도록 하기 위해서 중상위 계층의 여성 공무원에 대한 리더십 교육과 훈련을 강화하고 있다.[3] 더구나 지식 정보화 사회로의 변화에 따른 수평 조직화의 추세는 과거와는 달리 모든 조직 구성원에게 리더십을 요구하고 있으며, 특히 중상위 계층(팀장급)의 리더십이 조직의 성과에 미치는 영향은 지대하다(박준하, 1998; Radin, 2002; 조창현, 2004; 에버딘, 2006).

그러나 여성 공무원의 리더십에 대한 국내 연구는 극히 부족하다(최진석, 2000; 김혜숙 · 장재윤, 2002; 권경득, 2003; 박통희 외, 2004).[4] 극소수의 국내 연구와 남녀 리더십에 대한 외국의 비교 연구를 종합해 보면 여성 리더십은 상대적으로 더 민주적이고, 참여적이며, 변혁적인 성향을 가지고 있는 것으로 밝

어지고 있다. 첫째, 구텍과 모라쉬(Gutek & Morasch, 1982:58)는 일반적으로 사람들이 갖고 있는 성에 대한 인식과 그에 따른 행동 기대가 조직 현장에도 그대로 적용되어 성역할이 조직 내 역할에까지도 전염된다고 주장한다. 조직 구성원들은 관리자의 성별에 따라 다른 기대와 태도를 갖게 되며 이것이 관리자의 행동에 영향을 미친다는 것이다. 둘째, 여성 관리자들 자신의 성역할과 리더십 역할 사이의 갈등 문제다. 이 갈등은 '좋은 관리자'는 여성적 특질보다 남성적 특질을 소유한다고 보는 기존의 고정 관념에서 비롯된다(Bass, 1981; Powell, 1993). 셋째, 사회에서의 여성의 낮은 지위로 인해 조직 구성원들은 여성 리더에 대해 부정적 평가와 태도를 가지며 여성 상사 모시기를 꺼린다(O'Leary, 1974)는 것이다. 조직 구조적 접근으로 캔터(Kanter, 1977)는 성이라는 변인을 조직의 구조적 요인의 하나로 해석해 관리자의 위치에 여성이 소수이기 때문에 여성 관리자가 지각되고 대우받는 데 부정적 영향을 미친다고 보았다. 또한 여성 관리자는 조직 내의 여러 가지 불리한 여건—낮은 지위, 낮은 호봉, 낮은 권위 등—으로 인해 조직 내에서 불리한 위치에 놓이게 된다는 것이다(김양희 · 김홍숙, 2000:27).

2 여성의 리더십에 대한 사회적 관심의 고조는 여성 고등 교육의 양대 사학인 이화여자대학교와 숙명여자대학교에서 리더십 교육을 집중적으로 강화하는 것으로 나타나고 있다. 이화여자대학교는 재학생을 위해 2000년 이화리더십 인증 프로그램을, 현직에 있는 여성들을 위해 2003년 리더십개발원을 발족해 리더십 교육과 훈련을 강화하고 있으며, 숙명여자대학교는 2002년 대학 특성화 차원에서 숙명리더십개발원을 발족해 리더십 교육과 훈련에 정성을 쏟고 있다.

3 중앙인사위원회에서는 중간관리자급의 여성 공무원에 대한 리더십 교육을 위해 여성 리더십의 전문교육훈련기관인 이화여자대학교 리더십개발원에 위탁교육을 시키고 있다.

4 기업 분야에서 남녀 관리자의 리더십에 관한 국내 연구도 부족하기는 마찬가지다(강혜련 외, 1998; 김양희 · 김홍숙, 2000; 강혜련, 2005; 김양희, 2006).

혀졌다(Rosenthal et al., 1979; Eagly & Johnson, 1990; Bass & Avolio, 1992; Druskat, 1994; 강혜련, 1998; 김양희 · 김홍숙, 2000). 이러한 연구 결과는 리더십에 대한 21세기 문명사적 요구와 일치하는 것으로 여성 리더십의 개발에 청신호다(김양희, 2006; 정우일, 2006).

남녀 차별과 관련해 사회적 분위기는 많이 변화되었다고 하지만, 여성에 대한 평가에서 여전히 뿌리 깊은 가부장적 유교 문화의 테두리를 벗어나지 못하고 있다는 지적이 있다. 문제는 여성 공무원들의 리더십 역량에 대한 평가가 여전히 성역할에 대한 고정 관념과 남성 중심적 기준에 의해 이루어지는 경우에 여성의 성역할과 남성 중심적 관점에 입각한 리더의 역할이 상충된다는 점이다. 이러한 역할의 상충은 중상위 계층의 여성 공무원들 자신에게는 물론 남성 공무원들에게도 여성 리더십에 대한 정체성 혼란을 야기하고 있다.[5] 여성들은 직장에서 이떻게 행동하는 것이 바람직한지에 대해, 남성들은 부지불식간에 여성들의 행동에 대해 비일관적이고 자의적인 평가를 하는 혼란을 겪는다. 이러한 정체성 혼란은 첫째, 여성 공무원들의 능력에 대한 평가에서 왜곡 및 저평가의 원인으로 작용할 수 있으며, 둘째, 왜곡되고 불공정한 능력 평가는 인사상 여성 공무원에게 부정적으로 작용할 가능성이 있고, 셋째, 여성 공무원의 능력 개발을 위한 리더십 교육 · 훈련에 혼란을 야기할 가능성이 있다.

여성의 능력에 대한 공정한 평가, 여성 인적 자원의 적극적 활용, 그리고 여성 인적 자원의 개발을 위해서는 지금까지 남성의 전유물로 인식되어 온 리더십에 대한 비판적 성찰이 요구된다. 여성의 본성이 제대로 반영되는 것은 물론 여성의 장점을 적극 활용할 수 있는 여성적 리더십의 개발이 필요하다. 또한 남성 리더십의 단순한 모방을 지양하며, 여성적 리더십의 개발을 넘어서 남성 위주

---

5 여성의 성역할 고정 관념에 의해 기대되는 역할 내지 행동의 특성과 리더에게 (남성 중심의 공직 문화에서 형성된) 기대 역할과 행동의 특성이 다른데서 오는 혼란을 말한다. 예를 들면 조직 구성원들은 중간 관리 계층의 여성에게 부드럽고 다소곳하며 자애로운 어머니나 누나의 역할을 기대함과 동시에 남성 군사 문화의 영향이 강하게 반영된 단호하고 강력한 리더의 역할을 기대하게 된다. 이 양자를 동시에 충족시키는 것은 불가능하다. 또한 동일한 행동이 상황에 따라 편의적으로 긍정적으로 평가될 수도 있고 부정적으로 평가될 수도 있다. 동일한 행동에 대한 이러한 대립적인 평가는 행위자에게 딜레마를 안겨줄 뿐만 아니라 리더십 정체성에 혼란을 겪게 만든다.

의 (정부)조직 문화가 안고 있는 병리적 현상을 치유하고 건강한 양성 조화의 문화로 변모시키기 위해서는 여성적 가치가 반영된 '여성주의적 리더십'[6]을 적극 개발할 필요가 있다는 주장(조형, 2005)이 관심을 모으고 있다.

이러한 문제 인식을 토대로 이 연구에서는 다음과 같은 주제에 대해 논의하고자 한다.

첫째, 여성의 관점에서 기존의 남성 중심적 리더십 행동 모형의 타당성을 경험적으로 검토한다. 기존의 리더십 행동 모형은 실제에서 리더의 절대 다수를 구성하고 있는 남성을 대상으로 연구 · 개발될 수밖에 없었다. 여성 권한 척도가 2006년 현재 조사 대상 75개국 중에 여전히 세계 53위에 머물고 있는 우리나라에서는 특히 그랬다.[7] 따라서 이 연구는 기존의 리더십 모형이 여성 공무원을 교육 · 훈련하는 데 타당한지를 경험적으로 검증하기 위해 중앙정부 중상위계층(5급~3급) 여성 공무원을 대상으로 조사해 기존의 연구 결과와 비교한다.

둘째, 리더십 행동을 행위자의 관점에서 분석한다. 리더십이란 (조직이 목표달성에 기여하는 방향에서 함께 일하는 사람들 또는 직무와 관련해 상호 의존적 관계에 있는 사람들, 특히 부하들에 대해)[8] 리더가 영향력을 행사하는 과정이기 때문에 대부분의 기존 연구는 특정 리더(행위자)의 통솔 행위(신념, 의도, 태도, 행동 등을 포함)를 부하들(관찰자)의 인지를 통해 연구해 왔다. 이러한 관찰자 모형의 한계는 리더십 행동에 대한 관찰자(부하)들의 인지가 주관적이라

6 조형(2005:11)은 여성 리더십 개념을 다음과 같이 구분해 설명한다. 첫째, 성(sex)에 근거한 여성 리더의 리더십(female leadership)은 여성 리더들이 경험적으로 보여 주는 리더십으로 그 리더십의 내용적 특성을 표현하는 개념은 아니다. 둘째, 젠더 이념형에 근거한 여성적 리더십(feminine leadership)은 포용성, 보살핌, 관계성, 감수성, 유연성 등 소위 '여성성'을 특징으로 하는 리더십으로 이는 리더의 성별과는 별개로서 세계화, 정보화 시대의 효과적 리더십 모형으로 제시되고 있다. 셋째, 여성주의적 리더십(feminist leadership)이란 여성들에게 현실적으로 유익하고 사회적 평등의 실현에 효과적인 리더십 유형으로 여성주의와 리더십이 결합된 새로운 리더십 유형이라고 할 수 있다.

7 유엔개발계획(UNDP)이 2006년 11월 9일 발표한 자료.

8 조직 내에서 수평적 관계가 점점 더 중시되는 것은 물론 영향력의 범위가 수직적 관계의 경계를 넘어 확장되어야 진정한 리더십을 발휘할 수 있는 점을 감안할 때 점차적으로 "함께 일하는 사람들" 또는 "직무와 관련하여 상호 의존적 관계에 있는 사람들"이라는 표현을 사용하는 것이 더 타당할 것이다. 이 연구의 중요한 목적이 행위자 관점과 여성의 관점에서 기존의 연구를 비판적으로 검토하는 것이기 때문에 방법론적 필요 특히 신뢰도가 중요하여 영향력의 대상을 수직적 관계에 있는 "부하"로 한정해서 논의하게 될 것임을 미리 밝혀 둔다.

는 점이다. 따라서 리더십 행동의 핵심인 리더(행위자)의 신념, 의도, 그리고 태도와 이에 대한 부하(관찰자)의 인지가 일치하지 않을 수 있고, 이는 리더십의 효과성을 적지 않게 훼손하게 될 것이다. 따라서 행위자 모형을 사용해 리더들이 어떤 리더십 행동을 선호하는지 분석함으로써 관찰자 모형에 입각한 연구결과와 비교할 필요가 있다.[9]

셋째, 여성 공무원 리더십 모형을 개발하기 위해 기존의 연구 틀을 통합해 다요인적 복합 모형의 구성 가능성을 탐색한다. 리더십은 복합적인 현상으로서 리더의 개인적 선호와 의도 및 전략에 따른 다양한 행동의 차등적 배합에 의해 구성된다. 여성 고급 인력의 사회적 활용을 양적으로 증가시키는 데 치중한 나머지 중상위 계층의 여성 리더십 개발은 그간 소홀했다. 이러한 다요인적 구성에 대한 분석은 중상위 계층 여성의 리더십을 개발하는 데 필수적이다.

2. 남성 중심적 모형의 문제점

리더십 행동에 대한 남녀 비교 연구를 위해 동원된 모형은 크게 두 가지로 나뉜다. 하나는 오하이오 주립대학과 미시간 주립대학을 중심으로 연구 · 개발된 '구조 주도형－배려형' 모형과 '과업 지향형－관계 지향형' 모형을 중심으로 개발된 2차원 행동 모형이다. 그 내용을 분석해 볼 때 관리 양태에서 'Theory X-Theory Y' 모형과 유사하며, '독재적 관리-민주적 관리' 모형과도 일맥상통한다. 양자가 상호 독립적인 관계에 있음이 확인되면서 '결과 중시'의 축과 '인간 중시'의 축을 토대로 텍사스대학의 '관리망 모형(managerial grid model)'이 정립되었다.[10] 즉 리더십 양태는 양자의 배합에 따라 결정된다는 것이다.

---

9 바람직한 리더십이란 문명사적 환경의 특성에 따라 다르다. 산업 시대에 적합한 리더십과 지식 정보화 시대에 적합한 리더십은 다르다. 관찰자 관점과 행위자 관점을 통합할 때 이러한 문명사적 요구가 현실성 있게 파악될 수 있다. 그러나 이 연구와 같이 설문 조사 도구에 입각한 연구는 응답자들이 주어진 틀 안에서 응답할 수밖에 없기 때문에 한계를 갖는다. 따라서 조사 연구틀을 구성하는 연구자가 기존 연구를 종합적으로 검토함과 동시에 자신의 창의적 설계를 통해 문명사적 요구를 담아내야 한다.

다른 하나는 '거래형-변혁형' 모형이다. 국제화 · 개방화와 함께 정보통신 기술이 발전함에 따라 환경의 변화 속도가 기하급수적으로 빨라지면서 리더에게 요구되는 핵심적인 역할은 조직이 변화하는 환경에 효율적으로 적응할 수 있도록 변화시키는 것이다. 관리 차원의 리더십은 '거래형 리더십'으로, 변화를 선도하는 리더십은 '변혁형 리더십'으로 새롭게 개념화해서 도입했다. 동시에 '구조 주도형과 배려형'의 핵심을 조직과 조직 구성원 간 교환 관계의 일종인 거래라고 보고 '거래형 리더십'에 통합해서 그 때까지 기존 연구를 흡수하고자 했다.

이글리와 존슨(Eagly & Johnson, 1990)이 여성과 남성의 리더십 스타일에 대한 160여 편의 연구 논문들을 종합한 메타 분석의 결과에 의하면, 리더로서 여성은 남성에 비해 더 관계 지향적 행동을 보였다. 그러나 이는 실험실에서만 나타났고 조직 현장에서는 발견되지 않았다. 한편 독재적(지시적)-민주적(참여적) 스타일에 대한 비교 연구에서도 여성 리더가 남성 리더에 비해 더 민주적이며 부하들의 참여를 유도하는 행동을 하며, 여성이 남성보다 조직 구성원에 대한 인간적 배려를 더 중시한다는 연구 결과가 있다(김양희 · 김홍숙, 2000). 강혜련(1998)은 남녀 관리자의 리더십 스타일을 비교하면서 전문직(정보, 광고)과 일반직(은행, 전자, 종합상사)의 대리급 이상 남녀를 대상으로 자신들의 지각에 의존하는 행위자 모형을 사용해 조사한 결과, 여성의 구조 주도적 행동 성향은 다른 연구와 마찬가지로 남성보다 낮았다고 밝혔다.[11] 요약하건대 여성은 리더로 행동할 때 남성에 비해 '관계 지향형', '민주형', '배려형'으로 개념화된 행동 성향이 상대적으로 더 강하다는 것이다.

한편, '거래형[12]-변혁형' 차원의 경우 배스와 아볼리오(Bass & Avolio, 1992)

---

10 이원화된 리더십 행동의 관계에 대해 오하이오 연구에서는 암묵적으로 독립적인 관계로 설정해서 배합에 따라 네 가지 유형의 리더십을 제시한 반면에 미시간 연구에서는 상호 대립적인 관계로 설정해서 양자가 공존하기 어려운 것으로 보았다.

11 강혜련(1998)의 연구에 의하면, 여성의 경우도 직급이 높아질수록 구조 주도적 성향이 증가하는 것으로 나타났으며, 이는 상위직으로 갈수록 여성들이 역할 모델의 부재로 인해 남성적 관리 패턴을 모방하기 때문인 것으로 해석하고 있다.

가 500여 개의 하이테크 산업에서 부하(관찰자)들을 대상으로 한 남녀 비교 연구에 의하면, 여성 관리자들이 남성에 비해 더 변혁적인 것으로 나타났다. 또한 드러스캣(Druskat, 1994)[13]은 변혁적 리더십이 더 여성적인 스타일이고, 여성들이 자원을 관리하는 여성 조직에서 더 많이 나타나며, 여성들이 덜 강제적인 리더십 행동을 보인다고 주장했다. 김양희 · 김홍숙(2000)의 연구[14]에서 카리스마는 여성보다 남성이 더 강한 것으로 조사되었다.

이처럼 여성 리더십 자체에 대한 연구는 매우 부족하며, 단지 여성의 리더십을 남성과 비교해 보는 차원에서 주로 논의되어 왔을 뿐이다. 더구나 남성을 중심으로 연구 개발된 모형에 입각해 정도의 차이를 단순 비교했다. 여성 리더십을 개발 · 육성하기 위해 여성 자체의 리더십 모형을 개발하려는 시도나 지원 노력은 거의 없었다. 여성에 대한 리더십 교육과 훈련의 필요성을 느끼지 못했거나 암묵적으로 남성 중심으로 연구 개발된 모형에 입각해서 교육 · 훈련하는 것으로 족하다는 생각이 지배해 왔던 것으로 보인다.

여성 리더십 연구에서 이러한 소외 내지 주변화 현상은 구조적인 문제다. 일터는 거의 대부분 남성으로 구성되어 있고, 그 결과 리더십 연구를 위한 조사

---

12 거래적 리더십의 핵심 구성 요인은 크게 상황적 보상(contingent reward)과 예외 관리(management by exception)인데 여성은 남성에 비해 예외 관리 행동보다 상황적 보상 행동이 더 높게 나타났다(Bass & Avolio, 1993; 강영순 · 김정훈, 2002:118). 참고로 상황적 보상 요인은 부하의 노력은 특정한 보상과 교환된다는 관점으로 리더 자신이 규정한 수준의 성과를 하위자가 달성했을 경우 약속된 보상을 제공하는 것을 말한다. 이 같은 리더십 유형을 가진 리더들은 하위자에게 수행해야 할 과업이 무엇인지를 명확히 제시하고, 그것을 수행하는 사람에게 주어지는 보상에 대해 하위자의 합의를 얻어내려고 노력한다. 예외 관리는 하위자의 성과가 계획된 수준에 도달하지 못할 때 리더가 개입하는 것을 말한다. 이러한 개입 활동은 때로는 부정적 피드백이나 부정적 강화를 수반한다. 예외 관리는 적극적인 예외 관리와 소극적인 예외 관리로 구분되고 있다. 적극적인 예외 관리는 하위자들의 실수와 규칙 위반 등을 면밀히 관찰하고 업무가 정해진 절차를 벗어날 경우 적절한 조치를 취하는 것을 말한다. 소극적 예외 관리는 하위자들이 기준에 미달하거나 문제가 표면화된 후 개입하는 것을 말한다. 즉, 일이 정해진 절차를 벗어날 경우에만 개입해 조치를 취하는 것이다.

13 드러스캣(Druskat, 1994)은 여성 부하들에게 여성 관리자들을, 남성 부하들에게 남성 관리자들을 평가하게 하는 연구를 실시했다. 여성 부하들에 의해 평가된 여성 관리자들이 남성 부하들에 의해 평가된 남성 관리자들보다 더 변혁적이라고 밝혔다. 그는 변혁적 리더십이 더 여성적인 스타일이고, 여성들이 자원을 관리하는 여성 조직에서 더 많이 나타나며, 여성들이 덜 강제적인 리더십 행동을 보인다고 주장했다.

14 기업의 남녀 관리자의 리더십을 비교 연구하기 위해 부하들(관찰자)에게 좋은 리더의 요소를 카리스마, 통찰과 비전, 지적 자극 제시, 인간적 배려로 선정해 측정했다.

대상은 대부분 남성들로 이루어질 수밖에 없었다. 동시에 여성 리더가 매우 희귀해 연구가 이루어지기 어려웠을 뿐만 아니라 여성 리더에 대한 인지와 평가도 부하들이 대부분 남성이기 때문에 남성의 입장에서, 즉 남성 관찰자 모형에 입각해 이루어질 수밖에 없었다. 특히 공무원 리더십에 관한 자료 조사를 위한 표본 구성에서 남녀를 동수로 하는 것은 매우 어려운 일이었다.[15] 이러한 이유로 표본 구성에서 엄청난 노력을 하고 있음에도 불구하고 기존의 연구에서 개발된 리더십 모형은 상당 부분 남성 중심적일 수밖에 없고, 성역할 고정 관념에 구속될 수밖에 없었던 것이다. 따라서 이러한 모형에 입각해 여성의 리더십을 검토하는 경우에 타당성의 문제가 제기된다. 더구나 21세기는 여성의 시대라는 설득력 있는 담론에도 불구하고(김양희, 2006; 정우일, 2006),[16] 현실 세계에서는 여성 리더십을 저평가 또는 왜곡하는 결과를 초래할 위험이 도사리고 있다. 그뿐만 아니라 여성 리더의 역할 모형이 매우 부족하기 때문에 예비 여성 리더들이 남성의 리더십 모형을 단순 모방하는 경우가 적지 않다고 하는데 이로 인한 부작용도 염려된다(김양희 · 김홍숙, 2000[17]; 박통희 외, 2004; 강혜련, 2005: 174, 279).

---

15 카렌(Karen, 1997)의 변혁적-거래적 리더십의 성 관련 고정 관념 연구에서는 163명의 male supervisors와 99명의 female supervisors(37.8%)를 대상으로 하고 있다. 강혜련 등(1998)은 행위자 모형을 적용한 기업 관리자의 리더십과 조직 적응 연구에서, 여성의 경우 모집단의 수적 부족으로 표본 구성이 어려워 통상 과장급 이상을 지칭하는 관리자급을 대리급으로 낮추어 실시했다. 대상 기준을 조정했음에도 불구하고 응답자 총 604명 중 여성은 249명으로 약 41.2%다. 김양희 등(2000)의 기업 내 남녀 관리자의 리더십 비교 연구에서는 응답자인 부하들의 경우 남녀를 동수로 구성했으나, 600명의 응답자 중 여성 상사와 일해 본 경험이 있는 경우는 26.5%에 불과해, 이들만을 대상으로 여성 상사를 평가할 수밖에 없는 한계를 노출하고 있으며, 여성 상사가 부족한 관계로 총 30사업체에서 남녀 관리자를 각 12인씩 24인을 선정해 심층 면접으로 대체하고 있다. 김혜숙 등(2002)은 부하들은 여성 공무원과 남성 공무원을 동수로, 상관은 남성만 139명을 대상으로 조사했다.

16 세계화 시대에 리더십의 핵심을 창의성과 차이에 대한 관용이라고 주장하면서 국가경쟁력 지수로 '글로벌 창의성 지수(Global Creativity Index)'가 제시되었다(Florida, 2005; 김양희, 2006:12-3에서 재인용). 그리고 그 간 여성성으로 언급되어 온 유연성, 수평성, 섬세함, 의사소통 능력, 관계 형성 능력 등이 창의성과 관용의 리더십의 토대가 될 것이라고 주장하고 있다(Rosner & Schwarz, 1980; Loden, 1985; Grant, 1988; Rosner, 1990; Helgeson, 1990; Adler, 1997; 김양희, 2006).

17 남성 중심의 조직에서 관리자 지위에 있는 여성들이 극소수이기 때문에 생존 자체가 쉽지 않다. 따라서 독창적인 리더십을 발휘하기보다는 기존의 리더십을 답습하는 경향이 있다(김양희 · 김홍숙, 2000).

3. 리더십 연구에서 행위자 모형의 도입

관리자의 리더십 행동은 리더 행동에 대한 부하의 지각을 측정하거나, 리더 스스로의 지각을 측정하는 방식이 있다. 그동안의 연구는 주로 부하(관찰자)의 관점에서 측정되었다. 관찰자의 관점이 채택되어 온 이유는 행위자의 신념, 의도, 그리고 태도와 관계 없이 부하가 리더의 행동을 어떻게 지각하느냐에 따라 영향을 받는 정도가 좌우될 것이라는 명제를 암묵적으로 수용하고 있기 때문이다. 즉, 행위자의 입장에서 아무리 좋은 의도를 가지고 한 행동이라도 관찰자에게 다르게 느껴지면 리더십의 차원에서 그 효과는 리더가 의도한 효과와 다른 효과가 나타날 것이라는 점 때문에 관찰자의 관점이 선호되어 온 것이다.

그러나 리더십에서 리더의 행동에 대한 관찰자의 지각이 중요한 만큼 행위자의 신념, 의도, 그리고 태도는 중요하다. 함께 일하는 또는 직무와 상호 의존 관계에 있는 사람들에게 영향력을 행사하기 위한 행동은 다른 어떤 행동보다도 의도적이고 전략적인 성격을 갖기 때문이다. 이러한 전략적 선택으로서의 리더십을 관찰자 척도로는 측정하기 어렵기 때문에 행위자 척도를 도입할 필요가 있다. 행위자의 의도를 정확하게 행동으로 전환해 관찰자가 행위자의 의도를 제대로 지각하도록 할 수 있느냐의 여부는 행위자의 능력에 달린 문제며, 교육과 훈련에 의해 향상시켜야 할 또 다른 과제다. 따라서 행위자 모형과 관찰자 모형의 차이는 리더십 모형의 개발에 출발점이 된다. 즉, 관찰자의 입장에서 정립된 리더십 모형과 행위자의 입장에서 정립된 리더십 모형의 차이는 리더십의 효과성 제고를 위해 반드시 파악되어야 한다.

행위자 모형이 갖는 한계는 리더 자신이 선택한 리더십 행동이 조직의 성과를 향상시킬 수 있는 방향으로 부하들에게 지각될 것이라는 점을 담보할 수 없는 점이다. 그러나 중상위 계층의 리더십에서는 행위자 모형이 관찰자 모형보다 오히려 적실성이 높을 것이다. 왜냐하면 중상위 관리자들은 상관이면서 동시에 부하일 뿐만 아니라 상당 기간 동안 조직에서 생활한 경험을 토대로 리더로서의 행동을 선택하기 때문이다.

행위자의 관점에서 리더십 행동을 연구하기 위해 이 연구는 '관찰자 척도'를 '행위자 척도'로 전환해 사용한다. 실제로 여성 공무원 리더십 모듈 개발을 위한 리더십 연구(김혜숙 · 장재윤, 2002)에서는 과제 지향, 관계 지향, 변혁 주도, 팀 형성 유형을 남녀 리더들에게 스스로 평가하도록 했다. 남녀 공무원 모두 관계 지향성이 가장 높았다. 여성 공무원은 남성 공무원보다 스스로를 더 과제 지향적이면서 동시에 더 관계 지향적이라고 평가했다. 그런데 관찰자 조사 모형에 의해 남녀 비교를 한 다른 연구들에 의하면 남성 리더는 과제 지향적, 여성 리더는 관계 지향적이라는 연구 결과를 내놓았다. 행위자 모형에 의한 연구 결과와 관찰자 모형에 의한 연구 결과 간에 차이가 있는 것이다. 한국의 공무원 사회에서 소수자인 중상위 계층의 여성 공무원들은 더 과제 지향적이면서 동시에 더 관계 지향적인 행동을 통해 리더십을 발휘하고자 노력하지만, 남성 부하들에게 이러한 의도와 전략이 지각되지 않았기 때문으로 보인다.[18]

한편, 여성에 대한 리더십 평가에는 성역할 고정 관념이 남성에 비해 더 크게 작용하는 것으로 나타나고 있다(강혜련, 2005). 성역할 고정 관념은 사회적으로 합의된 일종의 역할 기대다. 리더의 행동에 대한 관찰자의 주관적 인식에는 관찰자 자신의 성역할 고정 관념이 반영될 수밖에 없다. 즉 관찰자는 자신의 문화적 편견에 의해 행위자의 의도를 왜곡할 가능성이 있다. 이러한 왜곡을 교정하기 위해서는 행위자의 입장에서 리더십을 분석해 비교해야 한다. 나아가 행위자 모형에 입각한 리더십의 효과성을 분석해 수정 · 보완함으로써 더욱 효과적인 여성 리더십을 개발할 수 있다.

이러한 필요성에도 불구하고, 행위자 모형을 도입할 경우 자신을 과대 평가하는 경향, 규범적 응답을 할 개연성, 생각과 행동이 다른 경우가 있을 수 있는 점 등의 방법론적 한계는 유념해야 할 것이다.

---

18 여성들이 더 과제 지향적으로 행동하는 부분이 부하들에게 지각되지 않는 이유는 무엇일까? 남성 지배적 상황의 압박으로 인해 더 과제 지향적으로 행동하는 것이 바람직한 것인가? 그리고 이러한 행동이 의도한 대로 성과를 거둘 수 있을 것인가? 이러한 의문에 대한 규명은 여성 리더들의 행동을 교정하는 데 많은 도움이 될 것이다.

4. 리더십 행동의 복합성

리더십에 대해서는 특성론적 연구, 행태론적 연구, 상황론적 연구, 변화 지향적 리더십 연구로 나누어 볼 수 있으며, 최근에는 팀제가 적극적으로 활용되면서 팀제에서의 리더십(김영배 · 차종석, 1994; 비햄, 1996; 박창희, 2000)과 함께 감성 지능(Gardner, 1983a; Goleman, 1995; Cooper & Sawaf, 1998; Mayer, Caruso & Salovey, 2004; 이화용, 2004)과 사회 관계적 지능(Gardner, 1983a; Goleman, 1995; 알브레히트, 2006)에 초점을 맞춘 연구들이 나타나고 있다. 이러한 다양한 관점에도 불구하고 공통된 관심의 초점은 결국 리더의 행동에 모아진다. 왜냐하면 영향력은 리더의 행동을 통해 행사되기 때문이다. 리더십 행동이란 리더가 조직의 활동을 지휘하고 조직 구성원들을 통솔하는 과정에서 보여 주는 행위의 특정한 패턴이나 유형 또는 범주를 말한다(Yukl & Van Fleet, 1992). 이미 논의했듯이 전통적 리더십 모형은 관리적 차원에서 행동을 '구조 주도 행동—배려 행동,' '과업 지향 행동—관계 지향 행동' 그리고 '결과 중시 행동—인간 중시 행동'으로 나누어 분석했다. 경험적으로나 내용적으로 볼 때 '구조 주도 행동' – '과업 지향 행동' – '결과 중시 행동' 그리고 '배려 행동' – '관계 지향 행동' – '인간 중시 행동'은 관리 차원의 리더십 행동을 구성하는 두 유형이라는 연구 결과에 대해 큰 이견이 없다. 그뿐만 아니라 두 유형의 행동은 상호 독립적이어서 공존이 가능하다는 결론을 내렸다. 이와같이 관리 차원에서 리더십의 차이를 상호 독립적인 두 유형이 어떻게 배합되느냐에 따라 설명하는 패러다임이 1970년대까지 지배적으로 수용되었다.

한편 기존의 행동 모형에서 관리적 차원의 거래 또는 교환에 해당하는 행동을 개념적으로 통합해 '거래적 리더십'으로 흡수하고, 이에 대비되는 리더십으로서 '변혁적 리더십'이 제시되었다(Burns, 1978).[19] 교통 · 정보 · 통신 기술의 획기적인 발전에 따라 지구촌의 변화 속도가 산업 시대에는 상상도 할 수 없을 정도로 빨라짐에 따라 환경에 대한 조직의 적응이 조직 생존에 핵심적인 변수로 인식되었기 때문이다. 더구나 20세기 말에는 냉전 시대가 막을 내리고 국제화, 개방화를 넘어 지구촌화가 진행되고 있기 때문이다. 배스(B. M. Bass)는 변혁적 리더십[20]을 기존의 전통적 리더십과는 다르게, 부하들로 하여금 개인적 이해 관계를 넘어 기대 이상의 성과를 달성하도록 높은 수준의 욕구를 충족시키며, 업무 성과의 중요성과 가치를 인식시킴으로써 부하를 동기 부여시키는 리더십이라 했다(Bass, 1985; Bass & Avolio, 1993; 강영순 · 김정훈, 2002).[21]

이러한 변화 과정에서 관리적 차원에 초점을 맞춘 전통적 리더십은 현대 조직에서 그 효과성을 상실하는 듯 보였다. 그러나 최근의 경향은 전통적 리더십과 새로운 리더십이 상호 보완될 때 증폭 효과가 크다는 데 의견이 모아지고 있다. 배스(Bass, 1990) 자신도 두 리더십이 상호 대체되는 개념이 아니라 서로 보완해 주는 개념으로 보았다. 리더와 부하 간의 거래적 행동이 배제된 변혁적 리더십만으로는 부하들을 통솔하는 데 한계가 있으며, 거래적 리더십 행동은 변혁적 리더십을 보완하는 관계에 있다는 점이 지적되었다(Bass, Avolio & Goodheim, 1987; 김호정, 2001).

리더십 행동 유형들 간의 관계에 대해 논의를 정리해 보면 다음과 같다.

첫째, 관리 차원의 구조 주도적 행동 유형과 배려적 행동 유형은 단일한 연속체의 두 점이 아닌 독립된 별개의 연속체다. 리더는 두 가지 행동 유형을 동시에 구사할 수 있으며, 그동안의 연구들을 통해 개념적 · 경험적으로 구분됨이

---

19 오하이오, 미시간, 텍사스 연구의 '배려 행동' – '관계 지향 행동' – '인간 중시 행동'과 변혁적 리더십의 개별화된 배려는 매우 유사하나 전자는 교환의 차원에서 배려이고, 후자는 부하를 발전, 성장시키는 차원에서 후원하는 배려다. 이러한 개별적 배려는 리더와 부하의 유대를 강화하는 점에서 차이가 있다는 점이 강조되었다.

20 변혁적 리더십의 구성 요소는 다음과 같다(Bass, 1985; Bass & Avolio, 1993; 강영순 · 김정훈, 2002: 116–117; 이창원 외, 2003). 1) 카리스마(charisma)적 요인은 리더가 난관을 극복하고 현상에 대한 각성을 확고하게 표명함으로써 부하에게 자긍심과 신념을 심어 주는 것을 말하며, 2) 영감적 동기 부여(inspirational motivation) 요인은 리더가 부하로 하여금 도전적 목표와 임무, 미래에 대한 비전을 열정적으로 받아들이고 계속 추구하도록 격려하는 것을 말한다. 3) 개별적 배려(individual consideration)는 리더가 부하에게 특별한 관심을 보이고 각 부하의 특정한 요구를 이해해 줌으로써 부하에 대해 개인적으로 존중한다는 것을 전달하는 것이며, 4) 지적 자극(intellectual stimulation)은 리더가 부하로 하여금 형식적 관례(conventional practice)와 사고를 다시 생각하게 함으로써 새로운 관념을 촉발시키는 것이다.

21 변혁적 리더십의 효과성에 관한 많은 경험적 연구들은 변혁적 리더십이 기존의 관리적 차원을 통합해 제시된 거래적 리더십에 비해 성과가 높음을 보여 주었다(Avolio & Bass, 1988; Hater & Bass, 1988; Howell & Avolio, 1993). 국내에서도 조직 효과성의 면에서 변혁적 리더십이 거래적 리더십보다 좀더 높은 것으로 나타났다(박현태, 1997; 박영석 · 조영주, 1999; 홍성화 · 손대현, 2000; 한광현, 1999).

입증되었다.

둘째, 구조 주도 및 배려와 거래 · 변혁적 리더십 간의 관계는 재구성의 단계에 있다. 배스는 묵시적으로 구조 주도 행동과 배려 행동의 상당 부분을 교환적 차원에서 거래적 리더십의 범주에 포함하고자 했다. 그러나 거래적 리더십은 성과에 대한 적절한 보상의 약속과 이행을 핵심으로 한다. 그 때문에 과업을 구조화하고 과업 요건을 명확히 하는 구조 주도 행동 및 부하들과 좋은 관계를 유지하는 것을 지향하는 배려적 행동과 개념적으로 구분된다. 구조 주도와 배려는 반드시 부하의 성과와 연계된 리더의 행동이라고 할 수 없으며(Seltzer & Bass, 1990: 701), 거래나 교환의 의미를 갖지 않을 수도 있다(Bryman, Stephens & Campo, 1996: 357). 그리고 일부 경험적 연구에서 구조 주도, 배려, 거래적 행동이 서로 다른 행동 유형으로 분리되었다(Enrlich et al., 1990; Podsakoff et al., 1993; Dorfman et al., 1997).

셋째, 전통적 리더십과 변혁적 리더십은 동기화의 과정에서 차이를 보인다. 전통적 리더십은 기본적으로 앨더퍼(Alderfer, 1969, 1972)의 존재 욕구(existence need)나 관계 욕구(relational need)에 입각한 '당근과 채찍'을 활용한다. 반면, 변혁적 리더십은 이미 논의한 바와 같이 비전적 행동, 영감적 행동, 이념적 가치에 호소하는 행동, 지적 자극 행동, 그리고 부하에 대한 긍정적 기대와 같은 행동으로 구성되는데, 이러한 리더의 행동은 성장 욕구(growth need)(Alderfer, 1969, 1972), 자아 실현 욕구(self actualization)(Maslow, 1943, 1954) 또는 성취 욕구(need for achievement)(McClleland, 1962)를 지렛대로 활용하는 것이다(Bass, 1985; 이홍, 1996; Dorfman et al., 1997; Ehrlich et al., 1990). 이러한 노력은 배스(Bass, 1985)의 다섯 개 독립된 요인으로 구성된 초기 모형을 더욱 세분화시켜 여덟 개의 행동 유형으로 확장해 구성하려는 주장으로까지 발전되었다(Antonakis & House, 2003; Antonakis, Avolio & Sivasubramaniam, 2003).[22]

특히 전통적 리더십의 배려와 변혁적 리더십의 개별 배려 간 차이는 매우 미묘한 문제다. 배려는 리더가 친근감이 있고 접근하기 쉬운 사람이 되어 부하들과 우호적인 관계를 형성하는 것이 목표인 반면, 개별 배려는 부하들의 잠재적 능력을 개발하고 부하들의 발전을 도모함과 동시에 이를 통해 조직의 성과를 증진하는, 즉 아지리스(Argyris, 1957)가 주장하는 일종의 조직과 개인의 통합이 목표다. 부하들과의 관계를 인격화(관료제적 조직에서 물화되어 가는 부하들에게 개별적으로 관심을 갖는 행동)하고 부하들의 '발전'(자기 발전의 기회를 제공하고 후원하는 행동)을 통해 조직의 성과를 향상시키고자 하는 것이다(Bass & Avolio, 1993:63; 김호정, 2001; 이창원 외, 2003). 배스(Bass, 1990)는 경험적으로 배려와 개별 배려가 다른 요인이라는 연구 결과를 내놓았다. 그러나 이러한 연구 결과는 개인주의적 성향이 강한 사회에서 나온 결과이므로 집합주의적 특성[23]이 강한 우리나라에서는 신중하게 재검토해야 한다.

한편 실제의 일상적 경험과 상식에 비추어 보아도 어떤 리더도 부하들을 통솔하기 위해 특정한 유형의 행동만을 하는 것은 아니다. 한 명의 리더가 복수의 리더십을 사용하는 것이 가능하며(Yukl & Van Fleet, 1992:149; 김호정, 2001) 자연스럽고 당연한 모습이다. 또한 동일한 리더라도 상황과 시간에 따라 리더십을 구성하는 행동 유형의 비중이 달라질 수 있다(Goleman, 2000; 김호정, 2001). 다만 개인적 특성에 의해 특정한 유형의 행동을 선호하는 경향을 가질 수 있으며, 이러한 비중의 차이가 개인 리더십 특성이고, 이러한 특성을 통해 리더십 효과성에서 개인적 차이가 발생하는 것이다. 한마디로 리더십 행동은 기본적으로 복합적이다.

다양한 리더십 행동 유형들의 배합 비율이야말로 개별적인 리더십의 실체적 특성이다. 리더의 행동상의 차이는 성격, 태도, 가치는 물론 습관만이 아니라

22 안토나키스, 아볼리오와 시바서브래매니엄(Antonakis, Avolio & Sivasubramaniam, 2003)은 이념적으로 사회화된 카리스마(idealized or socialized charisma), 영감적(inspirational), 지적 자극(intellectually stimulating), 개별화된 배려(individualized consideration), 상황적 보상(contingent reward), 능동적 예외 관리(active management-by-exception), 수동적 예외 관리(passive management-by-exception), 자유방임(laissez-faire leadership)의 8개 리더십으로 구분할 것을 제의했다.

23 집합주의의 주된 특징은 자아를 집단의 일부로서 파악하고 집단의 목표를 개인의 목표에 선행시키며, 집단의 원활한 결속에 깊은 관심을 가지며, 집단에 강한 정서적 애착을 갖는 것이다(Triandis et al., 1985).

전략적 의도와 계산에 기인할 것이다. 특히 전략적 의도와 계산은 리더의 행동과 그 효과에 관한 인과 관계에 대한 이해를 토대로 채택되는 것이기 때문에 리더십 교육과 훈련은 중요한 의미를 갖는다.[24]

5. 여성 공무원의 리더십 행동 분석

5.1 행위자 모형에 입각한 여성 리더십 행동 유형의 조작화

리더십 행동의 다차원성 또는 복합성에 대한 논의는 안토나키스, 아볼리오와 시바서브래매니엄(Antonakis, Avolio & Sivasubramaniam, 2003)이 제시한 모형에서 볼 수 있듯이 8개의 차원으로까지 제시되었다. 그러나 이 연구에서는 남성 중심적으로 개발되어 온 기존의 리더십 행동 모형과 여성 리더십 행동 모형을 비교하고, 관찰자 모형과 행위자 모형을 비교하고자 한다. 따라서 국외만이 아니라 국내의 기존 연구가 축적되어 있어야 비교가 가능하다는 점을 최대한 고려해 연구 모형을 채택하고 조사 도구를 설계했다. 더구나 한국의 경우 서구와의 문화적 차이가 적지 않을 것이라는 점을 고려해 연구 설계에서 국내의 기존 연구 결과와 비교할 수 있는 폭을 최대한 넓히고자 했다.

리더십 행동 유형 중 구조 주도 및 배려를 측정하는 설문 문항들은 스톡딜(Stogdill, 1963)의 LBDQXII를 기초로 김호정(2003)이 국내에 적용한 신뢰도가 높은 구조 주도 4문항 및 배려 6문항과 여성 공무원의 리더십 측정에 사용한 김혜숙 · 장재윤(2002)의 구조 주도 6문항, 배려 7문항을 토대로 설계했다. 후자는 행위자 모형으로 설계되었으나 전자는 직원의 입장에서 상관의 리더십을 평가하는 관찰자 모형이기 때문에 리더가 직접 평가할 수 있는 행위자 모형으로

24 리더십 교육과 훈련은 관찰자 모형과 함께 행위자 모형을 동시에 비교해 개인의 리더십 행동을 진단하고 처방해야 효과적이다. 즉 행위자 모형은 개인의 리더십 특성을 (성격 검사와 같이) 진단하기 위해 필수적이고, 바람직한 리더십 모형을 제시하기 위해서는 관찰자 모형이 필요하다.

전환했다. 이에 대한 파일럿 조사[25]의 결과를 토대로 수정해서 구조 주도 4항목, 배려 6항목을 최종적으로 채택했다.

거래-변혁 모형[26]의 경우 비교 가능성을 확보하기 위해 국내의 연구에서 채택해 연구가 어느 정도 진행된 MLQ를 중심으로 설계했으나 관찰자 모형이어서 행위자 설문 형식으로 변환했다. 또한 변혁적 리더십의 하위 구성 요인에 대한 연구 결과가 여전히 혼돈의 상황에 있을 뿐만 아니라 최근의 MLQ를 활용한 국내 연구가 매우 부족한 상황이기 때문에 최근 모형을 채택하지 않았다. 따라서 거래적 리더십을 측정하는 문항들은 배스와 아볼리오(Bass & Avolio, 1992), 김호정(2003)의 문항을 토대로 연구진들의 논의를 통해서 6개의 항목(TA: Transactional)을 채택했다. 변혁적 리더십 측정 문항은 배스(Bass, 1985)의 MLQ와 이를 수정해 활용한 김호정(2003), 김혜숙·장재윤(2002)의 조사 도구를 토대로 수정·보완했고, 이에 대한 파일럿 검증 결과를 토대로 최종적으로 수정·보완해 카리스마(CA: Charisma) 6문항, 개별 배려(IC: Individualized Consideration) 4문항, 지적 자극(IST: Intellectual Stimulus) 4문항을 채택했다.

5.2 구조 주도-배려 모형

중앙정부의 중상위 계층 여성 공무원들을 대상으로 조사한 자료를 가지고

---

25 2005년 4월 이화여대 과장급 20명을 대상으로 파일럿 테스트를 실시했다.

26 배스(Bass, 1985)는 변혁적 리더십과 거래적 리더십을 측정하기 위해 다요인 리더십 설문(MLQ: Multifactor Leadership Questionnaire)이라는 측정 도구를 개발했다. 최초의 MLQ는 거래적 리더십에 상황적 보상과 예외 관리를 포함했고, 변혁적 리더십은 하우스(House, 1977)의 카리스마적 리더십에 개별적 배려와 지적 자극을 통합한 3요소로 구성되었다. 이후(1990) 변혁적 리더십에 영감(inspiration)을 추가해 4요인이 되었다. 그러나 MLQ에 대한 수정이 계속되었고, 1994년에는 배스 등이 4I를 제시함에 따라 연구자들은 MLQ form-1에서부터 테퍼와 퍼시(Tepper & Percy, 1994)가 개발한 MLQ-X 수정판까지 다양하게 사용하고 있다. 그에 따라 영감(inspiration)이 포함되기도 하고 제외되기도 했다. 트레이시와 힌킨(Tracey & Hinkin, 1998)은 MLQ에 포함된 변혁적 리더십의 네 가지 하위 요인들 간에 상당한 중복이 있음을 밝혀내 MLQ의 요인 구조가 불안정함을 보여 주었다. 배스는 카리스마 요인을 변혁적 리더십의 한 하위 구성 요소로 보았으나 변혁적 리더십이 카리스마적 리더십인가, 아니면 카리스마 요인은 변혁적 리더십의 한 구성 요인일 뿐인가에 대한 논란이 계속되었다. 이후의 연구에서도 변혁적 리더십의 하위 구성 요소 간 명확한 요인 구분이 되지 않고 있다.

〈표 1〉 리더십 행동 유형의 조작화

리더십 행동		개념	조작화
구조 주도적 리더십 행동 (Seltzer & Bass, 1990; 이창원 외, 2003)		과업을 명확하게 지시함과 동시에 이를 위해 정보를 제공함으로써 과업의 구조화를 강화하는 행동	IS1) 부하에게 해야 할 일을 상세히 지시한다. IS2) 부하들에게 업무 내용을 명확하게 알려 준다. IS3) 부하들의 업무 진척 상황을 수시로 점검한다. IS4) 부하들에게 업무 규정과 절차를 따르도록 강조한다.
배려적 리더십 행동 (Bass, 1981; Yukl, 2002:50)		부하들을 통솔하기 위한 방편으로 부하들과의 인간 관계를 개선·증진시키기 위한 행동	C1) 부하들을 친절하게 대하려고 노력한다. C2) 부하들의 개인적인 사정을 배려한다. C3) 부하들의 생각과 의견을 지지해 준다. C4) 부하들과 상의해 업무를 처리한다. C5) 부하들의 복지에 많은 관심을 가진다. C6) 부하들이 기분 좋게 일할 수 있도록 애쓴다.
거래적 리더십 행동 (Bycio, Hackett & Allen, 1995; 이창원 외, 2003)		부하들의 욕구를 토대로 노력과 성과에 대한 적절한 보상을 약속 또는 제공함으로써 부하들의 동기를 유발하는 행동	TA1) 부하들에게 노력한 만큼의 대가를 얻을 수 있다는 점을 강조한다. TA2) 부하들에게 직장으로부터 원하는 것을 얻을 수 있는 방법을 알려 준다. TA3) 부하들에게 조직이 원하는 것과 이에 대한 보상에 대해 이야기해 준다. TA4) 부하들이 나를 도우면 어떻게 해서든 상응하는 대가를 준다. TA5) 부하들이 노력한 만큼 보상을 받을 수 있도록 애쓴다. TA6) 일을 잘한 부하들이 공식적으로 인정을 받을 수 있도록 애쓴다.
변혁적 리더십 행동 (이창원 외, 2003)	카리스마	리더가 현재 상황에 대한 각성(disenchantment)을 토대로 비전을 제시하고, 난관을 극복하려는 의지를 확고하게 표명함으로써 부하에게 자신감과 함께 자긍심 및 신념을 심어 주어 변화를 추구하는 행동	CA1) 불확실한 상황에서도 좀처럼 흔들리지 않는다. CA2) 부하들에게 감동을 주려고 노력한다. CA3) 부하들에게 사명감을 심어 준다. CA4) 비전의 제시를 통해 부하들을 독려한다. CA5) 부하들에게 미래를 낙관적으로 보게 만든다. CA6) 어떤 어려움도 극복할 수 있음을 부하들에게 보여 준다.
	개별 배려	부하에 대한 신뢰와 개별적 상황에 대한 이해를 토대로 능력을 증진할 수 있도록 후원함으로써 조직의 발전과 변화를 추구하는 행동	IC1) 부하들의 능력을 신뢰한다. IC2) 부하들의 능력을 발휘할 수 있도록 도와 준다. IC3) 부하들에게 자신감을 심어 준다. IC4) 부하들이 직장에서 성공할 수 있도록 도와 준다.

리더십 행동		개념	조작화
변혁적 리더십 행동 (이창원 외, 2003)	지적 자극	부하로 하여금 비판적 사고를 강조함은 물론 숨겨진 문제를 발견할 수 있음을 스스로 보여 줌으로써 타성과 관행에 젖은 조직의 분위기를 변화시켜 조직의 혁신을 추구하는 행동	IST1) 부하들이 당연하게 생각하던 것에 문제를 제기한다. IST2) 부하들에게 업무에 관한 새로운 시각을 강조한다. IST3) 부하들이 보지 못하는 기회나 문제를 잘 발견한다. IST4) 부하들에게 통념적 사고에 문제가 있을 수 있음을 종종 환기시켜 준다.

* 리더십의 영향력이 오직 부하에게만 행사되는 것은 아니지만 가장 중요한 대상이 부하이므로 응답자의 혼란을 줄이기 위해 '부하'라는 용어를 사용해 조작화했다.

'구조 주도-배려' 차원에 관한 10개의 문항들에 대해 SPSS 11.0에서 주성분 분석과 직각 회전 방식을 사용해 요인 분석을 실시했다.[27] 요인 분석 결과 두 요인으로 구분되었고, 각 변수의 신뢰도는 '구조 주도형'의 Cronbach's α=.7129 (n=236), '배려형'의 Cronbach's α= .8091 (n=236)로 나타났다. 이러한 분석 결과는 이론적 구성에 입각한 조사 설계에 정확하게 부합하는 것으로, 리더십 행동에서 리더 행동을 구조 주도 행동 유형과 배려 행동 유형으로 구성한 모형은 관리 차원의 리더십 모형으로서 충분히 성숙한 상태임을 의미한다. 또한 '구조 주도-배려 모형'에서는 행위자의 관점과 관찰자의 관점이 일치함을 알 수 있다. 나아가 관리 차원의 리더십 행동의 구성에서는 여성 공무원들도 남성과 차

27 이 조사는 18부 4처에 근무하는 3급, 4급, 5급, 6급 중앙 공무원을 대상으로 했다. 남성 공무원은 4급 4명, 5급 8명, 6급 8명씩 비례 할당 추출해 각 부처에서 20명씩 추출했다. 여성 공무원의 경우 4급과 5급은 부처별 실제 인원을 고려해 전수 조사에 가깝게 표본 추출을 했고, 6급은 비례 할당 추출했다. 조사 기간은 4월 9일~4월 19일 표본 프레임을 구성하고, 6월 10일까지 파일럿 조사·분석을 했으며, 설문지 배포 및 수합은 6월 11일에서 7월 10일까지 이루어졌다. 총 901부 배포해 808부를 회수했으며(회수율 90%) 그 중 불성실한 응답 등으로 4부의 설문지를 제외했다. 그리고 논의 결과 이 연구의 목적을 고려해 6급 이하의 공무원은 제외했고, 총 501부의 응답이 연구에 사용되었다. 표본의 구성은 남성 263명(52.5%), 여성 238명(47.5%)이며, 3급 0.8%, 4급 27.3%, 5급 71.9%다. 남성 공무원은 3급 0.8%(2명), 4급 35.4%(93명), 5급 168명(63.9%)이다. 여성 공무원은 3급 0.8%(2명), 4급 44명(18.5%), 5급 192명(80.7%)이다. 4급 여성 공무원이 한 명도 없는 부처는 재정경제부, 외교통상부, 과학기술부, 농림부, 산업자원부, 기획예산처, 국정홍보처, 국가보훈처 등이며, 4급 여성 총 77명 중 44명이 응답했다. 5급의 경우는, 외교통상, 국방, 과학기술, 건설교통, 기획예산, 국정홍보, 국가보훈처가 여성 공무원 5명 이하로 2명을, 농림, 환경, 해양수산, 법제, 여성 등 10명 이하인 부처는 각 5명으로, 재경, 통일, 문광, 산자 등 20명 이하인 부처는 각 10명으로, 교육, 법무, 행자, 정통, 보건복지, 노동 등 여성이 20명 이상인 부처는 각각 20명을 표본으로 추출했다.

〈표 2〉 구조 주도-배려 모형(n=234)

문항	배려 행동 요인	구조 주도 행동 요인
배려 행동 요인(6문항) Cronbach's α =.8091		
C2. 부하들의 개인적인 사정을 배려한다.	.773	
C5. 부하들의 복지에 많은 관심을 가진다.	.765	
C3. 부하들의 생각과 의견을 지지해 준다.	.702	
C4. 부하들과 상의하여 업무를 처리한다.	.690	
C1. 부하들을 친절하게 대하려고 노력한다.	.676	
C6. 부하들이 기분 좋게 일할 수 있도록 애쓴다.	.615	
구조 주도 행동 요인(4문항) Cronbach's α =.7129		
IS1. 부하들에게 해야 할 일을 상세히 지시한다.		.795
IS3. 부하들의 업무 진척 상황을 수시로 점검한다.		.744
IS4. 부하들에게 업무 규정과 절차를 따르도록 강조한다.		.664
IS2. 부하들에게 업무 내용을 명확하게 알려 준다.	.397	.645
Eigenvalues	3.827	1.553
% of variance (53.799%)	38.27	15.53
KMO	0.846	

이가 없음을 보여 준다. 물론 구조 주도적 행동 성향과 배려적 행동 성향의 강도면에서 남녀 간에 상대적 차이가 있을 수 있고 이는 또 다른 중요한 관심 사항으로 '여성적 리더십'의 요체라 할 수 있다.

한편 조직의 계층 수가 점점 줄어들고 있기는 하지만, 조직 구성원들은 계층에 따라 부여된 역할이 다르다. 정책 과정의 관점에서 볼 때 '구조 주도-배려 모형'의 행동 유형은, 고위 정책 결정 계층에서는 적실성이 저하되었다고 볼 수 있으나 집행 역할을 담당하는 중간 관리 계층에 있는 직위 점유자들의 역할 행동을 진단하고 처방하는 데에는 여전히 적실성이 있을 것이다(김호정, 2000). 더구나 정부관료제의 중간 관리 계층 공무원들에게서는, 세계화와 지식 정보화에 의해 조직 구조가 대폭 유연해졌음에도 불구하고, 여전히 상당 부분 '구조 주도-배려' 차원이 기본적인 패러다임을 유지하고 있는 것으로 판단된다. 또한 중앙정부 조직이 전격적으로 도입한 팀제는 계서제와 달리 자율성과 유연성을 내재화한 구조를 채택하기는 했지만 팀장은 전형적인 중상위 계층 관리자라는 점을 감안할 때, 팀장 리더십 모형의 개발에 기초 모형으로 활용할 수 있을 것이다.

5.3 거래-변혁 모형

'거래–변혁 모형'을 분석하기 위해 SPSS 11.0에서 주성분 분석과 직각 회전인 Varimax 방식을 사용해 요인 분석을 실시했다.

남성 공무원을 대상으로 한 기존의 연구를 보면, 거래적 차원과 변혁적 차원이 비교적 명확하게 구분되고 있다(이현주 · 박통희, 2005). 그러나 변혁형의 경우 배스(Bass, 1985)가 처음 제시한 MLQ[28]에는 카리스마, 지적 자극, 개별 배려의 3요인이 포함되었고, 1995년부터 영감(inspiration)[29]이 포함되고 있다. 그러나 초기의 카리스마가 이미 영감을 상당 부분 포함하고 있으며, 카리스마와 영감은 밀접한 관계에 있어 다수의 연구에서는 영감을 카리스마에 포함시켜 3요인으로 측정하고 있다(김호정, 2001:200). MLQ는 form-X(Tepper & Percy, 1994)까지 수정을 거듭하고 있어 연구자들이 다양한 측정 도구를 수정해 사용하고 있다.[30] 아직도 변혁적 리더십의 구성 요소들에 대한 요인 구성이 명확하지 않다.

그러나 행위자 관점에서 여성 공무원을 대상으로 한 이 연구에서는 거래–변

---

28 트레이시와 힌킨(Tracey & Hinkin, 1998)은 MLQ에 포함된 변혁적 리더십의 네 가지 하위 요인들 간 상당한 중복이 있음을 밝혀내 MLQ의 요인 구조가 불안정함을 보여 주었다. 배스는 카리스마 요인을 변혁적 리더십의 한 하위 구성 요소로 보았으나 변혁적 리더십이 카리스마적 리더십인가, 아니면 카리스마 요인은 변혁적 리더십의 한 구성 요인일 뿐인가에 대한 논란이 계속되었다. 배스조차 카리스마가 변혁적 요인의 60%를 설명한다고 보았다. 이후의 연구에서도 변혁적 리더십의 하위 구성 요소 간에 명확한 요인 구분이 되지 않고 있다.

29 배스와 아볼리오(Bass & Avolio, 1994)는 변혁적 리더십의 구성 요소를 idealized influence, inspirational motivation, intellectual stimulation, individualized consideration의 4개로 재개념화했다.

30 배스(Bass, 1985)가 처음 제시한 MLQ form–1은 카리스마, 지적 자극, 개별 배려만을 포함해 약 27개 문항인데, 로위, 크뢰크와 시바서브래매니엄(Lowe, Kroeck & Sivasubramaniam, 1996)은 배스의 MLQ를 사용한 39개 연구에 대한 메타 분석을 통해 변혁적 리더십 하위 요소 3개에 대해 카리스마(α=.71)에서 지적 자극(α=.60)까지를 분석했고, 트레이시와 힌킨(Tracey & Hinkin, 1998)은 MLQ(1995)를 사용해 변혁적 리더십의 네 가지 하위 요인들(4'I') 간 상당한 중복이 있음을 지적했다. 김호정(2001)은 배스(Bass, 1985)의 MLQ를 기초로 요인 부하값이 높은 문항들을 중심으로 카리스마 7, 개별 배려 2, 지적 자극 3문항을 채택했다. 이강옥 · 손태원(2004)은 배스(Bass, 1985)의 MLQ를 중심으로 카리스마, 지적 자극, 개별 배려, 영감 고취 24문항을 측정했는데 4요인이 거의 카리스마로 묶였다. 이창원 등(2003)은 테퍼와 퍼시(Tepper & Percy, 1994)가 개발한 MLQ–X 수정판의 24개 항목을 이용해 카리스마 6문항(α=. 77), 영감적 6문항(α= .85), 개별 배려 3문항(α= .73), 지적 자극 3문항(α= .73)을 사용했다. 이 연구에서는 김호정(2001), 파일럿 결과 등을 바탕으로 카리스마, 개별 배려, 지적 자극의 3요소를 측정했다.

혁 차원조차도 구분되지 않았으며, 거래 차원의 문항들이 변혁 차원의 문항들과 뒤섞이는 것은 물론 이론적 구성과 연계해 볼 때 많은 차이가 있다.

구체적으로 살펴보면 한 문항으로 단일 요인을 구성하는 문항(IC1)과 0.4 이상의 요인 적재치를 여러 요인에 중복해 가지고 있음과 동시에 이러한 요인 적재치들 간의 차이가 거의 없음으로 인해 요인의 구분을 모호하게 하는 문항들(TA1, CA3. CA6), 그리고 이론적 구성과는 전혀 다른 요인에 포함됨과 동시에 내용적으로도 그 요인과의 연계가 어려운 문항들(CA1, CA5, IST2)을 제거함으로써 세 요인을 어렵게 도출했다. 요인을 구성하는 설문의 내용을 검토한 결과, 1요인은 공정성을 중시하면서 부하들을 개별적으로 후원하는 배려 행동 유형(공정성 중시 개별 배려 행동 요인), 2요인은 카리스마를 가지고 부하들에게 조직 생활을 지도하는 행동 유형(카리스마적 멘토 행동 요인), 3요인은 비판적이고 창의적인 사고를 촉구하는 지적 자극 행동 요인으로 해석되었다.

특이한 점은 카리스마적 리더십에 관한 문항들이 대거 제거되었으며, 거래형 리더십으로 설계된 문항들이 나뉘어 개별 배려와 나머지 카리스마 문항들과 새로운 요인을 구성했다. 기존 연구에서는 카리스마에 관한 문항들이 개별 배려와 지적 자극에 분산되는 경향을 보인 데 반해 여성 행위자 모형인 이 연구에서는 거래 문항이 분산되면서 카리스마 문항들이 제거된 점에 주목해야 한다. 그 원인에 대해 여러 가지 해석이 가능하다.

첫째, 관찰자 모형과 행위자 모형의 차이로 해석할 수 있다. 관찰자의 입장에서는 거래 차원으로 인식되는 행동도 행위자는 공정하게 부하들을 배려하기 위한 것일 수 있기 때문이다. 더구나 관찰자 모형에서도 여성만을 표본으로 하여 조사했다면 거래적 행동의 문항들 중에서 공정성과 관련된 문항들이 개별 배려의 문항과 같은 요인으로 묶였을 가능성을 배제할 수 없다.

둘째, 남성 모형과 여성 모형의 차이로 해석할 수 있다. 여성들은 소수자의 입장에서 남성들에 비해 공정성을 중시할 수밖에 없기 때문에 부하들을 공정하게 대하는 것도 일종의 개별적 관심과 발전에 중요한 요소로 인식하기 때문일 수 있다. 즉, 차별받고 있다고 인식하는 소수자의 입장에서 공정한 보상은 개별 배려의 으뜸으로 인식될 수 있기 때문이다. 따라서 여성들은 거래적 행동 문항을 단순 거래가 아니라 부하들에게 노력에 대해 정당하게 보상하거나 일을 잘한 부하들이 공식적으로 인정받을 수 있게 하는 등의 공정성을 추구하는 차원의 행동으로 인식하며, 이는 부하의 발전과 사기 진작은 물론 자신감과 직결되는 것으로 인식한 것일 수 있다. 공정성은 일반적으로 약자에게 중시되는 가치다. 더구나 여성들은 사회와 조직에서 약자의 위치에 있기 때문에 부하들을 대할 때에도 공정성 가치를 우선시하는 경향이 체화되었을 수 있다.

한마디로 여성 공무원의 경우 거래적 리더십 행동이 하나의 요인으로 구성되지 않았다. 한편 기존의 연구 결과는 거래적 리더십에 대해 상충되는 결과를 보여 준다. 리더십 유형의 문화적 차이를 분석하기 위해 한국과 뉴질랜드를 비교한 이창원 등(2003)에 따르면 한국의 집합주의적 문화에서는 거래적 리더십이 효과적이지 않다. 그러나 비슷한 척도를 가지고 공사 조직의 중간 관리층을 대상으로 측정한 김호정(2000)의 연구에서는 행정 조직의 경우 변혁적 리더십보다 전통적 리더십[31]이 더 중요한 역할을 하고, 그 중 거래적 리더십이 부하의 조직 몰입에 더 큰 도움이 된다고 결론짓고 있다. 이는 거래적 리더십이 문화적 특수성에 구속됨을 의미한다. 아울러 여성이 남성보다 더 집합주의적이라는 연구 결과(박통희, 2004)에 비추어 여성의 경우 거래적 리더십에 대해 더 많은 검토가 필요함을 시사한다.

셋째, 카리스마 문항들이 하나의 요인을 구성하지 못하고 요인 도출 과정에서 대거 제거된 것은 카리스마 자체의 특성, 중상위 계층의 특성, 그리고 여성의 특성이 복합적으로 작용한 결과로 해석된다. 이미 논의했듯이 카리스마는 기존 연구에서도 여러 다른 요인에 분산되어 나타나는 경향을 보인다. 이러한 점은 카리스마가 변혁적 리더십의 기본적 속성일 가능성을 암시한다. 또한 남녀 비교의 기존 연구에서 여성은 남성에 비해 카리스마가 부족한 것으로 나타

31 김호정(2000:89)은 구조 주도, 배려, 거래적 리더십을 기존의 것이라 하여 전통적 리더십이라 하고, 변혁적 리더십은 비전적 · 영감적 리더 행동, 이념적 가치의 호소, 지적 자극, 부하에 대한 기대 이상의 성과와 상위 욕구의 향상 등을 강조하는 개념으로 사용한다.

〈표 3〉 거래적-변혁적 모형(n=228)

문항	1) 공정성 중시 개별 배려 행동 요인	2) 카리스마적 멘토 행동 요인	3) 지적 자극 행동 요인
공정성 중시 개별 배려 행동 요인(6문항) Cronbach's α =.8727			
TA5. 부하들이 노력한 만큼 보상을 받을 수 있도록 애쓴다.	.818		
TA6. 일을 잘한 부하들이 공식적으로 인정을 받을 수 있도록 애쓴다.	.775		
TA4. 부하들이 나를 도우면 어떻게 해서든 상응하는 대가를 준다.	.665		
IC4. 부하들이 직장에서 성공할 수 있도록 도와 준다.	.606	.533	
IC2. 부하들의 능력을 발휘할 수 있도록 도와 준다.	.594	.468	
IC3. 부하들에게 자신감을 심어 준다.	.551	.438	
카리스마적 멘토 행동 요인(4문항) Cronbach's α =.7598			
TA2. 부하들에게 직장으로부터 원하는 것을 얻을 수 있는 방법을 알려 준다.		.757	
TA3. 부하들에게 조직이 원하는 것과 이에 대한 보상에 대해 이야기해 준다.		.719	
CA2. 부하들에게 감동을 주려고 노력한다.		.696	
CA4. 비전의 제시를 통해 부하들을 독려한다.		.654	
지적 자극 행동 요인(3문항) Cronbach's α =.6912			
IST3. 부하들이 보지 못하는 기회나 문제를 잘 발견한다.			.810
IST1. 부하들이 당연하게 생각하던 것에 문제를 제기한다.	.340		.753
IST4. 부하들에게 통념적 사고에 문제가 있을 수 있음을 종종 환기시켜 준다.	.314		.653
Eigenvalues	5.746	1.267	1.056
% of variance (62.064%)	44.20	9.74	8.12
KMO		0.888	

났으며, 일반적으로 중상위 계층은 최고위 계층에 비해 카리스마가 약하기 때문이다. 더구나 행위자 자신들이 카리스마 행동을 의도적으로 하기 힘들기 때문에 관찰자 모형과 다른 결과가 나온 것으로 해석할 수 있다. 즉, 튀는 것을 금

기시하는 공무원 조직에서 중상위 계층의 여성들이 의도적으로 카리스마 행동을 취하기는 어려울 것이기 때문이다.

그러나 특이한 것은 카리스마의 핵심 문항인 비전과 감동에 관한 문항과 거래에 관한 문항들 중에서 해석하기에 따라서는 멘토의 전형적인 행동으로 인식할 수 있는 문항들이 하나의 독립 요인을 구성한 것이다. 중상위 계층의 여성 공무원들이 증가하면서 소수자 공동체 의식과 자의식에 기반하여 싹트고 있는 멘토 운동, 그리고 깊숙이 잠재해 있는 모성이 후배 또는 부하들의 동기를 유발하고 보살피는 과정에서 나타난 행동 유형으로 해석할 수 있다. 이러한 리더십 행동 유형은 여성성의 핵심인 모성이 작용해 후배들에 대한 동기 부여와 지도 과정에서 발현된 것으로 볼 수 있다. 즉, 여성에게 부족하다고 인식된 카리스마는 오히려 사회적으로 억압된 것일 뿐, 강인한 생명력이 카리스마로 발현됨과 동시에 양육·성장의 원동력인 모성이 바탕이 된 멘토링이 융합된 여성적 리더십의 가능성을 보여 준 것으로 해석할 수 있다. "여성은 약하지만 어머니는 강하다!"는 말이다.

요약하건대 거래-변혁 모형에 입각할 때 중앙정부의 중상위 계층 여성 공무원의 리더십은 공정성을 중시하는 '공정성 중시의 개별 배려 행동 요인'(1요인), 모성에 기초한 '카리스마적 멘토 행동 요인'(2요인), 그리고 '지적 자극 행동 요인'(3요인)으로 구성되는 것으로 나타났다. 여기서 중요한 것은 행동 유형이 이렇게 나타났다는 것도 의미하는 바가 적지 않지만 행동 유형별 상대적 강도가 동시에 여성 리더십을 연구하는 데 중요한 부분이다. 다만 이 연구에서는 중상위 계층 여성 공무원 리더십의 요인 구조를 살피는 것이므로 후속 연구로 미룬다.

5.4 다요인적 관점에서 리더십 행동 유형 통합 분석

5.4.1 '거래' 차원과 '구조 주도-배려 모형'의 통합

구조 주도-배려 모형에 관한 10개의 문항과 거래-변혁 모형의 거래 행동 유형에 관한 6개 문항에 대해 SPSS 11.0에서 주성분 분석과 직각 회전 방식을 사용해 요인 분석을 실시했다(N=232). 요인 분석의 결과 구조 주도 행동 요인(Cronbach's α= 0.713, n=234), 배려 행동 요인(Cronbach's α= 0.860, n=234), 거래 행동 요인(Cronbach's α= .741, n=238)으로 분리 독립되었다. 구조 주도 행동과 배려 행동이 거래 차원에 흡수되지 않고 기존의 연구와 일치하게 여전히 독립된 별개의 요인을 구성함은 물론 거래 행동 유형이 하나의 독립된 요인으로 구분되었다. 조사 도구의 내용을 분석해 볼 때, 거래 행동 요인은 리더와 부하 간에 교환 관계를 통해 부하들을 동기 부여하는 행동들로 구성되었고, 구조 주도 행동 요인과 배려 행동 요인은 명령과 지시 그리고 사회적 관계와 인간적 배려를 통해 동기 부여하는 행동들로 구성되었다. 즉, 거래 차원이 구조 주도-배려 차원의 행동을 흡수해 통합하는 것이 아니라 거래적 행동들이 별도의 독립된 차원을 구성하며, 이는 내용적으로도 타당하다.[32] 단, 설문의 내용에 공정성 차원의 배려 의도가 깔린 행동에 관한 문항들(TA5, TA6)의 요인 적재 계수가 근소한 차이이기는 하나 거래 행동 요인보다 배려 행동에 더 높게 나타났다(〈표 4〉 참고). 이미 논의했듯이 관찰자의 입장에서는 거래 행동으로 보이는 행동이라도 행위자는 행동의 의도를 알고 있을 뿐만 아니라 소수자인 여성에게 공정성은 배려의 핵심적 가치이기 때문이다.

이러한 관리적 차원의 리더십에서 공정성에 대한 인지 여부를 제외하면 관찰자 모형과 행위자 모형이 일치한다고 볼 수 있으며, 여성 리더십에서도 남성 중심의 기존 연구와 크게 다르지 않은 것으로 해석할 수 있다. 한편 구조 주도-배려 모형에 관한 10개의 문항과 거래-변혁 모형의 거래 차원에 관한 6개 문항은 모두 전통적인 관리적 행동에 관한 것이므로 관리적 차원의 리더십 모형으로 명명하는 것이 타당하다. 그리고 관리적 차원에서 리더십을 분석할 때에는 '구조 주도-배려'의 2요인 모형을 사용하기보다는 거래를 포함해 확장한 3요인으로 구성된 리더십 모형을 사용할 때 설명력을 높일 수 있을 것이다. 단,

---

32 TA4(부하들이 나를 도우면 어떻게 해서든 상응하는 대가를 준다)는 배려, 거래, 구조 주도의 요인 모두에 0.3 이상의 요인 적재 계수를 보여 제거했다.

〈표 4〉 구조 주도-배려-거래적 행동을 통합한 관리 차원 모형(n=232)

문항	1) 구조 주도 행동 요인	2) 배려 행동 요인	3) 거래 행동 요인
구조 주도 행동 요인(4문항) Cronbach's α =.713			
IS1. 부하들에게 해야 할 일을 상세히 지시한다.	.753		
IS3. 부하들의 업무 진척 상황을 수시로 점검한다.	.753		
IS4. 부하들에게 업무 규정과 절차를 따르도록 강조한다.	.637		
IS2. 부하들에게 업무 내용을 명확하게 알려 준다.	.619	.389	
배려 행동 요인(8문항) Cronbach's α =.860			
C4. 부하들과 상의해 업무를 처리한다.	.318	.732	
C2. 부하들의 개인적인 사정을 배려한다.		.712	
C5. 부하들의 복지에 많은 관심을 가진다.		.710	.312
C1. 부하들을 친절하게 대하려고 노력한다.		.702	
TA6. 일을 잘한 부하들이 공식적으로 인정을 받을 수 있도록 애쓴다.		.662	.423
C3. 부하들의 생각과 의견을 지지해 준다.		.643	
TA5. 부하들이 노력한 만큼 보상을 받을 수 있도록 애쓴다.		.616	.482
C6. 부하들이 기분 좋게 일할 수 있도록 애쓴다.		.574	
거래 행동 요인(3문항) Cronbach's α =.741			
TA3. 부하들에게 조직이 원하는 것과 이에 대한 보상에 대해 이야기해 준다.			.762
TA1. 부하들에게 노력한 만큼의 대가를 얻을 수 있다는 점을 강조한다.			.738
TA2. 부하들에게 직장으로부터 원하는 것을 얻을 수 있는 방법을 알려 준다.			.710
Eigenvalues	1.699	5.609	1.281
% of variance (62.064%)	11.330	37.391	8.541
KMO		0.883	

거래 행동 요인에 관한 조사 도구를 좀더 엄밀하게 교환의 관점에서 거래 행동에 초점을 맞춰 개발해 사용할 필요가 있다.

5.4.2 여성 리더십의 다요인 복합 모형 탐색

'구조 주도－배려 모형'에 관한 10개의 문항과 '거래－변혁 모형'의 20개 문항에 대해 SPSS 11.0에서 주성분 분석과 직각 회전 방식을 사용해 요인 분석을 실시했다. 요인 구성에서 특이한 점은 첫째, 거래 행동의 2문항(TA2, TA3), 카리스마 행동의 2문항(CA2, CA4), 그리고 지적 자극 행동의 한 문항(IST2)이 하나의 요인을 구성하고 있다는 점이다. 해당 문항들의 내용을 종합해 볼 때, 부하들에게 조직으로부터 원하는 것을 얻는 방법은 물론 조직이 원하는 것을 알려 주면서 동시에 비전을 제시하고 감동을 주는 행동으로 이러한 행동 유형은 훌륭한 멘토의 행동 모형이라고 볼 수 있다. 이 행동 유형은 '거래－변혁 모형'에 대한 분석의 '카리스마적 멘토 행동 요인'과 사실상 동일하다.

둘째, 일부 개별 배려에 관한 행동들(IC3, IC4)이 배려 요인과 통합되어 확장되었고, 일부(IC1, IC2)는 혼란 변수로 작용하고 있다. 개별 배려 행동은 개인주의적 차원에서 개개인을 존중하고, 개인의 상황과 특성을 감안해 발전을 돕는 것이다. 이러한 개인주의적 의식을 토대로 한 개별 배려 행동이 집합주의적 문화권에서는 형성되기 어렵다. 한마디로 특정 개인의 개성과 개별적 상황을 배려한다는 것이 집합주의적 문화에서는 용이하지 않기 때문이다. 우리나라는 집합주의적인 문화권에 있으며, 더구나 여성은 남성에 비해 집합주의적 성향이 강하기(박통희, 2004) 때문에 인간 관계에서 배려와 개별 배려가 제대로 구분되지 않은 것으로 보인다. 물론 조사 도구의 엄정성 부족으로 인해 생긴 문제일 수도 있으므로 향후 연구에서는 양자의 이론적 개념의 차이가 더욱 잘 반영될 수 있도록 개발해 사용할 필요가 있다.

셋째, '다요인 복합 모형'에서는 기존 연구에서와 같이 카리스마에 관한 행동들이 하나의 요인으로 묶이지 않고 다른 요인들에 분산되면서도 거래－변혁 모형의 '카리스마적 멘토 행동 요인'을 구성했던 문항들에 카리스마 행동에 관한 문항 중 하나(CA3: 부하들에게 사명감을 심어 준다)가 추가되어 독립 요인을 구성했다. 이러한 결과는, 카리스마는 개념적으로 매우 모호한 상태임은 물론 변혁 지향적 리더십의 핵심적 본질이라는 점을 거듭 확인하는 것이다. 특히 여성들이 남성에 비해 카리스마적 속성이 약할 뿐만 아니라 카리스마는 행위자에 의해 의도적으로 선택된 리더십 행동 모형이 아니라 관찰자에 의해 인지되는 것이기 때문에 흩어진 것으로 해석된다. 그럼에도 불구하고 '카리스마적 멘토 행동 요인'이 다요인 복합 모형에서도 여성 공무원의 독립된 리더십 유형으로 추출된 것이다. 추가된 문항의 내용이 부하들에게 주인 의식을 고취하면서 직장 생활의 의미를 부여하는 내용으로 카리스마적 성향을 강화하는 내용이라는 점이 흥미롭다.

넷째, '거래—변혁 모형'에서와 같이 거래 차원의 행동들이 하나의 요인을 구성하지 못하고, TA2와 TA3는 카리스마적 멘토 행동 요인에, TA6는 배려 행동 요인으로 나뉘어 묶였으면서도 핵심적인 문항들(TA1, TA4, TA5)이 미래에 대한 낙관적 기대를 조성하는 CA5와 함께 하나의 요인으로 구성되었다. 거래에서 낙관적 기대는 매우 중요하다. 따라서 이 요인을 낙관적 거래 행동 요인이라고 명명한다. 그러나 거래 행동에 관한 문항들이 흩어진 점을 감안해 향후 거래 차원의 리더십 행동을 측정하기 위한 도구는 더욱 엄정하게 개발해 사용할 필요가 있다. 특히 행위자 모형에서는 관찰자 모형과 달리 행동의 의도가 중요하기 때문에 정확하게 거래의 의도가 반영된 문항을 사용해야 한다. 한편 여성들은 상대적으로 부하들의 승진을 중심으로 한 경력 개발을 잘 챙겨 주지 못한다는 지적이 있다. 따라서 여성 리더십을 구성하는 이 요인에 대해 심층적인 분석이 요청된다. 더구나 정부 조직의 중간 관리 계층은 순환 보직으로 인해 이동이 잦고, 보상으로 사용할 수 있는 공식적 자원이 법제도에 의해 제약받고 있다. 이러한 구조적 제약 속에서 여성들이 취약한 것으로 인식된 부하들의 동기 부여를 위한 거래에 대한 낙관적 기대를 조성할 수 있는 행동 방안을 모색해야 한다.

마지막으로 다른 세 가지 요인의 경우는 이론적 구성과 거의 일치하게 기존의 모형에서 정립해 온 구조 주도형, 배려형, 지적 자극형을 중심으로 묶였다. 요인 분석 결과 〈표 5〉에서와 같이 여성 리더십은 구조 주도 행동 요인(Cronbach's α = 0.713, n=236), 배려 행동 요인(Cronbach's α= 0.875, n=234), 낙관적 거래 행동 요인(Cronbach's α= 0.780, n=236), 카리스마적 멘토 행동 요인(Cronbach's

〈표 5〉 여성 리더십의 다요인적 구성(n=224)[33]

문항	구조 주도 행동 요인	배려 행동 요인	낙관적 거래 행동 요인	카리스마적 멘토 행동 요인	지적 자극 행동 요인
구조 주도 행동 요인(4문항) Cronbach's α =.713					
IS1. 부하들에게 해야 할 일을 상세히 지시한다.	.730				
IS3. 부하들의 업무 진척 상황을 수시로 점검한다.	.693				
IS4. 부하들에게 업무 규정과 절차를 따르도록 강조한다.	.659				
IS2. 부하들에게 업무 내용을 명확하게 알려 준다.	.555				
배려 행동 요인(8문항) Cronbach's α =.875					
C4. 부하들과 상의해 업무를 처리한다.		.764			
C1. 부하들을 친절하게 대하려고 노력한다.		.675			
C5. 부하들의 복지에 많은 관심을 가진다.		.656			
C2. 부하들의 개인적인 사정을 배려한다.		.653			
C3. 부하들의 생각과 의견을 지지해 준다.		.622			
IC4. 부하들이 직장에서 성공할 수 있도록 도와 준다.		.576		.450	
TA6. 일을 잘한 부하들이 공식적으로 인정받을 수 있도록 애쓴다.		.570	.415		
IC3. 부하들에게 자신감을 심어 준다.		.456			
낙관적 거래 행동 요인(4문항) Cronbach's α =.780					
TA1. 부하들에게 노력한 만큼의 대가를 얻을 수 있다는 점을 강조한다.			.644	.461	
TA5. 부하들이 노력한 만큼 보상을 받을 수 있도록 애쓴다.		.525	.626		
TA4. 부하들이 나를 도우면 어떻게 해서든 상응하는 대가를 준다.			.594		
CA5. 부하들에게 미래를 낙관적으로 보게 만든다.			.594		
카리스마적 멘토 행동 요인(6문항) Cronbach's α =.815					
TA3. 부하들에게 조직이 원하는 것과 이에 대한 보상에 대해 이야기해 준다.				.705	
TA2. 부하들에게 직장으로부터 원하는 것을 얻을 수 있는 방법을 알려 준다.				.676	

문항	구조 주도 행동 요인	배려 행동 요인	낙관적 거래 행동 요인	카리스마적 멘토 행동 요인	지적 자극 행동 요인
CA2. 부하들에게 감동을 주려고 노력한다.				.647	
CA4. 비전의 제시를 통해 부하들을 독려한다.				.631	
IST2. 부하들에게 업무에 관한 새로운 시각을 강조한다.				.627	.422
CA3. 부하들에게 사명감을 심어 준다.		.428		.442	
지적 자극 행동 요인(4문항) Cronbach's α =.729					
IST3. 부하들이 보지 못하는 기회나 문제를 잘 발견한다.					.773
IST1. 부하들이 당연하게 생각하던 것에 문제를 제기한다.					.748
CA1. 불확실한 상황에서도 좀처럼 흔들리지 않는다.					.584
IST4. 부하들에게 통념적 사고에 문제가 있을 수 있음을 종종 환기시켜 준다.					.575
Eigenvalues % of variance (59.231%) KMO	1.391 5.349	9.435 36.289	1.001 3..851 0.910	1.984 7.631	1.589 6.111

α= 0.815, n=235), 지적 자극 행동 요인(Cronbach's α= 0.729, n=233) 등 독립적인 5개 요인이 복합적으로 구성된 것으로 나타났다.

5.5 행위자 관점의 여성 리더십 다요인 복합 모형에 대한 논의

남성 중심의 관찰자 관점에서 진행되어 온 기존의 리더십 연구를 여성 그리고 행위자의 관점에서 재조명하기 위해 중앙정부의 중상위 계층 여성 공무원을 대상으로 조사한 자료를 가지고 여성 공무원의 리더십에 대한 요인 구조를 분

33 요인 도출 과정에서 이론 구성에서 채택된 아래의 문항들이 제거되었음: C6 (부하들이 기분 좋게 일할 수 있도록 애쓴다); CA6 (어떤 어려움도 극복할 수 있음을 부하들에게 보여 준다); IC1(부하들의 능력을 신뢰한다); IC2 (부하들에게 자신감을 심어 준다).

〈표 6〉 리더십 모형별 요인 구조 비교

	이론 구성	경험적 구성	주목해야 할 점
구조 주도-배려 모형	구조 주도 행동 요인(IS 1–4) 배려 행동 요인 (C 1–6)	요인 1: 구조 주도 행동 요인(IS 1–4) 요인 2: 배려 행동 요인 (C 1–6)	- 기존의 연구 결과와 일치 - 관찰자 모형과 일치 - 남성 중심의 모형과 일치
관리 차원 모형 (구조 주도-배려-거래)	구조 주도 행동 요인(IS 1–4) 배려 행동 요인 (C 1–6) 거래 행동 요인 (TA 1–6)	요인 1: 구조 주도 행동 요인(IS 1–4) 요인 2: 배려 행동 요인 (C1–6) + (TA5 · 6) 요인 3: 거래 행동 요인 (TA 1 · 2 · 3) (제거) TA4	- 기존의 연구 결과와는 달리 거래 행동 요인 문항 중 보상에서 공정성 실현 의지가 반영된 문항들(TA 5 · 6)이 (거래 행동 요인에도 0.4 이상의 요인 적재 계수를 보이지만) 배려 행동 요인과 묶임.
거래-변혁 모형	거래 행동 요인 (TA 1–6) 카리스마 행동 요인 (CA 1–6) 개별 배려 행동 요인 (IC 1–4) 지적 자극 행동 요인 (IST 1–4)	요인 1: 공정성 중시 후원형 (TA 4 · 5 · 6) + (IC 2 · 3 · 4) 요인 2: 카리스마적 멘토 행동 요인 (TA 2 · 3)+(CA 2 · 4) + (IST2) 요인 3: 지적 자극 행동 요인(IST 1 · 3 · 4) (제거) TA1, CA 1 · 3 · 5 · 6, IC1	- 기존 연구와 달리 거래 행동 요인이 독립된 요인으로 도출되지 않았음. - 거래 행동 문항들 중에 공정성 제고를 위한 거래 문항들이 개별 배려 문항들과 함께 요인 1을 구성했음. - 카리스마 행동 문항들이 분석 과정에서 요인을 구성하지 못하고 제거되었음. 나머지 카리스마 문항들은 거래 행동 문항 및 지적 자극 문항들 중에서 멘토 역할에 해당하는 문항들과 새로운 요인을 구성함. - 지적 자극 행동은 독립된 행동 유형임을 확인할 수 있음.
다요인 복합 모형	구조 주도 행동 요인(IS1–4) 배려 행동 요인 (C 1–6) 거래 행동 요인 (TA 1–6) 카리스마 행동 요인 (CA 1–6) 개별 배려 행동 요인(IC 1–4) 지적 자극 행동 요인(IST 1–4)	요인 1: 구조 주도 행동 요인(IS1–4) 요인 2: 배려 행동 요인 배려 행동 요인+(IC 3 · 4) + (TA6) 요인 3: 낙관적 거래 행동 요인(TA 1 · 4 · 5 + CA5) 요인 4: 카리스마적 멘토 행동 요인(TA 2 · 3 + CA 2 · 3 · 4 + IST2) 요인 5: 지적 자극 행동 요인(IST 1 · 3 · 4 + CA1) (제거) C6, CA6, IC 1 · 2	- 배려 행동 문항과 개별 배려 행동 문항의 일부가 새로운 요인을 구성함. 배려의 개념을 부하들에 대한 개별적 관심을 토대로 후원자적 행동의 영역까지 확장해 재정립하는 것에 대한 검토가 필요함. - 거래 행동에 관한 문항들이 관리 차원 모형과 거래-변혁 모형에서와 같이 일관성 있게 분할됨. - 거래 행동, 카리스마 행동, 지적 자극 행동에 관한 문항들 중에서 부하들에게 솔선수범하여 신념을 심어 주고 영감을 주는 것은 물론 조직 생활의 know-how를 전수해 주는 행동 유형이 별도로 하나의 요인을 구성하고 있음. - 지적 자극 행동 유형은 거듭 독립된 요인임이 확인됨.

석한 결과 발견된 쟁점에 대해 논의하고자 한다.

5.5.1 거래 차원의 리더십 행동 유형

'거래—변혁 모형'을 채택한 기존 연구는 거래적 차원과 변혁적 차원이 명백하게 구분되는 결과를 내놓았으나 이 연구에서는 거래 행동 문항들이 분산되면서 별도의 독립된 요인으로 나타나지 않았다.[34] 조직과 개인으로서 조직 구성원 간의 거래에서 공정성이 중요한 변수로 부각되면서 공정성 제고를 위한 행동이 거래 행동이라기보다는 배려 행동으로 유형화되었다. 한편 (기존 연구에서 논의된 다양한 리더십 행동 유형을 종합한) 다요인 복합 모형에 대한 요인 분석 결과는 '낙관적 거래 행동 유형'으로 독립된 요인을 구성하는 것으로 나타나 리더십 행동으로서 거래는 그 자체보다도 거래가 보장된다는 낙관적 의식을 가지게 하는 것이 중요하다는 점을 보여 준다.

거래 행동 유형에 관한 조사 문항들의 내용을 분석해 본 결과 거래는 구체적 행동 과정에서 어떤 의미를 동반하느냐의 차이는 있을 수 있지만 본질적으로 리더십의 공통 요소로 볼 수 있다. 이 연구에서 채택한 거래 행동 문항이 동반하는 의미는 보상면에서 공정성 제고(TA 5 · 6)와 보상 구조에 대한 지도 · 안내(TA 2 · 3)에 해당한다. 소수자인 여성 공무원들에게 보상면에서 불공정성과 보상 구조에 대한 고급 정보의 부족은 공직 생활의 핵심적인 장애로 인식되고 있다.[35] 공정성 제고 차원의 거래 행동은 배려 또는 개별 배려 행동 유형(관리 차원 모형의 요인 2와 거래-변혁 모형의 요인 1)과 묶이면서 배려의 개념을 확장

---

34 이 연구를 위한 조사와 함께 수행된 남성 공무원 리더십의 요인 구조에 대한 분석 결과는 기존 연구와 같이 거래-변혁적 차원이 명백히 구분되었다.

35 여성들은 소수자의 입장에서 남성들에 비해 공정성을 중시할 수밖에 없기 때문에 부하들을 공정하게 대하는 것도 일종의 배려이며 발전에 중요한 요소로 인식하기 때문일 수 있다. 즉, 차별을 받고 있다고 인식하고 있는 소수자의 입장에서 공정한 보상은 개별 배려의 으뜸으로 인식될 수 있기 때문이다. 따라서 여성들은 거래적 행동 문항을 단순 거래가 아니라 부하들에게 노력에 대해 정당하게 보상하거나 일을 잘한 부하들이 공식적으로 인정을 받을 수 있게 하는 등의 공정성을 추구하는 차원의 행동으로 인식하며, 이는 부하의 발전과 사기 진작은 물론 자신감과 직결되는 것으로 인식한 것일 수 있다. 공정성은 일반적으로 약자에게 중시되는 가치다. 더구나 여성들은 사회와 조직에서 약자의 위치에 있기 때문에 부하들을 대할 때에도 공정성 가치를 우선시하는 경향이 체화되었을 수 있다.

하는 새로운 요인을 구성했고, 보상 구조에 대한 정보 제공 차원의 거래 행동은 카리스마 행동 및 지적 자극 행동과 함께 멘토의 행동 유형으로 보이는 새로운 요인(거래－변혁 모형의 요인 2와 다요인 복합 모형의 요인 4)을 구성하고 있다. 이미 여러 차례 언급했듯이 일반적으로 관찰자는 행위자의 의도 또는 의미 부여를 정확하게 인지하기 어렵다. 이러한 관찰자(부하)의 인지 오류는 리더십의 효과성을 저해할 개연성이 있다. 그러나 이러한 인지 오류의 책임은 일차적으로 행위자인 리더에게 있음은 물론 인지 오류를 극소화할 수 있는 것도 리더의 능력임은 물론 중요한 특성의 하나다. 이러한 점은 리더십 교육과 훈련에 시사하는 바가 크다.

이러한 상황에서 여성 리더십으로서 거래 행동 유형은 심층적 분석과 아울러 여성 특유의 섬세함 및 집합주의적 특성을 고려해 재구성하는 것이 필요하다. 거래 행동 유형이 별도의 독립된 요인인지를 탐색하기 위해서는 공정성 제고와 멘토적 지도 · 안내의 의미를 동반하지 않고 순수하게 교환적인 의미에서 거래 행동 유형의 개념을 재정립할 필요가 있다. 이러한 가능성은 다요인 복합 모형을 대상으로 한 요인 분석 결과에서 발견되었다. 낙관적 거래 행동 유형은 교환적인 차원의 보상을 통해 부하들에게 동기를 부여함으로써 과업 행동에 긍정적인 영향을 주고, 이를 통해 조직의 성과를 제고하는 행동 유형으로 해석된다. 그런데 바로 이러한 리더십 행동에서 염두에 두어야 할 것은 조직에 기여한 데 대한 보상이 틀림없이 주어질 것이라는, 부하들의 낙관적 기대가 동반되어야 한다는 것을 조사 도구(TA 1 · 4 · 5, CA5)의 내용이 암시한다.

5.5.2 배려 차원의 리더십 행동 유형

우리나라는 집합주의적 성향이 강한 사회이며, 여성은 남성에 비해 집합주의적 성향이 더 강하다(박통희, 2004). 집합주의적 성향이 강한 사회에서 배려는 다른 어떤 요소보다도 리더십의 핵심을 차지할 것이다. 배려 행동 유형은 내용이 확장되면서 독립된 요인으로 일관되게 도출되고 있다. 관심의 초점이 되는 것은 배려의 내용이다. 인간 관계적 차원의 배려에서 시작해 복지와 참여로 확장되었고, '거래-변혁 모형'에서는 개개인에 대한 인격적 존중과 경력 개발 차원에서의 발전에 대한 (개별적) 배려로 확장되었다. 리더십 행동으로서 배려 행동이라고 하더라도 그 내용에 따라 리더십 효과는 매우 다를 것이다. 인간 관계적 배려, 복지적 배려, 참여적 배려, 인격적 배려, 그리고 경력 개발적 배려로 배려 행동의 폭과 질에서 고도화되는 것이며, 고도화될수록 리더십 효과가 클 것이다.

한편 이론적 관점에서 볼 때 초기의 리더십 행동으로서 배려는 인간적 배려로서 주로 인간 관계를 원만하게 유지·관리하는 데 초점이 있었다. 점차 배려는 민주적 가치를 반영하는 방향으로 발전해 마침내 조직의 의사 결정에 참여 기회를 부여함으로써 부하들의 동기를 부여하는 방향으로 발전했다. 기능적 조직 이론에 이어 비판적 또는 민주적 조직 이론의 아이디어가 리더십 이론에 반영된 것이다. 이어서 환경의 급격한 변화와 개방 체계 이론을 반영한 '거래-변혁 모형'에서는 부하들을 인격적으로 존중하고 이를 바탕으로 개개인의 발전을 지원하는 방향에서 배려함으로써 부하들이 스스로 혁신을 도모할 수 있는 방향으로 영향력을 행사하는 행동 유형이 제시된 것이다.

그런데 경험적으로 볼 때 배려 행동은 일부 거래 행동 중에서 공정성을 중시하는 행동과 하나의 요인을 구성하고 있다(〈표 4〉 참고). 또한 변혁적 차원의 하위 구성으로서 '개별적 배려'가 경험적으로 일관성 있게 그리고 명확하게 확인되지 않으면서도, 공정성과 관련된 거래 행동과 융합되어(〈표 3〉 참고) 독립 요인을 구성하고 있다. 또한 다요인 복합 모형에 대한 경험적 분석에 의하면 배려와 개별 배려 그리고 공정성을 중시한 거래 행동이 하나의 요인을 구성하고 있다(〈표 5〉 참고). 이러한 경험적 결과는 첫째, 기본적으로 배려 행동은 거래 행동의 일종이고, 배려 행동의 핵심은 의도라는 점을 보여 준다. 이미 논의했듯이 공정성이라는 가치를 구현하는 거래 행동의 동인으로서 배려 의도를 더 중요하게 생각할 수밖에 없는 소수자인 여성 행위자는 그러한 거래 행동을 배려 행동 유형으로 범주화한 것으로 볼 수 있다. 이러한 차이는 여성들이 소수자라는 입장과 아울러 여성들이 더 민주적이면서 관계 지향적이라는 여성성이 반영된 것일 수도 있다. 둘째, 배려 행동과 개별 배려 행동이 이론적 구성과는 달리 경험의 세계에서는 명확하게 구분되지 않는다는 것을 보여 준다. 개별 배려는 배려의 질적 고도화이지 본질적으로 그 내용면에서 차이가 있는 것은 아니기 때문일 수 있다. 또한 집합주의적 사회에서는 개인주의적 사회에 비해 배려와 개별 배려의 개념적 구분이 명확하지 않기 때문일 수도 있다. 개별 배려는 동기화의 차원에서 볼 때 개인주의적 논리 맥락에 의거한 것이므로 집합주의 사회에서는 뚜렷하게 차별화가 되지 않은 것으로 볼 수 있다. 따라서 문화적 맥락에서 리더십의 특성과 효과성을 재조명할 필요가 있다. 물론 조사 도구의 엄정성 부족으로 인해 생긴 문제일 수도 있으므로 향후 연구에서는 양자의 이론적 개념의 차이가 더욱 잘 반영될 수 있도록 개발해 사용할 필요가 있다.

5.5.3 카리스마적 차원의 리더십 행동 유형

카리스마적 리더십은 변혁적 리더십의 60%를 설명하는 핵심적인 부분이다(Lowe et al., 1996: 388). '거래－변혁 모형'에 입각한 분석 과정에서 카리스마 행동 문항들이 대부분 다른 요인과 묶이지 못해 분석 과정에서 대부분(CA 1 · 3 · 5 · 6) 제거되었다. 그리고 '다요인 복합 모형'에서도 카리스마 문항들이 흩어져 다른 요인들의 변수로 묶였다. 이미 논의했듯이 1) 중상위 계층의 특성상 카리스마가 약한 점, 2) 카리스마에서 여성이 상대적으로 약한 점, 3) 카리스마는 관찰자가 느끼는 것이기 때문에 행위자 모형에서 독립 요인으로 응집되지 않은 것으로 해석된다. 다시 말해서 카리스마 리더십은 중상위 계층의 여성 공무원의 리더십으로서 타당성이 적은 것인지도 모른다. 한편 본질적으로 카리스마가 리더십의 독립된 하위 행동 유형이라기보다는 리더십의 기반이 되는 공통적 요소일 가능성을 의미한다. 특히 카리스마적 행동 요인을 측정하기 위한 조사 도구 문항들(CA1-CA6)에 대한 신뢰도 검사 결과 Cronbach's α= 0.788 (n=234)로 나타난 점도 이를 뒷받침한다.

따라서 여성의 경우 카리스마적 요소가 어떤 리더십 행동 유형과 가장 강력하게 융합되는가에 관심을 기울여야 할 것이다. 이 연구에 의해 확인된 바에 따르면 멘토 행동 유형과 가장 강력하게 융합되어 있는 것으로 보인다. 이 연구의 '거래–변혁 모형'과 '다요인 복합 모형'에서는 카리스마에 관한 행동 문항을 일부 포함해 거의 동일한 변수들로 구성된 '카리스마적 멘토 행동 요인'이 도출되었다. 그리고 '거래–변혁 모형'에서 도출된 '카리스마적 멘토 행동 요인'의 카리스마적 요소가 '다요인 복합 모형'에서 더욱 강화되었다. 여성이라는 소수자 공동체에서 모성에 기반해 조성되고 있는 멘토 의식에 의해 카리스마가 강화됨과 동시에 여성계 주도 하에 확산되고 있는 멘토 운동이 상승 작용을 일으켜 여성 고유의 새로운 리더십 행동 유형이 창출되고 있는 것으로 해석할 수 있다. 따라서 여성들의 리더십 개발을 위해 카리스마적 멘토 행동 유형을 심도 있게 연구할 필요가 있다.

6. 맺는 말

이 연구는 기존의 남성 중심적 리더십 모형과 이를 토대로 한 남녀 비교 연구가 안고 있는 문제를 치유하기 위해, 중상위 계층 여성 공무원의 리더십 모형을 다요인적 차원에서 분석하고, 여성 고유의 리더십 모형을 정립하는 데 그 목적이 있다. 궁극적으로는 여성 고급 인력의 리더십을 개발해 정부 조직의 효율성을 제고하는 데 기여하고자 한다. 이를 위해 첫째, 행위자 관점을 채택해 분석했으며, 둘째, 중앙정부의 중상위 계층 3~5급 여성 공무원을 대상으로 자료를 수집해 기존 연구 결과와 비교 · 분석했고, 그 결과는 다음과 같다.

첫째, 행위자 관점에서 볼 때 리더십을 구성하는 행동 유형의 중요한 변수 중의 하나는 행동의 의도이며, 관찰자 모형에 비해 행위자 모형은 리더십 행동의 의도를 파악할 수 있는 장점을 가지고 있다. 리더십의 핵심이 영향력의 행사라는 관점에서 볼 때 리더의 의도가 관찰자인 하위자들에게 제대로 인지되지 않는 경우 리더십의 효과성이 저하된다. 따라서 관찰자 모형과 행위자 모형을 병행해 연구함으로써 효과성 높은 리더십 모형을 개발할 수 있고, 이를 토대로 교육 · 훈련할 때 리더십 교육 · 훈련의 적실성이 높아질 것이다.

둘째, 여성 리더십 모형은 공정성을 배려의 차원으로 고려하는 특수성을 가지고 있다. 이러한 특수성은 여성성에 기인할 수도 있고, 한국 사회에서 여성이 처해 있는 구조적 맥락에 기인할 수도 있다. 1) 여성은 공정성을 거래 차원이 아니라 배려 차원으로 본다. 여성들은 소수자로서 구조적으로 불리한 사회적 지위에 있다는 공통된 인식을 가지고 있기 때문이다. 또한 여성은 섬세하고 관계지향적이어서 차별이나 불공정성에 대해 민감하기 때문일 수 있다. 이는 거꾸로 여성들은 불공정한 대우를 받으면 더욱 좌절할 수 있다는 것이고, 이러한 좌절은 조직에 대한 적응이나 몰입에 부정적인 영향을 줄 수 있다. 2) 사회 구조적으로 여성에게 불리한 맥락에 대한 공유된 인식이 멘토의 역할을 하나의 리더십 행동 유형으로 형성해 가고 있는 것으로 보인다. 조심스럽기는 하지만 이러한 흐름에 모성이 작용하면서, 여성에게 약한 것으로 여겨 왔던 카리스마적 속성이 발현될 수 있는 개연성을 볼 수 있다.

셋째, 카리스마가 독립된 리더십 구성 요인으로 도출되지 않았다. 기존 연구에서도 대체로 카리스마가 독립 요인으로 도출되지 않았으며, 이에 더해서 중상위 계층 공무원들의 역할이 가지고 있는 관리적 속성과 함께 여성들이 일반적으로 카리스마적 속성이 약하기 때문일 수 있다. 그러나 이미 논의했듯이 멘토 역할에 대한 가치 부여와 모성을 활용한 교육 · 훈련을 통해 여성 리더들의 카리스마적 리더십을 함양할 수 있을 것이다.

넷째, 거래 행동은 카리스마와 함께 리더십의 공통된 기본적 요소일 가능성이 높다. 거래와 카리스마 행동 문항들이 여러 다른 요인들에 흩어져 요인을 구성하는 것이 그 증거다. 이러한 점은 행위자 관점을 통해 좀더 명확하게 밝혀졌다.

마지막으로, 기존의 리더십 모형을 통합해 여성 리더십의 다요인 복합 모형을 개발하는 것이 바람직하다. 전통적 리더십 모형은 물론 최근의 '거래-변혁 모형'을 통합해 요인 분석을 한 결과 중상위 계층의 여성 공무원의 리더십은 '구조 주도 행동 요인,' '배려 행동 요인,' '낙관적 거래 행동 요인,' '카리스마적 멘토 행동 요인,' 그리고 '지적 자극 행동 요인'으로 구성된 것으로 밝혀졌다. 이러한 요인 구조는 기존의 리더십 이론에 입각한 구성과 정확하게 일치하지는 않지만 큰 틀에서 부합되면서도, 행위자 · 여성 · 중상위 계층의 특수성이 반영된 차이점을 확인할 수 있다.

지적해야 할 점은 남성 중심의 리더십 모형을 개발한 뒤에 이 모형에 입각해 강약의 차원에서 남녀의 차이를 비교하는 방식의 연구는 근본적으로 여성의 리더십에 대한 왜곡된 이해뿐 아니라 여성의 리더십을 개발하는 데 오히려 장애가 된다는 점이다. 남녀 비교 이전에 여성들만을 대상으로 리더십 모형을 개발한 뒤에 질적인 차이에 관심을 두고 연구할 때 적실성 있는 여성 리더십 모형의 개발은 물론 여성적 리더십 모형을 개발할 수 있을 것이다. 적실성 있는 여성 리더십 모형과 여성적 리더십 모형의 개발은 고급 여성 인력의 활용도를 높이는 데는 물론 남성적 리더십의 한계를 보완하는 데도 기여할 수 있을 것이다.

V 지구화 시대 기업 조직 문화의 변화와 여성 리더십의 역할

양민석(이화여자대학교 한국여성연구원)

1. 들어가는 말

오늘날 지구화는 다양한 양상 속에서 변화하고 있다. 선진국으로부터 주변국까지 생산 공정이 분할 · 통합되는 '생산의 지구화'와 이것을 지원하기 위한 '금융 자본의 지구화'는 이제 소비 규범과 패턴 그리고 생활 양식들에 영향을 미치는 '문화의 지구화'와 맞물려 더욱 강고해지고 있다. 더불어 주목될 수 있는 변화는 개별 국가 단위의 경계선들이 파기되는 지구화의 이면에 재차 경계선들이 그어지는 '지역화' 현상이 이루어지고 있다는 것이다. 현 시기의 '지구지역화'는 글로벌 자본들이 시장의 우위성을 서로 확보하기 위해 벌이는 경쟁과 헤게모니의 역학 관계 속에서 이해될 수 있다. 각 개별 기업은 지구화의 무한 경쟁 체제 속에서 경쟁력을 갖추어야 하며, 이러한 과제를 위해서 기업의 효율적 운용을 위한 다양한 방법들을 모색해야 하는 과제를 안고 있다. 지구적 자본의 이러한 경쟁적 각축은 물적 자원뿐만 아니라 인적 자원의 효율적 활용 및 관리를 요구한다. 인적 자원의 초국적 이동과 구조 조정을 통한 인적 자원의 편의적 수급은 지구화의 특징적 현상이 되었고, 자본의 효율성을 극대화시킬 수 있는 인력의 활용과 관리 또한 지구화의 중요한 전략적 과제로 인식되고 있다. 기업의 조직 구성원인 여성의 입지도 이러한 변화 상황 속에서 결정된다고 볼 수 있는데, 기업이 위치한 상황과 기업 전략의 양태에 따라 평사원에서부터 고위 관리직에 이르기까지 여성의 지위는 더욱 열악해지거나 경우에 따라 더 유리한 통로를 발견하기도 한다. 지구화의 변화된 환경 속에서 여성의 역할은 이렇듯 더욱 다양해지고, 그 중요성이 강조되고 있다.

지구화의 과정 속에서 경쟁적 우위를 가능하게 하는 원천 중의 하나가 효율적인 조직의 운영이며, 좀더 높은 조직 효율성을 위해서는 조직의 내부적 통합과 외부에의 적응을 주도해 갈 수 있는 리더십의 필요성이 대두된다. 특히 변화된 상황은 사회 각 영역에서 민감하게 감지되고 있으며, 개별 사회 조직의 높은 적응력을 위해서 그에 상응하는 유연하고 합리적인 리더십을 요청한다. 이것은 기존의 전통적인 가부장적 리더십과 차별성을 갖는 것으로, 즉 지구화 시대의 사회 조직은 경직된 위계 구조가 아닌 수평적 조직 구조와, 권위적인 리더십을 탈피하고 조직 구성원에게 권한과 참여의 기회를 부여하는 민주적 리더십의 유형을 추구하고 있다. 이것은 남성뿐 아니라 여성의 리더십이 골고루 발현되는 성 균형적 리더십의 필요성에 대한 인식이라고 할 수 있다. 더욱 치열해지고 있는 사회적 경쟁과, 국가가 아닌 개별 조직의 자생력이 강조되고 있는 신자유주의적 경제 체제와 정치 구도 속에서 여성의 참여적 리더십은 양성 평등을 전제로 한 지역적 경쟁력을 더욱 강화시킬 수 있기 때문이다.

산업적 내용뿐만 아니라 기업 내 조직 문화의 측면에서도 특수한 기업 정신에 고유한 가치 부여를 해왔던 전통들이 지구적 변화 추세에 따라 기업의 효율적 측면을 고려하는 방향으로 영향을 받고 움직여 가고 있다. 기업 문화의 이러한 변화는 거대 자본의 자기 확장을 위한 통로가 되기도 하지만, 남성 중심적 조직 문화의 보수적 입지를 흔들면서 기업의 경쟁력을 강화시키는 또 다른 가능성으로 이해될 수도 있다.

조직 문화에 대한 관심은 1970년대의 세계적인 경제 불황 속에서 대부분의 미국 기업들이 어려움을 면치 못하고 있는 반면, 일본이나 아시아의 기업들이 높은 성과를 올리는 과정에서 비롯되었다. 이들 기업의 독특한 관리 방식이나 문화적 요소에 관심을 갖게 되면서, 비합리적이라고 여겨져 왔던 조직 요소들이 실제로는 조직의 성과에 기여하고 있다는 인식을 하게 된 것이다. 이와같이 조직 문화와 조직체의 성과 간에 밀접한 관계가 있기 때문에 바람직한 조직 문화의 형성과 운용은 해당 조직의 경쟁력을 담보하며, 그 성장에 중요한 역할을 한다.

이러한 조직 문화는 지구화의 과정 속에서 개별 조직의 경쟁적 우위를 가능하게 하는 주요한 원천 중의 하나로서 조직의 문제점을 해결하고, 조직의 변화를 추진하는 원동력으로 주목받고 있으며, 그 형성과 변화의 주체로서 리더십의 중요성이 부각되고 있다. 특정 조직의 조직 문화 형성에 조직의 창업자나 최고 관리자와 같은 중심 인물이 갖고 있는 특성과 역할 그리고 조직에 부여하는 가치와 행동 양식이 중요한 몫을 차지하고 있기 때문이다. 그러나 조직 문화는 리더십의 일방적인 영향을 받고 있는 것이 아니라, 반대로 리더십에 영향을 주고 그 변화를 추동시키기도 한다. 다시 말해서 조직 문화의 형성과 발현은 결국 조직의 리더와 조직 구성원들의 역동적인 행위와 사회적 관계를 표현해 주고 있다.

그 간 리더십과 조직 문화의 관계에 대한 연구들이 다양한 각도에서 진행되어 왔는데 이 연구에서는 조직 문화와 리더십이 상호 작용하는 양상을 다룬 연구들에 주목하고자 한다. 이러한 연구 방법은 우선 지구화의 변화 과정 속에서 강조되고 있는 여성 리더십의 독특한 특성과 필요성의 구체적인 의미를 조직의 시기적 변화와 더불어 파악할 수 있도록 해 준다. 또한 해당 조직의 라이프 사이클에 따라 여성 리더십이 조직 문화의 형성이나 확산에 미치는 영향 그리고 조직 구성원들 사이에서 조직 문화가 차별적으로 이해되고 있는 방식 속에서 조직 문화를 중심으로 한 여성 리더와 조직 구성원의 상호 작용의 분석이 가능하다. 이것은 여성 고위 관리자를 포함한 조직 구성원들의 행위와 실천의 상호 작용을 문화적으로 접근, 이해하는 것이다.

여성 전문 인력의 사회적 진출이 활발해지고 여성 관리자의 중요성이 강조되고 있지만, 개별 조직 속에서 작동하고 있는 여성 리더십의 구체적인 경험이나 유형 그리고 작동 방식 등에 대한 분석은 아직도 많은 연구 과제를 안고 있다. 이에 관한 심층적 연구를 위해서는 조직 내의 문화와 관련된 주제에 대한 좀더 깊은 이해가 필요하다. 왜냐하면 조직 문화는 리더십과의 상호 작용 속에서 생성, 변화, 소멸되는 반면, 리더십은 조직 문화를 통해서 조직 구성원들에 대한 자신의 영향력과 신뢰를 확인해 가기 때문이다. 이처럼 리더십과 조직 문화는 동전의 앞뒷면과 같이 서로 밀접한 관련성을 갖는다. 특히 여성 리더십에 대한 전통적인 성역할 고정 관념에 따른 편견과 기대가 조직 문화 속에서 작용하는 측면이 있기 때문에 더욱 주목해서 볼 필요가 있다. 또한 문화를 창조하고 관리하는 일이 조직의 리더가 수행하는 중요한 업무 중 하나이며, 문화를 다룰 수 있는 능력이 리더로서 지녀야 할 덕목이란 평가가 존재하는 가운데 남녀 리더들에 따라 다르게 존재하는 조직 문화의 차이를 분석해 보면, 여성 리더십이 조직 문화에 어떤 영향을 주고 있는지, 그 역할에 대한 고찰도 가능할 것이다. 따라서 이와같이 주목받고 있는 여성 리더십의 현재적 경험과 문제점들은 조직 문화와의 관계 속에서 고찰되어야 하며, 여성 리더십의 잠재적 역량을 현실 속에서 확인하고 더욱 발전적인 여성 리더십의 모형을 그 안에서 발견해야 한다.

이런 맥락에서 여성 리더십과 조직 문화와의 상관 관계에 대한 연구는 지구화를 좀더 새롭게 그리고 심층적으로 이해하는 데 필요한 부분이다. 또한 그동안 리더십에 대한 연구는 많았으나 여성 리더십에 대한 논의가 활발하지 않았고 지구화 과정과 연관된 분석들이 피상적 언급의 수준에 머물렀던 점으로 미루어 볼 때 지구화의 변화하는 사회 상황 속에서 리더로서의 여성 행위자에 대한 접근은 여성 리더십 연구의 지평을 좀더 생산적이고 창의적으로 넓혀 줄 수 있을 것이다. 또한 조직 문화의 변화와 여성 리더십의 상호 작용에 대한 분석은 현재 여성 리더십이 안고 있는 과제를 분명하게 파악하고 여성 리더십의 능력과 역할을 기존 연구의 소극적 또는 방어적 접근에서 벗어나 더욱 적극적으로 해석할 수 있는 기회를 마련해 줄 것이다.

따라서 이 연구에서는 지구화와 기업 문화의 변화, 기업 조직 구조의 제도와 규범, 여성 관리자의 리더십 운용, 기업 비공식 문화와 네트워크 등의 주요 항목들 속에서 국내 기업과 한국에 들어와 있는 외국 기업에서 종사하는 여성 리더들을 중심으로 지구화 시대의 조직 문화의 변화와 여성 리더십의 상호 작용 관계를 고찰해 봄으로써 변화하는 지구화 과정 속에서 여성 리더십의 역할과 가능성을 전망하고자 한다.

2. 조직 문화와 리더십의 상호 작용

조직 문화에 대한 관심이 증대하고 있지만 조직 문화와 리더십의 관련성에 관한 연구는 그리 많은 편이 아니다. 그간 조직 문화에 대한 선행 연구들은 주로 경영학계와 정치학계 그리고 사회학계의 리더십 연구와 더불어 진행되어 왔는데, 리더십이 조직 문화에 미치는 영향을 다룬 연구는 대체로 셰인(Schein, 1985), 위너(Wiener, 1988), 트라이스와 베이어(Trice & Beyer, 1991), 유클(Yukl, 1994) 등의 논의를 바탕으로 하며, 대부분의 국내 연구는 이 관점을 취하고 있다. 그 중에서 조직 문화의 리더십에 대한 영향을 다룬 연구는 대체로 세 가지 경향성을 갖는다. 우선 조직 문화가 리더십의 행동을 제약할 수 있는 상황을 서술하고 있는 경우는 퀸과 맥그래스(Quinn & McGrath, 1985), 페이시(Pheysey, 1993), 셰인(Schein, 1985) 등의 논의를 기반으로 하고 있고, 국내 연구 중에는 전상호 · 신용존(1995)의 연구를 들 수 있다. 또 다른 한편 리더십과 조직 문화의 상호 작용은 해치(Hatch, 1993)의 주장에 대한 해석을 배경으로 하고 있으며, 조직 문화와 리더십의 상호 작용 양상을 다룬 셰인(Schein, 1985)의 연구를 들 수 있다. 끝으로 리더십을 조직 문화의 구성 요소로 보는 관점은 슐츠(Schulz, 1995), 오트(Ott, 1989) 등의 주장에 근거한다(문형구 · 장용선, 2001).

이 연구에서 주로 다루는 조직 문화와 리더십, 두 변수 간의 상호 작용에 대한 셰인(E. H. Schein)의 설명은 특히 설득력을 갖는다. 그는 조직의 라이프 사이클에 따라 리더십이 어떻게 조직 문화의 형성이나 확산에 영향을 끼치는지 다루고 있을 뿐만 아니라 조직 문화가 리더십에 어떤 영향을 미치는지를 단계 혹은 요소별로 다양한 사례와 함께 설명하고 있다.

그러나 이 연구에서 중요하게 주목하고 있는 것은 특히 조직 문화와 여성 리더십에 관한 것이다. 왜냐하면 경제와 문화의 양 측면을 혼종적으로 공략하는 신자유주의적 경제 정책을 배경으로 하는 지구화의 현재적 국면 속에서 여성 리더십에 대한 문화적 접근을 통해 여성 리더십의 특성과 유형, 작동 방식과 상호 작용의 측면들을 연구해야만 경제 영역에서 활동하고 있는 여성 리더들의 역량 발현을 가능하게 하는 데 좀더 기여할 수 있기 때문이다.

여성 리더십과 조직 문화의 상관 관계를 보여 주는 자료로는 강혜련 · 김진호 · 박성연(1998)의 『여성 관리자의 리더십과 조직 적응』을 들 수 있다. 이 연구에서는 기업 내 여성 리더십의 특성과 조직 적응의 관련성 등을 설문 조사를 통해 고찰한다. 또한 여성 기업 활동의 특성을 중심으로 한 기업 조직과 여성의 리더십에 관한 연구(전방지, 1997)는 여성 기업 리더십의 특수성과 여성 기업가의 활동을 분석하고 있다. 남성 중심 조직의 문제점들과 문화적 특수성 속에서 여성 리더십이 경험할 수 있는 문제들에 대해서, 그리고 여성 리더의 위상과 실패 요인, 대응 방안에 대한 소개가 기업 내 여성 리더들을 중심으로 이루어지고 있다(한국여성개발원, 1992). 여성들이 주도하고 있거나 여성 리더의 조직 내 구성비가 높았을 경우에 직업 의식과 역할 설정에서 여성 리더십과 관련한 조직 문화가 어떻게 다를 수 있는가를 보여 주는 이스틀랜드(Eastland, 1991)의 작업은 이 연구에 시사하는 바가 크다.

또한 기업 내 남녀 관리자의 리더십을 비교한 연구(김양희 · 김홍숙, 2000)는 기업 조직 내에서의 여성 리더십의 경험적 특수성을 이해하는 데 기여하고 있으며, 기업의 여성 인력 활용 및 관리 제도(김태홍, 1997)에 대한 이해는 여성의 경제 활동 참가를 결정짓는 요인과 특성에 대한 자료와 함께 여성 고급 인력의 개발 과제에 대한 많은 시사점을 주고 있다. 강혜련(2005), 김양희(2006)의 최근 연구 역시 여성과 조직 문화 그리고 리더십에 대한 체계적인 정보 제공과 현황 분석에 유용한 준거들을 마련해 주고 있다.

그러나 기존의 리더십 연구는 조직 내의 지위에 국한, 기관장에 대한 분석이 대종을 이루었다. 즉 리더십은 지도자와 피지도자 간의 단순한 지배-순응의 관계로 간주되고, 리더의 자질과 인격에 대한 카리스마 이데올로기가 전제되는 경향이 강했다. 그러나 리더십은 고위 책임자만이 갖는 직권의 범주를 넘어선다. 리더십은 동료 간에도 발휘되며, 조직의 말단에 속하는 자도 사실상의 리더십을 행사하는 경우가 있기 때문이다. 이런 점에서 "리더십은 쌍방 간의 상호작용에서 창출되는 영향력으로 한 사람이 상대방에게 적절한 정보나 권위를 전달함으로써 상대방이 이에 부응하여 발신자가 원하는 방향으로 목표를 달성할 수 있는 힘"[1]이라고 볼 수 있다.

이 연구는 이러한 쌍방향적 리더십이 조직 문화의 변화에 미치는 영향에 주목한다. 즉 공식 문화의 제도적 측면과 더불어 외부 변화에 대한 조직의 감수성을 고려한다. 또한 조직 외부의 영향력과 함께 조직 구성원들의 실질적인 욕구와 의사가 반영되는 통로를 공식적 제도뿐만 아니라 비공식적 문화 속에서도 살펴볼 필요가 있다. 그 중에서도 조직의 문화와 역동적 변화 가능성을 여성 리더십과의 상관성 속에서 고찰해야 한다. 즉 여성 리더십의 특성과 자질, 권한과 역량, 그리고 그에 상호적 영향을 미치는 상황과 환경적 요소들을 조직 문화의 변화 과정 속에서 추적해 볼 필요가 있는 것이다. 쌍방향적 리더십이 조직 문화에 미치는 영향과 여성 리더십과의 상관성에 대한 분석은 지구화로 인한 정치·경제적 상황 변화에 대한 이해에 필수적인 작업이 된다. 즉, 이러한 분석은 여성 리더가 다수 활동하고 있는 조직의 특수성을 드러내 줄 것이며, 여성 리더십의 긍정적 역할에 대한 인식을 환기시키고, 또한 여성 리더십이 활동할 수 있는 영역을 확장시키는 기반이 된다.

이런 점에서 기업 조직 문화의 성격을 파악하고, 여성 리더십이 조직 문화를 변화시켜 갈 수 있는 가능성에 대한 모색과 더불어 조직 문화의 성격과 유형에

1 한국여성개발원(1992), 『여성과 리더십』, 한국여성개발원, 23쪽.

따른 여성 리더들의 행위 변동에 대한 가설을 설정해 볼 수 있다. 즉 기업의 조직 문화 안에서 여성 리더십은 어떤 평가를 받고 있으며, 여성 리더들의 행동 양식은 기업의 조직 효율성과 어떤 조응 관계가 있는지 살펴볼 필요가 있으며, 이것은 변화를 둘러싼 양자간의 상호 작용 관계에 대한 고찰을 통해서 가능하다.

여성 리더십의 역량에 대한 적극적 평가와 여성의 참여적 리더십의 확보를 위해서는 현실에 존재하는 남녀의 역할과 성별 분업에 관한 고정적 지배 관념이 바뀔 수 있는 사회 규범과 문화의 질적 변화가 있어야 하며, 새로운 법적·제도적 조건들도 마련되어야 한다. 또한 여성 전문 인력의 활용과 양성에도 주력해 사회적 여건의 변화와 여성의 역량 성숙이 상호적인 발전을 이룰 수 있어야 한다. 급변하는 지구화의 흐름과 미래 사회에 대한 지역적 전망 속에서 여성의 리더십을 필요로 하는 여건의 변화를 인식할 때 리더십에 대한 성 인지적 접근은 지구화의 과정 속에서 양성 평등에 기여하고 지역적 경쟁력을 강화시켜 갈 것이다.

현 시점에서 볼 때 사회적 조건의 제반 문제점들과 직위의 갈등 및 남녀 리더십에 대한 고정 관념에서 비롯되는 어려움이 드러나고 있음에도 불구하고 여성들의 리더십과 관련된 직위 승진이 진행되고 있다. 조직 내에서 리더십 지위로의 승진을 이루고 조직의 리더로서 여성들에게 부여되는 기대와 요구에 부응하기 위한 여성 리더십의 과제를 정확하게 인식하기 위해서는 조직에서의 여성 리더를 둘러싼 제반 문화적 조건들을 고려하는 것이 우선적으로 필요하다. 여성 리더십과 조직 문화의 상호 작용에 대한 분석들은 이 연구에서 여성 리더십이 조직 문화 형성에 어떤 영향을 주고 어떻게 작용하고 있는가에 대한 구체적인 검증을 통해서 그 역동적 상관 관계를 좀더 명확하게 파악하는 방향으로 진전되고 전개될 것이다.

3. 기업 조직 문화의 변화와 여성 리더십

3.1 지구화 과정과 기업 내 여성 인력의 변화

이 연구는 다국적 기업이나 외국인 기업, 또는 여성 전문 인력들이 고위직에 종사하고 있는 국내 기업의 고위 관리직 여성들을 연구 대상으로 삼는다. 또한 전통적이고 가부장적인 조직 문화를 갖고 있는 기업의 여성 관리자들을 대상으로 삼으며, 규모와 문화적 내용, 그리고 여성 관리자들의 인적 구성에서 차이를 갖고 있는 조직들을 중심으로 비교 분석한다. 기업가로서, 전문 관리자 또는 경영자로서 여성의 사회 경제적 역할이 크게 증대하고 있음에도 불구하고, 기업 내 여성 관리자의 진출은 아직도 미약한 형편이다. 한국의 경우 1980년대 이후 가속화된 서비스 및 소프트 산업을 중심으로 한 산업 구조 속에서 여성의 노동시장 진출이 증가했으나 기업 내 여성 간부급은 거의 찾아보기 힘든 실정이었다. 1982년 기준으로 여성이 대리(계장) 이상으로 진출한 경우는 겨우 0.3%에 불과했으나, 1997년 자료에 의하면 매출액 순위 100대 기업의 여성 근로자 중 관리자급(대리 이상)이 4.4%로 증가했다. 그러나 남성 근로자 중 관리자급이 42.6%인 것과 비교했을 때 남녀 간에 큰 차이가 존재함을 알 수 있다.[2]

현재 대다수 기업들에서 고학력 여성 인력의 채용 비중을 높임에 따라 조직 내 여성 인력의 저변 확대가 이루어지고, 이에 따라 여성 관리자의 증가가 예상된다. 이러한 맥락에서 기업 내 여성 관리자의 리더십에 대한 연구는 그 필요성을 더해 준다. 또한 지구화의 경제적 흐름 속에서 한국에 진출해 있는 다국적 기업의 경우 여성 관리자들을 적극 활용하고 있는 기업이 있는 반면, 한국의 가부장적 문화의 시각에 입각해 전문 여성 인력을 대우하는 기업이 있는 것처럼 다양한 양상을 나타낸다.

이 연구는 심층 면접을 통한 사례 연구를 중심으로 한국과 다른 문화적 토양

---

2 강혜련 · 김진호 · 박성연(1998), 『여성 관리자의 리더십과 조직 적응』, 학술진흥재단, 427쪽.

을 갖고 있는 기업의 조직 속에서 여성의 역할과 행동 유형은 어떻게 다르게 나타나는지를 연구 대상인 기업의 조직 문화를 통해서 그리고 여성 관리자와의 상호 작용을 통해서 분석했다. 조사 대상이 된 여성 관리자들은 국내 기업과 한국에 들어와 있는 외국 기업에서 종사하는 11명의 대리, 과장, 차장, 부장 등 중간 관리자들과 이사, 부사장, 사장 등 임원급의 직위를 갖고 있으며, 연령은 30대에서 50대까지 다양하게 분포되어 있다. 또한 30대의 2명의 남성 과장들도 비공식 문화와 여성 리더십에 대한 질문에 응답했다.

1990년대 초반 이후로 다국적 기업은 한국을 저임금 노동력에 기초한 생산 기지로서가 아니라, 다양한 수요층이 존재하는 소비 시장으로서의 가치를 중요시하며 진출하기 시작했다. 다국적 기업의 이와 같은 집중은 다국적 기업들 간의 경쟁을 가열시켰고, 국내 기업들의 생존 전략에도 영향을 미쳤다. 한국에 진출한 외국 기업들은 전문 여성 인력을 적극 활용했는데 이것은 기업의 이미지에도 도움이 되었을 뿐만 아니라, 기업 경영의 효율성에도 바람직한 인력 활용 방법이었다. 왜냐하면, 남성 중심적인 기업 문화 속에서 승진과 자기 발전에 한계를 안고 있던 국내 여성들은 능력과 열성만 있다면 고위직으로 상승할 수 있는 외국 기업의 문화를 선호했기 때문이다. 결국 우수한 여성 인력들은 좀더 개방적이고 수평적인 외국 기업의 조직 문화 속에서 자신의 역량을 발휘해 갔고, 현재 많은 외국 기업들의 이사, 상무, 부사장, 사장 등의 직위에서 자신의 리더십을 관철시키고 있다. 심층 면접의 조사 대상이 되었던 여성 관리자들에 의하면, 외국 기업의 조직 문화와 경영 원칙들은 "개인에게 많은 권한과 책임을 부여한다는 것"으로 특징지어질 수 있다. 또한 여성 인력의 우수성에 대한 인식도 국내 기업에 비해 높은 편이며, 업무와 개인 중심의 평가와 지원이 이루어진다.

> 국내 회사에서는 업무를 단편적으로만 파악하고 책임지는 반면, 외국 회사는 본인에게 많은 권한을 부여하고 업무의 범위가 넓다. 본인 결정권이 강한 편이며, 그만큼 책임도 무겁다. 부서장이 자기 팀을 운영할 때 1년간의 계획을 세워 자기 아래 매니저들과 함께 업무 범위를 정하고 자기 업무 규정 속에서 모든 일

을 운용한다. 이게 외국 기업의 특성이다. 매니저들도 맡은 일은 기획부터 결과물이 나올 때까지 특별히 부서장의 결재 없이 일을 추진한다. …… 의사 결정하기까지는 회의도 많이 하고 자유롭게 얘기할 기회가 주어진다. 예상되는 다양한 변수들을 꼼꼼히 점검한다. 그러나 일단 의사 결정이 내려지면 무조건 따라야 한다. 반면 국내 기업들은 결정은 빨리 하지만 집행시에 책임 소재가 불분명하고 우왕좌왕하기 쉽다. 효율성 면에서 떨어진다. (사례 1)

외국 회사는 남녀 차별이 덜하다. 좋은 인력 자원을 확보하려 하기 때문에 우수한 여성 인력에 대한 선호도도 높다. 채용시에도 능력이나 역량 등 개인적인 측면들을 위주로 보니까 남녀가 중요하지 않다. 외국 회사의 임원들은 전문직이니까 로테이션도 적어서, 그쪽에서 경력 축적이나 자기 개발을 할 수 있다. 이것은 여성들에게 많은 가능성을 준다. 국내 기업에서 우수한 남자 인력을 더 많이 지원해 주는 것에 비해 외국 회사는 우수한 여성들에 대한 지원을 더 많이 하는 것 같다. (사례 6)

외국 기업이 한국에 들어오면 이쪽의 전통적 조직 문화를 고려하고, 이쪽 지역 사람들에 맞춰 지역 문화를 융합해 간다. 그러나 외국 기업은 국내 기업에 비해 기능과 업무의 측면에 집중적으로 초점을 맞춘다. 개인적 능력이나 전문성을 중시하는데 국내 기업은 업무 순환이 잦지 않은가. …… 직업 능력이나 성과를 중심으로 평가를 하는데 여성들이 업무 집중력이나 효율성 면에서 뛰어난 것 같다. 남성들이 거래적인 인적 관계에 관심을 갖는데, 여성들은 자기 영역 내의 일을 해내는 데 더 관심이 있고 그게 강점이다. (사례 4)

특별한 결재 라인의 절차 없이 개인이 맡은 프로젝트나 과제를 계획부터 수행까지 알아서 이끌어 가고 그에 대한 책임도 도맡는 이러한 문화는 개인의 역량에 초점이 맞춰져서 이제껏 일을 주도할 수 없었던 능력 있는 전문 여성들의 경우 일을 배우고 경력을 쌓을 수 있는 긍정적인 기회들을 얻게 된다. 또한 관런 프로젝트를 수행하는 팀을 운용해 가면서 나름대로 개성 있는 리더십을 발휘할 수 있다. 그러나 개인 역량에 따른 평가와 책임이란 개인의 무한한 노동력을 투여하게 만드는 계기로 작용하며, 대부분의 여성 인력들이 밤낮 없이 사생활도 거의 포기한 채 일에 몰두하는 모습들은 개인에게 권한과 책임을 부여하는 경영 전략의 보이지 않는 문제점들을 인식하게 한다.

> 뭐, 일이 많으면 밤을 새우기도 하고 대부분 집에 가면 밤 11시쯤 된다. 하지만 다음 날도 4시 반이면 일어난다. "날마다 그렇게 하는가?" 거의 그렇다. 대신 회사에서 수시로 쉬기도 하고 운동은 날마다 규칙적으로 한다. (사례 7)

> 사실 일이 개인 생활이니까 일 중심이다. 아이들은 부모님 댁에서 어려서부터 자랐기 때문에 별 어려움이 없다. 주중엔 할머니댁에 있고, 거기를 더 편안해 한다. 남편도 비슷한 지위에 있는데 둘 다 퇴근이 늦다. 보통 오후 10시, 11시 정도……. (사례 1)

3.2 기업 조직 구조의 제도적 · 규범적 측면

지구지역화의 관점에서 볼 때, 공식적 조직 문화는 기업의 특성에 따라 다르게 파악될 수 있다. 예를 들어 국내 외국 기업의 경우 지구화의 경제적 흐름 속에서 한국에 진출해 있는 다국적 기업의 경우 여성 관리자들을 적극 활용하고 있는 기업이 있는 반면, 한국의 가부장적 문화의 시각에 입각해 전문 여성 인력을 대우하는 기업이 있는 것처럼 다양한 양상을 나타내고 있다. 또한 한국 기업들도 타사의 분위기와 관련한 전략적 대응을 할 수 있다.

그에 따라 조직의 내부 지향－외부 지향 차원, 유연성－통제 차원, 상황－전략적 차원에 따라 합리적 문화, 개발적 문화, 합의적 문화, 위계적 문화 등의 조직 문화 유형의 설정이 가능하다. 이에 따라 여성 리더십에 대한 공식적 조직 문화의 작용력을 분석해 볼 수 있을 것이다.

심층 면접에 응했던 여성 관리자들은 외국 기업이 국내에 들어오면 국내의 노동 시장의 관례에 따른 경영 전략과 인력 활용 원칙들을 세운다고 지적한다. 이것은 외국 기업의 본사와 한국 내 지사에서 적용되는 경영 원칙과 문화가 다를 수 있음을 시사한다. 실제 외국 기업 본사에서 직원들에게 제공하는 임금, 휴가, 교육, 모성 보호 등의 복지 혜택들이 한국 지사에서는 무의미하거나 제한적으로 활용되는 경우가 많았다. 열심히 일해서 능력을 인정받아야 된다는 사명감과 책임감 속에서 여성 관리자들은 본사의 규정이 어떠한지에 대한 관심도 갖지 않으며, 그에 대한 정보도 부재한 편이다.

> 물론 모기업하고 여기 지사하고는 방침이 다를 것이다. 조직 행정이나 문화, 복지도 한국 실정에 맞게 현지화되어 있으니까. 월급도 다를 것이고 일하는 데 대한 대우도 그럴 것이다. 그러나 재량권을 주니까 개인의 잠재적 능력을 발휘할 수 있는 기회가 있는 거고, 일단 차별 없이 똑같이 기회가 있으니까, 일을 책임 있게 해내는 거다. (사례 4)

> 글쎄…… 본사 쪽에서 인력 관리를 어떻게 하는지는 잘 모르겠다. 일단 외국 회사는 연줄이나 편견 없이 전문성과 경력대로 일을 주는데, 능력 위주고, 또 근속 기간이 짧은 편이라서 빠른 시간 안에 뭔가를 보여 줘야 한다. 경력을 쌓아서 더 좋은 조건으로 이직하는 경우도 많기 때문에 개인적인 경력 개발에 관심이 많고, 그런 점에서 위계가 약한 편이다. (사례 2)

> 대부분 팀제로 운영되어 위계 구조가 약한 편인데 본사에서 시행하는 방침이나 지식, 정보들이 국내에서 전환되는 과정이 있는데, 외국인 보스가 단기로 상주하고, 한국 상황을 전체적으로 이해하지 못해서 잘 안 되기도 하고 조직 관리가 불안하고 어렵다. (사례 3)

이처럼 본사와 지사는 방침이 다를 수 있다는 막연한 고정 관념은 한국 내 외국 기업들이 경우에 따라서는 승진이나 모성 보호에 대한 방침들을 남성 중심적으로 편의적으로 적용할 가능성을 제공해 준다. 실질적으로 부사장까지의 직위에는 여성들이 별다른 차별 없이 승진할 수 있었으나, 최고 직위에는 대부분 남성들이 존재한다는 것도 그런 현상의 한 단면이라 할 수 있다.

> 외국 회사가 여성에게 환경이 좋은 점도 있지만 유리 천정이 전혀 없는 것은 아니다. 아주 핵심적인 역할들은 남자가 하는 경우가 많다. (사례 3)

> 미국 국내에서도 백인 남성들처럼 인종이나 성별에 따른 우대가 있다고 들었다. 여기서도 같은 직급이라도 여성들은 여자들한테 정형화된 업무를 주고, 남자들은 더 유리한 직업 능력 개발 기회를 갖기도 한다. 아무래도 한국 지사는 한국 사람들이 많으니까……. (사례 2)

> 몇 년 전에 그룹 경영진들만 모이는 큰 회의가 있었는데, 그룹 5개년 계획을 논의하는 핵심 인력들만 모이는 자리였다. 거기 참석했던 여자분이 "한 200명 중에 여자는 10명 정도밖에 안 되더라"는 말을 했다. 대다수가 본토 남성들이었다. 회사가 아무리 여자들에게 평등하다고 해도 제일 높은 자리는 다 남자인 것 같다. 여자가 드물다. 그 회의에 참석했던 본사 사람도 "이렇게 여성이 적은 걸 보면 우리 회사가 아직 멀었다"고 했다더라. (사례 1)

3.3 여성 관리자의 리더십 운용

여성 리더의 개인적 특성과 행위 유형들은 특성 및 가치관의 측면, 권한 및 영향 측면, 상황 및 환경 측면에 따라 고찰될 수 있다. 여성 리더십이 보여 주는 행동 양식들은 조직의 분위기를 변화시킬 수 있고 새로운 제도를 마련해 가는 계기가 되기도 한다.

여성 리더의 신체적인 면, 심리 및 동기적인 면, 성격적인 면은 리더십의 기능

수행을 위해 중요한 요소로 간주되어 왔다. 일반적으로 신장이 큰 사람, 의지가 강한 사람, 목표 의식이 분명한 사람, 사교적이고 외향적인 사람 등의 기준이 그것이다. 그런 일반적인 척도가 어떤 의미로 작용하는지, 유의미한 기준인지 검토한다. 또한 여성 리더들이 갖고 있는 여성주의 의식은 그들이 행동하는 데 중요한 기준이 되므로 반드시 확인되어야 한다.

여성 리더가 어떤 권한을 갖고 그것을 어떤 형태로 행사하는가에 따라 조직 문화가 달라질 수 있다. 여성 리더는 구성원의 지위나 권한을 약화시키기보다는 오히려 그들의 능력과 자존심을 고양시킬 수 있는 성격을 띤 권한 행사를 한다고 한다. 여성 리더의 이러한 행동이 조직 내에 창출하는 새로운 분위기와 요구는 무엇인지 파악한다.

조직의 특성이나 상황에 맞추어 여성 리더십의 행동이 어떻게 나타나고 있는지 살펴본다. 다양한 상황적 변수에 자신을 어떻게 적응시키거나 전략을 세워 가는지, 여성 리더의 행동 유형을 분석하고 그에 따른 조직 문화의 변화를 추적한다.

이러한 여성 리더의 리더십에 대한 인식과 행동 유형 및 전략은 심층 면접을 통해서 좀더 분명하게 경험할 수 있었다. 국내 기업의 경우 여성 관리자들은 민주적, 합리적, 그리고 남성들에 비해 유연한 리더십을 조직 운영을 위한 전략으로 선택하는 경우가 많았다. 이것은 성별과 관련된 여성성의 특징들이 좀더 설득력을 갖는 국내 기업의 조직 문화의 특성 속에서 이루어지는 행위라 볼 수 있다.

> 간부들이 본인의 능력에 따라서 직무적으로 리더십을 발휘하는 것도 중요하지만, 일은 사람이 하는 거고 하니까 하급자들과의 교류나 교감이 중요한데 그런 측면에서 여자들이 더 유리하다. 그것을 남자들 입장에서 보면 남자들은 남자들 간의 업무적으로 스트레스나 불화가 생겨도 그 날 업무 끝나고 술 한 잔으로 푼다 하고 이야기하는데 그것은 그쪽 시각으로 바라보는 거고. 일이라는 게 능력만 있다고 되는 건 아니니까. 리더십에서는 여자기 때문에 인간적인 교류나

감성적으로 각 팀 간에 일을 원활하게 할 수 있게끔 중간에서 핸들링할 수 있는 능력도 중요하다. (사례 11)

여성이 강한 경우는 특히 동료들의 횡적 견제가 들어온다. 너무 권위적이고 자기 일에만 몰입하면 동료들로부터 부정된다. 상사들은 성과물로 판단하고 프로 정신을 높게 사지만, 아무래도 부하들은 커뮤니케이션이 많이 필요하다. 조직 전체적인 문화적 억압은 아니지만, 여성 리더가 일하면서 과정상의 변수들이 있다. 그런 점에서 여성 리더십은 좀더 친근감이 있고 부드럽고, 조직의 윤활유 역할을 하는 것 같다. (사례 8)

여성성을 활용하기도 한다. 무난하니까. 사적인 일도 잘 챙겨 주고, 격려 메일도 보내고, 좀 치밀하게 배려해 주는 게 있다. (사례 9)

여성이 권위적이거나 파워 있는 남성성을 보여 줄 경우, 동료 집단이나 상관들에게 거부감을 준다고 판단하는 경우가 많았으며, 이러한 문화 규범적 토대는 고위 직위에 있는 여성들로 하여금 자신의 개성적인 리더십의 발현보다는 타협적인 선택을 하게 한다. 반면, 국내에 있는 외국 기업의 여성 관리자들은 "특별히 남녀의 성별에 관한 인식을 할 필요가 없었다."는 말처럼 능력만 있으면 인정받게 되는 문화 속에서 상하 관계에 대한 고려를 할 필요가 없다고 생각하고 있었다. 그러므로 수평적이고 유연한 리더십의 발현도 특별히 여성들에게서 나타나는 것이 아니라 단순히 개인들의 차이로 받아들여졌다.

남자나 여자의 차이보다는 개인 차이라고 생각한다. 남자들 중에서도 여자보다 훨씬 부드럽고 섬세한 사람도 있다. 개인적인 차이가 크다. (사례 7)

남성과 여성의 경계가 불분명하다. 남성적 카리스마가 여성에게도 필요하고, 여성들의 포용력을 남성들이 갖기도 하고, 지금 상황은 다양한 리더십이 필요

하다고 생각하는 상황이다. 복합적인 특성을 보이는 사람들이 많다. (사례 6)

그러나 외국 기업이라도 외국인이 적고 한국인이 대다수인 경우, 여성 리더십에 대한 평가가 남성 리더십에 비해 성별적으로 주어지는 경우가 많다. 또한 국내 기업과 외국 기업이 합병한 경우, 나이 많은 남성 직원이 나이 어린 여성 상사와 갖게 되는 마찰이 눈에 띄게 증가한다.

> 대부분 직원들이 한국인이니까 국내 기업이 갖고 있는 문제점들이 다분히 있기도 하다. 외국 기업이 개방적이긴 하지만 위계나 서열이 겉으로 드러나지 않아서 그렇지 여자들의 역할이 튀는 경우 건방지다고 한다. 여자들은 잔일도 좀 챙겨야 하고, 엄마, 누나, 언니 역할도 필요하다. (사례 2)

> 전에 있던 국내 회사에서 여자가 높은 직급에 있다는 것 자체로 남자들이 불편해하는 것을 경험했다. 일할 때 강하게 밀어붙이면 건방지게 보고, 하는 대로 수긍하면 얕보는 경향이 있었다. 외국 회사에 와서는 내가 여자라는 생각을 해보지 못했는데, 이번에 국내 기업과 합병하면서 다시 예전 생각이 났다. 아마 그쪽(합병한 국내사) 사람들도 문화적 충격일 것이다. 처음에 와서 여자 상사를 일반 여직원 대하듯 하다 지금은 인식 변화를 하고 있다. 나이 많은 남자 부장이 나이 적은 여자 임원에게 돈결제 받아야 하고, 거북해하는 게 보인다. (사례 5)

> 매니저들 마흔 이상은 다 남자들을 선호한다. 여성과 남성의 차이는 좀 있는 것 같다. 인정할 건 인정해야 한다. (남, 사례 12)

이런 경우, 기업의 대표나 본사의 전략적 방침이 얼마만큼 성 평등적이냐에 따라 여성 리더들이 자신의 권한을 행사할 수 있는 여지들이 결정되기도 한다.

> 국내 기업과 합병했지만 최고 경영자는 우리 쪽(외국사)인데 이 분이 업무나

일, 과제 중심으로 생각하지 여자 남자에 중심을 두지 않는다. 여자라서 차별받으면 안 된다는 생각이 기본 정책이다. 오히려, 그동안 만들어 온 평등한 분위기들이 합병 후에 안 좋아진다고 여자 간부들이 적극적으로 나서야 된다고 권하고 있다. 지원도 해 준다. (사례 5)

한편, 국내 기업이든 외국 기업이든 어려운 조건들을 극복하고 고위직에 오른 여성들의 성공적인 사례가 있는 경우 그것이 또 하나의 역할 모델로서 인정되고 적용되기도 한다. 이런 점을 볼 때 조직 문화가 여성 리더 개인에게 미치는 영향만큼 여성 리더십에 따라 조직 문화도 변화할 수 있다는 가능성을 짐작할 수 있다.

3.4 기업의 비공식적 문화와 네트워크

조직의 고위 관리자의 관심과, 낮은 지위의 조직 구성원들이 집중하는 관심의 내용이 다를 수 있는데 이것은 종종 조직 내의 하위 문화나 비공식적 문화를 통해서 표출되기도 한다. 대부분의 조직은 단일의 지배 문화를 가지고 있다기보다는 조직 문화 전체가 하위 문화의 집합을 아우르고 있다. 이런 점에서 볼 때, 조직 내 여성 리더십의 위상과 작용, 그리고 여성 고위 관리자가 하고 있는 다양한 경험은 때로 조직 내의 공식적 문화뿐만 아니라, 하위 문화와 비공식 문화를 통해서, 예를 들어 여성 리더십에 대해서 조직 구성원들이 어떤 이야기를 하느냐에 따라 파악될 수가 있다. 특히 가부장적 문화와 전통적 성역할 고정 관념이 뿌리깊은 한국을 포함한 아시아의 상황 속에서 여성과 남성 리더십의 차별적 기대와 평가, 그리고 그와 관련된 여성 리더십의 경험과 문제 의식은 다양한 특성을 갖고 있는 기업 내 비공식적 문화를 통해서 더욱 분명해질 수 있다.

회식하고 2차, 3차에서도 남자들끼리 여자 상사들에 대해서 얘기할 수 있다. 그런 얘기들이 그분들에게 어느 정도 영향을 줄 수도 있다. "그런 얘기가 그 자리에서 끝나는 것이 아니라 직장 내 관계들에도 반영이 되는가?" 그렇다. 아니라고 할 수 없다. 그렇기 때문에 사적인 것을 걸러내기 위해 평가 제도를 가지자는 거다. (남, 사례 13)

기업의 비공식 문화는 회식 문화, 술 문화, 남성들의 네트워크를 중심으로 했던 과거에 비해 개방적이고 그 내용도 건전해졌다. 팀원들끼리 술보다는 식사를 같이 하고, 남성들만 갈 수 있었던 룸살롱 등 2차, 3차의 문화는 건전한 취미 동호회로 변모하기도 했다. 그러나 조직 내 네트워크는 여전히 남성들을 중심으로 구성되는 경우가 많으며, 남성들이 이와 같은 비공식적 연결망을 중요시하는 반면, 여성들은 네트워크보다는 개인적인 능력과 업적을 중요시하고 있다.

남성들은 인간 관계, 네트워크를 중요시하고 잘 관리하는 편이다. 회사에 나 말고 남자 부사장이 또 있는데 그 사람은 이런 면이 아주 활발하다. 투자하는 시간도 많을 것이다. 그게 중요하긴 하지만 나는 오히려 업무를 잘하면 일이 다 잘 풀린다고 생각한다. 사람들은 "여기 있으면 사장도 한번 해야 하지 않느냐"고 하지만 사장은 좀더 넓게 관계맺고 관리하고 통솔해야 하는데, 솔직히 그런 일보다 지금의 내 업무를 내가 더 잘할 수 있을 것 같다. (사례 4)

네트워크는 업무를 비롯한 서로의 발전을 도모해 가는 토대가 될 수 있으며, 조직 안팎으로 사회적인 관계를 형성해 가는 훈련의 기회로도 작용한다. 네트워크의 중요성을 인식하지 못할 경우 여성들 간의 연대는 물론이고 조직 내 주요한 일들에 대한 정보에서도 여성들은 취약한 접근성을 보이게 된다. 국내외 기업을 막론하고 심층 면접에 응했던 여성들은 네트워크의 중요성과 필요성은 느끼고 있으나 문제가 생기면 개인적인 차원에서 해소할 뿐, 공유와 연대를 통한 해결 방법을 찾는 데 미흡했다. 그러나 조직 문화가 성 평등적인 지향점을 갖는 경우, 기업 차원에서 여성들 간의 네트워크 및 멘토-멘티의 관계 형성을 권장하기도 했으며, 이에 따라 네트워크에 대한 여성들의 관심과 실천이 더욱 적극적으로 발전하는 경우도 있었다.

> 우리는 통합(국내 기업과 합병)한 이후에 최고 경영자의 경영 원칙과 권장으로 고위급 여성 상관이 주도해서 중간관리자 이상에 있는 여성들을 중심으로 네트워크를 활성화시키고 있다. 부사장, 상무, 전무, 지점장, 지배인 등이 리드해 가는 데 한 달에 한 번씩 강사도 불러 특강 듣고 토론하고, 멘토링도 개발해서 한 달에 몇 번씩 오후에 2~3시간씩 만나서 얘기도 나눈다. 나도 문제가 있으면 내 위의 여자 상관에게 조언을 구하고, 부하 직원들에게도 그런 역할을 하려고 한다. 이런 멘토링 체계가 잘 되어 있는 편인데 서로 인격적으로 신뢰하고 문제를 의논해서 적절한 과정을 거쳐 공론화시키고 해결 방법을 서로 찾아 준다. 여자들이라서 이해의 폭이 넓고 유대감도 느끼며, 조직의 일원으로 자신을 생각하게 된다. (사례 5)

여성들이 그간 네트워크 형성에 취약했던 이유는 기업 안에서 소수자인 여성들이 일반적인 연대의 구조로부터 배제되는 경우가 많았으며, 오로지 개인적인 능력의 인정을 통해서만 승진과 자기 발전의 가능성을 볼 수 있었기 때문이다. 그러나 여성 관리자들에게 네트워크는 기본적으로 중요하다는 인식이 일반적이며, 업무적 차원뿐 아니라 개인적 차원에서도 유의미한 부분이다.

> 여기 계신 남자들 중에서 업무는 그럭저럭 하는데 회사 안의 인맥 관리를 아주 잘하는 사람이 있다. 회사 인사와 관련된 부분의 정보도 훤하고, 주요한 사람들의 학력, 고향, 전 직장, 그 관심사를 잘 챙기는 사람인데, 잘 나간다. 회사 생활의 우선순위이고 일하기 전에 네트워크부터 찾는다. 네트워크가 중요하다는 걸 보여 주는 대표적인 모델이다. 여자들은 일에서 인정받아야 된다고 생각하니까 스타일이 달랐다. 요즘은 여자들끼리의 네트워크에 가서 위안도 받고 개인적으로 힘이 된다. (사례 5)

네트워크가 없으면 아이디어도 없다(no network no idea). 업무와 관련된 전문성 네트워크, 경영계의 네트워크, 친분, 동창, 학부모 네트워크 등 모든 부분이 중요하다. 그냥 주부들과의 네트워크에서도 소비자적 감각에 대한 아이디어와 정보를 얻는다. 개인적으로 이런 네트워크를 성격과 그간의 관계를 중심으로 나에 대한 믿음, 신뢰를 바탕으로 관리한다. (사례 8)

4. 맺는 말

앞에서 살펴본 것처럼, 지구화 시대의 기업 문화는 한국이란 지역적 상황 속에서 변화하고 있다. 비교적 비권위적이고 성차별이 적은 외국 기업의 문화는 여성 관리자들과 그들의 리더십에 긍정적인 계기를 마련해 주고 있다. 또한 신자유주의의 경쟁 상황 속에서 이러한 변화하는 기업 문화를 고려해야 하는 국내 기업들의 경우도 여성 리더십에 유리한 조건들을 만들어 나가고 있다. 그에 따른 한계점도 눈에 띄지만 이와 같은 조건들은 한국 내 기업에서의 문화적 변화와 여성 리더십의 역동적 관계를 앞으로도 주목하고 고찰하는 출발점이 될 것이다.

국내 기업의 여성들이 여성 리더십과 남성 리더십의 특성상의 차이를 쉽게 언급한 반면, 외국 기업의 여성 관리자들은 그것이 성별적 차이보다는 개인적 차이라고 언급한 것을 보면, 여성 리더십이 '여성성'을 기본으로 한 성향들을 갖는 이유가 조직의 문화적 토양이나 조건들과 많은 연관성을 갖고 있음을 알 수 있다. 이것은 기존의 국내 기업에 주효했던 남성 중심적 리더십이 지구화에 따른 경쟁 속에서 다양한 조직 문화의 변화와 더불어 바뀌어 갈 수 있음을 시사한다.

문제는 국내외 기업을 막론하고 여성 관리자들이 리더십과 관련해서 인식하고 훈련할 수 있는 기회를 충분히 갖지 못했다는 점이다. 이 점은 여성 관리자들이 스스로 인식하고 지적하는 내용이다.

> 여성 리더로서 어려운 점은 그동안 남자들에 비해서 관리자, 리더, 매니저로서 리더십을 배울 기회가 없었다는 것이다. 요즘 리더십에 대한 책들도 사 보고 특강도 들어 보며 나름대로 노력하고 있다. 여성들에게 앞으로도 이런 문제들이 있을 텐데, 그걸 생각하면 사회적 책임감도 갖는다. 꼭 여성 리더라서가 아니라 여성 선배로서 혜택받고 배운 것을 나누어 주는 게 필요하다. (사례 1)

조직 문화와 리더십이 상호간의 작용성 속에서 서로의 변화를 이끌어 가는 데는 조직 문화에 주요한 근거가 되는 기업의 경영 원칙과 행위자로서의 여성 리더들의 리더십 운용의 변수를 생각해 볼 수 있다. 이런 점에서 여성 관리자들이 주체적이고 적극적인 역할 모델들을 만들어 갈 때 정체되거나 퇴행할 수 있는 조직 문화가 젠더적 관점에서 긍정적인 방향으로 전환될 수 있을 것이다.

기업 조직 문화의 여성 리더십과의 상관 관계를 파악하고자 하는 이 연구는 먼저 학술적 차원에서 기업 문화와 여성 리더십을 관련짓고 이를 지구화의 변화 과정이란 사회경제적 배경 속에서 분석한다는 새로운 시도를 보여 준다. 그간에 조직 문화와 리더십에 대한 분석은 비교적 많았으나, 조직 문화와 여성 리더십에 대한 분석은 1990년대 중반 이후 주목받기 시작했으며, 일반적 논의의 수준에서 벗어나 디지털 기술의 발전과 정보화로 대변되는 지구화의 신자유주의 경제 정책과 정치 이데올로기의 정황적 배경 속에서 이 주제를 다룬 연구는 극히 드문 형편이었다. 이런 점에서 이 연구는 이 분야의 논의에 활기 있는 자극을 제공해 줄 수 있을 것이다. 즉, 남성 조직의 표면적 구조와 문화는 여성들을 더 많이 수용하고, 여성 리더십에 개방적인 듯하게 보이지만, 조직을 지배하는 문화와 가치 원칙의 성별 불균형에 대한 파악을 하고, 여성들 스스로가 새로운 가치 체계를 확립해 나름의 역량과 영향력을 발휘하게 되는 과정을 추적하는 작업은 여성 리더십의 조직 내 역할에 대한 이해를 돕고, 여성 리더십의 역할 모형을 경험적으로 제시하는 자료로서의 역할을 갖는다.

그리고 기업의 조직 문화 속에서 여성 리더십에 대한 의식, 그것이 이해되는 방식이나 영향력의 내용과 범위들을 구체적인 사례와 자료를 통해서 분석하는 것은 조직 문화와 여성 리더십이 어떻게 상호 영향을 주고받는지 알 수 있게 하며, 결국 여성 리더십이 조직 구성원과의 사회적 관계를 드러내 주는 것이었다. 다시 말해서 조직 문화와 여성 리더십은 어떤 역동적인 상호 작용의 틀을 공유하고 있는지, 주요하게는 지구화의 과정 속에서 여성 리더가 많은 조직과 남성 중심 조직에서 조직 문화는 어떻게 다른지, 그 안에서의 여성 리더십의 역할은 어떤 것인지를 분석하는 것은 지구화 시대의 여성 리더십의 특성을 파악하게 하고, 조직 문화의 변화와의 관계에 대한 연구뿐만 아니라 그 안에서 파악되는 여성 리더십의 적절한 역할 모형을 기업 현장에 적용할 수 있게 할 것이다. 이런 점은 기업 조직 속에서 현재 활동하고 있거나 앞으로 활동할 여성 리더들에게 개인적으로 창조하고 적응해 가야 하는 리더의 역할에 대한 범례를 제공함으로써, 시행 착오를 줄이고 리더로서 상황을 이끌어 갈 수 있는 좀더 폭넓은 역량을 쌓을 수 있는 계기를 마련해 줄 것이다.

〈표〉 심층 면접 조사 대상자 특성

사례	성별	연령	학력	산업 분야	직위
1	여	42세	대학원 졸	제조(외국사)	이사
2	여	34세	대학원 재	보험(외국사)	차장
3	여	33세	대졸	보험(외국사)	차장
4	여	42세	대졸	인력 경영	부사장
5	여	38세	대졸	금융(합작사)	상무
6	여	42세	대졸	보험(외국사)	상무
7	여	52세	대학원 졸	디자인	사장
8	여	50세	박사 과정	인력 개발(국내사)	본부장
9	여	35세	전문대 졸	건설(국내사)	과장
10	여	36세	대학원 재	복지기관(국내사)	팀장
11	여	29세	대졸	영상(국내사)	대리
12	남	34세	대졸	제조(국내사)	과장
13	남	35세	대졸	건설(국내사)	과장

이런 계기의 마련은 여성 리더들의 인력 육성과 훈련을 위한 프로그램을 통해서 더욱 구체화될 수가 있을 것이다. 이 연구의 결과는 여성 인력과 리더 역량이 요구되는 인적 자원에 대한 교육을 담당하는 교육 기관에 좀더 실증적이고 현실적인 자료를 제공할 수 있을 것이며, 각종 교육 및 훈련 프로그램의 근거가 될 수 있는 이론적 제시가 가능할 것이다. 이런 구체적 연구 결과의 제시를 통해 효과적인 교육 수행뿐만 아니라 자신의 지도적 역량과 역할을 여성 리더들 스스로 자각하게 되고 지도력의 의미와 원리에 대한 이해를 심화시키는 계기 또한 마련될 수 있을 것이다.

| 참고 문헌 |

국내 문헌

감 산(1990), 『감산의 노자 풀이』, 서울: 서광사.

강남식(2005), 『새여성학 강의』, 서울: 동녘.

강성원(2004), 『시선의 정치: 한국 미술이론을 위하여』, 서울: 시지락.

강수돌(2004), "신자유주의 세계화의 근본 문제와 삶의 대안," 이주노동자인권연대 주최 제2회 이주노동자운동정책 심포지엄 발표 논문(2004.11.4).

강순화(2005), 『중국 조선족 문화와 여성문제 연구』, 파주: 한국학술정보(주).

강시현(2003), "성별 인식과 리더십에 관한 연구: 일반 행정직 여성 공무원을 중심으로," 이화여자대학교 석사학위 논문, 미간행.

강영순 · 김정훈(2002), 『리더십과 리더십 유효성』, 서울: 무역경영사.

강우란(2002), "여성 리더와 기업경쟁력," 『*CEO Information*』, 제334호. 삼성경제연구소.

강이수 · 신경아(2001), 『여성과 일: 한국 여성노동의 이해』, 서울: 동녘.

강혜련(1998), "리더십과 조직 적응 : 남녀 관리자의 비교 연구," 『인사 · 조직연구』, 제6권 2호.

_____(2005), 『여성과 조직 리더십』, 서울: 학지사.

강혜련 외(1998), 『여성 관리자의 리더십과 조직 적응』, 서울: 학술진흥재단.

고현웅 외(2005), 『국제결혼 중개 시스템: 베트남, 필리핀 현지 실태조사』, 빈부격차차별시정위원회.

고혜경(2006), 『선녀는 왜 나무꾼을 떠났을까: 옛이야기를 통해서 본 여성성의 재발견』,

서울: 한겨레.
골먼, 다니엘 외(2003), 『감성의 리더십』, 장석훈 옮김, 서울: 청림출판.
과학기술부(2002), "과학기술 연구활동 조사 보고," 서울: 과학기술부.
_____(2003), "일본의 여성과학자 지원을 위한 과제," http://www.most.go.kr.
곽삼근(1998), 『여성과 교육』, 서울: 박영사.
광주비엔날레(2000), "제3회 광주비엔날레 『새 밀레니엄 시대의 人+間』," 국제 학술 심포지엄.
교육인적자원부(2003), 『교육통계연보』, 서울: 교육인적자원부, 한국교육개발원.
구마 피터슨, 탈리아 · 매튜스, 패트리샤(1994), 『페미니즘 미술의 이해 』, 이수경 옮김, 서울: 시각과언어.
국가인권위원회(2004), 『공공부문 비정규직 실태조사 보고서』, 서울: 국가인권위원회.
굴드, 캐롤 편(1987), 『지배로부터의 자유: 여성철학의 새로운 시작』, 한국여성개발원 옮김, 서울: 한국여성개발원.
권경득(2003), "성별과 관리자의 리더십: 직무 행태 및 조직성과에 대한 영향력을 중심으로," 한국행정학회 동계학술대회 「동북아시대의 정부 역할」 발표문.
권석균 · 이춘우(2004), "공기업 조직구성원의 변혁적 · 거래적 리더십과 신뢰," 『인사관리연구』, 28(1).
권영자(1995), "한국의 여성 정책에 관한 연구," 『여성연구』, 제47호.
권혜자(1998), 『임금 체계 유연화와 노동의 대응』, 한국노동조합총연맹 중앙연구원.
권혜자 · 박선영(1999), 『비정규 노동자의 규모, 법적 지위, 조직화 방안』, 한국노동조합총연맹 중앙연구원.
그로츠, 엘리자베스(2001), 『뫼비우스 띠로서 몸』, 임옥희 옮김, 서울: 여이연.
그린리프, 로버트(2006), 『서번트 리더십 원전: 리더는 머슴이다』, 강주헌 옮김, 서울: 참솔.
글리크, 제임스(1993), 『카오스: 현대과학의 대혁명』, 박배식 · 성하운 옮김, 서울: 동문사.
기든스, 앤서니(1996), 『현대 사회의 성, 사랑, 에로티시즘: 친밀성의 구조 변동』, 배은경 · 황정미 옮김, 서울: 새물결.
기획예산처(1999), "공기업 외부위탁 활성화 추진," 기획예산처 보도 자료(1999.10.8).
_____(2006a), 『2006년도 정부투자기관 경영평가 편람』.
_____(2006b), 『2006년도 공공기관 경영혁신 지침』.

길리건, 캐롤(1994), 『다른 목소리로: 심리 이론과 여성의 발달』, 허란주 옮김, 서울: 철학과현실사.

김경호(2006), "중간관리자들이 새롭게 부각되는 이유," 『인재경영』 6월호, 인크루트.

김경희(2004), "성별 영향 분석평가의 도입과 적용 방안," 『입법정보』, 제153호.

_____(2005a), "세계화와 한국 여성 정책의 변화," 『여성과 사회』, 제16호.

_____(2005b), "성인지 정책의 형성과 의미," 『입법정보』, 제172호.

_____(2006), "대인서비스 노동의 특징에 관한 연구: 감정노동과 서비스노동의 물질성을 중심으로," 한국산업사회학회, 『경제와 사회』, 제72호.

김명자(2003), "과학기술과 여성: 과학문화 형성과 여성의 참여," 한국과학기술학회 심포지엄 기조 연설. 고려대학교.

김명호(2005), "2005~2006년 정세와 노동운동의 과제," 미간행.

김명희(2003), "한국 내 조선족 정체성과 한국관," 사회과학원 『계간사상』, 제15권 제3호 가을호(통권 제58호).

김민정(2006), "가정폭력 피해자 지원 및 결혼 이민자 가족 지원정책의 효율성 검토," 「정부의 결혼 이민자 가족 정책 다시 보기」 자료집.

_____(2007), "한국의 결혼 이주 여성 지원정책의 비판적 고찰," 「전북지역 이주 여성 실태와 개선 방안을 위한 토론회」 자료집.

김민정 외 (2004), "아시아와 여성—필리핀," 2004년 7월 14~16일, 이주 여성 인권 연대 주최, 「성폭력 전문 상담원 교육」 자료집.

_____ (2006), "국제결혼 이주 여성의 딜레마와 선택: 베트남과 필리핀 아내의 사례를 중심으로," 한국문화인류학회, 『한국문화인류학』, 제39집 1호.

김석현(1996), 『21세기의 여성과 여성정책』, 서울: 박영률출판사.

_____(1998), "독일 여성 정책의 법적 근거와 담당 행정조직," 이화여대 『법학논집』, 제2권 제2호.

김석현(2004), "과배란 유도시 합병증," http://www.iwantbaby.co.kr/info/menu6/6.html.

김선욱(2002), "한국 여성 정책의 변화 방향," 『지구화와 여성 시민권』, 한국여성연구원 편, 서울: 이화여자대학교출판부.

김성희 편저(1998), 『고용구조 재편의 세계적 추세와 노동조합운동의 대응』, 한국노총 중앙연구원.

김소연(2003), "여성 중심 조직에서의 건강운동 경험 나누기: 다지사 활동을 중심으로,"

여성환경연대 주최 첫 번째 여성건강 워크숍 「젠더의 관점에서 본 환경과 건강」 자료집 발표문(2003.7.23).
김소영(1995), 『고용 형태 변화에 따른 노동법적 대응』, 서울: 한국노동연구원.
김양희(2001a), "근대문화와 에코페미니즘," 『생태주의와 에코페미니즘』, 지은희 외, 서울: 한국불교환경교육원.
_____(2001b), "여성주의적 생협운동," 『여성이 새로 짜는 세상』, 여성환경연대(편), 서울: 박영률출판사.
_____(2006), "여성주의 정치학과 리더십," 이화리더십개발원 제3차 학술대회 「여성주의 리더십과 권력」, 자료집(2006.8.28).
_____(2006), 『여성, 리더 그리고 여성 리더십』, 서울: 삼성경제연구소.
김양희 · 김홍숙(2000), "기업 내 남녀 관리자의 리더십 비교 연구," 한국여성개발원, 『여성연구』 겨울호, 제59호.
김양희 외(1992), "남성 조직과 여성 리더," 『여성과 리더십』, 한국여성개발원.
김엘림(1996), 『여성발전기본법의 내용과 과제』, 서울: 한국여성개발원.
김엘림 외(1994), 『여성 고용에 있어 실질적 차별의 개선 방안』, 서울: 한국여성개발원.
김영배 · 차종석(1994), "프로젝트 팀 리더의 역할과 팀 성과," 『한국경영과학회지』, 제19권 제1호.
김영옥(1994), 『여성 고용의 불안정화 추이와 정책과제』, 서울: 한국여성개발원.
_____(2002), "공기업의 여성 고용 현황과 관련 정책의 분석," 한국노동연구원, 『노동정책연구』, 제2권 3호.
_____(2002), "히스테리 담론과 여성적 글쓰기, 그리고 엘프리데 옐리넥(Elfriede Jelinek)의 피아니스트," 한국독어독문학회, 『독일문학』, 제81집.
_____(2007), "결혼 이민자 여성과 다문화 가족," 한일 연속 심포지엄 「여성 인권의 관점에서 본 이주 결혼」 자료집.
김용운(1999), 『카오스의 날갯짓: 복잡성 과학과 원형사관으로 본 한국』, 서울: 김영사.
김원홍(2003), "공공부문에서의 여성대표성 확대 방안," 『여성정책 포럼』, 제1호.
_____(2004), "여성할당제를 통한 공직에의 여성 참여 확대의 당위성," 『시민과 변호사』, 통권 123호.
김유선(2001), "비정규직 규모와 실태," 한국비정규노동센터, 『비정규노동』, 2001년 6월호.

_____(2003), "비정규직 규모와 실태: 통계청, 경제활동인구조사 부가 조사(2003.8) 결과," 노동사회연구소, 미간행.

김은실(2002), "지구화, 국민국가 그리고 여성의 섹슈얼리티," 이화여자대학교 한국여성연구원, 『여성학논집』, 제19집.

_____(2004), "차이가 만들어내는 여성 이주의 정치학," 「이화여자대학교 창립 118주년 기념 학술대회」 자료집.

김은실 · 민가영(2006), "조선족 사회의 위기 담론과 여성의 이주 경험 간의 성별 정치학," 이화여자대학교 한국여성연구원, 『여성학논집』, 제23집 1호.

김이선 외(2006), 『여성 결혼 이민자의 문화적 갈등 경험과 소통 증진을 위한 정책과제』, 한국여성개발원.

김재인 외(2001), 『여성교육개론』, 서울: 교육과학사.

김정선(2006), "초국적 공동체(transnational community) 만들기: 한국 남성과 결혼한 필리핀 여성들의 re-homing," 이화여자대학교 아시아여성학센터 주최 「역사 · 국가 · 여성, 한일 비교 여성사를 위한 시도」 국제 심포지엄 자료집(2006.7.24).

_____(2007), "공동체 경험을 통해 본 이주 여성의 귀속(belonging)의 정치학: 한국 남성과 결혼한 필리핀 여성들의 공동체를 중심으로," 제9회 서울여성영화제 국제포럼 「제국, 지구화, 아시아 여성들의 이주」 자료집.

김지은(2006), "적응과 세력화의 경계에 선 외국인 아내들: 농촌 지역의 베트남 결혼이민자 사례연구," 서울대학교 대학원 석사학위 청구논문, 미간행.

_____(2007), "한국인 아내 만들기: 베트남 여성 사례를 통해 본 결혼 이민의 제도화," 『비교문화』, 제13집 제2호.

김태영(2005), 『저항과 극복의 갈림길에서: 재일 동포의 정체성, 그 역사와 현재 그리고 미래』, 강석진 옮김, 서울: 지식산업사.

김태홍(1997), "기업의 여성인력 활용 및 관리제도 현황," 한국여성개발원, 『여성연구』 통권 제52호(여름호).

_____(1999), 『비정규직 고용 형태의 확산에 따른 여성고용 구조의 변화와 정책과제』, 서울: 한국여성개발원.

김현미(2000), "한국의 근대성과 여성의 노동권," 한국여성학회, 『한국여성학』, 제16권 제1호.

_____(2001) "글로벌 사회는 새로운 신분제 사회인가?," 『진보평론』, 제7호(봄호).

_____(2004a), “ ‘친밀성’의 전지구적 상업화: 한국의 이주 여성 엔터테이너의 경험,” 여성문화이론연구소, 『여/성이론』, 통권 11호(겨울).
_____(2004b), “세계화와 이주의 여성화: 이주여성 연구의 관점과 시각들,” 2004년 7월 14일~16일 「이주 여성 폭력 전문 상담원 교육자료집 연구」 제13집 제2호.
_____(2005), 『글로벌 시대의 문화 번역: 젠더, 인종, 계층의 경계를 넘어』, 서울: 도서출판 또하나의문화.
_____(2006) “국제결혼의 전 지구적 젠더 정치학: 한국 남성과 베트남 여성의 사례를 중심으로,” 『경제와 사회』, 제70호(여름).
김현주(2001), “현대 미국의 아시아계 여성 미술과 탈식민 여성주의,” 이화여자대학교 대학원 박사학위 논문, 미간행.
김혜숙 외(1995), “리더의 성 리더십 유형과 직업 유형이 리더에 대한 평가에 미치는 영향,” 아주대학교 사회과학연구소, 『아주사회과학논총』, 제10호.
_____(2001), 『여성과 철학』, 서울: 철학과현실사.
김혜숙 · 장재윤(2002), “여성 공무원 리더의 효율성, 성정체성, 삶의 만족도와 조직의 성차별문화,” 『한국심리학회지』, 8(2).
김호정(2000), “변혁적 리더십과 전통적 리더십의 관계 및 바람직한 리더십 모형: 공 · 사 조직의 중간관리층을 대상으로,” 『한국정책학회보』, 제10권 제3호.
_____(2001), “변혁적 거래적 리더십이 조직몰입에 미치는 영향,” 『한국행정학보』, 제35권 제2호(여름).
_____(2003), “조직문화, 리더십, 조직효과성의 관계: 부산광역시를 대상으로,” 『한국행정학보』, 제37권 제4호(겨울).
김홍희(1994), 『여성, 글 다름과 힘: 여성적인 미술과 여성주의 미술』, 서울: 삼신각.
_____(1998), 『페미니즘, 비디오, 미술』, 서울: 재원.
_____(2003), 『여성과 미술: 규곡 김홍희의 현대미술 담론과 현장』, 서울: 눈빛.
노정혜(2000), 『여성과학자 활용 활성화를 위한 신규 프로그램 기획에 관한 연구』, 서울: 한국과학재단.
노클린, 린다(1997), 『페미니즘 미술사』, 오진경 옮김, 서울: 예경.
다이아몬드, 아이린 · 오렌스타인, 글로리아 페만 편(1996), 『다시 꾸며보는 세상: 생태여성주의의 대두』, 정현경 · 황혜숙 옮김, 서울: 이화여자대학교출판부.
대한상공회의소(2003), “기업의 생산거점 해외 이전 실태 및 계획,” 미간행.

데일리, 메리(1996), 『하나님 아버지를 넘어서: 여성들의 해방 철학을 향하여』, 황혜숙 옮김, 서울: 이화여자대학교출판부.

데자르뎅, J. R.(1999), 『환경윤리: 환경윤리의 이론과 쟁점』, 김명식 옮김, 서울: 자작나무.

도시코, 쯔지모토 (2006), "디아스포라의 주체 형성을 위한 이주 여성의 저항과 전략: 한국으로 이주한 필리핀 여성들의 경험을 중심으로," 성공회대학교 대학원 박사학위 청구논문, 미간행.

두레방(2005), 「국제 인신매매 방지와 필리핀 여성 이주자의 권리 향상을 위한 필리핀-한국 인턴십 프로그램」 자료집.

듀오, 케이(1989), "성취를 위한 노력," 『남녀의 행동연구』, 이혜성 옮김, 서울: 이화여자대학교출판부.

류기철(2001), "비정형 근로자의 실태: 근로자를 중심으로," 한국노동경제학회 주최 「비정형 근로자의 규모와 실태」 학술세미나 자료집.

류재천(2003), "생명과학 기술에의 기대," 과학문화재단 『과학문화』, 제24호.

리, 훼이리(2000), "에코페미니즘에 관한 횡문화적 비평," 『자연, 여성, 환경 : 에코페미니즘의 이론과 실제』, 이소영 옮김, 서울: 한신문화사.

리복순 · 최명숙(1999), "가족 내에서의 조선족 녀성 생활의 현황과 전망," 「남 · 북한 여성 그리고 중국 조선족 여성의 삶: 중국 조선족 연구 자료집」, 이화여자대학교 한국여성연구원, 연변대학 여성문제연구중심 주최(1999.2.26~27).

리쾨르, 폴(2004), 『시간과 이야기 3』, 김한식 · 이경래 옮김, 서울: 문학과지성사.

머천트, 캐롤린(1996), "생태여성주의와 여성론," 『다시 꾸며보는 세상: 생태여성주의의 대두』, 아이린 다이아몬드 · 글로리아 페만 오렌스타인 편저, 정현경 · 황혜숙 옮김, 서울: 이화여자대학교출판부.

_____(2001), 『래디컬 에콜로지』, 허남혁 옮김, 서울: 이후.

모저, 캐롤린(2000), 『여성정책의 이론과 실천』, 장미경 외 옮김, 서울: 문원출판.

문경희(2006), "국제결혼 이주 여성을 계기로 살펴보는 다문화주의와 한국의 다문화 현상," 『21세기정치학회보』, 제16집 제3호.

문순홍(1994), "에코페미니즘과 여성 정치세력화," 『계간 대화』, 제3권, 서울: 대화출판사.

_____(1995), "에코페미니즘이란 무엇인가," 사단법인 한국여성연구소,『여성과 사회』,

제6권.
_____(1996), "생태여성론의 이론적 분화 과정과 한국 사회에의 적용," 사단법인 한국여성연구소, 『여성과 사회』, 제7권.
_____(2000), "한국 여성 환경운동에 대한 평가와 향방," 전국여성환경인 워크숍 주제 발표문(2000.11).
_____(2001a), "생태 위기 시대의 여성 반란, 그 네 가지 틀," 『여성이 새로 짜는 세상』, 여성환경연대(편), 서울: 박영률출판사.
_____(2001b), "에코페미니즘의 논리, 자연지배와 여성지배," 지은희 외, 『생태주의와 에코페미니즘』, 한국불교환경교육원.
문순홍 외(2001a), 『한국의 여성 환경운동』, 서울: 아르케.
_____(2001b), 『환경문제 개선 및 환경정책 시행의 사회적 기반 마련을 위한 여성잠재력 활성화 방안』, 환경여성연대.
문형구 · 장용선(2001), "리더십과 조직문화: 연구의 동향과 과제," 한국인사관리학회, 『인사관리연구』, 제24집 제2권.
문화관광부 · 과학기술부 · UNDP(2005), "한국과 동남아시아의 성 인지적 문화정책을 찾아서," UNDP · 문화관광부 · 과학기술부 공동 주최, 한국문화관광정책연구원 · (사)한국동남아연구소 공동 주관 「한국과 동남아의 여성문화정책 국제 워크숍 2005: 아시아 여성문화의 재발견과 여성문화 네트워크의 모색」(2005.10.27~28).
미스, 마리아 · 시바, 반다나(2000), 『에코페미니즘』, 손덕수 · 이난아 옮김, 서울: 창작과 비평사.
민주노총(2000), "비정규 노동자 권리 보장을 위한 법 개정 청원," 국회 제출 청원서.
_____(2005), "50억 비정규 기금 조성 및 비정규센터 설립 방안," 미간행.
박계리(2004), "나혜석의 회화와 페미니즘: 풍경화를 중심으로," 정월 나혜석 기념사업회 주최 제7회 나혜석 바로 알기 심포지엄 자료집 발표문(2004.4.23).
박기성(2001), "비정규 근로자의 측정과 제언," 한국노동경제학회 주최 「비정형 근로자의 규모와 실태」 학술세미나 자료집.
박노윤(1991), "조직문화 유형과 관련 변수의 관계에 관한 연구," 고려대 박사학위 논문, 미간행.
박미선(2002), "로지 브라이도티의 존재론적 차이의 정치학과 유목적 페미니즘," 여성문화이론연구소, 『여/성/이론』, 통권 5호.

박민선(2004), “농업의 글로벌화와 여성 농업인의 삶,” 한국여성학회 창립20주년 추계학술대회 자료집.

박상미(1999), *Sassen, Saskia, Globalization and Its Discontents: Essays on the New Mobility of People and Money*, 1998의 서평, 제32권 1호, 문화인류학회, 『한국문화인류학』.

박승흡(2001), “노사정위의 비정규 관련 법 개정 논의와 노동운동의 대응,” 한국비정규노동센터, 『비정규노동』, 2001년 6월호.

박영석 · 조용주(1999), “거래적 리더십과 변혁적 리더십이 부하의 작업 동기에 미치는 효과,” 『한국심리학회지』 12.

박준하(1998), “진정한 변화 리더의 조건,” LG경제연구원 『LG주간경제』, 1998.4.

박창희(2000), “팀조직에서의 리더 역할과 조직문화가 조직성과에 미치는 영향에 관한 연구,” 청주대학교 대학원 박사학위 논문, 미간행.

박통희(2004), “정, 가족주의 그리고 대인간 신뢰,” 『한국행정학보』, 38(6).

박통희 외(2004), 『편견의 문화와 여성 리더십: 여성 공직자의 역할 모델』, 서울: 대영문화사.

박현태(1997), “간호조직에서 리더십 유형과 직무만족, 조직몰입에 관한 연구: 거래적, 변혁적 리더십을 중심으로,” 『간호학회지』 27.

박홍주(2000), “판매직 감정노동의 재평가,” 『노동과 페미니즘』, 조순경 엮음, 서울: 이화여자대학교출판부.

밸리언, 버지니아(2000), 『여성의 성공 왜 느릴까?』, 김영신 옮김, 서울: 여성신문사.

버거, 존(2000), 『본다는 것의 의미』, 박범수 옮김, 서울: 동문선.

번즈, 제임스(2000), 『리더십 강의』, 한국리더십연구회 옮김, 서울: 미래인력연구센터.

법무부(2003), 『출입국 관리통계연보』.

변재옥(1992), “적극적 평등 실현 조치에 관한 판례,” 『미국헌법연구』, 제3집.

변화순(1996), “남성문화에 대한 여성학적 이해: 남성의 사회적 연결망,” 한국사회학회, 후기사회학대회.

변희종(2004), “리더십을 키우는 구조 만들기,” 주관: 녹색 삶을 위한 여성들의 모임, 한국여성재단 주최 풀뿌리 여성지도자 역할 강화 훈련 워크숍 「풀뿌리 여성지도자 역할 모델 1」 사례 발표 자료집(2004.8.19~20).

베니스, 워렌 · 나누스, 버트(2006), 『워렌 베니스의 리더와 리더십』, 김원석 옮김, 서울:

황금부엉이.
베니스, 워렌 · 토마스, 로버트(2003), 『시대와 리더십: 워렌 베니스와 로버트 토마스의 리더십 모델』, 신현승 옮김, 서울: 세종연구원.
베니스, 워렌 외(2002), 『퓨처 리더십』, 최종옥 옮김, 서울: 생각의 나무.
부블라트, 요아힘(2003), 『카오스와 코스모스』, 염영록 옮김, 서울: 생각의 나무.
브라우닝, 가이(2005), 『풀뿌리 리더십』, 형선호 옮김, 서울: 을유문화사.
브라운, 제네비브 외(2005), 『(균형 잡힌 창조적 삶을 위한) 여성 리더십』, 조병남 옮김, 서울: 예영커뮤니케이션.
브라이도티, 로지(2004), 『유목적 주체』, 박미선 옮김, 서울: 여이연.
브라이도티 외(1995), 『여성과 환경 그리고 지속 가능한 개발: 이론적 종합을 지향하며』, 한국여성 NGO위원회 여성과 환경 분과 옮김, 서울: 나라사랑.
브룩스, 앤(2003), 『포스트페미니즘과 문화 이론』, 김명혜 옮김, 서울: 한나래.
비햄, 윌리엄(1996), 『(본격 팀 단계별 리더십) 팀경영 곡예술』, 송경근 옮김, 서울: 한국언론자료간행회.
삼성경제연구소(2003), 『제조업 공동화 가속과 대응 방안』, 서울: 삼성경제연구소.
서인덕(1986), "한국 기업의 조직문화 유형과 관련 변수의 관계에 관한 연구," 고려대 박사학위 논문, 미간행.
서준호 · 윤위석(2000), "리더십 유형이 신뢰 및 조직 시민행동에 미치는 영향에 관한 연구," 『산업관계연구』, 제2호.
설동훈(2000), 『외국인 노동자와 한국 사회』, 서울: 서울대학교출판부.
_____(2004), "이주노동자 문제에 대한 국제협약," 이주노동자인권연대 주최 세계이주노동자의 날 기념 토론회 「이주노동자 문제의 정책적 제안」 발표 논문(2004.11.17).
설동훈 외(2005), 『국제결혼 이주 여성 실태조사 및 보건, 복지 지원정책 방안』, 보건복지부 편, 미래인력연구원.
_____(2006), 『결혼이민자 가족실태조사 및 중장기 지원정책 방안 연구』, 여성가족부.
성미석(2000), "여성적 가치의 리더십에 관한 탐색적 연구," 이화여자대학교 석사학위 논문, 미간행.
성완경(1999), 『민중미술, 모더니즘, 시각문화』, 서울: 열화당.
세이프터, 하비 · 이코노미, 피터(2003), 『리더십 앙상블』, 강미경 옮김, 서울: 세종서적.
소라미(2006), "국제결혼 이주 여성의 안정적 신분 보장을 위한 법 · 제도 검토," 한국법학원 주최 「이주 여성과 자녀의 인권」 자료집.
손탁, 수잔(1986), 『사진 이야기』, 유경선 옮김, 광명: 해뜸.
송희준 · 장지인(2006), "공공기관 경영평가제도 개선 방안 연구."
스피박, 가야트리(2001), 『탈식민페미니즘과 탈식민페미니스트들』, 유제분 엮음, 김지영 외 옮김, 서울: 현대미학사.
스피박, 가야트리(2003),『다른 세상에서: 문화정치학 에세이』, 태혜숙 옮김, 서울: 여이연.
식수, 엘렌 · 클레망, 카트린(2004), 『메두사의 웃음/출구』, 박혜영 옮김, 서울: 동문선.
신용자 · 김영신(2000), 『주요국의 여성 정책과 남녀평등법제도』, 서울: 형설출판사.
신인령(2002), 『세계화와 여성의 노동권』, 서울: 이화여자대학교출판부.
신지영(2006), "한국 현대미술의 모더니즘 담론과 추상미술의 성별 정치학," 한국여성학회, 『한국여성학』, 제22권 제4호.
신현덕(1980), "환경의 오염과 국제법," 대한국제법학회, 『대한국제법학회논총』, 제25권, 제1-2호 병합호.
_____(1984), "환경문제의 제도적 접근 방법," 한국환경법학회 『환경법연구』, 제6권.
아이프, 짐(2001), 『인권과 사회복지 실천』, 김형식 · 여지영 옮김, 서울: 인간과복지.
아파두라이, 아르준(2004), 『고삐 풀린 현대성』, 차원현 외 옮김, 서울: 현실문화연구원.
안주엽(2000), "비정규직 실태와 정책과제," 한국경영자총협회 주최 「비정규직 실태와 정책과제」 정책토론회 발표 자료집(2000.11.14).
안한숙 외(1995), "여성 리더십에 대한 평가," 아주대학교, 『아주사회과학논집』 10.
알브레히트, 칼(2006), 『SPACE 호감의 법칙』, 문은실 옮김, 서울: 랜덤하우스코리아.
애버딘, 패트리셔(2006), 『메가트렌드 2010』, 윤여중 옮김, 서울: 청림출판.
앤더슨, 베네딕트(2004), 『상상의 공동체: 민족주의의 기원과 전파에 대한 성찰』, 윤형숙 옮김, 서울: 나남.
얀치, 에리히(1993), 『자기 조직하는 우주 : 새로운 진화 패러다임의 과학적 근거와 인간적 함축』, 홍동선 옮김, 서울: 범양사.
어수봉(1994), 『한국의 실업 구조와 신인력 정책』, 서울: 한국노동연구원.
여성가족부(2006), 『2005년 성별 영향평가 종합평가 결과보고서』.
여성과 환경(1995), 지속 가능한 개발에 관한 한국 NGO네트워크.
여성문화예술기획(2002), "동아시아 여성과 역사," 사단법인 여성문화예술기획 주최 제2회 여성미술제(2002.6.4~30).

_____(2005), “판타스틱 아시아: 숨겨진 경계, 새로운 관계,” 사단법인 여성문화예술기획 주최 제3회 여성미술제(2005.6.16~7.3).
여성부(2001), 『여성인적자원 개발 및 활용 제고를 위한 추진전략』, 여성부인력개발담당관실.
_____(2001a), 「정부 부처 내의 성 인지적 정책형성을 위한 지침 마련 및 제도화 방안 연구」.
_____(2001b), 「성 주류화 우수 사례집」.
_____(2002), 「2003~2007 제2차 여성 정책기본계획」.
_____(2004a), 「한국 여성 정책의 뉴 패러다임 정립」.
_____(2004b), 「성 인지 정책지침 개발」.
_____(2004c), 「여성 정책 기본계획 점검」.
_____(2004d), 「외국의 성 주류화 동향과 여성 정책기본계획」.
여성철학연구모임(1995), 『한국여성철학』, 서울: 한울.
여성환경연대(2001), 『여성이 새로 짜는 세상: 21세기의 여성과 환경』, 서울: 박영률출판사.
여성환경연대 리더십기획팀(2004), “시민사회 내 친여성적 제도와 여성 활동가 리더십 현황,” 『여성, 녹색세상을 말하다: 한국여성환경운동의 전망과 과제』, 여성환경연대.
연변대학녀성연구중심 편(2003), 『녀성연구』 3, 녀성연구중심 성립 10돐 기념 론문집, 연변: 연변대학출판사.
연태훈(2000), “외부위탁을 통한 공공부문의 효율성 제고,” 한국조세연구원, 『재정포럼』, 4월호.
오문완(1997), “비전형근로의 법리,” 한국노동연구원, 「노사관계 고위지도자 과정」 교재.
요시유키, 사토(2004), 『NPO와 시민사회: 결사(Association)론의 가능성』, 송석원 옮김, 서울: 아르케.
웽거, 에티엔느 외(2004), 『COP 혁명』, 황숙경 옮김, 안양: 물푸레.
유길상(2007), “한국의 노동 이주 정책: 과거, 현재, 미래,” 국제 컨퍼런스 「Global Migration and the Household in East Asia」 자료집.
윤정숙 · 임유경 (2004), “성별화된 이주 방식으로서의 국제결혼과 여성에 대한 폭력 : 필리핀 여성과 한국 남성의 결혼을 중심으로,” 「한국여성학회 창립 20주년 추계학술대회」 자료집.

윤진호 외(2001), 『비정규노동자와 노동조합』, 전국민주노동조합총연맹.
윤형숙(2003), "국제결혼 배우자의 갈등과 적응," 한국사회학회/한국문화인류학회 공동 심포지엄 자료집.
_____(2004), "외국인 출신 농촌 주부들의 갈등과 적응: 필리핀 여성을 중심으로," 2004년 여성학회 추계학술대회 자료집.
_____(2005), "지구화, 여성 이주, 한국 사회의 성적, 인종적 위계 만들기," 한국여성학회 2005 제21차 춘계학술대회 자료집.
윤혜린(2002), "과학기술 문명과 정보적 생활 양식에 대한 철학적 반성," 『정보매체의 지구화와 여성』, 한국여성연구원 편, 서울: 이화여자대학교출판부.
_____(2005a), "정보적 생활 양식과 온라인 여성주의 공동체 연구," 『지구화 시대 여성주의 대안가치』, 한국여성연구원 편, 서울: 푸른사상.
_____(2005b), "카오스 나비 효과를 통해서 본 여성주의 리더십," 이화리더십개발원 2주년 기념 학술대회 「리더십모형을 향한 4가지 시도」 자료집 발표문(2005.11.9).
윤후정 · 신인령(2001), 『법여성학』, 서울: 이화여자대학교출판부.
이강수(1991), "노장의 평화사상," 『현대사회와 평화』, 그리스도 철학연구소(편), 서울: 서광사.
이강원 · 손태원(2004), "변혁적 리더십과 거래적 리더십이 조직몰입에 미치는 영향에 관한 연구," 『대한경영학회지』 제45권.
이경숙 외(2001), 『한국 생명 사상의 이해』, 서울: 이화여자대학교출판부.
이경주(1999), "여성공무원 채용목표제와 양성평등," 경북대 『법학논고』, 제15집.
이귀우(1998), "에코페미니즘," 서울여자대학교, 『여성연구논총』, 제13권 제1호.
이금연 (2003), "국내 국제결혼과 그 이해: 실태와 문제점을 중심으로," 국제결혼과 여성폭력에 관한 정책제안을 위한 원탁토론회 자료집.
이금옥(2004), "외국인 주부 현황과 농촌진흥기관의 정책사례," 2004년 여성학회 추계학술대회 자료집.
이기상(2003), 『우리말 철학』, 서울: 지식산업사.
이리가라이, 뤼스(1996), 『나, 너, 우리 : 차이의 문화를 위하여』, 박정오 옮김, 서울: 동문선.
_____(2000), 『하나이지 않은 성』, 이은미 옮김, 서울: 동문선.
이면우(1992), 『W이론을 만들자: 한국형 기술, 한국형 산업문화 발전전략』. 서울: 지식

산업사.

이범준 외(2000), 『21세기 정치와 여성』, 서울: 나남출판.

이상학(2005), "민주노총의 위기적 요인과 혁신과제: 분파를 넘어 조직 강화로 가야," 전국민주노동조합총연맹 정책연구원 정책보고서, 미간행.

이상화(2000), "철학에서의 페미니즘 수용과 그에 따른 철학 체계의 변화," 이화여자대학교 한국여성연구원, 『여성학논집』, 제17집.

_____(2005a), "리더십과 권력에 대한 여성주의적 재개념화," 이화여자대학교 한국여성연구원, 『여성학논집』, 제22집 제1호.

_____(2005b), "지구화 시대의 지역 공동체와 여성주의적 가치," 『지구화 시대 여성주의 대안가치』, 한국여성연구원 편, 서울: 푸른사상.

이영숙(2001), "한국 여성 환경운동의 성별 관계와 지구화 논점들," 이화여자대학교 한국여성연구원, 『여성학논집』, 제18집.

이영자(2006), "몸권력과 젠더: 푸코적 분석틀에서 본 '날씬한 몸' 관리," 한국여성학회, 『한국여성학』, 제22권 제4호.

이윤숙(2003), "다시 짜는 세상: 생태위기 극복을 위한 에코페미니즘의 함의," 이대 한국어문학연구소 주최 「문학과 자연 II」 정기학술대회 자료집(2003.11.20).

이은경(2003), "이학, 공학, 컴퓨터 분야의 여학생을 위한 텔레멘토링 프로젝트," 참여연대 시민과학센터 월례 토론회.

이은경 · 송정기 · 조경욱(2004), 『과학기술 인력 양성 활용사업의 성별 영향분석평가』 연구보고 2004-29, 서울: 여성부, 과학기술부.

이은재(2001), 『여성과 행정』, 서울: 건국대학교출판부.

이인영(2001), "성 관점 통합의 인식에 근거한 보건의료정책과 생명안전윤리법령안의 입법 방향에 관한 고찰," 여성의 입장에서 본 생명윤리기본법 토론회 자료집.

이주영(2005), "한국 내 조선족 여성 이주자의 가사노동 경험," 연세대학교 대학원 석사학위 청구논문, 미간행.

이진아(1996), "'여성과 환경' 문제의 시각과 운동 방향," 사단법인 한국여성연구소, 『여성과 사회』, 제7권.

_____(2003), "경력 개발에서 여성의 자신감에 관한 연구: 멘토링 시스템 참여자의 경험을 중심으로," 이화여자대학교 석사학위 논문, 미간행.

이창원(1999), "지방자치단체장들의 리더십 행태와 그 효과성에 관한 실증적 연구," 『한국행정학보』, 제37권 제3호.

_____(2002), “내용분석법을 이용한 우리나라 지방자치단체장들의 리더십 유형 및 요인 분석,” 『한국행정논집』, 제14권 제4호.

이창원 · 김호정 · 박희봉(2003), “지방자치단체장들의 변혁적 리더십과 리더십 효과성: 한국과 뉴질랜드 단체장들의 비교,” 『한국행정학보』, 제37권 제1호.

이해응(2005), “중국 조선족 기혼 여성의 한국 이주 경험을 통해 본 주체성 변화에 관한 연구,” 이화여자대학교 대학원 석사학위 청구논문, 미간행.

이현주 · 박통희(2005), “중앙정부의 중상위직 남성 공무원의 리더십 유형,” 한국행정학회 동계학술대회 발표 논문집.

이혜경(2004), “여성, 이주 그리고 한국의 시민운동,” 한국이주여성인권센터 종합자료실 4번 글,http://www.wmigrant.org/bbs/view.php?id=data4 &page=1&sn1=&divpage=1&sn=off&ss=on&sc=on&select_arrange=headnum&desc=asc&no=4(검색일:2007. 3. 2).

이 홍(1996), “카리스마적 리더십과 수단적 리더십: 두 리더십의 공존성에 대한 탐색적 연구,” 『경영학연구』, 25(1).

이화용(2004), “변혁적 리더십이 조직의 유효성에 미치는 영향에 관한 연구: 리더의 감성지능의 조절 효과,” 경희대학교 경영대학원 박사학위 논문, 미간행.

임안나 (2005), “한국 남성과 결혼한 필리핀 여성의 가족 관계와 초국가적 연망,” 서울대학교 대학원 석사학위 청구논문, 미간행.

임인숙(2006), “유방암, 손상된 몸과 여성성의 위기감,” 한국여성학회, 『한국여성학』, 제22권 4호.

임재해(2002), 『민속문화의 생태학적 인식』, 서울: 당대.

임재해 · 이윤숙(2002), “대담: 서로를 살리고 모두가 주인되는 살림의 문화,” 『살림』, 제157호.

임지봉(2003), “적극적 평등 실현 조치와 실질적 평등,” 『법조』, 제52권 제8호.

장필화(1990), “여성 정책을 위한 기초적 검토,” 『여성학논집』, 제7집.

_____(2003), “여성학, 여성주의, 리더십,” 이화리더십개발원 세미나.

_____(2004), “여성 리더, 여성적 리더십, 여성주의적 리더십,” 이화리더십개발원 1주년 기념 학술대회 「여성적 가치와 여성 리더십」 자료집 발표문(2004. 9. 17).

재정경제부(2004), “정부 투자기관 결산서 작성을 위한 계정 과목의 배열 및 해설.”

전국경제인연합회 고용복지팀(2001), "노동시장 유연성 제고를 위한 제도 개선 과제," 전국경제인연합회.

전국민주노동조합총연맹(1996), "노동시장 유연화의 현황과 정책과제."

_____(2000), "특수고용 노동자들에게 근로기준법 적용과 노동3권 보장을: 골프 경기보조원, 학습지 교사들의 근로 실태에 관한 조사보고서."

전국보건의료산업노동조합(1999), 『병원사업장의 비정규직 실태와 보건의료노조의 실천과제』, 전국보건의료산업노동조합 정책자료집.

전방지(1997), "기업조직과 여성 리더십: 여성 기업 활동의 특성," 동덕여대 한국여성연구소, 『동덕여성연구』, 제2호.

전상호 · 신용존(1995), "조직문화와 리더십의 적합성이 행동적 유효성에 미치는 영향에 관한 실증연구," 한국경영학회, 『경영학연구』, 제24권 제4호.

전영평(2001), "정부개혁과 행정학 연구: 여성 차별과 여성 정책의 문화적 분석," 한국행정학회 춘계학술대회 발표 논문집.

전용석(2002), "지역주의에 근거한 도시성의 재맥락화: 포럼 에이(Forum A)의 의제," 『공동체와 미술』, 제4회 광주 비엔날레 초청 국제 워크숍, (재)광주비엔날레/포럼에이: 광주.

전혜숙(2001), "여성 리더십 개념 재조명: 부산지역의 여성 리더십 개발 현황을 중심으로," 한국여성사회교육회, 『여성사회교육』, 제6집.

정기선(2007), 『경기도 내 국제결혼 이민자 가족 실태조사 및 정책적 지원 방안 연구』, 경기도 가족여성개발원.

정대현(2003), "포스트모던 시대의 여성적 가치," 이화리더십개발원 세미나 자료, 미간행.

_____(2005), "성기성물: 리더십의 여성주의적 가치," 『여성주의 가치와 모성 리더십』, 조형 편, 서울: 이화여자대학교출판부.

정순영(2004), 『유엔발전 전략의 성 인지적 통합 방안에 관한 연구』, 서울: 한국여성개발원.

정우일(2006), 『리더와 리더십』, 서울: 박영사.

정지영(2005), "가부장제의 역사, 여성 리더의 틈새," 『여성주의 리더십: 새로운 길 찾기』, 윤혜린 외, 서울:이화여자대학교출판부.

정헌이(2004), "상상계로서의 미술사: 미술사 교육에 있어서 젠더의 문제," 한국미술사교육학회 주최 제15회 전국학술대회 「미술사와 교육」 자료집 발표문(2004.5.15).

제성호(2001), "한국 국적법의 문제점 및 개선 방안," 『국제인권법』, 제4호.

조기숙(1998), "한국의 여성 정책 결정과정 연구," 이범준 외, 『21세기 정치와 여성』, 서울: 나남.

조순경(1997), "파견근로의 신화와 현실," 한국산업노동학회, 『산업노동연구』, 제2권 제2호.

_____(2006a), "KTX 승무 업무 외주화: 경영효율화인가 위장 고용인가?."

_____(2006b), "공공부문 비정규 대책 외주화 조항의 간접차별 가능성."

조은주(2002), 『서비스부문의 노동과정 연구』, 서울: 한국노동조합총연맹.

조창현(2004), "공공리더십이란 무엇인가?," 중앙인사위원회 「한양대학교 21세기 리더십」 특강 발표 논문.

조형(2004), "비공식에서 공식으로: 여성운동과 공공 영역," 또 하나의 문화 20주년 기념 행사 「달나라를 꿈꿉니다: U.F.O를 기다리며」 자료집 발표문(2004.10.30).

조형 외(2005), 『여성주의 가치와 모성 리더십』, 서울: 이화여자대학교출판부.

조홍석(2004), "국 · 공립대학의 교수 임용과 보직에 대한 성적 균형 발전 방안," 『공법학연구』, 제5권 제3호.

_____(2000), "리스크법: 리스크 관리체계로서의 환경법," 서울대학교법학연구소, 『법학』, 제43권 제4호.

조희형 · 최경희(2001), 『과학교육총론』, 서울: 교육과학사.

주진우(2004), "현 단계 노동시장 진단과 정책과제 발제에 대한 토론문," 전국민주노동조합총연맹 정책연구원 주최 「민주노총 중장기 정책 방향, 어떻게 할 것인가?」 개원 기념 토론회 발표문(2004.4.30).

참여연대 과학기술민주화를 위한 모임(편)(1999), 『진보의 패러독스: 과학기술의 민주화를 위하여』, 서울: 당대.

철도노조(2005), "2005년 정기 단체교섭 경과 보고," 철도노조, 미간행.

최상호(1998), 『환경권』, 서울: 형설출판사.

최순영(2007), "전국 농어민 국제결혼 비용 지원 정책 현황," 「농어민 국제결혼 비용 지원사업 무엇이 문제인가」 토론회 자료집(2007.6.7).

최영주(2003), "연구소 유형에 따른 리더십과 조직몰입의 관계성에 관한 연구," 석사학위 논문, 충남대학교 경영대학원, 미간행.

최정순(2004), "여성 영업관리자의 리더십 유형이 리더십 효과성에 미치는 영향에 관한 연구," 국민대학교 석사학위 논문, 미간행.
최종덕(2003), 『시앵티아 : 과학에 불어넣는 철학적 상상력』, 서울: 당대.
최진석(2000), "리더십 지각의 효과분석: 여성관리자를 중심으로," 한국정부학회, 『한국 행정논집』, 12(2).
치즈코, 우에노(1999), 『내셔널리즘과 젠더』, 이선이 옮김, 서울: 박종철출판사.
카프라, 프리초프(1998), 『생명의 그물』, 김용정 · 김동광 옮김, 서울: 범양사출판부.
_____(2003), 『히든 커넥션』, 강주헌 옮김, 서울: 휘슬러.
칸트, 임마누엘(1983), 『純粹理性批判』, 최재희 옮김, 서울: 박영사.
켈러, 이블린 폭스(1996), 『과학과 젠더』, 민경숙 · 이현주 옮김, 서울: 동문선.
쿠즈마스키, 수잔 외(1999), 『가치 중심의 리더십』, 홍기원 옮김, 서울: 학지사.
퀸비, 리(1996), "생태여성주의와 저항의 정치학," 『다시 꾸며보는 세상: 생태여성주의의 대두』, 아이린 다이아몬드 · 글로리아 페만 오렌스타인 편저, 정현경 · 황혜숙 옮김, 서울: 이화여자대학교출판부.
킹, 이네스트라(1996), "상처의 치유: 여성주의, 생태학 그리고 자연, 문화의 이원론," 『다시 꾸며보는 세상: 생태여성주의의 대두』, 아이린 다이아몬드 · 글로리아 페만 오렌스타인 편저, 정현경 · 황혜숙 옮김, 서울: 이화여자대학교출판부.
타브리스, 캐롤(1999), 『여성과 남성이 다르지도 똑같지도 않은 이유』, 히스테리아 옮김, 서울: 또하나의문화.
타오지에(陶洁)(1999), "현대 중국사회에서의 여성과 재현," 「동아시아의 근대성과 여성: 한 · 중 · 일 국제학술대회」, 이화여자대학교 한국여성연구원 주최(1999.6.11~12).
탁진국 · 장종순(2003), "거래적 및 변혁적 리더십의 효과: 일선 소대장을 중심으로," 『한국심리학회지』, 16(2).
태혜숙(2001), 『탈식민주의 페미니즘』, 서울: 여이연.
_____ 옮김(1998), Spivak, Gayatri, "하위 주체가 말할 수 있는가?: 다원화주의의 문제들," 1988, 『세계사상』 4호, 서울: 동문선.
통, 로즈마리(2000), "서론: 에코페미니즘," 『자연, 여성, 환경 : 에코페미니즘의 이론과 실제』, 이소영 옮김, 서울: 한신문화사.
_____(2000), 『페미니즘 사상: 종합적 접근』, 이소영 옮김, 서울: 한신문화사.
통계청(2002), 『경제활동인구조사 부가조사』 결과(2002.8).
_____, 『경제활동인구조사』, 원자료, 각년도.

파견 · 용역노동자 노동권 쟁취와 간접고용 철폐를 위한 공동대책위원회(2001), “비정규직 노동자 조직화의 의미와 과제.”
포르셍연구소(2000), 『여성적 가치의 선택』, 문신원 옮김, 서울: 동문선.
푸코, 미셸(1989), “니체, 계보학, 역사,” 『미셸 푸코: 狂氣의 역사에서 性의 역사까지』, 이광래 편저, 서울: 민음사.
_____(1994), 『감시와 처벌: 감옥의 탄생』, 오생근 옮김, 서울: 나남.
_____(1995), 『섹슈얼리티의 정치와 페미니즘』, 황정미 옮김, 서울: 새물결.
플랜트, 주디스(1996), “생태여성주의와 생물지역주의의 공통 기반을 찾아서,” 『다시 꾸며보는 세상: 생태여성주의의 대두』, 아이린 다이아몬드 · 글로리아 페만 오렌스타인 편저, 정현경 · 황혜숙 옮김, 서울: 이화여자대학교출판부.
하밍타잉(2005), “1992년 이후 한국과 베트남 사이의 국제결혼에 대한 연구: 베트남 여성의 문화적 적응을 중심으로,” 서울대학교 대학원 석사학위 청구논문, 미간행.
하부영(2005), “노동운동 연대 강화 어떻게 할 것인가?,” 전국민주노동조합총연맹 조직혁신위원회 쟁점토론 발표문(2005.4.8).
하비, 데이비드(2001), 『희망의 공간: 세계화, 신체, 유토피아』, 최병두 외 옮김, 서울: 한울.
하트, 마이클 · 네그리, 안토니오(2001), 『제국』, 윤수종 옮김, 서울: 이학사.
한건수(2006), “농촌지역 결혼 이민자 여성의 가족생활과 갈등 및 적응,” 한국문화인류학회, 『한국문화인류학』, 제39집 제1호.
한건수 · 설동훈(2006), 『결혼중개업체 실태조사 및 관리 방안 연구』, 보건복지부.
한광현(1999), “변혁적, 거래적 리더십 요인과 스트레스와의 관계에 대한 탐색적 연구,” 『경영학연구』, 28.
한국노동연구원(2000), “노동시장 비정규직화에 대한 이론적 검토와 정책 방안 마련,” 미발표 연구보고서.
한국도로공사(2007), “외주화 타당성 검토보고서.”
한국리더쉽연구센터(1998), 『변혁적 리더쉽과 세계화』, 서울: 한국리더쉽연구센터.
한국비정규직노동센터(2003), “비정규직에게 노동법은 있는가,” 한국비정규직노동센터.
한국산업개발연구원 · 영화회계법인(2003), “고속철도 운영 관련 외주화, 경영수지 예측, 회계제도 연구.”

한국여성개발원(1992), 『여성과 리더쉽』, 서울: 한국여성개발원.

한국여성연구원(1998), "21세기 경제와 여성 리더십," 이화 창립 112주년 기념 심포지엄 발표 논문집.

한국여성연구회 연구위원회(1996), "여성 관련 연구 동향," 사단법인 한국여성연구소, 『여성과 사회』, 제7호.

한국여성정책연구회(2002), 『한국의 여성 정책』, 경기도: 미래인력연구원.

한국염(2006), "인신매매성 국제결혼 현황과 과제," 「매매혼적 국제결혼 예방과 방지를 위한 아시아 이주 여성 전략회의」 자료집.

한국철도공사(2005), 『2004 철도통계연보』.

한일민족학회 엮음(2003), 『재일 조선인 그들은 누구인가』, 서울: 삼인.

한지아링(韓嘉玲)(1999), "중국 여성 발전상에서의 국가의 역할," 「동아시아의 근대성과 여성: 한·중·일 국제학술대회」, 이화여자대학교 한국여성연구원 주최(1999.6.11~12).

허라금(1999), "제3의 물결로서의 생태여성주의," 철학과현실연구소, 『철학과 현실』, 제40호(봄호).

_____(2000), "여성학에서 본 건강," 『도대체 건강이란 무엇인가: 건강 그리고 건강한 사람 그 개념적 접근』, 김정희(편), 서울: 가산출판사.

_____(2004), "보살핌 윤리에 기초한 성 주류화 정책 패러다임 모색," 『한국 여성정책의 뉴 패러다임 프로젝트』, 여성부.

홍기혜(2000) "중국 조선족 여성과 한국 남성 간의 결혼을 통해 본 이주의 성별 정치학," 이화여자대학교 대학원 석사학위 청구논문, 미간행.

홍범교 외(1999), "공기업 외부위탁 활성화 방안 및 외부위탁 대상사업 선정," 한국조세연구원, 기획예산처 발주 용역보고서.

홍성화·손대현(2000), "한국 호텔기업에 있어서 변혁적 리더십과 거래적 리더십 간의 비교," 『호텔경영학연구』, 9.

홍준형(2001), 『환경법』, 서울: 박영사.

황정미(2002), "캐롤 페이트만과 탈 가부장제의 정치적 상상력," 한국여성연구회, 『여성과 사회』, 제14호.

Amos, B. V.(1998), "Women as Leaders," *Women in Management*. 이화여자대학교 관

리직 여성 능력 개발을 위한 워크숍 자료집(1998.5.29).
O' Leary, Elisabeth(2002), 『리더십』, (주)러닝솔루션 옮김, 서울: 피어슨에듀케이션 코리아.
Parrenas, Rhacel Salazar(2007), "이주가사 노동력과 신자유주의," 제국, 지구화, 아시아 여성들의 이주, 제9회 서울여성영화제 국제포럼.
Schein, Degar H.(1990), 『조직문화와 리더십』, 김세영 옮김, 서울: 교보문고.

국외 문헌

Adamson, N., Briskin, Linda & McPhail, Margaret(1988), *Feminist Organizing for Change*, Toronto: Oxford University Press.
Adler, N. J.(1997), "Global leadership: Women leaders," *Management International Review*, 37.
Aguirre, E.E., Saen, Rogeloo & Hwang, Sean-Shong(1995), "Remarriage and Intermarriage of Asians in the United States of America," *Journal of Comparative Family Studies*, Vol. XXVI, No.2.
Ainley, Rosa(ed.)(1998), *New Frontiers of Space, Bodies and Gender*, London; New York: Routledge.
Alcoff, Linda Martin & Mendieta, Eduardo(eds.)(2003), *Identities: Race, Class, Gender and Nationality*, Oxford: Blackwell Publishing.
Alderfer, C.(1969), "An Empirical Test of a New Theory of Human Needs," *Organizational Behavior and Human Performance*, 4.
_____(1972), *Existence, Relatedness and Growth*, New York: Free Press.
Aldrich, Howard(1979), *Organizations and Environments*, Englewood Cliffs, N. J: Prentice-Hall.
Allen, K.E., Stelzner, S.P. & Wielkiewicz, R.M.(1998), "The Ecology of Leadership: Adapting to the Challenges of a Changing World," *Journal of Leadership Studies*, 5(2).
Anderson, Bridget(2000), *Doing Dirty Work? : The Global Politics of Domestic Labour*, Zed Books.

Anderson, Gavin W.(2005), *Constitutional Rights after Globalization*, Portland: Hart Publishing.

Andrew, W. Halpin(1957), "Manual for the Leadership Behavior Description Questionnaire," *Fisher College of Business*, The Ohio State University Columbus.

Antonakis, J., Avolio, B. & Sivasubramaniam, J.(2003), "Examining the Contextual Nature of the Mine Factor Full-range Leadership Theory Using the Multifactor Leadership Questionnaire," *The Leadership Quarterly*, 14(3).

Antonakis, J. & House, R. J.(2003), "The Full-range Leadership Theory: The Road Ahead," *Transformational and Charismatic Leadership: The Road Ahead*, Avolio, B. J. & Yammarino, F. J.(eds.), New York: Elsevier Science.

Appelbaum, E.(1992), "Structural Change and the Growth of Part-time and Temporary Employment," *New Policies for the Part-time and Contingent Workforce*, V. duRivage, Armonk, N.Y.: M.E. Sharpe.

Argyris, Chris(1957), *Personality and Organization: The Conflict between System and the Individual*, New York: Harper & Brothers.

Arulampalam, W. & Booth, A.(2001), "Traning and Labour Market Flexibility: Is There a Trade-Off?," *British Journal of Industrial Relations*, 36(4).

Astin, H.S. & Leland, C.(1991), *Women of Influence, Women of Vision: A Cross-generational Study of Leaders and Social Change*, San Francisco: Jossey-Bass Publishers.

Avolio, B. & Bass, B.(1988), "Transformational Leadership, Charisma and Beyond," *Emerging Leadership Vistas*, Hunt, J., Baliga, B., Dachlor, H. & Schriesheim, C. (eds.), Lexington, Mass.: Lexington Books.

Baker, K. & Christensen, K.(eds.)(1998), *Contingent Work: American Employment Relations in Transition*, Ithaca : ILR Press, Cornell University Press.

Barad, Karen(2001), "Re(con)figuring Space, Time, and Matter," in Marianne.

Bartlett, Katharine T.(1990), "Feminist Legal Methods," 103 *Harv. L. Rev.* 862.

Bass, B. M.(1981), *Stogdill's Handbook of Leadership: A Survey of Theory and Research*, New York: Free Press.

_____(1985), *Leadership and Performance beyond Expectations*, New York: Free Press.

_____(1990), *Bass and Stogdill's Handbook on Leadership: Theory, Research and Managerial Implications*, New York: The Free Press.

_____(1996), "From Transactional to Transformational Leadership: Learning to Share Vision," *Motivation and Leadership at Work*, In Steers, Richard M., Porter, Lyman W. & Bigley, Gregory A., Singapore: McGraw-Hill International.

Bass, B. M. & Avolio, B. J.(1991), "The Multifactor Leadership Questionnaire(Form 5X)," *Center for Leadership Studies*, State University of New York at Binghamton.

_____(1992), "The Transformational and Transactional Leadership Behavior of Management Women and Men as Described by the Men and Women who Directly Report to Them," Paper presented at the Society for Industrial and Organizational Psychology Conference, Montreal, Canada.

_____(1993), "Transformational Leadership : A Response to Critiques," *Leadership Theory and Research: Perspectives and Directions*, Chemers, M. & Ayman, R.(eds.), New York: Academic Press.

Bass, B. M., Avolio, B. J., & Goodheim, L.(1987), "Biography and the Assessment of Transformational Leadership at the World-Class Level," *Journal of Management*, 13.

Benjamin, Jessica(1994), "The Shadow of the Other(Subject): Intersubjectivity and Feminist Theory," *Constellation: An International Journal of Critical and Democratic Theory*, 1(2).

Bereau of the Census, Current Population Survey (February 1999), *Contingent Work Supplement*, Washington, 2000.

Berg, Peter(1983), "Bioregions," *Resurgence,* No. 98, May/June.

Berg, Peter & Dasmann, Raymond(1978), "Reinhabiting California," in Berg, Peter(ed.), *Reinhabiting a Separate Country: A Bioregional Anthology of Northern California*, San Francisco: Planet Drum Foundation.

Berland, Jody, Straw, Will & Tomas, Davis(eds.)(1996), *Theory Rules: Art as Theory, Theory and Art*, Toronto: University of Toronto Press.

Berverly, John(1989), "Margins at the Center: On Testimonio(Testimonial Narrative)," *Modern Fiction Studies*, 85(1).

Bhabha, Homi(1933), "Beyond the Pale: Art in the Age of Multicultural Translatin," 1933

Biennial Exhibition(exhibition catalogue, Whitney Museum of American Art, 1993).

Biehl, Janet(1991), *Rethinking Ecofeminist Politics*, Boston: South End Press.

Biggart, Nicole W.(1989), *Charismatic Capitalism: Direct Selling Organizations*, America, University of Chicago Press.

Blackmore, J.(1999), *Troubling Women: Feminism, Leadership and Educational Change*, Buckingham; Philadelphia: Open University Press.

Bluestone, Barry & Harrison, Bennett(1982), *The Deindustrialization of America*, New York: Basic Books.

Bolton, S. C. & Boyd, C.(2003), "Trolley Dolly or Skilled Emotion Manager?," *Work, Employment and Society*, 17(2), BSA Publications.

Booth, Christine & Bennett, Cinnamon(2002), "Gender Mainstreaming in the Europe Union," 9 *The European Journal of Women's Studies* 430.

Braun, Christina von(1994), *Nichtich*, Frankfurt am Main: Verlag Neue Kritik.

Bronfen, Elisabeth(1998), *Das verkontete Subjekt-Hysterie in der Moderne*, Berlin: Verlag Volk & Welt.

Brown, Judith Olans, Parmet, Wendy E. & Baumann, Phyllis Tropper(1987), "The Failure of Gender Equality: An Essay in Constitutional Dissonance," 36 *Buffalo.L. Rev.* 573.

Bryman, A., Stephens, M. & Campo, C. A.(1996), "The Importance of Context: Qualitative Research and the Study of Leadership," *Leadership Quarterly*, 7(3).

Bunch, Charlotte(2001), "Women's Human Rights: The Challenges of Global Feminism and Diversity," *Feminist Locations: Global and Local, Theory and Practice*, Dekoven, Marianne(ed.), New Jersey: Rutgers University Press.

Butler, Judith(1995), "Contingent Foundation," *Feminist Contentions: A Philosophical Exchange*, Benhabib, S., Butler, J., Cornell, D. & Fraser, N.(eds.), NY: Routledge.

_____(2003), *Kritik der ethischen Gewalt*, Frankfurt am Main: Suhrkamp.

Bycio, P. Hackett, R. D. & Allen, J. S.(1995), "Further Assessments of Bass's(1985) Conceptualization of transactional and transformational leadership," *Journal of Applied Psychology*, 80(4).

Calyton, Susan D. & Crosby, Faye J.(1992), *Justice, Gender, and Affirmative Action*, Ann Arbor: University of Michigan Press.

Carli, Linda L. & Eagly, Alice H.(2001), "Gender, Hierarchy, and Leadership: An Introduction," 57 *Journal of Social Issues* 629.

Castles, Stephen & Miller, Mark J.(1998), *The Age of Migration: International Population Movements in the Modern World*, MacMillan.

Cavarero, Adriana(2000), *Relating Narratives*, trans. and with an introduction by Kottman, Paul A., London and New York: Routledge.

Charlesworth, Hilary(2005), "Not Waving but Drowning: Gender Mainstreaming and Human Rights in the United Nations," 18 *Harv. Hum. Rts. J.* 1.

Charlesworth, Hilary, Christine Chinkin & Wright, Shelley(1991), "Feminist Approaches to International Law," 85 *Am. J. Int'l L.* 613.

Chin, Christine B.V.(1998), *In Service and Servitude: Foreign Female Domestic Workers and the Malaysian 'Modernity' Project*, Columbia University Press.

Chinkin, Christine(2001), *Gender Mainstreaming in Legal and Constitutional Affairs*, London: Commonwealth Secretariat.

Chun, Christine S.Y.(1996), "Comment: The Mail-Order Bride Industry: The Perpetuation of Transnational Economic Inequalities and Stereotypes," *University of Pennsylvania Journal of International Economic Law.*

Clauwaer, Stefan(2002), "Analysis of the Implementation of the EU Member State," Brussel: European Trade Union Institute.

Cobble, Doroth & Vosko, Leah(2001), "Historical Perspectives on Representing Nonstandard Workers," *Nonstandard Work: The Nature and Challenges of Emerging Employment Arrangements*, Carre, F. et al.(eds.), IRRA.

Cole, Luke W.(1992), "Empowerment as the Key to Environmental Protection: The Need for Environmental Poverty Law," 19 *Ecology L. Q.*

Collins, Sheila D.(1973), *A Different Heaven and Earth*, Valley Forge: Judson Press.

Commission of the European Communities(1997), "A Guide to Gender Impact Assessment," Doc. EQOP 42-97en, DG VV/D/5, 8 October.

_____(1998), "Equal Opportunities for Women and Men in the European Union, Annual Report 1997," COM(98)302 final.

_____(2000), "Towards a Community Framework Strategy on Gender Equality(2001-

2005)," COM(2000)335 final.

_____(2005), "Work Programme for 2005 for the Implementation of the Framework Strategy on Gender Equality," Sec(2005)1044.

Constable, Nicole(2003), *Romance on a Global Stage*, London: University of California Press.

Cooper, R.(1996), *The Evolving Mind: Buddhism, Biology and Consciousness*, Birmingham: Windhorse Publication.

Cooper, Robert K. & Sawaf, Ayman(1998), *Executive EQ: Emotional Intelligence in Leadership & Organizations*, Pedigree Trade.

Cottrell, Ann Baker(1990), "Cross-National Marriages: A Review of the Literature," *Journal of Comparative Family Studies*, XXI No.2.

Cross, Frank B.(1990), "The Surviving Significance of the Unitary Executive," 27 *Hous. L. Rev.* 599.

_____(1994), "The Public Role in Risk Control," 24 *ENVTL.L.* 887.

Dang, Nguyen Anh(2005), "Cross-border Migration and Sexuality in Vietnam," *Family and Women Studies*, Vol. 7.

DAWN(2003), "Feminist Principles: The Feminist Principle of Leadership," http://dawn.thot.net/feminism11.html(검색일: 2007.3.16).

Deal, J. J. & Stevenson, M. A.(1998), "Perceptions of Female and Male Managers in the 1990s; Plus ça Change," *Sex Roles*, 38(3/4).

Deborah, L. Rhode(2004), *The Difference "difference" Makes : Women and Leadership*, Stanford, California: Stanford Law and Politics.

DeKoven, Marianne(2001), "Introduction," *Feminist Locations: Global and Local, Theory and Practice*, Dekoven, Marianne(ed.), New Brunswick: Rutgers University Press.

Delsen, L.(1995), *Atypical Employment: An International Perspective-Causes*, Consequences and Policy, Groningen.

Denmark, Florence L.(1993), "Women, Leadership, and Empowerment," 17 *Psychology of Women Quarterly* 343.

Donovan, Josephine(1993), "Animal Rights and Feminist Theory," *Ecofeminism: Women, Animals, Nature*, Gaard, Greta(ed.), Philadelphia: Temple University Press.

Dorfman, Peter W., Howell, Jon P., Hibino, Shozo, Lee, Jin K., Tate, Uday & Bautista, Arnoldo(1997), "Leadership in Western and Asian Countries: Commonalities and Differences in Effective Leadership Processes Across Cultures," *Leadership Quarterly*, 8(3).

Druskat, V. U.(1994), "Gender and Leadership Style: Transformational and Transactional Leadership in the Roman Catholic Church," *Leadership Quarterly*, Vol.5.

Dunlop, Cossission(1994), "Fact Finding Report of the Commission on the Future of Worker-Managemenmt Relations," U.S. Department of Labor.

duRivage, V.(1992), *New Policies for the Part-time and Contingent Workforce*, Armonk, N.Y.: M.E. Sharpe.

Eagly, A. H. & Johnson, B. T.(1990), "Gender and Leadership Style: A Meta-analysis," *Psychological Bulletin*, 108(2).

Eagly, A. H. & Makhijani, M. G. & Klonsky, B. G.(1992), "Gender and the Evaluation of Leaders: A Meta-analysis," *Psychological Bulletin*, Vol. 111, No.1.

Eastland, L. J.(1991), *Communication, Organization, and Change within a Feminist Context: A Participant Observation of a Feminist Collective*, Lewiston: Queenstone: Lampeter.

Ehrenreich, Barbara & Hochschild, Arlie Russell(2003), *Golobal Woman: Nannies, Maids and Sex Workers in the New Economy*, New York: Metropolitan Books.

Enrlich, Sanford B., Meindl James R. & Viellieu, Ben(1990), "The Charismatic Appeal of A Transformational Leader: An Empirical Case Study of a Small, High-Technology Contractor," *Leadership Quarterly*, 1(4).

EUROSTAT(1997), *European Labour Force Survey.*

Fagan, C., Platenga J., & Rubery J.(1995), "Does Part-time Work Promote Sex Equality? A Comparative Analysis of the Netherlands and the UK," *WZB discussion paper FS* I.

Featherstone, Mike(1990), *Global Culture: Nationalism, Globalization, and Modernity*, London: Sage Publications.

_____(2003), "Localism, Globalism and Cultural Identity," *Identities: Race, Class, Gender and Nationality*, Alcoff, Linda Martin & Mendieta, Eduardo(eds.), Oxford: Blackwell Publishing.

Felski, Rita(1997), "The Doxa of Difference," *SIGNS*, 23(1), pp.1-21.

Fineman, Martha A. & Dougherty, Terence (2005), *Feminism Confronts Homo Economicus*, Ithaca: Cornell University Press.

Fletcher, J. K.(1999), *Disappearing Acts: Gender, Power, and Relational Practice at Work*, Cambridge, Massachusetts: MIT Press.

Florida, Richard(2005), *The Flight of the Creative Class: The New Global Competition for Talent*, New York, Silicon Balley.

Folk, Ellison(1991), "Public Participation in the Superfund Cleanup Process," 18 *Ecology L.Q.* 173.

Ford, A. R.(2000), "Biotehcnology and the New Genetics," http://www.cwhn.ca.

Forell, Carolina A. & Matthews, Donna M.(2000), *A Law of Her Own*, New York: New York University Press.

Foucault, Michel(1994), "Des espaces autres," *Dits et crits 1954-1988*, IV 1980-1988, French: Gallimard.

Fox, Warwick(1989), "The Deep Ecology-Ecofeminism Debate and Its Parallels," *Environmental Ethics*, Vol.11.

Frankenfeld, P. (1992), "Technological Citizenship: A Normative Framework for Risk Studies," *Science, Technology & Human Values,* 17(4).

Fraser, Nancy & Honneth, Axel(2003), *Redistribution or Recognition? A Polotical-Philosophical Exchange*, translated by Golb, Joel, Ingram, James & Wilke, Christiane, London and New York: Verso.

Freeman, Caren(2005), "Marrying Up and Marrying Down: The Paradoxes of Marital Mobility for Chosonjok Brides in South Korea," Constable, Nicole(ed.), *Cross-Border Marriages: Gender and Mobility in Transnational Asia*, Philadelphia, University of Pennsylvania Press.

Freeman, Sue J. M & Borque, Susan C.(2001), "Leadership and Power: New Conceptions," *Women and Power: Leadership Redefined*, Freeman, Sue J.M., Borque, Susan C. & Shelton, Christine M.(eds.), Boston: Northeastern Press.

Friedman, Susan Stanford(1998), *Mappings: Feminism and the Cultural Geographies of Encounter*, Princeton: Princeton University Press.

_____(2001), "Locational Feminism: Gender, Cultural Geographies and Genepolitical Literacy," *Feminist Locations: Global and Local, Theory and Practice*, DeKoven, Marianne(ed.), New Brunswick: Rutgers University Press.

Fry, Louis W.(2003), "Toward a Theory of Spiritual Leadership," *The Leadership Quarterly* 14.

Furrow, Barry R.(1983), "Governing Science: Public Risks and Private Remedies," 131 *U.Pa.L.Rev.* 1403.

Gardner, H.(1983a), *Frame of Mind : The Theory of Multiple Intelligences*, New York, Basic Books.

Giacalone, R. A.& Jurkiewicz, C. L.(2003), *Handbook of Workplace Spirituality and Organizational Performance*, New York: M. E. Sharp.

Goleman, Daniel(1995), *Emotional Intelligence: Why it can Matter More Than IQ*, New York, Bantam Books.

_____.(2000), "Leadership that Gets Results," *Harvard Business Review*, March-April.

Gonas, L.(1994), "The Transformation of the Welfare State and Its Labour Markets," Stockholm: Swedish Institute for Working Life.

Granrose, C. & Appelbaum, E.(1986), "The Efficiency of Temporary Help and Part-Time Employment," *Personnel Administrator*, January.

Grant, J.(1988), "Women as Managers: What can They Offer to Organizations," *Organizational Dynamics*, 16(1).

Griffin, Susan(1978), *Woman and Nature: The Roaring Inside Her*, San Francisco: Harper & Row.

Grosz, Elizabeth(2001), *Architecture from the Outside: Essays on Virtual and Real Space*, Cambridge, Mass.: MIT Press.

Gutek, B. A. & Morasch, B.(1982), "Sex-ratios, Sex-role Spillover, and Sexual Harassment of Women at Work," *Journal of Social Issues*, 38.

Hafner-Burton, Emilie & Pollack, Mark A.(2002), "Gender Mainstreaming in Global Governance," 8 *EJIR* 339.

Harding, J.(1982), "Girls and Science and Technology(GASAT)," *School Science Review*, 63(224).

Hatch, M. J.(1993), "The Dynamics of Organizational Culture," *Academy of Management Rieview* 18.

Hater, J. J. & Bass, B. M.(1988), "Superiors' Evaluations and Subordinates' Perceptions of Transformational Leadership," *Journal of Applied Psychology*. 73.

Hekmann, S.(1999), *The Future of Difference*, Polity Press.

Helgesen, S.(1995), *The Female Advantage: Women's Ways of Leadership*, New York: Doubleday Currency.

Hess, D. J. (1997), *Science Studies: An Advanced Introduction*, New York: New York University Press.

Hiroko, Hagiwara(1996), "Comfort Women: Women of Conformity: The Work of Shimada Yoshiko," Pollock, Griselda(ed.), *Generations and Geographies in the Visual Arts*, London and New York: Routledge.

Hochschild, Arlie Russell(1983), *The Managed Heart: Commercialization of Human Feeling*, Berkeley: University of California Press.

Hollander, Edwin Pau(1978), *Leadership Dynamics: A Practical Guide to Effective Relationships*, New York: Free Press.

Holzleithner, Elisabeth(2005), "Mainstreaming Equality: Dis/Entangling Grounds of Discrimination," 14 *Transnat'l L. & Contemp. Probs.* 927.

Hornstein, Donald T.(1992), "Reclaiming Environmental Law: A Normative Critique of Comparative Risk Analysis," 92 *Colum. L. Rev.* 562.

House, R. J.(1977), "A 1976 Theory of Charismatic Leadership," *Leadership: the Cutting Edge*, Hunt, J. G. & Larson, L. L.(eds.), Carbondale: Southern Illinois, University Press.

Houseman, Susan & Machiko, Osawa(1995), "Part-time and Temporary Employment in Japan," *Monthly Labor Review*, October.

Howell, J. & Avolio, B.(1993), "Transformational Leadership, Transactional Leadership, Locus of Control, and Support for Innovation," *Journal of Applied Psychology*, 78(6).

Hsia, Hsiao-Chuan(2004), "Internationalization of Capital & the Trade in Asian Women: The Case of "Foreign Brides" in Taiwan," Aguilar, Delia D. & Lacsamana, Anne E. (eds.), *Women & Globalization*, Amherst, N.Y. : Humanity Books.

Hudson, Ken(1999), *No Shortage of Nonstandard Jobs*, Washington, D.C.: Economic Policy Institute.

ILO(1993a), *Workers with Family Responsibilities*, International Labour Conference, 80th Session, Geneva: ILO.

_____(1993b), *Part-Time Work Report V*(1), International Labour Conference, 80th Session, Geneva: ILO.

_____(2004), *Global Employment Trends 2004*, Geneva: ILO.

Imamura, Ann E.(1998), "The Loss That Has No Name: Social Womanhood of Foreign Wives," *Gender & Society*, Vol.2, No.3.

Inda, Jonathan Xavier & Rosaldo, Renato(eds.)(2002), *The Anthropology of Globalization*, Oxford: Blackwell Publishing.

Institute of Management and Manpower(1999), *Survey of Long Term Employment Strategies*, London: Institute of Management and Manpower.

Joanne, B. Ciculla(2003), *The Ethics of Leadership*, Belmont, California: Wadsworth Publishing.

Joyner, Christopher C. & Little, E. George(1996), "It's not Nice to Fool Mother Nature! The Mystique of Feminist Approaches to International Environmental Law," 14 *B.U.Int'l L.J.* 223.

Kahle, J. B. & Meece, J.(1994), "Research on Gender Issues in the Classroom," *Handbook of Research on Science and Learning*, In Gabel, D. L.(eds.), New York: MacMillan Publishing Company.

Kanter, R. M.(1977), *Men and Women of the Corporation*, New York, Basic Books.

Karen, J. Maher(1997), "Gender-Related Stereotypes of Transformational and Transactional Leadership," *Sex Roles*, 37(3/4).

Kelly, A.(1985), "The Construction of Masculine Science," *British Journal of Sociology of Education*, 6(2).

Kimmel, Michael S.(2004), *The Gendered Society*, Oxford: Oxford University Press.

King, Ynestra(1983a), "Toward an Ecological Feminism and a Feminist Ecology," *Machina ex Dea. Feminist Perspectives on Technology*, Rothschild, J.(ed.), New York and Oxford: Pergamon Press.

_____(1983b), "The Eco-feminist Imperative," *Reclaim the Earth. Women Speak Out for Life on Earth*, Caldecott, Leonie & Leland, Stephanie(eds.), London: The Women's Press.

_____(1989), "The Ecology of Feminism and the Feminism of Ecology," *The Promise of Ecofeminism*, Plant, Judith(ed.), Philadelphia, PA: New Society Publishers.

Knop, Karen(ed.)(2004), *Gender and Human Rights*, Oxford: Oxford University Press.

Koestenbaum, P.(2002), *Leadership: The Inner Side of Greatness, A Philosophy for Leaders*, San Francisco: Jossey-Bass Publishers.

Krucks, Sonia(2001), *Retrieving Experience*, Cornell University.

Lavelle, Marrianne & Coyle, Marcia A.(1993), "Unequal Protection: The Radical Divide in Environmental Law," *Toxic Struggles: The Theory and Practice of Environmental Justice*, Richard Hofrichter(ed.), New Society Pub.

Lee, Sharon M. & Yamanaka, Keiko(1990), "Patterns of Asian American Intermarriage and Marital Assimilation", *Journal of Comparative Family Studies*, Vol. XXI, No.3.

Lefebvre, Henri(1991), *The Production of Space*, translated by Donald Nicholson-Smith, Oxford, UK: Blackwell.

Lindgren, Ralph J. & Taub, Nadine(1988), *The Law of Sex Discrimination*, New York: West Publishing Co.

Loden, Marylin(1985), *Feminine Leadership of How to Success in Business without Being One of the Boys*, New York: Times Books.

Loveland, Ian(2003), *Constitutional Law, Administrative Law and Human Rights*, Bath Press.

Lowe, K. B., Kroeck, K. G. & Sivasubramaniam, N.(1996), "Effectiveness Correlates of Transformational and Transactional Leadership: A Meta-analytic Review of the MLQ Literature," *Leadership Querterly* 7.

Lugones, M.(1998), "Community," *A Companion to Feminist Philosophy*, Jaggar, A. & Young, I.(eds.), Malden, Mass.: Blackwell.

MacCormack, Carol P. & Strathem, Marilyn(eds.)(1980), *Nature, Culture, and Gender*, Cambridge: Cambridge University Press.

MacKie, Vera(2001), "The Language of Globalization, Transnationality and Feminism,"

International Feminist Journal of Politics, 3(4).

Madsen, P. K.(1999), "Denmark: Flexibility, Security and Labour Market Success," Geneva: ILO.

Mahon, Michael(1992), *Foucault's Nietzschean Genealogy*, Albany: State University of New York Press.

Maihofer, A.& Hunold, C.(1998), "Care," *A Companion to Feminist Philosophy*, Jaggar, A. & Young, I.(eds.), Malden, Mass.: Blackwell.

Maslow, A. H.(1943), "A Theory of Human Motivation," *Psychological Review*, 50.

_____(1954), *Motivation and Personality*, New York: Harper & Row.

May, T.(1998), "Reflexivity in the Age of Reconstructive Social Science," *International Journal of Social Research Methodology*, 1(1).

Mayer, J. D., Salovey, P., & Caruso, D. R.(2004), "Emotional intelligence: Theory, Findings, and Implications," *Psychological Inquiry*, 15(3).

Mazey, Sonia(1998), "The European Union and Women's Rights: From the Europeanization of National Agendas to the Nationalization of a European Agenda," 5 J. *EUR. PUB. POL'Y.* 131.

McBride, A. B.(1993), "From Gyn Ecology to Gyn-ecology: Developing a Practice-Research Agenda for Women's Health," *Health Care for Woman International*, 14.

McClelland, D.(1962), "Business Drive and National Achievement," *Harvard Business Review*, 40(4).

McDowell, Linda & Sharp, Joanne P.(eds.)(1997), *Space, Gender, Knowledge. Feminist Readings*, London; New York: Arnold.

McNerney, D.(1995), "Are Contingent Workers Really Cheaper?" *HR Focus*, September.

Mellor, Mary(1992), "Eco-Feminism and Eco-Socialism: Dilemmas of Essentialism and Materialism," *CNS* 3/2.

Merchant, Carolyn(1979), *The Death of Nature*, San Francisco: Harper & Row, Publishers.

Meyers, D.(1998), "Agency," *A Companion to Feminist Philosophy*, Jaggar, A. & Young, I.(eds.), Malden, Mass.: Blackwell.

Mezey, Susan Gluck(2003), *Elusive Equality*, Boulder: Lynne Rienner Publishers.

Mies, Maria(1986), *Patriarchy and Accumulation on a World Scale: Women in the International Division of Labor*, Zed Books.

Miller, Alan(1978), *A Planet to Choose: Value Studies in Political Ecology*, New York: Pilgrim Press.

Miller, F. & Morris, M. (2000), "If Woman Mattered: A Critical View of the Canadian Biotechnology Strategy(CBS) and Alternative Visions for Community Action," www.cwhn.ca.

Momsen, Janet Henshall(ed.)(1999), *Gender, Migration and Domestic Services*, Routledge.

Monty, Dipietro(2004), "Skeletons Come Out of the Closet," *The Japan Times*(on line), 30 June.

Morgan, Robin(ed.)(2003), *Sisterhood is Forever: The Women's Anthology for a New Millennium*, New York: Washington Square Press.

Moxley, Russ S.(2000), *Leadership and Spirit: Beathing New Vitality and Energy into Individuals and Organizations*, San Francisco: Jossey-Bass Publishers.

MRSC(2003), *Marriage of Convenience: Context, Process & Result of Cross-border Marriages between Vietnamese Young & Taiwanese Men.*

Nakamatsu, Tomoko(2003), "International Marriage though Introduction Agencies : Social and Legal Realrities of 'Asian Wives of Japanese Men,'" Piper, Nicola & Roces, Mina (eds.), *Wife or Worker: Asian Women and Migration*, Rowman & Littlefiled Publishers, Inc.

National Employment Law Project National Alliance for Fair Employment(2000), "Workplace Equality for 'Nonstandrad' Workers: A Survey of Model State Legislation."

Nitta, Fumiteru(1988), "Kokusai Kekkon: Trends in Intercultural Marriage in Japan," *International Journal of Intercultural Relations*, Vol.12.

Nollen, S.(1982), *New Work Schedules in Practice: Managing Time in a Changing Society*, New York: Van Nostrand Reinhold.

O' Leary, V. E.(1974), "Some Attitudinal Barriers to Occupational Aspirations in Women: A Review of the Literature on Women in Management," *Psychological Bulletin*

8I(11).

O' Reilly, J.(1996), "Labour Adjustments Through Part-time Work," *International Handbook of Labour Market Policy and Evaluation*, Schmid, G.(eds.), Brookfield, VT: Edward Elgar Publication.

OECD(1994), *The OECD Jobs Study: Facts Analysis Strategies*, Paris: OECD.

_____(1998), *Employment Outlook*, OECD.

_____(2000), *Pushing Ahead with Reform in Korea-Labour Market and Social Safety-Net Policies*, OECD.

Ong, Aihwa(1999), "Flexible Citizenship : The Cultural Logics of Transnationality," Durham & London: Duke University Press.

Ott, J. S.(1989), *The Organizational Culture Perspective*, Pacific Grove, CA: Brooks/Cole Publishing Company.

Parnwell, Michael J.G. (2005), "Transnational Migration & Development: A Conceptual Overview," *APMJ*, 14(1/2).

Parrenas, Rhacel Salazar(2001), *Servants of Globalization: Women, Migration and Domestic*, Stanford University Press.

Pearsall, M.(ed.)(1999), *Women and Values: Readings in Recent Feminist Philosophy*, California: Wadsworth Publishing Company.

Piper, Nicola(1997), "International Marriage in Japan: 'Race' and 'Gender' Perspectives," *Gender Place & Culture: A Journal of Feminist Geography*, Vol. 4. Issue 3, November.

_____(1999), "Labor Migration, Trafficking and International Marriage : Female Cross-Border Movement in Japan," *AJWS*, Vol. 5, No. 2.

Piper, Nicola & Roces, Mina (2003), *Wife or Worker: Asian Women and Migration*, Rowman & Littlefiled Publishers, Inc.

Plumwood, Val(1992), *Feminism and the Mastery of Nature*, N.Y.: Routledge.

Podsakoff, Philip M., MacKenzie, Scott B. & Fetter, Richard(1993), "Substitutes for Leadership and the Management of Professionals," *Leadership Quarterly*, 4(1).

Polivka, Anne E.(1996), "Contingent and Alternative Work Arrangements, Defined," *Monthly Labor Review*, October.

Pollack, Mark A. & Hafner-Burton, Emilie(2000), "Mainstreaming Gender in the European Union," 7 *J. EUR. PUB. POL'Y.* 432.

Pollock, Griselda(1988), *Vision and Difference: Femininity, Feminism, and Histories of Art*, London: Routledge.

Pollock, Griselda & Parker, Rozsika(ed.)(1987), *Framing Feminism: Art and Women's Movement 1970-85*, London: Pandora.

Porterfield, Evelyn(1978), *Black and White Mixed Marriage*, Nelson-Hall.

Powell, G. N.(1993), *Women & Men in Management*, Newbury Park, Sage.

Ptatt, Geraldine(2004), *Working Feminism*, Edinburgh University Press.

Radin, Beryl A.(2002), "Leading a Cabinet Department : Donna Shalala at the Department of Health and Human Services," *Leaders*, Rowman & Littlefield Publishers.

Rees, Teresa(1998), *Mainstreaming Equality in the European Union: Education, Training, and Labor Market Policies*, New York: Routledge.

Rheysey, D. C.(1993), *Organizational Cultures: Types and Transformations*, London and New York: Routledge.

Rich, Adrienne(1984), *Blood, Bread, and Poetry*, London: The Women's Press.

Rinehart, Sue Tolleson & Josephson, Jyl J.(2005), *Gender and American Politics*, New York: M.E. Sharpe.

Robertson, Roland(2003), "Globalization as a Problem," *Identities: Race, Class, Gender and Nationality*, Alcoff, Linda Martin & Mendieta, Eduardo(eds.), Oxford: Blackwell Publishing.

Rogowski, Ralf & Schmann, K.(1996), "Legal Regulation and Flexibility of Employment Contracts," *International Handbook of Labour Market Policy and Evaluation*, Schmid, G.(ed.), Brookfield, VT: Edward Elgar Publication.

Rohrlich, Beulah F.(1988), "Dual-Culture Marriage and Communication," *International Journal of Intercultural Relations*, Vol.12.

Romano, Duran(1998), *Intercultural Marriage*, Intercultural Press.

Rosenthal, R., Hall, J. A., Dimatteo, M, R., Rogers, P. L. & Archer, D.(1979), *Sensitivity to Nonverbal Communication: The PONS test*, Baltimore, MD: Johns Hopkins

University Press.

Rosner, J. B.(1990), "Ways Women Lead," *Harvard Business Review*, Nov/Dec.

Rosner, L. & Schwarz, P.(1980), "Women in Leadership in the 1980s," Paper presented at a roundtable discussion of the NOW Legal Defense and Education Fund, October.

Ruether, Rosemary Radford(1975), *New Woman/New Earth: Sexist Ideologies and Human Liberation*, New York: Seabury.

Sale, Kirkpatrick(1991), *Dwellers in the Land: The Bioregional Vision*, Philadelphia: New Society Publishers.

Salleh, Ariel(1997), *Ecofeminism as Politics: Nature, Marx, and the Postmodern*, Zed Books.

_____(1984), "Deeper than Deep Ecology: The Eco-Feminist Connection," *Environmental Ethics*, Vol.6.

Sassen, Saskia(1991), *The Global City*, New York; London; Tokyo, Princeton, N.J.: Princeton University Press.

_____(2003), "Global City & Survival Circuits," *Global Woman: Nannies, Maids & Sex Workers in the New Economy*, Ehrenreich, Barbara & Hochschaild, Arlie Russel(eds.), N.Y.: Metropolitan Books, Henry Holt & Company.

Schulz, M.(1995), *On Studying Organizational Cultures*, New York: Walter de Gruyter.

Seltzer, J. & Bass, B. M.(1990), "Transformational Leadership: Beyond Initiation and Consideration," *Journal of Management*. 16(4).

Shands, Kerstin W.(1999), *Embracing Space: Spatial Metaphors in Feminist Discourse*, Westport, Conn.: Greenwood Press.

Sherwin, Susan(2001), "Feminist Reflections on the Role of Theories in a Global Bioethics," *Globalizing Feminist Bioethics: Crosscultural Perspectives*, Rosemarie Tong with Gwen Anderson & Aida Santos(eds), Westview Press.

Shimada, Yoshiko(1996), *Exhibition Catalog, Research Center for the Arts and Arts Administration*, Tokyo: Keio University.

_____(1999), *Art Activism 1992-98*, Tokyo: OTA Fine Arts.

Shohat, Ella(2001), "Area Studies, Transnationalism, and the Feminist Production of Knowledge," *Signs*, Vol.26, No.4.

Showalter, Elaine(1997), *Hystories - Hysterical Epidemics and Modern Media*, New York: Columbia University Press.

Spalta-Ross, R. & Hartman, Heidi(2000), "Gauing the Consequences for Gender Relations, Pay Equity, and Public Purse," *Contingent Work*, Barker, K. & Christensen, K.(eds.), Cornell University Press.

Spyke, Nancy Perkins(2002), "The Land Use-Environmental Law Distinction: Geo-Feminist Critique," 13 *Duke Env L & Pol' y F* 55.

Stogdill, R. M.(1963), *Manual for the Leader Behavior Description Questionnaire Form VII*, Columbus : Ohio State University, Bureau of Business Research.

Stratigaki, Maria(2005), "Gender Mainstreaming vs. Positive Action: An Ongoing Conflict in EU Gender Equality Policy," 12 *The European Journal of Women' s Studies* 165.

Sturgeon, Noël(1997a), "Ecofeminist Antimilitarism and Strategic Essentialism," *Ecofeminist Natures: Race, Gender, Feminist Theory, and Politics Action*, Author, New York: Routledge.

_____(1997b), "Introduction," *Ecofeminist Natures: Race, Gender, Feminist Theory, and Politics Action*, Author, New York: Routledge.

Swanston, Samara F.(1994), "Race, Gender, Age, and Disproportionate Impact: What Can We Do about the Failure to the Protect the Most Vulnerable?," 21 *Fordham Urb.L.J.* 577.

Tai, Hung Cam(2003), "Clashing Dreams: Highly Educated Overseas Brides and Low-Wage U.S. Husbands," in Ehrenreich, Barbara & Hochschild, Arlie Russell, *Golobal Woman: Nannies, Maids and Sex Workers in the New Economy*, Metropolitan Books.

Tepper, B. J. & Percy, P. M.(1994), "Structural Validity of the Multifactor Leadership Questionnaire," *Educational and Psychological Measurement*, 54.

Tickner, J. Ann(1992), *Gender in International Relations: Feminist Perspectives on Achieving Global Security*.

Tilly, C.(1992), "Short Hours, Short Shift: The Causes and Consequences of Part-time Employment," *New Policies for the Part-time and Contingent Workforce*, duRivage, V.(ed.), Armonk, N.Y.: M.E. Sharpe.

Tobias, Sheila(1997), *Face of Feminism*, Boulder: Westview Press.

Tong, Rosemarie(2001), "Is a Global Bioethics Possible As Well As Desirable?: A Millennial Feminist Response," *Globalizing Feminist Bioethics: Crosscultural Perspectives*, Rosemarie Tong with Gwen Anderson & Aida Santos (eds), Westview Press.

Tracey, J. Bruce & Hinkin, Timothy R.(1998), "Transformational Leadership and Effective Managerial Practices?," *Group and Organization Management*; Sep. 1998; 23. 3; ABI/INFORM Global Pg. 220.

Triandis, H. C., Leung, K., Villareal, M., & Clark, F. L.(1985), "Allocentric vs. Idiocentric Tendencies : Convergent and Discriminant Validation," *Journal of Research in Personality*, 19.

Tribe, Laurence H.(1972), "Policy Science: Analysis or Ideology?," 2 *Phil. & Pub. Aff.* 66.

Trice, H. M. & Beyer, J. M.(1991), "Cultural Leadership in Drganizations," *Organization Science* 2.

Tseng, Wen-Shing, et.al.(1977), *Adjustment in Intercultural Marriage*, The University of Hawaii.

UNDP(2003), *Human Development Report 2003.* "밀레니움 개발 목표: 인간 빈곤 종식을 위한 국가 간 협약."

U. S. Equal Employment Opportunity Commission(1997), "Enforcement Guidence: Application of EEO Laws to Contingent Workers Placed by Temporary Employment Agencies and Other Staffing Firms." (1997. 12. 8).

Van Nostrand & Herr, C.(1993), *Gender-Responsible Leadership: Detecting Bias, Implementing Interventions*, SAGE Publications.

Verchick, Robert R. M.(1996), "In a Greener Voice: Feminist Theory and Environmental Justice," 19 *Harv. Women's L. J.* 23.

Vigneau, Christophe et al.(1999), *Fixed-Term Work in the EU: A European Agreement against Discrimination and Abuse*, Stockholm: NISWL.

Wang, Hong-zen & Chang, Shu-ming(2002), "The Commodification of International Marriage: Cross-border Marriage Business in Taiwan and Viet Nam," *International Migration*, Vol, 40.

Warren, Karen J.(1987), "Feminism and Ecology : Making Connections," *Environmental Ethics*, Vol. 9.

_____(1990), "The Power and the Promise of Ecological Feminism," *Environmental Ethics*, 12(2).

_____(1996), "The Power and the Promise of Ecological Feminism," *Ecological Feminist Philosophies*, author(ed.), Indianapolis: Indiana University Press.

Wielkiewicz, Richard M. & Stetzner, Stephen P.(2005), "An Ecological Perspective on Leadership Theory, Research, and Practice," *Review of General Psychology*, 9(4).

Wiener, Y.(1988), "Forms of Value Systems: A Focus on Organizational Effectiveness and Cultural Change and Maintenance," *Academy of Management Review*, 13.

Wilkinson, Barry(2000), "Labour Market Flexibility and Employment Agencies in the U.K., Japan and Korea," Paper presented at the International Conference on Economic Crisis and Labor Market Reform: The Case of Korea, Seoul.

Wolkowitz, Carol(2002), "The Social Relations of Body Work," *Work, Employment and Society*, 16(3).

Wood, S.(1999), "Family-Friendly Management: Testing the Various Perspectives," *National Institute Economic Review*, 168.

Young, Iris Marion(1997), "Is Male Gender Identity the Cause of Male Domination?," *Feminist Social Thought : A Reader*, Meyers, Diana Tietjens(ed.), New York: Routledge.

Yukl, Gary(1994), *Leadership in Organization,* 3rd. ed., Englewood Cliffs, NJ. Prentice Hall.

_____(1998), *Leadership in Organizations*, 4th ed., New Jersey: Prentice Hall International.

_____(2002), *Leadership in Organization*. Upper Saddle River. NJ: Prentice Hall.

Yukl, G. & Van Fleet, D. D.(1992), "Theory and Research on Leadership in Organization," *Handbook of Industrial and Organizational Psychology*, 2nd ed., Dunnette, M. D. & Hough, L. M.(eds.), Palo Alto, CA: Consulting Psychologists Press.

Yuval, Davis(2006), *The Situated Politics of Belonging*, London: SAGE.

Zimmerman, A.(1995), "Toward a More Democratic Ethic of Technological Governance," *Science, Technology & Human Values*, 20(1).

內閣府男女共同參畵局(2006),「配偶者等からの暴力に係る相談員等の支援者に關する實態調査」, 東京ウィメンズプラザ.

女性の家 HELP(2005),『女性の家 HELPネットワークニュース』58號(2005.5).

大貫憲介 編(2001),『國際結婚マニュアルQ&A』, 海風書房.

渡辺英俊(2001),「日本における外國人支援運動の現状と課題」,『國際化とアイデンティティ』, ミネルヴァ書房.

東京都外國人相談研究會(2002),『外國人よるず相談：事例と回答』, 日本加除出版.

藤原孝章 編(1995),『外國人勞動者問題と多文化教育―多民族共住時代の教育課題』, 明石書店.

藤田小織(1997),「統計から見た最近の國際結婚の狀況」,『國際人流』117號, 入管協會.

李節子(2004),「在日外國人女性のドメスティク・バイオレス被害に關する社會的資源―その現況と課題」, 女性のためのアジア平和國民基金報告書.

笠間千浪(1996),「滯日外國人女性と《ジェンダー・バイアス》」,『外國人勞動者から市民へ―地域社會の視点と課題から』, 有斐閣.

梶田孝道(2001),『國際化とアイデンティティ』, ミネルヴァ書房.

桑山紀彦(1995),『國際結婚とストレス―アジアからの花嫁と變容するニッポンの家族―』, 明石書店.

松崎百合子(2003),「移住女性のためのDV全國一齊ホットライン報告」,『Mネット』56(2003. 1).

_____(2005),「移住(外國籍)女性とDV被害」,『ドメスティック・バイオレンスへの視点』, 朱鷺書房.

女性の家 サーラー,『サーラー通信』73號(2004.7)~79號(2005.7).

移住連「女性への暴力」プロジエクト 編(2004),『ドメスチイック・バイオレンスと人身賣買：移住女性の勸利を求めて』, 移住勞動者と連帶する全國ネットワーク.

人身賣買禁止ネットワーク(JNATIP)・お茶の水女子大學21世紀COEプログラム「ジェンダー研究のフロンチイア」(F-GENS)(2005),『「日本における人身賣買の被害の關する調査研究」報告書』, 人身賣買禁止ネットワーク(JNATIP)・お茶の水女子大學21

世紀COEプログラム「ジェンダー研究のフロンチイア」(F-GENS).
茨城大學地域統合研究所(2002),『國際結婚におけるタイ人女性の現況』, 財團法人　女性のためのアジア平和國民基金.
定松文(1996),「家族問題-定住外國人の家族生活と地域社會」,『外國人勞動者から市民へ―地域社會の視点と課題から』, 有斐閣.
齊藤弘子・根本厚美 編(1998),『國際結婚100家族』, 明石書店.
足立眞理子(1994),「經濟のグローバル化と勞動力の女性化」, 鐘ケ江晴彦,『外國人勞動者の人權と地域社會―日本の現狀と市民の意識と活動』, 明石書店.
鐘ケ江晴彦,『外國人勞動者の人權と地域社會―日本の現狀と市民の意識と活動』, 明石書店.
佐竹眞明(2006)・メアリ-アンジエリン ダアノイ,『フイリピン-日本國際結婚: 移住と多文化共生』, めこん.
竹下修子(2000),『國際結婚の社會學』, 學文社.
樽本英樹(2001),「ポストナショナルな市民權は可能か」,『國際化とアイデンテイテイ』, ミネルヴァ書房.
中本博皓(2001),『グローバル化時代を迎えた日本經濟と外國人勞動者政策: 現狀と課題』, 稅務經理協會.
志水宏吉・淸水睦美 編(2001),『ニューカマーと敎育：學校文化とエスニシテイの葛藤をみぐって』, 明石書店.
筑波君枝 編(2001),『國際結婚の基礎知識』(第3版), 明石書店.
太田晴雄(2000),『ニューカマーの子もと日本の學校』, 國際書院.
國連女性地位向上部(1996),『女性移住勞動者に對する暴力その問題の諸相』, 女性のためのアジア平和國民基金.
波田あい子・平川和子(2000),『シエルター：女が暴力から逃れるため』, 靑木書店.
橫山陽子(2001),「外國人女性とＤＶ」,『M-ネット』39號.
關哲夫 編(2001),『男女共同參劃社會』, ミネルヴァ書房.
かながわ 女のスペース "みずら 編(2002),『シエルター・女たちの危機: 人身賣買からドメステイックーバイオレンスまで"みずら"の10年』, 明石書店.
カパテイラン運營委員會(2004),『フイリピン人とともにカパテイラン15年の步み』, カパテイラン運營委員會.

サーシヤヘド・關口千恵(2002),『在留特別許可: アジア系外國人とのオーバーステイ國際結婚』, 明石書店.

バビオー, シャーマン(1996),『女性への暴力―アメリカの文化人類學者がみた日本の家庭內暴力と人身賣買』, 明石書店.

ローズマリーブレガー・ロゼンナヒル編(2005),『Cross-Cultural Marriage 異文化結婚: 境界を越える試み』, 新泉社.

Cosmo, 米田眞澄 監修(2001),『DVを理解するために』, 解放出版社.

NIRA・シティズンシップ研究会 編(2001),『多文化社会の選擇:「シティズンシップ」の視點から』, 日本經濟評論社.

인터넷 자료

〈일본의 여성 과학 기술자, 직업 및 성별에 관련된 사이트〉

http://www.stat.go.jp/english/data/kagaku/1531.htm.

http://www.stat.go.jp/english/roudou/zuhyou/15401400.xls.

http://www.stat.go.jp/english/data/zuhyou/15401500.xls.

강양구,『프레시안』www.pressian.com 2004. 5. 24일자, 국내에서도 "황우석 교수 생명윤리 의혹 해명하라."

민진기,『세계일보』2004. 10. 11, "女風 당당시대"라지만…… 과학・노동 분야 아직도 먼 길.

서한기,『연합뉴스』2006. 1. 10, 황 교수 난자 제공 설명은 완전 거짓말.

이근영・김진철,『한겨레』2006. 1. 1, 난자 기증 연구원 '강압 암시' 전자우편 공개.

이봉석,『연합뉴스』2005. 12. 31, 황 교수팀, 연구원들 난자 기증 동의서 받았다.

임연형,『여성신문』2006. 1. 7~13, 제 861호, 여성계, 생명윤리법 새판 짜야.

| 찾아보기 |

| 저자 소개 |

제1부

이상화는 이화여자대학교 영어영문과를 졸업하고, 동 대학원 기독교학과에서 종교철학으로 석사, 독일 튀빙겐대학 철학부에서 Magister 학위 및 박사학위를 받았다. 이화여자대학교 여성연구원 원장, 한국여성철학회 회장, 한국여성학 회장 등을 역임했으며, 현재 이화여자대학교 인문대학 철학 전공교수로 재직중이다. 주요 논문으로는 "여성주의 인식론에 대한 비판적 성찰", "페미니즘과 차이의 정치학", "철학에서의 페미니즘 수용과 그에 따른 철학 체계의 변화" 등이 있다.

조순경은 이화여자대학교를 졸업하고 미국 캘리포니아대학교(버클리)에서 사회학 박사학위를 받았으며, 현재 이화여자대학교 여성학과 교수로 재직중이다. 저서로 『냉전체제와 생산의 정치: 미군정기의 노동운동과 노동정책』(공저), 『노동과 페미니즘』(편저), 『젠더, 노동과 간접차별』(공저) 등이 있다.

석인선은 이화여자대학교 법과대학 법학과를 졸업하고 동 대학원에서 박사학위를 취득한 후, 미국 플로리다대학교 법과대학에서 법학석사(LLM)를 취득했으며, 현재 이화여자대학교 법과대학 법학과 교수로 재직중이다. 주요 논문으로는 "미국 헌법 판례상 성에 근거한 적극적 평등 실현 조치의 사법심사 기준에 관한 소고", "미국의 원자력 관련 환경 판례 연구", "환경정책기본법의 규범적 의미와 확립", "영국 헌법상 권력분립 원리의 의미", "미국 헌법상 소수자에 대한 사법상의 보호와 사법적극주의", "미국 헌법 판례상 권력분립이론의 전개와 규범적 평가", "미국의 의회 입법권과 위헌법률심사제의 상호관계", "헌법상 여성 관련 조항의 개정 방향에 관한 소고" 등이 있으며, 번역서로는 『인권의 역사』 등이 있다.

이영숙은 이화여자대학교 문리대 영문학과를 졸업하고, 미국 오리건대학교 사회학과(MS & Ph. D.)를 나왔으며, 현재 한림대학교 사회학과 교수로 재직중이다. 주요 논문으로는 "Liberal Protestant Leaders Working for Social Change: South Korea, 1957~1984", "한국 여성의 경험에 대한 여성사회학적 이해", "한국 여성환경운동의 성별 관계와 지구화 논점들", "생명공학 기술의 젠더 문제", "건강관리 활동의 여성주의적 지구/지역 맥락성", "Gendered Life and Saeng-myung Feminism" 등이 있다.

변혜정은 고려대학교 심리학과(학사), 이화여자대학교 여성학과(석사, 박사)를 졸업했다. 오랜 기간 반성폭력운동의 예방과 근절을 위해 한국성폭력상담소에서 일했다. 현재 이화여자대학교 한국여성연구원 연구교수로, 섹슈얼리티와 현실 정치와의 관계를 고민하고 있다. 성폭력 피해 의미구성, 여성운동과 상담운동, 남성성과 친밀성, 청소녀의 가출 의미, 성교육정책 등에 대한 연구 등을 했으며, 특히 정체성, 섹슈얼리티. 친밀성, 시민권 연구에 관심이 있다.

제2부

김은실은 이화여자대학교 영어영문학과를 졸업하고, 서울대학교에서 인류학 석사를, 미국 캘리포니아대학교에서 의료인류학으로 박사학위를 취득했으며, 현재 이화여자대학교 여성학과 교수로 재직중이다. 여성의 몸을 둘러싼 근대성과 지식/권력의 정치학, 국민 국가와 민족주의, 젠더/ 섹슈얼리티/사람/시민권 범주를 둘러싼 연구들을 해 왔다. 최근에는 아시아에서의 여성 대중문화 팬에 대한 연구를 비롯해 아시아여성학, 바이오폴리틱스를 주요한 주제로 다루고 있다. 저서로는 『여성의 몸, 몸의 문화정치학』(2001), 『성해방과 성정치』(2002, 공저), 『동아시아의 근대성과 성의 정치학』(2002, 공저), 『변화하는 여성문화 움직이는 지구촌』(2004, 공저)을 비롯해 다수의 저서와 논문이 있다.

김정선은 이화여자대학교 여성학과 박사과정에 재학중이며, 결혼 이주 여성들의 귀속

(belonging)을 주제로 박사 논문을 쓰고 있다. 아시아 지역의 이주, 이주자들의 정체성, 시민권과 귀속의 문제에 관심을 가지고 있고, "초국적 공동체 만들기, 한국 남성과 결혼한 필리핀 여성들의 re-homing", "공동체 경험을 통해 본 이주 여성의 귀속의 정치학: 한국 남성과 결혼한 필리핀 여성들의 공동체를 중심으로"를 발표했다. 현재 이주 여성의 문제를 논의하고 행동하는 모임인 '이주여성 인권 포럼'에 참여하면서 활동가, 변호사, 연구자들과 함께 이주 여성의 권리 향상을 위한 이론적 · 실천적 대안을 고민 중이다.

함동주는 이화여자대학교 사학과를 졸업하고 미국 시카고대학교에서 석사 · 박사를 거쳐 1995년부터 이화여자대학교 사학과에 교수로 재직중이며 현 이화역사관장을 역임하고 있다. 주요 연구물로는 『근대계몽기 지식의 굴절과 현실적 심화』(소명출판, 2007, 공저), 『변화하는 여성문화 움직이는 지구촌 경계』(푸른사상, 2004, 공저), 『일본 동양학의 구조』(문학과지성사, 2004, 공역) 등이 있다.

김영옥은 숙명여자대학교와 서울대학교 대학원을 졸업하고 독일 아헨대학에서 "타인의 텍스트를 통해 본 자화상: 발터 벤야민의 카프카 읽기"로 박사학위를 취득했으며, 현재 이화여자대학교 한국여성연구원 연구교수로 재직중이다. 근대와 후기 근대의 문화/예술 이론 및 여성주의 정신분석을 연구하는 한편, 여성주의 문화기획과 실천에도 직접 참여해 왔다. 최근에는 지구지역 시대의 문화 현장을 여성적 감성의 구조, 여성주의 세계관, 그리고 여성의 리더십과 연결시키는 일에도 관심을 갖고 있다. 공저로 『'근대', 여성이 가지 않은 길』(2001), 『한국의 근대성과 가부장제의 변형』(2004), 『변화하는 여성문화 움직이는 지구촌』(2004, 공저), 『여성주의 가치와 모성 리더십』(2005), 『여성주의 리더십: 새로운 길 찾기』(2006) 등이 있으며, 주요 논문으로는 "발터 벤야민의 미학이론과 역사 철학", "국가주의를 거슬러 자유를 솔질하는 문학", "동아시아의 근대화와 히스테리", "히스테리 담론과 여성적 글쓰기" 등이 있다.

김정희는 이화여자대학교 사회학과와 동 대학원 여성학과(석사, 박사)를 나왔으며, 사단법인 공동육아연구원 부원장(1998~1999)과 이화여자대학교 한국여성연구원의 전임연구원(2000~2002)을 거쳐 현재는 동 한국여성연구원의 연구교수로 재직중이다. 주요 저서로는 『눈높이 엄마, 꿈높이 아이』(2000), 『생명여성정치의 현재와 전망』(2005), 『오늘의 사자소학』(2007), 『풀뿌리 여성정치와 초록 리더십의 가능성』(2007), 『초록 눈으로 세상 보기』(2007, 공저) 등이 있고, 그 외 지역 · 교육 · 풀뿌리 리더십 등을 여성 경험과의 연관 속에서 살펴본 다수의 논문이 있다.

최경희는 이화여자대학교 과학교육과를 졸업하고, 미국 템플대학교에서 물리학 석사, 과학교육학 박사학위를 취득했다. 주 연구 분야는 과학기술이 사회에 미치는 영향(STS: Science-Technology-Society)에 관련된 영역이며, 과학기술과 여성, 과학기술과 환경, 과학윤리교육 등에 대해 연구를 수행했다. 현재 이화여자대학교 과학교육과 교수로 재직 중이며, 보건복지부 생명윤리위원회 위원, 교육혁신위원회 위원, 과학문화재단 자문위원 등을 역임했다.

제3부

허라금은 이화여자대학교 사회과학대학 여성학과 교수다. 여성주의 철학을 전공 분야로 하고 있으며, 여성주의 관점에서 인식론, 윤리학, 사회정치철학 영역의 이론적 · 실천적 주제들을 탐구해 왔다. 최근 들어 경제, 생명환경, 여성정책 등등 구체적인 현장의 문제들로 철학적 관심을 확장해 나가고 있다. 저서로는 『원칙의 윤리에서 여성주의 윤리로』(철학과현실사, 2004)가 있으며, 그 외 "보살핌의 사회화를 위한 여성주의 사유" (한국여성학, 2006) 등 다수의 논문이 있다.

윤혜린은 이화여자대학교 한국여성연구원 연구교수로 재직중이며 한국학술진흥재단에서 지원한 '지구화와 젠더' 프로젝트를 최근 6년간 수행했고, 현재 '탈식민 여성주의 공간철학' 프로젝트를 연구해 가고 있다. 철학박사 학위 논문으로 "사회의 마음: 그 실재성과 지향성"(1997)을 썼고, 현재 여성철학, 문화철학, 논술철학, 여성주의 리더십 등으로 연구 및 교육 내용을 확장하고 있다. 공저로 『정보매체의 지구화와 여성』(2002), 『나의 삶 우리의 현실』(2004), 『지구화 시대 여성주의 대안 가치』(2005), 『여성주의 가치와 모성 리더십』(2005), *Globalization and Feminism in Korea*(2005), 『여성주의 시티즌십의 모색』(2007), 『여성주의 리더십 새로운 길찾기』(2007) 등이 있다. 주요 논문으로 "사이버 공간의 여성: 몸과 마음의 새로운 경험", "정보공간의 여성주의적 수용", "카오스 나비 효과를 통해서 본 여성주의 리더십" 등이 있다.

최희경은 이화여자대학교 법학과(학사)와 동 대학원 법학과(석사, 박사)를 졸업하고 2003년부터 이화여자대학교 법과대학 교수로 재직중이다. 주요 논문으로는 "프라이버시 권리의 변천", "미국 낙태법상의 부모 동의 요건과 사법적 우회 절차", "한국 여성의 프라이버시 권리" 등이 있다.

박통희는 고려대학교 행정학과(학사, 석사)와 미국 텍사스대학교(오스틴) 정치학과(박사)를 졸업했으며, 경기대학교 행정학과 교수를 거쳐 1995년부터 이화여자대학교 행정학과 교수로 재직중이다. 정부조직, 리더십, 그리고 사회자본으로서 신뢰를 중심으로 "참여와 신뢰의 거버넌스"에 대해 연구하고 있다. 주요 저서로는 『편견의 문화와 여성 리더십』, 『딜레마이론』(공저), 『조직행태의 이해』(공저), 『정보통신 기술과 행정』(공저) 등이 있으며, 그 외 다수 논문이 있다.

강현희는 이화여자대학교 사회학과(학사)를 졸업하고 1984년부터 20년 동안 정당에서 여성조직과 노동정책, 보건복지 및 여성정책 관련 업무에 종사했다. 이화여자대학교 대학원 행정학과 대학원(석사)을 졸업하고 박사 과정을 수료했으며, 현재 제도 신뢰를 주제로 한 학위 논문을 준비중이다.

양민석은 이화여자대학교 사회학과를 졸업하고, 독일 베를린 자유대학에서 문화사회학으로 석사학위를, "문화 취향의 미적 가치평가와 이데올로기의 사회적 연관성에 관한 연구"의 논문으로 박사학위를 받았다. 이화여자대학교, 서울시립대, 아주대학교, 그리고 독일의 오스나브뤽대학에서 사회학과 여성학을 강의했다. 현재 이화여자대학교 한국여성연구원의 연구교수로 재직중이며, 독일 프리드리히 에베르트 재단의 편집위원을 맡고 있다. 『변화하는 여성문화, 움직이는 지구촌』, 『여성주의 가치와 모성 리더십』, 『여성주의 리더십, 새로운 길찾기』, 『여성주의 시티즌십의 모색』 등의 공저와 함께, 주요 논문으로 "문화 취향과 이데올로기", "한국 애니메이션 문화산업의 성별 정치학", "한국 여성의 평생학습과 여성 노동교육" 등이 있다. 문화와 권력, 문화산업과 여성노동, 조직문화와 여성 리더십, 평생교육과 노동교육, 그리고 아시아 여성문화 콘텐트에 대한 연구 관심을 갖고 있다.

지구화 시대의 현장 여성주의

펴낸날 1판 1쇄 2007년 11월 28일 | **지은이** 이상화 · 김은실 · 허라금 외
펴낸이 최민숙 | **펴낸곳** 이화여자대학교출판부
주소 서울특별시 서대문구 대현동 11-1(우 120-750) | **등록** 1954년 7월 6일 제9-61호
전화 02) 3277-2965, 2966(편집팀) 02) 3277-3164, 362-6076(영업팀)
팩스 02) 312-4312 | **전자우편** press@ewha.ac.kr | **인터넷서점** www.ewhapress.com
디자인 정혜진 | **찍은곳** 백산인쇄

ISBN 978-89-7300-761-5 93330

값 20,000원

* 잘못된 책은 바꾸어 드립니다.